U0880935

好学心知集

——中国文化与哲学

陈来 著

中央文史研究馆馆员文丛

中華書局

图书在版编目(CIP)数据

好学心知集:中国文化与哲学/陈来著. —北京:中华书局,2024.12.—(中央文史研究馆馆员文丛).—ISBN 978-7-101-16976-8

Ⅰ.K203-53;B2-53

中国国家版本馆 CIP 数据核字第 2024HC0371 号

书　　名	好学心知集——中国文化与哲学
著　　者	陈　来
丛 书 名	中央文史研究馆馆员文丛
责任编辑	吴麒麟
装帧设计	许丽娟
责任印制	陈丽娜
出版发行	中华书局 (北京市丰台区太平桥西里 38 号　100073) http://www.zhbc.com.cn E-mail:zhbc@zhbc.com.cn
印　　刷	三河市中晟雅豪印务有限公司
版　　次	2024 年 12 月第 1 版 2024 年 12 月第 1 次印刷
规　　格	开本/920×1250 毫米　1/32 印张 19⅞　插页 2　字数 400 千字
印　　数	1-2000 册
国际书号	ISBN 978-7-101-16976-8
定　　价	98.00 元

目　录

自　序

中央文史馆编有《馆员文丛》,馆员同仁一般多选编自己有代表性的论文结集出版,以综合地反映个人的学术研究面貌。我自然也不例外。

我的学术研究领域是中国哲学史。在北大研究生时期确立的研究方向为宋明理学,以朱熹为个案。从研究生到博士生,我用了七年时间做朱熹哲学的研究。但在这七年中,我留心的范围并不以朱熹为限,如在研究生时期我在《中国社会科学》杂志发表了第一篇论文,主题是张载的理气哲学,又写了关于郭象哲学的论文,发表在《中国哲学》辑刊。而我发表的第一篇朱熹哲学的论文则较晚,是在我博士生毕业的当月——1985 年 6 月,发表在《哲学研究》上。80 年代,中国社会科学院的辛冠洁先生对我说:"你们那都是通家,我们这都是专家",以表北大和社科院治学特色的不同。学术研究不专一家,研究范围较宽且广,从冯友兰先生、张岱年先生以下,北大中国哲学治学的传统的确如此。朱熹研究之后,我又写了王阳明哲学的书,不久又完成了《宋明理学》,所以宋明理学是我的学术根据地。由于 1985 年以后我做过几年冯友兰先生的助手,因而对现代中国哲学也甚为关注。1986 年 1 月,我就在《哲学研究》发表了熊十力哲学的论文,90 年代前期,写了熊十力、冯友兰、梁漱溟、马一浮哲学研究的多篇论文,于是现代中国哲学也成为我的重要研究领域。90 年代初期,在完成了宋明理学研究的四部书之后,为寻求学术方向的调整和拓展，我转向先秦，以“前孔子时代”的中国思想文化为方向，准备写三部书来体现对儒家思想探源的研究成果，这就是后来数年中我分阶段完成的《古代宗教与伦理》《古代思想文化的世界》《孔子 孟子 荀子》三书。于是先秦思想史也成为我的重要研究领域。这样就形成了我在先秦、宋明、现代几个领域同时展开研究的格局，以及贯通地研究中国哲学史的特色。本文集的选编，从殷商的宗教类型到冯友兰哲学的研究，长时段和大跨度地覆盖我的研究领域，反映了我的研究格局和特色。

张岱年先生是我的导师，张先生治学教人，最强调“好学深思，心知其意”，我称为“八字真经”。这八个字出自《史记》的太史公语，张先生用以表达要避免主观，要以心知古人之意，这是治中国哲学史的方法。我受张先生治学方法影响最大，故将此集命名为“好学心知集”。

陈 来

2023 年 1 月于清华学堂

殷商的祭祀文化与宗教类型

国之大事，在祀与戎。——《左传》成公十三年

礼有五经，莫重于祭。——《礼记·祭义》

一、从巫术到祭祀

中国上古时代的巫文化很发达，从个体巫术到公众巫术的发展，逐步孕育出“神”的观念，导致自然巫术向神灵巫术的发展。在以祭祀和战争为“国之大事”的文明时代初期，公众巫术已融入祭祀文化或转进为祭祀文化的组成部分。

弗雷泽在研究了交感巫术的两个分支“顺势巫术”和“接触巫术”之后指出：

> 我们看到，在前面所看到的某些事例中，首先确认有神灵存在，并且还以祈祷和奉献供品来赢得神灵的庇护。但总的说来，这类事例尚属少数，它们只表明，巫术已染上了和掺和了某些宗教的色彩和成分而已。无论在任何地方，只要交感巫术是以纯粹的形式出现，它就认定，在自然界一个事件总是必然地和不可避免地接着另一事件发生，并不需要任何神灵或人的干预。①

①弗雷泽：《金枝》，徐育新等译，中国民间文艺出版社1987年，第75页。

弗雷泽认为，巫术与宗教对自然进程的看法不同，它们之间的差异，“取决于它们对这样一个关键性问题的回答：统治世界的力量，究竟是有意识的和具有人格的，还是无意识的、不具有人格的？”①弗雷泽认为，巫术要强迫、压制自然和神灵，而宗教是邀宠、讨好神灵。他写道：

> 宗教作为一种超人力量的邀宠所认定的是两个答案的前者（统治世界的力量是有意识有人格的），因为所有的邀宠做法都暗示着那位被讨好者是一个具有意识或人格的行为者。他的行为在某种程度上是不定的，可以被劝说来按照人们所希望的方向改变。……人们决不能向那些被看成无生命的东西讨好。
>
> 尽管巫术也确实经常和神灵打交道，它们正是宗教所假定的具有人格的神灵，但只要它们按其正常的形式进行，他对待神灵的方式实际上是和对待无生物完全一样，也就是说，是强迫或压制这些神灵，而不是像宗教那样去取悦或讨好它们。②

除了巫术与宗教这种在信仰—行为上的不同之外，弗雷泽特别注意到二者在历史上的对立。他认为这种对立正是根源于信仰上的差异。根据他的看法，巫术与宗教之间在基本原则上的抵触，正足以说明历史上何以存在祭司经常追击巫师。事实的确如此，在文化的理性化过程中，理性化首先和主要反映在上层文化、精英文化的大传统上，这就必然导致理性化的上层文化对下层文化、俗民文化的小传统的排斥和挤压。这种排斥或挤压是有普遍性的，中国亦然，只是并未采取西方那样尖锐的方式而已。

---

①弗雷泽：《金枝》，徐育新等译，中国民间文艺出版社 1987 年，第 79 页。
②同上。

弗雷泽当然也注意到，在我们所了解的许多原始文化中，宗教和巫术是混淆着的。古印度与古埃及“早期历史上的献祭仪式普遍带有最原始的巫术精神”①，中国上古时代也有类似情况。弗雷泽说：

> 我们已经如此熟悉的这种对立（指宗教与巫术）似乎只是在宗教历史的晚期才清楚地表现出来。在其较早阶段，祭司和巫师的职能是经常结合在一起的，或更确切地说，他们各自尚未从对方分化出来。为了实现其愿望，人们一方面用祈祷和奉献祭品来求得神灵们的赐福，而同时又求助于仪式和一定形式的话语，希望这些仪式和言语本身也许能带来所盼望的结果而不必求助于鬼神。②

尽管如此，弗雷泽以其广博的知识和卓越的智慧提出了以下重要判断：

> 虽然在许多世纪里和许多国土上巫术与宗教相融合、相混淆，但我们仍然有理由认为这种融合并非自始即有。曾有一个时期人们为满足他们那些超越一般动物需求的愿望而只相信巫术。首先，考虑到巫术与宗教的基本见解，我们就倾向于作出这样的判断：在人类历史上巫术的出现要早于宗教。我们已经看到，一方面，巫术仅只是错误地应用了人类最简单、最基本的思维过程，即类似联想或接触联想；另一方面，宗教却假定在大自然的可见屏幕后面有一种超人的有意识的具有人格的神的存在。很明显，具有人格的神的概念要比那种关于类似或接触概

①弗雷泽：《金枝》，第 81 页。

②同上。

> 念的简单认识要复杂得多。①
>
> 所以,很可能是,在人类发展进步过程中,巫术的出现早于宗教的出现,人在努力通过祈祷、献祭等温和谄媚手段以求哄诱安抚顽固暴躁、变幻莫测的神灵之前,曾试图借符咒魔法的力量来使自然界附和人的愿望。
>
> 这种从巫术与宗教的基本概念推演出来的结论,已为我们对澳大利亚土著民的观察结果所证实:在那些我们已掌握有准确资料的最原始的野蛮人中间,巫术是普遍流行的,而被视为对更高权威的一种调解或抚慰的宗教则几乎不为人所知。可以粗略地说,在澳大利亚所有的人都是巫师,却没有一个人是神父;每一个人都自以为能够用“交感巫术”来影响他的同伴或自然的进程,却没有一个人梦想用祈祷和祭品来讨好神灵。②

我们所以花这么长的篇幅引述弗雷泽的论述,很明显,因为这些论断对于我们理解夏商文化特别是殷商文化的特质有十分重要的启发性。简言之,殷商时虽有巫史,而且大行占卜,但其主导的宗教信仰—行为形态,正是弗雷泽所说的“努力通过祈祷、献祭等温和谄媚手段以求哄诱安抚顽固暴躁、变幻莫测的神灵”,即属于祭祀文化,而不是“借符咒魔法的力量来使自然界附和人的愿望”的巫术文化。

二、神灵与崇拜

为了理解从巫觋文化到祭祀文化的发展,我们先要考察上古神

①弗雷泽:《金枝》,第 84 页。

②同上。托卡列夫也说:“澳大利亚人没有祈祷,而有符咒;没有牺牲、供奉和安抚仪式,而有巫术仪式。”(引自吕大吉主编《宗教学通论》,中国社会科学出版社 1989 年,第 385 页)

灵观念的痕迹。

中国上古巫觋在夏商以前便与神灵打交道，远古且不去说，良渚文化的神灵气息就已相当浓郁。如古巫登山通神，以舞降神，但后世所说的神已是比较发达的神的观念，与上古早期的神的观念可能不同。

甲骨文、金文中的“神”字多作“申”，不从示。郭沫若说：“甲骨文作若，金文大抵如是，惟反书者甚少。……惟申字在古有直用为神者，如克鼎之‘孝于’，杜伯盨之‘亯孝于皇且考’，均系神字，殆假借特。又申有重义，有伸义，此于古文字形均未有说。”又说：“要之古十二辰第九位之申字乃像一线联结二物之性，而古有重义。”①杨向奎先生认为，二物就是指天和人而言，指“申”是一种联通天人的媒介。他还认为《尔雅·释诂》所云“申，重也”，正是指人民不能和上帝直接交涉，必须经过“申”的一类手续而言②。但杨说虽云发挥郭说，终嫌勉强，因为郭氏明说以申为神之假借。

金文中，神字从示为多，诅楚文、楚帛书的神字与金文字尤相近。《说文解字》释神：“神，天神，引出万物者也。从示、申。”“天神”作为整个宇宙即天地万物的主宰，这一观念的出现是相当晚的，在商代以前还没有。按《国语·楚语》观射父所谓“明神降之”“享之”的说法，“神”是指神灵，神灵可降于人间，附于人身，享用人间供奉的祭品，为人们带来嘉福。

早期的神的观念可能与鬼神信仰有关，因为古代“神”亦多指鬼神，特别是亡灵所变成的神鬼。《正字通·示部》：“神，阳魂为神，阴魄为鬼；气之伸者为神，气之屈者为鬼。”伸者即伸升上天，屈者即附游地上。《礼记·乐记》“幽则有鬼神”，指死后的存在。这种鬼神的

①郭沫若：《甲骨文字研究·释干支》。

②杨向奎：《宗周社会与礼乐文明》，人民出版社1992年，第162页。

信仰是比较早的。

说到神,不可不说“示”。甲骨文“示”代表地祇,即地神。《广韵·支韵》:“祇,地祇,神也。”这样看来,作为以农业为主的华夏族,最早产生的大神观念,可能就是地神,所以以后与神事有关的字都从示。《周礼·春官·大宗伯》:“掌建邦之天神、人鬼、地示之礼。”可以说,天神、人鬼、地祇三层神灵结构,是至少在商代就已经形成的神灵体系。其中的人鬼是祖先神。

在从示的字中,有些值得提及,以便后面的讨论。首先是“祝”字,《说文》:“祝,祭主赞词者,从示,从人口。一曰从兑省。《易》曰兑为口、为巫。”这里的“易曰”是指《说卦》“兑为泽,为少女,为巫,为口舌”。段注认为祝字是会意,表示“以人口交神也”①。《诗·小雅·楚茨》“工祝致告,徂赉孝孙”,这表示祝是祭祀时行祝祷词的人。祝在广义上就是向鬼神祈祷求福,不一定只是在祭祀时用语言来与神交通。另外,《楚辞·招魂》“工祝招君,背行先些”,说明祝之职在楚国除致告鬼神之外,又行招魂之术,与巫相通,故王逸楚辞注曰“男巫曰祝”②。其次是“祭”,《说文》:“祭,祭祀也。从示,以手持肉。”即以牺牲来献祭鬼神。祭字的意义清晰明了,无须讨论。最后是“祟”字,《说文》:“祟,神祸也,从示,从出。”《集韵·术韵》:“祟,鬼神为厉。”指鬼神制造的灾祸,如《说苑·君道》:“楚昭王有疾,卜之曰:河为祟。”甲骨文中有不少“问祟”的例子。

早期的神灵信仰,无论是自然神、鬼魂、精灵、神怪,其原初形态应当是泰勒所谓万物有灵论,即“对于精灵实体的信仰”③,这种信仰的特点是具有多元性、有限性、不定性和超自然性。

---

①段玉裁:《说文解字注》,上海古籍出版社 1981 年,第 6 页。

②见朱熹:《楚辞集注·招魂第九》,文津出版社 1987 年,第 137 页。

③参看吕大吉主编:《宗教学通论》,中国社会科学出版社 1989 年,第 49 页。

自然崇拜(Nature Worship)和自然神崇拜是精灵崇拜的一种形式。霍尔巴赫曾指出,人类历史上最初级的宗教形态是“拜物教”,指对自然物和自然势力的崇拜,即崇拜那些和人自己生活密切相关或人类对之依靠性很强的物体。他认为,从拜物教逐步发展出多神教,最后达到一神教①。费尔巴哈也有同样的看法,他说:“自然界是宗教的第一个对象。”②孔德也认为人类最初的宗教是对于一切自然物体的崇拜,而不论这些物体是否寓居有神灵。自然物体被人格化为精灵,在他看来是宗教发展的第二阶段③。根据宗教史的材料,近代宗教学的创始人麦克斯·缪勒更明确地提出了宗教起源于自然物崇拜④。事实上,把自然物崇拜与自然神崇拜分为两种不同的原始信仰,是不必要的,人在对自然物体进行崇拜时,总是将某种神性赋予自然物体,或以自然物体具有神性为前提。

自然崇拜的存在在中国上古时期亦不例外,卜辞及先秦文献中都可以见到。如《左传》昭公元年:

> 山川之神,则水旱疠疫之灾,于是乎禜之。日月星辰之神,则雪霜风雨之不时,于是乎禜之。

这种山川日月星辰之神的观念应发生甚早,《礼记·祭法》:

> 山林、川谷、丘陵能出云,为风雨,见怪物,皆曰神。有天下者祭百神。

①参看吕大吉主编:《宗教学通论》,中国社会科学出版社 1989 年,第 76 页。
②费尔巴哈:《费尔巴哈哲学著作选集》(下),生活·读书·新知三联书店,1962 年,第 679 页。
③参看吕大吉主编:《宗教学通论》,第 123 页。
④同上。

怪物的说法表明早期自然崇拜确实与精灵信仰有关。上面两段材料说明天地山川日月是三代祭祀的重要对象，证明在中国古代自然崇拜由来已久。

由上面所引材料可以看出，由于神灵崇拜与信仰在考古遗存中很难寻觅，所以对中国上古神灵观念的了解，需要借助文献对祭法和祭祀的记述，换言之，要通过祭祀文化来了解神灵观念。《尚书·舜典》：

> 正月上日，受终于文祖。在璇玑玉衡，以齐七政。肆类于上帝，禋于六宗，望于山川，遍于群神。①

按照这个说法，舜在继承了君位之后，即祭祀上帝及天地日月河海，又祭山川及群神。按其论述次第推之，“群神”应即“能出云，为风雨，见怪物，皆曰神”的“神”，也就是自然神。

虽然《夏小正》中只有二月祭鲔一类的精灵崇拜②，但文献记载则显示出，虞夏时的信仰已不是单纯的自然崇拜，而是多神的鬼神信仰。《论语》说夏禹“致孝乎鬼神”③，说明鬼神信仰和崇拜已在国家崇拜活动占有重要地位。《礼记·表记》说夏是“事鬼敬神而远之”，则表明当时的祭祀文化还不发达。但据《尚书·甘誓》，在夏启时，已有“赏于祖”“戮于社”的声明，说明已有国家一级的“祖”“社”宗教活动。“祖”即祖庙，“社”即社神，说明当时已有祖先崇拜和地神崇拜。古文《尚书·五子之歌》记太康时事，其中陈述太康的主要罪行

---

①类，祭名，《说文》释为“以事类祭天也”。禋，浩祀也。望，祭山川之名。“六宗”一说指日月星河海岱。

②《夏小正》“初岁祭来”，《尚书大传》及后人注以为祭字当是察，其实不必。“二月祭”，三月“祈麦实”。见《大戴礼记解诂》，中华书局1983年。

③《论语·泰伯》。

之一就是“覆宗绝祀”,也是指祖先祭祀而言。

但至少在商代之初就已有至上神的观念,《论语·尧曰》“予小子履敢用玄牡,敢昭告于皇皇后帝”,注家皆据《墨子》认为是汤的祝辞①,则当时已有帝或类似的至上神的观念。《孟子·滕文公下》:

> 汤居亳,与葛伯为邻。葛伯放而不祀,汤使人问之曰:“何为不祀?”曰:“无以供牺牲也。”汤使遗之牛羊,葛伯食之,又不以祀。汤又使人问之曰:“何为不祀?”曰:“无以供粢盛也。”汤使亳众往为之耕,老弱馈食。……

这里的祀肯定不是指祖先祭祀,应当是对神的祭祀。

三、殷商信仰体系

如上节所说,三代的宗教信仰和行为状态已经不是纯粹的自然崇拜,这一时期自然崇拜虽然存在,却是作为整个神灵系统的一部分,因此,在讨论殷商宗教时,我们必须整体讨论其祭祀文化,以了解其信仰—行为的全体。

就卜辞来看,殷代的崇拜还处在具体的阶段,神灵世界分散多样,这表现在占卜的频繁与范围的广阔上,表现在殷人“尚鬼”的繁杂祭祀上②。《礼记》“殷人尊神,率民以事神,先鬼而后礼”③,这里的“神”兼指天神与人鬼。根据对卜辞的研究,由卜辞记载的祭祀活动、对象以及占问内容,可知殷人的神灵观念可分为三类:1. 天神:上帝、

①参看《论语集释》(第四册),中华书局 1990 年,第 1351 页。

②见陈梦家:《殷墟卜辞综述》,中华书局 1988 年,第 561 页。

③《礼记·表记》。

日、东母、西母、云、风、雨、雪;2. 地示:社、四方、四戈、四巫、山、川;3. 人鬼:先王、先公、先妣、诸子、诸母、旧臣①。

“帝”是殷人信仰的最高的神,具有最高的权威,管理着自然与国家。上帝最重要的权力是管辖天时而影响收成。这说明殷人已经有至上神的观念,而且这个至上神明显是一个早期的主掌农业的自然神。同时,这个“帝”已不是原始部落的部族神,卜辞中的上帝不仅像人间帝王一样发号施令,而且有帝廷,有工臣为其施行号令。殷人作为祖先来崇拜的先王先公可上宾于帝廷或帝所,转达人间对上帝的请求。陈梦家指出:

> 殷人的上帝或帝,是掌管自然天象的主宰,有一个以日月风雨为其臣工使者的帝廷。上帝之令风雨、降福祸是以天象示其恩威,而天象中风雨之调顺实为农业生产的条件。所以殷人的上帝虽也保佑战争,而其主要的实质是农业生产的神。先公先王可上宾于天,上帝对于时王可以降祸福、示诺否,但上帝与人王并无血缘关系。人王通过了先公先王或其它诸神而向上帝求雨祈年,或祷告战役的胜利。②

他还指出,上帝与人鬼的不同之处在于,他不享受祭祀的牺牲,它虽然是令风令雨的主宰,但人并不能向他直接祈求。先公先王则不仅可以享用时王的献祭,而且时王也可以通过求祈先公先王来使其影响上帝,以得到降雨丰年③。

从卜辞来看,殷之先公先王死后升天,宾于帝所,已被天神化,而

①陈梦家:《殷墟卜辞综述》,第 562 页。

②同上书,第 580 页。

③同上书,第 580、361 页。

自然神祇如山川土地等在祭祀中也已被人格化。殷人的上帝是自然的主宰,但并未被充分人格化。占卜在习惯上被视为巫术的一种,但占卜与巫术的区别在前面我们已经讨论过了。在检视殷商文化时我们必须注意这一重要的事实,即甲骨卜辞的内容“以有关于自然神祇与祖先的祭祀的最多”①。据罗振玉统计,卜辞内容可分为九类,其中卜祭居第一位②。殷王在一年三百六十日中几乎无日不举行祭祀③,多数由殷王亲自祭祀,有时候则让别人代他举行祀典④。这种祭祀的对象主要是祖先神灵,殷人发明了“周祭”的方法,以免混淆不清,而使祀典有序。祭祀的名目甚多,有衣、翌、肜、𠭯、岁、㞢(侑)、龠、叙等。这些祭祀活动都要伴以占卜。

这说明,殷商的占卜事实上可以看作整个王室祭祀活动的一个组成部分,它应纳入整个祭祀活动礼仪和体系中加以了解。换言之,殷商甲骨刻辞代表的占卜活动乃是从属于整个祭祀文化的,因此不应该孤立地去了解殷商占卜的宗教意义,而应该在整个殷商祭祀文化中来了解其宗教意义。不仅占卜是这样,巫觋在殷商上层宗教活动中也已祭司化了。殷商祭祀文化的特质,不仅在于它可以与龙山时代的巫觋文化相区别,以显示文化的演进,而且正是由于巫觋文化发展为祭祀文化,才有了后来由祭祀礼仪衍生出的整个规范体系——礼,而且发展了祭司阶层,即分化的祝、宗、卜、史。西周的礼乐文化正是在此基础上发展出来,并为后来诸子思想的早期发展准备了职官制度的基础。同时,祭祀文化也足以表示这仍不是一个宗教思想成熟的文化,而是基于多神崇拜和祭祀,向着更高宗教阶段过

①陈梦家:《殷墟卜辞综述》,第636页。

②引自侯外庐:《中国思想通史》(第一卷),人民出版社1992年,第68页。

③李亚农:《殷代社会生活》,《李亚农史论集》,上海人民出版社1978年,第416页。

④同上书,第436页。

渡的一个时期。

为了显示历史发展的轨迹，我们先从卜辞所见的宗教信仰说起。卜辞的作用当然是有限度的，一方面，殷墟卜辞主要是王室的档案，可以反映当时大传统的宗教信仰，但在多大程度上能反映或代表一般社会的信仰，则可能是有疑问的；另一方面，即使不考虑大小传统的差别，卜辞的形式和刻写载体的限制也使它难以充分反映当时的社会文化面貌。但是，本文的立场是注重大传统的形成及其对整个文化发展的作用。虽然“惟殷先人有册有典”，但商代的文献实在太少，所以卜辞仍是我们立论和了解殷商文化的基础材料。

四、殷人的祭祀活动

卜问的对象与祭祀的对象及信仰的对象不一定一致，这在研究宗教信仰时是须加注意的。祭祀的对象一定是鬼或神（合称鬼神），只是据陈梦家说，在殷代，上帝并不是祭祀的对象①。因此殷代作为祭祀对象的鬼神中不包括上帝。然而，卜辞告诉我们，殷人有明确的上帝信仰，从这一点来说，祭祀体系并不完全等同于信仰体系。占卜也有同样情形，占卜的设问对象有人认为是鬼神（郭宝钧），有人认为是灵龟（王宇信）②，而卜问帝的活动并不是直接问于帝，占问河神人鬼的活动也并非向河神人鬼发问，这从卜辞中经常问帝、神、鬼是否作祟即可看出。因此，卜问只是借助于一种神秘的方式来向祖先神询问，相信祖先神会通过龟板的裂坼显示出对占问的回答。正如我们说过的，占卜本身既可以以神灵信仰为基础，也可以不预设神灵观

①见陈梦家《殷墟卜辞综述》。

②郭宝钧：《中国青铜器时代》，生活·读书·新知三联书店1963年，第227页。王宇信：《甲骨学通论》，中国社会科学出版社1989年，第114页。

念，而不论有或没有神灵观念，占卜总是体现了一种神秘的交感作用、交感方式和以神秘交感为内容的原始性思维。正是在这个意义上，人们往往把占卜视为巫术的一种形式。对于殷人而言，即使占问的对象不是帝和神鬼，也并不意味着殷人不相信帝、鬼、神的存在。殷人实际上是以一种间接的神秘交感方式来测度帝、鬼、神的意志，这也表明，原生巫觋直接交通天地的联系被断绝以后，占卜在沟通天地方面占有重要地位，体现了上古宗教思维—行为的一次重大转变。

因此，我们需通过卜辞，把占问内容与祭祀活动综合起来加以考察。

1. 卜辞中殷人关于帝、上帝的信仰

> 帝令雨足年——帝令雨弗其足年　　《前》1. 50. 1
> 今三月帝令多雨　　《前》3. 18. 5
> 羽癸卯帝其令风——羽癸卯帝不令风　　《乙》2452，3094
> 上帝降𦰩　　《师友》1. 31（《存》1. 168）
> 帝其降我𦰩——帝不我降𦰩　　《乙》7793
> 帝其乍王祸——帝弗乍王祸　　《乙》1707，4861
> 王乍邑，帝若　　《乙》1947，6750
> 伐邛方，帝受我又　　《林》1. 11. 13
> 佳帝𢀛我年　　《乙》7456①

令雨、令风都是指帝命令下雨、刮风，降𦰩即降下旱灾，降祸即降下对

①皆引自《殷墟卜辞综述》第十七章。胡厚宣先生曾著文《殷卜辞中的上帝与王帝》，也引述了大量有关祭祀的卜辞材料，基本看法与陈梦家同，可参看其文，载《历史研究》1959 年第 9、10 期。

人的祸害，若即允诺，又即保佑。

由卜辞可见，殷人所信仰的帝，首先是自然天时的主宰，特别是决定是否或何时降雨的主宰，这无疑是一个农业民族需要的至上神，他掌管降雨、风、云和收成(年)，从消极方面说，帝可以降旱、降馑、降灾给人间。同时帝不仅主宰天时，也掌管人间祸福，可以保佑人王，也可以降祸于人间。卜辞中的帝，作为神已经相当人格化，这从卜辞中的“帝廷”观念可以得到证实。卜辞中有：

> 王又岁于帝五臣正，佳亾雨　《粹》13
> 秋于帝五工臣，才且乙宗卜　《粹》12
> 于帝臣，又雨　《甲》779

这表明帝像人间的君主一样，有一个朝廷(帝廷)，有“臣”为之奔走。有学者认为，“五臣正”“五工臣”即《左传》昭公十七年郯子所说神话传说中的“五工正”，是协助帝掌管天时的官吏。

殷人把他们的先公、先王神灵化，并认为先公、先王的亡灵可以上天到帝廷或帝所，用卜辞的语言，叫作“宾”于帝所。卜辞有：

> 下乙宾于帝　《乙》7197
> 大[甲]不宾于帝　《乙》7549
> 旨千若于帝左——旨千若于帝右　《乙》3085+3260+5569+6189①

由此可见，帝为殷人的至上神，是没有疑问的。但帝究竟是天

①皆引自陈梦家：《殷墟卜辞综述》，第572—573页。

神,还是人鬼,学者的意见不同。郭沫若以帝为帝喾①。又认为殷人的“天”只是指日月星辰运行之所,不指至上神②。他还认为,由《大诰》可推知殷人卜问的对象一定是天(帝),而不是乞灵于龟甲③。李亚农则引《汤誓》为说,认为商书中的天即上帝,他并未明确说明殷人自己是否已用“天”这一概念来表示上帝,但显然,他并不像郭沫若那样认为文献中凡出现“天”的商书都是不可靠的。同时,他似乎也认为殷人祭祀的对象都是先公先王④。陈梦家的看法是,殷人的帝可能是指“昊天”⑤。

2. 殷人关于风雨山川诸神的信仰

卜辞中有不少记述祭祀其他自然神祇的内容,如:

乙巳卜王宾日——弗宾日　　《佚》872

御各日,王受又　　《粹》1278

丁巳卜又出日——丁巳卜又入日　　《佚》407

今日既,衩日　　《菁》10.10(以下皆引自《殷墟卜辞综述》,不再注明)

---

①郭沫若:《青铜时代》,《郭沫若全集·历史编》第一卷,人民出版社 1982 年,第 326 页。

②同上书,第 321 页。帝是否为至上神,学者有不同看法,早如李宗侗与伊藤道治都认为殷之上帝只是特殊族群的神,不是普遍的至上神,傅斯年、徐旭生亦有类似看法。参看许倬云:《西周史》(修订版),台北联经出版事业股份有限公司 1990 年,第 97、99 页。近来又有学者否认殷周的帝是至上神,如晁福林认为殷人的帝只是诸神之一,偏处神殿一隅而已,殷代并未存在过统一的至上神。见其文《论殷代神权》,载《中国社会科学》1990 年第 1 期。本文取陈梦家、胡厚宣等人的说法。

③同上书,第 319 页。

④《李亚农史论集》,第 560 页。

⑤陈梦家:《殷墟卜辞综述》,第 574 页。

这是有关祭日的卜辞，入日、各日即落日，这里的宾、御、又、衩都是祭日之法。卜辞中还记载用“㞢”祭祭祀东母西母，东母西母应分别指日神和月神。

卜辞中又有风雨雪等祭，如：

宁于风 《燕》558
尞风 《佚》227
宁雨 《宁沪》1.14
宁雨于土 《上》19.7

“宁”即后世“宁”字，即息风、止雨之祭，这里的风、雨以及云、雪都是指风雨之神。卜辞中也有许多山川之祭，如：

甲申卜[illegible]十山 （三辞）
丁丑卜又于五山 《邺三》40.10
庚午卜其[illegible]雨于山 《邺三》38.4
癸巳卜尞[illegible] 《库》1130

卜辞中所见祭山之法有尞、又、[illegible]、[illegible]雨等。五山、十山是哪几座山，不能确定，但这是指数山之神，则无可疑。[illegible]可能是岷山。关于河祭：

尞[于]洹 《前》6.60.3
尞于满 《乙》200+427
王其又于[illegible] 《摄一》385

洹、滴、𣲙皆是水名，祭河神之法为尞、又等。卜辞所见祀河，亦多用沈、埋之法，即埋牛牲，与周人祭地之法的“瘗埋”相近。

卜辞中亦见祭土地的记载，如：

> 贞又尞亳土　　《佚》928
>
> 尞于□土　　《乙》5325

祭土就是祭社，祭社的目的是祈地利、报地功，卜辞中所说的祭某土，即祭某地之社。

卜辞中还有殷人对四方神的祭祀，四方之神也是殷人求雨𡆥年的对象：

> 尞于东五犬五羊五□　　《续》1.52.6
>
> 尞于西，弗保　　《金》618
>
> 尞于北　　《珠》464

这都是用尞祭祭四方之神。李亚农认为，殷人已不是牛鬼蛇图腾都要崇拜，而是只祭祀名山大川的自然崇拜①。

最后，我们再举出一些与祭祀有关的较完整的卜辞：

(1)己未贞：叀甲子彡伐自上甲？

己未贞：于乙丑彡伐？

辛酉贞：甲子彡劦？弜彡劦？

庚午贞：射𠙹目羌用自上甲？叀甲戌？于乙亥用射𠙹目羌？②

---

①《李亚农史论集》，第557页。

②《甲骨文合集》第32023片，引自刘翔等《商周古文字读本》，语文出版社1989年，第37页。

辞意为:己未日问,在甲子日彭祭和伐祭自上甲以下的先公先王吗?己未日问:在乙丑日举行彭祭和伐祭吗?辛酉日问:在甲子日举行彭祭和劦祭吗?还是不举行彭祭和劦祭呢?庚午日问:用射𡆥进献的羌人为牲祭祀自上甲以下的先公先王是在甲戌日吗?①

(2)辛巳卜,贞:来辛卯彭河十牛,卯十牢?王亥寮十牛,卯十牢?上甲寮十牛,卯十牢?

辛巳卜,贞:王亥、上甲即宗于河?

辛巳卜,贞:王宜河,寮?

弜宜?

辛巳卜,贞:王宜河,寮?

弜宜?

庚寅卜,贞:辛卯又岁自大乙十示又□牛□汎羊?

癸巳卜,贞:又上甲岁?

弜又岁?

甲午卜,贞:其汎又岁自上甲?

弜已又?

甲午卜,贞:又出入日?

弜又出入日?

乙未卜,贞:旨方来,于父丁征?

乙未卜,贞:旨来,于大乙征?②

这片卜辞刻于一块牛肩胛骨上,记载了彭、卯、寮、宜、又、岁、汎、征等多种祭祀礼的名称,祭祀对象既有祖先神(河、上甲等),又有自然神(出日、入日)。辞意为辛巳日占卜,问:未来的第一个辛卯日彭祭先祖河用十牛、卯十牢吗?祭祀王亥寮十牛、卯十牢吗?祭祀上甲寮十

①卜辞辞意参看刘翔等《商周古文字读本》。下不复注。

②《小屯南地甲骨》第1116片,引自《商周古文字读本》,第34—37页。

牛、卯十牢吗？辛巳日占卜，问：王亥、上甲到宗庙里与河一起享受祭祀吗？辛巳日占卜，问：王傧祭先祖河用寮祭吗？不用傧祭吗？……第二天辛卯日侑祭、岁祭自大乙以下十世先王……侑祭用牛牲……汎祭用羊牲吗？癸巳日占卜，问：侑祭、岁祭上甲吗？不用侑祭、岁祭上甲吗？甲午日占卜，问：要汎祭、侑祭、岁祭自上甲以下的先王吗？不用侑祭吗？甲午日占卜，问：侑祭出日和入日吗？不侑祭出日和入日吗？乙未日占卜，问：旨方来侵犯，要征祭父丁吗？乙未日占卜，问：旨方来侵犯，要征祭大乙吗？

(3)丁卯贞：由目羌其用自上甲汎至于父丁？

丁卯贞：由目羌于父丁？

辛未贞：于河𠦪禾？

辛未贞：𠦪禾于河，寮三牢、沉三牛、宜牢？

辛未贞：𠦪禾高且河于辛巳彰寮？

辛未贞：𠦪𡕭禾于高且，寮五十牛？①

辞意为：丁卯日问：用由进献的羌人汎祭自上甲至父丁的先公先王吗？丁卯日问：用由进献的羌人(汎祭)父丁吗？辛未日问：向先王祖河祈求好年成吗？辛未日问：向先祖河祈求好年成，用三牢寮祭，用三牛沉祭，用一牢宜祭，好吗？辛未日问：在辛巳日向高祖河祈求好年成，用彰祭和寮祭吗？辛未日问：向高祖(河)祈求好年成，用五十牛举行寮祭吗？

(4)王其又母戊一剢，此受又？

二剢？

卯叀羊？

叀小牢？

①《甲骨文合集》第32028片，引自《商周古文字读本》，第31页。

叀牛？王此受又？①

辞意为：王将要侑祭母戊，用一名卲作人牲，这会得到保佑吗？用两名卲呢？剖杀羊呢？用小牢作牲呢？用牛作牲呢？王这样会得到保佑吗？

(5)乙亥卜，行贞：王宾小乙，𠭰，亡尤？才十一月。

乙亥卜，行贞：王宾，𣪘，亡尤？

丁丑卜，行贞：王宾父丁，𠭰，亡尤？

丁丑卜，行贞：王宾，𣪘，亡尤？

己卯卜，行贞：王宾兄己，𠭰，亡尤？

己卯卜，行贞：王宾，𣪘，亡尤？②

行，祖甲时贞人名。宾，音宾，通“傧”，指商王亲自参加先祖之祭。𠭰，音谢，祭名。𣪘，报祭。辞意为：乙亥日占卜，贞人行问：王傧祭小乙用劦祭，没有灾祸吗？时在十一月。乙亥日占卜，贞人行问：王傧祭(小乙)用𣪘祭，没有灾祸吗？丁丑日占卜，贞人行问：王傧祭(父丁)用劦祭，没有灾祸吧？己卯日占卜，贞人行问：王傧祭兄己用劦祭，没有灾祸吧？己卯日占卜，贞人行问：王傧祭(兄己)用𣪘祭，没有灾祸吧？

(6)癸丑卜，争贞，我宅兹邑，大甲宾，帝若？三月。

癸丑卜，争贞，帝弗若？③

争为武丁时贞人名。辞意为：癸丑日占卜，贞人争问，我(商王)住在这个城邑，傧祭大甲，上帝允诺吗？时在三月。癸丑日占卜，贞人争问，上帝不允诺吗？

---

①《殷契粹编》第380片，引自《商周古文字读本》，第30页。

②《甲骨缀合新编》第303片，引自《商周古文字读本》，第28页。

③《殷墟文字丙编》第147片，引自《商周古文字读本》，第49页。

五、殷代宗教的特点

可见,殷人的祭祀是以牛、羊、猪甚至人为牲,献祭祖先亡灵和自然神祇,其中以祭祀祖先神灵为多。殷祭的方式主要有五种:一曰彡,二曰翌,三曰祭,四曰**壴**,五曰劦。彡是伐鼓而祭,翌是舞羽而祭,祭是献酒肉而祭,**壴**是献黍而祭,劦是合历代祖妣并祭①。除此之外,还有岁、夕、龠、勺、侑、叙、賓等。彡、翌所以娱祖先,祭、**壴**所以享祖先,这是把人间精神和物质两方面的享受奉献给死去的祖先作为讨好的方式,意味着祖先在人间的生命结束之后,并没有消逝为无,而是仍然以某种形式(灵魂或其他)存在,他们不仅仍然保持着对人间种种享受的乐趣和能力,而且可以以直接或间接的方式对人们的生活产生影响。基于这种信仰,人需向祖先献祭,以求得对人世生活的福佑。许烺光指出,在中国的祖先崇拜中,死去的人仍然是家庭中的一个成员,仍然保持着与家庭的关系,这与印度教的家庭完全不同②。这体现出中国古代文化的精神气质在人际关系间有强烈的相互亲和与相互依赖倾向。

殷人祭祀的次序是:彡—翌—祭—**壴**—劦,依次进行,周而复始。每一周复,称为一祀。同时,殷代祖先都是以死日为庙号,而时王祭祀先王时必须使祭日与庙号的忌日相同,如祭上甲必须在甲日,祭报乙必须在乙日,等等。

陈梦家指出,在卜辞中,上甲以后的王、妣属于一大类,而上甲以前的先公高祖、河、王亥则属于另一大类③。这两类神灵的一个主要

①郭宝钧:《中国青铜器时代》,第 228 页。
②许烺光:《宗族·种姓·俱乐部》,薛刚译,华夏出版社 1990 年,第 44 页。
③陈梦家:《殷墟卜辞综述》,第 351 页。

区别是，王、妣、臣对时王和王国有作祟的力量，而先公高祖、河、王亥则是福佑的力量，是时王祈求丰年雨水的对象。虽然陈梦家指出有时偶有例外，但他认为从大体上说，先公高祖是下民福佑的力量，而先王先妣却常常是作祟的力量。因此殷人多求雨于先公高祖，只有少量向先王先妣求雨的卜例。

不过，统计结果上的差异不一定代表殷人信仰中对先公与先王之间有这种严格的区分，更可能是先公和先王都是既可降福又可作祟的意志莫测的神灵，事实上，殷人的上帝即是如此。需要说明的是，殷人求雨于先公高祖，而不直接祈求于上帝，是因为上帝虽然是令雨令风的主宰，但在绝地天通之后，人不能直接和天神交通，必须用祭祀来祈求高祖。祖先神灵既有亲近人间、可接受人间祭祀祈求并向上帝转达人们愿望的一面，又有不能把握、可能作祟的一面。这充分体现了殷商宗教信仰的特点。

总体来说，殷人的宗教信仰有以下几点。首先，殷人的信仰已不是单纯的万物有灵论，而是多神论或多神教的形态。虽然殷人的多神教信仰本质上与万物有灵论没有区别，但其不同之处在于，在多神教信仰中，所有神灵组成了一个具有上下统属秩序的神灵世界或神灵王国①。其次，这个神灵王国的最高神，正如泰勒所说，本身是由涵盖作用较大的物神转化而来的，是由与自然生活联系最密切的职能神发展而来的②。殷人的至上神来源于主管天时的农业神，同时也管理其他事物。至上神的职能大体可分为三类，即天时（雨、风等）、神事（祭祀）、人事（征战、疾病、王事）。第三，祖先神灵的信仰在殷人中很突出，在多神信仰的体系中，祖先神灵占有重要地位，虽

①参看吕大吉主编:《宗教学通论》，第 137 页。吕大吉:《西方宗教学说史》，中国社会科学出版社 1994 年，第 663 页。

②《西方宗教学说史》，第 664 页。

然帝是否为祖灵尚难断定，但帝已经人格化，而祖灵也已天神化。山川土地四方之神都受祭祀，说明自然神祇已人格化。而祖先神比一般的自然神对殷人更为重要。这种把祖灵视为至上神与世人之间媒介的看法，似乎不只是由于至上神与祖灵的神格不同，而是祖先崇拜在某种程度上侵占至上神地位的表现[1]。第四，帝与祖先神灵对人世的影响都有正负两个方面，虽然殷人并没有明确的善恶神的观念，没有善恶二元神的区分，但帝等神令雨、受又、受年，可以说就是善的方面；令风、降祸、降堇，可以说就是恶的方面[2]。

李亚农指出：

> 殷人创造的上帝并不单是降福于人、慈悲为怀的慈爱的神，同时也是降祸于人、残酷无情的憎恶的神。[3]

从卜辞中可见，对于殷人而言，上帝根本不是关照下民、播爱人间的仁慈之神，而是喜怒无常、高高在上的神。人只能战战兢兢地每日占卜，每日祭祀，谄媚讨好，祈求神灵的福佑。

这表明，从宗教学上来看，殷人所具有的宗教信仰本质上属于“自然宗教”的形态，而尚未进至“伦理宗教”的形态。殷人的信仰不仅未能体现为一定的教义形式，而且殷人信仰的上帝只是“全能”，而非“全善”[4]。侯外庐指出，卜辞中没有一个关于道德智慧的术语[5]，也表明殷人信仰的上帝与人世的伦理无关。这样一种性质的神灵观

①《西方宗教学说史》，第 680 页。

②陈梦家：《殷墟卜辞综述》，第 646 页。

③《李亚农史论集》，第 561 页。

④侯外庐称殷人的帝是“全能的一元神”，见《中国思想通史》（第一卷），第 68 页。

⑤同上书，第 23 页。

念，在殷商青铜器上的饕餮纹样中充分显露出来。陈梦家所说的殷代铜器的动物形象森严而西周同期的动物形象温和①，正是自然宗教与伦理宗教（礼乐文化）相区别的表现。

殷人对鬼神的信仰与行为，正如弗雷泽所说，表现出殷商文化已经完全超出巫术阶段，是以“努力通过祈祷、献祭等温和谄媚手段以求哄诱安抚顽固暴躁、变幻莫测的神灵”。用弗雷泽的话说，殷人的意识已进到宗教阶段。但应看到，殷人虽有至上神的观念，然而仍处在自然宗教的多神信仰阶段。

关于卜辞中的“帝”的字源意义及其所指，学者的看法不同。清末吴大澂最早提出甲骨文的“帝”字像花蒂之形，认为蒂落生果，故帝字是表示有生物之德者。王国维《殷卜辞中所见先公先王考》提出卜辞中的高祖夒应是帝喾，但并未说“帝”即“帝喾”。王氏的论据是，从卜辞祭夒来看，其“必为殷先祖之最显赫者”，“以声求之，盖即帝喾也”。他认为甲骨卜辞中夋字与夒字形极相近，故卜辞中的交字皆夒字形讹所致，“‘夋’者又夒字之讹也”。他的结论是：“《祭法》‘殷人帝喾’，《鲁语》作‘殷人禘舜’，舜亦当作夋。喾为契父，为商人所自出之帝，故商人禘之。卜辞称高祖夒，乃与王亥、大乙同称，疑非喾不足以当之矣。”②

郭沫若从《山海经》中大量“帝俊”的传说入手，认为帝俊是日月的父亲，当即天帝。而他利用王国维的考证，认定“卜辞中的帝便是高祖夒”③。他又以帝喾与舜为一人，其说无法在此讨论。我们关注的是，如果郭说殷人的帝即其祖灵这个看法可以成立的话，那么，殷

①陈梦家：《殷墟卜辞综述》，第 561 页。李泽厚也指出以饕餮为代表的殷商青铜器突出了神秘、恐惧、畏怖、凶狠和狰狞，指向了超世间的权威神力。见其著《美的历程》，文物出版社 1982 年，第 36—39 页。

②王国维：《观堂集林》（第二册），中华书局 1991 年，第 412、413 页。

③《郭沫若全集 · 历史编》（第一卷），第 327 页。

人的至上神“上帝”或“帝”，就是从祖灵崇拜中发展起来的。而且帝的神格就是“以至上神兼宗祖神”①。这与斯宾塞宗教起于祖灵崇拜说相合②。不过，对于郭氏此说，陈梦家未予肯定，他认为“卜辞中尚无以上帝为其高祖的信念”③，认为上帝与人王并无血缘关系④，但他又认为殷人信仰的帝相当于秦人的白帝少皞。他和其他一些文字学家都不认同王国维对夒的考证⑤。

甲骨文中的“帝”基本有两种用法，一指禘祭，一指神。一些学者认为先有用作禘祭的帝字，因把对天神的祭祀称作帝，所以又以这个字来称呼被祭祀的天神。然而，殷人最开始禘祭的天神为何？是天还是祖？这又涉及“天”的问题。而卜辞中的“天”是否有神祇之意，学者的看法也各不相同。

如果说殷人的上帝不享受祭献，这一点在宗教学上看有何意义？陈梦家认为这表示殷人的上帝虽是自然的主宰，却尚未被赋予人格化的属性⑥，但他在一个地方又把上帝列为殷人所祀的对象之一，未能自圆其说⑦。岛邦男认为甲骨文中的“口”字也作“帝”用，因此帝是享受祭祀的。高明先生据此说，以为口与帝都代表主宰宇宙的神灵，享受繁盛的祭祀⑧。但胡厚宣等中国甲骨文专家的看法多与陈梦家同⑨。在这个问题上，我们没有判断的资格。如果殷人的上帝

①《郭沫若全集·历史编》（第一卷），第329页。

②详见吕大吉：《西方宗教学说史》，第674—680页。

③陈梦家：《殷墟卜辞综述》，第582页。

④同上书，第580页。

⑤同上书，第338页。

⑥同上书，第580、646页。

⑦同上书，第562页。

⑧参看高明：《商代卜辞中所见的王与帝》，载《纪念北京大学考古专业三十周年论文集》，文物出版社1990年。

⑨胡厚宣：《殷卜辞中的上帝与王帝》，《历史研究》1959年第9、10期。

的确不是祭祀的对象,而又无可争议地是殷人的至上神,那么,这说明,上帝不是由祖先神灵发展来的概念,不可能是殷人的显赫先祖。如此,殷人上帝观念的来源就须在祖灵之外去寻找,这个来源应当就是“天”的观念。詹鄞鑫根据《礼记》郑玄注“因其生育之功谓之帝”指出:“天有生育万物之功,故称为帝,也就是说,帝的语源义是生育万物……语言中的帝本是对天的别名,其意义是从生育万物的功能来说的。”①这个解释正好与帝为花蒂说相通。事实上,至上神不完全人格化,对于中国宗教思想的特质和发展可能有着非常重要的意义,因为正是这样一个由“天”体崇拜发展起来的至上神实体,才能顺理成章地在周代发展为“天命论”,形成后来中国文化与中国哲学的基本特色的根源。

六、周代的祭法

从本节开始,我们来研究周代的祭祀文化。

恩斯特·卡西尔(Ernst Cassirer)指出,祭祀的主要特性在于,在祭祀中,人对他所崇拜的超自然力量的态度比在神话人物的形象中有更清晰的显示②。敬奉神祇的祭祀行为是神话宗教情感的真正客观化。他甚至认为,“绝大多数神话主题起源于一种祭祀的直觉,而不是起源于自然过程”,“正是祭祀构成神话的原始形态和客观基础”③。

卡西尔的上述论断还未得到人类学的证实,不过他关于祭祀与巫术的分析还是颇有道理的,他认为任何献祭都包含一种对自身感

①詹鄞鑫:《神灵与祭祀》,江苏古籍出版社 1992 年,第 47 页。
②卡西尔:《神话思维》,黄龙保等译,中国社会科学出版社 1992 年,第 240 页。
③同上书,第 241 页。

觉欲望的限制与克制①,而从这里“展现出献祭的一种本质特性,它从一开始就超过巫术世界观的水准”②。在巫术世界观中,我们难以找到自我限制的观念,在巫术中,自我要对神祇施加无限威力,以迫使他们改变自己的意愿。

在宗教发展的最初阶段,如原始民族盛行的一种习惯,即在从事任何重大事情之前必须节制自然欲望,采取禁食、减少睡眠、克制性欲等方法,在成年礼中还要经历困苦的磨炼。在开始的时候,这种克制可能仅仅是为了加强肉体—巫术的力量和效验,但在后来的发展中,一个新的主题出现了,即人类不再寻求直接地、不受限制地支配外在神灵,而是把神性看作强于自身的一种力量,而且这种力量不能以巫术的强制手段而只能以祈祷和献祭的牺牲形式获得③。卡西尔认为,从这里人才逐步获得自我的自由情感。卡西尔的说法似乎是对弗雷泽的发展。不过,弗雷泽和卡西尔都未指出,从巫术到祭祀的变化,也正是从理性不能把握的“神秘性”向崇高、道义的“神圣性”转变的契机④。

祭祀中的节制,在周代祭祀礼仪中表现得最完全。正如卡西尔所说,当宗教注意力不再专限于祭品内容,而是着重于献祭形式⑤,祭祀活动就开始获得一种新的意义。

甲骨卜辞所记载的殷人祭祀体系散漫零乱,虽然学者可以整理出一套体系,但仍不能与文献载述的周代祭祀礼仪的完备体系相比。“周因于殷礼”,在祭祀方面殷周有相承相因的关系,这不仅可由周原

①卡西尔:《神话思维》,第 243 页。

②同上。

③同上书,第 244 页。

④参看何光沪:《二十世纪西方宗教哲学略览》,载吕大吉《西方宗教学说史》,第 903 页。

⑤卡西尔:《神话思维》,第 246 页。

甲骨卜辞发现的周人祭祀殷人祖先的事实得到证明，而且周代的祭祀方式和祭祀体系与殷人相通之处也得到了学者的研究证实①。事实上，周人伐殷一开始也是以殷商祭祀传统的真正继承者自居，把“昏弃厥祀”“宗庙不享”作为殷人的主要罪状之一②。

因此，本节的讨论，一方面是借助周人的祭祀体系以了解殷商的信仰状态和礼仪体系，另一方面是了解殷周文化的连续性。并且，虽然周代的文化总体上属于“礼乐文化”，而与殷商的“祭祀文化”有所区别，但礼乐文化本来源自祭祀文化，而且正如殷商的祭祀文化将以往的巫觋文化包容为自己的一部分，周代的礼乐文化也是将以往的祭祀文化包容为自己的一部分。这种文化发展的方式我们称为“包容连续型”，这是中国古代文化演进的基本方式，与中国古代政治社会的“维新道路”相对应③。从西周初到孔子前，祭祀文化是周代礼乐文化的重要组成部分，只是其社会功能的意义超过了其宗教信仰的意义。而在本节我们着重于宗教方面。

由《尚书·武成》可见，武王伐商时，先“告于皇天后土，所过名山大川”，即祭天地山川，以祈求神“尚克相予以济兆民”。伐商归来，“祀于周庙”，“执豆笾”，“柴、望，大告武成”，即在宗庙祭祀，又以柴祭祭天，以望祀祭山川。

《礼记·祭法》：

> 燔柴于泰坛，祭天也。瘗埋于泰折，祭地也。用骍、犊，埋少

①参看李学勤：《周文王时期卜甲与商周文化关系》，载《李学勤集》，黑龙江教育出版社1989年，第135—140页。刘雨：《西周金文中的祭祖礼》，《考古学报》1989年第4期。

②《尚书·泰誓》“弗事上帝神祇，遗厥先宗庙弗祀”，“郊社不修，宗庙不享”；《牧誓》“昏弃厥肆祀弗答”。

③“维新道路”系侯外庐说，见所著《中国思想通史》第一卷第一章。

> 牢于泰昭，祭时也。相近于坎、坛，祭寒暑也。王宫，祭日也。夜明，祭月也。幽宗，祭星也。雩宗，祭水旱也。四坎、坛，祭四方也。山林、川谷、丘陵能出云，为风雨，见怪物，皆曰神。有天下者祭百神。诸侯在其地则祭之，亡其地则不祭。

郑氏注“时，四时也，亦谓阴阳之神也”①。《祭法》列举的祭祀活动是国家公共祭祀，其祭祀的神灵对象为天、地、四时、寒暑、日、月、星辰、四方诸神，以及自然精灵。根据《祭法》，天子拥有祭祀所有群神的唯一权力，而诸侯以下按照等级只能祭祀某些神灵，不过这一点对本节并不重要，我们更关注的是祭祀对象所显示的信仰。

《周礼·春官·司服》叙述君王在各种祭祀中所衣之服时这样说：

> 王之吉服，祀昊天、上帝，则服大裘而冕，祀五帝亦如之。享先王则衮冕，享先公、飨、射则鷩冕，祀四望、山川则毳冕，祭社、稷、五祀则希冕，祭群小祀则玄冕。

注谓“群小祀”指林泽、坟衍、四方百物之属②。根据《司服》对服冕的规定，可以认为周人对祭祀有所分类，由这些分类而规定对应的服冕。从《司服》所说的祭祀对象来看，可分为三类，即昊天、上帝、五帝，先王、先公，四望山川、社稷、五祀、群小祀。先王与先公虽然异服，但可视为一类神灵。四望山川虽与社稷、五祀异服，但皆属地示，群小祀若指林泽、坟衍，则亦与山川近似而属地示。因此，从大的方面来看，祭祀的对象就是天神、先祖、地示三类。

①孙希旦：《礼记集解》（下），中华书局1989年，第1195页。
②孙诒让：《周礼正义》（第六册），中华书局1987年，第1620页。

《周礼·春官·大司乐》则基于不同的祭祀仪典用乐不同，而描述了周人祭祀种类的分别：

> 歌大吕，舞《云门》，以祀天神。乃奏大蔟，歌应钟，舞《咸池》，以祭地示。乃奏姑洗，歌南吕，舞《大韶》，以祀四望。乃奏蕤宾，歌函钟，舞《大夏》，以祭山川。乃奏夷则，歌小吕，舞《大濩》，以享先妣。乃奏无射，歌夹钟，舞《大武》，以享先祖。凡六乐者，文之以五声，播之以八音。凡六乐者，一变而致羽物及山泽之示，再变而致蠃物及山林之示，三变而致鳞物及丘陵之示，四变而致毛物及坟衍之示，五变而致介物及土示，六变而致象物及天神。

《大司乐》所说的六祭，其实是四类，即天神、地示、四望山川、先妣先祖。

《礼记·礼运》：

> 故先王秉蓍龟，列祭祀，瘗缯，宣祝嘏辞说，设制度，故国有礼，官有御，事有职，礼有序。故先王患礼之不达于下也，故祭帝于郊，所以定天位也。祀社于国，所以列地利也。祖庙，所以本仁也。山川，所以傧鬼神也。五祀，所以本事也。

这是把祭祀作五种说，即帝、社、祖庙、山川、五祀。注曰“祖庙、山川、五祀皆鬼神”①。五祭中若以山川五祀为一类，则仍然是天、地、祖、山川百物四类。

不管是《司服》的三类说，或《大司乐》的四类说，还是《礼运》的

①《礼记集解》（中），第614—615页。

五类说，其实祭祀的对象就是三大类，第一类是以帝为中心的天神，第二类是以社为中心的地示，第三类是祖先。

在《周礼》中，又有把全部祭祀分为大祭、中祭、小祭三类的说法，其《天官·酒正》载：

> 凡祭祀，以法共五齐三酒，以实八尊。大祭三贰，中祭再贰，小祭壹贰。皆有酌数。

注引“郑司农云：三贰，三益副之也。大祭，天地；中祭，宗庙；小祭，五祀”①。依此解释，大祭指祭祀天地，中祭指祭祀宗庙祖先，小祭指祭祀五祀（详后说）。这种对祭祀活动级别和规模的区分，在一定程度上亦可视为对祭祀对象的分类。郑玄则以《司服》为说，认为大祭是昊天上帝、五帝、先王，中祭是先公、四望、山川，小祭是社稷、五祀、群小祀②。

《周礼·春官·肆师》则有大祀、中祀、小祀三类的说法：

> 肆师之职，掌立国祀之礼，以佐大宗伯。立大祀，用玉帛牲牷；立次祀，用牲币；立小祀，用牲。

这是根据祭祀时所用祭物的不同将全部祭祀分为三大类，大祀兼用玉、帛、牲；次祀用帛、牲，无玉；小祀仅用牲，无玉、帛。郑玄注：“郑司农云：‘大祀，天地；次祀，日月星辰；小祀，司命已下。’”③郑众认为祭祀对象的三大类是天地、日月星辰、司命等。而郑玄则认为大祀是天

①《周礼正义》（第二册），第 354 页。
②同上书，第 354—355 页。
③《周礼正义》（第六册），第 1465 页。

地、宗庙，中祀是日月星辰、社稷、五祀、五岳，小祀是司命、司中、风师、雨师、山川、百物①。陈祥道《礼器》注曰："《周礼》大祀、次祀、小祀，见于《肆师》；大祭、中祭、小祭，见于《酒正》。《大宗伯》所辨天地、五帝、先王之类，大祀也；社稷、五祀、五岳之类，中祀也；四方百物之类，小祀也。"②

把二郑的以上说法列表如下，以资比较：

	大祭（祀）	中祭（祀）	小祭（祀）
《酒正》郑众注	天地	宗庙	五祀
《肆师》郑众注	天地	日月星辰	司命以下
《酒正》郑玄注	昊天上帝、五帝、先王	先公、四望、山川	社稷、五祀、群小祀
《肆师》郑玄注	天地、宗庙	日月星辰、社稷、五岳、五祀	司命、司中、风师、雨师

这些说法，纷纭散乱，盖因每一种提法都有其特定角度，而总的说，《周礼》中的这些祭祀的分别，主要是把祭祀分为不同的等级。然而，对于我们注重祭祀后面的神祇信仰的立场来说，祭祀的等级并不重要，从这个方面看，天神、地示、祖先的分类，最为明晰。《周礼·春官·大宗伯》已明确提出这种分类：

大宗伯之职，掌建邦之天神、人鬼、地示之礼，以佐王建保邦国。

以吉礼事邦国之鬼神示，以禋祀祀昊天上帝，以实柴祀日、月、星、辰，以槱燎祀司中、司命、风师、雨师。

以血祭祭社稷、五祀、五岳，以貍沈祭山、林、川、泽，以副辜

①《周礼正义》（第六册），第1465—1466页。
②《礼记集解》（中），第665页。

祭四方百物。

以肆献祼享先王，以馈食享先王，以祠春享先王，以礿夏享先王，以尝秋享先王，以烝冬享先王。

《大宗伯》所载，都是国家固定的正式祭祀仪典。“以吉礼事国之鬼神示”是大宗伯的首要职责，孙诒让谓“祭祀之礼，取以善得福，是谓之吉礼”①，又云“礼以事神致福为本义，故五礼首吉礼”②。

根据《大宗伯》之分，我们可以把上述有关周代祭祀的说法，从神祇的角度归纳为天神、人鬼、地示三大类：

天神：天、昊天、上帝、帝、五帝、日月、星辰、司命、司中、风师、雨师；

人鬼：先王、先公、先妣、先祖、祖庙；

地示：地、社稷、四望、五祀、五岳、山林、川泽、四方百物，群小祀。

《礼记·祭法》注引孔氏曰“《周礼·大宗伯》备列诸祀，而不见祭四时、寒暑、水旱者，《宗伯》所言，依岁时常祀。此所载，谓四时乖序，寒暑僭逆，水旱失时，须有祈祷之礼，非关正礼，故不列于《宗伯》也”③。其实，《祭法》中所说的祭四时寒暑水旱，就神祇而言，亦《大宗伯》日月星辰及山川之属，如《左传》昭公元年：“山川之神，则水旱疠疫之灾，于是乎禜之。日月星辰之神，则雪霜风雨之不时，于是乎禜之。”④

---

①《周礼正义》(第五册)，第1297页。

②同上。

③《礼记集解》(下)，第1195—1196页。

④神祇分为三大类后世亦然，《史记·封禅书》：“周公既相成王，郊祀后稷以配天，宗祀文王于明堂以配上帝，自禹兴而修社祀，后稷稼穑，故有稷祠，郊社所从来尚矣。”说明郊祀、宗祀、社祀是最主要的三种神祀，从而天、祖、地是三大神类。不过，虽然汉高祖说“吾甚重祠而敬祭”(《封禅书》)，毕竟汉以后国家祭祀不再能代表文化的精英传统。

七、周代的祭祀与神鬼观念

对祭祀的研究归根到底是为古代信仰研究服务的。由于周代祭祀的体系文献记载较详，加之三代祭祀文化有连续性，所以我们实际上是把周代祭祀的研究作为三代祭祀和信仰的典型来加以讨论。

按照周礼，对不同的祭祀对象，祭献的方法不同。这些祭法或因祭品不同，或因焚、埋不同，而加以区别。献祭物品不同，如牲、帛、璧之类。所祭之物献祭的方式不同，如燔、埋等。这些祭祀的方法古人谈论很多，为了使读者有所了解，这里只举一二例加以说明。“燔柴”是指积薪于坛上，取玉和牲置于柴上燔烧，使气达于上天，故这种祭法用于对天神的献祭。“瘗埋”是把牲牷埋入地下，使其血气灌于地下，这种祭法用于祭祀地示。对人鬼的祭祀则以奉献时令食物果品为主。

不仅不同的神祇需要采取不同的献祭方式，对神祇祭祀的名目也有种种不同，如郊、社、禘、又、类、造、禬、禜、宜等。《周礼》中甚至区分了祀、祭、享，所谓“天神为祀，地祇为祭，人鬼为享”①。

（一）祭天神

在《大宗伯》所掌的祀典中，对昊天上帝的祭祀最为重要，这也是周王的宗教特权。在周礼中对天帝的祭法为“禋祀”，《通典·吉礼》引郑氏注云：“禋，烟也，取其气达升报于阳也。”可知，禋祀的本义是升烟以祭。《尚书·尧典》“禋于六宗”，《洛诰》“湮于文武”，《诗·小雅·大田》“来方禋祀”，可见其祭法来源甚古。这些都是广义的禋祭。而《周礼》中所说的禋祀，是与实柴、槱燎相对。事实上，这三种祭法都是要烧柴的。如“柴”亦是积柴以焚之义，《风俗正义·祀

①《周礼正义》（第五册），第1296页。

典》篇“槱者,积薪燔柴也”;燎即甲骨文之尞字,其来更久。禋祀、实柴、槱燎三者的分别,依《肆师》所说,禋祀用玉、帛、牲三事,实柴用帛与牲二事,而槱燎只用牲牷一事。所以,狭义的禋祀是指以璧、帛、牲加于柴上而燔之。

禋祀用于祭祀的对象是天帝,郑玄合昊天上帝为一神①,而金榜引《典瑞》“祀天旅上帝”之说,认为昊天与上帝并非一回事,认为上帝与五帝也不是一回事,他说:

> 昊天,垂象之天也,上帝,祈谷之帝也。冬至禘者为昊天,启蛰郊者为上帝。后郑合昊天、上帝为一,误。②

孙诒让在金说之下有案语:

> 案:金说是也。此职及《司服》之“昊天上帝”,亦当分为二。昊天为圜丘所祭之天,天之总神也。上帝为南郊所祭受命帝,五帝之苍帝也。③

孙氏在《天官·大宰·祀五帝》疏中也说:

> 凡此经通例,有天,有上帝,有五帝。天即昊天,祀北辰。上帝为受命帝,在周则祀苍帝。五帝为五色之帝。④

---

①《大宗伯》郑玄注引郑司农“昊天,天也。上帝,玄天也”,又说“玄谓昊天上帝,冬至于圜丘所祀天皇大帝”。见《周礼正义》(第五册),第1297页。

②同上书,第1309页。

③同上。

④《周礼正义》(第一册),第135页。

一般来说,“上帝者,天之别名也”①,但若细分,则以天指昊天,即冬至圜丘所祭之天;以帝为夏正郊社所祀之天。这都是天子正祭。五帝是指太皞、炎帝、黄帝、少皞、颛顼五天帝②。事实上,周人对天岁有八祭(或九祭)③,夏至郊天之礼最重要,郊天时,日月并为配祭:

> 郊之祭,大报天而主日,配以月。夏后氏祭其暗,殷人祭其阳,周人祭日以朝及暗。④

暗,日昏时。阳,日中时。朝,日出时。

> 郊之祭,迎长日之至也,大报天而主日。⑤
>
> 郊之祭也,大报本反始也。⑥

(二)祭地示

地神《周礼》称“示”,孙诒让谓“此经皆借示为祇”⑦。《说文》示部:“祇,地祇,提出万物者也。”地示之祭中古人最重视的是“社”。《礼记·郊特牲》中说:

①《史记·封禅书》裴氏集解引郑注。刘雨认为有关祭祖的西周金文资料中显示天与帝不同,天是周人的至上神,而人王死后升天为帝,帝不是至上神,帝负责执行天所发布的天命。但刘说与《尚书》所用不合,兹不详论。参看其文《西周金文中的祭祖礼》,载《考古学报》1989年第4期。

②《周礼正义》(第一册),第135页。

③《周礼正义》(第五册),第1298页。

④《礼记集解》(下),第1216页。

⑤《礼记集解》(中),第688页。

⑥同上书,第694页。

⑦《周礼正义》(第一册),第147页。

社，所以神地之道也。

又说：

社祭主土而主阴气。

注曰："山林、川泽、邱陵、坟衍、原隰，谓之五土，社者祭五土之总神也。"①

社在广义上可代表地神。对天子而言，社就是地。但对天子以下的诸侯大夫等，社不是地，只是他所管辖的那一部分土地。《礼记·礼运》：

天子祭天地，诸侯祭社稷。

这里的"社"就是狭义的社，不能等同于"地"，金鹗云：

祭地专于天子，而祭社下达于大夫士，至于庶人，亦得与祭。盖祭地是全载大地，社则有大小。天子大社，祭九州之土，王社祭畿内之土，诸侯国社祭国内之土，侯社祭藉田之土，与全载之地异。又地有上中下，上为山岳，中为平原，下为川渎。社虽兼王土，而为农民祈报，当以平原谷土为主，是社与岳渎各分地之一体，与全载之地尤异。此社神与地神所以分也。②

《礼记·祭法》：

---

①《礼记集解》（中），第 685 页。

②引自《大宗伯》疏，《周礼正义》（第五册），第 1317 页。

> 王为群姓立社，曰大社；王自为立社，曰王社；诸侯为百姓立社，曰国社；诸侯自为立社，曰侯社；大夫以下，成群立社，曰置社。

《汉书·郊祀志》引王莽奏云："社者，土地。稷者，百谷之主。所以奉宗庙，共粢盛，人所食以生活也。"社字从土，是为土神，稷字从禾，是为谷神。孙诒让指出："祭稷者，祭稷之神，非祭稷也。物必有神主之，其神既主是物，正宜用是物以祭，报其生育之恩。"①这说明地示祭祀的对象不是自然物本身，而是物神和自然神。

至于《大宗伯》所说的"五祀"，一般认为是五行之祇。《左传》昭公二十九年传蔡墨曰："有五行之官，是谓五官，实列受氏姓，封为上公，祀为贵神，社稷五祀，是尊是奉。"《太平御览·礼仪部》引《汉旧仪》云"祠五祀，谓五行金木水火土也……主其神祀之"。《大宗伯》所说的"五祀"与《礼记·月令》所说的五祀"门、户、中、霤、灶"不同。《礼记·月令》所说的"五祀"与《周礼·小祝》所说的"分祷五祀"，及《仪礼·士丧礼》的"祷于五祀"，当由《祭法》而来。《祭法》说："王为群姓立七祀，曰司命，曰中霤，曰国门，曰国行，曰泰厉，曰户，曰灶；王自立为七祀。诸侯为国立五祀，曰司令，曰中霤，曰国门，曰国行，曰公厉；诸侯自立为五祀。"这里讲的五祀指户、灶、门、行、中霤之神。前人有谓五祀有大有小，《大宗伯》所说为五祀之大者，《祭法》所说为五祀之小者②。

（三）祭人鬼

祭祀之礼因对象不同而异名，天神为祀，地祇为祭，人鬼为享。

①《周礼正义》（第五册），第1320页。
②《礼记集解》（下），第1202页。

《周礼》贾疏"享，献也，谓献馔具于鬼神也"①。《尔雅·释天》则称"春祭曰祠""夏祭曰礿""秋祭曰尝""冬祭曰烝"，但这四祭都是时祭，都是季节性的祖先祭祀。

在周人的宗庙祭祀中，禘祫尤为重要，不过，"宗庙之祭，莫大于禘祫，而自汉以来，群儒聚讼"②。"祫"是"合先君曾主于祖庙而祭之"，祭于始祖之庙。"禘"是对太祖的祭祀，祭于后稷之庙。"禘以孟夏，祫以孟冬"③，都是周天子对于祖先神的重大祭祀。

《礼记·祭法》说：

> 祭法：有虞氏禘黄帝而郊喾，祖颛顼而宗尧。夏后氏亦禘黄帝而郊鲧，祖颛顼而宗禹。殷人禘喾而郊冥，祖契而宗汤。周人禘喾而郊稷，祖文王而宗武王。

《国语·鲁语上》所载与《祭法》稍异，且在四者之外又有"报"祭，故云"凡禘、郊、祖、宗、报，此五者，国之祀典也"④。《礼记·丧服小记》：

> 礼，不王不禘。王者禘其祖之所自出，以其祖配之。

"禘"的对象是始祖之所出之帝，以始祖配祭，祭于始祖之庙⑤。如有虞氏始祖为颛顼，而颛顼出于黄帝，故应禘黄帝、祖颛顼。所谓"郊

①《周礼正义》(第五册)，第1330页。

②孙诒让案语，《周礼正义》(第五册)，第1339页。

③同上。

④《国语·鲁语上》："幕，能帅颛顼者也，有虞氏报焉；杼，能帅禹者也，夏后氏报焉；上甲微，能帅契者也，商人报焉；高圉、大王，能帅稷者也，周人报焉。"上海古籍出版社1988年，第166页。

⑤见《丧服小记》赵匡注，《礼记集解》(中)，第866页。

喾”“郊鲧”的郊，则是指祭天时以始祖以外的一个帝来配天。《丧服小记》说明禘、祫等都是君王的特权。

《祭法》注引杨复曰：

> 禘、郊、祖、宗，乃宗庙之大祭。禘者，禘其祖之所自出，而以其祖配之也。郊者，祀天，以祖配食也。祖者，祖有功。宗者，宗有德。①

舜、禹皆祖颛顼（舜、禹皆颛顼孙），而颛顼出于黄帝，故虞夏两代皆禘黄帝。殷祖契为帝喾次妃所生，周祖后稷为帝喾元妃所生，故殷周皆禘帝喾。根据此种祭法，所禘之帝，由始祖而上，推其有功德之帝而祭之，不必为始祖之父。所郊之帝，在殷以前，皆于始祖外别推一帝以配天，周以后即以始祖配天。虞、夏、殷所祖之祖，即是始祖。而周之所祖为文王，说明周人所祖之祖是大祖。祖有功，即所祖者为创业传世所自来者。宗有德，即宗德高可尊者。祖和宗二祭，在早期，如有虞氏，不重血统而重功德。夏后氏以下，祖、宗二种祭祀的对象都是血缘上的祖先②。

《祭法》篇首论禘、郊、宗、祖，次叙祭天地、日月、四方、百物，下次论设庙、祧、坛、社。故郑氏以为此篇“记有虞氏至周天子以下所制祀群神之数也”③。《祭法》结尾总论曰：

> 夫圣王之制祭祀也，法施于民则祀之，以死勤事则祀之，以劳定国则祀之，能御大灾则祀之，能捍大患则祀之。……此皆有

①见《祭法》注，《礼记集解》（下），第1192页。

②参看王治心：《中国宗教思想史大纲》，上海三联书店1988年，第34页。

③《周礼正义》（第五册），第1330页。

> 功烈于民者也。及夫日、月、星、辰,民所瞻仰也;山林、川谷、丘陵,民所取财用也。非此族也,不在祀典。

国家祭祀的对象,一为英雄,二为天神,三为地祇。其英雄崇拜多是古圣先王而大有功于人民者。"功烈"包括开族创宗,故所列有功烈者即前述各代禘、郊、祖、宗的祖灵。应当指出,《祭法》的论述中把有功于民者列为祀典之首,已经显示出民本主义的趋向,且天神地祇的祭祀中未提到天帝,这都表明《祭法》的说法可能出自春秋以降。但无论如何可以看出,祀典的范围仍是我们在前面所说的三大类。

此说又见于《国语·鲁语上》展禽论祀一段:

> 海鸟曰"爰居",止于鲁东门之外三日,臧文仲使国人祭之。展禽曰:"越哉,臧文仲之为政也!夫祀,国之大节也,而节,政之所成也,故慎制祀以为国典。今无故而加典,非政之宜也。"

然后展禽讲述了同于《祭法》论制祀的那一段话。由《国语》可见,臧文仲见怪异而祭,仍是殷商以来的自然宗教传统,而展禽代表的知识精英已超越小传统和宫廷宗教的需要。"无故加典"正是殷人祭祀行为的特征。展禽所说,参以《礼记》,不但突出了先祖先王人世功德的一面,而且这种功德祭祀已多少带有纪念性的意味,而非纯粹的宗教性祭享祈福,这显然是文化理性化过程的产物。周代以后,祖先祭祀越来越突出并且社会化,其主要功能为维系族群的团结,其信仰的意义逐渐淡化。

在周代,又有宗庙与明堂之分。三代以前,如有虞氏,"瞽叟、桥牛以上为舜之四亲,故祀之宗庙。帝喾为尧舜之所从受天下者,故祀之于明堂"①。"祖"庙祭祖,"宗"庙祭功。而殷周以来因非受禅,故明堂与宗庙所祭对象相合。阮元有《明堂论》,论明堂之流变及与宗庙之异,意谓明堂为远古王者所居,具有多种功能(行政、教化、祭祀),但三代礼文益备,故王者居于王城,祭上帝于圜丘,祭祖考于宗庙,朝诸侯于朝廷,教国子于辟雍,在近郊东南别建明堂,有时用来进行特别的祭祀仪典。

现在让我们回到殷周的鬼神观念上来。

《礼记·祭法》"万物死皆曰折,人死曰鬼"。"鬼"字《说文》谓"人所归为鬼",《释言》"鬼之为言,归也"。《礼记·郊特牲》"魂气归于天,形魄归于地,故祭,求诸阴阳之义也。殷人先求诸阳,周人先求诸阴"。《礼记·中庸》引子曰:"鬼神之为德,其盛矣乎!视之而弗见,听之而弗闻,体物而不可遗。使天下之人齐明盛服,以承祭祀。洋洋乎!如在其上,如在其左右。"《礼记·祭义》载孔子与弟子论鬼神:

> 宰我曰:"吾闻鬼神之名,不知其所谓。"子曰:"气也者,神之盛也。魄也者,鬼之盛也。合鬼与神,教之至也。众生必死,死必归土,此之谓鬼。骨肉毙于下,阴为野土。其气发扬于上,为昭明,焄蒿、凄怆,此百物之精也,神之著也。"

孔子重祭,故他的这些说法应反映周人对鬼神的看法,众生死后,其气发扬上升,活着的人往往看不到听不到,但这些气常在人的左右,可以感动人,以显示其存在,也可以在祭祀时回到祭祀者的面前,享承祭祀。这些发扬于上的气叫作神,广义地也叫作鬼神。祭祀就是求得与这些鬼神的感通。应当注意,这里讲的鬼神都是指生命体死

①详见《周礼·太宰》疏,《周礼正义》(第一册),第136—137页。

后转变而成的特殊形态的存在，与前面所说的天神、地神等自然神祇不同。同时，孔子的讲法是气的观念比较流行之后的讲法，与上古信仰中人形、人格化的鬼神观有所不同。

鬼神是否有形象？《左传》庄公八年齐侯田于贝丘，见大豕，从者曰，公子彭生也，这是以鬼为动物形。《左传》文公二年夏父弗忌曰"吾见新鬼大、故鬼小"，也以鬼有可见之形。《国语·晋语二》载：

> 虢公梦在庙，有神人面、白毛、虎爪，执钺立于西阿之下。公惧而走。神曰："无走！帝命曰：'使晋袭于尔门。'"公拜稽首。觉，召史嚚占之，对曰："如君之言，则蓐收也，天之刑神也，天事官成。"

按《礼记·月令》"孟秋之月，其帝少昊，其神蓐收"，据《国语》史嚚所说，蓐收神是人面、白毛、虎爪。《墨子·明鬼》记：有神，鸟身，素服三绝，面正方，曰：予为勾芒。《礼记·月令》"孟春之月，其神勾芒"，照《墨子》中的说法，勾芒神是鸟身方面。墨子信鬼，其说必是继承古远。从以上两个例子可见，古人所谓神，都具有人兽合体的形象。

《祭义》把生命体死后发扬于上的气叫作"百物之精"和"神"，又说"因物之精，制为之极，明命鬼神，以为黔首则，百众以畏，万民以服"。关于以鬼神设教的宗教社会学方面，不在本文讨论的范围之内，《祭义》的这句话，《集解》引孔氏之说，谓圣人因人与物死之精灵而尊称为鬼神①。这个讲法暗示着中国古代鬼神观念来源于鬼魂和亡灵的信仰，或本质上是一种鬼灵崇拜。这对于本部分所讨论的"人鬼"的范围来说，基本上是适用的。

①《礼记集解》(下)，第1220页。并参看《十三经注疏》本《礼记正义》。

最后,我们简单提一下《诗经》中的“神”的观念。在大、小《雅》中有不少关于神的诗句,如《小雅》的《鹿鸣》《谷风》《甫田》多次出现“神之听之”的表达,显示出诗人相信神可以听到人的声音并赐人以福祥。又如“神之格思,不可度思”(《大雅·荡》),指神之来至不可测度。“维岳降神”(《崧高》)指神从高山降下。这些一般都是指自然神。周诗中祭祀祖先神的诗篇也很多,这些诗篇中祖先神被理解为可以来到宗庙享用祭献的存在,并赐福和保佑子孙。

读者可能注意到,我们始终未关注《山海经》记述的怪异世界。这是因为“山经”所载基本上是怪物,而很难说是神灵。这些怪物的特点是形象形体怪异,能食人,与“兽”没有本质的区别,故《山经》也常用“有兽焉”的提法。这体现了人类在武器工具不发达的早期对食人野兽的恐惧。此外,书中常常把怪兽的出现和各种灾害联系起来,如“见则天下大疫”“见则天下大水”“见则天下大旱”“见则天下大风”“见则其国有大兵”“见则其国为败”,类似的说法有很多。这些说法体现了人类早期对各种天灾人祸的发生毫无所知,而无力抵御,它并没有说这些灾害就是这些怪物所制造出来的,而是把怪物的出现视为灾害发生的先兆。这些怪物的形象有的与传说的神灵的形象接近,但总的来说,“山经”记述中的这些怪物都和神灵信仰没有直接关系。另一方面,《山海经》所表现的乃是先秦社会的民俗文化①,是属于所谓“小传统”的范围,因此也就不在本文的关注之内了。

从卜辞记载的祭祀对象到周人礼书记载的祭祀对象来看,在中国上古时代很长一个时期,宗教信仰具有相当程度的多神教色彩或倾向。“有天下者祭百神”的传统大概自夏商到西周一直未变,殷人信仰中虽有帝和帝廷、臣正的观念以及祖先神灵宾于帝所的信仰,但

①以《山海经》为民俗文化的表现,可参看伊藤清司:《〈山海经〉中的鬼神世界》,刘晔原译,中国民间文艺出版社 1989 年。

民间社会祭祀的山川、河伯似乎与帝并无统属关系,周代亦然。因此,有理由推断,在帝的观念以前,古代的神灵信仰是认为存在着数目众多、特性各异、不相统属的神灵鬼怪,统一的至上神"帝"的观念的产生是与人间社会组织结构进化相适应的,这一点,泰勒、恩格斯讲的都是正确的①。关于宗教史上的精灵信仰,《宗教学通论》中有一段论述:

> 所谓"精灵"是指人格化的超自然力。精灵是指按照祖灵的模式推衍出来的。像祖灵那样具有人般的意志、感情、欲望,以自然界的事物和力量为崇拜对象,如山之精灵就以山为代表,河之精灵就以河为代表,具有人格,但还没有人形化的形象,总是和具体的自然事物和力量相联系。人们所崇拜的是它们的自然属性,是自然事物和力量背后隐隐莫测的灵体,是超自然力的初级形态之一,故通称为精灵。②

而从商周的祭祀文化来看,作为祭祀活动的基础神灵信仰,包括作为超自然力初级形态的精灵,也包括死后存在的生命亡灵(当然主要是祖灵)和各种天地自然神祇。

《国语·楚语下》观射父有一段话总论上古祭祀之道:

> 祀所以昭孝息民、抚国家、定百姓也,不可以已。夫民气纵

①泰勒以多神教的秩序的原型是社会管理的秩序,参看《西方宗教学说史》,第663页。恩格斯的看法见《马克思恩格斯选集》(第三卷),人民出版社1970年,第355页;同书第四卷,第220页。

②吕大吉主编:《宗教学通论》,第368页。

则底，底则滞，滞久而不振，生乃不殖；其用不从，其生不殖，不可以封。是以古者先王日祭、月享、时类、岁祀。诸侯舍日，卿、大夫舍月，士、庶人舍时。天子遍祀群神品物，诸侯祀天地、三辰及其土之山川，卿、大夫祀其礼，士、庶人不过其祖。日月会于龙豵，土气含收，天明昌作，百嘉备舍，群神频行。国于是乎蒸尝，家于是乎尝祀，百姓夫妇择其令辰，奉其牺牲，敬其粢盛，洁其粪除，慎其采服，禋其酒醴，帅其子姓，从其时享，虔其宗祝，道其顺辞，以昭祀其先祖，肃肃济济，如或临之。

《史记·封禅书》载秦用四畤祠上帝，且云：

诸此祠皆太祝常主，以岁时奉祠之。至如他名山川诸鬼神及八神之属，上过则祠，去则已。郡县远方神祠者，民各自奉祠，不领于天子之祝官。

这说明，在国家祭祀体系中对上帝(四帝)的祭祀是常祀，其他各祀如山川之神，君王过某山川时则祀，去则止，并不固定。而各地郡县远方的神灵祭祀，其系统不必与国家祭祀系统相一致，祭法亦不统一，所谓“民各自奉祠”。

总而言之，殷商与西周通过祭祀所反映的信仰，在不同的社会层面有所不同，不仅贵族与民众的信仰有不同，天子代表的统治集团与一般士阶层也可能不同。知识阶层的信仰—行为与统治集团及一般贵族的信仰之间的差别，在西周之前还不明显，而西周以后则明显地以理性化为特点，与统治集团和俗民大众有所不同。因此，在知识阶层观念的理性化还未表现时，统治阶层的宗教信仰与行为应作为该时代代表精英的大传统形态加以研究。而西周以后，随着知识阶层观念理性化的逐步展开，精英文化信仰和观念的代表由统治阶层的国家祭祀体系转移到知识阶层的精神创造，对后世的精神文化发挥强大的范导作用，这是思想史研究在春秋以后不再注重国家祭祀文化的原因。当然这并不表示汉以后的国家祭祀活动没有意义，只是其意义需在政治文化的整合和政治合法性的建立中来把握，与本文注重宗教—伦理观念之发生和演变的角度有所不同。

八、古代宗教的类型

现在来集中讨论中国古代（上古）宗教的特点。

一百多年前，“宗教学”的创始人麦克斯·缪勒（F. Max. Muller），以他对宗教观念与宗教问题的宽广理解和深刻智慧，在其《宗教学导论》中提出：亚欧大陆最早居住着三大种族，即图兰人、闪米特人、雅利安人。与此相应地存在着图兰语、闪米特语、雅利安语三大语系。而这三大语系又对应着三大宗教：闪米特族系的希伯来人产生了摩西教（旧约圣经），而后发展出基督教（新约圣经），这个族系的阿拉伯人产生的伊斯兰教（古兰经）是这一族系宗教的一支。雅利安族系的印度人产生了婆罗门教（吠陀），后来又产生佛教，这个族系的波斯人的琐罗亚斯德教即拜火教是这一族系宗教的一支。图兰族系的中国人产生了孔子的宗教和老子的宗教①。

麦克斯·缪勒的贡献除了通过对闪米特语系和雅利安语系的比较研究指出这两个语系有起源的共同性之外，另一过人之处是他把华语作为最古老的图兰语，把中国宗教作为与前面两大宗教并立的一个宗教中心。他说：

> 除了雅利安与闪米特族系以外，只有一个国家能说它有一

①麦克斯·缪勒：《宗教学导论》，陈观胜等译，上海人民出版社 1989 年，第 40 页。

> 个甚或两个有经典的宗教,那就是中国。中国产生了两个宗教,各以一部圣典为基础——即孔夫子的宗教和老子的宗教,前者的圣典是“四书”“五经”,后者的是《道德经》。①

不仅如此,他还试图对古代三大宗教信仰的核心特征作出概括,关于闪米特族的宗教信仰:

> 闪米特人在语言、文学和文化上差别很大,甚至各个历史发展阶段的文化情况也不相同,所以几乎不可能把他们的宗教信仰总括出来,但是如果我大胆地对闪米特族的宗教信仰一言以蔽之,我敢说他们的宗教主要是崇拜“历史中的上帝”。他们的上帝影响个人、种族和民族命运,而不掌握自然力。②

对雅利安族的古代宗教信仰,他认为:

> 雅利安族的古代宗教信仰由于其富于冒险精神的后代传到世界各地,无论是在印度的山谷之中或是在德意志的森林里,人们从神的名字,这些原本是自然力的双数名,能看出雅利安族的古代宗教。虽然一般认为,这种宗教不是自然崇拜,但是,如果可以一言以蔽之,我敢说它是对“自然之神”的崇拜,这个神不是以人的心灵为其屏幕,而是以绚丽多彩的大自然为其面纱。③

他还说明,古闪米特族的众神经过合并而演化为一神崇拜,雅利安神

①麦克斯·缪勒:《宗教学导论》,第41页。
②同上书,第66页。
③同上。

殿的众神则表示它是一种多神崇拜。

相比之下,囿于资料,缪勒对中国古代宗教信仰的认识就含糊得多了。他只是指出,古代中国的民间信仰,是信仰独特的神灵,信仰最突出的自然力。这些神灵包括天神、太阳神、月神、星辰神、地神、山神、河神等,还有鬼魂信仰①。他认为,“这些神并肩而立,互不干涉,也没有什么较高的原则使之相连”,这种说法似乎是把中国古代宗教信仰理解为一种所谓“单一神教”的信仰。他又说“这种对人的灵魂和对自然神的双重崇拜就构成了中国古代盛行的宗教”②。他还指出,在这些神灵信仰中,天神是最高的神,而小神有的受到崇拜,有的使人畏惧而在祓除仪式中被驱赶③。

麦克斯·缪勒对中国古代宗教的上述看法比较合乎春秋以前的古代信仰及后来民间的信仰,而不合于他所说的以孔、老为代表的中国圣典宗教。

在《宗教学导论》(1870)出版一百年之后,另一位德国神学家孔汉思(Hans Kung)也显示出在比较宗教领域中的智慧与洞见。他继承了麦克斯·缪勒以来比较宗教学的传统,提出了世界宗教三大河系(River System)的说法。他提出,“在近东,从游牧部落的原始宗教里渐渐发展形成了第一大宗教河系,它源出闪米特人,以先知预言为其特点”④。“再往东走是和闪米特—先知型宗教迥然不同但又同样错综复杂的第二大宗教河系,它源出印度民族,以神秘主义为其特点。”“远东的第三大宗教河系应和上述两大宗教分清。这个宗教河系源出中国,其中心形象既不是先知,也不是神秘主义者,而是圣贤,

①麦克斯·缪勒:《宗教学导论》,第86页。

②同上书,第65页。

③同上书,第92页。

④秦家懿、孔汉思:《中国宗教与基督教》,吴华译,生活·读书·新知三联书店1990年,第2页。

这是一个哲人宗教。”①“先知宗教”（闪米特犹太）、“神秘宗教”（雅利安印度）和“哲人宗教”（中国）的提法极具意蕴。孔汉思的三大河系说与麦克斯·缪勒的三大宗教说的最大不同，是孔氏对中国宗教的界定。显然，缪勒的说法适于前儒教或前轴心时代的宗教信仰和民间信仰，而孔汉思所面对的是被习称为“儒教”的传统，而不是前儒教的原始信仰或儒教时期的民间信仰。我必须承认，哲人宗教的提法对我有很大吸引力，只是，这种提法尚不能满足我们对前轴心时代宗教观念的研究，也无法说明这一圣哲宗教在中国上古文明中是如何产生和发展起来的。正如与孔汉思对谈的秦家懿所看到的，古代曾有很长时间以占卜、祭祀为中心，她特别提出原始文化中的巫术宗教（Shamanism）和民间通灵活动所表现的被艾略特（Elliott）称为“神灵宗教”（Shenism）的问题②。这样，我们必须面对这个问题，即如果上述的看法都可以接受，就必须解释，在上古中国文明的发展中，单一神教是如何演变为圣哲宗教的。

如前所说，麦克斯·缪勒认为古代闪米特信仰是一神教，古代雅利安信仰是多神教，这涉及他关于神灵观念发展的三个阶段的理论。在比《宗教学导论》晚二十八年出版的《宗教的起源与发展》（1878）中，缪勒主张，有三种神灵观念发展的形态，第一是单一神教，信仰许多独立的神，众神之间不相从属，众神来自不同的领域，具有不同的属性，在各自领域都是至高无上的。第二是多神教，信仰许多神灵，但与单一神教不同，所有单一神被结合为一个有机整体，出现一位至高无上的神，其他所有神都从属于它，而至上神以外的众神之间是平等的。第三是唯一神教，即否定所有其他神，只追求一位至高无上的

①秦家懿、孔汉思：《中国宗教与基督教》，吴华译，生活·读书·新知三联书店1990年，第3页。

②同上书，第13页。

更真更善的神①。他还认为,宗教观念就是依照单一神教—多神教—唯一神教的次序发展的。这种宗教发展观是否能普遍成立显然是有疑问的,如有学者指出犹太民族是一开始就信仰唯一神教的。

殷墟卜辞的研究表明,至少殷商时代晚期的宗教信仰,以帝与帝廷为代表,已不是单一神教,而是多神教信仰,而且这种多神教的信仰在本质上,是接近雅利安人的自然神祇信仰——"自然中的上帝",即殷人信仰的神主要反映了他们对自然力的依赖。

但是,周人的宗教信仰显然有些变化,虽然有学者认为周人的天是人格神而殷人的帝未人格化②,但周人信仰的最高代表是"天",甚至是"天命",在天命的意义上更表现出宇宙秩序和宇宙命运的色彩。以文王为代表的祖先神的地位有所上升,而"帝廷"的观念似乎逐渐在减弱。而且在周书中,以及周人改过的夏商书中,反复出现的主题是把"天"更多地理解为历史和民族命运的主宰,更接近于闪米特人信仰特质——"历史中的上帝"。固然,殷商时的自然神信仰仍有不少保留下来,而且可以相信,原始的巫术宗教在民间仍保持影响,但是,在最能代表文化发展的精英观念中已经发生了明显变化。在周代,对天地大神的祭祀通过礼制的等级规定而为统治集团所垄断,这有意无意地导致民间合法的祖先祭祀的盛行,从而使得祖先祭祀成了最普遍的宗教性行为。虽然一般民众的祖先亡灵在神祇系列中地位不高,但西周金文中体现出,贵族和上层统治者仍然认为祖先是保佑他们福祉的主要神灵力量。这种发展在宗法制度下导致祖先祭祀的社会功能化。另一方面,由"自然中的上帝"向"历史中的上帝"的转化和发展,并不像其他世界宗教如犹太教那样采取趋于唯一神信仰的

①麦克斯·缪勒:《宗教的起源与发展》,金泽译,上海人民出版社 1989 年,第六章。

②如秦家懿,见《中国宗教与基督教》,第 22 页。

形式,而是在这个关节点上,借助“天命”的观念,透过自然法则和历史命运的观念意识,向后来的“圣哲宗教”慢慢地前进。

九、文化演进与文化精神

现在,让我们换一个角度,不从宗教学,而从文化学上再来审视这一观念演化的过程。

德国哲学家恩斯特·卡西尔常把原始宗教纳入他所谓“神话思维”来考察。他反对列维—布留尔把神话思维看成“前逻辑的思维”(Prelogical Thought)或原逻辑的思维、把原始人的智力归结为神秘互渗的看法。他指出:“认为原始人的智力必然是原逻辑的或神秘的,这似乎是与我们人类学和人种学的证据相矛盾的。我们可以看到,原始生活和原始文化的许多方面,都表现出我们自己的文化生活中所熟知的各种特点。……即使在原始生活中,我们也总是看到,在神圣的领域以外还有着尘世的或非宗教的领域,存在着一套由各种习惯的或法定的规则构成的世俗传统,它们规定着社会生活得以进行的方式。”①卡西尔认为列维—布留尔等忽视了神话经验的基本情况:

> 神话的真正基质不是思维的基质而是情感的基质。神话和原始宗教决不是完全无条理性的……它们的条理性更多地依赖于情感的统一性而不是依赖于逻辑的法则。②

为了说明作为原始思想基础的情感的统一性,卡西尔提出了“生命一

---

①卡西尔:《人论》,甘阳译,上海译文出版社 1985 年,第 102—103 页。
②同上书,第 104 页。

体化”的观念(Solidarity of Life)。在他看来,原始人并不缺少把各种经验事物加以区分的能力,但在原始人看来,那些相互区别的各种事物被连接为一种生命体,在这种生命一体化的联系中,事物的经验区别不再重要。这种一体化的信仰用另一种表述方式,就是“整体的交感”(Sympathy of the Whole)①。不仅巫术是这种思维的表现,灵魂轮回的观念也是这种思维的表现,因为生命的一体性和不间断,不仅适用于空间(同时性秩序),也适用于时间(连续性秩序)。同时性的各种事物之间,过去、现在和将来的存在之间都不是孤立的,而是紧密地联系着的②。

卡西尔把荷马笔下的奥林匹斯诸神称为人格神,而称在此以前的神祇信仰为功能神,他说:

> 早在人格化的诸神出现以前,我们就已经看见过那些一直被称为功能性的诸神。它们还不是希腊宗教中那些人格化的神,即荷马的奥林匹斯山上的诸神。另一方面,它们不再具有原始神话概念的那种含糊性,它们是具体的存在物,但是这种具体性表现在它们的行为上,而不是表现在它们的人格化的外表或存在上。因此,它们没有专名——例如宙斯、赫拉、阿波罗,只有表征它们的特殊功能或活动的形容词名称。③

卡西尔似乎把这种功能神的阶段看成从神话和巫术交感向宗教思想进一步发展的第一阶段,在功能神信仰中,个性、个体性虽然还未真正发展,但开始离开原始的模糊性。卡西尔的“功能神”似乎与缪勒

①卡西尔:《人论》,第105页。
②同上书,第107、122页。
③同上书,第124页。

的“单一神”相对应①。

在这里，卡西尔笔锋一转，把罗马精神与希腊精神加以对比，他认为，罗马宗教可以帮助我们理解功能性神祇的真正品性。在那里，一类神播种，另一类神监视耙掘和施肥，农民的每一种活动都有一类功能性神祇指引和保护着。然后他说：

> 在这种宗教体系中我们可以看到罗马精神的全部典型特征。这是一种赋有巨大凝聚力的、有节制的、务实的、生气勃勃的精神。对一个罗马人来说，生命意味着积极的生活，而且他有特别的才能来组织这种积极的生活，管理并协调它的一切成果。对这种倾向的宗教表达可以在罗马的功能性神祇中找到，这些神祇必须完成确定的实际任务。②

这个说法多么像中国人啊。事实上，在各个方面，周代的中国与古代罗马有很多相似之处。然而：

> 在希腊宗教中，从一开始起就占压倒优势的似乎是完全不同的思想和情感倾向。……在荷马史诗影响下所有这些希腊宗教的古代特征（指祖先崇拜，引者注）开始消失了，它们被神话和宗教思想的一个新趋向遮蔽了。希腊艺术为一个新的神祇概念铺平了道路。正如希罗多德所说，荷马和赫西俄德“给希腊诸神命名并且描绘出了它们的模样”。而在希腊诗歌中开始的这项工作在希腊雕塑中得到了完成。③

①有关职能神的信仰，可参看吕大吉主编《宗教学通论》，第134—135页。

②卡西尔：《人论》，第124—125页。

③同上书，第125—126页。

他认为,在希腊宗教的这个阶段,生命一体化的感情让位于一种新的自然的亲族关系,不再有一种血缘关系把人与动物或植物联结起来,人在他的人格化的诸神中开始以一种新的眼光看待他自己的人格①。在这种进展中可以看到人类心智的一种新的能动性的觉醒,这是希腊人自我实现的重要一步,如穆雷所说:

> 世界在那时被想象成既不是完全没有外部的支配,又不是单单只服从于体现在牛鬼蛇神中的超自然力量的淫威,而是被看成是受一个有组织的团体所管辖的,这个团体是由一些有人格有理性的统治者、贤明而慷慨的长者组成的,它在精神上和形态上都像人一样,只是大得无可比拟罢了。②

卡西尔断言,“行动的务实的罗马精神所拒绝接受的东西正是沉思的艺术的希腊精神所完成的东西”,“荷马的神祇所代表的不是道德的理想,而是非常典型的精神理想”,荷马笔下的“凡人与诸神都不是道德理想的化身,而是特殊的精神能力和倾向的体现”③。

卡西尔在他有关“神话与宗教”的论述中是否严格地注意到各个不同时期不同地域文明发展在阶段上的差异性,似乎是有疑问的。不过这暂且不论。卡西尔所说的罗马的务实精神和希腊的精神理想不仅揭示了前轴心时代罗马和希腊宗教精神的差异,也昭示了两种文化精神(Ethos)的不同。

更早地,尼采(Nietzsche)的《悲剧的诞生》开门见山地凸显日神阿波罗(Apollo)和酒神狄奥尼索斯(Dionysus)的二元紧张。日神既

①卡西尔:《人论》,第117页。
②同上。
③皆同上书,第126页。

是追求美丽外观的冲动，同时他的形象中又不可缺少地包含着“适度—克制”和“平静安宁”①。酒神的本质表现为充满的狂喜、激情的高涨。日神的庄严姿态抵抗着汹涌澎湃的酒神冲动。虽然尼采认为二者借德尔斐神的作用化抵抗为和解，但这种二元性的对立太像理性与感性的永恒紧张了②。

不管尼采本人对日神、酒神作何理解，文化人类学在处理不同族群的文化气质时毫不犹豫地引申了这一对范畴。露丝·本尼迪克特这位杰出的人类学家，在描述新墨西哥的普韦布洛人时指出：

> 普韦布洛人是一个讲究礼仪的部族。但这还不是那种把他们和北美及墨西哥其他部族分开来的基本风尚。……普韦布洛和北美其他文化之间的基本差别实是尼采在他的古希腊悲剧研究中所说的那种差别。③

她对尼采的“日神—酒神”二元性对立的理解是：“酒神是通过‘生存的一般界限的湮灭’来追求这样的价值的，他寻求在他最有价值的一刻得以摆脱五官强加给自己的界限，突入另一种经验秩序”，而阿波罗日神对此毫不相信，“他只知道一种法则，即希腊人所说的‘度’，他总持一种中庸之道，不偏不倚，循规蹈矩，墨守成规，从不动那种冲出樊篱的邪念”④。她说：“西南部的普韦布洛人就是那些阿

①尼采：《悲剧的诞生》，周国平译，生活·读书·新知三联书店1986年，第4—5页。

②类似的分析亦见于斯宾格勒，他区分了两大人生观的完形，一是古典世界的阿波罗式，一是现代世界的浮士德式。

③本尼迪克特：《文化模式》，王炜等译，生活·读书·新知三联书店1988年，第80页。

④同上。

波罗式的人……循规蹈矩、中庸之道等对于任何阿波罗式的人物来说都应具有的特点,也都包含在祖尼人的一般传统之中了。"①而其他北美的印第安人"都是些热情激荡的酒神狄奥尼索斯式的人物,他们崇尚一切极端的体验,崇尚一切人类可以据以突破日常感性规则的手段"②。

本尼迪克特当然知道,尼采所说的日神与酒神的对立并非可以完全对应于普韦布洛人与周围部族之间的差异,她说自己只是借用希腊文化的一些术语来描述西南部印第安人的文化③,以凸显普韦布洛文化与其他美洲印第安文化间的不同特点。

引用从尼采到本尼迪克特的"日神—酒神"分析,当然是为了借以说明殷周文化变异的特点。正如玛格丽特·米德强调的,本尼迪克特决不企图将人类各种文化都类型化地纳入阿波罗型和狄奥尼索斯型④,就本尼迪克特的文化人类学立场来说,她所说的文化模式(Patterns)不能以类型(Type)一词代替。因为对她来说,模式有很强的经验特色和相对性。同时她认为,每一文化的性格即是该文化的主旋律,使此一文化具有一定模式的也是这一主旋律,亦即这一民族的文化精神(Ethos)⑤。她在1928年发表的论文《西南部各种文化的心理学形态》开始采用Ethos这一词,用以显示文化的民族精神和主导方向。

但我们确实觉得,"日神—酒神"的二元性对把握商周文化的差异有相当大的启发和便利。日神阿波罗型的威严、温和、抑制情感、

①本尼迪克特:《文化模式》,第81页。
②同上。
③同上书,第80页。
④参看庄锡昌、孙志民:《文化人类学的理论框架》,浙江人民出版社1988年,第85页。
⑤同上书,第87页。

适度、典型的形式主义，和罗马宗教的节制、务实，显然接近于周人的文化精神。而殷人的宗教崇拜，以酒器充斥的祭祀活动更近于酒神精神①。殷人具有更多的宗教狂热，周人具有更多的历史理性。李泽厚也认为，“即使不说‘礼乐’传统是日神型，但至少它不是酒神型的，它是一种非酒神型的原始文化”②。只是，中国古代真正的礼乐文化应从西周开始，而这个时期已经从原始文化中经历了漫长的成长。

在这个意义上，在本文所规定的用法上，日神精神乃是代表一种理性的精神，这种理性不一定体现为纯粹唯智主义所了解的理性化或形式合理性意义上的理性化，它一方面表现为人本精神的崛起，另一方面表现为伦理意识对原始巫术文化的扬弃。而酒神精神，在本文的意义上，则是指源于巫术宗教的非理性的迷思和崇拜。可以说，周代的文化，下至春秋战国，都可以看到一条明显的线索，即人本理性与巫祝文化的斗争。周文化的历史就是在礼乐文化中不断扬弃乃至压挤巫祝文化的历史，是在大传统中不断剔除巫祝文化的原始性而保留其神圣性的历史。

当然，像“酒神”这种意象毕竟源于希腊，如何体现从良渚文化、大汶口文化乃至楚文化的神巫精神，也许应当找到根于中国固有文化的意象来加以表达。另外，《礼记·表记》的三代文化论正是古圣先贤对三代“文化模式”的最好表达。还应指出，真正意义上的“精神气质”(Ethos)必须从价值、道德来讲，只从宗教性上讲日神、酒神的精神，还不足以说明晚近文化人类学家如克利福德·吉尔兹(Clifford Geertz)所理解的“Ethos”③。

---

①李亚农说殷代铜器十之七八是酒器，见《李亚农史论集》，第460页。

②李泽厚：《华夏美学》，香港三联书店1988年，第20页。

③Clifford Geertz, *The Interpretation of Culture*, Basic Books, Ins, 1973, pp. 126-128.

十、从自然宗教到伦理宗教

殷周之际的宗教变革更需要从另一个重要角度来了解,这就是"伦理宗教"的角度。

人类社会的宗教发展表明,摆脱小的村落和部落的原始宗教,适应大的社群和族群的真正宗教的出现,必然是宗教思维与伦理原则的结合。伦理性原则是检视宗教之所以为宗教或宗教之发展水平的自然标尺。荷兰学者提埃利曾提出有关宗教进化的分类体系,认为宗教的进化基本上是从自然宗教发展为伦理宗教的过程①,这一看法事实上具有相当重要的普遍意义。

在希腊文化的历史上,在前苏格拉底时代,旧的诸神——荷马和赫西俄德的诸神开始遭受激烈批评,走向消亡。一种新的宗教理想产生了,埃斯库罗斯和欧里庇德斯、色诺芬尼、赫拉克利特、阿那克萨哥拉,他们创造了新的智慧和道德标准,根据这种标准来衡量,荷马诸神丧失了它们的权威。色诺芬尼说:"荷马和赫西俄德把人间一切羞耻和不光彩的行为都给了神祇:盗窃、通奸、欺诈。"②荷马神祇的身上没有道德理想。

然而,卡西尔指出:

> 在那些大的一神宗教中,我们遇见的是样子完全不同的神。这些宗教是道德力量的产物,它们全神贯注于一点上——善与恶的问题。在琐罗亚斯德教中,只有一个最高的存在者胡腊玛达——"智慧之神"。在他之外,离开了他,没有他,也就无物存

①参看吕大吉主编:《宗教学通论》,第79—80页。

②引自卡西尔:《人论》,第126页。

> 在。他是至高无上的、最完善的存在者,是绝对的统治者。在这里我们看不到任何具有个性的东西,看不到作为各种自然力量或精神品质之代表的众多的神。原始神话遭到了一种新的力量、一种纯粹伦理力量的攻击并且被战胜。在最初的神和超自然现象的概念中,人们是全然不知道这样一种力量的。①
>
> 从一开始起,琐罗亚斯德教就是与这种神话的中立性根本对立的,或者说,是和表现希腊多神教之特征的那种审美的中立性根本对立的。这种宗教不是神话想象或审美想象的产物,而是伟大的个人道德意志的表现,甚至连自然也呈现出新的面貌,因为人们专门从伦理生活的镜子中来观察它了。②
>
> 在琐罗亚斯德教中我们也看见同样的概念,但是在这里它指向了一个全新的方向:伦理的意义取代和接替了巫术的意义。人的全部生活成了为正义而进行的不间断斗争。"善的思想、善的词语、善的行为"这个三位一体在这种斗争中起着最主要的作用。人们不再靠巫术的力量而是靠正义的力量去寻求或接近上帝。③

不仅拜火教是如此,在卡西尔看来,犹太教也是如此,他指出,在犹太教中并未全盘消灭最初的基本的神话思维特征,以色列的先知的功绩不是消除神话思维,他所提供的真正的新的东西不是先知预言的宗教性,"而是它的内在倾向,它的伦理意义"。"一切较成熟的宗教必须完成的最大奇迹之一,就是要从最原始的概念和最粗俗的迷信之粗糙素材中提取它们的新品质,提取出它们对生活的伦理解释和

①卡西尔:《人论》,第127—128页。
②同上书,第128页。
③同上书,第129页。

宗教解释。”①

从这样的立场来看,人类的宗教—伦理文化的发展,就是以各种方式通过伦理意识的奋斗摆脱禁忌体系体现的巫术的消极压抑和强制,走向自由的理想的过程。这需要漫长艰巨的努力,成熟的宗教必须克服原始的禁忌主义体系。卡西尔正确地指出,禁忌主义体系所注重的是“行为”,而不是行为的“动机”。“禁忌体系强加给人无数的责任和义务,但是所有这些责任都有一个共同的特点:它们完全是消极的,它们不包括任何积极的理想。某些事情必须回避,某些行为必须回避——我们在这里发现的是各种禁令,而不是道德或宗教的要求。因为支配着禁忌体系的正是恐惧,而恐惧唯一知道的只是如何去禁止,而不是如何去指导。它警告要提防危险,但它不可能在人身上激起新的积极的即道德的能量。”②

仅仅有“礼”的约束,并不能产生积极的自由和理想,只有当文化的注意力转向行为的“动机”,并发展出“德性”的观念,文化才获得了进一步发展的积极动力,才能借助伦理的意义而不是神秘方术去接近上帝。仍然是卡西尔指出的,人类的伟大导师发现,祭忌体系是不能取消的,但在祭忌体系之外他们发现了新的冲动,这种冲动在自己身上发现了一种肯定的力量,一种不是消极的禁止,而是激励和追求的力量。由此人们才有可能由被动的服从转向积极的追求。他说:

> 一切较成熟的伦理宗教——以色列先知们的宗教、琐罗亚斯德教、基督教——都给自己提出了一个共同的任务,它们解除了禁忌体系不堪承受的重负,但另一方面,它们发现了宗教义务的一个更为深刻的含义:这些义务不是作为约束或强制,而是新

①卡西尔:《人论》,第133页。

②同上书,第138页。

的积极的人类自由理想的表现。①

在殷商对神鬼的恐惧崇拜与周人对天的尊崇敬畏之间，有着很大的道德差别。前者仍是自然宗教的体现，后者包含着社会进步与道德秩序的原则。需要指出的是，周人文化的这种特质和发展，虽然与“伦理宗教”的阶段相当，但周代的礼乐文化并非走的唯一神教的路子，它的独特的礼乐文化与德性追求，开启了通往圣哲宗教的东亚道路——德礼文化。

商人已具有人格神的观念，如祖先神，这种观念要比接触、类比的观念复杂得多，故商代文化已不是巫文化或萨满文化，而是保留着萨满色彩的自然宗教。但这虽然是一种宗教形态，却没有任何道德理想出现，看不到伦理价值，看不到理性智慧，一句话，看不到“价值理性”。而真正的宗教决不能止于消极的禁忌，而是积极的价值和理想。只是，当中国“真正的宗教”开始出现或成熟时，它自己又已经不是“真正”的“宗教”了。

晚近人类学家和历史学家在处理较高级的文化体系（而不是小规模的原始文化群落）时，倾向于把文化总体分为两个部分，二十世纪五十年代雷德斐尔德的“大传统”与“小传统”之说流行一时，而七十年代以后，西方学界亦多用“精英文化”与“通俗文化”取代雷氏之说。大传统或精英文化指社会上层知识阶层的文化，小传统或通俗文化指未受正式教育的一般民众的文化。研究中国文化的历史学家和人类学家认为，这种二分法为中国文化研究提供了一个有益的概念框架②。

①卡西尔：《人论》，第139页。

②参看余英时：《汉代循吏与文化传播》，《中国思想传统的现代诠释》，台北联经出版事业股份有限公司，第167—171页。

本文的基本立场是着眼于精神文化,其中又以伦理—宗教观念的演进为中心,因此决定了本文注重研究中国文化大传统的演生历程。由两种传统或两种文化的区分,决定了本文研究对对象素材的选择。从宗教思想史研究的方面来看,早期巫术文化阶段是大小传统尚未分化的阶段,与之相应的是生活群体狭小、族群政治功能未曾分化的社会发展阶段。虽然这一时期也有祭祀现象存在,但巫术居于主导地位。随社会分化的进一步发展,文化的主导形态变为祭祀文化,祭祀行为早在大小传统未分时即已存在,但正是社会分化的发展使得祭司阶层逐渐脱离出来,配合政治君主制的形成,发展出祭祀礼乐和多神教的观念;又在殷周之际从祭祀文化发展为礼乐文化,这才形成了中国文化的许多基本要素。可以说,每一成熟的文明都是在多神信仰向伦理宗教转变的过程中形成其后来保持的基因和特色的。

在中国文化的这个发展中,巫术在第一次分化(祭祀文化取代了巫术文化的主导地位)时仍保留在通俗文化中而成为小传统,并在以后几千年中通过各种方技术数凝结为小传统的一套体系。祭祀在第二次分化(礼乐文化取代了祭祀文化的主导地位)时演变为国家宗教活动的形式和最普遍的祖先祭祀,但已不能代表大传统的精英文化。从礼乐文化到诸子思想,知识分子的精神活动借助文字表达的权力形成对后世有强大范导作用的大传统。

马克思从另一个方向早就提示过大传统的重要性。他指出,意识形态的生产者主要是统治阶级:“统治阶级的思想在每一时代都是占统治地位的思想;这就是说,一个阶级是社会上占统治地位的物质力量,同时也是社会上占统治地位的精神力量。支配着物质生产资料的阶级,同时也支配着精神生产的资料。因此,那些没有生产资料的人的思想，一般地是受统治阶级支配的。”①只是，我们应当对占统治地位的文化作进一步的分疏，要把知识分子超越性的精神活动和政治统治集团的文化活动区别开来，在文化发展史的每一阶段，真正具有代表意义的是知识分子的观念活动，而政治统治集团的文化活动往往不能代表时代的文化发展，这从汉代朝廷的神灵祭祀和巫蛊活动中可见一斑。

本文的最终着眼点是春秋末期孔子思想与儒学的产生，而春秋时期的诸子思想所代表的正是这一时期的大传统②，这个大传统的来源是本文着力处理的主题。因此本文所希望了解的，是中国原始文化如何在新石器时代晚期和进入文明门槛的时候分化为两个传统，又如何最终产生出宗教—伦理体系为主要形态的精神文化大传统。从这一点出发，在一个时期中，那些在这个过程中逐渐降落或保留为小传统而不再能代表大传统的东西，就在该时期被置于注意之外。但是，一种文化现象在后来发展中降入或保存为小传统而不再代表大传统，并不等于它在早期文化发展中即如此，它在早期文化发展中可能占据主导地位，足以代表该时期文化的高级形态，如巫术在新石器后期是文明的主要形态；又如祭祀，在殷商文明中无疑代表较高的发展水平。对这些文化现象必须在其作为主导形态的时代对其加以研究。所以我们在夏以前最重视巫觋文化，在殷商时代最重视祭祀文化。但在西周天命思想和德性观念产生之后，不仅占卜、巫术不能代表文化体系的水平，就是神灵的祭祀也已不能代表文化特别是信仰、思想的最高发展水平。秦汉以后，巫术和占卜、祭祀在社会文化中虽然仍存在，在不同的层面发挥功能，从某些方面的研究来

①马克思、恩格斯:《德意志意识形态》,《马克思恩格斯选集》(第一卷),第52页。

②余英时:《中国思想传统的现代诠释》,第178页。

看,甚至还很重要,但狭义的文化史,主要是思想史,更加注重的是足以代表该时期文化发展水平的观念和意识形态。

最后,有几个问题提出来以存疑。第一,不管是因是果,君主对天的祭祀的独占,是否可以认为表示“天”是国家或族群的神,与个人无关。第二,宗教文化的理性化不是直线进步的,在许多文明中出现过这样的现象,即理性化的宗教阶段之后,又由某些因素导致了巫术的重占上风。如古埃及在中王国之后宗教的伦理意义遭到毁灭,迷信和巫术占据优势①;又如巴比伦时巫术和占卜之受重视比苏美尔时更加盛行②。古代波斯的琐罗亚斯德教在兴盛之后,原始迷信和巫术的因素有所发展③。在中国上古历史中如从仰韶时代到龙山时代是否有过这样的变化,还值得进一步研究。

（原载《中国社会科学季刊》1995. 10）

①伯恩斯、拉尔夫:《世界文明史》(第一卷),罗经国等译,商务印书馆 1990 年,第 44 页。

②同上书,第 77 页。

③同上书,第 94 页。

春秋时代的礼治论

夫礼,天之经,地之义,民之行也。

——《左传》昭公二十五年

本文的讨论,先从歌诗、赋诗、乐舞开始,以呈现春秋前期礼乐文化的一般状态,而后集中讨论春秋后期礼乐文化的危机和演变。

一、歌舞

春秋礼乐文化有《左传》这样的文献对其具体呈现,使我们得以了解得更为具体细致。其中,最值得提出来的,是礼乐实践中的赋歌诵诗以及乐舞。

春秋时代,行燕享之礼,而歌诗为燕享仪式的重要组成部分。《仪礼·燕礼》对此种仪式有记载:

乐正先升,北面立于其西。小臣纳工,工四人,二瑟。小臣左何瑟,面鼓,执越,内弦,右手相入。升自西阶,北面东上坐。小臣坐授瑟,乃降;工歌《鹿鸣》《四牡》《皇皇者华》。卒歌。……笙入,立于县中。奏《南陔》《白华》《华黍》。……乃间歌《鱼丽》,笙《由庚》;歌《南有嘉鱼》,笙《崇丘》;歌《南山有台》,笙《由仪》。遂歌乡乐:《周南·关雎》《葛覃》《卷耳》,《召

> 南·鹊巢》《采蘩》《采蘋》。大师告于乐正曰:"正歌备。"……若以乐纳宾,则宾及庭,奏《肆夏》。宾拜酒,主人答拜而乐阕。公拜受爵而奏《肆夏》。公卒爵,主人升,受爵以下,而乐阕。升歌《鹿鸣》,下管《新宫》,笙入三成,遂合乡乐。若舞,则《勺》。

《仪礼》的"乡饮酒礼""乡射礼"也有类似奏歌舞乐的节目(此处节目二字用古义,非现代汉语之用)。歌诗是在宴集场合配乐歌诗,成为整个宴集礼仪的一部分。而歌诗的过程可以分为两部分,一为正歌,一为纳宾之歌。所谓正歌,是指宴会主体阶段的乐歌,其中又分为四节:一是以瑟伴奏,歌《小雅》的《鹿鸣》《四牡》《皇皇者华》三首(晋侯享叔孙豹亦歌此三首)。二是以笙伴奏,奏《南陔》《白华》《华黍》三首(此三首为逸诗)。三是以瑟和小笙相间伴奏,以瑟伴奏歌《小雅》的《鱼丽》《南有嘉鱼》《南山有台》三首;以笙伴奏歌《由庚》《崇丘》《由仪》(此三首亦为逸诗)。四是乡乐,所歌都是国风,歌《周南》的《关雎》《葛覃》《卷耳》三首,歌《召南》的《鹊巢》《采蘩》《采蘋》三首。正歌奏完之后,还有纳宾之歌,纳宾之歌比较简单,其中两次奏《肆夏》,《肆夏》为周礼钟乐九夏之二,是钟鼓乐。最后歌《小雅》的《鹿鸣》。燕礼的奏乐歌诗,是固定化的仪式程序,一般来说客人无须作出反应。

但是,春秋时代多数享宴场合,是由主人安排乐歌,以表达某种意愿,这时,客人既要理解主人在此一脉络之下所以奏歌此诗的深意,又需要作出适当的反应。比如:

> 穆叔如晋,报知武子之聘也。晋侯享之。金奏《肆夏》之三,不拜。工歌《文王》之三,又不拜。歌《鹿鸣》之三,三拜。韩献子使行人子员问之曰:"子以君命辱于敝邑。先君之礼,藉之以乐,以辱吾子。吾子舍其大而重拜其细,敢问何礼也?"

> 对曰："《三夏》，天子所以享元侯也，使臣弗敢以闻。《文王》，两君相见之乐也，臣不敢及。《鹿鸣》，君所以嘉寡君也，敢不拜嘉！《四牡》，君所以劳使臣也，敢不重拜！《皇皇者华》，君教使臣曰：'必咨于周。'臣闻之：'访问于善为咨，咨亲为询，咨礼为度，咨事为诹，咨难为谋。'臣获五善，敢不重拜！"（《左传》襄公四年）

叔孙穆子（叔孙豹）访问晋国，这是对知武子访问鲁国的回访。晋侯以享礼接待他，先令乐工以钟鼓奏《肆夏》之三，可是穆叔并没有拜谢[①]。然后令乐工歌《诗·大雅》的《文王之什》首三章，穆叔还是没有拜谢。其后，令歌《小雅》的《鹿鸣之什》首三章，穆叔拜谢三次[②]。韩献子不明白，派人去问他。叔孙豹来自鲁国，深知周礼，所以他对每一次奏乐歌诗的反应都尽量合于礼。晋国礼乐文化毕竟不如鲁浸润之深，所以在享礼上，虽然金奏歌诗，享之乐之，却未能尽合于礼，且对叔孙豹的应答方式也不能真正了解。叔孙豹加以说明：《肆夏》之三是天子享诸侯之乐，《文王》是两君相见之乐，我作为臣子，当然不敢领受。而《鹿鸣之什》首三章分别是《鹿鸣》《四牡》《皇皇者华》，其中《鹿鸣》之歌是晋侯用以致意鲁君的，我作为鲁国的代表怎么敢不拜受呢；《四牡》之歌是晋侯用以慰劳我远道而来的，我必当拜谢；《皇皇者华》是晋侯用来教诲我的德行的，我当然要再拜而

①肆夏为钟乐，观穆叔之答，奏肆夏时亦应有歌诗相配，有学者认为同时歌《周颂·清庙之什》末章。参看杨向时：《左传赋诗引诗考》，第25页。

②所歌文王之三，杜注："文王之三，大雅之首，《文王》《大明》《绵》。"即《诗经·大雅·文王之什》的首三章。所歌鹿鸣之三，杜注："《小雅》之首，《鹿鸣》《四牡》《皇皇者华》。"

谢了①。照《仪礼》所说,歌《鹿鸣》《四牡》《皇皇者华》是燕飨礼正歌的固定程序,则叔孙穆子无须一一拜谢。叔孙穆子对这三首的三拜,似乎说明鲁国所奉行的礼并未以此三首为固定的节目。当然,穆子所说,也可以看作一种诠释,通过他个人的、非常规的诠释以表现他对"礼乐"的特别讲求。

襄公二十九年,吴国的公子季札来聘于鲁国,《左传》载此事甚详:

> 吴公子札来聘,见叔孙穆子,说之。……请观于周乐。使工为之歌《周南》《召南》,曰:"美哉!始基之矣,犹未也,然勤而不怨矣。"为之歌《邶》《鄘》《卫》,曰:"美哉!渊乎!忧而不困者也。吾闻卫康叔、武公之德如是,是其《卫风》乎?"为之歌《王》,曰:"美哉!思而不惧,其周之东乎?"为之歌《郑》,曰:"美哉!其细已甚,民弗堪之矣,是其先亡乎?"为之歌《齐》,曰:"美哉!泱泱乎!大风也哉!表东海者,其大公乎?国未可量也。"为之歌《豳》,曰:"美哉!荡乎!乐而不淫,其周公之东乎?"为之歌《秦》,曰:"此之谓夏声,夫能夏则大,大之至也,其周之旧乎?"为之歌《魏》,曰:"美哉!沨沨乎!大而婉,险而易行,以德辅此,则明主也。"为之歌《唐》,曰:"思深哉!其有陶唐氏之遗民乎!不然,何其忧之远也?"为之歌《陈》,曰:"国无主,其能久乎?"自《郐》以下无讥焉。为之歌《小雅》,曰:"美哉!思而不贰,怨而不言,其周德之衰乎?犹有先王之遗民焉。"为之歌《大雅》,曰:"广哉!熙熙乎!曲而有直体,其文王之德乎!"为之歌

①穆叔所谓咨之五善,亦由《皇皇者华》有云"载驰载驱,周爰咨诹""载驰载驱,周爰咨度""载驰载驱,周爰咨谋""载驰载驱,周爰咨询"。又叔孙穆子聘晋一事,亦载于《国语·鲁语下》。

《颂》，曰："至矣哉！直而不倨，曲而不屈，迩而不逼，远而不携，迁而不淫，复而不厌，哀而不愁，乐而不荒，用而不匮，广而不宣，施而不费，取而不贪，处而不底，行而不流。五声和，八风平，节有度，守有序。盛德之所同也。"见舞《象箾》《南籥》者，曰："美哉！犹有憾。"见舞《大武》者，曰："美哉！周之盛也，其若此乎！"见舞《韶濩》者，曰："圣人之弘也，而犹有惭德，圣人之难也。"见舞《大夏》者，曰："美哉！勤而不德，非禹，其谁能修之！"见舞《韶箾》者，曰："德至矣哉！大矣，如天之无不帱也，如地之无不载也！虽甚盛德，其蔑以加于此矣。观止矣！若有他乐，吾不敢请已。"

季札为吴王寿梦之子，到鲁国访问，要求观赏周乐。因为鲁国保存周礼最多，又传承三代乐舞，礼乐文明在诸侯国中最为发达，季札来自远离中原的吴国，所以请求观赏。不过，从上面的记述来看，季札虽然来自吴国，但他显然已经饱受中原文化的熏陶，修养甚高，所以他的评论和鉴赏力已达到相当高的水平。他先后对演奏的乐、诗、舞加以品评，不仅显示出他的美学欣赏能力，而且显示出他对上古传统、周人历史和各国政情都颇为了解。

二、赋诗

所谓赋诗，是指春秋时期诸侯、卿大夫在燕礼、享礼、朝礼、聘礼以及会盟等正式交往的场合，口赋《诗经》中的诗句以互相表达意愿，既完成一种仪式，又以此作为一种特殊的外交辞令，进行交流。《左传》中记录的行礼赋诗之事，数以百计，以下列举若干显著之例来说明。

赋诗与歌诗不同，歌诗是以乐伴奏而歌咏之，而赋诗则无歌，故班固云“不歌而颂亦曰赋”。更重要的,如燕礼中的歌诗,常常是遵循固定的礼节条目,是纯粹礼仪性的、固定化的。而宴享中的赋诗则是参加者自己根据情境而自选《诗经》的诗句来表达意愿。看下面的例子:

> 秦伯将享公子,公子使子犯从,子犯曰:“吾不如衰之文也,请使衰从。”乃使子馀从。秦伯享公子如享国君之礼,子馀相如宾。……明日宴,秦伯赋《采菽》,子馀使公子降拜。秦伯降辞。子馀曰:“君以天子之命服命重耳,重耳敢有安志,敢不降拜?”成拜卒登,子馀使公子赋《黍苗》。子馀曰:“重耳之仰君也,若黍苗之仰阴雨也……”秦伯叹曰:“是子将有焉,岂专在寡人乎?”秦伯赋《鸠飞》,公子赋《河水》,秦伯赋《六月》,子馀使公子降拜,秦伯降辞。子馀曰:“君称所以佐天子匡王国者以命重耳,重耳敢有惰心,敢不从德?”(《国语·晋语五》)

享礼与宴宾是分开的。晋公子重耳流亡到秦国,秦伯以国君之礼享之,在享礼上没有赋诗①。次日宴宾,秦伯赋《采菽》,其诗曰“君子来朝,何赐予之”,子馀(赵衰)让重耳下堂拜谢,秦伯也下堂辞谢,子馀说,《采菽》是王赐诸侯命服之乐,您以此赋,我们怎敢不降拜。拜后重新上堂,子馀让重耳赋《黍苗》,该诗中有“芃芃黍苗,阴雨膏之”,子馀解释赋此诗的意思是,重耳仰仗秦国,如同黍苗仰仗阴雨一样。其实赋此诗的意思本来不必解释,秦伯自能明白。子馀作此解释主要是为了以此为引子,具体说明重耳复国的志向。秦伯赋《鸠飞》,诗中说“我心忧伤,念昔先人”,秦穆公女穆姬是晋怀公妻,秦伯赋此诗

①亦有享时赋诗,而宴时不赋者,如“宋公享昭子,赋《新宫》,昭子赋《车辖》。明日宴,饮酒,乐……”(昭公二十五年)。

表示念在穆姬情分,会帮助重耳。重耳赋《河水》,用“沔彼流水,朝宗于海”表示如能返国,必朝事于秦。秦伯又赋《六月》,以诗中的“以佐天子”表示他相信重耳返国后定能成一番事业。子馀再次让重耳降拜,并说《六月》是讲尹吉甫辅佐周宣王的事,秦伯以此鼓励重耳,重耳怎敢不听从您的意旨呢?秦、晋两国的政治交易就在这样雍容典雅的仪式中以赋诗为工具达成了。

> 公如晋,及晋侯盟,晋侯飨公,赋《菁菁者莪》。庄叔以公降拜,曰:“小国受命于大国,敢不慎仪?君贶之以大礼,何乐如之。抑小国之乐,大国之惠也。”晋侯降,辞。登,成拜。公赋《嘉乐》。(文公三年)

《菁菁者莪》为《小雅》中的一篇,其中说“既见君子,乐且有仪”,晋侯在燕享时赋此诗,表示对鲁国国君的欢迎。庄叔相礼,即专任协助礼事之责,便引道鲁君拜谢,云“敢不慎仪”;鲁君又赋《嘉乐》,《嘉乐》是《大雅》中的一首,其中云“保右命之,自天申之”,鲁君以此祝福晋侯。

> 冬,公如晋,朝,且寻盟。卫侯会公于沓,请平于晋。公还,郑伯会公于棐,亦请平于晋。公皆成之。郑伯与公宴于棐。子家赋《鸿雁》。季文子曰:“寡君未免于此。”文子赋《四月》。子家赋《载驰》之四章。文子赋《采薇》之四章。郑伯拜。公答拜。(文公十三年)

鲁文公朝会于晋国,为的是与晋国结盟修好,并帮助卫国向晋国请和。鲁文公在归途中遇到郑国的国君郑伯,郑伯宴享文公,郑国大夫子家赋《鸿雁》,诗中说“燕燕于飞,肃肃其羽”“爰及矜人,哀此鳏寡”,意为问候文公道路奔波之劳,且请求文公怜恤郑国的寡弱,帮忙向晋国请和。季文子代文公作答,赋《四月》,此诗是抱怨出行辛苦的诗,赋此诗意谓鲁国亦寡弱,且远行劳顿,不欲再赴晋国。子家又赋《载驰》之四,此章中说“控于大邦,谁因谁极”,赋诗之意是依靠大国,有求于大国。于是季文子再赋《采薇》之四,其中说“岂敢定居,一月三捷”,表示不敢求安逸,允诺返于晋国为郑请和。所以郑伯拜谢,文公答拜。可见,赋诗之交,不仅是一种礼仪行为,也包含着实质的应答。

> 卫侯如晋,晋人执而囚之于士弱氏。秋七月,齐侯、郑伯为卫侯故,如晋,晋侯兼享之。晋侯赋《嘉乐》。国景子相齐侯,赋《蓼萧》。子展相郑伯,赋《缁衣》。叔向命晋侯拜二君,曰:“寡君敢拜齐君之安我先君之宗祧也,敢拜郑君之不贰也。”国子使晏平仲私于叔向曰:“晋君宣其明德于诸侯,恤其患而补其阙,正其违而治其烦,所以为盟主也。今为臣执君,若之何?”叔向告赵文子,文子以告晋侯。晋侯言卫侯之罪,使叔向告二君。国子赋《辔之柔矣》,子展赋《将仲子兮》,晋侯乃许归卫侯。(襄公二十六年)

襄公二十五年,卫国的甯喜杀卫侯剽,迎卫献公复国。襄公二十六年,晋侯听晋国孙文子之言扣押了到晋国访问的卫献公。所以此年秋天,齐、郑二国之君到晋国访问,欲救卫侯。晋国以享礼接待,赋《嘉乐》。《嘉乐》中说“嘉乐君子,显显令德”,晋侯用此表示对齐侯和郑伯的欢迎。国子代表齐侯赋《蓼萧》,子展代表郑伯赋《缁衣》,其中都暗示晋国看在齐国、郑国的面子上归还卫侯。从这样一个线索来看,国子可能是用《蓼萧》中所说的“既见君子”“宜兄宜弟”,一方面答谢晋侯,一方面指明晋国和郑国是兄弟,希望晋国可以给大家面子。而子展可能是用《缁衣》中的“适子之馆兮”表达对晋国的忠心。叔向了解二君的来意,但知晋侯并不想放卫侯,于是假装认为二君是以这两首诗中的其他诗句颂扬晋侯,让晋侯拜谢之①。国子一看对方似乎没有了解用诗的意思,就让晏子把真正的意思直接告诉叔向,晋侯就让叔向转告卫侯的过失所在。国子赋《辔之柔矣》,其中说“马之刚矣,辔之柔矣”,劝告晋侯要以宽柔安诸侯。子展赋《将仲子兮》,用其中的“岂敢爱人,畏人之多言”即人言可畏的道理劝告晋侯。最后晋侯才同意释放卫侯。

以上三例是公享公之礼,双方赋诗以表达意愿。在《左传》中,更多的是公享大夫、大夫赋诗以答的例子,如:

> 晋范宣子来聘,且拜公之辱,告将用师于郑。公享之,宣子赋《摽有梅》。季武子曰:“谁敢哉!今譬于草木,寡君在君,君之臭味也。欢以承命,何时之有?”武子赋《角弓》。宾将出,武子赋《彤弓》。宣子曰:“城濮之役,我先君文公献功于衡雍,受《彤弓》于襄王,以为子孙藏。匄也,先君守官之嗣也,敢不承命!”(襄公八年)

范宣子到鲁国访问,答谢鲁侯之朝晋。鲁侯宴享范宣子,宣子赋《召南》的《摽有梅》。诗中说,如不嫌弃,请嫁给我。宣子以此诗邀鲁共同讨伐郑国。季武子回应说,晋侯如同花朵,鲁侯如同嗅味,表示鲁将跟随晋;又赋《角弓》,用诗中的“兄弟婚姻”表示承允范宣子之请。宣子将出门,武子又赋《彤弓》,以其中的“我有嘉宾”祝福客人。

> 季武子如晋拜师,晋侯享之。范宣子为政,赋《黍苗》。季武

①谓叔向假意不明,此说取自杨伯峻,见《春秋左传注》第1116页。

> 子兴,再拜稽首,曰:“小国之仰大国也,如百谷之仰膏雨焉!若常膏之,其天下辑睦,岂唯敝邑?”赋《六月》。(襄公十九年)

《黍苗》为《小雅》中的一篇。季武子到晋国,感谢齐国出兵,晋侯以享礼待之,晋国的范宣子赋《黍苗》,对季武子的远道而来表示慰问。季武子遂赋《六月》,赞美晋侯。

> 冬,季武子如宋,报向戌之聘也。褚师段逆之以受享,赋《常棣》之七章以卒。宋人重贿之。归,复命,公享之,赋《鱼丽》之卒章。公赋《南山有台》,武子去所,曰:“臣不堪也。”(襄公二十一年)

襄公十五年,宋国的向戌来鲁国寻盟,故二十一年鲁国的季武子回访宋国。宋国享宴鲁国的客人,武子赋《常棣》之七,取诗中“如鼓瑟琴”“兄弟既翕”之义,称美两国的友好。季武子回到鲁国,襄公也享宴以劳之,武子赋《鱼丽》的最后一章,归美于君。襄公则赋《南山有台》,取其中“乐只君子,邦家之基”以称赞武子,故武子闻赋避席,表示不敢当。

晋国的赵孟在郑国与郑国的七位大夫赋诗应酬,尤能代表当时卿大夫以赋诗会友的文化:

> 郑伯享赵孟于垂陇,子展、伯有、子西、子产、子大叔、二子石从。赵孟曰:“七子从君,以宠武也。请皆赋,以卒君贶。武亦以观七子之志。”子展赋《草虫》,赵孟曰:“善哉!民之主也,抑武也,不足以当之。”伯有赋《鹑之贲贲》,赵孟曰:“床笫之言不逾阈,况在野乎?非使人之所得闻也。”子西赋《黍苗》之四章,赵孟曰:“寡君在,武何能焉?”子产赋《隰桑》,赵孟曰:“武请受其

卒章。”子大叔赋《野有蔓草》,赵孟曰:“吾子之惠也。”印段赋《蟋蟀》,赵孟曰:“善哉!保家之主也,吾有望矣。”公孙段赋《桑扈》,赵孟曰:“匪交匪敖,福将焉往?若保是言也,欲辞福禄,得乎?”(襄公二十七年)

赵孟(名武,文子)自宋国返国,经过郑国,郑伯以礼招待他,七位大夫作陪,赵孟请七大夫各赋一诗,既以成其礼仪,又借以了解各人的心志。子展赋《草虫》,诗中说“未见君子,忧心忡忡”,“亦既见止”“我心则降”,意谓未见赵孟时为国心忧,见到赵孟是君子,觉得晋国能够信赖。赵孟赞美他是人民的好领导,又说自己不敢当君子之美。印段赋《蟋蟀》,诗中说“无以大康,职思其居,好乐无荒,良士瞿瞿”,赵孟听后称赞他为能治理国家的好领导。而伯有赋《鹑之贲贲》,此诗本来是讽刺卫宣姜的淫乱,所以赵孟回应说男女之情不出于门,我是外来的使者,是不敢与闻于此的。宴会之后,赵孟又私下对叔向作了一些评论:

卒享。文子告叔向曰:“伯有将为戮矣!诗以言志,志诬其上,而公怨之,以为宾荣,其能久乎?……其余皆数世之主也。子展其后亡者也,在上不忘降。印氏其次也,乐而不荒。乐以安民,不淫以使之,后亡,不亦可乎!”(襄公二十七年)

伯有所赋诗中有“人之无良,我以为君”,赵孟认为伯有对君不敬,将来可能作乱,而对子展和印段评价最高,认为他们的氏族定能久长。

过了数年,赵孟再次过郑国:

夏四月,赵孟、叔孙豹、曹大夫入于郑,郑伯兼享之。子皮戒赵孟,礼终,赵孟赋《瓠叶》。子皮遂戒穆叔,且告之。穆叔曰:

> “赵孟欲一献，子其从之。”子皮曰：“敢乎？”穆叔曰：“夫人之所欲也，又何不敢？”及享，具五献之笾豆于幕下。赵孟辞，私于子产曰：“武请于冢宰矣。”乃用一献。赵孟为客。礼终乃宴，穆叔赋《鹊巢》，赵孟曰：“武不堪也。”又赋《采蘩》，曰：“小国为蘩，大国省穑而用之，其何实非命？”子皮赋《野有死麇》之卒章。赵孟赋《常棣》，且曰：“吾兄弟比以安，尨也可使无吠。”穆叔、子皮及曹大夫兴，拜……（昭公元年）

赵孟等三人过郑，郑伯欲享之，先由子皮向客人通告，赵孟赋《瓠叶》，表示希望从简，一献即可。飨礼上，郑伯仍然备以五献，赵孟再次向子产请求只行一献，盖以此次是过郑，非专来聘郑也。飨礼毕乃宴请之，叔孙豹赋《鹊巢》，赞美晋国和赵孟有安鲁之功，赵孟答曰不敢当也。叔孙豹又赋《采蘩》，子皮赋《野有死麇》，都是称美赵孟。赵孟赋《常棣》，取其四章的“兄弟阋墙，外御其侮”的意思，表示晋鲁郑兄弟好合，共同对外。从这些材料可见，当时各国的卿大夫在礼典之上，以诗代言，各为其国，可谓用心良苦。

> 晋侯使韩宣子来聘，且告为政而来见，礼也。……公享之，季武子赋诗《绵》之卒章。韩子赋《角弓》。季武子拜曰：“敢拜子之弥缝敝邑，寡君有望矣。”武子赋《节》之卒章。既享，宴于季氏，有嘉树焉，宣子誉之。武子曰：“宿不敢封殖此树，以无忘《角弓》。”遂赋《甘棠》。宣子曰：“起不堪也，无以及召公。”（昭公二年）

鲁昭公即位，晋侯派韩宣子来聘，宣子在鲁国观书，见《易象》《春秋》，赞叹周礼尽在于鲁。及昭公享之时，季武子先赋《绵》之卒章，赞美晋侯及宣子。宣子赋《角弓》，取其中兄弟相亲之意而回应。季武子拜谢，说希望两国以后更加亲密，而且再赋《节南山》的卒章，以感谢晋国。享礼之后，宴于季氏之家。

昭公时，韩宣子亦曾到郑国，当时伯有等人已死，子产与子皮之子䕫即婴齐、公孙段之子子旗、印段之子子柳等六卿与韩宣子也有一段赋诗的交往：

> 晋韩起聘于郑，郑伯享之。……郑六卿饯宣子于郊。宣子曰："二三君子请皆赋，起亦以知郑志。"子䕫赋《野有蔓草》，宣子曰："孺子善哉！吾有望矣。"子产赋郑之《羔裘》，宣子曰："起不堪也。"子大叔赋《褰裳》，宣子曰："起在此，敢勤子至于他人乎？"子大叔拜，宣子曰："善哉！子之言是！不有是事，其能终乎？"子游赋《风雨》，子旗赋《有女同车》，子柳赋《萚兮》。宣子喜，曰："郑其庶乎！二三君子以君命贶起，赋不出郑志，皆昵燕好也。二三君子，数世之主也，可以无惧矣。"宣子皆献马焉，而赋《我将》。子产拜，使五卿皆拜，曰："吾子靖乱，敢不拜德？"（昭公十六年）

这很像襄公二十七年晋国赵孟与郑国七大夫赋诗行礼的情形，说明郑国虽是小国，但礼乐文化的水平甚高。此次是六位卿大夫为宣子送行，是大夫享大夫，宣子如赵孟故事，请六卿各自赋诗，以观其志。婴齐赋《野有蔓草》，取其"邂逅相遇，适我愿兮"，宣子称善。子产赋《羔裘》，取其"彼其之子，邦之彦兮"，赞美宣子为晋国的栋梁，宣子答谢，曰不足以当之。子大叔赋《褰裳》，诗中说"子惠思我，褰裳涉溱；子不我思，岂无他人"，意思是感谢您远道而来对郑国表示关心，如果您不照顾郑国，我们只好寻求别人的帮助了。宣子马上说，我在晋国执政，一定保护郑国，不必费力他求。子大叔拜谢，宣子表示子大叔的警戒很重要。其余三位大夫也都赋诗称美宣子，表达见贤君子之乐。六大夫所赋诗,都出于郑诗,所以六大夫赋诗完毕,宣子说,郑国一定会兴盛,诸位奉国君之命赐宴送我,所赋之诗全都是郑诗,又皆表示亲密和友好,各位的氏族一定能世守其职。宣子自己赋《我将》,取其“仪型文王,日靖四方”“畏天之威于时保之”,晋强郑弱,韩宣子表示晋将保护郑国之意①,所以子产和五卿拜谢。

由上面的例子,我们可以真正了解孔子所说的“不学诗,无以言”“不可使于四方”的意义。上举各例,既有诸侯国之间国君与国君享礼的情形,也有公与大夫、大夫与大夫之间宴享的情形。西周到春秋贵族仪典上赋诗的场景,雍容典雅,彬彬有礼,充分显示出礼乐文化的华贵气象及其所达到的水平。从《左传》中我们还了解到,赋诗也是春秋时代不少贵族妇女掌握的一种表达文化,甚至也是国人表达政治意见的一种方式②。所以,歌诗待宾和赋诗言志,不仅是西周上层社会礼乐文化所流行的交往方式和表达方式,而且影响到国人生活中的表达习惯。这种赋诗以言志的活动,是春秋发达的礼乐文化的突出表现。

赋诗也可以说是春秋贵族社会中一种高度文明的交往游戏,它要求参与这个游戏的人对《诗经》数百篇的诗句极为熟悉,不仅可以信口拈出,而且能迅速了解对方所赋诗句的出处和含义;要求赋诗者对“断章取义”的称引艺术有高度的把握,能够根据各种复杂的情境

①杜注:“取其‘日靖四方’‘我其夙夜,畏天之威’,言志在靖乱,畏惧天威。”杨伯峻更谓“盖亦取‘于时保之’,保小国也”。参看杨书第1382页。又,本章所述各例赋诗之意,皆参合杜预和杨伯峻《春秋左传》之注、竹添光鸿《左传会笺》、杨向时《左传赋诗引诗考》、曾勤良《左传引诗赋诗之诗教研究》。

②妇女赋诗如穆姜赋《绿衣》之卒章(成公九年),许穆夫人赋《载驰》(闵公二年),公父文伯之母赋《绿衣》之二章(《国语·鲁语下》)等。民人赋诗,如卫人因庄姜而赋《硕人》(隐公三年),郑人恶高克而赋《清人》(闵公二年),秦国人因哀子车氏三子而赋《黄鸟》(文公六年)等。

用赋诗来应对变化和表达意愿。而这一切引诗赋诗的活动,无疑都是以《诗经》在当时已经成为具有固定体系、稳定权威的文字文本为前提。也可以想见,对这种游戏的训练必然是从少年时代开始,经历长久的反复实践,才能达到运用自如的程度。同时,用诗又必须和行礼的知识相互配合,以呈现一个君子的完整形象。“合于礼”不仅是用诗的一个形式标准,也是检验用诗者心志的伦理原则,如国君不可以两君相见的乐诗以待使臣,使臣也不可随意接受对方的乐诗而不顾身份。诗乐之用是对人的礼乐知识同道德品性的一种检验。

赋诗引诗,作为表达的方式,在知礼守礼的原则下,强调委婉有致,巧妙得体,美而不谄,正而不阿,辞强不激,忠直平和,婉转恳切,美人逊己;往往片言之间,折冲樽俎,而化解纷争。这既是一种很高的表达技巧,也是一种高度文明的体现。德国社会学家埃利亚斯写了《文明的进程》,专门讨论所谓文明的社会起源和心理起源,他所研究的对象是中世纪产生的礼貌概念、中世纪的社交礼仪,以及文艺复兴时期人的行为如就餐、吐痰、擦鼻涕等,注重了解文明习惯的养成。其实,这些东西比起西周春秋贵族社会的礼仪文明和诗乐文明,可谓小巫见大巫。

不过,这一切虽然是西周至春秋礼乐文化发达时期的表现,但是,如果仅仅限于这种华丽高雅的形式交往,那就会使形式的意义多于实质的意义,贵族文化中都会有这种倾向。这在社会稳定的时期还看不出其中的问题,可是在社会制度解体、既有规范失序的情况下,上层社会典雅的交往形式和政治—伦理秩序的破坏混乱就会形成强烈反差,其中的问题和偏差就会凸显出来。而针对这些偏差形成的新思想也就随之产生。我们在下面将要看到的,正是这样一幅图景。

三、"礼"与"仪"

春秋时代，鲁国一直被公认为周代礼乐文化的忠实传承者、保存者和代表者。昭公初年，晋国的韩宣子聘鲁而感叹"周礼尽在鲁矣"，此一事最能说明鲁国的文化地位：

> 二年春，晋侯使韩宣子来聘，且告为政而来见，礼也。观书于大史氏，见《易象》与《鲁春秋》，曰："周礼尽在鲁矣！吾乃今知周公之德与周之所以王也。"公享之。季武子赋《绵》之卒章，韩子赋《角弓》。（昭公二年）

大史掌文献书册，韩起得见《周易》及《鲁春秋》等，叹为观止。如果把这一事和四年前（襄公二十九年）吴国公子季札在鲁国观赏奏乐歌诗的事合并而观，可知鲁国当时所保存的礼乐文化确实洋洋大观。照这样说来，鲁国人应当是最"知礼"的了。

然而，昭公五年鲁昭公访问晋国，在晋国已经出现了对"礼"的重新思考：

> 公如晋，自郊劳至于赠贿，无失礼。晋侯谓女叔齐曰："鲁侯不亦善于礼乎？"对曰："鲁侯焉知礼？"公曰："何为？自郊劳至于赠贿，礼无违者，何故不知？"对曰："是仪也，不可谓礼。礼，所以守其国，行其政令，无失其民者也。今政令在家，不能取也。有子家羁，弗能用也。奸大国之盟，陵虐小国；利人之难，不知其私。公室四分，民食于他；思莫在公，不图其终。为国君，难将及身，不恤其所。礼之本末将于此乎在，而屑屑焉习仪以亟。言善于礼，不亦远乎？"君子谓叔侯于是乎知礼。（昭公五年）

鲁国保存周之礼乐最多，鲁昭公即位时间不长，他在访问晋国的各种仪典之上，进退应对都能合于礼数，这说明他对礼制的仪节度数素有了解，也显示鲁国礼乐文化基础的深厚。昭公与晋侯相见，本无失礼之处，但晋臣女叔齐却批评昭公不懂得“礼”。可见，“礼”的观念在这个时候已经出现了突破性的变化，而这种突破就在于注重“礼”与“仪”的区分。在这个区分中，“礼”的意义渐渐发生某种变化，礼不再作为制度、仪式、文化的总体，被突出出来的是“礼”作为政治秩序的核心原则的意义。昭公时的另一则材料也明显地显示出这种发展，这一次是晋国的赵简子在郑国被上了一课：

> 子大叔见赵简子，简子问揖让周旋之礼焉。
>
> 对曰：“是仪也，非礼也。”
>
> 简子曰：“敢问何谓礼？”
>
> 对曰：“吉也闻诸先大夫子产曰：‘夫礼，天之经也，地之义也，民之行也。’天地之经，而民实则之。则天之明，因地之性，生其六气，用其五行。气为五味，发为五色，章为五声。淫则昏乱，民失其性。是故为礼以奉之：为六畜、五牲、三牺，以奉五味；为九文、六采、五章，以奉五色；为九歌、八风、七音、六律，以奉五声；为君臣、上下，以则地义；为夫妇、外内，以经二物；为父子、兄弟、姑姊、甥舅、昏媾、姻亚，以象天明；为政事、庸力、行务，以从四时；为刑罚、威狱，使民畏忌，以类其震曜杀戮；为温慈、惠和，以效天之生殖长育。
>
> “民有好恶、喜怒、哀乐，生于六气。是故审则宜类，以制六志。哀有哭泣，乐有歌舞，喜有施舍，怒有战斗。喜生于好，怒生于恶。是故审行信令，祸福赏罚，以制死生。生，好物也；死，恶物也。好物，乐也；恶物，哀也。哀乐不失，乃能协于天地之性，

是以长久。”①

简子曰：“甚哉！礼之大也！”

对曰：“礼，上下之纪，天地之经纬也，民之所以生也，是以先王尚之。故人之能自曲直以赴礼者，谓之成人。大，不亦宜乎？”

简子曰：“鞅也，请终身守此言也。”（昭公二十五年）

子大叔论礼的这番话，具有非常重要的意义。他的立论相当整齐：第一，就统一性而言，“礼”是天、地、人的普遍法则，所谓天之经、地之义、民之行。这是广义的礼。第二，就分别性而言，“天经”“地义”代表宇宙自然的法则，作为“民行”的“礼”是人世社会仿效自然的法则而建构的，所谓“天地之经，民实则之”。这是狭义的礼。第三，“礼”的这种“则天因地”的特质，表现为“礼”的诸种规定都是与自然存在的类型和节度相对应的，如天地有六气、五行、五味、五声等，礼便设有种种规则“以奉五味”，“以奉五色”，“以则地义”，“以象天明”。第四，礼的要义是上下之纪、人伦之则，而不是仪节度数。一言以蔽之，礼是法天则地的产物，礼是天经地义的体现，礼是伦理关系的法则。这篇讲话，其实就是一篇出色的哲学论文，在哲学史上应当占有特殊的地位。

子大叔这个讲话是在昭公二十五年，当时孔子三十四岁，“三十而立”。可见，在春秋后期，“礼”与“仪”的分辨越来越重要。礼与仪的分别，用传统的语言来说，就是“礼义”与“礼仪”的分别。礼仪是礼制的章节度数车旗仪典，而礼义则是指上下之纪、伦常之则，是君

①按此处说“喜生于好，怒生于恶”，郭店楚简《性自命出》亦云“怒生于恶”“喜生于好”，与子大叔之说一脉相承，应该是春秋后期至战国前期流行的一般观念。可参看陈来：《荆门楚简之〈性自命出〉篇初探》，载《郭店楚简研究》（《中国哲学》第二十辑），辽宁教育出版社 1999 年，第 293—314 页。

臣上下、夫妇内外、父子兄弟、甥舅姻亲之道所构成的伦理关系原则。“礼政”是礼制系统中包括政治、行政、刑罚等统治手段的政治原则。礼与仪的分别,在后来的《礼记》中则表达为“礼之本”和“礼之文”的区别。“本”表示根本性的原则,“文”是指原则借以表现的具体形式。

赵简子为晋国卿大夫,他本族的赵武曾于襄公二十七年和郑国的子大叔等七大夫赋诗,赵氏对礼乐文化已是相当了解。但自赵武与七卿赋诗,到赵简子问礼于子大叔,已经过了五十多年,此间礼乐文化已经变化,社会文化正处在一个剧烈变动的时代,文化危机此起彼伏,社会转型已见端倪,礼、仪之辨正是社会文化的现实变化在人们思想观念中的反映。

四、封建的隐患

礼的观念在春秋前期到后期的变化,是与春秋中期以来的社会变化深刻联系在一起的。为了分析春秋社会的变化,我们需要引入两个概念:我们把一个社会组织体系分为两大部分,一个是统治结构,另一个是更迭制度。统治结构是指政治—社会统治的等级结构,在春秋时代,各个诸侯国主要的结构即“公—卿—大夫”为主的多级封君体制,其中公、卿、大夫都是权力位置,而这个结构既包括不同权力位置之间的关系,也包括每一权力位置和民人、土地的属从关系。更迭制度则是指统治结构中每个权力位置如何递补、继承的制度安排。在西周春秋时代,统治结构和更迭制度都属于“礼”或“礼制”的范畴,与这些结构制度相适应的道德规范也属于“礼”的范畴。

春秋中期以前,社会体系是相对稳定的“宗法的封建领主制”。“宗法的”是指公、卿、大夫、士之间一般有宗法亲属关系。公在这里泛指国君(实际的爵称可能是侯、伯或子),国君这个权力位置是家族世袭的——不管兄终弟及还是长子继承。卿、大夫的权力位置的继任更迭一般采取世官制度，也是族内继任的。卿大夫的权力位置不仅代表着政治和行政的一定权力，而且代表着对邑地与民人的一定占有。所以政治和经济资源的占有都是族内继承的。

童书业指出：

> 天子建国，盖主要为周初事，即普通所谓“封建”。其后天子之亲族愈众，无甚多之土地封之，则以为“内诸侯”、王室大夫，或甚至下降为士矣。“诸侯立家”，周初自亦有之，然大家之立当在西周晚期诸侯国渐大以后。在此以前，诸侯之亲属或有发为附庸者矣，如鲁有沈子（见金文）。晋之狐氏出于唐叔，而为大戎之君。……自西周晚期以来，诸侯国出现卿大夫之大族，大致迄初期中叶，是“诸侯立家”之时矣（如鲁之展氏、臧氏出自孝公，三桓出自桓公，东门氏出自庄公，郑之七穆出自穆公。……晋之强宗……韩、赵、魏、范、中行、知、郤、先等大族亦皆形成于西周末至春秋中叶……）。春秋初，卿大夫尚罕闻置“侧室”“贰宗”；至春秋中叶，卿大夫之族强大，乃多置“侧室”与“贰宗”焉。①

宗法封建制本是周礼体制的主导制度之一，春秋社会变动不仅表现在公室与大夫的势力消长和地位升降，也表现在一般宗法关系上。宗法本来是亲属制度，封建则是财富—劳动力的占有制度。这个制度是在周初殖民封建过程中建立的。《左传》中说：“天子建国，诸侯立家，卿置侧室，大夫有贰宗，士有隶子弟，庶人工商各有分亲，皆有等衰。是以民服事其上而下无觊觎。”（桓公二年）这里的“建”“立”“置”都是将财富和民人向下的一种再分配。天子建国，即周天子封

①童书业：《春秋左传研究》，上海人民出版社1980年，第121页。

建各诸侯;诸侯立家,即诸侯国君立卿大夫;卿置侧室,即卿大夫立下级的卿或大夫;大夫有贰宗,即大夫立下级大夫。这种建、立、置都不是单纯的命官之度,正如天子封建诸侯,是将一个确定领域的土地、民人封赐给被封建者一样,诸侯立卿亦意味着在赋予管理权力的同时,给予占有一块土地和管理此土地的民人的权力。而卿置侧室、大夫有贰宗,其权力也都包含着同样性质的财富和民人的分配。由此,形成了从上到下的封建封君体系。在西周时代,按宗法制的理想规定,诸侯的宗子继承诸侯的权力位置,其他的儿子立为卿;卿之宗子可以世官传承,而卿之别子则被立为侧室。这些都是同姓。但从西周末春秋初开始,也有建立了军功的异姓被立为大夫,而这些异姓大夫的后代也是依照宗法原则进行官位和利益的承续。所以,所谓"宗法的封建制"是在我们上面说的"一般""理想"的意义上而言的。

因此,春秋早期仍然是宗法系统扩大的时期,卿大夫的宗法性宗族、家族都在发展,在各国出现了大世族,"如鲁之展氏、臧孙氏、郈氏等出自孝公,三桓出自桓公,东门氏出自庄公。齐之管氏、鲍氏、崔氏、庆氏等,亦强大于春秋前、中期。郑之七穆出自穆公。宋之戴、庄、桓等大族皆形成于春秋前期"①。卿大夫世族内部也是实行宗法的分封之制,从卿大夫到侧室贰宗,与诸侯一样,这些宗法世袭的大小封主都占有土地和民人。

张荫麟将周代的封建社会描写为"宝塔式"的社会组织②:周代的社会组织是,在周王室的属下,有各级诸侯;每一个诸侯对王室称"臣",而对其属下则为"君"。每一个诸侯是其区域的统治者兼领主,诸侯对王室的义务是按期纳贡朝觐,出兵助王征伐。同时,周王

①《春秋左传研究》,第 344 页。

②参看张荫麟:《中国史纲·上古篇》,生活·读书·新知三联书店 1962 年,第 26 页。

在畿内，诸侯在国内，又各把大部分的土地分给同姓的卿、大夫作为采邑。这些卿大夫对侯国君主称“臣”，卿大夫除参与诸侯国国家政治管理外，也要每年对诸侯纳贡供役。同时卿大夫又是他属下的民人的“主”，是该封区内政治上和经济上的世袭领主，该封地的民人向他纳租税，服力役和兵役。

王畿内的小封君基本上是王族，各诸侯国内的卿大夫在西周时也多是国君的同族，称为“公族”。这说明周初各级封建是以宗法为基本原则的。但是，至迟在公元前七世纪初，这种纯粹的宗法体制已经被打破，齐桓公（前651—前643）时的名臣管仲即非公族，齐景公（前547—前490）时的名臣晏婴亦非公族。晋国在献公（前676—前643）时把公族几乎诛逐净尽，后来的贵族多属异姓，或来自别国①。

如同把周王称为“王室”、诸侯称为“公室”，大夫的世袭家业则可称为“氏室”。氏室在人口上是统治阶级的主体，氏室的领地，或以邑计，或以县计，大氏室的封邑往往以百计。卿大夫的权力和占有模式与诸侯相同，大夫也同样可以用相同的原则处置自己的土民，如把食邑的一部分给予一个庶子，让此庶子以此部分土民另立一个世家，称为“侧室”或“贰宗”；也可以把一部分土民分给大夫所宠信的异姓人作为他们的赏邑。氏室拥有的各邑皆有邑宰，管理氏室家务的为家宰，家宰在职时亦有食邑，去职时则把邑还给大夫。侧室和贰宗是大夫的同姓亲属，但他们已另立一个世家，故在宗法上他们的“家”是小宗，大夫的家是大宗。而在政治上，大夫是“主”，他们是“陪臣”②。

根据童书业的看法，卿大夫分置侧室、贰宗，盛行于春秋后期，这一时期天子、诸侯的政治地位下降，天子无权，政在大夫，这也同时意味着在宗法上“大宗”的地位下降。在这个变化的潮流中，不仅诸侯

①参看《中国史纲·上古篇》，第28页。

②同上书，第53、54页。

不理会周天子的权威，在诸侯国内，侧室、贰宗也常常冒出于政坛，甚至凌驾于公卿大夫之上。在《左传》中可以看到不少侧室为卿、贰宗为大夫的例子，如晋国的赵穿为赵氏的侧室，但在当时已成为卿。这些侧室、贰宗往往有室、有家、有邑、有臣，其后代在春秋战国的地位日渐重要①。这显示出春秋时代的宗法政治秩序日渐破坏。

"室"作为"宗""家"的基本单位，可以说是指当时宗法制的大家庭，与"族"不同。室的主要财产为田，室的范围虽然较小，但实为当时贵族能比较自由支配的财产和人力，所以"室"之富为"家"之基，从而为"宗"之基。大贵族之室有室老，即家宰，这是最高的家臣，其下还有臣属、隶仆。大贵族的臣很多，其身份为士。春秋中叶后，大夫皆有封邑，只是有大有小、有多有少而已。大夫的邑也有邑宰，这些邑宰之下也有臣僚，家臣亦称大夫为"君""主"。家臣中的宰也有封邑，家臣中大者甚至成"氏"，如阳虎即亦称"阳氏"。这种大的"室""家"在春秋常常成为"国"之祸和"宗"之患，春秋中叶以后，大贵族的家宰甚至预问国政和其他大贵族的家政，如鲁国叔孙氏的家宰竖牛乱叔孙氏，季氏的家宰南遗接受竖牛的贿赂而使国人助竖牛为乱，季氏家宰阳虎专鲁之政而威胁鲁君和三桓等等②。

众所周知，春秋中期到后期，社会开始发生变化，如果从以上的分析来看，春秋后期的社会变动，还不是表现在公、卿、大夫、士、家臣、宰的这种统治结构的破坏上面，而是在谁作卿、谁作大夫，或者谁掌握国、家的权力上面，即表现在既有的更迭制度的破坏上。旧的世袭制度被逐步蚀变，渐渐破坏，其破坏的基本形式是"以下反上"，即原来在权力位置序列中下一级的占有者，以不同方法扩大自己的实际权力和占有领域，最后得以取代上一级的占有者的位置。特别是

①参看《春秋左传研究》，第153—154页。
②同上书，第158页。

国君的权力位置，从原来的有序继承渐渐变为无序继承，继承的实现往往听凭于欲望和力量，而倾向于不受制度和规范的约束。整部春秋史，在某种程度上，就是这样一部愈演愈烈的历史。

五、宗法政治的瓦解

宗法政治的解构来自两个方面。一个是"内外"的，即同姓和异姓权力关系的变化；另一个是"上下"的，即上下不同权力位置关系的变化。

这种政治—社会的危机，首先表现在宗法体制遇到的"内外"方面的挑战，即同姓的公族主政渐变为异姓大夫主政。"宗法的贵族制"渐渐变成"部分宗法的贵族制"或"非宗法的贵族制"。鲁宣公二年，晋国赵盾专政，便是异姓大夫主政的首例。晋文公重耳得以掌国，狐偃、赵衰出力甚大，故文公复国后，二人皆为大夫。狐氏本出于唐叔，晋献公又娶狐氏女，故狐氏差不多是同姓。赵衰则是异姓。在文公时，作三军，狐偃将上军，赵衰为卿，赵氏的地位始终不如狐氏。但到赵盾时，赵氏的侧室赵穿杀了灵公，赵盾却仍然派赵穿迎立新君，此所以董狐坚持要写"赵盾弑其君"，亦由此可见作为异姓的赵盾势力之大。此后赵盾又要求"使屏季以其故族为公族大夫"，故童书业认为："异姓大夫代为公族，晋公室之弱，自此始矣。"①又说"此为春秋史上一大事，自此而晋国政权渐下移，大夫专政……卒致三家分晋之局"②。

诸侯国出现了卿大夫大族，是西周晚期以后的现象，从西周末到春秋中期，可谓"诸侯立家"的时期，如鲁国的展氏、臧氏、三桓，郑国

①《春秋左传研究》，第 61 页。

②同上书，第 60 页。

的七穆，晋国的韩、赵、魏、范、中行、知、郤等大族，卫国的石氏、孙氏，齐国的国氏、高氏、管氏、鲍氏、崔氏、陈氏等等，都是在这一时期所立。在春秋初年，卿大夫甚少置立侧室、贰宗，至春秋中叶，卿大夫之族渐渐强大，纷纷置立侧室、贰宗，如鲁国的孟孙氏分出子服氏，晋国的羊舌氏为大夫而分有贰宗。宗法制发展的本身，也包藏了破坏宗法制的种子。卿大夫宗族的发展壮大，构成了对公室公族的挑战，酝酿了“上下”关系的失调。

整个春秋时代是一个“大夫”的时代（战国则为“士”的时代）。西周结束，周礼之秩序已有衰落之象，繻葛之战，周天子的威严已不复存在，诸侯力量日渐强大。而至春秋中叶，诸侯政权又渐渐为大夫所掌握；春秋末年，大夫专政已经是司空见惯的事了。

首先，周之王室与中原诸侯一样，在春秋中叶以后，政权也渐渐下移到大夫即“内诸侯”手中，如景王时政权落在单、刘二氏，景王欲杀单、刘而不果，单、刘的专政引起了王子朝与王子猛之乱，累年始定。终春秋之世，周之政权常在王臣之手①。

鲁国自庄公之卒，其三弟相争，最后季氏胜利而立僖公，僖公以季氏为上卿，封费和汶阳给季氏。此后季孙、叔孙、孟孙三家并立，而季孙为首。及文公卒，东门氏一度掌握政权②，宣公死后，季文子逐去东门氏，从此政权始终在三家之手。尤其是季氏，鲁国“政在季氏”数世，是三家中的中心。三家通过“作三军”“舍中军”，尽分公室之军赋而贡于公，鲁君则仅仅有“公徒”，势力大弱于三家。这就导致昭公力图去除季氏，但三家合攻昭公，使得昭公只好出奔，而死在外

①参看《春秋左传研究》，第359、96页。

②《左传》“鲁文公薨，而东门遂杀适立庶，鲁君于是乎失国”（昭公三十二年），鲁政下逮始于宣公时。

国[①]。鲁国的三家大夫专于鲁政，其各家之内也频频发生家乱，大者如季孙氏有南氏和阳虎之乱，叔孙氏有竖牛及侯犯之乱，孟孙有公孙宿之乱。季氏家臣阳虎甚至一度专鲁国之政，也就是所谓“陪臣执国命”。鲁国政治秩序的破坏，于此可见。所以昭公时晋国的叔侯说鲁君不懂得礼，正是指此而言。

卫国在春秋中叶，孙、甯二氏亦曾专权。灵公时司寇齐豹与大夫北宫喜作乱，杀灵公之兄，灵公出奔。后来北宫氏灭齐氏，迎灵公回国。庄公时，欲去旧臣，大夫和国人联合逐走庄公。庄公走死之后，出公复位，大夫和国人又逐之，立庄公之弟悼公。

郑国的政权在春秋中叶为七穆之族所掌握，卿族之间互相争夺，更迭执政。宣公七年，子良执政；成公九年，子罕执政；襄公四年，子驷执政；襄公末期，伯有执政；襄公二十九年，子皮执政；襄公三十年，子皮授权子产执政；至昭公二十年子产死，子大叔执政；定公五年，驷歂执政；十五年，罕达执政；哀公十八年，驷弘执政[②]。子产之政颇合民意，又能保护郑国利益，但其形态仍然是“政在卿族”。宋国在春秋中叶以后，卿族亦强大。宋元公时，华、向两大族作乱，大杀公族，甚至劫持宋君。其后，宋又有司马向魋及大尹专政之乱[③]。

齐国在春秋之初，公族国、高二氏为正卿，辅佐公室。管仲、鲍叔牙在齐桓公时虽掌国政，但因出身下级之士，故在爵位上不能不让于国、高。齐桓公卒后，政权仍然掌握在公室。但至襄公时，就有崔杼杀高厚而兼其室的事出现，不久崔又杀齐君，立景公而自己相之，且使庆封为左相，于是形成崔、庆二氏专政。不久庆封灭崔氏，独专齐国之政。至齐简公时，陈氏弑简公，陈成子掌握政权。陈氏是鲁庄公

①参看《春秋左传研究》，第 96 页。

②同上书，第 333、97 页。

③同上书，第 98 页。

时(二十二年)自陈奔齐,鲁昭公三年晏子对晋国的叔向说“齐其为陈氏矣”,大概已经看出陈氏将坐大的苗头。到战国初,“齐国之政皆归田常,田常于是尽诛鲍、晏、监止及公族之强者,而割齐自安平以东之瑯邪,自为封邑,封邑大于平公之所食”①,田氏终于取国代齐。

随着春秋社会的变动,宗法关系的原有秩序开始渐渐瓦解。晋国的例子亦然。《左传》宣公二年:“初,骊姬之乱,诅无畜群公子,自是晋无公族。及成公即位,乃宦卿之适子而为之田,以为公族。又宦其余子,亦为余子,其庶子为公行。晋于是有公族、余子、公行。”(宣公二年)这是说,晋成公即位的时候,晋国已经没有公族了,所以只好封卿的嫡长子为公族,而晋国之卿多为异姓。本来,“公族,公室之枝叶也,若去之,则本根无所庇荫也”(文公七年),公族是国君最亲近的亲属集团,失去了这样一个基础,国君在政治上的力量必被削弱。所以童书业说“此直以异姓、异氏代公族,晋公室之卑始此”②。晋国政治的宗法性质于是改变。春秋中叶以后,晋国也成为卿大夫专权的一个大国,晋悼公之立,大夫迎于清原,悼公说:“抑人之求君,使出命也。立而不从,将安用君?二三子用我今日,否亦今日。”(成公十八年)这是说人之所以需要君,是要听从其命令。如果立一个君,而不听从其命令,要这个君何用?可见当时晋国卿族强大,公室难以作为的情形。栾氏亡后,范氏当国,范宣子竟然自认为范氏即为“不朽”,足见其志得意满的大夫专权心态③。范宣子卒,赵文子为政,襄公三十一年传:“既而政在大夫,韩子懦弱,大夫多贪。……及赵文子卒,晋公室卑,政在侈家,韩宣子为政,不能图诸侯。”(襄公三十一年)昭公三年时,叔向对晏子说:“虽吾公室,今亦季世矣。戎马不驾,

①《史记·田仲敬完世家》。又所述参看《春秋左传研究》,第101—103页。
②《春秋左传研究》,第329页。
③此襄公二十四年事。

卿无军行,公乘无人,卒列无长。……栾、郤、胥、原、狐、续、庆、伯,降在皂隶,政在家门,民无所依。”(昭公三年)这是韩宣子为政时的情形,是时晋国的卿族已只有六家——韩、赵、中行、魏、范、知,所谓“六卿”,此外还有大夫中的强族,如“羊舌四族,皆强家也”。韩宣子之后,魏献子为政,灭羊舌氏、祁氏二大夫强族,于是“晋益弱,六卿皆大”(《史记·晋世家》)。魏献子卒,范献子为政,范献子之后,赵简子为政。宣公十三年,范氏、中行氏伐赵氏,知氏、韩氏、魏氏奉晋公以伐范氏、中行氏,于是范氏、中行氏伐公。由于国人助晋公,范、中行二氏失败。到鲁哀公五年,晋国大政尽入知、赵、韩、魏四家手中①。《史记·晋世家》云:“出公十七年,知伯与赵、韩、魏共分范、中行地以为邑。出公怒,告齐、鲁,欲以伐四卿。四卿恐,遂反攻出公。出公奔齐,道死,故知伯乃立昭公曾孙骄为晋君,是为哀公。……当是时,晋国政皆决知伯。”然而,至晋哀公四年,赵襄子、韩康子、魏桓子共杀知伯,尽并知氏之地,乃成三家分晋之局面,进入战国时代。

鲁国的三桓还是宗法贵族主政,只是卿大夫压倒了国君,但其他诸侯国,主政的同姓卿大夫,渐渐让位于异姓的大夫。旧的宗法贵族的这种没落,在卫国表现为“九世之卿族,一举而灭之”(襄公二十五年),晋国的旧族栾、郤、狐等八族,昭公时已经“降在皂隶”,其叔向之宗十一族,只剩下羊舌氏一支。社会的变动之大,由此可见。

六、礼制解体

孔子一语道破春秋后期政治秩序的变化和危机,他说:

天下有道,则礼乐征伐自天子出。天下无道,则礼乐征伐自

①参看《春秋左传研究》,第105页。

> 诸侯出。自诸侯出,盖十世希不失矣;自大夫出,五世希不失矣;陪臣执国命,三世希不失矣。
>
> 天下有道,则政不在大夫。天下有道,则庶人不议。(《论语·季氏》)

礼乐征伐不出于天子,而出于诸侯;政不在国君,而在大夫;甚至政不在大夫,而在陪臣。这一切就是孔子当时所看到的普遍的政治现实,在他看来无疑是政治乱象。春秋时代天子、诸侯、大夫、陪臣关系的变动,打破了以往权力转移和利益分配的制度安排"礼",全然改变了旧有的礼制秩序,孔子将此种情形称为"天下无道"。

张荫麟曾用一个比喻说明此种变化对于宗法封建制度的必然性:

> 这个大帝国的命运也就和一个累世同居的大家庭差不多。设想一个精明强干的始祖,督率着几个少子,在艰苦中协力治产,造成一个富足而亲热的、人人羡慕的家庭。等到这些儿子各个娶妻生子之后,他们对于父母,和他们彼此间,就难免形迹稍为疏隔。到了第三代,祖孙叔侄,或堂兄弟之间,就会有背后的闲话。家口愈增加,良莠愈不齐。到了第四、五代,这大家庭的分子间就会有仇怨、有争夺、有倾轧,他们也许拌起嘴、打起架甚至闹起官司来。至迟在东周的初期,整个帝国里已有与此相类的情形。充满了这时代的历史的,是王室和诸侯间的冲突,诸侯彼此间的冲突,公室和氏室间的冲突,氏室彼此间的冲突。但亲者不失为其亲,宗族或姻戚间的阋争,总算容易调停,总留点余地。例如前七〇五年,周桓王带兵去打郑国,打个大败,并且被射中了肩膊。有人劝郑庄公正好乘胜追上去,庄公不答应,夜里却派一位大员去慰劳桓王,并且探问伤状。……又例如前五五

> 四年,晋师侵齐,半路听说齐侯死了,便退还。这种顾念旧情、不为已甚的心理,加上畏惧名分,虽干犯而不敢过度干犯的矛盾心理,使得周室东迁之后三百年间的中国,尚不致成为弱肉强食的世界。这两种心理是春秋时代之所以异于后来战国时代的地方。……姬姓国相灭的例尤少,而这少数的例中,晋国做侵略者的占去大半。再看列国的内部,大夫固然有时还逐君弑君,却还要找一个比较合法的继承者来做傀儡。许多国的君主的权柄固然是永远落在强大的氏室,但以非公室至亲的大夫而篡夺或僭登君位的事,在前四〇三年晋国的韩、赵、魏三家称侯以前,尚未有所闻。……宗族和姻戚的情谊经过了世代愈多,便愈疏淡,君臣上下的名分最初靠权力造成,名分背后的权力一消失,名分便成了纸老虎。……光靠亲族的情谊和君臣的名分去维持的组织,必不能长久。①

在这种历史情境中,“礼”的政治化、原则化就是势有必至的了。所谓礼的政治化,就是指,“礼”由礼乐文明的体系愈来愈被理解为强调为政治的合理性秩序,强调为伦理的原则和规范。晋臣女叔齐对鲁侯“不知礼”的批评,其核心是在变动的社会中强调保持稳定不变的政治秩序,强调礼所规定的政治秩序和政治关系才是“礼”的根本要义。用女叔齐的话来说,政令在家不在公,公室四分,这些都是失于礼的表现;政令不出于国君而出于大夫,这就在根本上失了礼。在这种情形下,礼乐文化保留得再多,也仍然是守其礼仪,而不是知礼的根本。子大叔把这个意思以更加理论化的形式表达出来,即“礼”主要不是指揖让进退的仪式仪节,而是指“君臣上下、夫妇内外、父子兄弟、甥舅姻亚”的伦理关系规范与原则,以及这些规范原则的充分表现。由

①《中国史纲·上古篇》,第56—58页。

于西周春秋的制度是宗法的、伦理的政治，所以对这种"礼"的理解，在政治上就是指按照这些伦理原则实行有序的政治统治。在他看来，这一切不仅是人伦人世之道，而且根本上反映着"天之经""地之义"。所以，子大叔总括"礼"的意义是："礼，上下之纪，天地之经纬也。"这个礼仪之辨的出现，绝非仅仅是思想观念自身独立的进步，它联系着极为现实的社会背景。

春秋后期的社会已经与前期不同，如政治结构和功能开始出现某种变化，如官职由王公的臣仆向司马、司军、司政一类职能性官僚转变，国家职能属性的职官逐渐被重视①。而礼制性职官如太宰等实际地位降低，在结构上显示出礼乐的礼制国家向政制国家转变的开始。与此相联系的，是税制、赋制、刑书等方面也都发生了类似的变化。只是这些变化要积累到战国，其意义才能看得更为清楚。但是，在社会性质上，春秋后期财富的领主式占有性质和主要构造并未改变，春秋时代首先发生改变的，是宗法贵族的领主占有，趋向于非宗法贵族的领主占有；旧的宗法政治秩序备受破坏和挑战。春秋时代是宗法政治和宗法封建的解体之初，还看不到完整的、新的制度创新的出现。与此相应，一方面，社会生活依然浸润于礼乐文化的氛围之中，异姓的执政赵文子、韩宣子、赵简子对礼乐文化的认同和造诣，尤能表现出这一点。另一方面，政治生活秩序的"礼崩乐坏"成为春秋后期的特征，社会变迁无情地推动着文化的变迁。

社会—文化变迁使得西周最津津乐道的"威仪"全然改观。本来，周礼的威仪是宗法政治秩序的体现，它意味着，礼乐文化并非仅仅是诵诗乐舞，也包含政治权威的严肃性：

①童书业说："春秋官制之变，一言以蔽之，乃由王公大臣及臣仆式之官吏向司民、司军、司政官吏之转变。"（《春秋左传研究》，第 339 页）

(北宫文子)对曰:“有威而可畏,谓之威;有仪而可象,谓之仪。君有君之威仪,其臣畏而爱之、则而象之,故能有其国家,令闻长世。臣有臣之威仪,其下畏而爱之,故能守其官职,保族宜家。顺是以下皆如是,是以上下能相固也。卫诗曰:‘威仪棣棣,不可选也。’言君臣、上下、父子、兄弟、内外、大小皆有威仪也。……故君子在位可畏,施舍可爱,进退可度,周旋可则,容止可观,作事可法,德行可象,声气可乐,动作有文,言语有章,以临其下,谓之有威仪也。”(襄公三十一年)

然而,到了春秋中后期,情况已经发生很大改变,“君”(国君)对“臣”(大夫)已无威仪,“臣”对于“君”不再“畏而爱之”,因此“君”也就无法“有其国家,令闻长世”。同时,“臣”(大夫)的属下对于大夫也不再“畏而爱之”,导致大夫不再能“守其官职,保族宜家”。固有的上下规范不再有效,所谓上下不相固,旧的秩序面临解体。面对这一切,春秋后期最有见识的士大夫都认为末世即将来临,对政治的变化抱有极深的忧患。试想,西周以来如齐国、晋国这样的大国,即将面临国家解体(三家分晋),或几百年的一姓诸侯国家将被别的姓氏所取代(田氏代齐),这对西周以来的政治制度,是多么巨大的颠覆。士大夫的忧患是再自然不过的了。

此种情形最鲜明地表现在昭公初年晏子与叔向的对话之中:

晏子受礼,叔向从之宴,相与语。叔向曰:“齐其何如?”晏子曰:“此季世也,吾弗知,齐将为陈氏矣!公弃其民,而归于陈氏。齐旧四量,豆、区、釜、锺。四升为豆,各自其四,以登于釜;釜十则锺。陈氏三量皆登一焉,锺乃大矣。以家量贷,而以公量收之。山木如市,弗加于山;鱼盐蜃蛤,弗加于海。民参其力,二入于公,而衣食其一。公聚朽蠹,而三老冻馁。国之诸市,屦贱踊贵。民人痛疾,而或燠休之。其爱之如父母,而归之如流水。欲无获民,将焉辟之?箕伯、直柄、虞遂、伯戏,其相胡公、大姬,已在齐矣。”

叔向曰:“然。虽吾公室,今亦季世也。戎马不驾,卿无军行;公乘无人,卒列无长。庶民罢敝,而宫室滋侈。道殣相望,而女富溢尤。民闻公命,如逃寇仇。栾、郤、胥、原、狐、续、庆、伯,降在皂隶。政在家门,民无所依。君日不悛,以乐慆忧。公室之卑,其何日之有?谗鼎之铭曰:‘昧旦丕显,后世犹怠。’况日不悛,其能久乎?”晏子曰:“子将若何?”叔向曰:“晋之公族尽矣。肸闻之,公室将卑,其宗族枝叶先落,则公室从之。肸之宗十一族,唯羊舌氏在而已。肸又无子,公室无度,幸而得死,岂其获祀?”(昭公三年)

昭公三年,孔子十二岁。死后得到祭祀,这本来是春秋卿大夫们的终极关怀,叔向此时却已经对死而获祀不抱希望,这种对政治前途的深切忧患与悲凉之感,足以说明宗法政治解体带给那些代表旧制度和旧文化的精英大夫的深刻冲击。

照晏子所说的齐国的情形,和叔向所说的晋国的情形,他们认为政治的危机来自两大方面,一个是政治—行政的,另一个是社会—经济的。具体表现如下:

国君的昏乱。如齐国“公弃其民”,国君严重剥削人民,使人民三分之二的所得被国君收走;国君大量积聚的财物都已腐朽,而老人们却挨冻受饿;国君以严刑治民,造成屦贱踊贵的局面。晋国亦然,国君的宫殿愈发华丽,而庶民日益贫穷,道路上到处是饿死的人。国君不加悔过,反而以乐度日。人民听到国君的命令,赶快逃跑,好像遇到强盗一样。这是国君不修德政引起的与人民的矛盾。

新贵族的兴起。齐国的陈氏以大斗借粮食给人民,而以小斗收回，又在市场上以平价低价出售山木海产，陈氏这些爱民如父母的举动，得到人民的普遍拥护，与国君的豪夺民力形成鲜明的对照。陈氏的经济力量从何而来，他所代表的是否是新兴地主阶级，很值得研究。

旧贵族的没落。如果说齐国的危机主要是国君与人民的矛盾、国君与新兴贵族的矛盾，那么，在晋国，社会变动的一个突出现象是旧贵族的没落。栾、郤等八氏皆为姬姓，八氏之先，晋文公时皆为卿大夫，此时八氏已经“降为皂隶”，这八个贵族的氏族完全没落，成为庶人。故叔向叹息曰“晋之公族尽矣”。当然，叔向的讲法也可能有所夸张，但这些旧日的公族今天至少是降在“士”以下了。叔向的宗族包括十一个氏族，在鲁昭公时只剩下羊舌氏一支还保留着贵族的地位，其余各支如果不是“降为皂隶”，无疑也是没落了。

公室衰微，异姓大夫专政。叔向说：“虽吾公室，今亦季世也。戎马不驾，卿无军行；公乘无人，卒列无长。……公室之卑，其何日之有？”杨伯峻解释说：“四句言晋公室之军备废弛，作战之马已不驾兵车，诸卿已不率领公室之军，公室之车乘亦无御者与戎右。”公室的衰卑，与“政在家门”是互为因果的。而在晋国，卿大夫专权的“家门”指的就是异姓的韩、赵诸氏。

这几个方面共同作用的结果，给当时先进的大夫的印象，就是“公室之季世”已经到来。“公室”即掌握政治—经济权力的国君及其亲属集团，“季世”即末世，“公室之季世”即以前占有权力位置的君主及其亲族，即将退出权力位置，他们的权力位置将被别人取代，政治上的根本变化就要来临。

七、政治衰朽

在此种情况之下，晋国的范宣子和郑国的子产采取的对策是，公布成文法，理顺各种秩序。郑国的子产在郑简公三十年（鲁昭公六年，公元前536年）把郑国的“刑书”铸在鼎上公布。晋国的叔向写信给子产表示反对：

> 郑人铸刑书。叔向使诒子产书，曰：“始吾有虞于子，今则已矣。昔先王议事以制，不为刑辟，惧民之有争心也。犹不可禁御，是故闲之以义，纠之以政，行之以礼，守之以信，奉之以仁；制为禄位，以劝其从；严断刑罚，以威其淫。惧其未也，故诲之以忠，耸之以行，教之以务，使之以和，临之以敬，莅之以强，断之以刚；犹求圣哲之上、明察之官、忠信之长、慈惠之师，民于是乎可任使也，而不生祸乱。民知有辟，则不忌于上，并有争心，以征于书，而侥幸以成之，弗可为矣。
>
> 夏有乱政，而作禹刑。商有乱政，而作汤刑。周有乱政，而作九刑。三辟之兴，皆叔世也。今吾子相郑国，作封洫，立谤政，制参辟，铸刑书，将以靖民，不亦难乎？诗曰：‘仪式刑文王之德，日靖四方。’又曰：‘仪刑文王，万邦作孚。’如是，何辟之有？民知争端矣，将弃礼而征于书。锥刀之末，将尽争之。乱狱滋丰，贿赂并行，终子之世，郑其败乎？肸闻之，‘国将亡，必多制’，其此之谓乎！”（昭公六年）

“不为刑辟”，杨伯峻注“辟，法也。刑辟即刑律”。《说文》亦云：“辟，法也。”古代所谓法，主要是刑律。这封信在春秋社会思想史上的意义也很重要。叔向虽然和晏子都为当时社会危机而深感忧虑，但叔向仍然坚持用“礼治”而不用“法治”来解决社会面临的问题。而这个问题的核心是“使民”（用民）。事实上，使民的问题是中国早期政治思想史的一个主题。叔向认为，放弃礼治而实行法治的结果是：第一，民有争心，即放纵了人民的争利之心。第二，民不忌上，人民的行为只考虑法、律，不会再有出于由礼治而来的对统治者的敬畏之心的服从。第三，侥幸成风，人民放弃以礼为规范的结果是，行为不再受道德观念的约束，而是以不被法律追究为基准。第四，乱狱繁多，贿赂风行。

叔向所说的这些法治的后果，归结起来，就是“弃礼用刑”之后，人不再有道德心，而一个没有道德心的社会是很难维持的。叔向应该已经看到这是一个礼治秩序日趋解体的时代，春秋的礼治秩序正在向一种新的秩序转变，这个新的政治秩序含有更多刑法秩序的特征。而叔向自己，仍然主张巩固礼治秩序来回应现实的挑战。在他看来，“民有争心”是政治统治的最大敌人，而礼治的要义在于消解争心：等级制度是要使人民没有争心；礼义、礼政、礼仪都是为了实现对人民行为的软约束；统治者的仁信德行，也是要为人民树立道德表率，使人民效法而行；等级分配的制度也是为了鼓励人民顺从；而刑罚是用以威吓那些企图逾越规范的人。在此基础上，统治者还以各种形式的道德教化和行政管制达到“民可使而不生乱”。他认为，这一套综合性的礼治秩序，其治国安邦的效能是单纯的法治秩序所不能比的。

子产本来是很懂得礼治要义的人，从子大叔所引用的子产的话“夫礼，天之经，地之义，民之行也”便可见。但子产从郑国的现实出发，没有接受叔向的意见，他以实用主义的态度回答叔向：“若吾子之言。侨不才，不能及子孙，吾以救世也。既不承命，敢忘大惠！”（昭公六年）连子产这样的贤明大夫，对传统的礼乐文化有深刻理解的人，都不再相信纯粹的礼治能够应付这个“公室之季世”的局面，社会变化之大，可以想见。

在叔向写信给子产的二十几年之后，晋国自己也在晋顷公十三年，也就是鲁昭公二十九年（公元前 513 年）“铸刑鼎”：

晋赵鞅、荀寅帅师城汝滨，遂赋晋国一鼓铁，以铸刑鼎，着范

宣子所为刑书焉。(昭公二十九年)

这显示出从礼治秩序转向新的秩序已经是大势所趋。

就宗法政治体系的破坏而言,我们不能完全站在旧秩序和旧贵族的立场来看待。事实上,在一个规模和结构远远超过氏族社会、成熟而复杂、外部冲突频繁的封建国家,“任贤”的结果必然与宗法的体制发生矛盾。一个国家要生存和发展,就要应对复杂的内外挑战,在用人方面,必然要超越宗法制的限制,采取“任贤使能”的政策,并且把他们纳入封建体系中来。如在政事或战事方面有功的异姓,被赐封土地和民人,使得他们在政治上、经济上获得与宗法贵族相等的地位。

周代以来的以宗法贵族领主占有制为根本结构的礼治秩序,其自身包含着内在的矛盾,宗法政治在春秋所遭遇的变化几乎是有其必然性的。其中,除了张荫麟所说的亲情之衰以外,最主要的是礼治结构中“亲亲”与“尚贤”的分歧。周代的封建制本来是以“亲亲”为轴心原则,即周王分封其亲族为诸侯,诸侯分封其亲族为卿大夫,卿大夫分封其亲族为贰宗等,各级封君皆由子孙世袭。宗法制的政治意义就在于,以亲属系统形成一个稳定的统治体系,整个统治阶级内部具有血缘的亲和性,统治阶级的权力和利益的分配、转移、继承都以血缘的亲疏为转移。周初采取这种制度应当是有理由的。

但是,周初即有异姓贤臣受封,如姜氏封于齐。更重要的是,“世袭制只是用来稳定和维护已取得的政权”①,理想的宗法封建制是一个凝固的世袭系统,然而,在内外军政形势紧张的情况下,为了克服内忧,抵御外患,必然要不拘亲疏而鼓励任用有才能的人,也必然会根据其贡献提升其官职,给予其分封的利益。春秋时代从一开始就

①迪韦尔热:《政治社会学》,华夏出版社 1987 年,第 274 页。

是一个诸侯国之间冲突、兼并的时代，国家之间的征战频繁发生，用人的需求在这种军政形势下甚为突出；突破“亲亲”的原则，在任用军政人才方面实行“尚贤”的方针，也更显迫切。凡是冲破宗法制的约束大胆起用异姓人才的国家，往往在诸侯间的竞争中胜人一筹①。因此，国家的生存本身，决定了宗法政治是不可能彻底的，宗法原则也不可能成为不变的治国原则。有能力的异姓之才必然要在“尚贤”的道路上进入统治阶级，甚至主政执政，当异姓功臣成为贵族后，政治结构的宗法性即随之降低，这是国家理性的体现，是宗法政治在国家利益面前必然遇到的异己力量。在这种情况下，不顾宗法制的限制，在政权建构中容纳来自异姓的精英，无疑是政治理性化的表现。事实上，这也是周初以来贤明政治家的共识。

因此，异姓进入封建结构，并不是周代和春秋的主要问题。

王国维认为：“尊尊、亲亲、贤贤，此三者治天下之通义也。周人以尊尊、亲亲二义，上治祖祢，下治子孙，旁治昆弟，而以贤贤之义治官。故天子诸侯世，而天子诸侯之卿大夫士皆不世。盖天子诸侯者，有土之君也；有土之君，不传子，不立嫡，则无以弭天下之争；卿大夫士者，图事之臣也，不任贤，无以治天下之事。”②其实，《左传》所载之春秋制度并非如此：

> 无骇卒，羽父请谥与族。公问族于众仲，众仲对曰：“天子建德，因生以赐姓，胙之土而命之氏。诸侯以字为谥，因以为族。官有世功，则有官族。邑亦如之。”公命以字，为展氏。（隐公八年）

①钱穆即认为晋国大夫多用异姓，故其得材器较鲁、卫多用宗臣为优。参看《国史大纲》，商务印书馆（香港）有限公司，第63页。

②王国维：《观堂集林》第二册，第472页。

春秋初期,卿大夫赐氏尚少,无骇是公孙之子,未曾受氏,故死后为之请氏。无骇为公孙展之孙,故以其祖父之字"展"为其氏①。众仲的回答是春秋初期的通例,即命氏和封土是一回事,所谓"胙之土而命之氏"。周王给诸侯命氏,是以封土之名为其命氏。而诸侯给大夫命氏,则以这个大夫的字为其族氏。命氏即同时封土赐田。世功与官族为一事,表示世官,断不能只做一任某官即得以此官名为族氏之名。所以童书业说:"既有世族,必有世禄世官,无待多言矣。"②殷周的各种官职,其基本情形是,一经最初的某人担任某职之后,子孙相承,其管理技能和为官知识也成为父子相传的家族世业的财产。所以,世袭社会里不仅身份财产家族世袭,技能知识也家族相传。世官制自然形成知识传承的家族方式。从而,官守同时亦是某种知识之守,春秋时代依然如此③。正因如此,古代王者册命臣下与臣下受命之时,皆需称其祖先之德,直到西汉,史官之守仍然为家世之传。

在制度上,我们也许找不到关于卿大夫世袭的明文规定,但西周春秋的宗法封建和世袭占有制度,在逻辑上、事实上都延伸到卿大夫士。在这一点上王国维的说法并不准确。但王国维看出其中的问题所在,即卿大夫应当以"贤贤"为原则,而不应以"亲亲"为原则。春秋时代的问题,正多出于此。

不过,以上所说的异姓精英由"尚贤"而进入政权结构和贵族系统,是循着完全合法的途径,从而在道义上、原则上都不受责难。而大夫专政、家臣干上等等,不论其为同姓异姓,都是性质不同的政治行为了。站在春秋时代的政治体制内来看,大夫专政、家臣干上不仅是对宗法秩序的不合法的挑战,而且也是凭借实力对现成政治秩序

①此处取杜注之说。

②《春秋左传研究》,第 147 页。

③参看曾资生:《中国政治制度史》(先秦),香港龙门书店 1969 年,第 57、59 页。

的非法挑战。它所要破坏的是上下的正常关系,既不合礼,也不合法。这才是春秋时代人们最为关切的问题。

当然,如果说,这些“以下反上”的同姓或异姓贵族得到了民人的拥护,那就表示这种“作乱”并不是某些个人欲望的膨胀所引起的个别行为,而是反映着社会的某种变化、利益关系的某种变动,特别是新的利益集团的某种要求。如《左传》襄公二十九年所说的“大夫皆富,政将在家”,就表示大夫家族财富的大量积累,与公室财富的衰落,是大夫专政的一个经济背景。当然,在春秋后期,我们在经济与社会层面还不能看得很清楚,浮在我们眼前可以清楚看到的,是宗法政治的解体,在政治结构意义上的宗法的解体。当然这并不是在社会层面掌握亲疏制度的宗法制的解体,社会组织和贵族阶级仍然以宗法制为主导形态。

亨廷顿指出,政治体制有各种形式和规模,如城邦国家、部落国家、世袭制国家、封建国家、官僚制国家、贵族政体、寡头独裁制、神权政治国家等等。但他认为,大致上,政治体制可分为两类,一种是封建制国家,一种是官僚制国家。在封建制国家中,权力比较分散,官职和权力是由贵族阶级世袭的,等级严密,人的社会地位很难改变。在官僚制国家中,其国君比封建制国君拥有更多的权力,可以直接或间接地任命所有官员,社会和政治亦有流动性,故官僚政治国家权力趋于集中。封建国家往往权力分散,职能混合,对土地和任命的所有权在封建国家中是分散的和世袭的,君主无法控制大部分土地,贵族对于其任命拥有独立于君主的权威①。亨廷顿又指出,政治秩序是指一种价值,“政通人和,具有合法性、组织性、有效性、稳定性”。而政治冲突加剧,动乱层出不穷,政变连连发生,这种动荡与混乱乃是

①亨廷顿:《变化社会中的政治秩序》,生活·读书·新知三联书店 1989 年,第 134—135 页。

"政治衰朽"的特征①。从政治秩序到政治衰朽,常常是因为社会急剧变革,新的社会集团打破旧有秩序。春秋后期的政治,可以说就是以政治衰朽为基本特征的。而历史现实中的政治衰朽不是抽象的,它总是某种特定形态的政治发生衰朽,没有一般的政治衰朽。春秋后期的政治衰朽,是礼制和宗法政治的衰朽,它与社会变动和新的社会集团的兴起相关联,潜藏着社会秩序转型的意义。

八、从礼乐到礼政

现在,让我们再回到"礼"的问题上来。我们来简单回顾春秋时期人们对于"礼"的看法。

> (齐)公曰:"鲁可取乎?"(仲孙)对曰:"不可,犹秉周礼。周礼,所以本也。臣闻之,国将亡,本必先颠,而后枝叶从之。鲁不弃周礼,未可动也。君其务宁鲁难而亲之。亲有礼,因重固,间携贰,覆昏乱,霸王之器也。"(闵公元年)

春秋时代,尽管有周礼的约束,但它从一开始就日益成为一个竞争和兼并的时代,这里就是明显的例子。齐国在春秋初期就有取鲁之意,齐侯想乘鲁国有乱的时候侵占鲁国,被齐大夫仲孙劝阻而止。仲孙提到周礼,他认为鲁国秉持周礼,又说"周礼,所以本也",是以周礼为治国之本。不过仲孙所建议的"霸王"措施就不见得合乎周礼了。

①亨廷顿:《变化社会中的政治秩序》,生活·读书·新知三联书店 1989 年,第 1—4 页。

> 成风为之言于公曰:“崇明祀,保小寡,周礼也。”(僖公二十一年)

齐国的仲孙主张,应当攻击和占领那些有内部矛盾的国家、有昏乱之政的国家。而成风的主张,崇祀明神,保护弱小的国家,是合乎周礼的。特别是其“保小寡”之说,主张扶助弱小,反对欺凌弱小,他所理解的周礼的精神已经是价值化的,在这个意义上,周礼已经具有道义原则了。

> 二十三年夏,公如齐观社,非礼也。曹刿谏曰:“不可。夫礼,所以整民也①。故会以训上下之则、制财用之节,朝以正班爵之义、帅长幼之序,征伐以讨其不然。诸侯有王,王有巡守,以大习之。非是,君不举矣。”(庄公二十三年)

这是说,君之出行,如会、朝、征伐,是礼之所有,而国君到外国去观看祀神,这就不合于礼了。从他的讲法还可以看出,在他的理解中,礼的功能和目的是达到上下有则、财用有节、班爵有义、长幼有序的等级秩序。

晏子曾与齐侯讨论齐国的政情,并谈到礼治:

> 齐侯与晏子坐于路寝。公叹曰:“美哉室!其谁有此乎?”晏子曰:“敢问,何谓也?”公曰:“吾以为在德。”对曰:“如君之言,其陈氏乎!陈氏虽无大德,而有施于民。豆、区、釜、锺之数,其取之公也薄,其施之民也厚。公厚敛焉,陈氏厚施焉,民归之矣。诗曰:‘虽无德于女,式歌且舞。’陈氏之施,民歌舞之矣。后世若

①“夫礼,所以整民也”,《国语》作“夫礼,所以正民也”(《国语·鲁语上》)。

> 少惰，陈氏而不亡，则国其国也已。”公曰：“善哉，是可若何？”对曰：“唯礼可以已之。在礼，家施不及国，民不迁，农不移，工贾不变，士不滥，官不滔，大夫不收公利。”公曰：“善哉！我不能矣。吾今而后知礼之可以为国也。”对曰：“礼之可以为国也久矣，与天地并。君令、臣共、父慈、子孝、兄爱、弟敬、夫和、妻柔、姑慈、妇听，礼也。君令而不违，臣共而不贰，父慈而教，子孝而箴，兄爱而友，弟敬而顺，夫和而义，妻柔而正，姑慈而从，妇听而婉：礼之善物也。”公曰：“善哉，寡人今而后闻此礼之上也。”（昭公二十六年）

前面晏子和叔向在昭公三年的谈话中，晏子就提到陈氏以大量贷出、以小量收进，百姓皆得其利，故归之如流水。晏子担心最终会导致“齐将为陈氏”的局面。而在这次与齐景公的谈话中，晏子说：“陈氏虽无大德，而有施于民。豆、区、釜、锺之数，其取之公也薄，其施之民也厚。公厚敛焉，陈氏厚施焉，民归之矣。诗曰：‘虽无德于女，式歌且舞。’陈氏之施，民歌舞之矣。后世若少惰，陈氏而不亡，则国其国也已。”可见这里晏子与齐景公所讨论的，与晏子和叔向讨论的是同一个问题。不同的是晏子这一次为齐景公提出了对抗陈氏收买民心的对策。不过，也许是记录未详，晏子在这番讲话中没有提到要公室改变“厚敛于民”“公聚朽蠹”的昏败之政，只是强调以礼治国的重要性。晏子所强调的礼治主要分为两个方面：一方面是礼制的规范，“家施不及国”，即大夫的施善不能超出其氏族的范围，超出这个范围就是收买民心，不合于礼。与此相关的规范在礼制中有许多规定，这些规定力图使各级各类的人们把他们的活动限制在一个特定的范围之内，以避免形成有可能对抗公室的普遍力量。另一方面则强调作为礼的要义的伦理原则，君臣、父子、兄弟都有确定的相对准则，君令而臣恭，父慈而子孝，兄爱而弟敬。只要这些伦理准则不被破坏而能支配人心，宗法秩序和政治秩序便都能得到保障。齐国早期政治家管仲也说过“为君不君，为臣不臣，乱之本也”，晏子是齐国政治家中比较主张礼治的人，表明他受礼的影响较深。而晏子在春秋后期所理解的礼也越来越伦理化，他所突出的是礼作为治国之“道”的意义。

这种重视礼的政治—伦理意义的观念，自春秋中期以来已不断出现，如晋重耳过曹，曹伯不欲礼重耳，负羁谏劝之曰：

> 臣闻之，爱亲明贤，政之干也；礼宾矜穷，礼之宗也。礼以纪政，国之常也。失常不立，君所知也。（《国语·晋语四》）

礼以纪政，表明这些贤明的大夫都视礼的政治、行政的意义过于礼的礼宾、仪式的意义。

> 随武子曰：“……其君之举也，内姓选于亲，外姓选于旧；举不失德，赏不失劳；老有加惠，旅有施舍；君子小人，物有服章；贵有常尊，贱有等威。礼不逆矣。德立刑行，政成事时，典从礼顺，若之何敌之！”（宣公十二年）

这也是说“礼”的顺逆，主要看宗法等级的原则能否在政治—行政体系中贯彻，显示出晋国的随武子也是着重把“礼”理解为礼政的原则①。又如叔向也说过：

> 礼，政之舆也。政，身之守也。怠礼，失政；失政，不立。是

①“礼政”的概念是我用来区别礼义、礼乐的古代政治学概念，春秋时代虽然没有将礼与政连用为辞，但是以礼为“政之干”“政之舆”的思想已很普遍。而后代已有此种用法，如“教风密微，礼政严严”（《魏书》卷二十一下）。

以乱也。(襄公二十一年)

这也是强调礼非单纯的礼仪,叔向认为礼以载政,礼是政事的载体,政事是国君所以立而不乱的根据。郑国的子皮也说过"礼,国之干也"(襄公三十年),以礼为治国的根本。

春秋时代的这种发展,使得"礼政"的论述越来越丰富,以致成为春秋礼论的一个重要特征。春秋时代的礼仪之辨,表明西周以来的"礼乐"为主的礼文化发展,已经转变为一种对"礼政"的注重。礼之被关注,不再主要因为它是一套极具形式化仪节和高雅品位的交往方式,人对"礼"的关注已从"形式性"转到"合理性"。形式性的仪节体系仍然要保存,但代表这个时代的贤大夫们更加关心的是"礼"作为合理性原则的实践和表现。从《左传》各种"礼也"和"非礼也"的评论可见,人们更多的是把礼作为规范、衡量人的行为的正义原则。在这种情况下,礼乐文化的结构、模式虽未根本改变,礼乐文化的框架及其要素仍然存在,如各种朝聘礼仪、赋诗歌舞等等,但是,宗法关系危机四伏,政治秩序转为政治衰朽,这促使有智之士对礼文化的传承加以反思,他们不再注重仪章度数,不再"屑屑焉学仪",而要求把礼作为守国、行政、得民的根本原则。由于宗法—政治秩序的破坏,至少在表现上是由欲望的膨胀所造成,所以,礼被更多地强调为"上下之纪",而且产生了最早的关于礼来源天地经纬的哲学论证。把宗法—封建秩序"合礼化"的理论努力,通过这一时期"礼"的观念的发展而充分体现出来。这就使得西周以来的礼文化发生了一种由"仪"向"义"的转变,从礼仪、礼乐到礼义、礼政的变化,强调礼作为政治秩序原则的意义。"礼"于是越来越被政治化、原则化、价值化、伦理化。这并不是说礼完全变成了某种政治秩序和社会秩序的原则,而是说,礼乐度数作为一般文化被有变化地保留下去的同时,礼的面向被极大发展了,时代要求把礼的精神、礼的要义揭示出来,提炼出来[①]。而思想家关注的焦点,不再是那些华丽典雅的仪典文化,而是现实生活世界的混乱与安宁。

(原载《中国文化研究》2002年3秋之卷)

①因此,相对地,礼乐度数方面渐渐衰落,到孔子的时代有不少礼的仪节已无可考,孔子要花相当大的努力来学习、研究、收集这些古礼。《仪礼》恐怕正是在这种礼崩乐坏的背景下力图保存古礼而编著的。

《乐记》的儒学思想

《礼记》一书中，除了《大学》《中庸》外，在宋明理学中影响最大的当属《乐记》篇。因为《礼记》的其他篇章多记述孔门的德行论和君子论，如《儒行》《坊记》《表记》《缁衣》等篇，而《乐记》重视人心和性情，与宋明理学重视心性论的需要正好相合，于是《乐记》的一些思想、观念便成为宋明理学的重要思想资源和基础。

《乐记》的作者，唐《史记正义》以为是公孙尼子，此说之前又有梁武帝时的沈约予以肯定，则《乐记》的思想应属于孔子门徒。《乐记》的成书，近代以来学者多认为是在西汉，但也都承认《乐记》的资料是采自先秦诸子故书，故其思想应属战国儒家。

如果从后来《乐记》的思想影响来说，《乐记》的心性说是最值得关注的。《乐记》中广泛涉及心、性、情、欲、好恶等心性论的概念，以内和外、动于中和形于外等构建心性关系，在先秦儒学中具有代表性。这一点也是《乐记》和《荀子·乐论》的不同所在。

一、心性说

1. 物感心动

我们先来看《乐记》的心物说：

> 凡音之起，由人心生也。人心之动，物使之然也。感于物而

动,故形于声。声相应,故生变,变成方,谓之音。比音而乐之,及干戚羽旄,谓之乐。乐者,音之所由生也,其本在人心之感于物也。是故其哀心感者,其声噍以杀;其乐心感者,其声啴以缓;其喜心感者,其声发以散;其怒心感者,其声粗以厉;其敬心感者,其声直以廉;其爱心感者,其声和以柔。六者非性也,感于物而后动。是故先王慎所以感之者。

"人心"是《乐记》的中心观念。《乐记》首先确定了心物关系,即人心之动,是外物所引起的。心与物的关系形式是"感",感是外物对人心的作用。"心感于物","心感于物而后动",就是说外物对人心的作用(感),使人心产生了发动,于是才有声音的发出。因为"感"是外物对人心的作用,"感于物而动"在这里便是指心受到外物的作用,使心发生了活动,而这些活动具有不同的形式。那么,是不是人心的所有活动都是由外物引起的呢?作者并没有这样说,我们能肯定的是,外物会作用和影响于人心,使人心发生活动,而人心的活动就会见诸声音,即导致声音的发出。

照《乐记》说,人心由外物引发的活动有六种形式:哀心、乐心、喜心、怒心、敬心、爱心,即哀、乐、喜、怒、敬、爱"六者"之心。《乐记》强调,这六心不是性,只是心,表明《乐记》已有明确的心性区别的意识。《乐记》的这些说法中,心是"动"即活动的范畴,不是本质的范畴。六心不是人性本有的,是外物感动引起的内心活动。就哀、乐、喜、怒、敬、爱来说,六心也就是情,说明《乐记》并不明确区分心与情,在概念上"心"是包括喜怒哀乐的情感的。

2. 血气心知

其次来看《乐记》的性情说。《乐记》又说:

夫民有血气心知之性,而无哀乐喜怒之常,应感起物而动,然后心术形焉。

对比前面所说可知,“心术”即指六心。血气心知是性,喜怒哀乐是心。血气心知的性是人之本有的,恒常的,但喜怒哀乐六心不是人心本有的,是应感而起的。应感就是应外物之感,应是感的结果,也是对感的反应。六心也好,情也好,都是心对物感的反应。在这里,《乐记》认为心与物的关系,不是单纯的感,而是还有应,物对于心是感,心对于物感则是应,这就提出了心物的感—应论,对后世很有影响。

从人性论而言,这一段话,就心物的关系来说,除了重复前面讲过的物感心动的思想外,还肯定了人性的内涵是“血气心知”。血气应指感性,心知应指知觉,如荀子所说的征知。所以血气心知之性不是孟子讲的道德本性,而是决定感性欲求和知性的人性。这接近于荀子对人性的理解,清代的戴震即努力发明“血气心知”之说,与朱子理学相对立。不过,在这一段话里,性和情之间仍没有建立起关系,情的发动只是应感而动,与性的关系模糊不清。

3. 性静欲动

再来看性欲说。上面说“人心之动,物使之然”,那么人心之静,便是外物未曾感动人心之时。《乐记》认为,人心未感于物的静态,便是人性的原初状态。《乐记》最著名的话是:

人生而静,天之性也。感于物而动,性之欲也。物至知知,然后好恶形焉。

心是动的,性是静的,这与上面所说一致。然而,按照前面的心性关系说,感于物而动,应当是心,但这里却说感于物而动,是性之欲,这两者说法便不同。一个强调动的是心,一个强调动的是欲。前者以性心相对,后者以性欲相对。因为今本《乐记》中分为十一子篇,故

《乐记》全文中各处的说法不完全一样,思想的重点也不一样。此段的重点不是讲音乐,而是讲欲望。所以不讲从性到心,而讲从性到欲,从性之静到欲之动。"物至知知"疑有错字,其意思就是外物来感。感的结果就是引起了欲的活动,而欲的表达就是好恶。在先秦哲学中多有把好恶属情者,如荀子,而在这里,强调好恶是欲望的表达,而不是强调好恶是情感的表达。

这里的"欲之动"表明情欲之动与性有关,是根于其本性的。因此这里说的感于物而动,是指受到外物的感而发动的是欲。联系上面一段的血气心知之性说,可以说欲是受到外物之感而根于血气本性的发动。而受到物的感而引发的欲,其形式主要是好恶。如果说这里把血气看作本性,把欲望看作本性的表现,则这种思想也是近于荀子的。

那么,《乐记》为什么会谈到欲望呢?这应当是因为,在作者看来,在广义上,乐的欣赏是属于"耳目口腹之欲"的,必须阐明先王制礼乐之"乐"与"耳目口腹之欲"的区别。

4. 天理人欲

《乐记》接着强调:

> 好恶无节于内,知诱于外,不能反躬,天理灭矣。夫物之感人无穷,而人之好恶无节,则是物至而人化物也。人化物也者,灭天理而穷人欲者也。于是有悖逆诈伪之心,有淫泆作乱之事。是故强者胁弱,众者暴寡,知者诈愚,勇者苦怯,疾病不养,老幼孤独不得其所。此大乱之道也。是故先王之制礼乐,人为之节。……礼节民心,乐和民声,政以行之,刑以防之。礼乐刑政,四达而不悖,则王道备矣!

《乐记》的这一段其实已经不是讲音乐,而是离开音乐讲道德和物欲的关系,其中的天理人欲说后来成为整个宋明理学的基础。物之感人是无穷尽的,但如果物感引起的欲望活动也是无穷、毫无节制的,那就是物化,物化也就是人化为物,而不再是人了。人化为物,在道德上是指灭绝天理而穷极人欲,其结果必然引发社会悖乱失序。礼就是为了节制人欲,乐则使人民的声音归于平和和谐。这也反映出,作者认为天理是人之所以为人的本质,灭绝了天理也就丧失了人之所以为人的本质,不再是人了。从哲学上分析,好恶属于血气,"知"应指心知。"知诱于外"是指心知也可以被外界所诱惑,使人追逐于外而离开自我的反省。

《乐记》不仅提出了天理—人欲的对立,还提出了"以道制欲"的原则:

> 故曰:"乐者乐也。"君子乐得其道,小人乐得其欲。以道制欲,则乐而不乱;以欲忘道,则惑而不乐。

所以圣王的乐不仅不是欲,而且是为了化欲、制欲。不是为了遂欲,而是为了得道。这样来看,与上一段讲天理人欲相对比,道即是天理,以道制欲,也就是以理制欲,这些都开了宋明理学的先河。此条亦见于《荀子·乐论》。

5. 情动于中,声形于外

再来看心情说。

性与好恶的关系,性是在"中"的,中就是内;好恶是属于"形"的,形即是形著于外,是外在的现象了。"中"是内在的,"形"是发于外的。性是内在的,好恶是根于本性而发于外的。

这种关系正如情与声的关系一样:

> 凡音者,生人心者也。情动于中,故形于声。声成文,谓之音。

照这里所说，人心亦即是情。前面说人心感于物而动，故形于声；这里说情动于中，故形于声。可见这里的情也就是前面说的人心。又可见，性是人的本性、天性，但感物而动的是人心，是好恶，是欲，也是情。综合来说，性是内，心是外；性是内，欲是外；性是内，好恶是外；心是内，音是外；情是内，声是外。总之，中与形是未发已发的关系，是内在和外发的关系。此种关系有两大环节，一个是性到情，是未发已发关系；一个是心到声，也是未发已发关系。“未发已发”虽源自《中庸》，但宋代以后才常用。先秦时代常用的、与已发相当的是“形于”，与未发相当的是“内”“中”。这种分析是《乐记》心性论思维的基本结构。

还可以看这一段：

> 德者，性之端也；乐者，德之华也；金石丝竹，乐之器也。诗，言其志也；歌，咏其声也；舞，动其容也。三者本于心，然后乐器从之。是故情深而文明，气盛而化神，和顺积中而英华发外。唯乐不可以为伪。

这里的“积中”与“发外”，是用来指性和德的关系。照这个说法，“德者性之端”，是说德也是性的发端。这样，性与德的关系也具有未发已发的关系特性。不过，这样一来，性不仅是血气心知，性之发动不仅是喜怒哀乐、好恶，而包含有性善的因素了。如前所述，《乐记》由十一篇分论组成，故其中人性的说法有所不同。照这里所说，乐不仅生于人心，也是德的精华。这些思想虽然不是很清楚，但也还是强调性的根源作用（当然，如果把“德者性之端”理解为德是性的一个方面，则结论有所不同）。

二、乐气说

《乐记》还把乐音与“气”关联起来,如:

> 天高地下,万物散殊,而礼制行矣。流而不息,合同而化,而乐兴焉。春作夏长,仁也;秋敛冬藏,义也。仁近于乐,义近于礼。乐者敦和,率神而从天;礼者别宜,居鬼而从地。故圣人作乐以应天,制礼以配地。礼乐明备,天地官矣。天尊地卑,君臣定矣。卑高已陈,贵贱位矣。动静有常,小大殊矣。方以类聚,物以群分,则性命不同矣。在天成象,在地成形。如此,则礼者天地之别也。地气上齐,天气下降,阴阳相摩,天地相荡,鼓之以雷霆,奋之以风雨,动之以四时,暖之以日月,而百化兴焉。如此,则乐者天地之和也。化不时则不生,男女无辨则乱升,天地之情也。

不用细说,这一段明显与《周易·系辞传》的宇宙论文字有很多重合。在这里,作者不仅把礼也把乐溯源至天地流行的宇宙论。在这种说法中,乐之兴是源自宇宙的“流而不息,合同而化”。“流而不息”是指宇宙大流运行不止,“合同而化”是指此大流和融消弭对立、共同运化。这一段甚至以乐从天、礼从地来抬高乐对于礼的地位。当然,总的来说作者还是把乐定位在天地之和。但这里所说的天地之和,包含了“地气上齐,天气下降,阴阳相摩”的和,所以这个和就包含了“气”的和的意义。

这种与“气”结合的乐论论述还见于《乐记》中的几处:

> 是故先王本之情性,稽之度数,制之礼义。合生气之和,道

> 五常之行,使之阳而不散,阴而不密,刚气不怒,柔气不慑。四畅交于中而发作于外,皆安其位而不相夺也。然后立之学等,广其节奏,省其文采,以绳德厚。律小大之称,比终始之序,以象事行。使亲疏、贵贱、长幼、男女之理,皆形见于乐。

“合生气之和”,与上面说的“合同而化”的意思相近,但“合同而化”是指天地之气,“合生气之道”是指人的身心之气。这里的五常应是仁、义、礼、智等。阴阳刚柔属于生气,生气之和便是阴阳刚柔四者交畅于中(内),生气和合交畅于内,故能行五常之行于外。于是气的和合成为德行的内在基础。可见这里的气不是指天地之气,而是指人的身心之气,而按其理解,所谓情性也是与气有关的。制乐所依据的合生气之和,是阳气、阴气、刚气、柔气的和合状态。阳气本主发散,阴气本主收敛,刚气本主于怒,柔气本主于慑,而在和合状态中,阳气发扬而不会流散,阴气收敛而不会闭塞,有刚气而不会愤怒,有柔气而不会慑惧,四者畅交而和之。

《乐记》又说:

> 凡奸声感人,而逆气应之。逆气成象,而淫乐兴焉。正声感人,而顺气应之。顺气成象,而和乐兴焉。倡和有应,回邪曲直,各归其分。而万物之理,各以类相动也。是故君子反情以和其志,比类以成其行。奸声乱色,不留聪明;淫乐慝礼,不接心术;惰慢邪辟之气,不设于身体。使耳目、鼻口、心知、百体,皆由顺正以行其义,然后发以声音,而文以琴瑟,动以干戚,饰以羽旄,从以箫管。奋至德之光,动四气之和,以著万物之理。是故清明象天,广大象地,终始象四时,周还象风雨。五色成文而不乱,八风从律而不奸,百度得数而有常。小大相成,终始相生,倡和清浊,迭相为经。故乐行而伦清,耳目聪明,血气和平,移风易俗,

> 天下皆宁。

一种声音是一种感,对于每一种"感",人们会有确定的"应",而"应"是以气的形态出现的,气则是人身具有的。如:奸声感则逆气应之,正声感则顺气应之。气多了则会形成社会的象,象即社会风气。如:逆气成象,社会淫乐之风兴;顺气成象,社会和乐之风兴。声音与万物一样,以类相感应,每一类事物都有其感和应,这个道理是不变的。君子依据此理而行,如让奸声淫乐远离人心,使邪慢之气不附于身体。"奋至德之光,动四气之和,以著万物之理",就是发扬德性的光辉,协调四气的和合,以彰显万物之理。这样的乐就能仿效天地的清明,这样的乐流行就能使伦理清明,于是"耳目聪明,血气和平,移风易俗,天下皆宁"。耳目亦属心知,聪明即不会迷乱;血气和平,则欲望不会惑而无节。而乐的功能不仅仅关乎个人的修养,更在于能够移风易俗,使天下安宁平和。从这里可见,人身是有气的,而声音乐曲可以引动人身之气。乐与气有感应的关联,这也是《乐记》的一个重要哲学论点。气论对儒家的影响,在先秦的《孟子》、《五行》篇中都可以看到,特别是《五行》的说部。这些儒家气论的特点,不是强调气的自然哲学的宇宙论意义,而是用气来说明儒家的道德思想。

文中还说:

> 先王耻其乱,故制《雅》《颂》之声以道之,使其声足乐而不流,使其文足论而不息,使其曲直、繁瘠、廉肉、节奏足以感动人之善心而已矣!不使放心邪气得接焉,是先王立乐之方也。

这里明确指出,雅乐足以感动人的善心,隔离邪气,使得放心邪气不接触人身,这是先王立乐的要旨。

以上论述中,都表现了一种思想:乐自身包含有气的属性,即乐不仅与人心有关，也与气有关，乐在根本上来源于天地之气的协和运化，又符合人身之气的平衡和合，并能促进天地、社会、人身的和谐安宁。

三、乐教说

上面已经说明，“乐行而伦清”，音乐可以感动人心，移风易俗。以下进一步来看《乐记》对乐的社会功能的阐发：

> 凡音者，生于人心者也；乐者，通伦理者也。是故知声而不知音者，禽兽是也；知音而不知乐者，众庶是也。唯君子为能知乐。是故审声以知音，审音以知乐，审乐以知政，而治道备矣！是故不知声者不可与言音，不知音者不可与言乐，知乐则几于礼矣！礼乐皆得，谓之有德。德者，得也。……是故先王之制礼乐也，非以极口腹耳目之欲也，将以教民平好恶，而反人道之正也。

一般人以为制乐是为了耳目之欲的满足，儒家所说的乐则不是这个意义。儒家所说的乐，既不是声，也不是音，而是通于伦理政治的乐。动物只知道声，百姓只知道音，君子才懂得乐。因为乐是与政情密切关联的，君子通过乐可以了解政情，所以先王制乐是为了教化民众，使其好恶平常而不过分，最终返回人的正道。因此，礼乐的制定，不是为了欲望的满足，而是为了教化的实现。所以，《乐记》又说：

> 是故治世之音安以乐，其政和；乱世之音怨以怒，其政乖；亡国之音哀以思，其民困。声音之道与政通矣！

这种思想把乐与国家的治乱联系在一起，把乐之道与政之道关联在一起，用道德化、政治化的方式去看待、分析乐，是典型的儒家乐论方式。

> 大乐与天地同和，大礼与天地同节。和，故百物不失；节，故祀天祭地。明则有礼乐，幽则有鬼神，如此则四海之内合敬同爱矣！礼者殊事，合敬者也；乐者异文，合爱者也。礼乐之情同，故明王以相沿也。故事与时并，名与功偕。

乐来自天地之协和，礼来自天地之节次，故乐的和与天地之和一致，礼的节与天地的节次一致，儒家的理想就是人道与天道相一致。就礼乐的人道而言，合敬是礼的功能，同爱是乐的功能，合敬是使差异之间保持互相礼敬，同爱是使差异之间互相亲近，这就是礼、乐的不同社会功能。

> 乐也者，圣人之所乐也，而可以善民心。其感人深，其移风易俗，故先王著其教焉。
>
> 先王耻其乱，故制《雅》《颂》之声以道之，使其声足乐而不流，使其文足论而不息，使其曲直、繁瘠、廉肉、节奏足以感动人之善心而已矣！不使放心邪气得接焉，是先王立乐之方也。

乐（yuè）既然有音乐的属性，自然有其可乐（lè）的价值，但其可乐是圣人之所乐，不是世俗的可乐。以乐改善民心，移风易俗，便是乐教，便是圣王的“立乐”之方。

乐的根本作用是“和”：

> 是故乐在宗庙之中，君臣上下同听之，则莫不和敬；在族长乡里之中，长幼同听之，则莫不和顺；在闺门之内，父子兄弟同听

之,则莫不和亲。故乐者,审一以定和,比物以饰节,节奏合以成文。所以合和父子君臣,附亲万民也。是先王立乐之方也。

和敬、和顺、和亲都是乐在不同方面实现的“和”的功能,和即协和的和,也是统合的合。儒家确信,乐有凝聚、团结并使团体达到和谐的功能。

四、礼乐论

《乐记》中对礼乐的同异说得非常清楚,礼乐既共同一体地发挥着社会功能,又有差别地互补:

> 乐者为同,礼者为异。同则相亲,异则相敬。乐胜则流,礼胜则离。合情饰貌者,礼乐之事也。礼义立,则贵贱等矣;乐文同,则上下和矣;好恶著,则贤不肖别矣;刑禁暴,爵举贤,则政均矣。仁爱以之,义以正之,如此则民治行矣。乐由中出,礼自外作。乐由中出,故静;礼自外作,故文。大乐必易,大礼必简。乐至则无怨,礼至则不争。揖让而治天下者,礼乐之谓也。暴民不作,诸侯宾服,兵革不试,五刑不用,百姓无患,天子不怒,如此则乐达矣。合父子之亲,明长幼之序,以敬四海之内。天子如此,则礼行矣。

《乐记》把礼乐的同异讲得非常清楚,在哲学上礼代表差异化、等级化,乐代表和谐化、同一化;在社会上礼代表秩序,乐代表和谐;在伦理上礼指向相敬,乐指向相亲,礼近于义,乐近于仁。乐是由内发出的,礼是在外表现的,礼是为了行为的不争,乐是为了内心的无怨。不争不怨,就是理想社会了。所以,儒家所理解的乐,一定是在与礼的区别和一体中来定义和定位的。礼与乐,礼是基础,乐是对礼的秩序加以和谐化。礼乐的宗旨就是追求和谐化的礼治秩序。还可以看出,大乐必易,大礼必简,应是回应和吸收了墨家对礼乐的批评。“乐至则无怨,礼至则不争,揖让而治天下者”则是吸收了道家和战国的无为思想。但《乐记》的主体是通过礼乐达到儒家的社会理想——“合父子之亲,明长幼之序,以敬四海之内”。

> 乐也者,情之不可变者也。礼也者,理之不可易者也。乐统同,礼辨异。礼乐之说管乎人情矣!

《乐记》中谈到礼乐对举时几处提到理,这也是它受到宋明理学家关注的原因之一。春秋至战国,中国文化保持为礼乐文化,早期儒家也以传承礼乐文化为己任。但儒家在传承的同时又有了发展,如孔子贵仁,孟子尊义,孔门后学还提出了理的观念。《乐记》既提出天理和人欲的紧张,标举出天理的普遍规范意义,又提出礼与理的关系,认为礼不仅是具体仪节条目的汇合,而且贯穿着理,这里的理即是人道的总原则。这些都对后世儒家的理学发展产生了影响。

> 穷本知变,乐之情也;著诚去伪,礼之经也。礼乐负天地之情,达神明之德,降兴上下之神,而凝是精粗之体,领父子君臣之节。

这里值得注意的是,把“著诚去伪”作为礼的根本精神,也就是把诚作为礼的根本精神,这个说法在古礼家不常见,可能是受到《中庸》《孟子》重视“诚”的影响。需要指出的是,以上这两条材料亦见于《荀子·乐论》,《乐记》与《荀子·乐论》在论乐教和礼乐的问题上还有不少重合的内容,这种把礼和诚结合起来加以把握有其独到之处。

> 魏文侯问于子夏曰:“吾端冕而听古乐,则唯恐卧。听郑卫之音,则不知倦。敢问古乐之如彼,何也?新乐之如此,何也?”子夏对曰:“今夫古乐,进旅退旅,和正以广,弦匏笙簧,会守拊鼓,始奏以文,复乱以武,治乱以相,讯疾以雅。君子于是语,于是道古,修身及家,平均天下。此古乐之发也。今夫新乐,进俯退俯,奸声以滥,溺而不止。及优侏儒,猱杂子女,不知父子。乐终,不可以语,不可以道古。此新乐之发也。今君之所问者乐也,所好者音也。夫乐者,与音相近而不同。”……“然后圣人作为父子君臣,以为纪纲。纪纲既正,天下大定。天下大定,然后正六律、和五声,弦歌诗颂,此之谓德音。德音之谓乐。”……“夫敬以和,何事不行?为人君者,谨其所好恶而已矣!君好之,则臣为之;上行之,则民从之。《诗》云:‘诱民孔易。’此之谓也。”

子夏说古乐的宗旨和目的是“修身及家,平均天下”,这与《大学》“修身齐家治国平天下”相通,说明这种理念在当时的儒门各家是有共识的。修身,故不能离礼乐:

> 君子曰:“礼乐不可斯须去身。”致乐以治心,则易、直、子、谅之心油然生矣。易、直、子、谅之心生则乐,乐则安,安则久,久则天,天则神。天则不言而信,神则不怒而威。致乐以治心者也。致礼以治躬则庄敬,庄敬则严威。心中斯须不和不乐,而鄙诈之心入之矣;外貌斯须不庄不敬,而易慢之心入之矣。故乐也者,动于内者也;礼也者,动于外者也。乐极和,礼极顺。内和而外顺,则民瞻其颜色而弗与争也,望其容貌而民不生易慢焉。故德辉动乎内,而民莫不承听;理发诸外,而民莫不承顺。

据《韩诗外传》,子、谅即慈、良。朱子早已指出此点(参看《朱子语类》卷二十二)。可见,礼乐不只对社群有确立秩序、促进和谐的意义,对个人修身亦有意义,这是一般的礼乐论很少论及的,也是后世宋明理学特别重视这一段话的原因。礼乐对修身的意义,一方面是礼对行为的规范,即"致礼以治躬",躬即是身体行为;一方面是乐对心的治理,即"致乐以治心"。"致礼以治躬"是以礼培养庄敬之体貌,"致乐以治心"是以乐培养和乐之心。就乐而言,乐还可以促进易、直、慈、良之心的产生。礼乐的这种治身治心的作用是君子特别强调的。

至于治心之德,《乐记》还有"临事而屡断,勇也;见利而让,义也。有勇有义,非歌孰能保此"之说。勇和义都是德目,《乐记》强调用歌乐来促进和培养德性,这是其特点。儒家对德性的涵养一般重视通过自我修养的功夫来达成。乐教是教育的观念,乐教的观念本来不是功夫论的观念,不是个人主动采取的功夫努力,而一般的德性修养诉诸个体的功夫努力。据以上所说,个体虽然不用功夫,但乐教的教育可以对个体身心产生修治的作用。重教化而轻功夫,可以说这也是比较接近荀子的一种德性培养思路。

总之,《乐记》的思想既是《礼记》体系的一部分,同时往往与荀子乐教论接近,与荀子思想兼容性较强。故朱子曾猜测:"《乐记》文章颇粹,怕不是汉儒做,自与《史记》《荀子》是一套,怕只是荀子作。"(《朱子语类》卷八十四)

(原载《孔子研究》2016 年第 5 期)

论汉代儒学的仁说

就伦理学而言,董仲舒仁学思想的一个突出贡献是在批判功利主义的表述中建立了仁的基本道德立场,这就是:

> 仁人者,正其道不谋其利,修其理不急其功,致无为而习俗大化,可谓仁圣矣,三王是也。……是以仲尼之门,五尺童子言羞称五伯。为其诈以成功,苟为而已也,故不足称于大君子之门。(《春秋繁露·对胶西王越大夫不得为仁》)

头两句话,《汉书》本传作"正其谊不谋其利,明其道不计其功",后世皆以这二句流传,这种崇仁黜霸和反功利主义的思想在历史上产生了深远影响。

> 政有三端:父子不亲,则致其爱慈;大臣不和,则敬顺其礼;百姓不安,则力其孝弟。孝弟者,所以安百姓也。力者,勉行之,身以化之。天地之数,不能独以寒暑成岁,必有春夏秋冬;圣人之道,不能独以威势成政,必有教化。故曰:先之以博爱,教以仁也;难得者,君子不贵,教以义也;虽天子必有尊也,教以孝也;必有先也,教以弟也。此威势之不足独恃,而教化之功不大乎?(《春秋繁露·为人者天》)

他在这里以“博爱”论仁，承继先秦儒学之说，后来韩愈继续发明此义。董仲舒在这一点上是有贡献的。按“博爱”之说只在《孝经》出现一次，在先秦未有用来说仁者；《汉书》中始出现“博爱仁恕”之说，乃谷永之言，已在董仲舒之后。另一方面，爱慈、博爱的提法往往是王者用以突出仁作为政治教化的手段，用以追求亲、和、安的社会政治目标，这样的倾向也应予以指出。无论如何，“博爱论仁”说可以看作以董仲舒为代表的汉代儒学家对仁的理解，对后世影响甚大。

一

汉代儒学中的仁学主要表现在董仲舒的《春秋繁露》中。《礼记·乐记》中提出“仁以爱之，义以正之”，但并没有说明爱和正的对象。而《春秋繁露》最集中的表达是，“仁者爱人，义者正我”，在仁义的不同对象的对比中阐释它们各自的意义。董仲舒说：

> 晋灵公杀膳宰以淑饮食，弹大夫以娱其意，非不厚自爱也，然而不得为淑人者，不爱人也。质于爱民，以下至于鸟兽昆虫莫不爱。不爱，奚足谓仁？仁者，爱人之名也。（《春秋繁露·仁义法》）

这里严格分别了自爱和爱人。自娱其意是自爱，但不是爱人，所以不是仁，仁是爱他人之名。

> 《春秋》之所治，人与我也。所以治人与我者，仁与义也。以仁安人，以义正我，故仁之为言人也，义之为言我也，言名以别矣。仁之于人，义之于我者，不可不察也。众人不察，乃反以仁自裕，而以义设人。诡其处而逆其理，鲜不乱矣。是故人莫欲

> 乱,而大抵常乱。凡以暗于人我之分,而不省仁义之所在也。是故《春秋》为仁义法。仁之法在爱人,不在爱我;义之法在正我,不在正人。我不自正,虽能正人,弗予为义;人不被其爱,虽厚自爱,不予为仁。(《春秋繁露·仁义法》)

与《荀子·子道》"仁者自爱"说不同,董仲舒明确主张,"仁之法在爱人,不在爱我;义之法在正我,不在正人"。他认为一切道德无非是对他人或对自我而言的,"仁者人也"的意思,就是着眼于他人,仁是仁爱他人的德行;相对于"仁者人也",则是"义者我也",表示义是纠正自己的德行。仁作为"爱"是爱他人,不是爱自己;义作为"正"是正自我,不是正他人。这个对比的说法是先秦所没有的。自爱而不爱人,这不是仁。仁必须是他者取向的,义则必须是自我取向的。可见,董仲舒对仁义的讨论,重点不是价值上的定义,而是实践的对象,是密切联系仁的实践。

《春秋繁露》中这些"仁爱义正"的说法主要是从政治上着眼的,是有针对性的,所以其中甚至认为,一个人如果只爱自己,那就是亡国之道:

> 亡者爱及独身。独身者,虽立天子诸侯之位,一夫之人耳,无臣民之用矣。如此者,莫之亡而自亡也。《春秋》不言伐梁者,而言梁亡,盖爱独及其身者也。故曰仁者爱人,不在爱我,此其法也。(《春秋繁露·仁义法》)

他又说:

> 阖庐能正楚蔡之难矣,而《春秋》夺之义辞,以其身不正也;潞子之于诸侯,无所能正,《春秋》予之有义,其身正也,趋而利

也。故曰义在正我，不在正人，此其法也。夫我无之而求诸人，我有之而诽诸人，人之所不能受也。其理逆矣，何可谓义？义者，谓宜在我者。宜在我者，而后可以称义。故言义者，合我与宜，以为一言。以此操之，义之为言我也。故曰有为而得义者，谓之自得；有为而失义者，谓之自失。人好义者，谓之自好；人不好义者，谓之不自好。以此参之，义，我也，明矣。是义与仁殊。仁谓往，义谓来；仁大远，义大近。爱在人，谓之仁；义在我，谓之义。仁主人，义主我也。故曰：仁者，人也，义者，我也，此之谓也。君子求仁义之别，以纪人我之间，然后辨乎内外之分，而著于顺逆之处也。是故内治反理以正身，据礼以劝福；外治推恩以广施，宽制以容众。（《春秋繁露·仁义法》）

君主必须爱人，正己，所以这里的仁义说是儒家政治思想的一种表达。这也是把先秦儒学爱人和正身思想置于仁义的定义中的一种表达。

仁而不智，则爱而不别也；智而不仁，则知而不为也。故仁者所爱人类也，智者所以除其害也。（《春秋繁露·必仁且智》）

太公封于齐，问焉以治国之要，营荡对曰："任仁义而已。"太公曰："任仁义奈何？"营荡对曰："仁者爱人，义者尊老。"太公曰："爱人尊老奈何？"营荡对曰："爱人者，有子不食其力；尊老者，妻长而夫拜之。"太公曰："寡人欲以仁义治齐，今子以仁义乱齐，寡人立而诛之，以定齐国。"（《春秋繁露·五行相胜》）

"仁者爱人，义者尊老"，这个说法作为一种实例本身是没有问题的，爱人属仁，尊老属义。但如何爱人，如何尊老，营荡的主张是：有子而溺爱，这就不是仁；妻子岁数大便破坏男尊的秩序，这便是不义，而不是义。

> 何谓仁？仁者，憯怛爱人，谨翕不争，好恶敦伦，无伤恶之心，无隐忌之志，无嫉妒之气，无感愁之欲，无险诐之事，无辟违之行。故其心舒，其志平，其气和，其欲节，其事易，其行道，故能平易和理而无争也。如此者，谓之仁。（《春秋繁露·必仁且智》）

这里的"何谓仁"，并不是力求对仁下定义，而是从仁者憯怛爱人出发，列举了仁者的基本德性，特别是从心、志、气、欲方面刻画仁者的精神心态，这也是先秦儒学所没有的。爱人是一德行，但爱是一个表达情感的词，因此仁本身是带有情感投射的，而恻隐一类词就更加是指情感。这些词的使用，显示"仁"的表达越来越重视其内在情感的特性。

> 何谓之智？先言而后当。凡人欲舍行为，皆以其智，先规而后为之。……故曰莫急于智。智者见祸福远，其知利害蚤，物动而知其化，事兴而知其归，见始而知其终，言之而无敢哗，立之而不可废，取之而不可舍。前后不相悖，终始有类，思之而有复，及之而不可厌。其言寡而足，约而喻，简而达，省而具，少而不可益，多而不可损。其动中伦，其言当务。如是者，谓之智。（《春秋繁露·必仁且智》）

这是论智所代表的实践智慧。智是对行动的规划，智能够洞见行动利害祸福的后果，使行动恰当地合乎原则和境遇。

二

董仲舒儒学的特色还在于把仁说建立为天道论，其中董仲舒把仁定位在“天心”的说法，颇有意义：

> 霸王之道，皆本于仁，仁，天心，故次之以天心。（《春秋繁露·俞序》）

在先秦没有把仁作为天心的说法出现。以仁为天心，也就是以仁为宇宙之心，这个说法是仁体在宇宙论形态发展上的重大一步，也反映了儒家面对汉代统一帝国的出现所采取的理论回应，即重新努力把普世伦理作为宇宙原理，以从道德上制约、范导皇权。

《春秋繁露》中说：

> 天高其位而下其施，藏其形而见其光。高其位，所以为尊也；下其施，所以为仁也；藏其形，所以为神；见其光，所以为明。故位尊而施仁，藏神而见光者，天之行也。故为人主者，法天之行，是故内深藏，所以为神；外博观，所以为明也；任群贤，所以为受成；乃不自劳于事，所以为尊也；泛爱群生，不以喜怒赏罚，所以为仁也。（《春秋繁露·离合根》）

这个说法，把施加仁爱看作“天之行”，从而要求人君以天为法，效法天的行为，在人间行仁。对人主而言，仁就是泛爱群生，决不以君主个人的喜怒来行赏罚。“泛爱群生”继承了以爱言仁的传统，也继承了孔子“泛爱众而亲仁”（《论语·学而》）的思想，显示出仁早已从爱亲发展为泛爱群生了。

书中又说:

> 凡灾异之本,尽生于国家之失。国家之失乃始萌芽,而天出灾害以谴告之;谴告之而不知变,乃见怪异以惊骇之;惊骇之尚不知畏恐,其殃咎乃至。以此见天意之仁,而不欲陷人也。谨案:灾异以见天意。天意有欲也,有不欲也。所欲所不欲者,人内以自省,宜有惩于心;外以观其事,宜有验于国。故见天意者之于灾异也,畏之而不恶也,以为天欲振吾过,救吾失,故以此报我也。(《春秋繁露·必仁且智》)

与"天心"的概念接近的是"天意",表示天是有意志的。因此,仁是天心,也是天意。所谓天意,照这里所说,就是天之所欲所不欲,这是上天的意志、愿望和要求。董仲舒认为天意会通过灾异来传达给地上的人们。人们必须了解上天的意志。

仁不仅是天心、天意,也是人性:

> 吾以心之名,得人之诚。人之诚,有贪有仁。仁贪之气,两在于身。身之名,取诸天。天两有阴阳之施,身亦两有贪仁之性。天有阴阳禁,身有情欲栣,与天道一也。是以阴之行不得干春夏,而月之魄常厌于日光,占全占伤。天之禁阴如此,安得不损其欲而辍其情以应天?天所禁而身禁之,故曰身犹天也。禁天所禁,非禁天也。(《春秋繁露·深察名号》)

这是说,人心有贪仁之性,人身有贪仁之气,身体的结构是来自天、与天地阴阳相对应的,故说"身犹天也";人道与天道是一致的,此即"与天道一也"。人必须遵循与天道一致,天道禁阴,故人道损欲。仁性是善性,仁气自然也是善气。在这里,仁既有了性的意义,也有了气的意义，仁气的意义在后来各家的宇宙论中都有表现。

仁气在某种意义上即是阳气，或者说阳气在董仲舒这里已被赋予仁的规定，或者说“仁”在这里已经成为阳气的基本规定之一，这就是所谓“阳气仁”“阳气爱”“阳气宽”的说法：

> 故曰：阳，天之德；阴，天之刑也。阳气暖而阴气寒，阳气予而阴气夺，阳气仁而阴气戾，阳气宽而阴气急，阳气爱而阴气恶，阳气生而阴气杀。是故阳常居实位而行于盛，阴常居空位而行于末。天之好仁而近，恶戾之变而远，大德而小刑之意也。先经而后权，贵阳而贱阴也。……是故人主近天之所近，远天之所远；大天之所大，小天之所小。是故天数右阳而不右阴，务德而不务刑。刑之不可任以成世也，犹阴之不可任以成岁也。为政而任刑，谓之逆天，非王道也。（《春秋繁露·阳尊阴卑》）

如果说阳是天之德，那么也就意味着仁是天之德。这里的天之德与先秦的“天德”观念有所不同，它只代表天的一个方面，而不是整个天的德性。不过即便如此，阳也可以说是天的主导德性，尽管它需要阴的配合。所以董仲舒说天是“好仁”的、“大德”的，大在这里是动词，人所要做的就是顺天，而不能逆天。

> 古之造文者，三画而连其中，谓之王。三画者，天、地与人也，而连其中者，通其道也。取天地与人之中以为贯而参通之，非王者庸能当是。是故王者唯天之施，施其时而成之，法其命而循之诸人，法其数而以起事，治其道而以出法，治其志而归之于仁。仁之美者在于天。天，仁也。天覆育万物，既化而生之，有养而成之，事功无已，终而复始，凡举归之以奉人，察于天之意，无穷极之仁也。人之受命于天也，取仁于天而仁也。是故人之

> 受命天之尊，父兄子弟之亲，有忠信慈惠之心，有礼义廉让之行，有是非逆顺之治，文理灿然而厚，知广大有而博，唯人道为可以参天。天常以爱利为意，以养长为事，春秋冬夏皆其用也；王者亦常以爱利天下为意，以安乐一世为事，好恶喜怒而备用也。(《春秋繁露·王道通三》)

这里更明确地提出："天，仁也。"这一命题把仁看作天的本质，已经初步接近仁体的思想。就自然界而言，天之仁表现在覆育万物，化生万物，养而成之，有功无已。同时，这里汲取了《中庸》天命之谓性的思想，认为人受命于天，取仁于天。因此人的本性来自天，性也是仁。天意是赋予世界爱利的，是不断养育万物的，反过来说，爱利就是天意，天意就是仁。所以王者需要体察天意，也要以爱利天下作为自己的意志，完全按照天道的法则办事。人有了天命之仁性，就有了各种德行。人道之仁与天道之仁保持一致，就是参天了。这样的仁已经是贯通天地人的真正王道了。参通表示天地人三者的贯通，而贯通就意味着一体。

这种天人一贯的思想又见于：

> 天有寒有暑。夫喜怒哀乐之发，与清暖寒暑其实一贯也。喜气为暖而当春，怒气为清而当秋，乐气为太阳而当夏，哀气为太阴而当冬。四气者，天与人所同有也，非人所能蓄也，故可节而不可止也。节之而顺，止之而乱。人生于天，而取化于天。喜气取诸春，乐气取诸夏，怒气取诸秋，哀气取诸冬，四气之心也。……明王正喜以当春，正怒以当秋，正乐以当夏，正哀以当冬。上下法此，以取天之道。(《春秋繁露·王道通三》)

在天人合一思想的支配下，董仲舒提出人有喜怒哀乐，天亦有喜怒哀乐,季节气候的变化就是天的喜怒哀乐。因此天的喜怒哀乐体现为气的不同类型,如喜气为暖而当春,怒气为清而当秋,春天的气是喜气,秋天的气是怒气。天有春夏秋冬四气,亦可称为喜怒哀乐四气,这就是天的喜怒哀乐。人的生化来自天,人的喜怒哀乐便来源于天的四气,从而成为人的四气之心即喜怒哀乐。

> 春气爱,秋气严,夏气乐,冬气哀。爱气以生物,严气以成功,乐气以养生,哀气以丧终,天之志也。是故春气暖者,天之所以爱而生之;秋气清者,天之所以严而成之;夏气温者,天之所以乐而养之;冬气寒者,天之所以哀而藏之。春主生,夏主养,秋主收,冬主藏。生溉其乐以养,死溉其哀以藏,为人子者也。故四时之行,父子之道也;天地之志,君臣之义也;阴阳之理,圣人之法也。阴,刑气也;阳,德气也。阴始于秋,阳始于春。春之为言,犹偆偆也;秋之为言,犹湫湫也。偆偆者,喜乐之貌也;湫湫者,忧悲之状也。是故春喜、夏乐、秋忧、冬悲,悲死而乐生。以夏养春,以冬藏秋,大人之志也。(《春秋繁露·王道通三》)

天之喜怒哀乐即是春夏秋冬四气,而春气爱,秋气严,夏气乐,冬气哀。这里虽然没有明说,但我们可以了解,爱就是仁,也就是说春气仁,这就和前面提到的仁气说连接起来了。这些仁的说法都是就王道即王者之道而言的,很少有就本性而言的。

三

现在来看汉代儒学的其他思想,如《新书》《韩诗外传》等书。先看贾谊《新书》:

> 礼，天子爱天下，诸侯爱境内，大夫爱官属，士庶各爱其家。失爱不仁，过爱不义。故礼者，所以守尊卑之经、强弱之称者也。（《新书》卷六《礼》）

“过爱不义”和《尹文子》“仁者，所以博施于物，亦所以生偏私”的意见相近，仁是爱，缺少爱就不是仁，但是过多的爱也不是仁，不仅不是仁，而且会导致不义。这个讲法包含了对仁的复杂分析。只有到了宋代道学，区分了专言之仁和偏言之仁，才能更全面地处理这一问题。

《新书》下面一条较长，但是其中的德行论述最有代表性，在列出每一个正面的善的德行后，又都列出相反的负面德行，如“兼覆无私谓之公，反公为私；方直不曲谓之正，反正为邪”等。以下我删去负面德行，集录其正面德行如下：

> 曰：“请问品善之体何如？”对曰：亲爱利子谓之慈，子爱利亲谓之孝，爱利出中谓之忠，心省恤人谓之惠，兄敬爱弟谓之友，弟敬爱兄谓之悌，接遇慎容谓之恭，接遇肃正谓之敬，言行抱一谓之贞，期果言当谓之信，衷理不辟谓之端，据当不倾谓之平，行善决衷谓之清，辞利刻谦谓之廉，兼覆无私谓之公，方直不曲谓之正，以人自观谓之度，以己量人谓之恕，恻隐怜人谓之慈，厚志隐行谓之洁，放理洁静谓之行，功遂自却谓之退，厚人自薄谓之让，心兼爱人谓之仁，行充其宜谓之义，刚柔得适谓之和，合得密周谓之调，优贤不逮谓之宽，包众容易谓之裕，欣憻可安谓之煴，安柔不苛谓之良，缘法循理谓之轨，袭常缘道谓之道，广较自敛谓之俭，费弗过适谓之节，黾勉就善谓之慎，思恶勿道谓之戒，深知祸福谓之知，亟见窕察谓之慧，动有文体谓之礼，容服有义谓之仪，行归而过谓之顺，动静摄次谓之比，容志审道谓之娴，辞令就

得谓之雅,论物明辩谓之辩,纤微皆审谓之察,诚动可畏谓之威,临制不犯谓之严,仁义修立谓之任,伏义诚必谓之节,持节不恐谓之勇,信理遂惔谓之敢,志操精果谓之诚,克行遂节谓之必。凡此品也,善之体也,所谓道也。故守道者谓之士,乐道者谓之君子,知道者谓之明,行道者谓之贤。且明且贤,此谓圣人。(《新书》卷八《道术》)

这是先秦以来最详细的德目表,共五十五项德行,作者比较重视的是仁义礼信知。在这个德目表中,最重要的是:亲爱利子谓之慈,子爱利亲谓之孝,爱利出中谓之忠,期果言当谓之信,心兼爱人谓之仁,行充其宜谓之义,动有文体谓之礼,深知祸福谓之知,志操精果谓之诚。五十五项中"恻隐为慈"与前面的"亲爱为慈",两慈重复,疑有错字。"心兼爱人为仁"的提法,吸收了墨子的表达而不回避,表明孟学以外的其他儒家已多在仁的观念下肯定兼爱、泛爱、博爱的表述。爱人利物是庄子对仁的解说,《新书》应受到庄子的若干影响。

德有六理,何谓六理?道、德、性、神、明、命,此六者,德之理也。六理无不生也,已生而六理存乎所生之内,是以阴阳天地人尽以六理为内度,内度成业,故谓之六法。六法藏内,变流而外遂,外遂六术,故谓之六行。是以阴阳各有六月之节,而天地有六合之事,人有仁义礼智信之行。行和则乐兴,乐兴则六,此之谓六行。阴阳天地之动也,不失六行,故能合六法。人谨修六行,则亦可以合六法矣。(《新书》卷八《六术》)

仁义礼智信乐,是为六行。六行来自天地的六合,六行六合来自六法,六法联系着六理,六理是宇宙的普遍规定,决定了宇宙生化的法则。总之,这是一套天人合一的宇宙秩序。

德有六美,何谓六美?有道,有仁,有义,有忠,有信,有密,此六者,德之美也。道者德之本也,仁者德之出也,义者德之理也,忠者德之厚也,信者德之固也,密者德之高也。(《新书》卷八《道德说》)

道仁义忠信密,是为六美。道是诸德的根本,仁则居于诸德之首。汉代道家思想甚盛,所以儒家的仁义思想与道家的"道德"思想结合在一起,这也是时代的特色。照这里的说法,六美都是德的一个方面,德是枢轴,六美都各自与它关联。应该说,这个思想还不是很清楚的。而后来韩愈的《原道》上来就讨论仁义和道德,也是针对汉代以来把儒家的仁义说和道家的道德说混在一起所做的分疏。

物所道始谓之道,所得以生谓之德。德之有也,以道为本,故曰道者德之本也。德生物,又养物,则物安利矣。安利物者,仁行也。仁行出于德,故曰仁者德之出也。德生理,理立则有宜适之谓义。义者,理也,故曰义者德之理也。德生物,又养长之而弗离也,得以安利。德之遇物也忠厚,故曰忠者德之厚也。德之忠厚也,信固而不易,此德之常也,故曰信者德之固也。德生于道而有理,守理则合于道,与道理密而弗离也,故能畜物养物,物莫不仰恃德,此德之高,故曰密者德之高也。道而勿失,则有道矣;得而守之,则有德矣;行有无休,则行成矣。故曰道此之谓道,德此之谓德,行此之谓行。诸此言者,尽德变;变也者,理也。(《新书》卷八《道德说》)

仁作为六美之一,其意义何在?"安利物者,仁行也",这个说法似不很清楚,与《新书》其他几处以爱或兼爱论仁不同。道是世界的初始原则,德是世界的生养原则,德生于道,而德出仁,德生理,德生物。

这些说法含混不清,从仁体论的立场来看,应该说仁即是道,仁即是德,仁即是理,而不能分析割裂。

四

现在来看《韩诗外传》。

《韩诗外传》也以仁爱并用,以亲亲为行仁的始基,也提出"恻隐而爱仁"等,与先秦儒学一致。而较为特殊的是提出圣仁、智仁的说法:

> 仁道有四:磏为下。有圣仁者,有智仁者,有德仁者,有磏仁者。上知天,能用其时;下知地,能用其财;中知人,能安乐之,是圣仁者也。上亦知天,能用其时;下知地、能用其财;中知人,能使人肆之,是智仁也。宽而容众,百姓信之;道所以至,弗辱以时,是德仁者也。廉洁直方,疾乱不治,恶邪不匡;虽居乡里,若坐涂炭;命入朝廷,如赴汤火;非其民不使,非其食弗尝;疾乱世而轻死,弗顾弟兄,以法度之,比于不详,是磏仁者也。(《韩诗外传》卷一)

磏即廉。按圣智是战国儒学常用的说法,如子思学派①。这里提出仁道分为四种,圣仁与智仁的共同点是知天、知地、知人,不同处是,圣仁能安乐,智仁使人安逸。德仁是能宽,磏仁是能廉。这里把圣智德廉与仁连用,殊不可晓,其中以安乐为圣,与《五行》篇相同,可能源于子思学派。

①参看我讨论子思思想的论文。

> 夫君子恭而不难,敬而不巩,贫穷而不约,富贵而不骄,应变而不穷,审之礼也。故君子于礼也,敬而安之;其于事也,经而不失;其于人,宽裕寡怨而弗阿;其于仪也,修饰而不危;其应变也,齐给便捷而不累;其于百官伎艺之人也,不与争能而致用其功;其于天地万物也,不拂其所而谨裁其盛;其待上也,忠顺而不解;其使下也,均遍而不偏;其于交游也,缘类而有义;其于乡曲也,容而不乱。是故穷则有名,通则有功,仁义兼覆天下而不穷,明通天地、理万变而不疑,血气平和,志意广大,行义塞天地,仁知之极也,夫是谓先王审之礼也。若是,则老者安之,少者怀之,朋友信之,如赤子之归慈母也。曰:仁刑义立,教诚爱深,礼乐交通故也。(《韩诗外传》卷四)

这一段前面讲君子在各个方面的德行,后面讲君子德行的效果,就君子作为实践主体而言,"仁知之极"体现为"血气平和,志意广大,行义塞天地",这是孟子式的大丈夫的精神;就君子政治实践的效果而言,"仁义兼覆天下""老者安之,少者怀之,朋友信之",这当然是追随孔子的社会理想。《论语》:"子路曰:'愿闻子之志!'"子曰:"老者安之,朋友信之,少者怀之。"

> 子曰:"不知命,无以为君子。"言天之所生,皆有仁义礼智顺善之心,不知天之所以命生,则无仁义礼智顺善之心。无仁义礼智顺善之心,谓之小人。故曰:"不知命,无以为君子。"《小雅》曰:"天保定尔,亦孔之固。"言天之所以仁义礼智,保定人之甚固也。《大雅》曰:"天生蒸民,有物有则。民之秉彝,好是懿德。"言民之秉德以则天也。不知所以则天,又焉得为君子乎!(《韩诗外传》卷六)

这是用《中庸》“天命之谓性”来解释知命，认为人是天之所生，天把仁义礼智顺善赋予人，人人都有仁义礼智之心，但小人不知命，不能为君子，也就不能保有仁义礼智之心。仁义礼智就是民之秉懿，就是得自天之所命，人应当依据天生的仁义礼智之心，效法天。这些思想应当是继承了子思、孟子学派的思想。

五

再来看东汉儒学的仁说。

东汉的王充，批评董仲舒，但他在《论衡》一书中批评刘子政“性阴情阳”说时也谈到仁气：

> 恻隐不忍，仁之气也；卑谦辞让，性之发也。有与接会，故恻隐卑谦，形出于外。谓性在内，不与物接，恐非其实。不论性之善恶，徒议外内阴阳，理难以知。（《论衡·本性篇》）

王充虽然不是儒家，但这种以“恻隐不忍”论仁的提法当然是受了孟子的影响，他的仁气说，也应当说是受孟子一派的影响。

而以“不忍”论仁也见于《白虎通》：

> 五性者何？谓仁、义、礼、智、信也。仁者，不忍也，施生爱人也；义者，宜也，断决得中也；礼者，履也，履道成文也；智者，知也，独见前闻，不惑于事，见微知著也；信者，诚也，专一不移也。故人生而应八卦之体，得五气以为常，仁、义、礼、智、信也。六情者，何谓也？喜、怒、哀、乐、爱、恶谓六情，所以扶成五性。（《白虎通》卷八）

《白虎通》对仁的定义是“仁者,不忍也,施生爱人也”,同样可看到孟子的影响。这说明汉儒确实更关注仁是从什么感情发出来的,而不是把仁仅仅看作一种道德行为。同时这里肯定仁和义礼智信为人“得五气以为常”,认为仁义礼智信五常来源于天之五气,在这种提法中仁也是与气联结着的。

> 经所以有五何?经,常也。有五常之道,故曰《五经》。《乐》仁,《书》义,《礼》礼,《易》智,《诗》信也。人情有五性,怀五常,不能自成,是以圣人像天五常之道而明之,以教人成其德也。《五经》何谓?《易》《尚书》《诗》《礼》《春秋》也。《礼经解》曰:“温柔宽厚,《诗》教也;疏通知远,《书》教也;广博易良,《乐》教也;洁静精微,《易》教也;恭俭庄敬,《礼》教也;属词比事,《春秋》教也。”(《白虎通》卷八)

这里的说法与《礼记经解》不同。温柔敦厚为诗教,则应当以《诗》对应仁,却又说《乐经》对应仁,二说已自不同。此外,这里讲五性、五常,但五性与五常是什么关系,并未说清。如果五性是仁义礼智信,五常也是仁义礼智信,那么五气又是什么?

现在来看扬雄的《法言》:

> 道、德、仁、义、礼,譬诸身乎?夫道以导之,德以得之,仁以人之,义以宜之,礼以体之,天也。合则浑,离则散,一人而兼统四体者,其身全乎!(《扬子法言·问道》)

《法言》以道德与仁义礼并立,也是汉代儒道结合的一种体现,至于以同音字训解字义,并不真正反映字的原初意义,这种声训的手法,东汉(典型如《释名》)开始流行,但在西汉也已经使用。它认为一人之身兼道德仁义礼，才是完全的。天主兼合，故人的德行也应兼和而不离散。

> 或问“君子之柔刚”。曰：“君子于仁也柔，于义也刚。”（《扬子法言·君子》）

关于仁义对举的规定，汉代已有不少，扬雄以柔刚论仁义，是个新的说法，这个说法在德性论上比较容易被接受，如上面引《礼记》说仁是温柔敦厚，仁自然属柔；《白虎通》说义是决断，则义当属刚。

> 人必先作，然后人名之；先求，然后人与之。人必其自爱也，而后人爱诸；人必其自敬也，而后人敬诸。自爱，仁之至也。自敬，礼之至也。未有不自爱敬而人爱敬之者也。（《扬子法言·君子》）

这也是关于仁的自爱和爱人的辩论，与董仲舒不同，扬雄主张自爱是仁的最大发扬，却不提爱人与仁的联系，明显是受荀子的影响。这与孟子提出的先爱人、先敬人，而后人必爱我、必敬我的思想不同。

此外还有论仁者寿：

> 或问：“龙、龟、鸿、鹄不亦寿乎?”曰：“寿。”曰：“人可寿乎?”曰：“物以其性，人以其仁。”（《扬子法言·君子》）
>
> 故君子道，至气则华而上，凡气从心。心，气之君也，何为而气不随也。是以天下之道者，皆言内心其本也。故仁人之所以多寿者，外无贪而内清净，心和平而不失中正，取天地之美以养其身，是其且多且治。（《春秋繁露·循天之道》）

最后来看《说苑》。

《说苑》的素材可能有不少来自先秦而在传递过程中加以发挥，因此书成于东汉，故列在这里讨论。

> 仁人之德教也，诚恻隐于中，悃愊于内，不能已于其心。故其治天下也，如救溺人，见天下强陵弱，众暴寡，幼孤羸露，死伤系虏，不忍其然。(《说苑·贵德》)

这一条中，以恻隐说仁德，治天下如救溺水之人，见幼孤羸露而不忍，显然继承了孟子的思想。

> 孔子曰："里仁为美，择不处仁，焉得智！"夫仁者，必恕然后行，行一不义，杀一无罪，虽以得高官大位，仁者不为也。夫大仁者，爱近以及远，及其有所不谐，则亏小仁以就大仁。大仁者，恩及四海；小仁者，止于妻子。……孟子曰："推恩足以及四海，不推恩不足以保妻子。古人所以大过人者无他焉，善推其所有而已。"(《说苑·贵德》)

这里提出仁的实践必恕而后行。应当说，突出恕的讲法在孔子以后的仁学中还是很少见的，这里作为孔子的话虽然不能确定，但确实合乎孔子思想。至于杀一无罪仁者不为，孟子、荀子都坚持这个主张。值得注意的是，这里把"恕"用"善推其所有"来解释，即是用孟子的推恩思想发挥孔子的"恕"，从而发展仁的实践。

> 季康子谓子游曰："仁者爱人乎？"子游曰："然。""人亦爱之乎？"子游曰："然。"康子曰："郑子产死，郑人丈夫舍玦佩，妇人舍珠珥，夫妇巷哭，三月不闻竽瑟之声。仲尼之死，吾不闻鲁国

之爱夫子，奚也?”子游曰:“譬子产之与夫子，其犹浸水之与天雨乎? 浸水所及则生，不及则死，斯民之生也，必以时雨，既以生，莫爱其赐。故曰:譬子产之与夫子也，犹浸水之与天雨乎?”(《说苑·贵德》)

这里用子游的话，肯定仁者爱人，人亦爱之，与《法言》讲人必自爱，而后人爱，是不同的。

忠于事君，仁于利下，推之以恕道，行之以不党，伊、吕是也。(《说苑·至公》)

这里指出了“仁”不是用来针对君上的德行，而是用来爱利下属下民的德行，这是就统治阶级的德行而言的。而且这里也明确用“推之以恕道”来使仁的实践具体化。

夫仁者好合人，不仁者好离人，故君子居人间则治，小人居人间则乱;君子欲和人，譬犹水火不相能然也，而鼎在其间，水火不乱，乃和百味。是以君子不可不慎择人在其间! (《说苑·杂言》)

仁者好合人，好和人，这是仁者的特性和气质，这个说法很能表现仁者的人际取向，在仁论中并不多见。先秦两汉的资料中，这是唯一的。

颜渊问于仲尼曰:“成人之行何若?”子曰:“成人之行，达乎情性之理，通乎物类之变，知幽明之故，睹游气之源，若此而可谓成人。既知天道，行躬以仁义，饬身以礼乐。夫仁义礼乐，成人之行也。穷神知化，德之盛也。”(《说苑·辨物》)

成人的问题在先秦如孔子那里已经作过讨论，而这里把仁义等作为成人的基本德行，变为成人问题的重要内容，这是先秦所没有的。

关于仁义对举，汉儒的说法是：

> 君子以其不杀为仁，以其不取国为义。
> 义士不欺心，仁人不害生。
> 君子于仁也柔，于义也刚。
> 仁者爱人，义者正我。
> 仁者爱人，义者尊老。
> 失爱不仁，过爱不义。
> 心兼爱人谓之仁，行充其宜谓之义。
> 仁者，不忍也，施生爱人也；义者，宜也，断决得中也。

先秦的说法是：

> 仁近于乐，义近于礼。
> 仁以爱之，义以正之。
> 仁，爱也；义，利也。
> 仁，内也；义，外也。
> 仁者爱人，义者循理。

总之，汉代的仁说思想，以仁者爱人为出发点，而更重视仁的政治实践意义；强调仁是对他人的爱，突出了他者的重要性，确认了指向他者的人道主义伦理①；以恻隐不忍论仁，确认仁的内在情感是恻隐，而不仅仅把仁作为德行；汉儒已经在仁的观念下肯定、容纳了兼

①当代法国哲学家提出“他者的人道主义”，参看孙向晨《面对他者》。

爱、泛爱、博爱作为仁的表达，以仁包容了所有中国文化内的爱的表达，使得仁爱包容了以往各家所提出的普世之爱；最后，与汉儒的宇宙论相联系，仁被视作天或天心、天意，仁被作为气的一种形态，使得仁深深介入儒家的宇宙论建构中，已经具有了形而上的意义。

六

既然我们已经叙述到东汉，那就再谈谈郑玄对“仁”的注解，以及清儒阮元对郑玄的发挥，以作为结束。

郑玄在《礼记·中庸》的“仁者人也”下注曰：“人也，读如相人偶之人，以人意相存问之言。”下有孔颖达疏云：“仁谓仁爱，相亲偶也。言行仁之法，在于亲偶。”（《礼记正义》）郑玄在许慎之后，但他的解释非常独特。

阮元在其《研经室集·论语论仁论》中特别从《论语》中择取所有涉及“仁”字的章节、文句，逐一列举于前，再旁征博引论证于后，以阐发“仁”字的本义。阮元一开始便给出结论：

> 诠解“仁”字，不必烦称远引，但举《曾子·制言篇》“人之相与也，譬如舟车然，相济达也。人非人不济，马非马不走，水非水不流”，及《中庸篇》“仁者，人也”，郑康成注“读如相人偶之人”。数语足以明之矣。

对仁字的解释，阮元主张郑玄的解释，并以郑玄的“相人偶”说法为基点，结合曾子的“人相与”和孟子的“仁者人也”，用这三条资料建立他对仁字的解释。其实，相人偶即相互亲敬，这一点阮元始终未明确说清。

他接着说：

> 春秋时,孔门所谓仁也者,以此一人与彼一人相人偶而尽其敬礼忠恕等事之谓也。相人偶者,谓人之偶之也。凡仁,必于身所行者验之而始见,亦必有二人而仁乃见。若一人闭户斋居,瞑目静坐,虽有德理在心,终不得指为圣门所谓之仁矣。盖士庶人之仁,见于宗族乡党,天子诸侯卿大夫之仁,见于国家臣民,同一相人偶之道,是必人与人相偶而仁乃见也。郑君"相人偶"之注,即曾子"人非人不济",《中庸》"仁者人也",《论语》"己立立人""己达达人"之旨。

阮元认定春秋时代的仁字是指两人相人偶的关系,这完全是发挥郑玄的注解所作的解释,其实郑玄的注解只是后世的一个孤证,不足以为据。

> 圣门论仁,以类推之,五十八章之旨,有相合而无相戾者。即推之诸经之旨,亦莫不相合而无相戾者。自博爱谓仁立说以来,歧中歧矣。吾固曰:孔子之道,当与实者、近者、庸者论之,则春秋时学问之道显然大明于世而不入于二氏之涂。吾但举其是者,而非者自见,不必多其辞说也。"

阮元认为《论语》五十八章论仁,皆与相人偶之说相合。他认为,自以博爱论仁之说流行以来,仁说越来越有分歧,仁字本义被淹没了。看来他不以博爱说为然,其实以爱言仁是春秋以后一直到汉代的仁说主流。

阮元又说:

> 许叔重《说文解字》:"仁,亲也。从人二。"段若膺大令注曰:"见部曰:'亲者,密至也。'会意。《中庸》曰:'仁者,人也。'

> 注:‘人也,读如相人偶之人,以人意相存问之言。’《大射仪》:‘揖以耦。’注:‘言以者,耦之事成于此意相人耦也。’《聘礼》:‘每曲揖。’注:‘以人相人耦为敬也。’《公食大夫礼》:‘宾入三揖。’注:‘相人耦。’《诗·匪风》笺云:‘人偶能烹鱼者。人偶能辅周道治民者。’”元谓:贾谊《新书·匈奴篇》曰:“胡婴儿得近侍侧,胡贵人更进得佐酒前,上时人偶之。”以上诸义,是古所谓人耦,犹言尔我亲爱之辞。独则无耦,耦则相亲,故其字从人二。《孟子》曰:“仁也者,人也。”谓仁之意即人之也。元案:《论语》:“问管仲,曰:人也。”《诗·匪风》疏引郑氏注曰:“人偶,同位之辞。”此乃直以人也谓仁也,意更显矣。又案:“仁”字不见于虞、夏、商《书》及《诗》三《颂》、《易》卦爻辞之内,似周初有此言而尚无此字。其见于《毛诗》者,则始自《诗·国风》“洵美且仁”。再溯而上,则《小雅·四月》“先祖匪人,胡宁忍予”。此“匪人”“人”字实是“仁”字,即人偶之意,与《论语》“人也。夺伯氏邑”相同。盖周初但写“人”字,周官礼后始造“仁”字也。郑笺解“匪人”为“非人”,孔疏疑其言之悖慢,皆不知“人”即“仁”也。

《说文》“仁,亲也”,与古书相合,并未背离仁字古义。阮元引《中庸》郑玄注,认为仁就是“读如相人偶之人,以人意相存问之言”,这就把本来很清楚的仁字之义搞得不清楚了。他又引古书中“偶”的解释,结论是“古所谓人耦,犹言尔我亲爱之辞”,其实他所引证的材料只能解释相耦是相敬之义,与亲爱无关。他也并没有证明,为何古人本有“亲爱”之词,却又要用“人偶”这种意义不清的词去表达。接着阮元自己提出对仁的文字学解释,“独则无耦,耦则相亲,故其字从人二”,这个结论以相亲解释仁,离仁字本义相距不远,但他的推理是牵强的。

在考证“仁”字的本义,并逐一阐释《论语》所有章节文句中有关“仁”字的含义之后,阮元最后说:

> 元此论乃由汉郑氏相人偶之说序人，学者或致新僻之疑，不知“仁”字之训为“人”也，乃周秦以来相传未失之故训，东汉之末犹人人皆知，并无异说。康成氏所举相人偶之言，亦是秦汉以来民间恒言，人人在口，是以举以为训，初不料晋以后此语失传也。大约晋以后异说纷歧，狂禅迷惑，实非汉人所能预料。使其预料及此，郑氏等必详为之说，不仅以相人偶一言以为能近取譬而已。

在此，阮元既未长篇大论地批评后世学者特别是宋儒的观点，也未连篇累牍地阐述自己的思想主张，而只是通过对《论语》中常见的“仁”字这一关键词语的考证和归纳，以求凸显“仁”字的本义。这种对经籍文字的训诂，表面上贯彻了清儒“客观”的考证精神，即阮元自言：“余之说经，推明古训，实事求是而已，非敢立异也。”其实，他的结论与仁字的使用历史不合，只是以东汉郑玄的一种说法为据，甚至连《说文解字》“仁，亲也”也不顾及，完全忽略了自西周以来至汉代“仁”字的语用历史，就字论字，这种非历史的方法貌似科学，在方法上其实是站不住的。

不过，如果我们把他的结论看成他自己对仁的一种理解，而不是字源意义的学术结论，则有其意义。阮元特别强调，仁字左边是人，右边是二，表示二人之间的亲爱关系，所以一定有两个以上的人才能谈到仁，一个人独居闭户，是谈不到仁的，仁是人与人之间的相互关系。阮元的这一讲法是对仁的交互性特质的阐明，是有其思想意义的。而阮元此说是对郑玄的发挥，汉儒以仁对他人、义对自我相区分，故重点强调仁的他人义，而视仁的亲爱义为当然之义。郑玄的讲法其实是汉儒强调仁是对“他人”的伦理的一种继承。

（原载《船山学刊》2014 年第 3 期）

郭象哲学及其在魏晋玄学中的地位

郭象是魏晋哲学中一个重要人物，对他的评价一直存有争论，这里就郭象的哲学思想提出一些初步的想法。

研究郭象，先有一个"向、郭二《庄》"的问题。《晋书》说向秀注《庄》"妙演奇致，大畅玄风"，可是未竟而卒，后来郭象窃以为己注，"自注《秋水》《至乐》二篇，又易《马蹄》一篇，其余众篇或点定文句而已"。以后的研究者认为《晋书》"点定文句"的说法不一定可靠，向、郭二人还是有区别。不过宋代以后向注已佚，只有《列子》张湛注和《世说新语》等存有片段材料，难以确论。

无论是向秀还是郭象，对于我们研究哲学史来说，如果他们的思想一致，那么在注本问题尚未解决的情况下仍然无碍研究。根据《晋书·向秀传》"其后秀义别本出，故今有向、郭二《庄》，其义一也"，我以为足以为据，说明向、郭的思想基本一致。《庄子注》表现了他们的共同思想，虽然不排除细节的差别。辩论这个问题是要说明一个问题，即反对把《庄子注》中有"贵无论"嫌疑的材料都归给向秀而仅仅把郭象说成是"崇有论"。

一

正始年间兴起的贵无论，基本上是唯心主义本体论，以王弼为代表，但其中也有有生于无的说法。《老子注》一章"凡有皆始于无，故未形无名之时,则为万物之始”。何晏《无名论》“夫道者,惟无所有者也,自天地已来,皆有所有矣”。照这些说法,道(无)应在天地万物之前。另一方面,玄学的“本体论”说法,如“开物成务”①,“万物以始以成”②,“有之所始,以无为本”③,“生乎无形,由乎无名”④等等,在一般人也容易作宇宙论来理解。但从裴頠和郭象的明确反对来看,当时确有讲“无能生有”的。对这种无能生有说,郭象是反对的。

郭象说:“无既无矣,则不能生有;有之未生,又不能为生。然则生生者谁哉?块然而自生耳。自生耳,非我生也。我既不能生物,物亦不能生我,则我自然矣。自己而然,则谓之天然。天然耳,非为也,故以天言之。以天言之,所以明其自然也,岂苍苍之谓哉!”⑤以天然为天,是庄子的用法,郭象给以明确的定义,从范畴的发展讲,有意义。但是这里所说“无既无矣,则不能生有”,是指无作为纯粹虚无不能主动地生有呢,还是指虚无虽然不能有意识地把有生出来,而有却可能是从虚无中自己产生出来的呢?在这里还不能得到回答。郭象又说:“夫造物者有耶,无耶?无也,则胡能造物哉?有也,则不足以物众形。故明众形之自物,而后始可与言造物耳。是以涉有物之域,虽复罔两,未有不独化于玄冥者也。”⑥照郭象看来,无是虚无,怎么能创造万物?根据这个意思,“无不能生有”的“生”,是创造之意。在其他地方郭象也表达了同样的思想,“无也,岂能生神哉?不神鬼帝而鬼帝自神,斯乃不神之神也;不生天地而天地自生,斯乃不生之

①《晋书·王衍传》。

②王弼:《老子注》二十一章。

③王弼:《老子注》四十章。

④《老子指略》。

⑤郭象:《庄子注·齐物论》。本文所引郭注皆用郭庆藩《庄子集释》本。

⑥同上。

生也”①,这个“生”也是创生之意。

《庚桑楚注》中说:“若无能为有,何谓无乎?”《天下注》说:“夫无有何所能建?建之以常无有,则明有物之自建也。”由以上这些说法可见,郭象所说的“无”即无所有,这个“无”并不是一个实体。因此郭象反对“无能生有”的思想是明确的,即虚无的、无所有的无,是不可能有意识地创造万有的。这个思想含有朴素唯物主义因素。

从以上内容还可见,郭象在反对无能生有的同时,也反对有能生有。起码从逻辑上讲,郭象认为对“有是怎样生出来的”这个问题(郭象并未明确提出这个问题,但他的自生说是围绕这个问题的),如果作“有生有”的回答是不允许的。所以说“有之未生,又不能生”。

其次,有不能生有,这后一个有是多样的具体存在;前一个有是较为单一的存在,比如五行元素之类。“有也,则不足以物众形”,在郭象看来,有限的、有规定的存在,是不可能产生如此多样的万物的。在这一点上,郭象把老子以来道家所碰到的有限与无限的矛盾,明确地表达出来了。

经过上面的分析,我们可以发现,所谓“无”不能生“有”,在郭象并未排除“有”仍然可能从“无”产生;所谓“有”不能生“有”,其中包括郭象肯定存在一个“有之未生”的阶段。也许有人认为“有之未生”只是一种逻辑的假设,正因为如此,在上面我们强调“从逻辑上讲”。下面我们来进一步研究这两个问题:万有是永恒存在的呢,还是突然从某个地方自己产生出来的呢?如果是后者,那么万有未生之前的世界又是什么?《知北游注》说:“非唯无不得化而为有也,有亦不得化而为无矣。是以夫有之为物,虽千变万化,而不得一为无也。不得一为无,故自古无未有之时而常存也”,“言天地常存,乃无未有之时”。这个注看起来似乎是承认万有永恒存在的。然而,可以

①《庄子注·大宗师》。

提出异议。首先,这是注“冉求问于仲尼曰:未有天地可知耶?仲尼曰:古犹今也”,可以把这个注看成申发庄子原意。其次,从这个注看,“有”的“常存”的说法,是从有不得化为无的角度讲的,是向下推的。它可以理解为“有”自己产生之后常存不无。

《天地注》说:“一者有之初,至妙者也。至妙,故未有物理之形耳。夫一之所起,起于至一,非起于无也。然庄子之所以屡称无于初者,何哉?初者,未生而得生,得生之难,而犹上不资于无,下不待于知,突然而自得此生矣。”这里的“非起于无”,仍指“有”非“无”之所能生,即上不资于无,而不是说有是永恒存在的。“初者,未生而得生”显然是承认存在“有之未生”的阶段,只不过其生乃自生罢了。郭象又说:“谁得先物者乎哉?吾以阴阳为先物,而阴阳者即所谓物耳。谁又先阴阳者乎?吾以自然为先之,而自然即物之自尔耳。吾以至道为先之矣,而至道者乃至无也。既以无矣,又奚为先?然则先物者谁乎哉?而犹有物,无已。明物之自然,非有使然也。”①既然是虚无,又怎么能成为生物者?显然这里仍然是说无不能生有,有乃自生。

无疑,“自生”是郭象最常用的说法。这个自生有它的特点。“自得耳,道不能使之得也。我之未得,又不能为得也。然则凡得之者,外不资于道,内不由于己,掘然自得而独化也。”②“自得”也即“自生”,“夫无不能生物,而云物得以生,乃所以明物生之自得”③;“我之未得”与“有之未生”相同;“掘然”即忽然。万物忽然自生而有,可见这里没有承认万有永恒存在。“既明物物者无物,又明物之不能自

①《庄子注·知北游》。
②《庄子注·大宗师》。
③《庄子注·天地》。

物，则为之者谁乎哉？皆忽然而自尔也。”①又说：“一无有则遂无矣，无者遂无则有自数生明矣”，“欻然自生”②。

“有”“突然而自得此生”，“忽然而自尔”，“欻然自生”，“掘然自得”，这些《庄子注》中常见的自生说法，显然不是表明万有永恒存在，而只表明“有”是不依赖任何外在力量，自己突然从某个地方产生出来。因此我们所要研究的第一个问题已经清楚了。至于万有是不是从“无”中一下子产生出来，郭象没有说。但是，假设万有尚未产生，那个世界又能是什么呢？

说郭象的自生说反对无能生有，但蕴含着有生于无，并不是要把他简单地宣布为唯心主义。为什么会出现这种情况，将在最后予以说明。

二

所谓突然自生，如上所说，排除了万物产生的原始动力，在这个意义上是排除了始因。然而对于具体的、日新的万有来说，还有一个“相因”的问题。相对于始因的是“自生”，相对于相因的是“独化”。

当然，郭象的独化，有时也有自生之意。“若责其所待，而寻其所由，则寻责无极，卒至于无待，而独化之理明矣”③，这是说的始因。郭象又说：“夫物事之近，或知其故，然寻其原以至乎极，则无故而自尔也。”④按照因果链条，总是因上有因。而郭象所说，并不是看到追求第一因就要陷入恶性无限，从而干脆抛弃一切原因。在他看来，追

①《庄子注·知北游》。
②《庄子注·庚桑楚》。
③《庄子注·齐物论》。
④《庄子注·天运》。

究到底，不再因上有因，而是无故自尔。万物各自是自己的第一因。郭象这个说法，表面上类似于斯宾诺莎“实体是自身的原因”，但后者是说作为实体的整个世界是自己存在的原因，两者完全不同。

独化虽然有时有自生之意，但“生”与“化”还是有区别。“吾之生也，非吾之所生，则生自生耳。生生者岂有物哉？故不生也。吾之化也，非物之能化，则化自化耳。”①化是变化。在郭象看来，不但万有初生之时是无待的，就是后来变化日新，也是不依赖任何其他事物的。“故彼我相因，形景俱生，虽复玄合，而非待也”，“是以涉有物之域，虽复罔两，未有不独化于玄冥者也”②。因此他说：“相因之功，莫若独化之至也。”③

对郭象来说，事物之间没有任何必然的联系，也没有任何因果关系。形影罔两，它们出现在一起，也不过是一种莫名其妙的重合。就它们每个自身说来，都是不依赖于任何别的东西而独化的。他又说：“唇齿未尝相为，而唇亡则齿寒。”④郭象认为世界上不是不存在那种相为彼我的联系，但这种关系并不意味着每一方有意识地为对方创造条件。这一点对于一般的自然现象是可以成立的。郭象对事物之间的关系也不是一概抹杀，“故彼之自为，济我之功弘矣，斯相反而不可相无者也”⑤。在“主观为我，客观为他”的意义之内，他承认唇亡则齿寒，彼我不可相无的关系。也是在这个意义上，他说“故天地万物凡所有者，不可一日相无也”⑥。

郭象的错误在于他荒谬地认为这些依赖关系并不包含任何因果

---

①《列子·天瑞》引向秀注。
②《庄子注·齐物论》。
③《庄子注·大宗师》。
④《庄子注·秋水》。
⑤同上。
⑥《庄子注·大宗师》。

联系。形消和影灭,唇亡和齿寒,没有任何因果关系。唇齿相依和形影俱生一样,实质上都是偶然重合。这样,郭象就彻底否认了世界的有机联系。“明斯理也,将使万物各反宗于体中而不待乎外,外无所谢而内无所矜,是以诱然皆生而不知所以生,同焉皆得而不知所以得也。今罔两之因景,犹云俱生而非待也,则万物虽聚而共成乎天,而皆历然莫不独见矣。”①

从理论思维上看,郭象对因果概念的理解和处理有很大的问题。他把“因”单纯理解为有意识而为,从而否认事物间因果关系的存在。但又不能无视事物间的依赖关系,只好用偶然和谐来解释。他也不懂事物发展过程中外因的作用,于是根据对因果的理解,把事物的运动变化理解为“独化”;这一点实际与承认事物之间存有依赖关系相抵触。既然是独化,为什么和它物又不可相无呢?郭象无法彻底解决这个矛盾。最后,郭象不懂得虽然应当否认万物的第一因,但对永恒的物质世界来说,“相互作用是事物的终极原因”②。

三

自生,独化,郭象都称为“自然”。郭象的自然观,可以称作“自然论”。郭象的自然观,着重讨论了“生”的问题。这个问题的提出,应当说是从无能生有来的。但“生”的提法,本身包含着对物质永恒存在的否定。“突然自生”排除了一切外在的原因和作用,这些都已在上面说清楚了。但“自然论”的全部含义不止于此。

“夫趣之所以异,岂知异而异哉?皆不知所以然而自然耳。”③可

①《庄子注·齐物论》。
②《马克思恩格斯选集》(第三卷),人民出版社 2012 年,第 552 页。
③《庄子注·逍遥游》。

见郭象的“自然”包含着不知其所以然而然。前面说过,“自然的天”是庄子的用法,郭象将其明确化,有意义。同时,自然的天,有否定神权论的意义,带有朴素唯物主义的特点。但是郭象所讲的自然的天有局限性,它本身意味着仅仅承认既定事实,就是说一个事物就是那个样子,没有进一步的为什么。如果问为什么牛马四足,鱼没有脚,回答是:天也,非有意而为之也。非有意而为是对的,但“天也”并不能对进一步说明问题有所帮助。近代科学可以用生物进化论对上述问题作出说明。对于古人,当然不能要求他们对问题都能科学解释,但是如果过分强调自然的天,也会走到另一个方面,否定一个事物的存在、形态、运动有具体的原因,从而带有浓厚的不可知论色彩。这正是我们在郭象那里所看到的。

“物各自然,不知所以然而然”①,“凡此上事,皆不知其所以然而然,故曰芒也。今未知者皆不知所以知而自知矣,生者皆不知所以生而自生矣。万物虽异,至于生不由知,则未有不同者也,故天下莫不芒也”②。

这些说法在《庄子注》中俯拾皆是。“玄冬肃杀,夜宵暗昧,以意亿度,谓有主司关闭,事不得已,致令如此。以理推者,皆自尔也”,“自尔,故不可知也”③,“皆在自尔中来,故不可知也”④。又说:“自然之故,谁知所以也?”⑤“自尔则无所稍问其故也,但当顺之。”⑥

在郭象哲学中,“不知其所以然而然”是与“自然”相等价的。郭象讲“自然论”,说到底,一切事物都是不知其所以然而然的。那些前

①《庄子注·齐物论》。
②同上。
③《庄子注·天运》。
④《庄子注·知北游》。
⑤《庄子注·则阳》。
⑥《庄子注·天运》。

人作为所以然而提出的无能生有、有能生有以及彼我相因等等，在他看来都不能成立。他举不出也认为没有必要举出什么其他的所以然，有时他干脆用无故来解释。这都表明，郭象自然观的结论就是一切存在都是不知其所以然而然的。这是郭象自然观的重要特征。

从逻辑上说，在始因上否定了物质产生的任何外在原因，但又不承认物质的永恒存在，剩下的道路只有一条：不知其所以然而然。整个世界为什么存在？为什么变化？这当然不能用一个原因说明，但任何一个个别的现象，一个具体的存在物都不是无故自尔的。否认这些，使郭象的自然观必定是反决定论的和不可知论的。

不可知论是庄子哲学的主要特征之一。但是庄子的不可知论，是建立在相对主义认识论之上的。庄子从相对主义出发，向世界提出了一连串问题。站在庄子的立场，可以在魏晋提出这样的问题：你怎么知道世界是以无为本呢？怎见得就不是以有为本呢？你说无不能生有，我偏说无能生有，我们孰是孰非呢？从庄子的怀疑论和相对主义出发，一切问题都无法解答。因此庄子的不可知论是一种以否定为出发点和内容的不可知论。虽然郭象的理论实际上最大限度地发挥了《庄子·骈拇》中的“天下诱然皆生而不知其所以生，同焉皆得而不知其所以得”，但他与庄子不同。庄子可以说：是耶？非耶？吾不可知也。郭象说：是就是是，非就是非，但为什么是、为什么非，不知道，也不可能知道。庄子是否定现实，追求精神超脱；郭象是肯定现实，要求顺命安分。因此，相对于庄子来说，郭象的不可知论可以说是以肯定为出发点和内容的不可知论。

郭象的不可知论是一种特殊形态的不可知论。与古代和近代大多数从认识论的怀疑主义或相对主义出发的不可知论不同，它是从研究本体论问题出发的。从理论上看，是他的一系列本体论观点的逻辑结果。郭象不可知论的认识论根源，除在前面自然论提过的之外，其中之一就是受社会生产和科学发展水平限制的人对客观规律的认识。四季交替,昼去夜来,这是日地相对运动规律的表现,不是不可知的,不是无故自尔。如果说"在康德那时代,我们对于自然界事物的认识,还是如此残缺不全,以致他还可以设想在每一事物的背后尚存在某种神秘的自在之物"①,那么在郭象所处的古代,不能科学地认识这些世界上的规律,以致他设想事物都是不知其所以然而然的,就更不奇怪了。

四

在追究事物的原因时,郭象认为是不可知的。在描述事物的存在时,他认为是不知其所以然而然的。在追寻有意而为的这种动因时,他有时干脆说无故自尔。但全面地说,不知其所以然而然更体现了郭象的态度。

但是,不知其所以然而然,在另一个方面又意味着某种抽象的必然性,如"命"这个概念就是很抽象的,很难说清其具体内容。它就是不知其所以然而不得不然的东西。这"不得不然",在郭象就是"理"。因此,我们看到郭象在说事物之故不可知的同时,又经常引出"理"来,这是不奇怪的。

郭象在注《知北游》中"天不得不高……此其道与"时说:"言此皆不得不然而自然耳,非道能使然也。"又说:"万物虽以形相生,亦皆自然耳。故胎卵不能易种而生。"这些说法表明郭象的"自然"本来就有必然的意味,这与王充的"自然"充满偶然的味道不同。下面来研究一下郭象的"理"所包括的内容。

《逍遥游注》:"非冥海不足以运其身,非九万里不足以负其翼。此岂好奇哉?直以大物必自生于大处,大处亦必自生此大物,理固自

---

①《马克思恩格斯选集》(第三卷),第438页。

然。”一“必”一“固”，说明这种自然之理含有必然性。《人间世注》：“不得已者，理之必然者也，体至一之宅而会乎必然之符者也”，“任理之必然者，中庸之符全矣”，这里的理也具有必然性的意义。《寓言注》说：“理必自终，不由于知，非命如何？不知其所以然而然，谓之命，似若有意也。故又遣命之名以明其自尔，而后命理全也。”这是说，理是一种非有意安排的、不知其所以然而然的命，理在这里作为一种抽象的必然性与命等同起来。理指必然，这是第一种用法。

“物物有理、事事有宜”，这是对《齐物论》中“有伦、有义”的解释。以“理”解“伦”，这是指条理秩序。又说“夫物有自然，理有至极。循而直往，则冥然自合，非所言也”①，这个理是人循自然而可与之相合者，也应当理解为规律。在《养生主注》中，他把“合于《桑林》之舞，乃中《经首》之会”注为“言其因便施巧，无不闲解，尽理之甚，既适牛理，又合音节”。说庖丁解牛是“暗与理会”，这与上说冥然自合相似。这里的理亦指规律。《人间世注》讲养虎之道说：“顺理则异类生爱，逆节则至亲交兵。”这是说养虎有一定规律。理指规律，这是第二种用法。

《天运注》：“首自在上，足自处下，府藏居内，皮毛在外。外内上下，尊卑贵贱，于其体中各任其极，而未有亲爱于其间也，然至仁足矣。故五亲六族，贤愚远近，不失分于天下者，理自然也，又奚取于有亲哉？”理在这里引申到社会关系中，具有社会伦理次序的意义。理指社会伦理，这是第三种用法。

这种理又叫天理。这种理自然又称天理自然。《天道注》：“主上无为于亲事，而有为于用臣。臣能用事，主能用臣，斧能刻木而工能用斧，各当其能，则天理自然，非有为也。”《秋水注》说：“人之生也，可不服牛乘马乎？服牛乘马，可不穿落之乎？牛马不辞穿落者，

---

①《庄子注·齐物论》。

天命之固当也。苟当乎天命，则虽寄之人事，而本在乎天也，穿落之可也。若乃走作过分，驱步失节，则天理灭矣。”《达生注》：“性分各自为者，皆在至理中来，故不可免也。”这几种关于理的说法，是郭象的创造。把理和天理作为性分的规定，亦可列为命的意义的一种（后面还要论到），是说人的身份地位差别和动物的受人驱使，都是命中注定，应该如此。

当然，在一些地方，理兼有几重意义。在郭象思想中，理最经常的是与必然相联系。郭象之所以强调作为必然的理，与他的社会思想密切相关。但我们之所以细致地考察郭象的理和天理，是因为先秦以降，着重讲理的首推郭象。从哲学史来看，这些范畴的使用与后来的宋明理学也存在一定的关系。《齐物论注》：“故知君臣上下，手足内外，乃天理自然，岂真人之所为哉！”《大宗师注》发挥《乐记》的思想：“人生而静，天之性也；感物而动，性之欲也。物之感人无穷，人之逐欲无节，则天理灭矣。”宋儒“天理”从《乐记》来，不是来自郭象，但这两句话的确可以说是开宋明理学之先河。

五

《庄子》首篇《逍遥游》，为历来思想家所重视，认为是庄子思想的代表作。但对于“逍遥游”的意义，有不同解释。庄子本意在于鼓吹他的逃世主义思想，而郭象的思想与之不同。《逍遥游注》开宗明义说：“夫小大虽殊，而放于自得之场，则物任其性，事称其能，各当其分，逍遥一也，岂容胜负于其间哉！”又说：“苟足于其性，则虽大鹏无以自贵于小鸟，小鸟无羡于天池，而荣愿有余矣。故小大虽殊，逍遥一也。”①很明显，郭象是用足性安分解释逍遥。他的意思是说，无论

---

①《庄子注·逍遥游》。

任何事物,只要安于自己的性分,就可以获得最大的快乐和满足,这就是“逍遥”。

“性分”是郭象哲学的重要概念。“天性所受,各有本分,不可逃,亦不可加。”①“受生有分,而以所贵引之,则性命丧矣。”②在郭象看来,任何一个事物从产生起,就有由命所决定的“性分”。它体现了“理”,决定事物的活动范围和在宇宙间所应处的地位和限度,不可更改,更不可超越。这就是所谓“性各有极”“性有至极”。这种性分虽然不是什么真宰有意识地安排,但丝毫不可背离。

郭象认为,“夫物性无极,知足者鲜”③。一方面,从客观上讲,任何事物都为性分所绝对限制;另一方面,从主观上讲,事物总是不满足的,倾向于超出自己性分的限制。郭象认为,既然人实际上不可能超越性分的限制,就应当安分守己,否则就会造成秩序失调。所以他说:“以小求大,理终不得,各安其分,则大小俱足矣。若毫末不求天地之功,则周身之余,皆为弃物。”④

《齐物论》是庄子的另一篇重要论文。它要为庄子虚无主义人生观提供认识论根据,其核心是认识论的相对主义。大小、是非完全是相对的,人们无法确定什么是大小、是非,所以应当把事物看成是没有差别的。郭象的解释又不同。他注《齐物论》,有时也申发庄子抹杀差别的原意,但他自己的观点还是承认有是非差别,故在题注中说:“是非虽异而彼我均也。”又说:“是以至人知天地一指也,万物一马也,故浩然大宁,而天地万物各当其分,同于自得,而无是无非也。”“所谓齐者,岂必齐形状,同规矩哉?故举纵横好丑,恢诡谲怪,各然

①《庄子注·养生主》。
②《庄子注·胠箧》。
③《庄子注·齐物论》。
④《庄子注·秋水》。

其所然，各可其所可，则理虽万殊而性同得，故曰道通为一也。”对泰山毫末、殇子彭祖之辩，也是用这种足性齐一来解释的，所以他说：“是以蟪蛄不羡大椿而欣然自得，斥鴳不贵天池而荣愿以足。苟足于天然而安其性命，故虽天地未足为寿而与我并生，万物未足为异而与我同得。”郭象并不像庄子那样认为事物的差别是相对的，所以应当抹杀，而是认为大固然是大，小固然是小，差别虽然存在，但是如果都安于自己的性分之内，那么都可以逍遥满足。从这个角度说，差别还有什么意义呢？以各足其性解逍遥，以同于自得解齐物，两者完全一致。郭象对这两篇文章主旨的改造，体现了他的基本思想。

郭象这种逍遥、齐物说具有非常实际的内容。所谓性分，就是命的具体化。所以说：“命非己制，故无所用其心也。夫安于命者，无往而非逍遥矣。”①很明显，足性安分的说法首先是对下层人民的安命说教。正如郭象自己所说：“夫物未尝以大欲小，而必以小羡大，故举小大之殊各有定分，非羡欲所及，则羡欲之累可以绝矣。”②“上下相冒，而莫为臣妾矣。臣妾之才，而不安臣妾之任，则失矣。”③大小上下安分自得，无非是说给小者下者听的。他喋喋不休地劝诫人们：“凡得真性，用其自为者，虽复皂隶，犹不顾毁誉而自安其业。”④人民只能老老实实地甘任牛马。郭象的哲学完全是为统治者服务的牧师哲学。

顺命安分是郭象思想的基本出发点。他的整个思想体系就是安命哲学。他的所有理论都直接或间接地与这个核心相联系。郭象的“自然论”，一方面，其本身就意味着不得不然而自然，有强烈的必然

①《庄子注·秋水》。

②《庄子注·逍遥游》。

③《庄子注·齐物论》。

④同上。

意味，从而与“命”相通，不任自然就是违反必然，自然论的归宿就是安命论。“皆自尔……自尔则无所稍问其故也，但当顺之”①，“夫相因之功，莫若独化之至也……况乎卓尔独化，至于玄冥之境，又安得而不任之哉！既任之，则死生变化，惟命之从也”②。另一方面，自然是不知其所以然而然，既然所以然是不可知的，那就只有顺应自然，顺应自然也就是顺命，所以他说：“不知其所以然而然，谓之命。”③

所有上面这些说法，集中起来就是“凡是存在的都是自然的（即必然的，亦即合理的）”。郭象的所有理论，其中可能有不一致的地方，但都归向一个中心：顺命安分。足于天然、安于性命是贯穿郭象思想的一根主线，这是比较清楚的。《德充符注》说：“夫我之生也，非我之所生也。则一生之内，百年之中，其坐行起止，动静趣舍，性情知能，凡所有者，凡所无者，凡所为者，凡所遇者，皆非我也，理自尔耳。”又说：“理必自终，不由于知，非命如何？”④一切现象、一切活动都是某种必然性的自然展开。故又说：“死生存亡、穷达贫富、贤与不肖、毁誉、饥渴、寒暑，是事之变、命之行也”，“其理固当，不可逃也。故人之生也，非误生也；生之所有，非妄有也。天地虽大，万物虽多，然吾之所遇适在于是，则虽天地神明、国家圣贤，绝力至知而弗能违也。故凡所不遇，弗能遇也，其所遇，弗能不遇也；凡所不为，弗能为也，其所为，弗能不为也。故付之自当矣”⑤。人的活动完全为一种必然性所支配，这是命，也是理。这些说法已经是十足的命定论了。至此，再回过头来看“故知君臣上下，手足内外，乃天理自然，岂真人之所为哉”，郭象哲学思想的实质就更为昭然了。

①《庄子注·天运》。
②《庄子注·大宗师》。
③《庄子注·寓言》。
④同上。
⑤《庄子注·德充符》。

六

郭象哲学的安命实质已如前所说，这是一个主要方面，但还不是全部。郭象哲学不但要说教于人臣百姓（当然也有自我表白的成分），另一方面，也要为他设想的理想统治提供政策的理论依据。

“言性各有分，故知者守知以待终，而愚者抱愚以至死，岂有能中易其性者也”①，这是上面说过的命定思想。然而人之不安己分，除了不明此理外，“上有所好，则下不能安其本分”②也是一个重要原因。这个思想采用玄学的语言来说，就是“在上者不能无为而羡无为之迹，故致斯弊也”③。

《庄子·天运》中借老子之口说：“夫六经，先王之陈迹也，岂其所以迹哉！今子之所言，犹迹也。夫迹，履之所出，而迹岂履哉！”郭注曰：“所以迹者，真性也。夫任物之真性者，其迹则《六经》也。况今之人事，则以自然为履，《六经》为迹。”

迹和所以迹，作为一对范畴，为郭注中所常见。迹指一定的社会现象，是从结果这方面说的。所以迹指产生这种社会现象的根由，在郭象主要指帝王君主的为政之道。这一对范畴是郭象用来表达社会政治思想的范畴，不是本体论的范畴。把迹与万有相对应，以真性为万有的根本，这是郭象思想中所没有的④。郭象所说的“所以迹”到底是什么？从《天运注》来看，“真性”是简略的说法，即下边所说“任物之真性”；进一步说，真性即自然，亦即任自然。对于作为人君的统

①《庄子注·齐物论》。
②《庄子注·则阳》。
③《庄子注·缮性》。
④参见楼宇烈：《郭象哲学思想剖析》，载《中国哲学》第一辑。

治者，他建树的那些政绩，只是迹，而之所以成就这些建树，并非他有意识地追求这些作为目的，而是任自然，用郭象另一种常用的语言，即无为。以无为为所以迹，这在《庄子注》中是容易看出的。郭象认为，所谓尧舜，不过是指传说为尧舜所作的那些政绩，这些只是迹。表面上尧舜躬行君道，实际上是“窅然丧之，而尝游心于绝冥之境”，也就是所谓“遗天下者，固天下之所宗”①。郭象的这些说法不合庄子原意。庄子是逃世主义，主张极端无为；郭象是以无为作为治世的手段，以无为为所以迹。因此他说：“夫黄帝非为仁义也，直与物冥，则仁义之迹自见”，“故所贵圣王者，非贵其能治也，贵其无为而任物之自为也”②。

很明显，郭象的迹和所以迹之辩，是典型的玄学思维，其内容不出王弼《老子注》三十八章。郭象所谓“夫与物无伤者，非为仁也，而仁迹行焉；令万理皆当者，非为义也，而义功见焉”③，就是王弼所说“仁德之厚，非用仁之所能也；行义之正，非用义之所成也”④。王弼的思想较郭象更为集中：“礼敬之清，非用礼之所济也。载之以道，统之以母，故显之而无所尚，彰之而无所竞。用夫无名，故名以笃焉；用夫无形，故形以成焉。守母以存其子，崇本以举其末，则形名俱有而邪不生。”⑤郭象不过是用所以迹和迹代替了王弼的本与末的说法。王弼“仁义，母之所生，非可以为母”⑥，即郭象所说“皆世事之迹耳，

①《庄子注・逍遥游》。
②《庄子注・在宥》。
③《庄子注・骈拇》。
④王弼《老子注》三十八章。
⑤同上。
⑥同上。

非所以迹者也”[1];王弼批评“舍其母而用其子,弃其本而适其末”[2]之意,即郭象所谓“莫之反一以息迹而逐迹以求一”[3]。郭象的社会政治思想证明他是地道的玄学中人,这与《世说新语》中郭象玄谈的形象是一致的。

迹和所以迹之辩与郭象的自然论当然有关系,但是这种关系并不是必须在本体论方面找到与迹和所以迹相应的范畴才能说明。在方法论上,我们经常倾向于认为一切哲学思想实质上都从本体论出发,按照体系或范畴引申到社会政治思想领域,而历史事实皆非如此。郭象同玄学的王弼一派,都主张崇本以举末,改造了老子崇本息末的说法。郭象主张无为而任自然,是以道家为主,兼统儒法,这也是玄学的特征。郭象的无为而任自然,在政治上包括两个方面,第一是要求各阶级顺命安分;第二是需要另一个条件来保证第一点,即无为而治。本体论的自然论与作为所以迹的君主无为的关系就在于,在社会活动中,人的活动是有意识的、能动的,因此存在一个是否任自然的问题。从自然论的角度看,一切事物都是自然而然的,又是必然的和合理的,性分所定,天理所现,不可更改,如果君主积极有为,上好下作,结果都不安于本分,那么君主应当崇尚自然,听任自然。自然论正是给这种任自然政策提供理论依据。

王弼以道统儒,讲以无为为本,但他讲无为讲得不清楚,没有落实到治上。玄学中的极端,发展到“口谈玄虚,不遵礼法,尸禄耽宠,仕不事事”[4],对于已经在晋朝居统治地位的世族政权来说,流弊是明显的。裴頠深感此弊,《崇有论》理正辞严,“故养既化之有,非无

①《庄子注·应帝王》。
②王弼《老子注》三十八章。
③《庄子注·缮性》。
④《晋书·裴頠传》。

用之所能全也;理既有之众,非无为之所能循也","是以欲收重泉之鳞,非偃息之所能获也;陨高墉之禽,非静拱之所能捷也"。但裴頠的一套政策与世族享乐腐化的本性相矛盾。因此,郭象的无为说,作为对王弼贵无派的一种修正,澄清无为的政策,并反驳崇有论,就比较符合门阀世族统治的口味。"无为者,非拱默之谓也,直各任其自为,则性命安矣。"①郭象屡屡反对以拱默为无为,说明他是在回答崇有派的反对。郭象虽然也主无为,但加了一条任自然,要求各阶层安于本分,尽其所能;不讲以无为本,不再推崇虚无。"故各任其司,则上下咸得,而无为之理至矣。"②这种修正,如上所说,正符合当时统治者的需要。郭象和王弼分别用不同的理论为世族不同时期、具有不同内容的无为进行了论证。

七

哲学史研究中有一种意见,把郭象作为与裴頠一派的崇有论派,放在魏晋哲学有无之辩中来处理,这是很值得重视的③。但是郭象并非崇有论。什么是崇有论? 不能把不赞成无能生有都叫作崇有论。"崇有论"是裴頠一篇文章的题目。我们讲崇有论是按裴文的基本观点来理解的。崇与贵相对。崇有论的特点在于不仅反对无能生有,而且反对各种贵无说法,特别是明确提出反对贱有,突出强调有的重要性,最后落实到积极有为,所以才称为"崇有"。我们看《崇有论》,大致有以下主要观点:1. 夫至无者无以能生,故始生者自生也,自生而必体有。2. 总混群本,宗极之道也。3. 偏无自足,凭乎外资;

①《庄子注 · 在宥》。

②《庄子注 · 天道》。

③此说见于汤用彤《魏晋玄学论稿》的《魏晋玄学流别略论》。

济有者,皆有也。4. 生而可寻,所谓理也;理之所体,所谓有也。5. 用天之道,躬其力任,居以仁顺,守以恭俭,率以忠信,行以敬让。反对忘礼、无为、无心。

郭象把“始生者自生”加以夸大,其余四条均为郭象所无。特别是最后一条,有为还是无为,这是贵无、崇有之争的实际社会内容,裴郭的界线可以说泾渭分明。因此,实际上郭象既非贵无,也不崇有。如果一定要说郭象崇尚什么的话,那么最合适的,莫过于说他是崇“自然”。

现在我们来总的讨论一下郭象哲学及其在魏晋哲学中的地位。两汉出现的豪强大地主,是世族地主阶级的前身,是社会最保守、最反动的势力,在政治上和经济上都是皇朝必须重视的一个因素。但总的说,在后汉,世家大族还不是当权的地主阶级。一方面豪强贵族地主阶级通过皇朝享有大量的政治、经济特权,同时刘氏王朝中也不断出现一些抑制豪强的人物和政策。随着豪强世族的发展,在政治上提出更多的要求,政治势力也日益增长。从汉末到三国,经过纷乱战争和各种形式的政治斗争,到西晋才建立了门阀世族政权。世族地主阶级成为当权的地主阶级,这中间有一个过程。曹丕上台,对世族作重大的让步,反映世族力量经过黄巾起义并未削弱,相对于被农民起义直接冲击的皇朝来说,反而趋向增强。三国的社会基础,仍然主要依赖世族。政治上出现了九品中正制,在意识形态上也势必出现为世族服务的意识形态。何晏、王弼祖述老庄,正始玄风应运而生。玄风鼓吹以无为本,反对礼法仁义,鼓吹无为,在当时实际上是反对对世族的束缚,要求削弱君权。但是一个理论在一定范围内可以用来实现不同的目的。这个玄风鼓吹的东西,到阮籍等人手中,被利用来与当权派消极合作,从而发展到极端,表现出了流弊。这就是裴頠所说:“是以立言藉于虚无,谓之玄妙;处官不亲所司,谓之雅远;奉身散其廉操,谓之旷达。故砥砺之风,弥以陵迟。放者因斯,或悖吉凶之礼，而忽容止之表，渎弃长幼之序，混漫贵贱之级。其甚者至于裸裎，言笑忘宜。”①因此，出现了以裴頠为代表的对王弼贵无论的否定。反对贱有，主张恢复礼法之制，反映到哲学上就是有无斗争。王弼派鼓吹以无为本，裴頠的主张实际是以有为本。从三国到西晋，是世族统治的建立过程。世族统治建立之后，需要更全面地考虑维持社会统治。王弼之说，站在统一的西晋王朝统治者立场上看，不能解决黄巾起义暴露出来的人民反抗问题；裴頠之说，要求加强礼法，选贤举善，有利于庶族地主，也不适合世族统治的要求。然后出现了郭象的安命哲学，不再崇尚虚无，而是为君道、臣道、民道描绘了一幅各安其分、各足其性的安于现状的图画，适合门阀世族地主阶级专政的需要，因此大畅玄风，广为流行。从王弼经裴頠到郭象，是一个否定的否定，反映了世族地主阶级在建立统治的同时为自己寻找合适的意识形态的过程。

作为正、反、合的“合”的郭象哲学，调和崇有贵无，是魏晋哲学的中间路线，带有明显的折衷主义色彩；在哲学上表现为特殊的不可知论，容纳了不少唯物主义的说法，摇摆于唯物主义和唯心主义之间。郭象以“有”“无”为基本范畴注释《庄子》，说明他是自觉置身于魏晋哲学斗争中的。但他既非贵无，也不崇有。王弼以无为本，裴頠以有为本，郭象都不同意；他说无不能生有，有也不足以以物众形，世界上的一切都是不知其所以然而自然，它们自己突然产生，独化玄冥，这是命，也是理。人只应顺应现状，接受现实，无须问其所以然。郭象实际是用不可知论折衷有无。反映到现实，就是现存的都是合理的。安命哲学是最适合已经建立的门阀世族统治的。

我们说郭象哲学是不可知论，并把它作为魏晋哲学的中间路线，这涉及方法论问题。我们知道，恩格斯在谈到哲学基本问题第二方

①《晋书·裴頠传》。

面时提出了不可知论的问题。郭象哲学，像恩格斯批评的那样，至少是否认彻底认识世界的可能性。当他反对无能生有时，他是站在朴素唯物主义一边的，但他没有承认物质永恒存在，因为他本来就没有打算坚持唯物主义，而当他否认事物有可知的所以然时，他就走向唯心论。他反对拱默时，与崇有论站在一起，但他以无为为所以迹，又说明其观点仍然是玄学的。郭象哲学中含有唯物论和崇有论的说法，并不妨碍我们叫它作不可知论。不可知论，特别是当它试图调和唯物主义和唯心主义时，容纳唯物主义的内容是不奇怪的。恩格斯在谈到英国不可知论时甚至把它叫作羞羞答答的唯物主义。因此，我们认为，根据郭象哲学的主要内容及其调和性质，用不可知论来刻画他的哲学的主要特征是合适的。

（原载《中国哲学》第十一辑，生活·读书·新知三联书店 1984 年版）

王弼及魏晋玄学的“有”“无”范畴

在哲学史上，理论思维的广度和深度在一个哲学体系中常常难以兼得。也许正因如此，舍弃了广度和规模追求的魏晋玄学，得以建立起一种空前的哲学思辨，以致我们今天读到玄学家的著作时，仍会对那种谈论抽象哲理的理性智慧惊叹不已。玄学家的哲学清谈，妙语连珠，清新幽远，充满言外的深长意味，显示出魏晋哲学浪漫的理论情趣和不同凡响的思维水平。然而，如果哲学永远停止在王弼的“圣人体无”或乐广的“自体虚无”，不能从言不尽意的“体悟”中走出来，就不可能发展。哲学史的研究同样如此，只有力图把古代哲人的个人体会用逻辑的和理性的方式把它们重新表述出来，我们才能真正了解并正确评价这些古代哲学的理论思维。

“有”“无”问题是中国古代哲学中道家系统的基本问题。关于“有”“无”问题的讨论，发展到魏晋玄学，更为集中和清楚。魏晋时代的有无之辩体现了这一时代智慧的精华。

自汤用彤先生之后，关于玄学有无之辩讨论的问题，学术界在看法上已趋一致，即肯定玄学有无之辩着眼于现象之后的宇宙本体，重在探求宇宙万物及社会人生的根据，从而把玄学与两汉自然哲学着重讨论的宇宙生成问题区别开来。以何晏、王弼为代表的玄学贵无论的核心命题是“以无为本”，由此决定了贵无论的唯心主义性质。然而，重要的问题是，不仅要指出贵无论是以“无”作为宇宙的本体、世界的本原或万有存在的根据，而且需要对作为哲学范畴的“无”

“有”作出进一步分析，以说明这一理论的认识依据。从这个观点来看，玄学中的“无”的范畴是经过怎样的途径抽象出来的，是怎样的一个概念，以及玄学何以把这样一个“无”作为宇宙本体而走向唯心论，都是值得深入探讨的问题。

一般认为，玄学从追求世界本体出发，由于看到具体的、有规定的东西难以成为万物的本体，于是提出一个规定性最少的“无”作为万有存在的共同依据。近年来学术界提出了一些新的认识，如认为“无”就是“一般”，“有”就是“个别”；“无”是“共相”，“有”是“殊相”等。有些学者提出，“无”实际上是把万物的一切属性抽空之后得到的没有内容的概念；有的学者则认为“无”是从群有一有一无的抽象序列中得出的思辨结果。这些看法对分析有、无范畴都极富启发，但是其中也有一些问题需要进一步加以讨论。

一

讨论玄学有无之辩，首先应当注意这一讨论的实际社会内容。在研究玄学的纯粹形而上学方面，我们常常不自觉地偏向于把玄学仅仅当作一个思辨哲学去分析，忽视了从社会思潮的整体背景上阐明玄学的玄虚形式与其现实要求的相互关联。把“无”仅仅看作追求最高本体无规定性的结果，在某种程度上就是反映了这样一种仅从本体论自身去考察本体论的方法。

汤用彤先生曾指出，“贵无”“崇有”之争，不仅是本体论之争，“有无之辩在对世务人事方面说，有另一意义”，又指出：“盖无论讲有讲无，都是从人事政治出发。”①十分明显，玄学产生的时代，在门阀世族，特别是在士族官僚及知识分子中间出现了一种新的精神追

①《崇有之学与向郭学说》，载《燕园论学集》，北京大学出版社 1983 年。

求和交往方式。的确,这是取代两汉王朝意识形态烦琐礼教和经院哲学的新的观念体系,代表和反映了门阀士族地主阶级的世界观和人生观。但是,这种以清谈玄远为形式,以崇尚虚无为内容的新的思想潮流,与其说是人的自觉或觉醒,不如说是在后汉皇权大大削弱,社会礼法普遍破坏,地方士族的力量相对增强的情况下凸显出来的门阀士族的自我意识的高涨,是这一阶层要求走到历史前台的文化表现,而贵无论哲学无疑正是以这一思潮为土壤的理论升华。把出现在这一时期反映士族心理追求的玄学思潮归结为“极端腐朽”或“纵欲享乐”固失于偏浅,但魏晋时代士族官僚和知识分子中产生并表现出一种要求突破纲常名教对自身的严格束缚的强烈倾向,这个历史事实是不能否定的。这样一种倾向反映到理论上,是要求突破儒家经典章句的乏味说教,否定纲常伦理的规范权威,积极建立起为士族人生观所作的哲学的论证。门阀士族要求摆脱或冲破名教束缚,与平民对于名教的反抗不同,不能不具有由这个阶级特定心理所决定的特定形态。无论从当时思想资料提供的可能方面,还是从老庄思想符合门阀士族精神需求的方面来说,都决定了必然要出现一个以老庄为基本思想资料、反映士族贵族要求的崇尚浮虚的哲学形态。

正如史书所说,“魏正始中,何晏、王弼等祖述老庄,立论以为:‘天地万物皆以无为为本。’”①。在玄学从正始到竹林到元康的连绵发展中,回响着一个不断重复的主题,这就是“无为”。换言之,“无为”思想是玄学“以无为本”思想的真正内容和基础。裴頠的《崇有论》表明,“崇有”与“贵无”之争,从根本上说就是“有为”与“无为”之争。离开了这一现实根据,就不可能阐明“有”“无”范畴及其争论。而且,“有为”还是“无为”,也正是“区分玄学与反玄学的一个重

①《晋书·王衍传》。

要界限”①。

魏晋时期的有无之争，在一定意义上代表了这一时期儒家和道家的争论。在这一点上，过分地相信玄学表面上宣称的为名教重新确立根据的努力，可能是不恰当的。玄学贵无论是否真正像他们标榜的要为社会的纲常名教寻求新的理论依据，以便最大限度地实现名教的社会效果？秦汉以来，宗法等级制度和与其相适应的道德伦理已经成为维系社会的基本支柱，这决定了汉以后任何一个地主阶级都不可能从根本上反对和否定在中国宗法社会中起基本稳定作用的纲常伦理。但是，一方面地主阶级要以名教作为维持社会统治的基本手段，地主阶级内部的种种复杂关系也需要宗法道德加以调节；另一方面，统治阶级作为剥削阶级，其本性又决定了他们必然在实际行为上超越礼制和名教的束缚。这一种矛盾只是在门阀士族占主导地位的魏晋时代表现得更为突出和明显，因而这个矛盾对士族也就显得尤为重要。士族既要鼓吹虚无，为他们突破礼法约束的贵族生活方式寻找支持，又必须以名教维持社会的普遍统治与稳定，这就是自然和名教之辩的热烈讨论成为魏晋时期的特有理论现象的根由。按玄学家的说法，“贵无”只是为了更好地实现名教所要达到的政治效果。“贵无”是本，“名教”是末，统本才能举末，鼓吹“无为”才是推行名教的真正根本；名教必须以“无为”为根据才能发挥作用。可是，如果我们真正相信贵无论是用虚无来论证如何巩固汉末重遭破坏的礼教，那就难以认清玄学的真正实质。实际上也很难想象天才俊逸、肆意山林的玄学家们会天真地相信只有虚无才能拯救名教。玄学“崇本举末”的说法只能合理地解释为在士族追求的生活方式与社会的普遍价值的矛盾面前，士族所作的一种自我辩解。事实上，玄学是

①反玄学思想家之说，见张岱年《中国哲学史史料学》，生活·读书·新知三联书店 1982 年。

魏晋士族的世界观和人生观，但不是用以统治和实行教化的哲学武器。时人曾说："圣人贵名教，老庄明自然。"①玄学的本末之辩也就是"明自然"与"贵名教"之辩，所以玄学是新道家，而不是新儒家。

当然，玄学中各家所讲的"无为"不尽相同，玄学对名教的态度也一定程度上包含着对东汉以来儒家烦琐礼仪的否定。玄学之崇尚老庄，从根本上说反映了士族及其知识分子的内心要求与儒家主张的修养方式和人格境界格格不入。成为对照的，两宋时期士大夫的内心追求就与玄学有很大不同，这显然与这两个不同时代士大夫的不同阶级基础有关。七贤的狂士风度后面可能隐藏有个人的苦衷，他们之所以采取这种掩饰的形式，恰恰表明当时的放达风气愈演愈盛。从这个观点看，越名教而任自然的提出在玄学的发展中就不是偶然的了。

二

如果像有些学者主张的，"无"就是"一般"，是"共相"②；那么，"无"这一范畴与我们通常了解的人的普遍概念所反映的"一般"，与古代希腊及中世纪西方哲学反复讨论的、与具体个别的"殊相"(Particulars)相对的"共相"或"一般"(Universals)是否相同？我们知道，古希腊柏拉图最先提出关于共相、一般的问题。按照柏拉图的思想，任何一类特殊的、具体的东西都有它的普遍形式，即一般或共相，在柏拉图称之为"相"(或译为理念)。一个个具体的人之外，有一个人的"共相"，一个一般的"人"。与此相类，桌子有桌子的一般，美有

①《晋书·阮籍传》。

②此说见冯友兰《魏晋玄学贵无论关于有无的理论》，《北京大学学报》1986年第1期。

美的一般,圆有圆的一般。依照辩证唯物论,人的普遍概念正是对于具体事物中的共性的能动反映。概念所反映的事物的共性和一般只能存在于个别事物之中,不能独立存在。柏拉图的错误在于,他认为一切共相、一般共同构成了一个永恒的真实世界,现实的世界则没有共相世界那么真实。一张桌子之所以成为桌子,乃是由于有了桌子的理念、桌子的共相,由此才成其为现实的桌子。这种思想正如亚里士多德指出的,在个别的房屋之外还有一般的房屋,也像黑格尔批评的,在苹果、橘子等之外还有一般的水果。

就范畴来说,魏晋玄学的“无”与“有”显然是不能相当于古希腊及中世纪西方哲学的“共相”和“殊相”、“一般”和“个别”的。“有”与“殊相”的外延虽然都是指具体存在的事物,但“殊相”相对于“共相”而言,它是和“有”外延相同而内涵不同的概念。而“无”显然不是指人的一般,桌子的一般,或一切一般的一般。因而,有无问题,也如后来的理气等问题一样,其中固然包含一般和个别的问题,但在直接意义上并不是一般和个别的关系。

黑格尔在谈到中国哲学的有、无问题时曾指出道家哲学的“无”是无规定的最高本质。他认为,以“无”为最高范畴,“而这本来不过是说,统一在这里是完全无规定的,是自在之有,因此表现在‘无’的方式里。这种‘无’并不是人们通常所说的无或无物,而乃是被认作远离一切观念、一切对象——也就是单纯的、自身同一的、无规定的抽象统一。因此这‘无’同时也是肯定的;这就是我们所叫作的‘本质’”。又说:“‘无’如果不扬弃一切规定,它就没有意义。同样,当希腊人说:绝对、上帝是一,或者当近代的人说:上帝是最高的本质,则那里也是排除了一切规定的。最高的本质是最抽象的、最无规定的。”①但是,作为范畴的“无”的意义本身显然并不是“本质”。在玄

①《哲学史讲演录》第1卷,第131页。

学体系中“无”确乎扮演了世界本质的角色，然而理学的“理”何尝不是扮演了世界本质的角色！因而，仅仅说“无”是“我们所叫作的本质”，正如我们说“无是本体”“无是本原”一样，还不能揭示出“无”是如何提出来的，是怎样的一个范畴。在这种情况下，也就无法把它和“理”或其他作为世界本质的范畴进行区别。按黑格尔的说法，世界的最高统一性与本质必须是排除了一切规定的最抽象的东西，否则它就是有限的东西而不能成为最高本质了。认为玄学从追求最高本体出发得出规定性最少的“无”，也是受了黑格尔这个思想的启发和影响。然而，按照黑格尔哲学，“纯有”与“纯无”都是排除了一切规定性的抽象，这样，如果认为“无”仅仅是由追求规定性最少得到的逻辑结果，那就必须解释，为什么魏晋玄学追溯到的无规定的抽象统一是“纯无”而不是“纯有”呢？

许多同志认为，轻易地断言中国哲学的某一范畴即外国哲学的某一范畴，或外国哲学的某一范畴即中国哲学的某一范畴，是理论轻浮的表现。笔者同意这一点。但是如果反对把中国哲学与外国哲学的某些范畴比较地加以研究，从而使我们的认识得到某种深化，那也是片面的。所谓解释中国古代哲学的范畴，实际上无非是要求把古代哲学的范畴转换为当代的哲学语言来了解。我们今天的哲学语言中已经大量引入了来自西方哲学的概念规定，如本质、现象、抽象、具体、一般、个别等。为了深入分析玄学的有无问题，适当地借助西方哲学的类似概念或思想进行比较和认识，是必要的。在这方面，首先值得注意的还是黑格尔的有关思想。

黑格尔哲学提供了关于有无的几个重要观念，即“纯有”“纯无”“规定了的有”“规定了的无”（用杨一之译）。黑格尔说过：“无是经常要与某物对应的，但某物已经是一个规定了有之物，与别的某物有区别，所以，与某物对立的无，即某一个东西的无，也就是一个规定了的无，但在这里（指逻辑学的开端），须把无认作是在无规定的单纯性之中的。”①有某物的有，如有一百块钱的“有”，只是一个具体的“有”，即“规定了的有”。所谓“规定了的有”是指，从物的方面看，某物只能是某物，不能是他物；从有的方面说，它只是肯定了有钱或有特定的某物，还不是普遍的有。同样，无一百块钱的“无”，只是一个具体的无，一个“规定了的无”，它只把“无”限定在对一百块钱的否定上。作为黑格尔逻辑学开端的“纯有”和“纯无”则是在无规定的单纯性之中，即没有被限定为指某一个存在或非存在。在黑格尔看来，“纯无”或“纯有”作为真正的抽象，是纯粹无规定的，如果无或有被规定了，那就不再是纯粹的抽象了。因此，“纯无”与“纯有”，和“规定了的无”与“规定了的有”不同，“有与无”的抽象在获得了一个规定的内容时，“有”就变为实在。黑格尔指出“从特殊的有限的有，追溯到完全抽象一般性的有本身”本质上是“把自己提高为抽象的共相”②。这表明一般的有（纯有）是从特殊的有（规定了的有）中抽象出来的。根据这一思想，很明显，从特殊的、有限的无追溯到完全抽象的无（纯无）也是一种同样的“提高”过程。这里所说的“追溯”“提高”就是指思维过程的抽象。当然，黑格尔这里说的抽象具有高度思辨的意义，这表现在“纯有”或“纯无”都不是具体的共相。

为了实现逻辑学的范畴推演，黑格尔比较强调“纯有”与“纯无”的一致方面，即同样没有规定、没有内容、在自身中没有区别，正是在这个意义上他宣称“纯有”也就是“纯无”，于是逻辑学得以从“纯有”过渡到“纯无”。但是，如果认为黑格尔哲学中的“纯有”与“纯无”是“两者同出，异名同谓”，也不正确。黑格尔之所以始终不从正面谈论“纯有”与“纯无”的区别，乃是因为，如果他谈了两者的区别，“无”和“有”就不纯粹了，他也就无法从逻辑学第一个范畴过渡到第二个范

①《逻辑学》上卷，第70—71页。

②同上书，第78页。

畴。其实“纯有”与“纯无”的区别对黑格尔应是不言而喻的。他说：“如果一切物都是有的物，而那一个物的抽象又被当作前提，那末那个抽象就必须更正确地对待，一切有的物的抽象的结果首先是抽象的有，一般的有。”①这是说“纯有”是从一切规定了的“有”中抽象出来的。不管黑格尔对于“纯无”有什么思辨的说法，十分清楚，“纯无”与“纯有”的不同就在于，对于人类思维来说，“纯无”是从一切规定了的“无”中抽象出来的。

玄学的“无”究竟指什么？黑格尔上述思想对我们把握这一点可以有所启发。实际上，贵无论的最高范畴“无”，就是由“无为”“无形”“无名”“无音”“无声”等特定的有限的无中抽象出来的“一般的无”。若对比黑格尔所说，玄学所谓无音、无声、无形、无象、无功、无名、无誉、无为、无事，虽然比无一百块钱来得广泛些，但相对于“无”来说都是获得了一个规定了的内容，属于“规定了的无”，而贵无论的“无”正是作为这一切特殊的“无”的进一步抽象。这个被玄学视为本体的无，相当于黑格尔所谓“纯无”的意义，即它是一个抽象的、一般的无。而无形、无名、无为、无事则是某种规定物、某一内容的无。

由此，从共相和殊相，从一般和个别的方面来看，“无”并不是普遍意义上的一般或共相，它只是一个特定的一般，即无的一般，而不是指人的一般、桌子的一般等。这个“一般的无”显然蕴含了与玄学思潮的中心观念“无为”的直接关联。

按照贵无论哲学，把宇宙万物作为总体来看，其本体就是“无”。部分地看，宇宙每一领域又以该领域特定的“无”作为直接根据。所谓“大音希声，大象无形”，就是认为只有不宫不商才是大音，不温不凉才是大象。“形必有所分，声必有所属。故象而形者，非大象也；音

①《逻辑学》上卷，第 90 页。

而声者,非大音也。”①大音、大象必须超出宫商或温凉的有限规定。所以“五物之母,不炎不寒,不柔不刚;五教之母,不皎不昧,不恩不伤”②。“至和之调,五味不形;大成之乐,五声不分;中和备质,五材无名也。”③玄学在论证“以无为本”的时候,提出了规定性的问题,这一思辨成果在中国哲学发展中是有意义的。本文所强调的是,关于规定性的思考只是玄学本体论思维的一个方面,而作为论证的目的——“无”这一最高范畴,并不是仅仅从追求本体的无规定中得出来的。玄学的真正思想线索应当是,为了论证在社会生活中必须以“无为”为本,就需要普遍地论证宇宙及其每一部分都必须以“无”为根据,贵无论归根到底是要从“无”落实到“无为”。这种关系,在表述的逻辑上,用传统哲学的语言说,“无”是无的“本体”,“无为”是无的“发用”或“流行”。因此,“无”作为高度的抽象是贵无论用来从更加普遍的意义上、从本体论上为社会事务的无为确立根据。根据这一立场,《晋书·王衍传》那句话究竟是“天地万物以无为本”,还是“天地万物以无为为本”,在实质上并没有什么差别。

古希腊的埃利亚学派曾提出“存在”的学说,巴门尼德关于“存在”的思想在西方哲学史上曾产生巨大影响。巴门尼德所谓“存在”,实际上是将所有存在物的特殊属性抽象后所得到的一个最普遍、最一般的共性。从这个观点来看,如果说魏晋玄学的“无”也是把存在物的一切属性抽象之后得到的概念④,那就难以解释,为什么同样是把存在事物的属性抽象掉,巴门尼德得到的是“有”(Being),而魏晋玄学却得到的是“无”(Non-being)? 在思维的抽象上,巴门尼

①《老子指略》。

②同上书。

③《论语释疑·述而》。

④参看汤一介:《郭象与魏晋玄学》,河北人民出版社1983年。

德的“存在”与黑格尔的“纯有”相当,确乎是把存在物(规定了的有)的特殊属性抽象掉之后得到的纯粹概念。而玄学的“无”是一个与巴门尼德的“存在”相反的概念,是一个“非存在”的概念即“纯无”的概念,它是从一切规定了的无抽象出来的结果。

关于“无”这一范畴的抽象,冯友兰先生也有一种说法。他说:“‘群’有就是一大群殊相,一大群具体的事物。寓于一大群殊相的就是‘有’这个共相,‘有’这个共相不可能是任何殊相,不可能是任何具体事物。因为如果它是这种具体的事物,它就不可能是那种具体的事物了。它要是那种具体的事物,就不能是这种具体的事物了。在理论上说,它可能是任何东西;在实际上说,它不可能是任何东西,它是不是任何东西的东西。可是实际上不可能有不是任何东西的东西,因此‘有’又变成‘无’了。在中国道家哲学的关于‘有’‘无’问题的纠纷,大概是由此而起。”①冯先生这里说的道家哲学的有无纠纷包括魏晋玄学(新道家)在内。这个思想是说人们从具体的事物中抽象出一般的“有”,但这个一般的“有”再没有其他进一步的规定了,所以这个一般的无规定的“有”也就是无了。冯先生的这个说法明显发挥了黑格尔从有到无的推演逻辑。这个解释与其说是解说玄学的思想,不如说冯先生以此阐发他自己的哲学思想更恰当些。

三

在魏晋玄学的讨论中,“有”并不是一个抽象的有,“有”就是实际存在的具体事物,既指客观存在的自然物体(物),也指人类的社会活动及其产物(事),如各种礼乐制度。何晏说:“有之为有,恃无以

①《哲学回忆录》,载《中国哲学》第7辑。

生；事而为事，由无以成。”①既然说到生和成，这里的“有”应是指一切有的事物，抽象的“有”，无所谓生灭。王弼说：“夫物之所以生，功之所以成，必生乎无形，由乎无名。”②功即何晏讲的“事为”，也是以有兼指物与事。贵无论的观点被概括为“立论以为天地万物皆以无为本”，及裴徽所说“夫无者，诚万物之所资也”，都表明贵无论讲的有以无为本，即指万物生与成以无为本，说明他们所说的“有”是指存在的万物。

王弼说：“以无形始物，不系成物，万物以始以成”，“混然不可得而知，而万物由之以成”，“万物皆由道而生，既生而不知其所由”。又说：“凡物之所以生，功之所以成，皆有所由。有所由焉，则莫不由乎道也。”③把王弼这些论述与他以有无相对的说法相比较：“凡有皆始于无，故未形无名之时，则为万物之始；及其有形有名之时，则长之育之，亭之毒之，为其母也。”“有之所始，以无为本。将欲全有，必反于无。”④可见，“有”是与“万物”相当的范畴。

黑格尔区别了“有”（Being）和“存在”（Existence，或译实存），在他理解，“有”或“纯有”是最空洞、最抽象的范畴，而“存在”或“实存”是较丰富的、具体的。“存在”就是实际存在的具体事物，是无数具体事物的存在，现实世界的实际存在。因而，玄学“有”这一范畴不同于黑格尔的“纯有”，大体相当于他的“存在”。

裴頠作《崇有论》，他对“有”的理解也是如此。他讲的“有”既是“形象著分”的“有生之体”（郭象亦讲有生之类），又指“制事”。他还特别从“理”的角度规定“有”，提出“理之所体，所谓有也”，就是说

①《列子注·天瑞》。

②《老子指略》。

③以上见《老子注》二十一、二十五、三十四、五十一章。

④《老子注》一、四十章。

"有"是指理赖以表现的客观物体。"理"既指客观事物的条理、规律,又指名教的礼法原则,所以理之所体当然包括各种现行制度。裴頠还说:"夫品而为族,则所禀者偏,偏无自足,故凭乎外资","有之所须,所谓资也"。"有"指具体事物,因而每个个体事物都要与外界发生种种联系,这些事物彼此关联,彼此依赖,每个事物所依赖的外部条件也是具体事物,不是无,所以说"济有者皆有"。由此可见,裴頠所说的以外部事物为条件的"有",是指具体存在物,不是万物总体。万物总体其大无外,所凭资的根据即在自身之中。这个"有"也不是黑格尔哲学的"纯有",黑格尔也说过,只有"实有""存在"才谈得到外部联系。

郭象哲学中的"有"既指具体存在的事物,也用以指万有总体,他说:"无既无矣,则不能生有;有之未生,又不能为生。然则生生者谁哉?块然而自生耳。"①又说:"夫有之未生,以何为生乎?故必自有耳。"②"有"是如何产生的,是郭象哲学讨论的一个基本问题。郭象认为"无"不能产生"有","有"在尚未产生之前也没有别的"有"能产生它,因而"有"是自生的。就问题而言,郭象的这个讨论是一个本原的问题,也就是说,这里所谓"有"是自生的,主要不是指现实的事物都是自己产生的,而是讨论整个物质世界如何产生。因此,就概念来说,这里的"有"就不是指任何具体的"有",而是指万有总体,即作为集合概念的"有",强调整个物质世界是不依外力而自己产生和存在的。至于物质世界存在之后,具体事物就不一定是自生了,如"万物虽以形相生,亦皆自然耳"③。郭象也承认现实世界中的事物可以是以形相生的。

①《庄子注·齐物论》。
②《庄子注·庚桑楚》。
③《庄子注·知北游》。

从逻辑上说,“有”在使用上有集合使用和非集合使用的不同。非集合使用时,“有”作为一个普遍概念,它的外延是指具体存在的事物;集合使用时,“有”的外延是指所有具体事物组成的那个类。魏晋玄学作为士族自我意识的表现,不可避免地有它的种种局限乃至弊病。但它的出现毕竟为思想界带进了某种活跃的因素和气氛,使哲学从旧的经院习气中解放出来。玄学家执麈清谈,以善名理、尚玄远见称,名即概念,理即逻辑,玄远是指理论有深度。以有无之辩为代表的玄学在思辨哲学上的建树,是中国古代哲学的重要遗产,我们应当努力发掘和研究。

(原载《哲学研究》1986 年第 9 期)

朱子淳熙初年的心说之辩

朱熹一生之中，学术论辩甚多，如乾道二年(1166)及乾道五年与张栻的两次中和之辩，乾道八年、九年与张栻的仁说之辩，历来被视为朱熹思想发展的重要里程碑。淳熙二年(1175)在鹅湖与陆九渊的支离易简之辩，淳熙十一年至十三年与陈亮的王霸义利之辩，都是南宋学术史上的重要事件。即使是充满意气冲突的淳熙十五年、十六年与林栗、陆九渊的西铭、太极之辩，也未尝不含有学术的意义。对此，当时学者有颇不以为然者，如陈傅良绍熙初致朱子书说："念长者前有长乐之争，后有临川之辨，至如永康往还，动数千言，更相切磋，未见其益，而学者转相夸毗，浸失本旨。盖刻划太精，颇伤简易。"①长乐指林栗，临川指陆九渊，永康指陈亮，以为朱子好辩而无益。而朱子则以为："犹恨其言之未尽，不足以畅彼此之怀，合同异之趣，而不敢以为悔也。"②平心说来，朱子平生的论辩，除晚年与林栗、陆九渊外，都是相当严肃认真的学术讨论，不论对他自己还是对当时的思想学术活动，都有重要的意义。

淳熙初年，朱熹与学者吕祖俭(字子约)、石𡺳(字子重)、方士繇(字伯谟)、吴翌(字晦叔)、游九言(字诚之)、何镐(字叔京)等人以书札往来，辨析"心"之学说，是朱子生平中一次引人注目的学术讨

①引自《朱熹年谱》卷四上，绍熙辛亥与陈君举论学条。

②《朱文公文集》(四部丛刊本，以下简称《文集》)卷三十八《答陈君举》。

论。由于涉及的问题比较复杂，其年代又不易确定，故以往研究只注意前后中和之辩、仁说之辩等，而未见有学者注意此辩。本文将详细叙述这一辩论之始末，并借此讨论朱熹哲学中对“心”的看法①。

一、寂感

淳熙元年（1174）甲午，吕子约曾有问目卷子寄呈朱熹，其最后一问为：

> “出入无时，莫知其向”，只是大概言人之心如是，甚言此心无时不感而不可以不操也。不操则感动于不善而失其本心矣。虽曰“失其本心”，而感处即心也，故程子曰“感乃心也”。而程子答“心有亡也”之问又曰：“才主著事时（先生以目视地）便在这里，才过了便不见。”又云：“心岂有出入？亦以操舍而言。”盖寂然常感者，心之本体。惟其操舍之不常，故其出入之无止耳。惟其常操而存，则动无不善，而瞬息顷刻之间亦无不在也。颜氏之子三月不违，其余则日月至，政以此心之常感而易危故也。②

孟子曾引孔子语：“操则存，舍则亡，出入无时，莫知其向。”③道学的创始人程氏兄弟对此有讨论，据载：

①关于心说之辩的年代，除在必要处加以说明外，皆请参考《朱子书信编年考证》（上海人民出版社 1989 年）淳熙元年甲午一节。又，为方便论述及与朱子往来书札相协调，本文于论辩诸儒皆以姓字称之。

②《文集》卷四十七《答吕子约》第十。

③《孟子・告子上》。此四句后尚有“惟心之谓欤”一句，但此句是否为孔子之语，诸说不同。

> 范淳夫之女读《孟子》“出入无时，莫知其向，惟心之谓欤”，语人曰：“孟子不识心，心岂有出入？”先生闻之曰：“此女不识孟子，却能识心。”①

据《外书》此卷前后所录，此段中所录的“先生”当为程颐（伊川），但《外书》另卷则载此语为程颢（明道）：“明道先生曰：‘操则存，舍则亡，出入无时’，非圣人之言也，心安得有出入乎？”②《二程遗书》亦记伊川与门人问答：

> 问：“‘舍则亡’，心有亡，何也？”曰：“否。此只是说心无形体，才主著事时（先生以目视地），便在这里，才过了便不见。如‘出入无时，莫知其向’，此句亦须要人理会。心岂有出入？亦以操舍而言也。‘放心’，谓心本善，而流于不善，是放也。”③

由此可知，吕子约问目正是感于程伊川论心之说而发。“寂”“感”的说法出自《易・系辞》“寂然不动，感而遂通天下之故”，以寂感论心，始自中唐李翱。北宋儒学继其后，二程都把“寂感”从描述宇宙过程的范畴发展为意识活动的规定，以描述意识主体与外部现象相互作用的关系。所以吕子约把心的“出入”与“寂感”相联系，从道学的发展来看是很自然的。

“寂”表示思维、意识的相对静止，“感”表示思维、意识的明显活动。吕子约认为，所谓“出入无时”是指意识总是处于有所活动的状

①《二程集》（中华书局 1981 年），《河南程氏外书》（以下简称《外书》）卷十一，第 415 页。
②同上书，卷十二，第 425 页。
③《二程集》，《河南程氏遗书》（以下简称《遗书》）卷十八，第 208 页。

态，就心的本来特质而言，其感应活动总是善的，故称为“本心”。但实际上，如果主体缺少自觉的“操”的工夫，意识活动就会经常流于不善，这叫作“失其本心”。吕子约在这里没有说明“操”的具体内容①，按照二程的说法，操就是指以“敬”为内容的自觉规范②。吕子约还认为，当意识活动感动于不善的时候，这种“感”仍然是心，只是这种感应之心已经不是孟子所说的“本心”了。吕子约的上述说法多本于孟子、二程，朱熹也是赞同的，但吕子约进而提出，心是无时不感的，不断活动着的，而“心之本体”是寂然无出入的，心的出入无时是操的工夫不能持久造成的结果。这些说法涉及的“心之本体”的问题，朱熹的看法与吕氏不同，朱熹批其问目说：

> 寂然常感者，固心之本体也，然存者，此心之存也；亡者，此心之亡也。非操舍存亡之外别有心之本体也。然亦不须苦说到此，只到朱勾处便可且住也。③

朱熹与吕子约在心说上的不同看法主要是对于“心之本体”观念的理解。“心之本体”或“本心”在哲学上是指意识的本来状态、本来面貌、本来特质。同时，魏晋隋唐至宋代哲学里面，“本体”亦常与“发用”相对，在这个意义的使用上，“发用”是现象层次的东西，“本体”则是现象背后代表本质的东西，“本体”是现象背后的本源性实体。由于这种本体—发用的思想模式，“心之本体”往往容易被理解为是与意识活动不同层次的东西，意识活动是感应不已的，心之本体则是寂然不动的。从认识论意义上说，本心表示不由经验获得的一种先

①“此之谓失其本心”“求其放心”，皆见《孟子·告子上》。
②《遗书》卷十五，录伊川语“操之之道，敬以直内也”，《二程集》，第151页。
③《文集》卷四十七《答吕子约》第十。

验的道德理性，孟子以后的心学反复强调道德意识是人心的本来状态。

在吕子约的提法中，认为“出入无时”指感应之心，即经验意识活动，又认为在感应之心之外另有一个寂然无出入的本体之心。朱熹则反对把心之本体理解为与现象的、经验的意识不同层次的东西。他认为，“心”只是指经验意识层次的心，不能说在经验意识之外另有一个不同层次的本心。所谓本心或心之本体并不是隐蔽不发的东西，而是指经验意识的合理状态，当意识自觉地主敬而使其活动保持于善，这种状态就是心之本体（的表现）。所以他强调心之本体就是感应之心的合道德状态，“存者，此心之存也”，“非操舍存亡之外别有心之本体也”。

朱熹在吕子约卷子上的批语比较简要，从后来的书信往来可知，吕子约就此作了一篇专门讨论这一问题的《心说》寄示朱熹，并对朱子批语中的一些提法提出若干疑问。吕子约《心说》今已不存，据朱熹与其书，其中由孔子论心四句话，讨论了心无形体、寂然本体、操存察识等问题。朱熹得其《心说》及书后即作答云：

> 所示心无形体之说，鄙意正谓如此，不谓贤者之偶同也。然所谓“寂然之本体，殊未明白”之云者，此则未然。盖操之而存，则只此便是本体，不待别求。惟其操之久而且熟，自然安于义理而不妄动。则所谓寂然者，当不待察识而自呈露矣。今乃欲于此顷刻之存遽加察识，以求其寂然者，则吾恐夫寂然之体未必可识，而所谓察识者，乃所以速其迁动而流于纷扰急迫之中也。程夫子所论“才思便是已发”，“故涵养于未发之前则可，而求中于未发之前则不可”，亦是此意。然心一而已，所谓操存者，亦岂以此一物操彼一物，如斗者之相捽而不相舍哉？亦曰主一无适，非

> 礼不动,则中有主而心自存耳。①

吕子约对朱熹前书中“寂然常感固心之本体,然非操舍存亡之外别有心之本体”的说法有所未明,他理解为,如果本体不是另一层次的东西,而呈露于意识活动之中,那就应用湖南学派的“察识”方法在意识活动中辨察寻找这个本心。而在朱熹看来,把意识状态保持为诚敬专一,不使走作,这种状态就是寂然之本体的呈露,因而既不能说超越意识活动之外另有心之本体,也不需要在意识活动时察识寻找心之本体,人的道德意识状态就是本体的呈露。针对察识的问题,朱熹强调了他自己丑之悟以后反察识的一贯立场,认为在修养工夫上,心体是通过平时操存涵养而自然呈露于意识状态,并不是靠察识去求得的,察识在这里是完全不必要的。他特别引用程颐关于未发的说法,即人之本心要通过涵养来使之呈露,而不是用思辨去“求”得。朱熹后来在答石子重书中也重申了这一点:

> 心说甚善,但恐更须收敛造约为佳耳。以心使心,所疑亦善。盖程子之意亦谓自作主宰,不使其散漫走作耳。如孟子云“操则存”,云“求放心”,皆是此类,岂以此使彼之谓邪?但今人著个“察识”字,便有个寻求捕捉之意,与圣贤所云操存主宰之味不同。此毫厘间须看得破,不尔则流于释氏之说矣。如胡氏之书,未免此弊也。昨日得叔京书,论此殊未快,答之如此,别纸求教。②

这也表明,由吕子约引发的心说之辩,对于朱熹和其他学者来

①《文集》卷四十七《答吕子约》第十三。
②《文集》卷四十二《答石子重》第四。

说，都不仅只有心性理论的意义，也关联着为学工夫的实践。朱熹指出，所谓“操”“存”决不意味着人有两个心，用一个去宰制另一个，操存的实践意义只是指“主一无适”“有主则实”①，即使意识集中为一种诚敬的状态。朱熹很明显是用程颐的主敬思想来解释孟子的操存之说。朱熹始终认为，“心，一也”，心只是指经验的意识和知觉，因而反对把本然之心与感应之心截然两分，反对在意识活动中去查找另一个心。

二、操舍

前节所引朱子答石子重书表明，心说之辩已不限于朱吕二人，同时学者多有参加。吕子约得朱子第二书后又以书来论此，朱子再答其书说：

> 向示《心说》，初看颇合鄙意，细观乃复有疑。亦尝窃与朋友论之，而未及奉报。今得所论，益知向所疑者之不谬也。盖操舍存亡虽是“人心”之危，然只操之而存，则道心之微便不外此。今必谓此四句非论“人心”，乃是直指“动静无端、无方、无体之妙”，则失之矣。又谓“荒忽流转，不知所止，虽非本心，而可见心体之无滞”，此亦非也。若心体本来只合如此，则又何恶其不知所止，而必曰“主敬以止之”欤？近与一朋友论此，录以奉呈。幸试思之，复以见告。昨日得钦夫书，亦论此，于鄙意尚有未尽者。异时相见面论之，笔札不能既其曲折也。②

①“主一无适”见《遗书》卷十五，“有主则实”见《遗书》卷一，分别见《二程集》第143、8页。

②《文集》卷四十七《答吕子约》第十六。

据此可知，朱熹得吕子约《心说》后，即公诸友人共同讨论，据后来朱熹再答吕子约书“操舍存亡诸人皆谓人心私欲之为”的说法，参与讨论的其他学者都提出了“人心”①的问题。《尚书·大禹谟》有“人心惟危，道心惟微”的说法，这些学者认为《孟子》中的“操存舍亡”是针对“人心”而不是“道心”而言。吕子约不赞成这个思想，他认为孟子所引孔子论心的四句并不是指“人心”而言，而是指心体之妙。就是说，其他学者把操舍存亡看成是“惟危”的“人心”，含有否定性的看法，而吕子约则认为这四句直指心体之妙②，把操存舍亡都作了肯定。朱熹在这封信里对其他学者以操存舍亡皆为人心的说法未表示异议，他只强调，如果存亡出入都是惟危的“人心”，那就不能把存亡出入的意识现象都看成心之妙用，因为吕子约所用的“妙用”不仅指功能的不测，亦指价值的合当。朱熹还指出，虽然操存舍亡皆“人心之危”，但与“人心”相对的“道心”并不在存亡出入的心之外独立存在，正如他在前封信中所说，操而存者便是心之本体，操而存者即是“道心之微”。他认为，吕子约始终把流转出入的感应之心与“本心”或“心之本体”割裂了。

由于当时学者在评论吕子约《心说》时把“存亡出入”都看成“人心”，朱熹在开始时也接受了这一说法，他在与张栻（钦夫）信中也谈到这一点：

> 熹谓存亡出入固人心也，而惟微之本体亦未尝加益，虽舍而亡，然未尝少损。虽曰“出入无时”，未尝不卓然乎日用之间而不可掩也。若于此识得，则道心之微初不外此，不识则人心而已

①《文集》卷四十七《答吕子约》第十七。

②朱子后来在《答吴晦叔》书中指出吕子约以操存舍亡皆为心体之流行。

> 矣。盖人心固异道心，又不可作两物看，不可于两处求也。①

由于不能把存亡出入之心都看作“道心”，所以朱熹暂时承认了存亡出入皆为“人心”的看法。不过这样一来对朱熹便产生了一些问题，如果人心是出入无时变动不居的，而道心是不随人心出入而有所损益的，二者就成了不同层次的二截。尽管朱熹仍然强调“道心”呈露于日用之间，而不外乎人心，但对他一贯强调的道心即意识活动之合理状态的思想毕竟有所损害。

程伊川曾明确说孟子所引四句“只是说心无形体”②，故朱熹对吕子约《心说》中心无形体说表示赞同，而对吕氏关于心之本体的说法有所不满。他将吕氏《心说》出示给论学诸友，以求讨论，据后来他答吴晦叔书，首先对吕氏《心说》作出评论的是石子重、方伯谟。朱熹答石子重书：

> 按孔子言“操则存，舍则亡，出入无时，莫知其向”四句，而以“惟心之谓欤”一句结之，正是直指心之体用而言其周流变化、神明不测之妙也。若谓“以其舍之而亡，致得如此走作”，则是孔子所以言心体者乃只说得心之病矣。圣人立言命物之意，恐不如此。兼“出入”两字有善乃恶，不可皆谓舍之而亡之所致也。又如所谓“心之本体不可以存亡言”，此亦未安。盖若所操而存者初非本体，则不知所存者果为何物，而又何必以其存为哉？但子约谓“当其存时，未及察识而已迁动”，此则存之未熟而遽欲察识之过。昨报其书尝极论之，今录求教。其余则彼得之已多，不必别下语矣。因此偶复记忆胡文定公所谓“不起不灭心之体，方起

①《文集》卷三十二《答张钦夫》第三十九。

②《遗书》卷十八，《二程集》，第207页。

方灭心之用。能常操而存,则虽一日之间百起百灭,而心固自若”者,自是好语。但读者当知所谓不起不灭者,非是块然不动,无所知觉也,又非百起百灭之中别有一物不起不灭也。但此心莹然,全无私意,是则寂然不动之本体;其顺理而起,顺理而灭,斯乃所以感而遂通天下之故者云尔。向来于此未明,反疑其言之太过。自今观之,却是自家看得有病,非立言者之失也。①

在这封信里,朱熹明确区分了出与入、操存与舍亡。他指出,存、亡、出、入虽然都是心的周流变化,但出是恶,入是善,出是舍亡所致,入是操存而然,所以石子重以存亡出入都归结为“舍则亡”的结果是不恰当的。朱熹还认为,如果孔子这四句都是讲舍之而亡,那就等于说孔子这几句只是讲了人心之病,这与孟子引用孔子语全面描述心的体用是不一致的。

朱熹特别讨论了石氏“心之本体不可以存亡言”的说法。吕子约本来就有“心无时不感,心之本体寂然”的观点,朱熹从一开始就指出操而存者即是心之本体,不要在理论上把感应之心与心之本体割裂,不要在实践上到感应出入之心以外去寻找心之本体。意念活动时起时伏,有生有灭,这是心之用,但孔孟所说的“存”“亡”并不是指一般意念活动的起伏生灭,存是指道德意识的存,亡是指道德意识的亡,所以这里的存亡就不能理解为仅仅是心之用,存亡出入包含着心之本体的呈露或蔽藏。

与答石子重同时,淳熙元年夏,朱熹与方伯谟书亦对此加以讨论:

所喻心说似未安,盖孔子说此四句,而以“惟心之谓欤”结

①《文集》卷四十二《答石子重》第三。

之，不应如此着力，却只形容得一个不好底心也。来书所说自相矛盾处亦多，可更详之。①

方伯谟与石子重一样，也是把“存亡出入”都看成道德意识的丧失（不好底心）状态，受到了朱熹同样的批评。方说今亦不存，但朱熹同时答吴晦叔书中对此有所述及：

《孟子》操舍一章，正为警悟学者，使之体察，常操而存之。吕子约云“因操舍以明其难存而易放”，固也。而又指此以为心体之流行，则非矣。今石子重、方伯谟取以评之者大意良是，但伯谟以为此乃“人心惟危”，又似未然。人心，私欲耳，岂孟子所欲操存哉？又不可不辨也。②

朱熹在这里指出，在理解操存舍亡的问题上出现了两种倾向，一种是方伯谟所主张的，以“操则存，舍则亡，出入无时，莫知其向”皆为“人心惟危”。对此朱熹指出，“操则存”是孔孟论心的肯定语态，把操而存者和舍而亡者都归属为“人心”，等于说孟子要修持保养“人心”，这是不对的。另一种是反对以孔子四句都属于“人心”，而又把四句都看成心之本体的表现，正如他在答吕子约书指出的那样，这也是不正确的③。孔孟论心四句指出道心难存而易放，于此可以见人心之危，但并不是以操舍存亡皆为“人心”，朱熹在此前答吕子约、张钦夫书中对此未加辨明，而至此始明确反对把存亡出入都视作作为私欲的“人心”。他指出，孟子肯定操存，反对舍亡，操存者即是道心，舍亡

①《文集》卷四十四《答方伯谟》第六。
②《文集》卷四十四《答吴晦叔》第十二。
③见《朱子答子约第十六书》。

者才是人心。

朱熹在答湖南学者游诚之书中再次申明他对孔子四句宗旨的看法：

> 心体固本静，然亦不能不动；其用固本善，然亦能流而入于不善。夫其动而流于不善者，固不可谓心体之本然，然亦不可不谓之心也，但其诱于物而然耳。故先圣只说“操则存”（存则静，而其动也无不善矣），“舍则亡”（于是乎有动而流于不善者），出入无时，莫知其向（出者亡也，入者存也，本无一定之时，亦无一定之处，特系于人之操舍如何耳）。只此四句，说得心之体用、始终、真妄、邪正，无所不备。又见得此心不操即舍，不出即入，别无闲处可安顿之意。若如所论，出入有时者为心之正，然则孔子所谓出入无时者，乃心之病矣。不应却以“惟心之谓欤”一句直指而总结之也。所答石、吕二书写呈，但子约书中语尚有病，当时不暇仔细剖析。明者择焉可也。①

朱熹在答吕子约第十六书及答张钦夫第三十九书中未加考虑地承认了以操舍存亡、出入无时皆为“人心”的提法，针对游诚之以“出入无时”仅指心之病的提法，朱熹在这里再次明确提出：存亡出入是兼心之体用、善恶而言，其中存者静，舍者动，入者善，出者恶，不能把存亡出入都视为不善的“人心”，否则“道心”无法安顿。他说先时答吕子约书中“语尚有病”，当指往时未能在存亡出入之间区别人心道心。他在后来另一封答友人书中也谈到，答游诚之一书中所论“方稍稳当”②，才比较稳妥地确立了他的全部立场。

①《文集》卷四十五《答游诚之》第三。

②《文集》卷四十《答何叔京》第二十五。

三、真妄

朱熹在评衡了各个学者的心说得失后,给吕子约写了最后一封论心说书,其中说:

> 操舍存亡之说,诸人皆谓人心私欲之为乃舍之而亡所致,却不知所谓存者亦操此而已矣。子约又谓存亡出入皆神明不测之妙,而于其间区别真妄又不分明,两者盖胥失之。要之存亡出入固皆神明不测之所为,而其真妄邪正、始终动静,又不可不辨耳。①

朱熹指出,关于操舍存亡之说的讨论,一方面,石子重、方伯谟等人都认为存亡出入者属于人心,即属于私欲;另一方面,吕子约则认为存亡出入者都是心之妙用而加以肯定。朱熹批评前一种说法指出,如果把存入者与出亡者同视为人心之危,以为都是舍之而亡造成的,那就把孟子企图肯定和企图否定的东西混为一谈了。他批评后一种看法指出,存亡出入虽然都是心,但其中存入为真为正,出亡为妄为邪,不加分别,同样是把肯定的东西与否定的东西混为一区。

朱熹答何叔京书进一步说明了上述立场:

> 伏蒙示及心说,甚善,然恐或有所未尽。盖入而存者即是真心,出而亡者亦此真心为物诱而然耳。今以存亡出入皆为物诱所致,则是所存之外别有真心,而于孔子之言乃不及之,何邪?子重所论,病亦如此,而子约又欲并其出而亡者不分真妄,皆为神明不测之妙,二者盖胥失之。熹向答二公,有所未尽,后来答

①《文集》卷四十七《答吕子约》第十七。

> 游诚之一段方稍稳当。今谨录呈,幸乞指诲。然心之体用始终虽有真妄邪正之分,其实莫非神明不测之妙。虽皆神明不测之妙,而其真妄邪正又不可不分耳。①

朱熹强调,可以认为孔子论心四句“操则存,舍则亡,出入无时,莫知其向”是描述心之神明的不测之妙,但这里所说的不测之妙是指心的变化功能而言。就意识活动的内容和性质来说,这些不测之妙的意识活动中有真妄邪正之分。“操”而使真心存而不出,为真为正;“舍”而致真心为物诱放失而亡,为妄为邪。因此,把存入状态与舍亡状态都看成心体的妙用而不加区分,或把二者都看成物诱的结果,同样是错误的。吕子约《心说》失于把存亡出入都说成心体妙用而统加肯定,何叔京、方伯谟等则失于把存亡出入都解释为与道心对立的人心而统加否定。朱熹还指出,把存亡出入都当作舍之而亡的人心,势必导致在操存之外去寻找真心,事实上,意识的操而存的状态就是真心,这个真心并不在意识活动之后之外,而是呈露于神明不测的意识活动中,而又须与意识活动的邪妄者区分开来。

朱熹在另一封与何叔京书中继续讨论了这个问题:

> 心说已喻,但所谓“圣人之心如明镜止水,天理纯全”者,即是存处。但圣人则不操而常存耳,众人则操而存之。方其存时,亦是如此,但不操则不存耳。存者,道心也;亡者,人心也。心一也,非是实有此二心,各为一物,不相交涉也,但以存亡而异其名耳。方其亡也,固非心之本然,亦不可谓别是一个有存亡出入之心,却待反本还原,别求一个无存亡出入之心来换却。只是此心但不存便亡,不亡便存,中间无空隙处。所以学者必汲汲于操

①《文集》卷四十《答何叔京》第二十五。

存,而虽舜、禹之间,亦以精一为戒也。①

这是说,圣人不需要进行操持的努力即能常常保有道德意识状态,而常人则必须进行操持的努力才能使道德意识状态存而不失,常人经过操持而呈现的道德意识与圣人不勉而能的道德意识状态是相同的,在性质上同属道心。朱熹反对把意识系统和状态理解为两种不同的心的相互斗争,他认为意识状态在任何特定时间中总是单一的,而不是包含着对立的。意识活动处于道德状态下即是"道心",处于非道德状态下便为"人心",非此即彼,非彼即此,意识总是处于这两种状态之中的一种,并不断交替变化。朱熹否认存在着一个无存亡无出入的心之本体,在他的理解中,心之本体就是指操之而存的意识状态。

四、心体

在叙述了心说之辩的始末之后,我们来总地讨论一下心说之辩所显示的朱熹关于心的理论,并借此了解理学中程朱派与心学的不同立场。

在朱熹与吕子约等人的反复论辩中,最根本的问题可以说就是关于"心之本体"的问题。吕子约把感应之心与寂然心体相区别;石子重以心有存亡而心之本体不可言存亡;游诚之以心动而流于不善,心体则静无不善;何叔京以存亡出入之心外另有真心等,这些提法体现了一个共同的思想模式,即魏晋以来的体用模式:把事物分为内在与外在两个不同层次。

这种体用观是认为事物具有一种"本体"—"发用"的结构,"发用"是外在现象,"本体"则是决定发用而隐藏在发用之后秘而不现

①《文集》卷四十《答何叔京》第二十六。

的内在实体。佛教的心性论进一步发展了这种思想模式，禅宗主张"不生不灭，湛然常寂，此是本心形相也"①，心念的生灭属于现象，本心则是现象之后的本体，而且这里的"本心"或"本体"具有本来状态、本来特质的含义。朱熹答石子重书所引的胡安国（文定）"方起方灭心之用，不起不灭心之体"正是移用了佛教心性观的表达方式。心之起灭与心体常寂的区分是佛教特别是禅宗的基本立场，禅宗所推崇的理想境界并不是取消一切意识活动，禅宗追求的"静""定""寂"并不是指对境心不起，而是指心境在任何意识状态下都能保持安宁与平和。在这个意义上，意识的活动是"方起方灭心之用"，心境的持久安宁是"不起不灭心之体"。从哲学上看，这种观念认为心有出入、生灭、感应、流转，变化不测；而心之本体则无出入、无起灭、无感应流转，寂然不动。用《周易》的语言来表述，心之本体是"寂然不动"的，心则是"感而遂通（天下之故）"的。这样一种体用观与心性观，对唐宋以后的儒家学者影响极大。在心说之辩中作为朱熹对立面的学者无不受此种思想的影响。在这种观念中，意识活动的心与心之本体是两个不同层次的东西，意识活动是"动"，是表现着的（已发）；心之本体是"静"，是自身不表现的（未发），它只通过现象来显示其某种作用；心之本体的特质才是人心真正的、具有本源性的特质。知觉感应之心与心之本体的这种区分很像康德（Kant）根据"本体"（Noumenon）与"现相"（Phänomenon）的区分所理解的"意志"（Wille）与"意念"（Willkür）的分别②；由于"本体"具有本来状态、本来特质的意义，所以这种区分也就是荒木见悟所说的"本来性"与"现实性"的区别。

①《大珠禅师语录》卷上，引自《中国佛教思想资料选编》二卷四册，第176页。

②康德之说参看李明辉《孟子的四端之心与康德的道德情感》，《鹅湖学志》第3期，1989年，李先生译"Noumenon"为"理体"。

在朱熹哲学中,也承认意识活动有其内在根据,就是说,如果意识活动是“用”,那么也有决定意识活动的“体”,这个体就是“性”,而不是什么“本心”。因而事实上在朱熹哲学的结构中并不需要“本心”这一类概念。这并不是说朱熹把其他学者称为“本心”的东西称作“性”,也不是说其他学者把朱熹称为“性”的东西称作“本心”。因为,“本心”无论作为心的理想状态还是本然状态,都具有心的特质;而“性”则只是一个标志意识系统本质的范畴,无论如何也不能被赋予任何心的功能。

在朱熹哲学中,“本体”与“发用”、本体与事相、本来性与现实性的分析只适用于性与情之间,一般来说,朱熹是尽量避免把这种分析引入“心”的规定,这样就使朱熹关于心的理论具有以下特点:

“心”只是一个现实的、经验意识的概念,只是一个感应知觉之心,在经验意识与现实知觉之外不存在其他作为本体的心,在变化出入的心之外不存在其他不起不灭的心。

意识活动有善有恶,意识状态有静有动。由于朱熹反对在本体的意义上使用心之本体(心体)的概念,因而他所说的心体与心之本体实际上是作为静的意识状态来理解的。就是说,心(意识状态)有不同的时态,思虑未萌、未接外物时的意识状态为静;既接外物、思虑已萌时的意识状态为动。用朱熹的另一种方式区分,前者为未发时心,后者为已发时心。这里“未发”与“已发”的区分不是指前述那种本体—现象的内外体用关系,而是一种前后源流的关系,是意识过程不同阶段的呈现而已①。质言之,朱熹所说的“心体”指未发时心,它与已发时心并不是不同层次的东西,而是同一层次上不同时态的表现而已。

---

①这种分别可参看我对阳明哲学中未发已发的分析,见拙著《有无之境——王阳明哲学的精神》第四章(人民出版社1991年),第68页。

朱熹在答石子重书中说:“但此心莹然,全无私意,是则寂然不动之本体;其顺理而起,顺理而灭,斯乃所以感而遂通天下之故。”顺理而起灭指心之已发,即意识的活动状态。莹然即透彻光明,正是指心之未发,即意识的相对静止状态。他答游诚之书说:“心体固本静,然亦不能不动;其用固本善,然亦能流而入于不善。夫其动而流于不善者,固不可谓心体之本然,然亦不可不谓之心也。”这里的心体本静也是指未发时心而言,所以朱熹在心说之辩中所不得不使用的“心之本体”都不是指意识结构的内在实体,而是指意识过程的原始状态。

正是由于朱熹反对把心之本体理解为意识中的另一实体,所以他才不厌其烦地强调操而存者即是本体,即是真心,反对在操存舍亡的意识过程之外去寻找本体。正是由于他所理解的心体与感应知觉之心是同一层次的东西,而不是不同层次的东西,所以他强调“心一也”,主张道德意识状态即是心体的呈露。也正是由于在朱熹哲学中操存者代表的道德意识状态和舍亡者代表的非道德意识状态都是同一层次的“心”,是同一个心,所以朱熹哲学在立场上断不能讲“心即是理”。相反,他始终强调“感乃心”,“动而流于不善亦不可不谓之心”,出者为心,入者亦为心;存者为心,亡者亦是心。如果提倡“心即是理”,在朱子学看来,必然会产生出者、亡者、妄者、邪者是不是心的问题。朱熹这种以“心”为意识的立场,与心学要求设定纯粹主体、设定意识现象之后的心之本体的立场是不同的。在朱熹哲学中,将对体用的分析用于心性系统,表现为“心之体为性,心之用为情”“性发为情”“情根于性”的界定,而拒绝像佛教或心学那样,把“心”分为本体的心与发用的心。朱熹的这种立场很大程度上是为了警惕佛教的影响。

心说之辩中表现的朱熹的心性学说,至少对于他自己的思想发展来说,标志着进入一个更成熟的阶段。盖自乾道己丑以后,经历已发未发之辩与仁说之辩,朱熹心性学说的基本构架已基本确立,心说之辩则给他提供了一个对待“心之本体”的明确立场，并由此发展了他关于道心人心的看法。心说之辩后第二年的鹅湖之会揭开了南宋学术史新的一页，了解了朱熹心说之辩稳定确立的关于“心”的立场，可以知道，他自鹅湖起对“心即理”说的反对，并不是鹅湖不欢而散的结果，恰恰是他自乾道己丑以来已形成的思想体系使然。与后来《朱子语类》中对问题讨论的分散记录不同，心说之辩中朱熹的思想，见之于可靠的笔札文字，我们可以在他反复强调的东西中把握其立场，这是一个难得的个案分析的素材。

（原载《国际朱子学会议论文集》，“中央研究院”中国文哲所，1993年）

朱子哲学中“心”的概念

朱子哲学中有关“心”的讨论很多,涉及的方面也比较广泛,因此在一篇论文中把有关“心”的问题作全面的讨论,是很困难的。

在这里,我想集中地讨论一下朱子哲学中心与气的关系,更明白地说,就是:在朱子哲学中“心”是不是气?或者“心”是否属于气?我们知道,在明代后期的哲学中有不少学者明确主张“性是理,心是气”,认为性和心的关系就是理和气的关系,如黄宗羲就是用这样的观点批评明代朱子学代表罗钦顺的。同时,在韩国性理学史上如李栗谷也主张“心属气之发”。已故现代著名朱子学研究学者钱穆先生在其《朱子新学案》中肯定地认为:“朱子分说理气,性属理,心属气。”①又说:“朱子释心,曰知觉,曰虚灵,曰神明。知觉虚灵神明皆属气一边事,非即理一边事。”②已故当代新儒家大师牟宗三先生早就在《心体与性体》中认定朱子的心是气心,不是自律的道德主体。我在台湾访问的时候曾被问到这样的问题:“台湾学者都认为朱子哲学中心属气,为什么你不肯定这一点?”其实,在我的著作《朱熹哲学研究》第158页对这个问题作过简单的讨论。在这里我愿意进一步阐明我对这个问题的看法。要使讨论的问题清楚而不致混淆,有必要对以下两个问题进行区分:一个是朱子自己是否说过心是气,是否

①钱穆:《朱子新学案》第二册,九州出版社2011年,第90页。

②同上书,第93页。

认为心属气;另一个是后来学者从逻辑上来了解朱子的结构,其中的心是否应该属气的范畴。这是两个完全不同的问题。本文的讨论仅仅集中在前一个问题上面。

一、太极阴阳

应当承认,认为朱子哲学中心属气或心就是气,并不是完全没有理由的。在朱子的论述中,有一些表述给人们一种印象,似乎“心”是与气有关的,是接近于气的一个范畴。如《语类》载:

> 性犹太极也,心犹阴阳也。太极只在阴阳之中……惟性与心亦然。(《语类》卷五)

“犹”指类似、好像,这是说性和心的关系类似于太极和阴阳的关系:太极在阴阳之中而不离于阴阳,性在心之中而不离于心。“犹”字表示朱子只肯定了两种关系的相类性,但并未肯定心是气。相似的另一段语录:

> 心之理是太极,心之动静是阴阳。(《语类》卷五)

这里朱子不说心是阴阳,而说“心之动静是阴阳”,表现出他的讲话是颇为谨慎的。另一方面,阴阳在中国哲学中的意义很广泛,从而太极阴阳作为一种模式,不限于指理和气这样的关系,也可以指其他有动静的现象。因此,动静往往可以置换为阴阳,而并不表示实体的意义,如心之动为阳,心之静属阴,但这并不是说心之动是阳气,心之静是阴气。

二、气之精爽

在语录中只有一段对心与气的关系作了某种肯定的提示：

> 心者，气之精爽。（《语类》卷五）

仅靠这一条语录，我们并不能清楚了解朱子的意思，因为“心”可有两种意义：一指心脏，一指知觉。“精爽”亦可有两种意义：一指精气，一指虚灵。在理学中不仅周敦颐说“人得其秀为最灵”，王阳明也说“气之至精而为人，至灵而为心”（参《稽山承语》第十条）。因此，朱子的这一段话，可以认为实际指的是心脏之心而言。

朱子哲学中“心”有时是指心脏而言，如说“凡物有心而其中必虚，如饮食中鸡心猪心之属，切开可见。人心亦然。只这些虚处，便包藏许多道理”（《语类》卷九十八），“心以性为体，心将性做馅子模样”（《语类》卷五）。这些实体化的说法中，心都是指心脏。因此，心脏之心及五脏皆可说是气或精气，但并不是指知觉意识之心，并无哲学意义。

三、虚灵

正如钱穆所说，朱子常用“虚灵”“神明”说心。在这里我们仍处处可见朱子在定义心的概念时表现出的严谨性：

> 问：“人心形而上下如何？”曰：“如肺肝五脏之心，却是实有一物。若今学者所论操舍存亡之心，则自是神明不测。”（《语类》卷五）

理是形而上者，气是形而下者。心脏之心实有一物，可以谓之形而下，但哲学意义上的心并非实有一物，其特质为“神明不测”，故不能说是形而下。心既然不属形而下，当然意味着心不属气。

神明不测又称虚灵，故朱子说：

> 所觉者，心之理也；能觉者，气之灵也。（《语类》卷五）

能觉者，气之灵，是说知觉能力是气所具有的一种特殊功能，是气的一种能力或特性。这个说法表示，朱子确实肯定心与气有关，但这种关系只是承认心之知觉以气为物质基础，并不是说心就是气。所以朱子有一句名言：

> 心比性，则微有迹；比气，则自然又灵。（《语类》卷五）

这个说法表示，心与性不同，心与气也不同，既不能说心是形而上者，又不能说心是形而下者。所以心既不是性，也不是气。《语类》又载：

> 问：“先生前日以挥扇是气，节后思之：心之所思，耳之所听，目之所视，手之持，足之履，似非气之所能到。气之所运，必有以主之者。”曰：“气中自有个灵底物事。”（《语类》卷五）

这也说明“气之灵”与“气”并不是一回事。虚灵特指思维的功能。

四、（知觉）运动营为

但朱子在有些地方也说过知觉运动与气有密切关系。《孟子集注》中论人物之性：

> 性者,人之所得于天之理也;生者,人之所得于天之气也。性,形而上者也;气,形而下者也。人物之生,莫不有是性,亦莫不有是气。然以气言之,则知觉运动,人与物若不异也;以理言之,则仁义礼智之禀,岂物之所得而全哉?(《孟子集注·告子上》)

这是指有知觉、能运动、趋利避害等生理机能是属气,由气决定。

《语类》卷四:

> 人之所以生,理与气合而已。天理固浩浩不穷,然非是气,则虽有是理而无所凑泊。故必二气交感,凝结生聚,然后是理有所附着。凡人之能言语动作,思虑营为,皆气也,而理存焉。故发而为孝悌忠信仁义礼智,皆理也。

这是说人的动作言语等是气的作用,而孝悌之心则是理的表现。人为理气之合,故理与气在人皆有表现。《孟子集注》中的“知觉”和这里的“思虑营为”很明显是属于心的范畴。朱子肯定它们皆是气,但这并不表示朱子认为在总体上可以说“心即气”。因为朱子也同时指出忠信孝悌之心是理。所以这里所说的知觉是指动物皆有的生理性知觉与活动,这里所说的思虑也特指感性欲望(即人心)。要全面了解这一点,还须和朱子的“人心道心”说联系起来加以考察。

五、知觉:道心人心

我们知道,“心”在朱子哲学的主要意义之一是指“知觉”,如说“心者,人之知觉,主于身而应于事者也”(《朱文公文集》卷六十五《大禹谟解》),“心之知觉,即所以具此理而行此情者也”(《朱文公文集》卷五十五《答潘谦之》)。“知觉”一方面指能知觉,即感知与思维的能力；一方面指所知觉，即具体的意念、思维。所以朱子说："人只有一个心，但知觉得道理底是道心，知觉得声色臭味底是人心。……道心、人心，本只是一个物事，但所知觉不同。"(《语类》卷七十八)

知觉之心分为道心、人心，其中道心根于理，人心生于气：

> 心之虚灵知觉，一而已矣，而以为有人心、道心之异者，则以其或生于形气之私，或原于性命之正，而所以为知觉者不同。(《中庸章句序》)

又说："心者，人之知觉，主于身而应于事者也。指其生于形气之私而言，则谓之人心。指其发于义理之公者而言，则谓之道心。"(《大禹谟解》)蔡沈《书》传则表述为人心"发于形气"，道心"发于义理"。此外，朱子还提到"四端是理之发，七情是气之发"。这都是指人的念虑思维可分为两大部分，以人心为代表的感性欲望"发于气"，是"气之发"，即根于气而发，但并不是气。严格说来，人心只是根于形气而发的"知觉"，但不能简单地说人心是气。前面引用的《孟子集注》和《语类》卷四的讲法只是一种简略的表达，因为朱子自己在其他地方明确说过：

> 知觉运用，莫非心之所为。
> 视听行动，亦是心向那里。(《语类》卷五)

退一步说，如果说"发于气""气之发"就称是承认属于气一边事，那么很显然，朱子决不能承认一切知觉都是发于气的，也不能承认心全都是气之发。如果把孝悌忠信的"道心"也说成是气，是气一边事，那显然是朱子所不能接受的。仅从这一点就可以看出，朱子是不可能认为在总体上心就是气的。《孟子集注》和《语类》卷四所说，一方面是指生理躯体的动作,一方面是指"人心"而言,可以说是指比较低层次的知觉活动。所以在《语类》卷四的那一条中,朱子仍在强调动作思虑"皆气也,而理存焉",强调发为孝悌的道心"皆理也",发为孝悌忠信者即是心,所以即使在《语类》卷四的一条语录中,朱子也并非肯定心就是气。

六、总论

其实,以上所涉及的种种问题,在语录中有一段记载陈淳的说得极为明确:

> 问:"知觉是心之灵固如此,抑气之为邪?"曰:"不专是气,是先有知觉之理。理未知觉,气聚成形,理与气合,便能知觉。"
> 问:"心之发处是气否?"曰:"也只是知觉。"(《语类》卷五)

学生向朱子提了两个重要问题:第一个是知觉是否气为之,即知觉是否为气的作用下产生的;第二个是心之发处是不是气。对于这两个问题,朱子都予以否定的回答。对于前者,朱子的回答是,知觉是理与气结合后共同作用下形成的,不能说仅仅是气之所为。对于后者,朱子的回答是,不能说心之发处就是气,只能说心之发处是知觉。从朱子在命辞遣意上的严谨习惯来看,他之所以始终不说心是气,而只说知觉是气之灵,是因为他认为心与气二者不能等同,必须注意在概念上把它们区别开来。所以朱子明确分梳:"性者,即天理也;……心者,一身之主宰;意者,心之所发;情者,心之所动;志者,心之所之;……气者,即吾之血气而充乎体者也。"(《语类》卷五)性无形,心略有迹,气者为形器而较粗者,三者是有区别的。

陈淳所录的一条问题,正是现代学者提出的问题。我想朱子对此已经作了明确的回答,那就是:心之知觉是气之灵,但虚灵不测的知觉之心不是实有一物,不是形而上者,心比气灵,心之发处只是知觉,而不是气,亦非气之所为。

因此,在“实谓”的层次上,朱子思想中始终不能承认心即是气,或心属气一边事。

现在,我们要进一步深入讨论,为什么15世纪以后的朱子学或阳明学思想家会提出这样的问题?为什么现代思想家会这样理解朱子哲学?这些理解或申述或质疑,从朱子思想来看,其方法和结论有无问题?

如果综合地看朱子关于心的了解,以下可以视为朱子哲学中对心的经典表述:

> 心者,人之神明,所以具众理而应万事者也。(《孟子集注》)
>
> 心之神明,妙众理而宰万物。(《大学或问》)
>
> 心者,人之知觉,主于身而应于事者也。(《大禹谟解》)
>
> 性者,心之理也;情者,心之用也;心者,性情之主也(心统性情而为之主也)。(《元亨利贞说》)

所以在肯定心为“神明知觉”的前提下,朱子特别重视的心的特质是“具众理”“主于身”“应于事”“统性情”。这五点可以说是朱子论心之大旨。

以“心统性情”为代表的朱子心性论的结构,十分值得注意的是,这一结构的表达、描述常常使用的模式并不是“理/气”的模式,而是“易/道/神”的模式。因为心性系统是一个功能系统,而不是存在实体。

黄宗羲则认为,朱子没有把“理/气”的分析用于心性关系的说明上,是朱子哲学体系不一致的表现。在他看来,只有把“理/气”的分析原则运用到心性关系上,“天”和“人”才能合一。其实,在朱子哲学中,理和气的观念并不是没有应用于“人”。与“理/气”相对应,朱子使用“性理/气质”来分析人的问题。如:

> 才有天命,便有气质,不能相离。(《语类》卷四)
>
> 性离气禀不得。有气禀,性方存在里面;无气禀,性便无所寄搭了。(《语类》卷九十四)

“性”与“气禀(气质)”的关系就是“人”身之上的理气关系。

另一方面,由于朱子哲学区分了“未发”与“已发”,以情为已发、性为未发,故常常讨论“已发”的根据与根源。在这方面,即“活动→根源”的分析中,朱子也采取理气的分析。在有关人心道心、四端七情的根源性分析上,朱子主张人身为理气之合,人心、七情发于形气,道心、四端根于性理。所以,黄宗羲用“天人未能合一”批评朱子没有把“理/气”的方法论运用到人论中去,是不符合事实的。

黄宗羲的提法也表现出,他把“理/气”的二元分析看作一个绝对的、普遍的方法,认为无论主体、客体、实体、功能都应采取这种分析方法。朱子则与之不同,在人论方面,理气的方法只限于追溯意识情感的根源性分析和人身的结构性分析。朱子从不把意识活动系统(即“心”本身)归结为“理”或者“气”。钱穆、牟宗三先生也是把朱子哲学理解为一种“非理即气”的二元性普遍思维。在他们看来,心既然不是性,不属于理一边事,那就应当属于气,是气一边事。他们也未了解在朱子哲学中并不是每个部分都可以作这种二元性的分析。

朱子曾说:

> 天地之间,有理有气。理也者,形而上之道也,生物之本也。气也者,形而下之器也,生物之具也。是以人物之生,必禀此理,然后有性;必禀此气,然后有形。(《朱文公文集》卷五十八《答黄道夫》)

这种分析方法即“理/气”的分析是对存在实体所作的“要素分析”,把实体的事物分析分解为理和气两个基本的构成要素,其中气作为“具”,扮演着质料、材料的角色。但是,从前边的论述(“虚灵”部分)可以看到,这样的分析法不是绝对的,朱子拒绝把“形而上/形而下”这样的分析模式引入对“心”的讨论中,这也意味着“理/气”的分析方式不适用于朱子自己对“心”的了解。在朱子哲学中,知觉神明之心是作为以知觉为特色的功能总体,而不是存在实体,故不能把对存在实体的形上学分析(理/气)运用于对功能总体的了解。在功能系统中质料的概念找不到它的适当地位。另一方面,形上学的“理/气”分析把事物分解为形式、质料的要素,而“心”是统括性情的总体性范畴,并不是要素。这些都决定了存在论的形上学分析不能无条件地生搬硬套在朱子哲学中对“心”的把握上面。

企图把存在论的分析不加分析地运用到心性论,特别是贯穿到“心”上,李栗谷也不例外。他主张:

> 只是一心。其发也,或为理义,或为食色,故随其所发而异其名。……大抵发之者气也,所以发之者理也。非气则不能发,非理则无所发。(《答成浩原壬申书》,《李栗谷全书》卷十)

栗谷显然是想把“发/所以发”这种存在论的分析套用在心性关系上,“发/所以发”也就是“体/用”的模式,而朱子认为在心性论中只能性情为体用,心则统性情。对于朱子来说,心之发只能说是知觉,不能说是气，而栗谷则认为发者为气，则心属“发”、属气，这与朱子自己的思想是不合的。

如果从“已发”来看，朱子反对把“心”归属于气，除了哲学上的理由外，更重要的是价值上的理由。问题很明显，如果知觉之心即是气，或把知觉之心全部归结为气，那么，不仅“道心”也属于气，人的良心和四端都成了气一边事，心之知觉在内容和根源上都变成了与理无关的气心，这等于否认人有道德的理性。所以，“心即理”和“心即气”同样是朱子所反对的。可以说，唯其有人心，故心不即是理；唯其有道心，故心不即是气。

在朱子学的发展中，如果一定要把“理”“气”的观念引入“已发”来分析，那么，应用于已发的知觉之心的“理”“气”观念的意义就要发生变化，而不是存在论意义上的理气概念了。如在程朱哲学中道心亦称为天理，在此意义上，“知觉从义理上去”亦可称为理，人的“习”与“欲”亦可称为气。但在这种说法中，理指理性，气指感性欲望，已经与黄宗羲、钱穆、牟宗三所说的理、气概念不同，与我们开始提出的问题不同，在这里也就不必讨论了。

最后，再强调一遍，在全部《文集》《语类》中，没有一条材料断言心即是气，这清楚表明朱子思想中并没有以心为气的看法。

（原载《国学研究》第四卷，北京大学出版社 1996 年）

王阳明哲学的理解与诠释

王阳明名守仁,字伯安,生于明宪宗成化八年(1472),死于明世宗嘉靖七年(1529),谥文成。祖籍浙江余姚,青年时父亲迁家至山阴(越城),后来他在距越城不远的阳明洞天结庐,自号阳明子,学者称他为阳明先生。他是明代最有影响的哲学家,也是明代"心学"运动的代表人物。

王阳明28岁举进士,授刑部主事,后改兵部;曾知庐陵县,历任吏部主事、员外郎、郎中、南京太仆寺少卿、鸿胪寺卿;正德末年以左佥都御史、右副都御史巡抚南赣,平定当地大规模农民起义;后平定藩王之乱,兼巡抚江西,因大功升南京兵部尚书,封为新建伯;晚年奉命兼都察院左都御史提督两广等地,平息广西地方少数民族起义,病归途中,死于江西南安。正德十四年(1519)夏,宁藩朱宸濠经过多年谋划,在江西发动叛乱,以十万大军,东下南京,声势浩大,震动朝野。王阳明仓促举义,在强弱悬殊的情况下,以机智的谋略和卓越的胆识,仅三十五天就生俘朱宸濠,将这场大叛乱彻底平定,创造了举世瞩目的奇功大业。时人说他"才兼文武",有"奇智大勇"。的确,他的事功业绩不仅在古今儒者中绝无仅有,在整个明代的文臣武将中也十分突出。

王阳明青少年时代就显出多方面的才能——热心骑射,精究兵法,长于诗文,早享文名。青年时代的王阳明与多数宋明理学家一样,也经历了一条"出入释老"而"归本孔孟"的思想历程。入仕后,他踏入坎坷的政治生涯。34岁时,他在严峻的政治形势下,冒死抗谏,反对把持朝政的宦官刘瑾,为此受廷杖下狱,被贬到贵州偏远的龙场,做一个小小的驿丞。在极其困苦的环境中,他日夜默坐,动心忍性,思考圣人处此将何所为。在一个夜间,他忽然大悟,"不觉呼跃,从者皆惊",从此建立了与程朱学说完全不同的哲学,后人称此为"龙场悟道"。此后,他虽为明王朝建立了奇功大业,但他本人却屡遭诬陷谗谤。在"百死千难"的政治危机中,他坚信自己的良知,表现出极大的勇气。无论是居家休养还是戎马倥偬,他都广收弟子,因材施教,宣传他的思想。他的学说虽受到压制,却在当时产生了巨大的影响,并笼罩了整个明中后期思想的发展。

王阳明哲学就其直接意义来说是对朱熹哲学的回应,他倡导的"心学"是在明中期封建统治极度腐败、程朱理学逐渐僵化的情况下出现的思想运动,具有时代的意义,同时也是北宋以来理学扬弃佛道,不断发展的一个结果,在整个理学的发展中占有重要地位。王阳明富有创造精神,他的哲学一脱当时程朱派的经院习气,具有一种勇往直前的气概,充满了生气勃勃的活力。他能像禅宗大师一样用某些令人惊奇的指点方法使人领悟,他的思想洋溢着生命的智慧,因而十分有感染力和吸引力。

王阳明的个人气质在一个方面近于古人所谓"豪雄",他的学生都认为他属于"才雄""雄杰""命世人豪"。历史记载一致说他少年即"豪迈不羁"。他少时逃学,常率同伴做军事游戏,13岁丧母,因庶母虐待,他竟买通巫婆来捉弄庶母,使其从此善待阳明①,这很容易使人联想起少年时捉弄叔父的曹操。所以冯梦龙说"先生尚童年,其权术之不测如此"②。而现代学者不无惘惑地感叹:这对其他道学家

①见冯梦龙:《皇明大儒王阳明先生出身靖乱录》,明墨憨斋新编,弘毅馆雕本。
②同上书。

简直是不可想象的[①]。王阳明从不循规蹈矩，拘泥末节。青年时，他任侠骑射，留情兵武，后来在江西比武时，以九矢全中的成绩震慑了挑衅的内官。他在平南赣及平藩中展现了惊人的军事谋略和高超的政治才能。这些都须以“豪雄”这一面为基础才能彻底了解。他在精神和气质上则是浪漫主义及神秘主义。他一生中几个重要转折点上都有僧人、道士、方外异人出现，他始终为道家的自然情趣所吸引，对道教怀有特殊的关怀和情感，他的内心始终具有神秘主义的一面。“豪雄”与“浪漫”是我们理解阳明个人及其事功和精神取向的两个不可忽视的要素。

一、有我与无我

理解中国古典哲学中的“有”“无”智慧与境界是研究中国文化的一个核心问题。冯友兰先生曾指出，玄学家所谓“体无”并不是指对本体的把握，而是指一种精神境界，也就是“以无为心”的境界。冯先生认为，郭象的意义就在于破除了本体的“无”，但肯定了境界的“无”[②]。牟宗三先生也指出，道家“无”的形上学是一种境界形态的形上学，目的在于提炼“无”的智慧以达到一种境界[③]。牟先生指出，由此出发的工夫上的“无”是任何大教大圣的生命所不可免的，他更明确指出“阳明之言‘无善无恶心之体’，乃至王龙溪之言四无，皆不免接触‘无心为道’之理境，即自主观工夫上言无之理境”[④]。可惜后来诸贤于此义再不提起，仍以至善诠释无善无恶，而以“无之共法”为

①参看岛田虔次：《朱子学与阳明学》，陕西师范大学出版社1986年版，第81页。
②冯友兰：《中国哲学史新编》第4册，人民出版社1986年版，第162页。
③牟宗三：《才性与玄理》，（台北）学生书局1985年版，第1—2页。
④同上。

禁忌。本文的主旨之一正是要理解阳明如何处理有之境界与无之智慧的对立与关联,从而显示出整个宋明理学的内在线索和课题,以及王阳明及其哲学的地位与贡献。

初看起来,“有与无”这样的题目似乎只适合于黑格尔(Hegel)这样的思辨哲学家用于本体论体系的建构,而事实上,即使在西方,萨特(Sartre)的《存在与虚无》讨论的也不是西方哲学史上的古典存有问题,海德格尔的《存在与时间》更是标新立异,一反传统存有论的方向,集中于人的存在或“生存”问题。中国哲学中作为境界形态的有无论,在这个意义上,也正是面对人的存在而揭示的生存智慧。

中国哲学的基本范畴多具有多义性,如以上所显示的,像“无”这一范畴,就有本体的无、工夫的无、境界的无等不同用法和意义。中文语词中的有与无,在最广的意义上,可以包容或指称一切以有无为前缀词的词组,如有心无心、有我无我、有为无为、有情无情等等。王阳明哲学及其学派中最著名的“四有”与“四无”之辩(以有善有恶与无善无恶之辩为核心),十分明显地体现了有无这两个范畴的丰富意蕴,这也是本文以有无为基本线索进行讨论的根本理由,而本文不讨论本体论的有无问题,而是研究境界论与工夫论的有无问题。

以东方哲学为无的哲学,在比较文化研究中已成了一个相当普遍的看法①,这显然是侧重于佛教与道家哲学而言。而在中国文化中,儒家一般被思考为有的哲学,与贵无的佛道相对。不过,如果就境界而不是存有的意义而言,这种说法对早期儒家也许不无道理,但对绵延近八百年的宋明儒学,问题就远不那么简单了。理学对佛教挑战的回应,不仅表现在对“有”的本体论的论证上(如气本论、理本论),更在于对人生境界与修养工夫上“无”的吸收,后者始终是贯穿理学史的一大主题。

---

①参见柳田圣山:《禅与中国》绪言,生活·读书·新知三联书店 1988 年版。

王国维在《人间词话》中写道:"有有我之境,有无我之境。'泪眼问花花不语,乱红飞过秋千去''可堪孤馆闭春寒,杜鹃声里斜阳暮',有我之境也。'采菊东篱下,悠然见南山''寒波澹澹起,白鸟悠悠下',无我之境也。有我之境,以我观物,故物皆著我之色彩。无我之境,以物观物,故不知何者为我,何者为物。"如果从整个中国文化来看,"有我之境"与"无我之境"作为把握文化的精神境界的范畴,其意义远远超出了诗词美学的狭小范围。比照王国维的表述方式,站在描述文化的不同境界取向的立场,我们可以有:"万物皆备于我矣"(孟子)、"视天下无一物非我"(张载)、"仁者以天地万物为一体,莫非己也"(程颢),有我之境也。"圣人之情,应物而无累于物也"(王弼)、"应无所住而生其心"(《金刚经》)、"圣人之常,以其情顺万物而无情"(程颢),无我之境也。中国文化的传统构成主要是儒释道,其中道释两家在本体论与解脱观方面有较大差异,但从人生态度与精神境界来说,中国文化与哲学不过是两种基本形态:一种是以儒家为代表的强调社会关怀与道德义务的境界,一种是以佛老为代表的注重内心宁静平和与超越自我的境界。从这个意义上,用传统的语言来分疏,儒家主于"有"的境界,佛老主于"无"的境界,或者说前者是有我之境,后者是无我之境。当然,这里说的有我的我并非"泪眼问花"的私我,而是"与物同体"的大我。从人格形态来说,孔子、孟子、杜甫体现了有我之境,庄子、惠能、陶渊明体现了无我之境。在整个中国文化及其发展中,这两种境界既有某种紧张,又相互补充。必须承认,这两者的和谐统一始终没有达到完满的地步,而两者相互否定的争论却充满了文化史。

克尔凯郭尔(Kierkegaard)把精神境界分为三个阶段,即审美境界、道德境界、宗教境界,并认为三者依次递进。审美境界指感性境界,以感性需求为中心;道德境界是理性境界,承担义务与责任;宗教境界是为信仰献身,是以痛苦为特征的最高的人生境界。克氏是一个基督徒,他做这种区分是可以理解的。精神境界是指一个人世界观的整体水平和状态。这里说的世界观不是指对外部自然物质世界的认识,而是指对整个宇宙、社会、人生及自我的意义的理解与态度。境界是标志人的精神完美性的范畴,是包含人的道德水平在内的对宇宙人生全部理解水平的范畴。在中国文化与哲学中,对儒释道三个传统而言,都是以感性境界为不可取的,也都没有肯定外在的超越的宗教阶段。每一文化都代表着一种它所倡导的精神境界,并成为该传统的精神导向。古典儒家具有博爱克己的道德境界,是可以肯定的,而佛道的"无心"之境就不是克氏三阶段说所能包容的。道家的无心境界或无我境界并不是指伦理意义上的克己,而是一种超然、超脱的人生态度。就其超越自我的意义而言,亦可说是"超越",但在西方文化中"超越"意味着与某种宗教位格相通,且佛道的这种"内在的""超越"也有其特有的性格。李泽厚以之为"准审美又超审美的目的论精神境界",或干脆称之为审美境界,都还值得商量①。每种精神境界都可以引出特定的审美意象,并对艺术的实际发展产生

①李泽厚用"审美态度""审美性超越""审美观照"把握这种境界(见李著《中国古代思想史论》,人民出版社 1984 年版,第 189 页),但康德区分了"乐"与"美",依《判断力批判》,审美必然与对象相联系,尽管只与对象的形式相联系;审美又是一种感性的愉快,尽管不是生理的快适并也与理性有联系。这都使得把本文所说的"无"的境界归为审美的"乐感文化"有许多困难,也是本文不采取此种说法的原因。但这并不排除康德表述审美活动的"无利害""自由"等性质在应用于中国文化的诠释方面具有的启发性。事实上,李泽厚自己也指出,庄子与禅宗要达到的是一种心灵境界,在那种"无所谓"的态度中,"包括愉快本身在内的任何'我'的情感"都已消失融化在异常淡远的安宁平静之中(同上书,第 210、214 页)。另外,李泽厚所以用"乐感文化"之说,可能还因为他并不企图处理文化史或思想史的问题,而是本着创造的转化的立场汲取、发掘中国的智慧,因为"乐感"范畴下可以容纳乐观进取、感性、审美诸价值。此外,"乐感"的提法可以使比较视野中的中国文化获得一种明确的特异性格。

影响，而这些审美意象，包括王国维意义上的有无之境，不过是整个文化境界意向的一些特殊侧面的发展而已。如王国维用以界定有我与无我之境的"以我观物""以物观物"，本来就出自宋儒邵雍对精神境界的讨论。

冯友兰在《新原人》第三章曾定义"境界"为宇宙人生对于人所具有的某种意义。他认为就有我无我说，"自然境界"中人不知有我，即不自觉有所谓自我，"功利境界"中人自觉到自我，在"道德境界"和"天地境界"中人无我①，这个层次上说的"我"都是指"私"。冯友兰又指出，有我的意义不仅指有私，还有另一义，如陆象山"宇宙内事乃己分事"，此"我"指"有主宰"，在这个意义上，道德境界和天地境界的人就不是"无我"，而是真正的"有我"，这个我是"真我"。所以人在道德境界及天地境界中所无之我，乃私我，并非"真我"。人之真我必在道德境界才能发展，在天地境界才能完成，因而天地境界的人是"大无我"而"有大我"②。冯先生的这些思想甚精，他所说的真我完全合于阳明所说的"真吾"。本文所论"有"的境界或有我之境，都不是指有小我之私的境界，而是指"有大我"的境界。本文所说的"无我之境"也不限于道德境界中的无私，更指无滞无碍的自在境界。

然而，冯先生对于无我并没有像对有我那样做出分疏，从而在《新原人》中并没有给本文集中讨论的无我之境一个地位。正如禅家所分别的，"有大我"与"无我"是不同的。禅宗也认为人有三种境界，"小我"的境界是纯粹以自我为中心的自私境界。"大我"的境界是把小我观念扩大到与时间空间等量齐观，小我融于宇宙之中而与宇宙合一，人在这个境界上看自己的内心无限深远，看外界无限广大，人的身心世界已不存在，存在的只是无限深远广大的宇宙，个人

①《三松堂全集》第四册，河南人民出版社 1986 年版，第 559 页。

②同上书，第 636 页。

不仅是宇宙的一部分,又是宇宙的全体。由于在这种境界中人与环境的矛盾不再存在,对环境的不满、怨恨、喜爱、渴望及排斥的心理自然消失,感到充实和有意义,爱人爱物如同爱小我一样,这就是"大我之境"①。禅宗进一步认为,大我的境界还不是最高的境界,最高境界是"无我"的境界,在这种境界中,一切差别对立全部消失,人才能真正从烦恼中得到解脱②。照佛教的说法,冯先生所谓同天境界、基督教的神人合一、印度教的梵我合一,都还在第二境界即大我之境上。冯先生认为佛教的最高境界是同天境界,这在佛家是不能接受的。当然,无我之境是否就高于大我之境,我们不必站在佛家的立场上做如此肯定,但显然,无我之境是与大我之境不同的一个境界,而冯先生的境界观中并没有给这个无我之境一个明确地位。

从更广的意义上看,有我或无我还都是一个有规定的有或无。有我只是有之境界的一种形式,无我亦然。道德境界即使不在"真我"的意义上,也明显是一种"有"的境界。"天地有正气,杂然赋流形",有之境界也;"纵浪大化中,不喜亦不惧",无之境界也。"名教"是有,"自然"是无;"敬畏"是有,"洒落"是无;"无有作好""何思何虑""吟风弄月",无之境界也;"必有事焉""戒慎恐惧""省察克治",有之境界也。这"有"与"无"的互动,乃是中国文化的特质,有无之境的融合正是新儒家(Neo-Confucianism)精神性的核心。

王阳明的时代,本体的有无问题已经从理性主义时代过去了。阳明的意义在于,他既高扬了道德的主体性,通过"心外无理""致极良知""仁者与物同体",把儒学固有的"有"之境界推至至极,又从儒家的立场出发,充分吸收佛道的生存智慧,把有我之境与无我之境结合起来,以他自己的生命体验,完成了儒学自北宋以来既坚持入世的

①释圣严:《禅》,(台北)东初出版社1986年版,第25页。

②同上书,第26页。

价值理性,又吸收佛道精神境界与精神修养的努力。

二、戒慎与和乐

朱子之后,理学的发展趋向是什么?不少学者认为,“和会朱陆”是南宋以后的一个主要趋向。仅就元代学术来看,此种说法有其根据①。但从更大的历史视野来考察,“和会朱陆”显然不能真正显示出理学后来发展的方向。尽管阳明哲学的不少讨论是内在地承继朱子学而来,但若将阳明看作“和会朱陆”的集成者,则完全不恰当。不管阳明在《朱子晚年定论》和答罗钦顺书中怎样表白他反对朱子并非出于本心,但仔细读阳明著述,他对朱子哲学的知识取向表示的强烈甚至过度的反感随处可见,他对章句训诂、物上求理的攻击之刻薄也常使人感到莫名其妙。这一定与当时为朱学者或打朱子旗号的学者对他的攻击有关。无论如何,阳明哲学整体上是对朱学的反动,而不是调和。

吴与弼“弃去举子业,谢人事,独处小楼,玩四书、五经、诸儒语录,体贴于身心,不下楼者二年”,“尝叹笺注之繁,无益有害”②。他的气象学问及在明代理学的地位,十分接近宋之程明道,《明儒学案》把他列为第一,从整个明代心学发展来看,是有理由的。因为康斋(与弼号)所重在人品境界,而不在学问道理。他追求的是“四体舒泰、心定气清”的境界,他追求的气象是“心气和平”。平居遇逆事,排遣不下,心甚不悦,经反复用功,终于悟到“心本太虚,七情不可有所”,“详审其理……则……中心洒然”,“盖制而不行者硬苦,以理处

①参见侯外庐等主编:《宋明理学史》上,人民出版社 1984 年版。

②《明儒学案》上册,中华书局标点本,第 14 页。

之则顺畅”①，这与阳明以太虚譬心体无善无恶，以循理求宁静，意正相同。他所强调的“身心须有安处”确是理学从理性主义转向存在主义的一个发端。

明代理学可以说是围绕阳明所谓“戒慎”与“和乐”或“敬畏”与“洒落”之辩展开的。谢上蔡记程明道语，“既得后，须放开”，既得指识得此理；放开指心胸和境界，即胸次。朱子曾加以反对，认为“既得后，心胸自然开泰，若有意放开，反成病痛”。朱子反对有意放开是有其理由的，但自然放开的说法是朱子用主敬宗旨矫正曾点气象的方法。倘若真能自然放开，也就不存在放开的问题了。明代早期朱学者胡居仁指出“今人未得前，先放开”，“未能克己求仁，先要求颜子之乐”，“放开太早，求乐太早，皆流于异端”②。夏东岩也认为“寻常读‘与点’一章，只说胸次脱洒是尧、舜气象；近读二典、三谟，方知兢兢业业是尧、舜气象”③，这个路线是承继了程颐、朱子的主敬方向，认为敬则自然和乐。敬与乐的这种紧张，自北宋时苏东坡要打破程伊川的敬字时即已明显。对于程朱而言，敬不仅是工夫，也是境界。

但康斋以下，白沙（陈献章）开出一脉，以大程子、邵康节为楷模。白沙自云“我无以教人，但令学者看‘与点’一章”④，为此白沙对于正统派有一个解释，他说宋人多流于佛老，故朱子提主敬以救之，而今人只知溺于利禄，全无超脱自在，所以须提与点之意。他自己从见康斋之后，绝意科举，筑春阳台，静坐其中数年不出，故黄宗羲说他“以勿忘、勿助之间为体认之则……远之则为曾点，近之则为尧夫”，都是指他代表的是一种对“和乐”或“洒落”境界的追求。这样一种追求，

①《明儒学案》上册，第19页。

②同上书，第37页。

③同上书，第66页。

④同上书，第74页。

必然摒弃书册诵读，舍繁就约，注重内在体验，白沙“静中体见端倪”开了有明一代神秘体验的先河。他说“学者先须理会气象”，这个气象对他自己来说，是指“曾点气象”，他对此确有体之于身心的受用，所以才能洒然说出“色色信他本来，何用尔脚劳手攘？舞雩三三两两，正在勿忘勿助之间，曾点些儿活计，被孟子打并出来，便都是鸢飞鱼跃”。白沙虽亦说须以孟子工夫为基础，但终是偏于曾点一边。

在白沙自己看来，这种无的工夫并不“劳攘”（即烦乱），但朱子早就说过“颜子之乐平淡，曾点之乐劳攘”，认为克己复礼对越上帝之敬才是“孔颜乐处”。但这种敬畏能否自然和乐，并非没有疑问，所以陈白沙说“斯理也，宋儒言之备矣，吾尝恶其太严也”①。正如夏东岩指出的，自东坡要伊川打破敬字起，道学内部敬畏与洒落之辩就是一个内在的讨论了。打破康德式的敬畏境界，实现一个主体自由自在自得的洒落之境，始终是一个重要课题。敬畏与洒落的紧张表现在：过于敬畏，心灵就享受不到自得的恬适；脱离了道德修养的和乐或洒落，就可能变成道家者流。王阳明赠夏东岩诗“铿然舍瑟春风里，点也虽狂得我情”，表明他在内心深处对于洒落的向往；夏东岩答诗则云“孔门沂水春风景，不出虞廷敬畏情”，可谓针锋相对。时人亦有诗云“便如曾点像尧舜，怕有余风入老庄”（詹复斋），表明这的确是泾渭分明的两条路线。

白沙门人为甘泉（湛若水），故甘泉早年特倡“自得”之学，阳明甚契之。而阳明所以重视自得二字，盖已将儒释道合为一体，凡有自得受用者则肯定之。但甘泉后来主“随事体认天理”，与师门固有一间矣。而阳明所谓“支离羞作郑康成”，才是继承了白沙“真儒不是郑康成”的方向，夏东岩谓阳明之学全由白沙倡之，是实有所见。白沙有门人张东所（廷实），黄宗羲谓得于白沙之学甚深，观廷实所谓

①《明儒学案》上册，第82页。

“心无所住亦指其本体”之语，与阳明之说相合。梨洲以为有明学术自白沙始入精微，至文成而后大，以为一脉，其理亦在斯乎！

从陈白沙到王阳明，注重精神生活的自得一面，与同时代朱学学者呈现出明显的差异。如薛瑄说：“虽至陋至鄙处，皆当存谨畏之心而不可忽，且如就枕时，手足不敢妄动，心不敢乱想，这便是睡时做工夫，以至无时无事不然”①。文清后学段可久更以“群居慎口，独坐防心”为宗旨，这样一种兢兢业业的防检谨畏工夫实属不易，其道德人格亦无可怀疑，但人倘若终生如此，毕竟不是自在圆满境界，在这个意义上，白沙所说“戒慎恐惧所以闲之，而非以为害也”②，“戒慎与恐惧，斯言未云偏。后儒不省事，差失毫厘间”③，是有其理由的。然而，王学自一传之后，门下各以意见掺和，失师门本旨，以悟为则，空想本体，全不着实做格物工夫，离有入无，故吕泾野门人杨天游指出：“今世学者，病于不能学颜子之学，而先欲学曾点之狂，自其入门下手处便差；不解克己复礼，便欲天下归仁；不解事亲从兄，便欲手舞足蹈；不解造端夫妇，便欲说鸢飞鱼跃；不解衣锦尚絅，便欲无声无臭；不解下学上达，便自谓知我者其天。认一番轻率放逸为天机，取其宴安磐乐者为真趣，岂不舛哉！”④

就阳明本身来说，不但并无后学之偏，与白沙亦不同，王龙溪后来也说，“白沙是百原山中传统”，只是“孔门别派”，即指白沙终究偏于邵雍之安乐洒落，未能有无合一，敬畏洒落合一。对于阳明，我们必须记住，一方面他对洒落自得、无滞无碍的境界有真体会，另一方面他始终坚持以有为体、以无为用，以敬畏求洒落。

---

①《明儒学案》上册，第 118 页。

②同上书，第 82 页。

③同上书，第 104 页。

④同上书，第 157 页。

表面看来,明代理学的基本问题是“本体”与“工夫”,本体指心(或性)的本然之体,工夫指精神实践的具体方法;而在本质上,本体与工夫之辩的含义是敬畏与洒落之争,这是我们把握明代理学的内在线索。

三、理性与存在

从传统的比较哲学立场看,西方哲学史上黑格尔之前的德国唯心论提供了与心学可比的类型。其中康德(Kant)当排第一。康德提供的一系列范畴,如道德主体、道德法则、道德感情,以及自律与他律、自由与必然等,都对诠释心学哲学的立场有重要意义。特别是“意志自己颁定道德律”的提法①,以道德法则源于道德主体,使我们得以了解心学的“自律”性格。应当强调,即使我们确认心学为自律形态,并不意味着心学与康德伦理学的基本取向完全一致,心学是否为自律与心学是否与康德伦理学相近是两个不同的问题。事实上阳明学主张的“工夫”与“境界”与康德有相当大的距离。其次,即使我们确认阳明学为自律,也不使我们必然承认朱子学为他律,也不等于同时以否定和消极的意义看待他律。

就思想性格而言,也许费希特与阳明更接近一些。尽管费希特(Fichte)也受笛卡儿(Descartes)的影响,但他的纯粹自我作为逻辑上先于个体自我的基础,既是超越个体的宇宙理性,也是个体本体的自我。一旦自我在自我意识中复归自身并意识到自己的活动,我们也就认识了实在的本质。这个思想与孟子到陆象山的心学有相通之处。特别是他认为道德不仅要有良好的愿望,还必须表现在行动中,其重“行”的道德论与阳明知行合一思想很接近。他相信良心是一切

①参见康德:《道德形而上学探本》,商务印书馆 1962 年版,第 45 页。

真理的试金石，要人服从良心的命令以从感性的奴役下解放出来，与阳明的良知天理说也是一致的。他否认有独立于心外的自在之物，以及认为人努力实现道德目的时也就是在实现宇宙的意义，这一切都与心学与阳明学有可通性、可比性。用来称费希特哲学的“伦理唯心主义”（梯利）无疑适用于阳明哲学的定位。甚至于费希特认为在道德境界之上还有一个更高的至乐境界，这个境界“摒弃对外在成果的指望，内向于自己本身，以求心安理得，与本原同一”①，这种陶然自得的宗教性境界也与阳明追求的自得无我之境相通。然而，费希特并没有对人的存在的深层结构和人的全部精神体验的丰富性进行探讨。在这些方面，黑格尔之后同样强调主体性的存在主义或存在哲学为我们理解阳明哲学及其意义提供了另一视角。

如果不是在十分严格的意义上，我们可以说新儒家（道学）的发展，从南宋到明中期，经历了一个哲学的转向，也就是“理学”到“心学”的转向。这当然不是说宋代没有心学的萌芽或明代没有理学的延伸，而是着眼于哲学主流的变化。这样一个转向的特点是什么呢？

以阳明学为代表的新唯心主义的兴起，其特点是：对朱子理性主义大厦建构的强烈不满（这正是康德、费希特与阳明的不同处），认为朱子哲学的结果增大了“理”与“心”的疏离；要求哲学完全以“心”为中心，从心出发，不重视“性”的概念；真理不再被认为是太极本体，而是强调主观性真理的意义；与理学偏重本体论的建构不同，更强调实践工夫；不赞成主与客、心与物的分离，而主张心与物的不可分割性；不强调知识概念，而注重内心体验，甚至神秘体验，认为精神生活优于知识性活动；强调直觉，而不是分析；强调行动，而不是知解；强调参与，而不是观察；终极实在的问题不重要，注重的是如何为己；本体

①王致兴：《费希特》，载《西方著名哲学家评传》第6册，山东人民出版社1985年版，第144页。

性范畴较少使用,情感性和情绪性范畴有重要地位;情感本质受到重视,面对人的情感情绪状态而提出的无我之境有了突出的地位,等等。简言之,从朱子古典理性主义的客观性、必然性、普遍性、外向性的立场转向主观性、内在性、主体性、内心经验。

在这个意义上,理学到心学的转向类似于黑格尔后,西方哲学从理性主义(Rationalism)到存在主义(Existentialism)的转向。存在主义的先驱克尔凯郭尔正是不满于黑格尔哲学的大厦无法安心立命而转向人的存在,克尔凯郭尔的"真理就是主观性",与阳明的"心即是理"异曲同工。正是从克尔凯郭尔开始,本体的 What 让位于实践的 How,而存在主义思潮的兴起不正是由于"理性"与"存在"的疏离而对理性主义的一种反叛吗?在存在哲学中,主体性原则取代了客体性原则,心物的对立被消解,情感的本体压倒了知识的本体。虽然,存在主义哲学家之间差别甚大,但这一思潮的一般特点在阳明心学中都有不同程度的表现。

阳明明确把儒学界定为"为己之学","为己"的真实意义是指哲学不应是一套理气的命题和体系,不应是一套没有生命的章句训诂,其本质上是一种生命存在的方式,这种立场当然是一般存在主义的。由于强调这一点,阳明倡导"知行合一""致良知",用克尔凯郭尔的语言,就是要把知所当然变为"对我为真的真理",一个道德原理你若不去实行它,就表示它对你不真①,为此阳明才提出所谓"真知行"的问题。从知行合一的角度来看,真理必须是一种与我们切己相关的实践方式和存在态度。克尔凯郭尔所谓真实的主体不是笛卡儿式的认识主体,而是实践的"伦理地存在的主体"②,与阳明学的立场是一致的。克尔凯郭尔关心的是"如何成为一个基督徒",因而视知识积

①项退结:《现代存在思想家》,(台北)东大图书公司 1986 年版。
②李天命:《存在主义哲学概论》,(台北)学生书局 1986 年版。

累无意义，摒弃理性主义所说的真理；阳明关心的是如何成为圣人，他对见闻之知的轻视和归向主体的取向也使他与存在哲学家的立场相通①。

当然，在某些方面，阳明哲学与存在哲学或存在主义也有较大的差异，如自克尔凯郭尔之后，个人的自我选择一直是存在主义伦理学的特征之一，在某种意义上，阳明轻视经典和权威、习惯和成见，要人遵从个体的良知选择行为方式和生命意义，也可说是与个人选择为价值根源的思想相通。但存在主义中有神论与无神论思想家的“个人选择”常大异其趣，极端者走向道德相对主义和唯我主义甚至非道德主义，这就与阳明哲学作为中国封建社会的儒家道德哲学的立场相距甚远②。因而，如果说，康德哲学与阳明哲学的可比性主要在于伦理学方面而不在一般哲学特征方面，那么，可以说，存在主义哲学与阳明哲学的可比性主要不在伦理学，而在它作为思想运动的一般特征和主要的哲学趋向。

①英语世界最早提到阳明学与存在主义的可比性的是 Hwa Yol Jung，他的论文是“Wang Yang-ming and existential phenomenology”，载 International philosophical Quarterly，1965，5.

②1972 年 6 月在夏威夷大学举行的比较阳明学会议上，冈田武彦把王门后学，从王龙溪到王心斋等左派王学称作存在主义，强调“现成派”一切放下，自然流行，是拒绝理性思考的存在主义。实际上在 1970 年由狄百瑞编的《明代思想的个人与社会》一书中已收入冈田此种观点的论文，因而在夏威夷会议上，倪维森提交《王阳明的道德决定：中国存在主义的问题》的论文，依据 MacIntyre 等人的论点，强调心学与西方存在主义的差别，不过他也认为，尽管冈田使用的存在主义与一般西方意义上的不同，但心学确实可能提出了一些存在主义的问题，值得深入研究。David Nivison，“Moral decision in Wang Yang-ming：The problem of Chinese ‘Existentialism’”，载 Philosophy East and West，XXIII，1-2，1973；Takehiko Okada，“Wang Chi and the Rise of Existentialism”，载 Wm Theodor de Bary 主编 Self and Society in Ming Thought，Columbia University Press，1970.

因此,我们说心学在许多方面接近于存在主义的想法,一方面是指两种思潮具有一些共同的特征,另一方面更具体地指阳明哲学中人作为道德主体和存在主体密切关联,使心学与存在主义的思考之间有相互诠释的可能性。其中最突出的是对情绪主体和情感体验的关注问题。

劳思光曾指出,存在主义的主体是侧重于"情意我"①。萨特认为一般意识都是一种位置性意识,即预设了主体对于对象的二元论的认识,而心理、情感、情绪作为原初意识,并不把自我作为一个认识对象,自我体验不是位置性的。他把意向、快乐、痛苦作为一种直接意识,认为它们是"使对某物的意识成为可能的唯一存在方式"②,认为情感的东西是使认知成为可能的唯一存在方式。为了反对认识论至上主义,他强调情感体验的原初性,提出了"反思前的我思"概念。"反思前的我思"并不是认识论意义上的心之本体,而是指情感情绪的主体,因而情感体验更深地揭示了人的存在结构。海德格尔(Heidergger)也认为,情绪是存在者状态上最熟知的东西,"应当把这种现象视为基本的生存论状态"③,他也认为"相对于情绪的源始开展来说,认识的各种开展之可能性都太短浅了。在情绪中,此在被带到它的作为'此'的存在面前来了"④,他把情绪看作此在的"现身情态","在现身情态中此在总已被带到它自己面前来了,它总是已经发现了它自己,不是那种有所感知地发现自己摆在眼前,而是带有情绪的自己现身"⑤。这都指出,情绪是"此在"的最基本的生存论环节。他还指出:"此在实际上可以、应该而且必须凭借知识与意志成为情绪的

①劳思光:《存在主义哲学》,亚洲出版社 1959 年版,第 2 页。
②萨特:《存在与虚无》,生活·读书·新知三联书店 1987 年版,第 12 页。
③海德格尔:《存在与时间》,生活·读书·新知三联书店 1987 年版,第 164 页。
④同上书,第 165 页。
⑤同上书,第 166 页。

主人，这种情况也许在生存活动的某些可能方式上意味着志愿与认识的一种优先地位，不过不可由此就误入歧途，从而在存在论上否定情绪是此在的源始存在方式，否定此在以这种方式先于一切认识和意志，且超出二者的开展程度而对它自己展开了。”①这都是强调“情意我”而非“认知我”才是源始意义的心之本体，才是此在即人这种存在者最切近的存在方式。

王阳明晚年著名的“四句教”之首句“无善无恶心之体”，如本文所揭示的，心体作为心的本然之体、本然状态，在这里既非伦理的也非认识的意义，这个心之体相当于萨特“反思前的我思”，海德格尔“本真的生存状态”“基本的现身情态”，正是指情感情绪的本然之体。阳明所要吸收的无我之境，面对的正是情感情绪的自我，以使人超越一切消极的、否定的情感情绪，获得安宁、平静、自在的精神境界。在心体的意义上，就是返归人的本真的情绪状态。阳明正是由于其在强化儒家伦理立场的同时所表现的对人的存在的情感状态的极大关注，使他的哲学具有某种存在主义性格。我们在整部《明儒学案》充满理学家关于生存体验的记述中，可以了解受王阳明影响的明代理学的特质。

从理性主义到存在主义，这是一个富于西方哲学意味的提法，虽然我们希望借助它为线索之一来把握阳明学和作为对理学的反动的整个明代心学运动的性格，但并不表示阳明哲学与存在哲学完全相同。对同一对象，可以采取不同的方式或方法去把握，像传统所谓客观唯心主义到主观唯心主义的提法也未尝不可以在多元的诠释中继续展示其有用性。而对于我们来说，着眼点始终在强调，中国哲学本来就不是希腊意义上的哲学，因而用古典西方理性主义不能完全了解中国哲学的价值与智慧，我们只有从人生体验、精神境界及存在主

①海德格尔:《存在与时间》，生活·读书·新知三联书店1987年版，第167页。

义讨论的人的生存情境等方面，才能全面理解中国文化和中国哲学的意义。

中国哲学与西方哲学一个明显的相异之处是，在中国哲学中人生修养的工夫论占了很重要的地位。因为它所讨论的是提高精神境界的具体实践方式，从而鲜明地表现出中国哲学注重精神生活与心灵境界的性格。冯友兰早就指出，比起西方哲学来，中国哲学更注重内圣及实现内圣的修养方法，即古人所谓“为学工夫”，在这方面有着丰富的讨论，而这些内容在西方文化意义上则不算作哲学①。秦家懿指出，事实上，中国哲学这部分内容在西方传统中亦可发现，只是更多地表现在宗教传统中，即基督教传统中所谓“精神性”(Spirituality)方面。“精神性”一词指人的精神生活的向度，包括苦行及神秘主义，而依晚近此词的用法，也指非西方宗教传统中的精神修养②。在西方文化传统中，超道德的境界即宗教境界，因而“精神性”主要表现为宗教的内心生活，而在中国文化中，儒学的人文主义传统自身容纳了这一向度。人究竟是否应在达到道德境界的同时也努力追求实现一种超乎伦理道德的境界，如平静、稳定、安宁的自得无我之境，以及如何达到这样的心灵境界，精神生活和自我修养对人的全面发展和文明的进化有什么意义，这些都是永远富有生命力的课题。在东西方文化交流的时代，在各种宗教传统面临科学挑战的时代，面对人的安身立命的生存需要，省思儒学提供的哲学境界，也许是不无意义的。

(原载《哲学研究》1991 年第 1 期)

①参见冯友兰:《中国哲学史》绪论，中华书局 1984 年版，第 11 页。

②Julia Ching, “What is Confucian Spirituality?” in Confucianism: The Dynamic of Tradition, Irene Eber, ed, (New York: Macmillan, 1986), pp. 63-80.

明代的民间儒学与民间宗教

——颜山农思想的特色

明代泰州学派的重要思想家颜钧(字山农),早在黄宗羲编著《明儒学案》时即颇受重视,但从《明儒学案》所叙来看,黄宗羲并未看到过颜钧的文集,这使得他的叙述语焉而未详。而颜钧的著作几百年来不见于坊间,更造成研究的缺憾。有幸的是,20 世纪 90 年代,颜氏后人献出家藏《颜山农先生遗集》,由黄宣民先生点校印行,其中还合并印行了韩贞集。这是近年明代思想研究最重要的资料发现,在推动对泰州学派的重新了解和深入研究方面具有相当重要的价值。以下,就《颜钧集》和已有资料,对与颜山农研究的有关问题,提出一些看法,以供进一步讨论。

一、泰州学派与"颜、何学派"

黄宗羲的《明儒学案》把王阳明后学分述为"浙中王门学案""江右王门学案""南中王门学案""楚中王门学案""北方王门学案""闽粤王门学案",然后叙"泰州学案"。"泰州"之名从王艮(心斋)来,王艮乃阳明在江西平藩时来学,但是,黄宗羲不名"泰州王门学案",而称"泰州学案",显然是把泰州学派置诸"王门"正传之外。其实据刘宗周的见解,"王门有心斋、龙溪,学皆尊悟,世称二王。心斋言悟虽超旷,不离师门宗旨。至龙溪,直把良知作佛性看,悬空期个悟,终成玩弄光景，虽谓之操戈入室可也”①。这是说王艮仍“不离师门宗旨”，但刘宗周在另一处则又谓：“王门惟心斋氏盛传其说，从不学不虑之旨，转而标之曰‘自然’，曰‘学乐’，末流衍蔓，浸为小人之无忌惮。”②照这个提法，心斋之学的末流，变为小人之无忌惮。

刘宗周是黄宗羲的老师，黄宗羲把刘宗周的学术论断冠以“师说”，置于《明儒学案》之首，说明他是受刘宗周影响的，他对泰州王学不称“王门”，必然是因虑及心斋学的末流所致。

不仅如此，在《明儒学案》第三十二卷的卷首，即在《泰州学案一》正式叙述王艮之前，竟有长达六页的我称为“绪言”的文字。据《明儒学案》体例，一般每学案之首的“绪言”不过三五行字，最多者一二页，其内容是把“无语录可考者”放在篇首一并叙及。但泰州学案的情形颇不同，其“绪言”称：

> 阳明先生之学，有泰州、龙溪而风行天下，亦因泰州、龙溪而渐失其传。泰州、龙溪时时不满其师说，益启瞿昙之秘而归之师，盖跻阳明而为禅矣。然龙溪之后，力量无过于龙溪者，又得江右为之救正，故不至十分决裂。泰州之后，其人多能以赤手搏龙蛇，传至颜山农、何心隐一派，遂复非名教之所能羁络矣。……诸公掀翻天地，前不见有古人，后不见有来者。释氏一棒一喝，当机横行，放下拄杖，便如愚人一般。诸公赤身担当，无有放下时节，故其害如是。今之言诸公者，大概本弇州之《国朝丛记》，弇州盖因当时爰书节略之，岂可为信？羲考其派下之著者，列于下方。
>
> 颜钧，字山农，吉安人也。尝师事刘师泉，无所得，乃从徐波

①《明儒学案·师说》。

②同上。

石学,得泰州之传。其学以人心妙万物而不测者也。性如明珠,原无尘染,有何睹闻?著何戒惧?平时只是率性所行,纯任自然,便谓之道。及时有放逸,然后戒慎恐惧以修之。凡儒先见闻,道理格式,皆足以障道。此大旨也。尝曰:"吾门人中,与罗汝芳言从性,与陈一泉言从心,余子所言,只从情耳。"山农游侠,好急人之难。赵大洲赴贬所,山农偕之行,大洲感之次骨。波石战没沅江府,山农寻其骸骨归葬。颇欲有为于世,以寄民胞物与之志。尝寄周恭节诗云。……然世人见其张皇,无贤不肖皆恶之……

以下又分叙梁汝元(何心隐)、邓豁渠、方与时、程学颜、钱同文、管志道。"绪言"中提及的刘师泉,即刘邦采,阳明门人。徐波石,即徐樾,阳明门人,亦颜山农老师。陈一泉即陈源,曾任南昌县教官,山农门人。赵大洲即赵贞吉,徐樾门人,曾任宰相,《泰州学案》有传。周恭节即周怡,字顺之。

黄宗羲这段"绪言"很值得注意,他说:"泰州之后,其人多能以赤手搏龙蛇,传至颜山农、何心隐一派。"泰州即王艮,黄宗羲在这里已经把颜何视为泰州后的"一派",他在"绪言"中所说的"诸公"就是指"颜何一派"的人,所以又说"羲考其派下之著者,列于下方",而这一派的主要代表(著者)即颜钧、梁汝元、邓豁渠、方与时、程学颜、钱同文、管志道七人,其中梁汝元、程学颜都是颜钧门人中高弟子。事实上,黄宗羲的说法亦其来有自,在他之前,顾宪成已有此说,顾云:"东坡讥伊川曰何时打破这敬字,愚谓近世如王泰州屋下颜何一派,直打破这敬字矣。"①

因此,根据黄宗羲的提法,我们可以说,《明儒学案》实际上是把

①顾宪成:《小心斋札记》卷九。

泰州学派又划分为不同派别，而以颜何为一派，当然他对颜何学派是持否定看法的，他沿袭了刘宗周认为心斋末流衍蔓、渐为小人无忌惮之说，继而提出所谓“传至颜山农、何心隐一派，遂复非名教之所能羁络矣”的著名论断。近代以来的思想史研究，对宗羲此说是否确当，在何意义上可以成立，皆没有作细致研究。肯定名教与反对名教的人对泰州学派评价不同，但都从黄宗羲的说法中默认了颜何及泰州学派反抗名教的事实。而《颜钧集》的发现给了我们第一手的历史材料，使我们可以检证“颜何一派”对名教态度的真实情况。

二、化俗乡里的道德实践

颜山农在其自传中记述了他在家乡组办“萃和会”的事迹：

> 十八岁，同兄钦、铸扶父榇归庐。未葬，都人陷钦三年粮役，洗其家。铎、镗二人未完娶。铎惟知善养寡慈，将顺得欢心。有此孝行感天，得兄钥笔传道祖阳明阐揭良知。……嗣此，津津自好无尚，不忍少间，时刻辟利色，惑他技也，如此自求有获，酷自庆丽大有为也。岂期明祖、严考先逝，不及见若祖无言不悦之与考庭无日不底乎豫道，仅侍寡慈，牖开忧怀，三月淘淘，世虑濯濯，夜枕鼾睡，达旦方醒，饮食加倍，精神复旧，如此曲成，几希曾、闵之双亲。及期月余，慈乐足，发引众儿媳、群孙、奴隶、家族、乡间老壮男妇，几近七百余人，聚庆慈帏，列坐两堂室，命铎讲耕读正好作人，讲作人先要孝弟，讲起俗急修诱善，急回良心，如童时系念父母，常得欢心，率合家中，外移耽好妻子之蒸蒸，奉养父母之老年，勤勤恳恳，不厌不倦，不私货以裕己，不怀蓄而薄养，生息于士农工商，仰给惟父兄室家，迸没积忿参商，各各□□和萃。如此日新又新，如此五日十日，果见人人亲悦，家家协和，

> 踊跃奋励，虽少小童牧，尽知惭悔省发，皆自叩谢父母长上。竟为一家一乡快乐风化，立为萃和之会，会及半月，一乡老壮男妇，各生感激，骈集慈闱前叩首，扬言曰“我乡老壮男妇，自今以后，始知有生住世都在暗室中鼾睡，何幸际会慈母母子唤醒也”。会及一月，士农工商皆日出而作业，晚皆聚宿会堂，联榻究竟。会及两月，老者八九十岁，牧童十二三岁，各透心性灵窍，信口各自吟哦，为诗为歌，为颂为赞。学所得，虽皆刍荛俚句，实发精神活机，鼓跃聚呈农览，逐一点裁，迎几开发，众皆通悟，浩歌散睡，真犹唐虞瑟僩，喧赫震村谷，闾里为仁风也。①

据此可知，颜山农在学得《传习录》后，默坐开悟，然后将他的所悟用于生活实践，他侍奉寡母，三个月便使母亲精神安适，身体康健，摆脱了父丧以来的身心窘境，然后奉母命，集家族中儿媳、群孙、族众及邻里近七百余人，宣讲“耕读正好作人”“作人先要孝弟”“起俗急修诱善”，劝人孝顺父母，和好家族，勤俭执业。经过十日宣讲，成效显著，人亲家和。于是立“萃和会”于中陂之三都，成为全乡的一种活动组织，其活动一如山农家族之会，晚聚会堂讲论，甚至聚宿，交换心得，两月之后，一乡风气大变，一派歌舞升平、协和踊跃的景象。这种化俗乡里的道德实践，正如山农所常言，是“翊赞王化”。与明王朝统治阶级主导的社会价值不仅毫无冲突，而且在实践上更为深入。

何心隐在其家也建过“聚和堂”，企图建立一个合族的共同体，族中的子弟共同教养，老人则共同抚养，青年人婚嫁由族中经办，族中共同承担赋役。“聚和”之名无疑即来自颜山农之“萃和”，何心隐为山农弟子，他把山农的萃和会进一步从教育推广到经济，以实现“齐家”的理想，黄宗羲甚至把何心隐的“聚和堂”直接错写为“萃和堂”：

①《颜钧集》，中国社会科学出版社 1996 年，第 23—24 页。

"谓大学先齐家,乃构萃和堂以合族,身理一族之政,冠婚丧祭赋役,一切通其有无,行之有成。"①萃即聚也,由《何心隐集》可知,心隐所建实为聚和堂,即发山农萃和之意,和即协和,心隐之行必由山农之例而起。但何心隐所立,不仅有合族的教化活动,更有合族的经济生活,以达到一种教养合一的理想共同体。

由上可知,颜、何一派的化俗和族的道德实践,不仅不反名教,而且是把当时正统的道德要求落实于基层生活,颜山农集中"箴言六章",自注"阐发圣谕六条",完全是把朱元璋的六条圣谕用通俗诗歌的形式加以发挥,意在使其深入民间,落实基层。他还作有"劝忠歌""劝孝歌""勉世诗"以及"歌修省""歌修齐""歌安业""歌乐学"等,与明代蒙学和儒家的"基层化""生活化"的潮流完全一致。又如韩贞,耿定向《陶人传》称他夫妇"毅然以倡道化俗为任,无问工、贾、佣、隶,咸从之游,随机因质诱诲之,化而善良者以千数"。因他翊赞王化成效显著,县令特嘉赏米、金,他致书谢曰:

> 侬,窭人也,无能辅左右,第凡与侬居者,幸无讼谍烦公府,此侬所以报明府也。②

韩贞的理想是"人人知孝知弟""政平讼息"③,他的活动与主流社会的价值和要求是一致的。

颜山农的劝善歌及阐发太祖圣谕的诗歌,韩贞致力于乡里"无讼谍烦官府"的活动,都显示出与明中后期"世俗儒家伦理"(如蒙学、社学)的一致性。在这些方面,他们不仅不是反名教的,反而是更为

---

①《明儒学案》卷三十二。

②《陶人传》,《颜钧集》,第188页。

③《颜钧集》,第204页。

保守的。

与王艮一样,颜山农比起一般王学之士在知识分子间辩论良知学的精微处不同,他们受“万物一体”观念的影响,有一种内在的迫切和冲动,把儒家观念落实到民间生活中,化人心,成风俗。山农著名的“急救心火”文便是一个例子。他在泰州门下学习一年,在嘉靖十九年庚子秋试时急急忙忙赶回江西,在南昌城公榜讲演,救人心火,会集千百五人,罗汝芳也是这一次被吸引到他门下的。而《急救心火榜文》显示,山农为“翊赞王化,倡明圣学”,专救人心种种汩没。所谓心火,即种种私欲,他明确指出:“多士能如是交攻异端,则皆心合道同,百虑惟一,万举顺适者也。又孰有作风波于世上,而外于混沌庞淳之善俗者也!”①还指出:“孔孟中和位育之化,复睹今日者也,岂曰小关浅系云尔耶!”②泰州学派的这种急切的救世心态,以及面向社会大众的实践形式,都与江右、浙中的士大夫王学有重大的区别。

三、神秘体验的特色

王阳明学派中,有过神秘体验的人甚多,这与朱熹学派完全不同,颜山农的为学经历可以说完全是基于静坐基础上的神秘体验。

颜山农《明羑八卦引》中说:

> 年既廿五,仲兄钥以德著廪庠,举入白鹿洞,所传阳明致良知之学,手抄《传习录》,归示男子。男子诵味至“精神心思,凝聚融结,如猫捕鼠,如鸡覆卵”四语,遂自醉心启,津津溯穷,屏息耳目形躯之用,静坐七日夜,凝翕隐功,专致竭思,一旦豁然,心

①《颜钧集》,第2页。

②同上书,第3页。

> 性仁智皎如也。①

他在《自传》中将“一旦豁然”的体验叙述得更为清楚：

> 得兄钥笔，传道祖阳明阐揭良知、引掖人心四语，曰“精神心思，凝聚融结，如猫捕鼠，如鸡覆卵”。匹夫喜激丹灵，即俯首澄虑，瞑目兀坐，闭关七日，若自囚，神智顿觉，中心孔昭，豁达洞开，天机先见，灵聪焕发，智巧有决沛江河之势，形气如左右逢源之□（机）。②

颜钧之兄颜钥所传阳明四句话，实出于《示弟立志说》，故四句话不见于今传各本《传习录》。但旧本《示弟立志说》载在《传习录》中，谢氏《阳明全书》编定后始置其说于《文录》。又，在《文录》中四句次序与颜山农所说略异，作“如猫捕鼠，如鸡覆卵，精神心思，凝聚融结”，且其原意亦与山农理解有异。阳明原文称：

> 是以君子之学，无时无处而不以立志为事。正目而视之，无他见也；倾耳而听之，无他闻也。如猫捕鼠，如鸡覆卵，精神心思，凝聚融结，而不复知有其他。然后此志常立，神气精明，义理昭著，一有私欲，即便知觉，自然容住不得矣。③

可见阳明强调的是立志要心思专一，并未要人静坐或闭关。而颜山农得此四句，以为妙诀，于是专一静坐，七日闭关，屏去思虑，瞑目兀

---

①《颜钧集》，第11—12页。
②同上书，第23—24页。
③《示弟立志说》，《王文成公全书》，中华书局2015年，第316页。

坐，七天后突然“神智顿觉”“灵聪焕发”，不仅智思被激发而成源泉不舍、取之不竭的涌流，仁性也皎然彰显。

山农在另一处将其体验叙述得淋漓尽致：

> 二十四岁，际兄钥廪员在学，宗主以孝行取入白鹿洞听讲，道祖阳明大倡良知之学，随抄示弟立志说四句，曰“精神心思，凝聚融结，如猫捕鼠，如鸡覆卵”。农见触心，即晚如旨，垂头澄思，闭关默坐，竟至七日七夜，衷心喜悦，忘食忘寝，如此专致，不忍放散其胸次，结聚洞快也。又逼激三日后，化为臭汗，滋流皮肤毛孔中，出体如洗。洗后襟次焕然豁达，孔昭显明，如化日悬中天，如龙泉趵江海。自心而言，即平日偃埋在百丈深坑中，今朝俄顷升入天堂上。然自身而言，即胎生三月不识不知之肫仁，竟被父母溺爱，不明引发其知识、喜好、情欲；及长大也，久被父母师友俗尚记读见闻，恰似捆绑在囚炕上，今朝倏然脱落出监，舞蹈轻爽。然如此身心之如如，如此复生之肫肫，如此明哲之灵聪，如此闭关之自得，恰似时饮醉心酒，常餐无米饭；双瞳炯炯，察于日月之悬照；天机发动，察于四时之不忒；立己达人，察于甘露之时布。如此森森不已，如此鼓动睟盎，自善底豫，既翕宜家教国风天下之来归同仁道也；将适达乎四书六经之阃奥，若不啻乎视掌之清明；或提笔扮文，如江河水流之沛决；或欲进取科第，又谁得选驳于其间哉！若欲出世有为也，即如夫子司寇三月，同运今天下犹鲁国之大治。①

我曾经把儒学传统中的神秘体验概括为六种特征，即 1. 自我与万物为一体；2. 宇宙与心灵合一，或宇宙万物皆在心中；3. 所谓心体（纯粹

①《颜钧集》，第 33 页。

意识)的呈现;4. 一切差别感的消失,对时间、空间的超越感;5. 突发的顿悟;6. 高度的兴奋、愉悦,及强烈的心灵震撼与生理反应(通体汗流)①。这六种基本特征是就宋明儒学的总体而加以概括的,并不意味每一个儒者的神秘体验都同时具有六种特征。从颜山农的个案经历来看,他也是属于"归寂以通感"的形式和"内向的神秘体验",合于3、4、5、6所标示的特征②。

但与我们一般了解的明代心学的神秘体验有所不同的是,在颜山农的叙述中,特别着重于心之用,而不是心之体,明儒如陈白沙之体验为"心体呈露",聂双江体验亦为"闲之静极忽见此心真体",王心斋梦中证悟而"汗溢如雨,心体洞彻"。明儒杨时乔曾将当时神秘体验的路径大体归为"血气凝聚""虚灵生慧""洞彻本真"。聂双江曾描述为"归寂以通感,执体以应用"。从山农的叙述来看,他的所得更多是智慧的开发,而不是心体的境界,他强调的是"天机先见、灵聪焕发""神智顿觉""孔昭显明",强调的是神智的不尽的根源可顿时获得开发,滚滚而来,用之于风俗,便能宜家宜国;用之于读书,便能登圣人之奥;用之于作文,即能流水成章;用之于科举,便能当下登第;用之于用世,便能治国平天下。因而颜山农更强调由神秘经验入手,"执体以应用",而不是停止于"归寂以通感"的心理境界的满足。所以,颜山农在悟道之后即孝侍寡母,兴办萃和会,自谓"三月底豫,家乡萃和,直若孔子入鲁大治也"③。

---

①参看《有无之境》附录论儒学神秘主义之文。

②罗汝芳叙山农之悟曰:"忽胸中凝思七日夜,即心孔豁然内通,灿然灵光,如抱红日。"(《颜钧集》,第44页)曾守约则述山农之学曰:"触阳明凝神融结之旨而拳拳服膺,俄自觉坚如石,黑如墨,白气贯顶而纷然汗下,至七日恍若有得。"(同上书,第79页)但此二说皆非山农自述。

③《颜钧集》,第37页。

四、七日来复的工夫

颜山农个人悟道是由“七日闭关”引发,他也以此为教人之法。他说:“竟遂甘心信用此生,钻研己心,直通融活,引翼海宇人豪,果皆七日三月同然。其知之好之乐之,恶可已也!”①

颜山农静坐开悟后,证之经典,认为此种方法就是《周易》所说“七日来复,利有攸往”,而一旦豁然顿觉,就是《论语》“一日克复,天下归仁”(颜山农将《论语》语约括为此八字)。他还认为,七日闭关凝神澄思,即是《易》乾卦所谓“潜”(龙勿用),一旦豁然顿觉,即是“见”(龙在田),因此,这种工夫是完全合于儒家经典指示的。

基于此种认识,他在《耕樵问答》中特辟“七日闭关法”一节,特别指出,“直呈易见易取之方,仰辅二难君子以快志,莫厌异诞,实农心造历险,四方人豪洞自乐取者也”,说此是简易之学,不要视为怪异。又说“此段消息自尼父破荒创此口诀,至今二千年余并未有一毫领会”,强调此法“作用甚异于近代之强记者、讲解者、习文艺者”。

在《七日闭关法》中,他叙述此法:

> 忽觉夫子教颜渊曰“一日克复,天下归仁”,印证“七日来复,利有攸往”之决心,即是敦敦打坐,默默无语,缚目不开,塞耳不听,两手擒拿,两足盘旋,回思内省,肫肫凝结,自己精神,融成一片,胸次抑郁,若醉懵愁苦,不可自解以放松。如此忍耐一日二日,不上三日,即自顿冲然,潜伏孔昭之灵洞开,焕发启明,如东日之出见,如龙泉之滚趵。自心而言,若平日偃埋在百丈深坑

①《颜钧集》,第34页。

> 中，今日俄顷自能升入天堂上。①

他认为世间人人都具有潜在的灵觉，但自幼被家庭社会诱导，使得欲念、知识将本有灵觉侵染不明，唯有经过“七日闭关法”的凝结内省，才能洞然启发，使本有的灵觉智慧开发无遗，作用不已。

他在另一篇《七日闭关开心孔昭》中对此种开心的工夫作了详细的指点：

> 于闭关七日之前曰：凡有志者，欲求此设武功，或二日夜，或三日夜，必须择扫楼居一所，摊铺联榻，然后督置愿坐几人，各就榻上正坐，无纵偏倚，任我指点：收拾各人身子，以绢缚两目，昼夜不开；绵塞两耳，不纵外听；紧闭唇齿，不出一言；擎拳两手，不动一指；趺跏两足，不纵伸缩；直耸肩背，不肆堕慢；垂头若寻，回光内照。如此各各自加严束，此之谓闭关。
>
> 夫然后又从而引发各各内照之功，将鼻中吸收满口阳气，津液漱噀咽吞，直送下灌丹田，自运旋滚几转，即又吸噀津液，如样吞灌，百千轮转不停，二日三日，不自已已。如此自竭辛力作为，虽有汗流如洗，不许吩咐展拭；或至骨节疼痛，不许欠伸喘息。各各如此，忍挨咽吞，不能堪用，方许告知，解此缠缚，倒身鼾睡，任意自醒，或至沉睡，竟日夜尤好。醒后不许开口言笑，任意长卧七日，听我时到各人耳边密语安置，曰：各人此时此段精神，正叫清明在躬，形爽气顺，皆尔连日苦辛中得来，即是道体黜聪，脱胎换骨景象。须自辗转，一意内顾深用，滋味精神，默识天性，造次不违不乱，必尽七日之静卧，无思无虑，如不识，如不知，如三月之运用，不忍轻自散涣。如此安恬周保，七日后方许起身，梳

①《颜钧集》，第54页。

> 洗衣冠，礼拜天地、皇上、父母、孔孟、师尊之生育传教，直犹再造此生。……故曰：三月成功，翕通心性之孔昭；七日卧味，透活精神常丽躬；三月转教，全活满腔之运，即《大学》之切磋琢磨，洞获瑟僩喧赫者也。①

这里对《七日闭关法》中的“缚目”“塞耳”“打坐”作了更详细的指点，从其论述来看，与我们今天所了解的、流行的气功修习方法是一致的，与修“禅七”的方法程序亦相通，唯“长卧七日”法似稍特殊。其静坐法强调缚目、塞听、闭言、盘足、直背、津漱、吞灌等“身”法，而贯之以竭思澄虑、结聚精神的“心”法，如此坚忍耐持，三日之内，便可收到“自顿冲然，潜伏孔昭之灵洞开”的效果。他在另一处也曾这样叙述其功法之效：“志气硬如铁，精神活如水，身子软如绵，双瞳炯炯，察于日月之并临；枢机发动，察于四时之不忒；立达己人，察于霖雨之时布。遂亦七日来复，利有攸往，三年有成，如孔显设。”②

五、民间宗教的性格

这里所说的“民间宗教的性格”不仅可以理解为“民间宗教的”，也可分解地从“民间的”和“宗教的”角度加以刻画。

1. 话语与文体

《颜钧集》的一个明显特色是，与当时流行的理学家文集、语录不同，颜集中有大量歌、词。卷七载歌十九首，平易通俗，充满民间色彩，如劝孝歌中“儿行十里程，母心千里逐。一要得好妻，鱼水情和睦。看母面如土，观妻颜如玉。母若责一言，会嗔怒双目。妻若骂百

①《颜钧集》，第 38 页。

②同上书，第 17 页。

句,陪笑不为辱”。其旅词:“旅馆冰霜,灯节辉煌,道人拨炉,好一点火热心肠,开口无人共商量”,“富贵由天定,执鞭空自忙,把良辰美景磋荡,不尚友羲皇世界,且睡一场”,“到这里方才是个覆载持帱文宣王,那说着�阳梦里张子房”。其答引王本泉唱词“直凌百千万个岁贡、状元、榜眼、探花郎,曾谁羡着此日此时,春秋胙肉祭酒,醉饱几场!”这一类文体,近于词调中的引,或散曲的风格,但无牌调,比较随意。这种文体在阳明、龙溪集绝不可见,明显是贴近民间的风格,颜山农集中形式与内容所合成的话语,明显地是非中心、非主流、非上层、非精英、非正统理学的话语,与士大夫王学的面貌有相当大的距离。

2. 反智主义

在一般意义上,虽然王学反对朱学对经典的繁复注解和训诂,但这种排斥有一定的限度。王阳明本人也还是有《大学》的旁注之作,在王门各派的知识人中也常常讨论经典中的问题。

但颜山农及其弟子韩贞对此甚不满意,像颜山农,对《大学》《中庸》的解释极为随意,将“大”“学”“中”“庸”四字反复组合,任意发挥。据贺贻孙《颜山农先生传》称:

> 先生机辨响疾,双目炯炯,问难四起,出片语立解。往往于眉睫间得人,玄悟稍迟钝即诟詈,众相顾错愕,先生自若也。尝与诸大儒论天命之性,众方聚识,先生但舞蹈而出。①

他与诸儒论学时,见诸儒讨论天命之性之义,即不耐烦,离席而去,这表示他对辨析理义甚为反感。在这一点上韩贞亦然:

①《颜钧集》,第83页。

> 先生尝与诸名公讲学，或有谈及别务者，先生辄大怒曰："光阴有几，及说此闲泛之语！"又有引经相辩者，先生则又大怒曰："舍却目前不理会，乃搬弄此陈言，岂学究讲肆耶！"诸公咸为之悚。①

韩贞把讨论经义说成搬弄陈言，对"学究讲肆"表示不屑，都带有一种反智主义的倾向，与颜山农是一致的。

3. 民间宗教的色彩

颜山农是否与当时民间宗教有关联，现有材料尚不能十分确定，特别是他与当时民间流行的道教是否有关联，仍需研究。

从七日闭关法来看，应当不是山农独创，因此，他从阳明示弟四句立转到静坐闭关，必定是习过静坐法，也许早年曾受道教影响，亦未可知。他在集中诸文屡称王阳明为"道祖"，完全不是理学家的本色，而染着一种宗教或传道的色彩。他在《道坛志规》中设讲坛为"道坛"，说"奈何道教未明，道怀未开"，其中的"道教""道怀"都不像是由传统的"道学"而来，而有着民间宗教的影响。

颜山农讲学的另一特点是始终带有一种教主的自信，他一贯把自己比作孔子，这在士大夫理学中很难想象。他自己申明"敢曰'不俦宣尼忍自己'，复曰'不续杏坛肯甘死'"，说"杏坛也，邱隅也，创始自孔子，继袭为山农"，"不是宣尼不敢俦"。此外，颜山农强烈的救世心态，处处显露着一种救世主式的自我膨胀，他与其师王艮一样，都有着士大夫理学所不能有的风格，这使他们的游学活动带有几分民间宗教的色彩。

4. 危言危行

颜山农一派的学问和活动，将阳明学本有的"狂者"的一面加以

①《颜钧集》，第206页。

膨胀,他在初次静坐悟道后曾遍访吉安一带阳明门人,以求印证:

> 颇觉亲朋笑拟,非平日拘检人也。吉郡凡及明翁门者,莫不遍证所传之次,而皆不识男子所诣,且恣疑叹:"士之狂简,恐不类此。"①

一时阳明门人都不认可他的所得,认为他的"狂妄"已非阳明学"点也虽狂得我情"的胸次,他的"非平日拘检"的行为方式也不是阳明学无入而不自得的气象。

颜山农也承认他自己的活动常被人视为"危言危行",如说:

> 流讲南北东西,启迪智愚,皇皇如饥渴,亹亹恣翊扬天下,信与大半鼓跃。岂期睽类蜂生疑憎,或忌妨己,潜滋妒害男子,罔罔危言危行,过满天下,杯蛇成窝,合并及门。②

他在《七日闭关开心孔昭》中也说,静坐悟道后,家乡萃和,又遇师授传活机:

> 据此蒸蒸操炼方向三十年,岂知危言危行,招开匡桓,锻熟南狱。③

李贽曾作《何心隐论》,也说当时人以何心隐为"独往独来""危言危

①《颜钧集》,第12页。
②同上。
③同上书,第37—38页。

行”①。颜山农也承认:“(学颜)与友梁汝元(何心隐),洋洋帝里,几近或跃在渊之臣道,惜未能手牖约要己,罔者骇疑为邪淫。”②这是说程学颜与何心隐在北京的行止未能免乎他人的骇疑。至于山农自己,罗汝芳也证实:“间有闻其名而未亲见者,或骇以为狂悖不经,遂致罹居枉狱。”③

何心隐被执,死于狱中。颜山农下狱两年,后因罗汝芳救助,始得出狱。从颜、何文集来看,颜何的思想主张,并未逾越名教的藩篱。黄宗羲所说“传至颜山农、何心隐一派,遂复非名教之所能羁络矣”,其实其中的“名教”二字并不能像通常理解的、当时通行的道德原则和价值体系,也不能因此而视颜何为反封建的平民的政治抗议。事实上,若根据历史材料而体味黄宗羲的话,可以说,他在这里所说的“名教”实是指士大夫儒学的思想、行为方式,他的话正是代表正统儒家士大夫对于世俗民间儒者的排斥。当然,一般而言,儒家士大夫不仅不会排斥民间儒者,还会鼓励、表彰他们的教化活动,但当世俗的民间儒者的活动有巨大影响时,士大夫就难免产生忧虑,唯恐世人将世俗化的、怪异的、鼓动性强的民间儒学当成儒学的正统,这里便体现出精英儒学与世俗的民间儒者在价值取向上的一些差异,所以,时人论韩贞说:

> 然先生所为,大都于世法不合,且以一布衣处陇亩间,故人多不乐传。④

①《焚书》卷三。
②《颜钧集》,第 23 页。
③同上书,第 44 页。
④同上书,第 195 页。

又说颜山农：

> 先生当时以布衣主盟坛坫，倾动天下，得名太高，故招忌太甚，卒之及身，不免于蒙难。①

这些都指出他们“布衣”的民间身份，而获得“倾动天下”的声名和影响，招致士大夫的不安。因为颜何一派的学术与活动，的确不受士大夫儒学自律规则的限制。颜山农的例子，在一定程度上显示出精英文化与民间文化的紧张，以及士大夫儒学的话语—权力对民间活动家的排斥和挤压。

六、体仁说与放心说

《颜山农先生遗集》为研究颜山农的思想及活动提供了最基础的材料。但是，对颜山农的研究与评价亦不能完全限于该集所收材料，该集并未收录颜山农全部思想资料。如《明儒学案》所引山农寄周怡诗，即不见于《遗集》。

《泰州学案》绪言：

> 颜钧，字山农，吉安人也。尝师事刘师泉，无所得，乃从徐波石学，得泰州之传。其学以人心妙万物而不测者也。性如明珠，原无尘染，有何睹闻？著何戒惧？平时只是率性所行，纯任自然，便谓之道。及时有放逸，然后戒慎恐惧以修之。凡儒先见闻，道理格式，皆足以障道。此大旨也。

①《颜钧集》，第96页。

从“其学”到“此大旨也”一段是综论颜钧思想的基本宗旨，但这一段表述，证之于《颜山农先生遗集》，不见其依据所在。黄宗羲所说，颇合于王心斋之说，而不见于颜钧文字，何以如此，不得而知。

在颜钧《遗集》出版以前，治理学史的学者已熟知他有“急救心火”一文，但皆未晓见其文，这是因为《明儒学案》及罗汝芳集中只是简略提及。此次颜山农《遗集》首篇即《急救心火榜文》，对治理学史的学者来说自是一个满足。

但急救心火文与今存传序之文所说似有未尽合处。如何属乾《颜山农先生遗集旧序》：

> 因读其遗稿，大略无剿说而多创谈。以急救心火为讲学第一题目，若曰：“秦火之焰，虽焚经而经存；心火之焰，不焚经而经亡。”更谓：“孟氏放心之旨，乃将名利之心，一切放落，犹良医慰病者曰：‘汝放心，霍然起矣。’”此皆先生独创之谈也。①

此序中所说遗稿中的创谈，所论急救心火之论，既不见于《急救心火榜文》，也不见于《遗集》其他各卷，何属乾《又尚集乡贤传》也说：“盱江罗近溪夫子，以师事之，与论孟子放心之义云：‘将名利之心，一切放下’，近溪若得闻所未闻。”②照这里的说法，所谓“名利之心，一切放下”是山农与近溪（罗汝芳）论孟子之说，应是急救心火时向近溪所言。

山农救近溪心火，其事载于《明儒学案》，学者多由学案而知此事：

---

①《颜钧集》，第92页。

②同上书，第84页。

> 罗汝芳字惟德,号近溪,江西南城人。……少读薛文清语,谓“万起万灭之私,乱吾心久矣,今当一切决去,以全吾澄然湛然之体”。决志行之,闭关临田寺,置水镜几上,对之默坐,使心与水镜无二。久之而病心火。偶过僧寺,见有榜急救心火者,以为名医,访之,则聚而讲学者也。先生从众中听良久,喜曰:“此真能救我心火。”问之,为颜山农。山农者名钧,吉安人也,得泰州心斋之传。先生自述其不动心于生死得失之故,山农曰:“是制欲,非体仁也。”先生曰:“克去己私,复还天理,非制欲,安能体仁?”山农曰:“子不观孟子之论四端乎?‘知皆扩而充之,若火之始然,泉之始达’,如此体仁,何等直截!故子患当下日用而不知,忽妄疑天性生生之或息也。”先生时如大梦得醒,明日五鼓,即往纳拜称弟子,尽受其学。山农谓先生曰:“此后病当自愈,举业当自工,科第当自致,不然者,非吾弟子也。”已而先生病果愈。

《明儒学案》所叙本于罗近溪集,如《盱坛直诠》所附行实略。唯据行实略所载,汝芳自辛卯(嘉靖十年)得薛文清(瑄)粹言,次年壬辰闭关临田寺得病,后曾读《传习录》而病愈,至庚子(嘉靖十九年)始在南昌听颜山农讲学,中间颇有些曲折,并非如学案所叙之直截。

颜山农的“制欲非体仁”说,无论从哪个方面来说,在理学史上都有很高的地位,的确显示出山农理学不凡的水平,而此说却不见载于颜山农《遗集》,《遗集》中也甚少能达到“体仁”说水平的论述。但学案所撮录急救心火一段,仍未录“放心”之说。

贺贻孙《颜山农先生传》附于《遗集》卷末,其中载山农与近溪论“放心”一节稍详:

> 始罗(汝芳)为诸生,慕道极笃,以习静婴病,遇先生(山农)在豫章,往谒之。先生一见即斥曰:“子死矣,子有一物据子心,

> 为大病,除之益甚,幸遇吾,尚可活也。”罗公曰:“弟子习澄湛数年,每日取明镜止水,相对无二,今于死生得失不复动念矣。”先生复斥曰:“是乃子之所以大病也,子所为者,乃制欲,非体仁也。欲之病在肢体,制欲之病乃在心矣。心病不治,死矣。子不闻‘放心’之说乎?人有沉疴者,心怔怔焉,求秦越人决脉,既诊,曰:‘放心,尔无事矣。’其人素信越人之神也,闻言不待针砭而病霍然。已,有负官帑千金者入狱,遽甚。其子忽自商持千金归,示父曰:‘千金在,可放心矣。’父信其子之有千金,虽荷校负铰铛,不觉其身之轻也。夫人心有所系则不得放,有所系而强解之又不得放,夫何故?见不足以破之也。蛇师不畏蛇,信咒术足以避蛇也。幻师不畏水火,信幻术足避水火也。子惟不敢自信其心,则心不放矣。不能自见其心,则不敢自信而心不放矣。孔子曰‘朝闻道,夕死可矣’,放心之谓也。孟子曰:‘学问之道无他,求其放心而已矣。’但放心则萧然若无事人矣。观子之心,其有不自信者耶?其有不得放者耶?子如放心,则火然而泉达矣。体仁之妙,即在放心。初未尝有病子者,又安得以死子者耶?”罗公跃然,如脱缰锁,病遂愈。①

罗汝芳闭关静坐,求心如止水的安定境界,而且对生死大事已不复动心。但颜山农指出,这种以“制欲”为途径的方法是消极的,不仅是消极的,用“定”来约束、控制心的结果还会造成心理的失调(心火)。孟子本来是讲“收放心”,即将放溺的心收回内省,而颜山农却提倡“放心”,即把心中所执着的心念去除掉,使心得到解放和自由,认为这才是积极的方法。

“体仁”还意味着开发、扩充本有的仁心。贺传所载重在“放

①《颜钧集》,第82—83页。

心”,《明儒学案》所载强调“体仁”。根据后者我们还可推测,罗汝芳“尽受其学”应当包括接受了山农的“七日闭关法”。从“山农谓先生曰:此后举业当自工,科第当自致”来看,明显与《七日闭关法》所说“如此满足七日之闭关”之后即能“如此适达四书六注如视掌,如此提笔扐文犹江水流之沛决,如此进科第不啻运指以折枝”如出一辙,《履历》中记其七日闭关法中亦有此说,都是说经过七日闭关法,人的内在智慧得到根本开发,无往而不成。罗汝芳可能受山农闭关法之传,还可以颜山农为罗所作《著回何敢死事》作为参证:“遇耕樵(即山农)衍讲同仁急救心火,芳听受二十日夜,言下悟领旨味,鼓跃精神,归学三月,果获豁然醒,如几不可遏者。”①颜山农在南昌同仁祠张榜集众,急救世人心火,罗汝芳在此期间竟听受“二十日夜”,不可能不涉及七日法。归后继学,豁然醒悟,几不可遏,都是颜山农七日来复及效验的特征,如前所述,七日闭关法的根本特色就是把本有的灵聪开发为涌动不已的精神动源。

由此亦可知,颜之闭关静坐与罗汝芳在临田寺之闭关,虽同名为闭关,但其实不同。其根本差异在于罗是以心对水镜,使心可以渐渐平静,将心念控制调整在安定的状态,其本质为“制欲”(即制念)。而颜是将心困遏至极,求其猛然豁发,开发内在的神几,其本质为“体仁”。这种差别在一定程度上正是在《定性书》中所表现的张载“规规于外诱之除”以求定,与程颢以“廓然大公”实现仁者的境界两者之间的差别。颜山农与程明道的不同在于,两者虽同样反对外在的制约,但颜山农所主张的更为积极用世,更显示出一种心智在根本开发后所达到的不可遏止的救世的迫切,与士大夫儒学的内在平和仍有不同。

总之,颜山农集的发现和出版,使我们能重新反思 20 世纪 60 年

①《颜钧集》,第 43 页。

代以前基于“平民的政治抗议”的模式对泰州学派的认识，进而从世俗儒家伦理、民间宗教等方面认识泰州学派之下颜何派的性格，并从精英文化与民间文化的紧张中了解正统王学对颜何派排斥的某些理由。

写于1998年4月

（原载《中国传统哲学新论——朱伯崑教授七十五寿诞纪念文集》，九州图书出版社1998年版）

何心隐的社会活动与思想特质

国人有关何心隐生平的研究,至今仍不得不推容肇祖早年所著《何心隐及其思想》一文最为详尽。1936 年他在《大公报》史地周刊发表《何心隐冤死事考》,次年他又写了《何心隐及其思想》①。1959 年容肇祖整理的《何心隐集》由中华书局出版,容肇祖在该集序中说,"一九三六年我从伦明先生处借钞(《爨桐集》)","当时,何子培先生又钞给我了一部《梁夫山遗集》"。可知,他应当是在得到这两部集子之后,对冤死事考文又加充实之功,写出了论何心隐及其思想的长文。不过,虽然此文甚长,但论述仍集中在何心隐一生事迹的考述,对思想论及不多。后来容肇祖出版《明代思想史》,其中的何心隐部分基本没有超出这篇长文。何心隐的思想,在侯外庐主编的《中国思想通史》四卷下中始得到较详细的陈述。由于何心隐思想的哲学性论述较同时期思想家为少,所以在一般哲学史研究中得到的关注也较少。从这一点上,也可看出哲学史与思想史的研究侧重确实有所不同。

何心隐的姓名,他自己说得很清楚:"窃以梁汝元即何心隐也。

---

①《容肇祖集》前言:"我在天津《大公报》的史地周刊发表《何心隐冤死事考》一文,论述其冤死之故,伦明先生借给我何心隐《爨桐集》,何子培先生慨然寄我《梁夫山遗集》,我因得述其人的思想。"《何心隐及其思想》写于 1937 年 4 月,发表在《辅仁学志》第六卷一、二合期。何子培作有《明儒梁夫山先生年谱》,载《中法大学月刊》5 卷 5 期,1934 年 10 月。

自庚申前则在学姓名，乃梁其姓而汝元其名也。自庚申后则游学名号，乃何其姓而心隐其号也。夫以何易梁姓，而以心隐易汝元名者，一则避已故严相之肆毒，一则便四方交游之称谓也。”①其实，他始终自称“元”或“汝元”，史学研究自应用其本名梁汝元，更为适当。但长期以来，何心隐之名已经成为使用习惯，也就很难返回了。

众所周知，关于何心隐及其所属的泰州后学的思想性格，黄宗羲在《明儒学案》中特别对泰州学派及其中的“颜何一派”提出了著名的批评：

> 阳明先生之学，有泰州、龙溪而风行天下，亦因泰州、龙溪而渐失其传。泰州、龙溪时时不满其师说，益启瞿昙之秘而归之师，盖跻阳明而为禅矣。然龙溪之后，力量无过于龙溪者，又得江右为之救正，故不至十分决裂。泰州之后，其人多能以赤手搏龙蛇，传至颜山农、何心隐一派，遂复非名教之所能羁络矣。②

这种“冲决名教”式的描述和批评曾引起近代左派学者的极大兴趣，以致不仅把颜山农、何心隐，更把整个泰州学派的思想活动视为反封建名教的平民抗议，对其大加表扬。如侯外庐主编的《中国思想通史》便认为何心隐“仇视封建的社会制度”，他的思想是“反抗封建主义的‘妖逆’思想”，颜何一派“是封建统治的对立面，确是进行了反对封建统治阶级的斗争”③。

①《上南安陈太府书》，《何心隐集》，中华书局 1981 年，第 95 页。

②《明儒学案》下册，中华书局 1986 年，第 703 页。

③侯外庐主编：《中国思想通史》第四卷下，人民出版社 1980 年，第 1009—1012 页。

同时期日本学者的研究结论也大体与中国相近①。然而，由于长期以来颜山农的著作未见于世，使得这些评述至少从历史资料上看是不完整的。20世纪90年代《颜钧集》的出版，才使颜何一派的真相较完整地显露出来。在《颜钧集》出版后，我即对颜山农的著作做过研究，且指出：

> 从颜、何文集来看，颜、何的主张，并未逾越名教的藩篱。黄宗羲所说'传至颜山农、何心隐一派，遂复非名教之所能羁络矣'，其实其中的名教二字并不能像通常理解的是指当时通行的道德原则和价值体系，也不能因此而视颜、何为反封建的平民的政治抗议。事实上，若根据历史材料而体味黄宗羲的话，那么可以说，他在这里所说的名教实是指士大夫儒学的思想和行为方式，他的话正是代表正统儒家士大夫对于世俗民间儒者的排斥。②

由于有了《颜钧集》的发现，我们可以更完整地了解颜何一派思想和实践的本来性格。本文即是在笔者对颜钧研究的基础上，回过头来重读《何心隐集》，以求相互印证，并试图纠正黄宗羲以来对何心隐及其思想的不当诠释。

一、何心隐的遭遇

黄宗羲在上引批评颜何冲决名教的话之后接着说：

---

①代表者如森纪子的《何心隐论》，载《史林》60卷5号，1977年9月。此文认为何心隐是注重反权力的行动和摆脱名教的思想家，反映了商品经济活跃背景下的思想变化。

②陈来：《颜山农思想的特色》，《中国传统哲学新论》，九州图书出版社1999年，第370页。

> 顾端文曰:“心隐辈坐在利欲胶漆盆中,所以能鼓动得人,只缘他一种聪明,亦自有不可到处。”羲以为非其聪明,正其学术也。所谓祖师禅者,以作用见性。诸公掀翻天地,前不见有古人,后不见有来者。释氏一棒一喝,当机横行,放下拄杖,便如愚人一般。诸公赤身担当,无有放下时节,故其害如是。今之言诸公者,大概本弇州之《国朝丛记》,弇州盖因当时爰书节略之,岂可为信?羲考其派下之著者,列于下方。①

黄宗羲所引顾宪成的话,见于《小心斋札记》卷十四②。黄宗羲明确指出王世贞的《国朝丛记》本于当时审案的司法文书,不尽可靠,但他对泰州学派的描述显然也受了王世贞《弇州史料后集》记述的影响。“掀翻天地”的说法同样很容易被理解为冲决名教的反主流文化的活动。黄宗羲还认为,禅宗的棒喝虽然突破常规,但禅宗能够“放下”,归于平常;而颜何诸人则不能“放下”,一贯任意放肆,“无有放下时节”,所以比禅宗更为有害。

《明儒学案》所叙述的何心隐传记如下:

> 梁汝元字夫山,其后改姓名为何心隐,吉州永丰人。少补诸生,从学于山农,与闻心斋立本之旨。时吉州三四大老,方以学显,心隐恃其知见,辄狎侮之。谓《大学》先齐家,乃构萃和堂以

①《泰州学案》绪言,《明儒学案》,第703页。

②“何心隐辈,坐在利欲胶漆盆中,所以能鼓动人者,缘他一种聪明,亦自有不可到处。耿司农择家僮四人,每人授二百金,令其生殖,内一人从心隐问计,心隐授以六字曰:‘一分买,一分卖。’又益以四字曰:‘顿买零卖。’其人用之起家,至数万。试思两言,至平至易,至巧妙,以此处天下事,可迎刃而解。假令其心术正,固是有用才也。”(《小心斋札记》,引自《明儒学案》,第1389页。)其实心隐此说只是治生之常,世俗智慧,不可即谓坐在利欲盆中。

> 合族,身理一族之政,冠婚丧祭赋役,一切通其有无,行之有成。会邑令有赋外之征,心隐贻书以诮之,令怒,诬之当道,下狱中。孝感程后台在胡总制幕府,檄江抚出之。总制得心隐,语人曰:“斯人无所用,在左右能令人神王耳。”①

黄宗羲记何心隐建萃和堂,这明显是把何心隐的聚和堂错写成颜山农的萃和堂了。他说何心隐是从学颜山农而与闻王心斋的“立本”之旨,这一点与别的传记也有差异。如邹元标的《梁夫山传》,其中言:

> 梁夫山讳汝元,字柱乾,而何心隐其更号也。少补弟子员,治壁经。幼时颖异拔群,潜心经史,辄以远大自期,凡耳而目之,皆知其为伟器也。嘉靖丙午,督学蔡公拔首冠郡。时本邑右渠张公勉学署邑,校士,得公卷,抚掌叹曰:“天下奇才。”
>
> 由是远迩知名。及闻王心斋先生良知之学,竟芥视子衿,乃慨然曰:“道在兹矣。”遂师颜山农,即以继孔孟之传。②

照这个说法,何心隐是先闻心斋良知之学,后从心斋弟子颜山农问学。省志本传、县志本传、梁夫山遗集序都称何心隐“闻王心斋讲学,以道自任”。虽然何心隐是永新人,颜山农是永丰人,中间隔吉安,相距未远,但颜山农讲学并非承传心斋所说,而是讲其“急救心火”“七日来复”等。所以,邹说应近是,何心隐是听说了王心斋讲学的宗旨,为其吸引,才从心斋弟子颜山农问学的。

黄宗羲记述何心隐的传记接着说:

---

①《泰州学案》绪言,《明儒学案》,第704页。

②《何心隐集》附录,第120页。

已同后台入京师，与罗近溪、耿天台游。一日遇江陵于僧舍，江陵时为司业，心隐率尔曰："公居太学，知太学道乎？"江陵为勿闻也者，目摄之曰："尔意时时欲飞，却飞不起也。"江陵去，心隐舍然若丧，曰："夫夫也，异日必当国，当国必杀我。"心隐在京师，辟各门会馆，招来四方之士，方技杂流，无不从之。是时政由严氏，忠臣坐死者相望，卒莫能动。

有蓝道行者，以乩术幸上，心隐授以密计，侦知嵩有揭帖，乩神降语，今日当有一奸臣言事，上方迟之，而嵩揭至，上由此疑嵩。御史邹应龙因论嵩败之。然上犹不忘嵩，寻死道行于狱。心隐踉跄，南过金陵，谒何司寇。司寇者，故为江抚，脱心隐于狱者也。然而严党遂为严氏仇心隐，心隐逸去，从此踪迹不常，所游半天下。①

这是记述何心隐因从事涉及政治的活动，而发生的遭遇起伏。何心隐在京中与张居正的这一次会面，给他心理上造成很大压力，他对自己结局的预言不幸实现了。何心隐在京中交结范围甚广，这个方士蓝道行善行方术，可能与道教有关。当时这种乩术流行，皇帝亦颇为相信，不仅祸福以乩为筮，疾病以乩为医，而且政治亦以乩为问。何心隐与此辈关系密切，故利用此种方术介入倒宰相严嵩的活动中。顾宪成说有人曾从何心隐问仙，这个仙是否包括乩仙之道，他是否会行乩术，不得而知。他又被称为异人，或诬为妖人，或与此有关。唯能确定的是，何心隐由于参与倒严活动而未成功，被严党视为仇敌，从此被迫踏上游踪天下的避难之路。

但最终何心隐并没有被严党所害，而是被张居正之党所害，黄宗羲是这样记述的：

①《泰州学案》绪言，《明儒学案》，第705页。

> 江陵当国,御史傅应祯、刘台连疏攻之,皆吉安人也,江陵因仇吉安人。而心隐故尝以术去宰相,江陵不能无心动。心隐方在孝感聚徒讲学,遂令楚抚陈瑞捕之,未获而瑞去。王之垣代之,卒致之。心隐曰:"公安敢杀我?亦安能杀我?杀我者张居正也。"遂死狱中。①

前引资料中黄宗羲已经提到张居正与何心隐曾在京师僧舍见面而不和之事。这里则是张居正令湖北官员抓捕何心隐并致其死。其实,李贽对张居正与何心隐之间不睦的认识最近事实和人情:

> 何公死,不关江陵事。江陵为司业时,何公只与朋辈同往一会言耳。言虽不中,而杀之之心无有也。及何公出而独向朋辈道"此人有欲飞不得"之云,盖直不满之耳。何公闻之,遂有"此人必当国,当国必杀我"等语。则以何公平生自许太过,不意精神反为江陵所摄,于是怃然便有惧色,盖皆英雄莫肯相下之实,所谓两雄不并立于世者,此等心肠是也。自后江陵亦记不得何公,而何公终日有江陵在念。
>
> 偶攻江陵者,首吉安人,江陵遂怨吉安,日与吉安缙绅为仇。然亦未尝仇何公者,以何公不足仇也,特何公自为仇耳。何也?以何公"必为首相,必杀我"之语,已传播于吉安及四方久矣。至是欲承奉江陵者,憾无有缘,闻是,谁不甘心何公者乎?杀一布衣,本无难事,而可以取快江陵之胸腹,则又何惮而不敢为也?②

因此,一般认为,地方官员抓捕何心隐而致其死,不见得是出于张居

①《泰州学案》绪言,《明儒学案》,第706页。
②李贽:《答邓明府》,《焚书》卷一。

正的意旨，而是他们要以此事献媚于张居正。顾宪成也说“昔一时也，为江陵献媚者，杀永丰如杀鸡豕”①。这也是认为地方官员最后抓捕了何心隐，并使其杖后死于狱中，乃是为了迎合首辅张居正（江陵）对何心隐的忌恨。

张居正对何心隐的憎忌还应和何心隐对政治的某种行侠式的参与有关。据《明史纪事本末》，“八年春正月己未，先是，永丰梁汝元聚徒讲学，吉水罗巽亦与之游。汝元扬言：‘张居正专政，当入都颂言逐之。’居正微闻其语，授指有司捕治之”。《万历野获编》也说“心隐每大言，欲去江陵不难，其徒皆信之，以此媒祸”（卷八《邵芳》条）。就何心隐的性格和行事作风来看，这种因扬言、大言而致祸是很可能的。

二、聚和堂的合族乡治实践

颜山农曾在其家乡创办萃和会，何心隐在家乡所建的聚和堂，明显是受了颜山农的影响。但聚和堂与萃和会仍有异同。

颜山农先集家族中儿、媳、群孙、族众、奴婢等七百余人为讲会，宣讲“耕读正好作人”“作人先要孝悌”“起俗急修诱善”，劝人孝顺父母，和好家族，勤俭执业。经过十日宣讲，成效显著，人亲家和。于是扩大为全乡的“萃和会”，成为全乡的一种活动组织，其活动一如颜山农家族之会，每晚聚在会堂讲论，甚至聚宿，交换心得。两个月后，一乡风气大变，一派协和景象。可见，萃和会是当时江西流行的讲会的一种，与士大夫的讲会不同，属于通俗的乡会活动②。

①《怀师录题辞》，《泾皋稿》卷十三。

②陈来：《颜山农思想的特色》，《中国传统哲学新论》，九州图书出版社 1999 年，第 370 页。

何心隐建聚和堂虽然受了颜山农办萃和会的影响，但一开始，是作为“乡学”即乡里学校来建设的，这是与颜山农不同的。他的乡学建设观念是追求宗族内子弟教育的总体统一性。他说：

> 本族乡学之教，虽世有之，但各聚于私馆，栋宇卑隘……故今总聚于祠者，正欲师徒之舒畅也。况聚于上族私馆，则子弟惟知有上族之亲；聚于中族私馆，则子弟惟知有中族之亲；聚于下族私馆，则子弟惟知有下族之亲。私馆之聚，私念之所由起。故总聚于祠者，正以除子弟之私念也。且不惟可以除子弟之私念，凡为父兄者朝夕相顾，子弟亦因以相亲相爱。……故总聚于祠者，又以兴长上之亲爱也。[①]

这是说，何心隐本族之内的乡学教育早已有之，但这些学塾都各自依赖于族内某支系或某家，造成本族内各个学塾学舍规模隘小，教与学都不舒畅。更重要的是，这些学塾各依本支，不亲族内他支，无助于宗族整体内亲情的贯通。为了改变这一点，他成立聚和堂，作为“乡学总教”，即把族内各支各家的学塾取消，统一组织为一个地点设在宗祠内的宗族学堂。他认为这样施行的结果是宗族内所有子弟必将减少对本家本支的私念，他们的父兄也因此多了族内的相互往来，密切了相互之间的关系，促进了全族的相亲相爱，可以由此充分实现“合族”的功能。在何心隐看来，宗族内教育从“分”到“总”的整合，不是单纯追求教育规模的扩大，也不是仅仅从学塾教育着眼，而是寻求“合族”的伦理理想。

本来在各支各房各家，子弟到学塾受教上学，因距离不远，可中午回家吃饭，晚上回家住宿。由于宗族的地理分布较单支要广，建立

①《聚和率教谕族俚语》，《何心隐集》，第68页。

统一的宗族学堂,便需要处理居住较远学生的饮食和住宿问题。何心隐的办法是统一送饭,统一住宿,这就使聚和堂成为一所集中住宿的寄宿学堂了。他说:

> 夫教既总矣,然又各归各馔,则暑雨祁寒,子弟苦于驱驰,父兄心亦不安。故不分远近贫富,必欲总送馔,所以省驱驰,以安父兄之心也。馔既送矣,然又各归各宿,则晨出夜入,子弟袭以游荡,师长教亦不专,故不分远近长幼,必欲总宿祠者,所以防游荡,以专师长之教也。若贫者以人单力薄而有送馔之虑,是谓无远虑矣。……富者以溺爱姑息,而有宿祠之忧,是谓无大忧矣。①

何心隐规定入学的子弟不可回家吃饭,而在学堂内统一用膳,以免去各家送饭之苦。他虽然没有说明膳宿费用的来源,看来也没有增加负担。关于统一住校,何心隐的说明是,如果每日回家住宿,晨出夜入,学生在路上往往游荡,老师的教育不能专一贯彻,因此规定学生都须在宗祠内住宿。食宿的费用来源,此文没有明说,以理推之,宗族应当至少负担了其中的一部或大部。

在总教、总聚、总送馔、总宿祠之外,聚和堂还从五个方面立下关于学生行动的具体规定,即所谓"处有常条"者,形成学堂的规范。学堂的领导则由宗族推举的"率教"负责。

现在来看何心隐改善教育的出发点,就是他在《聚和率教谕族俚语》开首所说的两句话:

> 上思君之所以善其治者,以有国家之教也;下思民之所以善

①《聚和率教谕族俚语》,《何心隐集》,第68—69页。

其俗者，以有乡学之教也。①

由此可见，聚和堂的建立是乡学的改革，而何心隐的乡学改革，是以“民之所以善其俗”为目的的，即不是追求科举教育的成功，而是改善社会风俗，加强教育管理，促进宗族和睦，这才是何心隐教育改革的根本基点。在这一点上，他与颜山农办萃和会的宗旨是一致的。这篇《聚和率教谕族俚语》的最后，以率教的口气说，“敢不以此惩忿窒欲”，“敢不以此迁善改过”，“敢不以此敬老慈幼”，“敢不以此信友报君”②，不仅承诺实践儒家的价值，而且表明报君的忠心。在这里哪有一点反抗封建统治的影子？

颜山农的萃和会并非是乡学的改革，而是讲会的一种。但与颜山农类似，能够施行这样的改革，何心隐必然是其宗族内具有较高身份地位和财富能力的人，而不是一介普通百姓③。有了宗族内领袖身份和财力的保障，聚和堂这一套规定和办法，并不是什么“乌托邦空想”，是不难实现的。当然，这一整合性的体制，对本族的人来说，带有一定的强制性，不能自愿参加或退出。另外，虽然聚和堂之建，主要是为了合族善俗，以协人心，但其中也表明了“其在外姓父兄子弟，幸以相体，本姓决不敢以亲疏分厚薄也”。这是照顾到宗族聚居地的外来居民，把他们的教化也容纳于宗族学堂之中，以促进地方的乡治秩序。

这种为国为君的意识，在何心隐为率养茹芹代写的《聚和率养谕

①《聚和率教谕族俚语》，《何心隐集》，第68页。

②同上书，第69页。

③耿定向祭何心隐文中说他是“倾万金之产了不惜”（《耿天台全书》卷十二）。李贽也说：“公家世饶财者也，公独弃置不事，而直欲与一世圣贤共生于天地之间。”（《何心隐论》，见《何心隐集》，第10页）

族俚语》中表达得更为直白：

> 茹芹自幼安于亲之所养，莫知其本于君之所赐。夫我之田产，由于亲之所遗，似非君之赐也。我之形躯，由于亲之所生，亦非君之赐也。故视君田粮之征，若费在我之财。视君丁粮之征，若劳在我之力。分虽勉强输纳应承，亦不过苟免刑罚而已。自究其心，岂真乐于尽分以报君之赐耶？况推是心以往，惟忧其财之费也，又忧其不容以不费，则必千思万虑，甘费其财，以行贿赂，以求免其所重费，又图侥幸以蠲免其轻费而后已也。惟忧其力之劳也，又忧其不容以不劳，亦必千思万虑，宁劳其力以作奸弊，以求匿其所重劳，又图苟以隐匿其所轻劳而后已也。故推是心以处一族，则惟欲一族以替其费与劳耳，而一族之失养莫知恤也。推是心以处一房，则惟欲一房以替其费与劳耳，而一房之失养莫知恤也。甚至推是心以处同胞兄弟，则惟欲兄弟以替其费与劳耳，而兄弟之失养莫知恤也。兄弟因之以相忤，一房因之以相残，一族因之以相戕，不惟忘君之所赐，亦将失亲之所养矣。即此以究其心，诚何心哉？①

这个由族长宣示的谕语，其开始与结束，始终强调人民的一切都为君王所赐。何心隐提出，如果不能认识到一切为君所赐，就不能主动交纳田粮丁粮，就会想方设法逃避赋税的义务。这个由率养发布的谕语，其实更承担着率教的功能，企图从思想上帮助人民意识到交纳赋税是人民的本分，也是对君王的报答。这样一种观念无论如何也不能说是"仇视封建的社会制度"或"反抗封建主义"。恰恰相反，他对于君王所持有的报答或尽忠的观念是更为保守的。

---

①《聚和率养谕族俚语》，《何心隐集》，第70页。

这种报答君王所赐的观念主要用来针对赋税的征收，但何心隐给出的论证却是普遍的：

> 癸丑正月，合族始聚以和，和聚于心，始知养本于君之所赐也。我有田产，不有君以统于上，则众寡相争，田产不得以相守也。今我得以守其田产者，得非君所赐欤？我有形躯，不有君以统于上，则强弱相欺，形躯不得以相保矣。今我得以保其形躯者，亦非君所赐欤？①

家庭的田产虽然是父母所遗留的，但若没有君王统治于上，人们必然相争，最终无法保守自己的田产。因此，每家的田产能够得到政治和法律的保护，有赖于君王主导的政治秩序。如果没有君王主导的政治秩序，必然引起无休止的纷争，导致混乱无序，在这个意义上说，田产也是君之所赐。个人的躯体是父母所生，但没有君王统治于上，人人争斗，强者凌弱者，躯体也不能保护自己。由此可见，个人的躯体得以保存，也是有赖于君王主导的政治秩序。何心隐以此种论证来宣传一切本于君之所赐，人必须尽其本分义务以报答君赐之恩。

以上所说是观念的疏通，何心隐更设计一套保证宗族交纳赋税的督导体制：

> 知其赐之难报也，故已设率教，又设率养，以报其赐。知其养之难率也，故设辅养者以维其辅。又知其养之难维也，故另设一十二人总管粮于四季，二十四人分催粮于八节，七十二人各征粮于各候。②

---

①《聚和率教谕族俚语》，《何心隐集》，第70页。

②同上书，第70—71页。

率养总负责，以下设辅养、维养、管粮、催粮、征粮，各负其责。四季即春夏秋冬，八节即四立二分二至，各候即二十四节气，每季每节每候皆有三人负责。每个月中有两个节气，每逢一节气，便有人负责来征粮；所征之粮，在八节之时由征粮者交付给催粮者。催粮者则在每季把所收粮交付给管粮者，而管粮者把粮交付给维养，维养交付辅养，辅养再交付率养。率养面对地方政府。责任系列大抵如此。征粮者每人负责五天，催粮者每人负责十五天，管粮者每人负责一月，维养、辅养、率养则四季皆负其责。

从“聚和率养谕族俚语”的题名可见，率养等职能也归属于“聚和堂”，即何心隐把这一套交纳征粮的体制也作为聚和堂的体制的一部分。这样一来，聚和堂就包含了“教”和“养”两种系统和功能。何心隐又将两者相匹配，在教的系统中也设立了辅教、维教等。两者不仅系列匹配，功能上也互相支持，近于“教养合一”的宗族新体制。如：

> 或者各候粮有未完，则必达于各节；各节粮有未完，则必达于各季；各季粮有未完，则必达于维养者，转达辅养，以达率养；以审其情，以达于率教。教之不改，然后呈于官司。俾各由渐而化，同乐于尽分以报君上之赐也。①

可见，率养在征粮过程中遇到问题，还需向率教通报，率教进行教育，教而不改，送报官司。这就使率教不仅教导子弟，而且负责教导族内成人。于是，宗族体制完全连接于县府，在教和养两方面都成为县府统治的基层体制，完整实现了明代统治的乡治秩序。据耿定向说，聚和堂不仅仅帮助官府收粮，而且有救助措施，“凡徭赋缗钱，时敛而输

①《聚和率教谕族俚语》，《何心隐集》，第71页。

之公；不给者代为输，薄息而缓其偿”①。这是很有益于穷者的。据省志本传，在聚和堂外，何心隐还“捐千金，创义田，储公廪，以待冠婚丧祭鳏寡孤独之用”②。何心隐曾有聚和堂日记，可惜散失不存，无法具体了解了，但聚和堂必然包含一定的互助相恤的内容，而何心隐捐助的资金是支持这个体制的主要基础。

但是，地方官员并不理解何心隐的报君之心，反而对聚和堂不同于一般家族的活动有所不安。从何心隐《修聚和祠上永丰大尹凌海楼书》来看，这位县令凌儒虽然对王学有亲近感，对聚和堂的组织活动却未加赞赏，反而奉劝何心隐要“明哲保身”③。而后来的县令与何心隐更发生冲突，《明儒学案》的记述是：

> 谓《大学》先齐家，乃构萃和堂以合族，身理一族之政，冠婚丧祭赋役，一切通其有无，行之有成。会邑令有赋外之征，心隐贻书以诮之，令怒，诬之当道，下狱中。孝感程后台在胡总制幕府，檄江抚出之。

说何心隐自己“身理一族之政”，这不能理解为他亲任率教率养，事实上率教率养各有其人，不是由何心隐自己担任。但这一套体制的设计、施行，他无疑在其中起了关键的作用。至于这一套体制是不是“冠婚丧祭赋役，一切通其有无”，如同宗族的公社，《何心隐集》的材料并未证实。何心隐设计的这一套体制，固然使当时的赋税输纳有了保障，但大宗族整合的体制，也使得地方腐败官员的“赋外之征”会遇到困难，而不像小户人家可以听凭胥吏鱼肉。这是他后来被凌儒

①《耿天台先生文集》卷十六《里中三异传》。

②《何心隐集》，第125页。

③《何心隐集》，第72—73页。

的后任县令诬下狱中的原因。但这并不是和封建制度本身的矛盾，而是和地方官吏违法行政的矛盾。

有学者认为聚和堂是族内财产互通有无的体制①，这是对《聚和率教谕族俚语》中一段话的严重误解。这段话是："半年之后，试子弟有生意者，必有权宜之处；三年小成，又有通变之处；十年大成，则子弟不论贫富，其冠婚衣食，皆在祠内酌处。"容肇祖对率教谕语这段话的解释是："有职业的，则半年之后可以权宜毕业，或者三年小成，即算毕业。至十年大成的，则冠婚衣食，都在祠内酌处。"②十年大成者必定是家塾毕业而科举有功者。所以，把聚和堂理解为一种公社制是不正确的。

关于他在家乡建聚和堂等事，邹元标的记述是：

> 爰谋诸族众，捐资千金，建学堂于聚和堂之傍，设率教、率养、辅教、辅养之人，延师礼宾，族之文学以兴。计亩收租，会计度支，以输国赋。凡冠婚丧祭，以迨孤独鳏寡失所者，悉裁以义，彬彬然礼教信义之风，数年之间，几一方之三代矣。③

与王艮强调"安身"不同，何心隐的乡治实践，可以说是在"齐家"观念上的展开。据《明儒学案》记载，"谓大学先齐家，乃构萃和堂以合族"，可见聚和堂是他对"齐家"的理解与实行。这是和宋明士大夫对"大学之道"的发明有所不同的。后他在京中遇到张居正，率尔问

①《宋明理学史》记载："这个聚和合族是他的乌托邦社会思想的一个试验。把一族的各家不论贫富合在一起，孩子共同教养，青年男女婚嫁都由族里经办，老人由合族奉养，疾病死丧由合族治疗经理。一族财产，各家互通有无。赋役负担合族共同支应。"〔下卷(一)，第454页〕

②《容肇祖集》，第338页。

③邹元标：《梁夫山传》，《何心隐集》，第120页。

曰:“公居太学,知《大学》道乎?”①我想他必定对聚和堂的齐家实践颇为自满,而问难于士大夫,认为他们都没有真正懂得大学之道要在“齐家”。所以,虽然就整个明代政治结构而言,可以认为何心隐的聚和堂是建设乡治秩序的一种体现,然而,就其直接目的而言,是出于“齐家”合族睦族的宗族建设,这是应当有所区分的。

沟口雄三曾提出,阳明学的特质是关注乡村共同体的道德秩序,巩固乡治秩序体制,促进了道德的民众化、礼教的渗透化,道德共同体的成员扩大了互助和社会参与。他甚至认为清末谭嗣同的“冲决罗网”是阳明学突出平等意识及万物一体的仁学的再现②。很明显,把整个阳明学看作“乡村秩序取向”,是有一定问题的。阳明学中的士大夫在朝中或各地任职,在朝者当然是“国家秩序取向”的,在地方任官者,其行动是对其王朝委派的职务负责,而士大夫自身的修养对阳明学士人来说仍是第一位的。即使是泰州学派,王艮也仍然以孔子式的教主自任,并非只专注地方乡村事务。沟口的认知仅仅适用于未出仕任职而只在地方活动的阳明学运动的参与者,他们或只有较低的功名,或是平民,皆属纯粹地方精英,特别是泰州学派中的人物,如颜山农、何心隐以及韩贞等。萃和会、聚和堂,这些活动确实可以说是乡村秩序取向的。但秩序只是一个方面。如礼教的渗透化,也是乡村秩序的建构,但不是突出“和”;而颜山农的萃和会和何心隐的聚和堂,都具有明确的“合族”目的,突出“和”的价值,追求宗族与乡村共同体的和谐。秩序与和谐是需要分别的。至于发始于北宋的

①《何心隐集》,第123页。

②沟口雄三:《中国的思想》,放送大学教育振兴会,1991年,第114—115页。另参看沟口雄三等著《中国的视角》第一部分第一章,平凡社1995年。岸本美绪后来在其著作《明清交替与江南社会》第三章《明末社会与阳明学》的补论中对沟口有所回应,见该书第93—100页。

万物一体的仁说，虽然在明代中后期理学中广泛发展，但更多地属于儒家道德性与精神性的讨论，即使是阳明学的亲民诠释，也很难说是基于对乡村共同体的关注，更没有证据表明近代思想家如谭嗣同的思想与明代的万物一体说有直接的关联。

何心隐在出游避难以后，对“齐家”有新的发展。耿定向述云：

> 隆庆壬申，程学博氏挈之来，我仲子诘之曰：“子毁家忘躯，意欲如何?”曰：“姚江始阐良知指，眼开矣，而未有身也；泰州阐立本旨，知尊身矣，而未有家也。兹欲聚友以成孔氏家”云。①

这是说，隆庆六年程学博带何心隐来，耿定向的弟弟问其意欲如何，他明确表示，王阳明只讲良知，却没有讲身；王心斋讲了身，但没有讲到家，何心隐自己希望发挥“家”的意义。可见，何心隐对《大学》的发挥，不关注“致知”“修身”，而始终集中在“齐家”这一条目上。只是，此时他讲的家，或他理解的齐家，已经不是先前在家乡兴办聚和堂的合族实践和乡学改造。他此时的主张是“聚友为家”，实际上是以讲会为家，要把明代中后期的讲会变为一种“家”化的朋友组织。他自己组织的这种讲会名之为“孔氏家”。这虽然与他的个人生存困境有关，即遭受官府的官司纠缠，而避难于四方朋友之家，但也可以看作一种强化当时流行的讲会的社会构想。

所以，他在《论友》一文中说：“天地交曰泰，交尽于友也。友秉交也，道而学尽于友之交也。”他把讲学的载体主要放在朋友一伦，故予以特别重视。此外他又著《语会》，主张：

> 夫会，则取象于家，以藏乎其身。而相与以主会者，则取象

①《耿天台先生文集》卷十六《里中三异传》。

于身，以显乎其家者也。不然，身其身者，视会无补于身也；家其家者，视会无补于家也。何也？视会无所显无所藏也。乃若天下国之身之家之，可以显可以藏乎其身其家者也。会岂小补于身于家已乎！①

他认为，一般人以自己的身体为身体，以自己的家为家庭，这都只是常人的态度，这种身、家与儒家《大学》理想的天下、国、家所阐发的身、家意义是不可比的。讲会的会是模拟家的，通过主办讲会，以主持讲会为身的体现，以讲会为家的存在，这才是君子对身对家的态度。只把个人的身看作身，只把自己的家看作家，就不能理解讲会对于身、家的意义。只有把生理的身也变为服务社会的身，把讲会的社会组织也视为家庭，由此去体现“身”的意义和“家”的意义，这才是他所理解的“大学”理想。

三、何心隐的思想

何心隐的思想比颜山农要复杂、精深一些。《明儒学案》叙述何心隐的思想主张如下：

心隐之学，不堕影响，有是理则实有是事，无声无臭，事藏于理，有象有形，理显于事，故曰：“无极者，流之无君父者也，必皇建其有极，乃有君而有父也。必会极，必归极，乃有敬敬以君君也，乃有亲亲以父父也。又必《易》有太极，乃不堕于弑君弑父，乃不流于无君无父，乃乾坤其君臣也，乃乾坤其父子也。”又曰：“孔、孟之言无欲，非濂溪之言无欲也。欲惟寡则心存，而心不

①《语会》，《何心隐集》，第28—29页。

能以无欲也。欲鱼、欲熊掌，欲也，舍鱼而取熊掌，欲之寡也。欲生、欲义，欲也，舍生而取义，欲之寡也。欲仁非欲乎？得仁而不贪，非寡欲乎？从心所欲，非欲乎？欲不逾矩，非寡欲乎？"此即释氏所谓妙有乎？盖一变而为仪、秦之学矣。①

《明儒学案》记述的何心隐思想，有两个主要部分，第一个部分是有极说，其原文见于何心隐《辩无父无君非弑父弑君》文。照这种有极说，极是指根本原则，无极是无根本原则，故必然流于无君无父。皇建其有极，是确立人道的根本原则，君父的大纲大常于是乎有了根据。会极归极则是指经由敬君亲父的实践而合于此人极。从天人合一的理解来说，此人极即是宇宙之太极，所以只有牢固树立"易有太极"之说，君臣父子的大纲大常才能得到保证。何心隐这一套对《尚书》和《周易》的"极"的解释，反对无极之说，完全是对君主政体和宗法伦理的无保留肯定，表现出他的根本政治观念与主流价值是完全一致的。

第二个部分是寡欲说，原文见于何心隐《辩无欲》文，其大意为，濂溪（周敦颐）所说的无欲，不是孔子所说的无欲，也不是孟子所说的无欲，而是近于老子所说的无欲。孔子以好仁为主，孟子以存心为主，孔孟都重视寡欲，从心所欲不逾矩是寡欲，舍生取义是寡欲，而不是一般地主张无欲。所以何心隐认为，濂溪之无欲，是老子无欲观妙之无欲。他特别提出，"欲惟寡则心存，而心不能以无欲也"。心存才能寡欲，从而好仁、取义。通观何心隐此文，并不是提倡感性欲望的满足，而是辨别儒家与二氏之不同。他说的寡欲，其实是对欲望的一种选择和克制。颜山农本主张"制欲非体仁"说，何心隐此说应当也是受到颜山农一定的影响。所以，何心隐的这种说法，与宋明儒学区

①《泰州学案》前言，《明儒学案》，第705页。

分儒家与佛老在“欲”上的不同态度是一致的，黄宗羲把此说理解为苏秦、张仪之学是不正确的。

他在《聚和老老文》中也表达了对欲的另一种意见：

> 欲货色，欲也。欲聚和，欲也。……昔公刘虽欲货，然欲与百姓同欲，以笃前烈，以育欲也。太王虽欲色，亦欲与百姓同欲，以基王绩，以育欲也。育欲在是，又奚欲哉？仲尼欲明明德于天下，欲治国、欲齐家、欲修身、欲正心、欲诚意、欲致知在格物，七十从其所欲，而不逾乎天下之矩，以育欲也。育欲在是，又奚欲哉？汝元亦奚欲哉？惟欲相率、相辅、相维、相育于聚和，以老老焉，又奚欲哉！①

这是说欲和欲不同，对物品的欲是欲望，对宗族和睦的欲是理想，后者显然是值得肯定的。所以无欲是不对的。即使是对物品或美色的欲念，用《孟子》中的例子，公刘和太王都是既肯定自己的欲念，又力行与民同欲，这样的欲都是正当的。《大学》说古之欲明明德于天下，孔子言七十从其所欲，这些欲也都是正当的。培育和实现这些欲也是正当的。而何心隐自己的“欲”就是与聚合堂的各位率教率养辅教辅养等一起老老幼幼，致力于宗族的和睦发达②。

《明儒学案》在提到这两部分之外，在开首处还特别提及所谓事理说，原文见于《矩》(《何心隐集》卷二)，而黄宗羲以“心隐之学，不堕影响”概括之，说明他并没有读懂这一篇文字。文中一开始言：

---

①《何心隐集》，第72页。

②吴震指出，育欲是对公欲的培养，不是私欲的伸张，参见其文《十六世纪心学的社会参与》，《云南大学学报》2007年第三期。另外还可参看其《泰州学派研究》第一章，中国人民大学出版社2009年。

> 学之有矩，非徒有是理，而实有是事也。……无声无臭，事藏于理，衡之未悬，绳之未陈，矩之未设也。有象有形，理显于事，衡之已悬，绳之已陈，矩之已设矣。①

何心隐对矩的强调，绝不是黄宗羲所说的不堕影响，恰恰是重视实理实事。他认为，当衡、绳未用来度量事物时，此时可谓事藏于理；当衡、绳等用来度量实事实物时，此时是理显于事。矩就是事理的标准。他又说：

> 象物而象，形物而形者，身也，家也。心、意、知，莫非身也，本也，厚也。天下、国，莫非家也，厚也，本也。②

而这一篇的主旨，并不是黄宗羲所理解的论事与理的关系，而是以"矩"为中心。阳明弟子王心斋善谈《大学》"絜矩之道"，以身为矩，以身为本，似对何心隐也有所影响，这从何心隐传记皆说他年轻时曾闻心斋"立本"之说可见。而何心隐此篇不仅谈身的重要，还谈家的重要。在他看来，身和家都是使理得以对象化（物化）的有形载体。他说：

> 物也，即理也，即事也。事也，理也，即物也。无物不有者矩也，不容不有者也。有矩，斯有物也，斯有身也，斯有家也。家者，形象乎其身者也。身者，形象乎其物者也。物者，形象乎其矩者也。……有矩以矩其身，而学焉，庶乎其有身也。身者伸也，必学必矩，则身以之而伸也。……有矩以矩其家，而学焉，庶

①《矩》，《何心隐集》，第33页。
②同上。

乎其有家也。①

有物必有理,有理必有物,身和家都是形象化的实体,家是身的形象,身是物的形象。以矩来度量身,以学来使身合乎矩,这样的身才是真正的身。以矩来度量家,以学来使家合乎矩,这样的家才是真正的家。所以说有矩斯有身,有矩斯有家。另一方面,矩不是独立存在的,矩要体现在物的形象存在上,物要体现在身的形象存在上,身要体现在家的形象存在上。矩不可离物,这其实也就是格物的意思。"有矩以矩其身,而学焉,庶乎其有身也","有矩以矩其家,而学焉,庶乎其有家也",矩作为名词是事理之标准,而矩和学作为动词,在这里是实现原理。同样,身其身,是说使身真正成为身;家其家,是说使家真正成为家。把理现实化、形象化为具象的存在,这是何心隐思想的特点。

何心隐的思想方式是区分自然的存在和合理的存在,努力把自然的存在变为合理的存在,是实践的关键。人是自然的存在,仁其人,或人其人,就是使人从自然的存在变为合理的存在。身其身,家其家,也都是要求把现实中的身、家,改变为合理的身、家,化现实为合理,化自然为合理。而改变为合理的身、家,并不是把身、家变成其他的东西,而是成为其本来意义的身、家。

何心隐思想分析方式的另一个特点是强调显与藏。他在《仁义》篇说:

象仁以广居,象义以正路,无象之象也。鬼神,知也,无藏有也。广其居以象仁,正其路以象义,有象之象也。鬼神之体物也,致知在格物,有显无也。……亲与贤,莫非物也。亲亲而尊

①《矩》,《何心隐集》,第34页。

> 贤，以致凡有血气之莫不亲莫不尊，莫非体物也，格物也，成其象以象其象也，有其无以显其藏也。仁义岂虚名哉?①

孟子说:“仁，人之安宅也;义，人之正路也。旷安宅而弗居，舍正路而不由，哀哉!”(《孟子·离娄上》)照何心隐的理解，广居是表象仁的，广其居是表现仁的;正路是表象义的，正其路是表现义的。广居是形容，是概念的表达，所以是无象之象;而广其居是实践，是行为的体现，所以是有象之象。无是藏，有是显，为仁就是要通过具体有形的实践，来有其无，显其藏，使无成为有，使藏变为显。

再看他的《原人》篇:

> 人则仁义，仁义则人。不人不仁，不人不义。不仁不人，不义不人，人亦禽兽也。仁义之人，人不易而人也。必以仁为广居，而又必广其居以象仁。……必以义为正路，而又必正其路以象义。②

此篇是发挥孟子仁义说的思想。何心隐认为，人必定思行仁义，思行仁义者必定是人，所以仁义是“人”的本质定义，不是人的人不思行仁，不是人的人不思行义;反过来也是一样，不思行仁的就不是人，不思行义的就不是人。也就是说，不思行仁义的人便不是人，与禽兽无异。一个仅仅在生理意义上的人还不是真正的人。而仁义之人，“人不易而人也”，这里前一个“人”是人的现实状态，后一个“人”是人应该成为的状态，即仁义，意谓“仁义之人”是指不用改变自己现实状态，其本身就是人的人。而一般的人必须要经过“人”化，亦即“仁

①《何心隐集》，第27页。
②同上书，第26页。

义”化,才能成为真正的人。

来看何心隐的《论中》篇:

> 精于中而执之,必允无杂心也;一于中而执之,必允无二心也。莫非心也,心而主则中心,而贯则道心。……既不能主乎人,又不能主于人人也,人亦禽兽也。人其心也,非道心也。心以贯心,而主于一人,以主乎亿兆无算之人,道其心也,非人心也。人心非有减也,道心非有加也。人聚而道,道散而人,莫非心也。道乎其心者,其用心也大而难,若存若亡,似有似无,心甚微也。人乎其心者,其用心也小而易,用于此自触乎彼,用于彼自触乎此,彼此相触而利害相攻,心甚危也。……见心虽危,而若有主乎其危者,安安在中;见心虽微,而若有主乎其微者,显显在中。中亦心也,心之心也。①

这是发挥他关于“人心惟危,道心惟微”“惟精惟一,允执厥中”的理解。他认为,《尚书》所说的“中”,就是心,或称“中心”,心能成为主宰便是“中心”,心能贯通人我便是“道心”。如果心不能自作主宰,又不能贯通人我,这样的人不过和禽兽一样;这样的人的心,是“人心惟危”的心,不是“道心惟微”的心。如果心能主宰一人之心,又能主宰亿万人之心,这样人的心就是“道心”,不是“人心”。所谓道心,作为实践的概念,就是以道贯乎其心,这样的用心当然大而难,操存舍亡,非常微妙。人心则虽然流动容易,但心之所至,往往利害相攻,非常危险。见心当指见在的心,见在心虽然危险,但若果有所主宰,就可转危为安。见在心虽然微妙,但如果能有主宰,微妙便可化为显著。这样的心就是中心,中心不是一般的心,而是心之心。

①《何心隐集》,第31页。

他更主张:“允执乎中者,允执君以道其心也。道乎一己之心,以君主乎亿兆无算之人之心……以君象中,以位尊君,而共保乎心之不危不微,化乎人,纯乎道而后已也。”①这种尊君论也证明了他的政治立场与主流价值是完全一致的。

关于皇极、人极,他有《宗旨》一篇,其中说:

> 三代之上,宗旨出于上,皇极之类是也。三代之下,宗旨出于下,人极之类是也。宗旨出于上,虽师友不有二旨也。……宗旨出于下,虽君臣犹有二旨也。……旨出于上,而下自宗之,不强用功而功无有不用也,用之而有功也,有功之切于用也,无旨而无不宗也。旨出于下而上未宗之,虽欲用功,而功或有不用也,用之而无功也,无功之切于用也,有旨而有不宗也。②

他认为由君王发布关于最高价值的宗旨,是所谓“出于上”,这样的发布方式,上下统一,都无异议,如三代以上的《尚书》之“皇极”。由民间发布这样的宗旨,是所谓“出于下”,在上者不予认可,在下者各不一致,没有贯彻的力量,比如三代以下周濂溪的“人极”。可见,他崇尚的是墨子式的尚同思想,主张一切由君王制定发布宗旨,认为这样自上而下,统一一致,最为有效。这种崇尚皇权的思想,与士大夫儒学强调用道德理念制约皇权的思想有所不同。

《何心隐集》卷二有一短篇,名为《道学》,原文如下:

> 性之于道,譬则水达于江河淮海者也。性之于学,譬则达水于江河淮海者也。道之学,性之命也。学之道,命之性也。水之

①《何心隐集》,第31—32页。

②同上书,第37—38页。

> 自江而江，自河而河，自淮而淮，自海而海者，性也，道也。水之必江而江，必河而河，必淮而淮，必海而海者，命也，学也。
>
> 学也学其道也，有道必有学，有性必有命也，而后可以达之天下也。道之中而大也，圣人之道也。道以道其学也，有学必有道，有命必有性也，而后可以达之天下也。学之大而中也，圣人之学也。①

此文围绕性、道、学、命四个概念展开。其大意是说，性对于道，如同水流至大海，即性如流水，道如大海，性的实现，即是归于大道。性对于学，如使水流于大海。道之学，即道的学问，是性之必然。学之道，即学问之道，是命之本性。水在江河淮海，是性和道的自在本然之体。水之必流向江河淮海，是命之必然，也是学的作用。所以，学一定是学道，有道必定有学，有性必定有命，这样就可以达之于天下中正至大的圣人之道了。同样，道一定会把学习道德化，有学一定要有道，有命一定要有性，这样才能达到天下至大中正的圣人之学。整个思想是强调道和学互相包含，道内在地规定了学，学可以促进性的实现。

这些说法中虽然仍有不甚明晰之处，但其宗旨，是肯定“道学”，从道与学的相互关系论述道学作为圣人之学的意义。这说明他在主观上是认同“道学”的。

可见，《明儒学案》选取的几条，还不是何心隐最主要的思想，论人、论仁义、论中、论道学等，都未包括在内，而他自己最重视的还有关于讲学的思想。何心隐在嘉靖三十九年以后，四处游走，处处讲学，他说：

①《何心隐集》，第 39 页。

> 自庚申前而汝元与郡邑乡族所讲者，此学也。……自庚申后，而汝元与东西南北所讲者，此学也。①

程学博也说他："平生精力自少壮以及老死，自家居以至四方，无一日不在讲学，无一事不在讲学。"②他在各处往往建有讲学会所，"在燕畿，则构有复孔堂；在楚黄，则创有求仁会馆"③。此外，他在各地依士大夫如罗汝芳、耿定向居住时，也都从事各种讲学活动④。他对讲学的态度，有些狂气，认为"孔孟所讲所学之透于元者，后元而死者，不得有所传也"⑤。这是继承了心斋门下与后学的那种自大张皇。

《何心隐集》中的论著，如《原人》《论中》等，应该都是他参加讲学活动的立论，必然大都成为其讲学之论题。他在晚年所写的长文《原学原讲》，更为他自己所重视⑥。

《原学原讲》以《尚书·洪范》篇九畴之"五事"为基础，《洪范》九畴之二：

> 二、五事：一曰貌，二曰言，三曰视，四曰听，五曰思。貌曰恭，言曰从，视曰明，听曰聪，思曰睿。恭作肃，从作乂，明作哲，聪作谋，睿作圣。

①《又上湖西道吴分巡书》，《何心隐集》，第 89 页。

②程学博：《祭梁夫山先生文》，《何心隐集》，第 136 页。

③邹元标：《梁夫山传》，《何心隐集》，第 121 页。

④他说："至今六十有余岁，无一岁不与讲学人交，以事讲学事也。"（《上沿途经解衙门书》，《何心隐集》，第 116 页）

⑤《上祁门顾四尹书》，《何心隐集》，第 80 页。

⑥《原学原讲》之作，容肇祖以为在万历七年（1579）之春，见《容肇祖集》，第 358 页。何心隐自己说："心之所志，在《原学原讲》一册也。"见《何心隐集》，第 80 页。

何心隐说：

> 自有貌必有事，必有学也，学其原于貌也。……自有言必有事，必有讲也，讲其原于言也。……不有所学，则不有所聚，而不有所统矣。而容不有学耶？有貌必有学，以聚以统于学也。不有所讲，则不有所诲，而不有所传矣。而容不有讲耶？有言必有讲，以诲以传于讲也。是故学也者，学乎其所讲也，不有讲而奚有学耶？①

五事的第一项是貌，何心隐认为有貌必有学。五事的第二项是言，何心隐认为有言必有讲，所以讲学的活动是有着人类学的本原性的。有所学就要有所聚，有所讲就要有所传。从这个意义上说，孔子最重视的学，是根于人之貌言视听思的基本需要，而学必须要聚而讲之，故讲学是学的最根本方式②。

> 要之，事而一、而二、而三、而四以终者，终于五也。又要之，事而貌、而言、而视、而听以终者，终于思也。又要之，事而恭、而从、而明、而聪以终者，终于睿也。又要之，事而肃、而乂、而哲、而谋以终者，终于圣也。又要之，圣又终乎其睿其思，其五其事者也。即事即学也，即事即讲也。圣其事者，圣其学而讲也。③

五事的最后，终结于圣，何心隐认为圣就是即事即学、即事即讲，也就是要始终讲学。万历七年正月，诏毁天下书院，《原学原讲》一文应作于张居正禁令讲学的同时或前后，何心隐大概已经听到风声，故作此文，

①《何心隐集》，第 1 页。
②《原学原讲》的思想，可参看邓志峰《王学与晚明的师道复兴运动》，第 264 页。
③《何心隐集》，第 4 页。

为自由讲学而发声①。何心隐处处立讲会,宣传其思想,散布其影响,这正是张居正及其党所以要打击他的重要原因。与他思想相像,同被耿定向称为"异人"的邓豁渠就不曾受到类似的打击,其道理亦在于此。

我们记得,邹元标的何心隐传中说:"及闻王心斋先生良知之学,竟芥视子衿,乃慨然曰'道在兹矣'。"这和许多宋明儒者厌科举之业、求圣人之学的途径差不多。但由于他学于王心斋的传统,从于颜山农的讲学方式,于是不仅厌弃举业,对精英儒者即士大夫也存有轻视之心。在黄宗羲的记述中提到,何心隐"少补诸生,从学于山农,与闻心斋立本之旨。时吉州三四大老,方以学显,心隐恃其知见,辄狎侮之"。吉州三四大老,必定是指阳明高弟邹守益等,这显示出他从一开始就和士大夫儒者拉开了距离。他以齐家为理念,兴办聚和堂,在宗族的范围内从事乡治乡教的实践,就此保有他在实践上的对于士大夫的优越感。这种优越感甚至使他就"大学之道"的把握向时任国子监司业的张居正进行挑战。因而,他的讲学学问不与士大夫儒者同,是很自然的了。何心隐庚申后虽然也与一些讲学之士交往,但仍以泰州学派的成员如罗汝芳、耿定向为主。而且他跟士人的交往中也常出之以杂学。如耿定理号楚倥,乃耿定向的弟弟,他自述云:"吾始事方湛一。湛一本不知学,而好虚名,故去之。最后得一切平实于太湖(邓豁渠),复能收视反听,得黑漆无入无门之旨于心隐,乃始充然自足,深信而不复疑也。唯世人莫可告语者,故遂终身不谈。"②《泰州学案·耿定理传》亦记述其为学经历云:"求友访道,累月忘归。其始事

①何心隐说:"自戊寅二月二十日为避毒来吊祁门胡时和庐墓,至此春三月,一期余矣。惟有《原学原讲》万余言,何尝有一妖言乎?"(《上祁门姚大尹书》,《何心隐集》,第79页)容肇祖认为此文之作在己卯一至三月间(见《容肇祖集》,第358页),似非是。

②《焚书》卷四《耿楚倥先生传》。

方湛一，最后于邓豁渠得一切平实之旨，能收视返听；于何心隐得黑漆无入无门之旨，充然自足。有问之者曰：'闻子欲作神仙耶？'曰：'吾作天仙，不作地仙。'曰：'天仙云何？'曰：'直从太极入，不落阴阳五行。'"①这就流于一种神秘的宗派了。

这几个人都是黄宗羲列入泰州之下颜何一派的人物，他们的学术有些庞杂，儒佛道常常浑合不分，又带有几分民间宗教色彩。如何心隐的"黑漆无入无门之旨"像是佛门话头禅的一流，肯定不是纯正的理学，也不是阳明学的本色。《明儒学案·泰州学案》说："心隐在京师，辟各门会馆，招徕四方之士，方技杂流，无不从之。"且不说其政治的参与，其所结交的人士，也是相当庞杂。他自己也说和方士阮中和多次交往，学其修养之法，阮所行为"纯阳法"，亦道亦医。何心隐也承认："以汝元心事所事所讲所学事，而旁通乎其事者，亦惟仙家所尚者，其事则阮中和所事事也。"②又说："又因旁求仙家者流，以闭关以斡旋精气神于貌言视听思为秘传者，又莫阮中和若也。"③顾宪成说他在耿定向家，"内有一人尝从心隐问仙"④，他所通的仙学，大概就是此道而已。明代中后期三教合一的气氛甚浓，所以明代儒学者的学术及往来自然不再纯粹，与奇人、异人、术士的结识都很普遍。至于他的行为方式，略如颜山农，以"张皇"为特色，而比颜山农更充满"侠"气，黄宗羲说"山农游侠，好急人之难"。李贽引用时人对他的看法："其病心隐者曰：人伦有五，公舍其四，而独置身于师友贤圣之间，则偏枯不可以为训。与上訚訚，与下侃侃，委蛇之道也，公独危言危行，自贻厥咎，则明哲不可以保身。"⑤

①《处士耿楚倥先生定理》，《明儒学案》，第825页。
②《又上赣州蒙军门书》，《何心隐集》，第101页。
③同上书，第102页。
④顾宪成：《小心斋札记》卷十四。
⑤李贽：《何心隐论》，《何心隐集》，第11页。

与王艮、颜山农一样，何心隐也充满师道的自负，“不然，孔孟所讲所学之透于元者，后元而死者，不得有所传也”①。但是这种自认为担负孔孟之学真传的自负并没有得到当时士大夫儒学的认可。李贽说：“山农以布衣讲学，雄视一世而遭诬陷”，“心隐以布衣出头倡道，而遭横死”②，虽然何心隐之死并非因为他的学术不纯正，而是因为政治的原因③，但他的讲学和行事，具有与颜山农相近的特色，是很显然的。而泰州学派尤其是其下颜何一派多有此类的成员，这使得他们和儒学士大夫正统精英之间必然发生紧张的一面。而张居正等对他的打击也正是以此为基础，而不顾社会、民间的舆论，强加给他各种罪名，最终将其置于死地。

尽管如此，当何心隐死后，不仅民众声冤，士人也多肯定他的儒学精神，如说“心隐师法孔子”④，“公诵法孔子者也”⑤，“心隐生平所为，皆忠孝大节”⑥，就连耿定向的《梁子招魂辞》也说“永丰梁子，学问宗孔，言行类孟”⑦，这说明他的追求志向和生平大节还是得到了时代的肯定，也表明这个时代对“儒者”的理解与道学不同，已越来越具有包容性了。

（原载《文史》2012年第三辑）

①《上祁门顾四尹书》，《何心隐集》，第80页。

②李贽：《为黄安二上人三首之一（大孝）》，《何心隐集》，第119页。

③耿定向说他“月旦一评，祸之根些”，这是认为他每张皇放言，便引来大祸。见《何心隐集》，第141页。

④张宿：《刻何心隐爨桐集叙》，《何心隐集》，第8页。

⑤李贽：《何心隐论》，《何心隐集》，第10页。

⑥陈士业：《答张谪宿书》，《何心隐集》，第138页。

⑦《何心隐集》，第140页。当然，耿定向也说“梁也，孔慕而侠行，吾哀其志”（《耿天台先生文集》卷十六《里中三异传》），肯定何心隐的志向，但对其行为之偏侠不中，则有所不满。

明嘉靖时期王学知识人的会讲活动

在中国教育史的研究中，学者们已注意到在明代中后期以后流行的一种常与书院教育相关联，但更有区别的“会讲”“讲会”以及与书院无关的“会”①。事实上，讲会或会讲的含义要远远超过教育活动。大体上说，除了在书院中定期举行的讲会常常与四书教育有关之外，一般在知识分子之间频繁举行的作为知识分子思想交往形式的会讲就不应属于教育的范畴；而具有教化意义的基层乡村中的“会”，则多非以“讲”学为特色，乃以进德相劝为内容。

就嘉靖、万历时代而言，最重要、最有影响的讲会都与阳明学者有直接关系，可以说就是“王学讲会”。这些讲会在相当程度上成为理学发展的一种组织形式，并常常与地方风俗教化发生联系。因而，它们不仅仅是理学家的个人交游，更具有积极的文化功能与社会功能。事实上，阳明学话语的建立、扩展及在明中后期对整个社会文化的笼罩，正是通过推行会讲、讲会的形式得以实现的。

本文的研究，侧重于作为阳明学知识分子思想交往与话语传播的会讲、会游活动，试图研究阳明学作为一种跨地域话语体系的形成的某些机制和因素。由于这一方面的材料比较繁杂，我们将以几位重要的王学思想家为代表，因为这几位是公认的这一时期会讲活动

①李国钧主编：《中国书院史》，湖南教育出版社1994年。吴宣德：《江右王学与明中后期的江西教育发展》，江西教育出版社1996年。

的发起者、参与者和积极推动者。另为叙述方便,根据当时的习惯用法,我们在下文中以“会讲”作动名词,指聚会讲学的活动,而以“讲会”作名词,指会聚讲学的组织。

一、王阳明与会讲的兴起及王学讲会之流行

南宋虽无讲会之称,但1175年朱熹、陆九渊等的鹅湖之会已开后来会讲的先河。故知识人之会聚讲论,可谓“理有必然而势有必至”,是思想者活动的必然结果或体现。明中叶以后的会讲则更超出一般师生相聚讲学的范畴,成为另一种交往活动。其特点是往往为“定期”的(一月、数月、半年举行一次)、跨地域的(跨县、府、省)、组织化(有会约、名簿、会所、固定财务来源)、网络化(以某一讲会为中心,发展、联络邻近若干讲会)的民间性的自组织文化活动。

(一)王阳明与会讲之兴

会讲虽盛于王阳明死后,但实肇始于阳明生时的讲学活动。《阳明年谱》嘉靖四年乙酉条载:

> 九月,归姚省墓。先生归,定会于龙泉寺之中天阁,每月以朔、望、初八、二十三为期,书壁以勉诸生曰:“虽有天下易生之物,一日曝之,十日寒之,未能有生者也。承诸君之不鄙,每予来归,咸集于此,以问学为事,甚盛意也。然不能旬日之留,而旬日之间,又不过三四会。一别之后,辄复离群索居,不相见者动经年岁,然则岂惟十日之寒而已乎?若是而求萌蘖之畅茂条达,不可得矣。故予切望诸君勿以予之去留为聚散,或五六日、八九日,虽有俗事相妨,亦须破冗一会于此。务在诱掖奖劝,砥砺切磋,使道德仁义之习日亲日近,则势利纷华之染亦日远日疏,所

> 谓相观而善，百工居肆以成其事者也。相会之时，尤须虚心逊志，相亲相敬。大抵朋友之交，以相下为益，或议论未合，要在从容涵育，相感以成，不得动气求胜，长傲遂非，务在默而成之，不言而信。”①

这是阳明为余姚诸生定“中天阁会”的实例，也是王学“会”与“会讲”最早出现的事例。阳明原文见《阳明全书》卷八《书中天阁勉诸生》。此会起因是，由于王阳明虽居山阴（绍兴），但每年至少回余姚一次，省亲省墓，每次停留旬日左右。当阳明归余姚时，常与余姚诸生聚会于龙泉寺的中天阁讲学，旬日之间，得三四次会。阳明回山阴，诸生便不复相聚讨论。阳明对这种“一曝十寒”的状况大为不满，所以便为余姚诸生订立了一个定期聚会，约每周一次，内容以“切磋学问”和“砥砺道德”为主。这应是阳明学中最早的“会”。而阳明的《书中天阁勉诸生》可谓阳明学最早的“会约”。

王阳明虽通过门人于嘉靖三年在山阴拓“稽山书院”、于嘉靖四年在山阴立“阳明书院”，但这两所书院皆非为会讲而设。阳明门人邹守益嘉靖五年在广德所建“复初书院”也是如此。唯嘉靖五年安福的“惜阴会”在性质上与中天阁会相近，《阳明年谱》该年条下载：

> 十二月，作《惜阴说》。刘邦采合安福同志为会，名曰“惜阴”，请先生书会籍。先生为之说曰：“同志之在安成者，间月为会五日，谓之‘惜阴’，其志笃矣。然五日之外，孰非惜阴时乎？离群而索居，志不能无少懈，故五日之会，所以相稽切焉耳。呜呼！天道之运，无一息之或停，吾心良知之运，亦无一息之或停。良知即天道……”按，先生明年丁亥过吉安，寄安福诸同志书曰：

①《年谱三》，《王文成公全书》附录三，中华书局2015年，第1473—1474页。

"诸友始为惜阴之会,当时惟恐只成虚语,迩来乃闻远近豪杰闻风而至者以百数,此可以见良知之同然,而斯道大明之几,于此亦可以卜之矣……"

阳明《惜阴说》载于《全书》卷七,安福古称安成,《寄安福诸同志》书载于《全书》卷六。阳明弟子刘邦采所立的"惜阴会"可能受中天阁会的影响,惜阴会后来影响甚大。不过,在阳明生时,仍以绍兴至余姚一带之会为盛。嘉靖六年丁亥秋阳明起征思田,将至广西时,致书钱德洪、王汝中,其中有云:"绍兴书院中同志,不审近来意向如何?德洪、汝中既任其责,当能振作接引,有所兴起。会讲之约但得不废,纵有一二懈弛,亦可因此夹持,不致遂有倾倒。……绍兴书院及余姚各会同志诸贤,不能一一列名字。"①绍兴书院当即王艮等人立于山阴的阳明书院及稽山书院。由此书可见,绍兴书院中当时已有"会讲之约"。而所谓"余姚各会"当指中天阁会等。

嘉靖七年戊子,思、田已平,阳明仍念念不忘家中的会讲:

地方事幸遂平息,相见渐可期矣。近来不审同志叙会如何?得无法堂前今已草深一丈否?想卧龙之会,虽不能大有所益,亦不宜遂致荒落。且存饩羊,后或兴起亦未可知。余姚得应元诸友相与倡率,为益不小。近有人自家乡来,闻龙山之讲至今不废,亦殊可喜。②

德洪、汝中书来,见近日工夫之有进,足为喜慰,而余姚、绍兴诸同志,又能相聚会讲,奋发兴起,日勤不懈。吾道之昌,真有

①《与钱德洪、王汝中》,《王文成公全书》卷六,第270页。
②《与钱德洪、王汝中二》,《王文成公全书》卷六,第271页。

火燃泉达之机矣。喜幸当何如哉!①

稽山书院在山阴县卧龙西冈,故这里所说“卧龙之会”应指稽山书院的会讲。“龙山之讲”应指余姚中天阁的会讲②。这两处会讲竟成为阳明死前最所关心的事。

在明代国子学中的讲学活动,本来有所谓“会讲”,与“会馔”“复讲”“轮课”共同成为组织教学活动的形式③。从以上王阳明倡导的会讲活动来看,他的主要思想或出发点是认为,对士人而言,“离群索居”往往不免于“懈怠之蔽”,而相聚会讲可收“砥砺之功”,是完全从个体的为学的功效着眼的。这种会讲活动在当时已经有一定的规模和影响,如安福惜阴会在嘉靖六、七年时已达到每次数百人参加的规模,且人员来自各邻近乡邑,不独安福本县。不过,总的说来,这一时期的会讲以地方性为特色,只是每一地方(县)王学学者聚会论学的一种新形式,与后来跨地域的话语活动仍有所不同。

(二)王学会讲之流行

王阳明嘉靖七年冬病逝于江西,此后门人在各地逐步推行会讲。嘉靖九年门人薛侃在杭州南建“天真精舍”祭祀阳明,“每年祭期,以春秋二仲月仲丁日,四方同志如期陈礼仪,悬钟磬,歌诗,侑食。祭毕,讲会终月”④。这所谓“讲会终月”是每年春秋各举行一次,而每

---

①《与钱德洪、王汝中三》,《王文成公全书》卷六,第 271 页。

②《年谱附录一》嘉靖十七年:“龙山在余姚县治右。辛巳年,师归省祖茔,门人夏淳……等,侍师讲学于龙泉寺之中天阁。师亲书三八会期于壁。吴仁聚徒于阁中,合同志讲会不辍。丁亥秋,师出征思、田,每遗书洪、畿,必念及龙山之会。”(《王文成公全书》卷三十五,第 1523 页)

③参看毛礼锐等编:《中国教育史》,第 368 页。

④《年谱附录一》,《王文成公全书》卷三十五,第 1516 页。

次达一月之久。

嘉靖十一年：

> 自师没，桂萼在朝，学禁方严，薛侃等既遭罪谴，京师讳言学。至是年，编修欧阳德、称文德、杨名在翰林，侍郎黄宗明在兵部，戚贤、魏良弼、沈谧等在科，与大学士方献夫俱主会。于时黄绾以进表入，洪、畿以趋廷对入，与林春、林大钦、徐樾、朱衡、王惟贤、傅颐等四十余人始定日会之期，聚于庆寿山房。①

从这里看来，当时在北京的这种"日会"已是天天举行的了，这显然与王学学者中多人入京有关系。这个时期南京的讲会也相当流行：

> （嘉靖）十二年癸巳……欧阳德、季本、许相卿、何廷仁、刘旸、黄弘纲嗣讲东南，洪亦假事入金陵。远方志士四集，类萃群趋，或讲于城南诸刹，或讲于国子、鸡鸣，倡和相稽、疑辩相绎，师学复有继兴之机矣。②

洪即钱德洪，其他数人也都是阳明弟子。这里所说的"讲"和"会"都是王学的讲会。在两京的讲会中，参加者皆为来自各地的士人与官僚，其成分是完全超越地方性的。加之两京为政治文化中心，其活动对边远地方产生影响，是毫无疑义的。

两京之外，王门弟子在各地方也陆续组织会讲。如嘉靖十三年钱德洪、王畿为西安（今衢州境）定会约讲：

①《年谱附录二》，《王文成公全书》卷三十五，第1517页。

②同上书，第1518页。

> ……至西安，诸生追师遗教，莫知所寄。洪、畿乃与玑（王玑）应典等定每岁会期。是年（嘉靖十三年）遂（李遂）为知府，从诸生请，筑室于衢之麓，设师位，岁修祀事。诸生柴惟道、徐天民、王之弼、徐惟缉、王之京、王念伟等，又分为龙游、水南会；徐用检、唐汝礼、赵时崇、赵志皋等为兰西会，与天真远近相应，往来讲会不辍，衢麓为之先也。①

嘉靖十三年以后会讲日渐发展，以下只据《年谱附录》略举若干，以见其一般状况。《年谱附录》嘉靖十七年载，阳明门人吴仁在余姚龙泉寺之中天阁“合同志讲会不辍”，这是继续中天阁的“龙山会”；十八年徐阶掌江西学政，倡导阳明学，在洪都仰止祠讲学，组织“龙沙会”②，当时邹守益、刘邦采、罗洪先等“与各郡邑选士俱来合会”。十九年阳明门人周桐、应典在浙江永康西北的寿岩建书院，“就业者百有余人，立师位于中堂，岁时奉祀，定期讲会，至今不辍”。二十九年史际建“嘉义书院”于溧阳（今江苏镇江一带），延请钱德洪主持教事，王襞等“定期来会，常不下百余人”。同年四月阳明门人吕怀等在南京新泉精舍“设师像，合讲会”，终夕而别，钱德洪本年也到会参加。因而游走四方、参加会讲成了王学知识人的风气。罗念庵文集中有不少王学学者的墓志铭，兹举黄洛村、陈明水二条，以见其一般情况：

> （洛村）既归，每岁必放舟青原、玄潭间，与吉之双江聂公、东廓邹公期会。先会必走书速予与刘君。方兴为后，先兴未慊，或留莲洞，更旬月乃能去。③

①《年谱附录二》，《王文成公全书》卷三十五，第1518—1519页。

②见李春芳《碑记》，《王文成公全书》卷三十五，第1545页。

③《洛村黄公墓志铭》，《念庵文集》卷十五。

青原山在庐陵,青原会的情形可见于下节。玄潭在吉水,是念庵讲会的所在,石莲洞也是念庵讲学之所。又如:

> 嘉靖辛丑某归田,始会明水陈先生于螺川上。又五年再晤于毗陵,继是庚戌聚青原,壬子留玄潭雪浪阁,甲寅过桐江……不特定会期拟岘台与怀玉、浙东、青原、玄潭寻访而已。①

怀玉在江西玉山与浙江交界处。王学学者在江西、浙江这种大跨度的频繁游讲,绝不是个别现象,也不仅限于有名的学者。下面是个典型的例子:

> 泰和萧子天宠,在门十年。近而玄潭、青原、云津之会,远而芝城、象山、江都之游,无弗得从;四方君子切劘之训,姻友交游问难之详,无弗得闻;婚丧劝相繁琐之节,田庐盈缩弃置之宜,无弗得与。②

这位萧姓士人是罗念庵的门人,在理学史上只是个无名之辈,而江西的会讲"无弗得从",即没有未参加过的。他在思想上必然超出乡里和州县的限制,而融进更普遍的王学话语,是无可怀疑的。

二、邹东廓与青原为中心的江右会讲

其实,在嘉靖十年以后二十几年的诸多讲会中,江西吉安一带的规模最大,吉安府的安福县更是率风气之先。《年谱附录》嘉靖

①《明水陈公墓志铭》,《念庵文集》卷十五。
②《书萧天宠卷》,《念庵文集》卷八。

十三年载：

> 师在越时，刘邦采首创惜阴会于安福，间月为会五日。先生为作《惜阴说》。既后，守益以祭酒致政归，与邦采、刘文敏、刘子和、刘阳、欧阳瑜、刘肇衮、尹一仁等建复古、连山、复真诸书院，为四乡会。春秋二季，合五郡，出青原山，为大会。凡乡大夫在郡邑者皆与会焉。于是四方同志之会相继而起，惜阴为之倡也。①

此处略有误，盖复古书院建在东廓致仕之前。“惜阴会”开始时只限于安福的王学同志参加，隔月举行一次，每次会讲五日。嘉靖十五年丙申复古书院建成之后，把惜阴会发展成为在安福东南西北四乡都有“会”，而且每年春秋两次合吉安五县士友在青原山举行大会，使得“惜阴会”成为该地区讲会网络的总名。

（一）惜阴会

关于惜阴会，据东廓提供的材料：

> 敝邑惜阴之会举于各乡，而春秋胜日，复合九邑及赣、抚之士会于青原，交砥互砺，甚有警发。②
>
> 嘉靖甲午八月十八日油田彭氏聚惜阴之会于广法寺，其族之长幼预者十有四人，其姻邻预者十有四人，吉水二人，安福十有三人。会五日而毕。③

---

①《年谱附录一》，《王文成公全书》卷三十五，第1518页。
②《简方时勉》，《东廓邹先生文集》卷五。
③《书广法文会题名》，《东廓邹先生文集》卷八。

> 嘉靖乙未，安成举惜阴之会，中山刘先生自永丰率同志之彦以相切磋。①

由上可知，嘉靖十四年以前安成一带的惜阴会已经不是一个会讲组织，而是多个不同层次的不同地点的会讲的统称。如油田彭氏的惜阴会是以家族姻亲为范围，规模既小，层次亦与王学知识人的会讲不同，但仍称惜阴会。由此可见，安福地区在刘邦采的带动下组织起来的各乡各族的间月五日会，皆称为“惜阴会”。

安福惜阴之会对邻近县邑很快产生影响，各县都起而仿照惜阴会的方法组织会讲。如永新的会：

> 嘉靖乙未之春，永新周生法、贺生谨新、李生承重、贺生梦周约昊天之会，而莲坪甘子、南屏李子主之。时予方学于崇福，乃许以端阳之期。及期，半溪徐侯闻之，慨然曰：此吾任也。遂肃客于贞素堂，相与论一体一家之学，申之以嘉善矜不能之说。明日同郡之士集焉，乃会于渊默堂，相与切磋于尚志之辨，申之以易恶至中之教。以地之隘也，明日徐侯率其寮改设于明伦堂，而守御之良、缙绅之彦，以次造焉。……乃仿惜阴之例，间月各会于乡，而春秋合会于邑；置为文会约，相与遵而习之，以无忘良师及乡先生之训。②

“昊天”指永新昊天观，永新的春秋合会应即以此为场所。昊天观还

①《永丰平溪邱氏族谱序》，《东廓邹先生文集》卷二。
②《书永新文会约》，《东廓邹先生文集》卷八。

举行过吉安的九邑大会[1]。乙未则是嘉靖十四年。这些发展都是在惜阴会的模范下形成的。邹守益又有一书与永新学者刘中山云：

> 青原未会，遂阙于奉教。五月，力疾永新莲坪诸公切磋一番，又觉警醒，古人以离索为过，信不诬也。……敝邑同志拟以九月举九邑之会，念庵诸公皆许临之，敢屈先生为之主盟，使成人小子咸有所赖。[2]

此中所说五月至永新当即《书永新文会约》所述嘉靖十四年端阳时事，而又可知十四年秋在安福举行的九邑大会。刘中山确曾应邀参加，故东廓言："嘉靖乙未，安成举惜阴之会，中山刘先生自永丰率同志之彦以相切磋。"[3]这也证明惜阴会常有安福邻近的士人参加。这都是复古书院建成以前惜阴会的情况。

（二）复古书院

有关复古书院的前后情况，邹守益在其集中论及甚多（守益即安福人，号东廓），如：

> 往岁丙戌、丁亥，同志举惜阴之会，先师阳明公实有训言，所以揭圣学、昭天德，使人迁善改过，同归皇极之化，甚盛举也。顾间月而会，五日而散，往来无常所，暴寒无常时，佥议须敛众财以立书屋。凡我同志不分已仕未仕，量家多寡而协出之。庶几居

①后来邹守益说："（莲坪）与南屏李柱史启九邑大会于昊天观。"（《寿莲坪甘郡侯先生七十序》，《东廓邹先生文集》卷二）

②《再简中山》，《东廓邹先生文集》卷六。

③《永丰平溪邱氏族谱序》，《东廓邹先生文集》卷二。

> 肆成艺之归。赖天之福,松溪公惠抚吾邑,慨然以身任之。卜于旧学,用宏新制。……然永久之策,非买田以守,则废堕将不免。敢告同盟,共奋出生志,沛然义举,勿吝勿怠。①

松溪即程文德,亦阳明学者。丙戌、丁亥当嘉靖五年、六年。邹守益是吉安惜阴会的主要推动者,他特别注意集资兴立讲学场所。《书书屋敛义卷》所说的书屋即后来建成且成为吉安会讲主要场所的复古书院,而复古书院的建立又基于他在广德时建复初书院的经验:

> 嘉靖丙戌秋七月,新作复初书院成。先是书院为老子宫,直大成殿之后。守益请于巡按桂林杨公、督学光山卢公,以东郊淫祀徙道士居之,而虚其址属诸学官。二公报可,乃相方定位以宏新规。……于是遴能鸠工,市木畚石,财出于赎金或毁淫祀以佐之。经始于乙酉冬十月,越十月而工成。会步氏有田讼,守益以义谕之,愿入田三百余亩于书院;乃请于巡按静斋陈公,公欣然允之,而书院之规可以长久矣。②

讲会的持续发展需要有固定的可供会讲的场所,而场所又需要有固定的收入以维持。安福惜阴会在开始时尚无书院可以依托,复古书院的谋建即基于此。复初书院之建是有典型意义的,即讲学场所的建立往往需要借助各级儒家官吏的行政权力。"惜阴会"始由刘邦采于嘉靖五年创立,而其发展壮大则因邹守益的推动之力。复古书院的建立可看成惜阴系列会的里程碑。此后江西的会讲便在复古、青原的带动下蓬勃发展起来。

---

①《书书屋敛义卷》,《东廓邹先生文集》卷八。
②《广德州新修复初书院记》,《东廓邹先生文集》卷四。

《阳明年谱》的《附录》以邹守益建复古书院在嘉靖十三年,但据邹守益自己的记文,安福的复古书院创建于嘉靖十五年丙申:

> 复古书院,松溪程侯之所作也。初,毅庵孙侯聚讲于学宫,环听者至不能容。顾迫于城隅,无由充拓,乃即四乡为惜阴之会。以间月为期,五日而散。……嘉靖丙申,程侯量移而致……乃躬相度,得旧学基于东郊。……于是酌仕隐以出赀,议远迩以略址,别繁易以鸠工,蓄木者献其材,藏书者献其籍,积产者献其田,众志子来,罔有差池。其冬,彭山季侯自郡署事……政暇往督其役,复出版籍器用佐之。①

自嘉靖十五年复古书院建立后,惜阴会即常常举于复古书院,所以邹守益说:

> 惜阴之会,春秋举于复古,而四乡各间月举之。近复避暑于武功、连山之间,而同志者又延于西山、永和,盖一岁之中家居者鲜。②

据罗念庵说:

> 嘉靖壬寅,余访东廓先生于复古书院。自是丙午、庚戌凡三至,至则邑之乡先生咸至,门人弟子从而列坐者又若干人,相与

①《复古书院记》,《东廓邹先生文集》卷四。程文德《松溪文集》卷七亦有《复古书院记》。

②《简复董生平甫》,《东廓邹先生文集》卷六。

> 问难,必数日乃能去。①

壬寅、丙午、庚戌分别为嘉靖二十一、二十五、二十九年。邹守益自嘉靖十七年起任南京吏部郎中,寻迁至南京国子祭酒,二十年辛丑解官而归②,故辛丑之后更全心投入会讲活动。东廓说:

> 吾邑惜阴之会,始于丙戌。复古之创,始于丙申。凡我同会,或五六年,或七八年,或逾十年,或逾二十年,甚者三十年矣。三十年则为一世矣,十年则天道一变矣。迩者绪山、龙溪二兄自浙中临复古,大聚于青原,考德问业,将稽先师传习之绪。……自今以往,共订除旧布新之策。人立一簿,用以自考;家立一会,与家考之;乡立一会,与乡考之……③

钱德洪、王龙溪同去参加青原大会,时在嘉靖二十七年戊申。详见下文。

以上我们可以知道,以"惜阴"为名的会讲,其规定是:安福各乡隔月在本乡举办(但可有外乡外县人参加)乡会五日;春秋则两次举办全县会,地点在安福的复古书院;复古大会后再合吉安府九县(安福、永丰、吉水、永新、庐陵、泰和、永宁、龙泉、万安)的士人在庐陵的青原山举行大会,青原会往往有赣州、抚州及外省人士参加。上引《惜阴申约》"迩者绪山、龙溪二兄自浙中临复古,大聚于青原",也说明复古、青原二会相连。

安福倡起的会讲得到了江西各地王学学者的积极呼应,江西各

①《答复古问》,《念庵文集》卷八。

②参看《邹公墓志铭》,《念庵文集》卷十五。

③《惜阴申约》,《东廓邹先生文集》卷七。

地纷纷会讲，成为一时的风气，也成了王学学者的活动特色：

> 聂双江会讲永丰，罗念庵会讲吉水，陈明水会讲临川，皆追悔从前浅狭，有人我见……①

江西一时成为全国会讲最盛之地。

（三）青原会

从当时学者的记述来看，青原会应是王学知识人的聚会，与乡会有所不同。关于青原会的由来，东廓曾作说明：

> 嘉靖癸巳七月既望，同志咸集于青原，以从事于君子之学。东廓子守益喟然叹曰：兹会也，先师尝命之矣，乃今十有四年，始克成之。②
>
> 青原之会，先师尝命之，乃今十有四年，始克一集。③

癸巳即嘉靖十二年，这说明正德末年王阳明在江西时已有会讲青原之议。邹东廓以安福的惜阴会为基础，进而推出吉安的青原会，其动机之一即实现阳明夫子的遗命。青原会始集于嘉靖十二年，到第二年已有相当规模：

> 嘉靖甲午闰月乙卯，同志再会于青原，二百余人。④

①《简欧南野崇一》，《东廓邹先生文集》卷五。
②《青原嘉会语》，《东廓邹先生文集》卷三下。
③《复石廉伯郡守》，《东廓邹先生文集》卷五。
④《录青原再会语》，《东廓邹先生文集》卷三下。

这次青原会的影响较大，许多王学重要的人物如聂豹、罗洪先都来参加。罗洪先号念庵，吉水人，聂豹号双江，永丰人，嘉靖十三年皆来参加青原之会：

> 十三年甲午，邹守益大会士友于青原，罗洪先与焉。①
>
> 甲午仲春，聂豹与邹守益暨九邑诸友会讲于郡之青原。②

前引《惜阴申约》可能作于嘉靖二十七年，当时绪山、龙溪自浙江到复古，又大聚于青原，可谓一时盛会。但钱、王参加青原会不止这一次，邹守益《天真仰止祠记》：

> 嘉靖丙辰，钱子德洪聚青原连山之间，议葺《阳明先生年谱》。③

其实江右学者参加得更为普遍和频繁，如：

> 洛村以孟夏五月会于青原，已转告山中、双江诸君赴之。得乘兴约贵邑同志以温旧学，亦大快也。④
>
> 二十后复古大会已毕，即聚青原，能偕永丰诸同志一切磋之，尤望。⑤

关于青原山大会的会所，据《庐陵县志》：

---

①参看钱穆：《罗念庵先生年谱》，《中国学术思想史论丛》七。

②见《双江聂先生文集》卷五，并参上书。

③见《王文成公全书》卷三十五《年谱附录一》。

④《与董生兆明》，《东廓邹先生文集》卷五。

⑤《勉董明建兆明诸友丈量》，《东廓邹先生文集》卷五。

青原山在城南十五里，赣江之东……为七祖行思道场……明嘉靖邹守益、欧阳德、罗洪先宗守仁之学，春秋于此会讲。①

净居寺，行思道场……嘉靖间绅士创会馆于寺旁。②

青原会馆，明正德间，姚江王守仁令庐陵，安福邹守益从游青原山，讲良知之学。其后会讲者吉水罗洪先、永丰聂豹、泰和欧阳德，于是青原讲学称邹罗聂欧。守仁继抚虔州，良知之宗，吉州为盛。厥后塘南王时槐、庐山胡直、龙山刘方兴、两峰刘文敏、绪山钱德洪、泸潇刘元卿、龙溪王畿、永新甘采，皆相继会青原。③

施闰章曾作《游青原山记》，其中谈到净居寺时说：

寺外荒祠别馆数十间，问之，皆先儒讲堂也。盖自王文成官吉州，数过青原讲学，邹东廓诸公翕然景从，吉州九邑各有馆，缙绅百余人，又总萃于一堂。岁会以春秋，留三日，从游者甚众，至假榻满僧舍，弦诵洋洋振林谷，而西江之学名天下。④

青原山的净居寺原为行思道场，寺院周边的祠馆便是王学青原会的讲堂，而江西的王学知识人差不多每年都在此“会以春秋”。

（四）其他同志会

邹守益在推动惜阴—复古—青原的会讲之外，也积极参加江西

①《庐陵县志》卷三。
②同上书，卷三十九。
③同上书，卷十六。
④《游青原山记》，载《中国佛寺志》第三辑。

内外的各讲会。以嘉靖二十八年己酉前后他所参加的会讲为例,可以看出他的活跃:

> 新安诸同志春会于福山,在婺源;秋会于斗山,在歙西;全交馆在祁门,亦以迎胥聚,皆甘泉大宰公所命云。嘉靖己酉谢子显率其弟铉、江生山、韩生一之,不远千里,冒盛暑以入复古,切磋两月而未能别。①

在嘉靖己酉之前新安(徽州)已有会讲,但徽州士人亦往来江西,参加复古大会,如此处所说谢某等在复古停留二月,不可谓不久。而江西学者如邹东廓也曾赴新安参加会讲:

> 祁门汪子希文、谢子惟仁会冲玄而归,率郡中同志会于常清宫,复定邑中之会,春秋在范山书屋,夏冬在全交馆;相与拜圣像、宣圣谕,劝善规过,期以笃实辉光,共明斯学。予游齐云,以谒紫阳,诸友翕然咸集。而王子大中。方子汝修请予升东山讲座。……将别斗山,出会约以征言。②
>
> 新安形胜,为冈阜者凡七……诸同志择其最胜构书院,为藏修之所。紫阳挺秀,五溪汇清,左邑右郡,粲然指顾间。甘泉司马尝有训言,绪山钱子、龙溪王子相继有切磋焉。予携王甥一峰、朱甥震及二儿美、善,与狮泉刘子游齐云,谒紫阳祠,以宿书院。六邑同志咸集,依依不能别。至度翚岭,冒雪冲泥,聚水西之崇庆,出六邑大会簿,订轮年之约以征言,首祁门,次歙,次婺

①《寄题祁门全交馆》,《东廓邹先生文集》卷八。

②《书祁门同志会约》,《东廓邹先生文集》卷七。

源，次休宁，周而复始，期以共明斯学，毋愧于先哲。①

“冲玄”大会在已酉，详见于下节。文中所说“聚水西之崇庆”，又见另文：

> 水西丛林，在泾水之西，上寺曰宝胜，中寺曰崇庆，下院曰西方，宣州诸同志订以为六邑聚讲之所。绪山钱子、龙溪王子皆迎以主会。周子顺之遣其弟戒之贻予寿言，且订会期，予许以雪舟之约。及期，泛番湖入新安，贡子玄略、王子惟一及谭子见之候于斗山。乃逾翚岭以入崇庆，则积雪载途矣。诸友不期而至者，几二百人，而戚子补之、张子士隆、王子惟贞咸以次切磋焉，七日而别。②

这是他参加宣州（宁国府）水西会的情形。他既然说钱德洪、王龙溪皆迎以主会，则其此次参加必是在钱、王戊申年订定水西会之后，有可能在已酉冲玄会后顺道参加。

次年他又赴袁州的春台会：

> 嘉靖己酉之春，袁州刘郡守乃即昌黎书院葺旧拓新，将以清秋延予于原道阁……会予赴冲玄之约，不果行。……乃庚戌暮春，予命驾钤冈，游洪阳石乳二洞，以升春台，宿文公祠。郡博胡子、俞子暨四邑之彦切磋所闻……凡十有八日而归，归之日，诸生谢性之、龙起文、颜端俨等聚而谋曰，凡我同游胥悦胥从，盍绎而改之以戒暴寒之患？乃效《惜阴申约》，订大会于春台，岁以仲

①《斗山书院题六邑会簿》，《东廓邹先生文集》卷七。
②《书水西同志聚讲会约》，《东廓邹先生文集》卷七。

春三望为期,凡三日夜方散,每月各以居相迩者为小会,规过迁善。①

(五)其他乡会

在邹守益推动和参与的“会”中,有同志会和乡会之分,在本文的定义中,同志会是指阳明学派士人的讲会,乡会则是指以村社或宗族为基础的更小地域圈内的聚会。在邹守益参与的会讲中,同志会已如上述,乡会则除嘉靖十三年彭氏惜阴会外,还可举出“葛泉会”:

> 禾邑之南乡,山环水抱,风气完固,世族相望,淳庞未斫。乃嘉靖戊申仲春十日,柱史南屏李君大合同乡吴、龙、尹、张、贺、段、洪、周十四姓之彦胥,约于葛泉,以迪德规过,兴利除害,取法前哲,斟酌时义,有会誓,有会规,有会条,期以潜摩礼义,同升于古道。每月一会,每姓直一月,至于秋,凡八举矣。少长咸奋,强弱得所,税赋以时,而盗贼屏息,公庭无讼牍焉。②

前面已经说过,安福地区的惜阴会本来就具有不同层次,一种是精英的以讲学为主的义理研讨会,另一种是与大众合并的以进德为主的劝德规过会,前者的宗旨在学术,后者的宗旨在教化。后者实际上与宋代以来的乡约活动有关系。

王龙溪曾经对邹守益的会讲活动给予特别推崇:

> 先生生平以翕聚同志为已任。东南学者之会以十数,每会

①《题春台会录》,《东廓邹先生文集》卷八。

②《乡会祝言》,《东廓邹先生文集》卷二。

> 必如期先往、后期而归，虚受并包，务期奖掖。①

这也说明当时江南发展讲会方面，邹东廓的领率作用是很重要的②。

三、王龙溪与以水西为中心的会讲活动

邹守益参加的会讲活动，虽然有论学的内容，如《冲玄录》所载，但更多的是注重道德实践和推行教化。王学中另一代表人物王龙溪的会讲特点则不在强调改过迁善，而是频繁地与各地朋友进行学术论辩。东廓的会讲活动多在嘉靖前、中期，而王龙溪的会讲则集中于嘉靖后期。

黄宗羲在《明儒学案》中说：

> 阳明殁后，绪山、龙溪所在讲学，于是泾县有水西会，宁国有同善会，江阴有君山会，贵池有光岳会，太平有九龙会，广德有复初会，江北有南谯精舍，新安有程氏世庙会，泰州复有心斋讲堂，几乎比产可封矣。③

绪山是钱德洪，龙溪是王畿，二人是王阳明门下最亲近的高第弟子，又皆为阳明家乡浙中人，二人的讲学活动也经常互有交叉。王龙溪

---

①《寿邹东廓翁七秩序》，《王龙溪全集》卷十四。

②东廓卒于嘉靖四十一年，念庵卒于嘉靖四十三年，而王龙溪在念庵卒前曾有书云："贵省自廓翁捐背后，青原、复古诸会所荒落殆甚，诸友伥伥若无所归。固只此辈未必尽发真心，未能尽为性命，然风声鼓动，彼倡此和，主盟斯道者不可无人。"（《王龙溪全集》卷十《与罗念庵》）也说明讲会的兴废与主盟人大有关系。

③《明儒学案·南中王门第一》。

曾为钱德洪作《行状》,其中说:

> 时江、浙、宣、歙、楚、广,会城名区,皆有讲舍书院,随地结会,同志士友咸设皋比以待。①

但钱德洪的文集现已遗失,其会讲活动的资料缺乏。因此我们在本节着重研究王龙溪的会讲活动。

王龙溪的讲学游旅,往往有胜于邹守益者:

> 终先生之身,无一日不讲学,不会友,反复谆切,感孚鼓舞,期于必信而后已。而凡嫌似之迹,或冒而居之不辞。故语其会之所,则有水西、洪都、白鹿、怀玉、南都、滁阳、宛陵,几遍江南之地。而会之人,皆当时同志,几尽一时之英。②
>
> 所至接引无倦色,故自两都及吴楚闽越皆有讲舍,江浙为尤盛。会常数百人,公为宗盟。公年八十,犹不废出游。③

由"会之人,皆当时同志"可见,王龙溪所会主要是同志会,其文集中有十八篇"会语"。宋儒流行语录,盖皆学生记录老师讲学之语。"会语"则是同志会中的讲辞、问答,也不一定是学生所写,如龙溪会语,一般皆由龙溪自己在会后追录写成。《王龙溪文集》开始即为七卷会语,由此亦看出会讲在他生平学术活动中的重要性。

王阳明嘉靖七年戊子卒,次年己丑在北京已经有会,而王龙溪自嘉靖十一年壬辰开始在京中的讲会中产生影响。据其《在庵王公墓表》:

---

①《绪山钱君行状》,《王龙溪全集》卷二十。

②王宗沐:《龙溪王先生全集序》,《王龙溪全集》。

③徐阶:《龙溪王先生传》。

己丑，举进士。时都下同志大倡良知之学，若中离薛君、南野欧阳君，既同年念庵罗君、松溪程君、双华柯君及陈君辈，晨夕聚会，究明师旨。……壬辰余与绪山钱君赴就廷试，诸君相处益密，且众至六七十人。每会舆马塞途，至不能行。乃分处为四会，而江右同志居多。每期会，余未尝不与。……旧会仍以翰林、科道、部属、官资为序，余请曰："会以明学，官资非所行于同志，盍齿序为宜？"君倡言以为然，至今守以为例。①

王龙溪、钱德洪为王阳明座下高弟，众以为嫡传。阳明死后二人为之服丧，至壬辰始出。时钱、王二人皆初得第授官，当然不满于会讲中论官资为序的惯例。王龙溪在为钱德洪所作的行状中也说：

时台谏部院诸同志以吾二人（钱、王）颇有所闻，议举月会，商究旧学，动以数十。旧会以官为序，君与予告众曰："同志为道而来，须以序齿为宜。"众曰"然"。至今相会以齿，予二人倡之也。②

前节曾提到王阳明死后不久京中已有"日会"，也就是《在庵王公墓表》中所说的"晨夕聚会"。而自绪山、龙溪入京后，王学同志的相聚，开始变为有固定形式的讲会——"月会"，这与钱、王二人的作用是分不开的。后来王龙溪也说：

京师旧有同志月会，相传已久。近因时好差池，渐成避忌。消息盈虚，时乃天道，不足为异。但吾人此生发心，原为自己性

①《中宪大夫都察院右佥都御史在庵王公墓表》，《王龙溪全集》卷二十。

②《邢部陕西司员外郎特诏进阶朝列大夫致仕绪山钱君行状》，《王龙溪全集》卷二十。

命,自性自修,自命自立,无所待于外。若以时之向背为从违,所学何事?①

这里所说的“时好”“避忌”必然是指嘉万间主政者对讲学的厌恶和压制。而京中的同志月会即是当初他与钱德洪等所推倡。

王龙溪有一个时期在南京做官,他只能在南京与一些同志和来访的友人论学往来,所以在此期间很难在各地的讲会中看到他的身影。《王龙溪全集》中的会语也多在嘉靖二十七年戊申之后。另一方面,龙溪辞官后参加的会讲,在地理上的跨度比东廓更大。

虽然后来宁国的水西会是王龙溪与钱德洪会讲的一个中心,但龙溪本人更多的是往来参加各地王门友人主持的讲会。邹守益主持的安成—青原讲会自然是他以讲会友的重点:

阳明夫子生平德业著于江右最盛,讲学之风亦莫盛于江右,而尤盛于吉之安成。盖因东廓诸君子以身为教,人之信从者众。创复古书院以待来学。每会,四方翕然而至者,常不下二三百人。予每参次其间,上下论辩,有交修之益焉。昔年予赴会所,适值东廓示疾,予往候问,数千里之交,半日证果,遂成永诀。②

弟春暮往赴江西之约,期与东廓、念庵诸兄会于青原、白鹿之间。盖以会为学,务求取善之益,非敢以学为会也。③

先生入安成,语三峰刘子曰:“……大会中不屑时赴,未免有拣择心在。此亦清修中一魔事。先师倡明此学,精神命脉半在

①《与沈宗颜》,《王龙溪全集》卷十二。

②《漫语赠韩天叙分教安成》,《王龙溪全集》卷十六。

③《与汪周潭》,《王龙溪全集》卷十一。

江右。江右同志诸兄传法者众,兴起聚会,在在有之……"①

可见王龙溪确曾多次参加安成、复古、青原讲会,而且在思想上学术上都发挥了一定的作用。后来,至嘉靖四十一年邹东廓卒,四十三年罗念庵卒,王龙溪更承担起组织江西会讲的责任。如嘉靖四十四年乙丑参加江西同心会:

> 嘉靖乙丑夏,予赴吊念庵君,复之安成、永丰,展拜双江、东廓诸公之墓。回途,与敬吾、见罗、汝敬、恭整诸同志会于洪都。……附近同志每月两会,旧有定约。诸君地址相望百余里,会不能数,每岁为四会。季月望为始,以十日为期。……会所以南昌双林寺、丰城圣德观二处为定址。②

在这次行程中,他还到白鹿洞书院讲学:

> 嘉靖乙丑夏,予趋江右之会,回舟南康,入谒洞中,与诸生聚。③

以下我们来考察一下王龙溪参与的一些重点讲会。

(一)水西会

王龙溪讲学活动的活跃期始于嘉靖二十年代后期,即16世纪40年代后期,他与钱德洪推动的水西会是发展江南会讲的一个重要举

---

①《与三峰刘子问答》,《王龙溪全集》卷四。
②《洪都同心会约》,《王龙溪全集》卷二。
③《重修白鹿书院记》,《王龙溪全集》卷十七。

措。据他的《水西会约题词》,水西会之议始于嘉靖二十七年戊申:

> 嘉靖己酉夏余既赴水西之会,浃旬将告归,复量诸友地里远近,月订小会,图有终也。先是,戊申春仲,余因江右诸君子期之青原,道经于泾,诸友闻余至,相与扳聚,信宿而别,沨沨若然有所兴起。诸君惧其久而或变,复相与图会于水西,岁以春秋为期,蕲余与绪山子迭至,以求相观之益。余时心许之。今年春,六邑之士如期议会,先期遣使戒途,劝为之驾。余既心许之,不克违。孟夏之望,发自钱塘,由齐云,历紫阳,以达于水西,则多士彬彬候余已逾旬月。……是会合宛及旁郡闻风而至者凡二百三十人有奇。少长以次,晨夕会于法堂,究订旧学,共证新功,沨沨益有所兴起。邑大夫东岑君,余同志也,以时来督教。邑之乡先生及穷谷之耆旧,乐其事之希有,咸翩翩然辱临而观之,可谓一时之盛矣。①

龙溪此文下有注"己酉夏五月下浣书于水西风光轩中"。"水西会"定议于戊申,而自第二年己酉开始由王龙溪和钱德洪轮年主持。己酉年正值龙溪主持水西会,故有上述文字。泾县属宁国府,宁国又称宣州,水西会实际上是泾县及其邻近共六县的讲会,"水西"则是泾水之西的佛寺区,故东廓说得很明白:"水西丛林在泾水之西,上寺曰宝胜,中寺曰崇庆,下院曰西方,宣州诸同志订以为六邑讲学之所。"

王龙溪在水西讲学次数甚多,其讲学情形在他的文集中亦可见:

> 每予过水西,远近同志趋会者,无虑数百人。②

①《水西会约题词》,《龙溪王先生会语》卷一。

②《别言赠梅纯甫》,《王龙溪全集》卷十六。

> 宁国水西之有会,闻于四方久矣。嘉靖丁巳岁,值予赴会之期,思畏、国贤、时一、允升、纯甫等迓琴溪道中,遂同游仙洞。薄暮乘风抵水西,则汪子周潭,周子顺之辈已候予浃旬矣。先后至者百余人。晨夕聚处,显论微言,随所证悟,充然各自以为有得。予藉诸友相与意恳神专,亦惕然不容以自已。信乎,此会之不必虚矣!会自四月朔至十三日而解。①
>
> 嘉靖丁巳春,先生赴水西之会,周潭汪子偕诸友晨夕周旋,浃旬而解。汪子因次集所与答问之词,执简以请曰:"宁执侍先生久矣!先是,癸丑会于郡城,辱先生示以研几之旨……"②

王龙溪会讲的特点是:除了参加定期会讲外,还在每次参会途中"随缘结会",而这些随缘所结之会又往往由此变为定期的期会。由于他隔年定期地到水西会讲,所以他赴水西途中在宣、徽各处所结的会尤多:

> 洪、畿初赴水西会,过宁国府,诸生周怡、贡安国、梅守德、沈宠、余珊、徐大行等二百人有奇,延至景德寺,讲会相继不辍。③
>
> 予赴会水西,太平杜子质偕同志二十余辈诣会所,请曰:"质昔闻先生之教,归而约诸乡,立会于九龙。始而至会者惟举业子也,既而闻人皆可以学圣,合农工商贾皆来与会。兹幸见先生,敢请下教,以坚其约。"乃携贡子玄略、周子顺之、吴子崇本、王子汝舟,从蓝山,历宝峰,以达九龙。会者长少余三百人。乡中父老亦彬彬来集,以一见为快。学究及庵僧先期俱有梦兆,以为之

①《水西同志会籍》,《王龙溪全集》卷二。
②《水西经舍会语》,《王龙溪全集》卷三。
③《王文成公全书》卷三十五《年谱附录一》嘉靖四十二年癸亥条。

征。会三日，将出山，杜子请一言以示劝戒。①

宣歙旧有讲会，岁嘉靖乙卯春，予将赴水西，道出九龙，杜子质偕其族党同志若干人来与会，遂迎予入九龙问学焉。惟时精诚翕合，远迩闻风至者几二百余人。杜氏父老以九龙地隘，复邀予入杜氏祠，以终讲业。②

这应就是黄宗羲所说的"太平有九龙会"。王龙溪在《九龙记诲》中也提到："九龙旧有会，乃先生昔年所订者，请先生复莅之。"③可见王龙溪在九龙会亦发挥了重要作用。

此外还有桐川会：

丁丑夏，予赴水西之会，道出桐川。桐川，予旧同志东廓子开讲之所。使君因偕诸学博集新旧诸生数十辈，开复初法堂，晨夕聚处，显参默悟，颇证交修，益若自信。④

桐川有会旧矣。自吾同门友东廓公判广德时，肇建复初书院，为聚友讲学之所，予尝三过桐川，与诸友相会。其后兴废不常，人情向往亦不一。兹予赴水西、斗山之期，寓径桐川，州守中淮吴君笃于向学，多方挽留，传檄远近诸友凡百余人，大会于复初书院。既毕会，使君惧其久而复废，因图为月会之期，乞言于予，以为盟约。⑤

①《书太平九龙会籍》，《王龙溪全集》卷七。
②《太平杜氏义田记》，《王龙溪全集》卷十七。
③《九龙记诲》，《王龙溪全集》卷三。
④《图书先后天跋语》，《王龙溪全集》卷十五。
⑤《桐川会约》，《王龙溪全集》卷二。

这是嘉靖丁丑王龙溪赴水西会途中经广德州会讲并推动建立讲会的情形。而据钱德洪说,他与王龙溪主持水西会,经常去广德会讲:

> 至洪、畿主水西会,往来广德,诸生张槐、黄中、李天秩等邀会五十人,过必与停骖信宿。①

黄宗羲所说钱、王讲舍"广德有复初会"应即指此,而且可以看出,这也是以水西会为中心的会讲活动。

（二）新安会

宁国的水西会之外,王龙溪参加徽州的会讲也很频繁,他还推动了徽州的六邑会讲:

> 慨惟离索之久,思求助于四方,乃者千里远涉,历钓台,登齐云,涉紫阳,止于斗山精庐,得与新安诸同志为数日之会。②

这应当是王龙溪开始积极参加会讲之时,故有"离索之久,思求助于四方"云云,而且此时新安似未有六邑会。而另一处记载:

> 新安旧有六邑大会,每当春秋,以一邑为主,五邑同志士友从而就之。乙亥秋,先生由华阳达新安,郡守全吾萧子出迎,曰:"先生高年,得无舆马之劳乎?郡中士友相望久矣。"乃洒扫斗山书院,聚同志大会于法堂,凡十日而解。③

①《王文成公全书》卷三十五《年谱附录一》嘉靖三十五年条。
②《斗山会语》,《王龙溪全集》卷二。
③《新安斗山书院会语》,《王龙溪全集》卷七。

乙亥虽是万历三年的事，但说明嘉靖时确有六邑大会。

新安本有大会，上文已提到东廓曾参加新安六邑大会会讲，实际上王龙溪和钱德洪参与得更加积极：

> 新安旧有六邑同志之会，予与绪山钱子更年莅会，以致交修之益。初会斗山，后因众不能容，改会于福田。今年秋仲，予复赴会，属休宁郡邵生汝任辈为会主，驰报让溪、觉山、周潭诸公及六邑之友，相期十月九日会于建初山房。予以趋归之亟，不能待诸友，因出会籍，祈予申致一言，用助警策。予念甲子与诸君相会，复七年于兹矣。①

甲子为嘉靖四十三年，七年后则是隆庆五年或四年。事实上，嘉靖中王龙溪和钱德洪是轮年赴会新安的，不特甲子而已。这种轮年的安排显然是为了与二人轮年主持水西会的安排相一致。在另一个材料中我们也可看到福田会的情形：

> 嘉靖丁丑春暮，予赴新安福田之会。至则觉山洪子偕六邑诸子，已颙颙然候予久矣。旧在城隅斗山精舍，改卜于此（当指福田山房），盖四月十八日也。昼则大会于堂，夜则联铺会宿阁上，各以所见所疑，相与质问酬答，显证默悟，颇尽交修之益。诸生沨沨然有所兴起，可谓一时之盛矣。凡余十日而会解。②

嘉靖无丁丑。按文中又言“斗山相别以来，于今复八九年”，而《书进修会籍》明言丁巳赴福田会，以后更年莅会，故以丁巳之后八九年计

①《建初山房会籍申约》，《王龙溪全集》卷二。
②《新安福田山房六邑会籍》，《王龙溪全集》卷二。

之,应在嘉靖四十四年乙丑为近。丁丑疑即乙丑之误。

嘉靖丁巳王龙溪曾赴水西,已如上述。这一年他也曾到徽州:

> 嘉靖丁巳五月端阳,予从齐云赴会星源,觉山洪子偕诸同志馆于普济山房,聚处凡数十人,晨夕相观。因述先师遗旨及区区鄙见,以相订绎。①

在赴新安大会前后,他也就近结会,有文记其事:

> (莲峰叶)君素抱经世之志,而化始于家。尝欲示法和亲,以敦睦为己任,限于年,未就。公既殁,二子茂芝、献芝乃作见一堂于云庄之麓,谋于父兄子侄,倡为进修会。以会一族之人,相与考德而问业,以兴敦睦之化,承先志也。岁丁巳夏,予赴新安福田之会,二子既从予游,复邀入云庄,集其会中长幼若干人,肃于堂下而听教焉。举族兴义好礼,颙颙若是,可谓盛矣。二子因出会籍,乞予申订一言,用示将来。②

前面我们已经知道王龙溪嘉靖丁巳春参加水西会,四月十三日解会,故这里所说五月复参加徽州星源、福田讲会,应当是在水西会后的连续活动。云庄的进修会是王龙溪"随缘结会"的又一例子。同时也证明,当时此种族会盛行于江南,如何心隐的"聚合会"、颜山农的"萃和会"都是同一类族会。这种族会活动无疑与王学会讲的流行和影响有关。

---

①《书婺源同志会约》,《王龙溪全集》卷二。

②《书进修会籍》,《王龙溪全集》卷二。

(三)冲玄会

王龙溪参与推动的另一讲会是“冲玄会”,这是江西、浙江两省王学学者的省际大会,称为“江浙大会”:

> 窃念浙为首善之地,江右为过化之区,讲学之风于斯为盛。戊申之夏,既赴青原①之会,秋中念庵诸君送余南还,相与涉鹅湖之境,陟象山之墟,慨流光之易迈,叹嘉会之难数。乘间入龙虎山,得“冲玄精庐”,乃定为江、浙大会之约,书壁示期。今兹仲秋,复偕绪山钱子,携两浙、徽、宣诸友如期来赴。东廓文暨卓峰、瑶湖、明水、觉山、少初、咸斋诸兄先后继至,合凡七十余人。辰酉群聚于上清东馆,相与抽绎旧闻,商订新得。②

据《(同治)贵溪县志》卷二《寺观》:“冲元观,在龙虎山,元元贞间建。”可知冲玄即是冲元,东廓、念庵文集皆作“冲玄”,疑龙溪曾避玄字,故其《会纪》用“冲元”。《(同治)贵溪县志》则当避乾隆之讳。龙溪上文后注曰:“己酉仲秋日书于上清东馆”,可知选定冲玄观为江浙大会会址,其事在戊申。而首次冲玄大会则在己酉。故罗念庵戊申有《南游记》③,其中云“六月二十五日会于青原”,“七月二十三日解会,龙溪与贡、王二君先归,邀予同择龙虎山中为江浙会所”。八月十日至龙虎山上清宫,“初,青原议择江浙会地,以龙虎为胜,至厌其喧剧”。于是选定冲玄观:

---

①此处“青原”原作“冲玄”,但观下文及罗念庵文可知其误。

②《冲元会纪》,《龙溪王先生会语》卷一。

③《夏游记》一作《南游记》,《念庵文集》。

十二日，闻冲玄幽阻，同诸君往……题楼壁云："嘉靖戊申中秋，山阴龙溪王畿、宣城贡安国、王汝舟，新淦云泉吴逵，吉州念庵罗洪先、王讬，洪都王缉，安仁桂轨，同游仙岩，入龙虎山，冒雨过冲玄观，登爱山楼。凭栏四顾，万木萧森，感年华之不留，慨朋簪之难盍。日者青原之会，绪山钱德洪、晴川刘魁、东廓邹守益、狮泉刘邦采诸君子，相期选胜名山论心，晏岁偶逢兹境，良副夙怀，且楚越道理适均，而朱陆异同可合。鹅湖地近，再求续于荒盟，剡曲舟来，永言归于新好。共勤远志，无负斯文。"

念庵曾中状元，故友人每以文事相属。他的这一段题壁，确实不负众望。由此亦可知，选定冲玄以集江浙之会，王龙溪发挥了主要的作用。邹东廓曾说：

先师云亡，浙、江为大会，以振微言。己酉会于冲玄，庚申复会于怀玉。怀玉高邃，无力者不能往，乃会于徽、宁、苏、湖，广德同志以聚于广信。①

东廓更有《冲玄录》，记己酉冲玄会的学术讨论甚为周全，从中可知当时讨论的问题相当广泛，如寂感、心体自然、大学诸条目、辨志去私、规矩方圆、格致内外、真性太极、博约、不睹不闻、著善掩恶、二氏、闲思杂念、忧患、良知意见、戒惧慎独等。己酉冲玄会有七十余人，应当包括当时几乎全部的王学精英。

（四）其他会讲

王龙溪随处结会的活动，《道山亭会语》记叙最明：

①《广信讲语》，《东廓邹先生文集》卷七。

> 嘉靖辛亥秋，太平周子顺之访予山中，因偕之西游。将历观东南诸胜，遇同志之区，则随缘结会，以尽切劘之益。过苏，值近沙方大夫开府吴中，闻予与顺之至，集同志数十辈，会于道山亭下，延予二人往莅之。……既如会，诸生惧其既别而或离也，乃图为月会之约，而属言予，以导其所志。①

“遇同志之区，则随缘结会，以尽切劘之益”，这的确是王龙溪会讲四方的写照。

在江北，他赴会最多的讲会是戚南玄主办的南谯会。戚贤字秀夫，号南山，晚更号南玄，滁州全椒人，在全椒建南谯书院。罗念庵有记文称：“书院旧为尼庵，嘉靖甲午君逐其侣而归之学，后署为南谯书院。”②戚氏死后王龙溪曾作祭文：

> 兄既入山，聚友讲学之志益切，每岁必期余一往南谯，与诸同志为旬日之处；或相期出游东南，与檗谷、绪山、念庵、荆川、鹿园、一庵、石山诸君为浃旬之会。③
>
> 每不肖过南谯，学中同志，会者不下百余人。④

龙溪虽然未必每年赴会南谯，但由此可以知他参加南谯会的次数确实很多。嘉靖三十二年癸丑他在赴南谯会的同时又参加滁阳会：

> 嘉靖癸丑春闰之十日，余赴南谯，取道滁阳，拜瞻阳明先师

①《道山亭会语》，《王龙溪全集》卷二。
②参看《全椒县志》卷七《书院》。
③《祭戚南玄文》，《王龙溪全集》卷十九。
④《与郑石渊》，《王龙溪全集》卷十一。

> 新祠于紫薇泉上。同年太仆巾石吕子以滁为先师讲学名区,相期同门诸君子及署之僚属、州校诸博与其隽士数十人,大会于祠下。诸君谬不余鄙,谓余晚有所闻,各以所悟所得相质,以求印证。①

在《滁阳会语》中龙溪论及阳明平生为学次第,提出系统的看法,甚为重要。黄宗羲所谓"江北有南谯讲堂",即指此。

嘉靖三十三年龙溪又出游江西:

> 嘉靖甲寅春,先生赴江右之约。秋入武夷,历鹅湖,返棹广信。郡中有闻讲书院之会,吉阳何子请先生往莅之。《会约》首揭阳明夫子《立志说》、《拔本塞源》"一体论",以示学的。每会轮一人讲四书一篇,以为参互体究之资。②

广信的闻讲书院之会相当正式,与会者应都是士子,每会轮一人讲四书中的一篇,参会者共同讨论。事实上,在明代的太学中就有此种被称为"会讲"的讲读形式,与现代学术、教育的研讨会实有相合之处。

王龙溪也到福建会讲,前面提及嘉靖丁巳四五月他曾赴水西、徽州会讲,五月他又奔赴福建:

> 先是丙辰冬,唐子荆州以乃翁状事入闽,予送之兰江之上,意予沿途朋类追从,欲密其迹,遂独赴武夷,会遵岩。遵岩讶之,乃复申订前约,以今年(丁巳)四月会于九曲、天游之间。比予将赴水西之会,恐不逮事,更以五月为期。……遂顺流抵三山……

①《书滁阳会语并示水西、宛阳诸同志》,《龙溪王先生会语》卷一。

②《闻讲书院会语》,《王龙溪全集》卷一。

> 日则间与函峰及诸君子相聚处，更问互答，以尽切劘之益。夜则相与宴息深坐，究阐旧学，并证新功。或遵岩子倡而予酬之，或予启而遵岩子承之，或偕答问疑义，相与寻绎，以归于一。盖旬有九日而别。①

在三山会讲的会语，《三山丽泽录》载之甚详。

王龙溪享年甚高，故其晚年讲学与罗汝芳亦有叠合处。水西在泾县，属宁国府，嘉靖四十一年罗汝芳出守宁国府，四十三年甲子龙溪赴宛陵会：

> 甲子暮春，予赴宁国近溪罗侯之会，遇海阳顾子于宛陵。②
>
> 近溪罗侯之守宣也，既施化于六邑之人，复裒六邑之彦，聚于宛陵，给之以馆饩，陶之以礼乐，六邑之风蹶然震动。甲子春暮，予以常期赴会宛陵，侯大集六邑之士友长幼千余人，聚于至善堂中。③

宛陵即宣城，宁国府治所在。千人的聚会，在规模上已经是相当可观了。

由上可见，王龙溪虽然号称浙中王门的代表，但他的会讲活动却是以今属安徽的宁国—徽州一带为中心。除以上所说外，他还参加过不少定期的或临时的会讲，如嘉靖壬戌到罗念庵的松原新庐与之相会（见《松原晤语》），是年又自洪都至抚州参加拟岘台之会（见《拟岘台会语》），乙丑在留都新泉的大会（见《留都会记》）。天心精舍的

①《三山丽泽录》，《龙溪王先生会语》卷二。
②《书顾海阳卷》，《王龙溪全集》卷十六。
③《宛陵会语》，《王龙溪全集》卷二。

盟心会(有《天心授受册》和《盟心会约》)、慈湖精舍会(《慈湖精舍会语》)、留都鸡鸣寺凭虚阁大会(《南雍诸友鸡鸣山凭虚阁会语》)、万松仰圣祠讲会(《万松会记》)、华阳明伦堂讲会(《华阳明伦堂会语》)、隆庆戊辰的姑苏竹堂会(《竹堂会语》)、万历癸酉南谯书院讲会(《南游会记》),等等。

四、罗念庵的《冬游记》和《夏游记》

罗洪先(念庵)嘉靖八年举进士第一,而欧阳德(南野)中一甲第三名,唐顺之(荆川)中二甲第一名,皆与念庵为同年友。念庵嘉靖十一年在京师与欧阳南野等过从颇多,而且结识了王龙溪。嘉靖十三年他曾参加邹东廓主持的青原大会①。

前面说过,王学学者四处会讲可称为游会,盖因参加会讲往往需要远程跋涉游旅。不过,王龙溪的《东游会语》和《南游会记》与邹东廓的《冲玄录》一样,皆以详细记述当时会讲论辩的内容为主。唯有罗念庵的《冬游记》、《夏游记》(一本作《南游记》)、《甲寅夏游记》(四库本不载)记述思想辩难简明扼要,记录旅游行止极为详细。念庵的这种游记,对我们了解当时知识人的游会活动自有其独特的价值②。

(一)《冬游记》

《冬游记》以日录为形式,一开始述其缘起:

---

①钱穆《罗念庵年谱》引《鹅溪彭君墓表》,谓念庵亦预十三年青原会。但墓表中未言念庵自己曾参加甲午青原会,而念庵答复古问明言访复古始自壬寅嘉靖二十一年。岂因甲午时未有复古之故耶?抑或钱谱察之有所未详耶?

②从思想方面研究《冬游记》可参看福田殖《罗念庵的〈冬游记〉》,载二松学舍大学《阳明学》杂志 1994 年号。

> 嘉靖己亥,余当赴官僚命,邹东廓、唐荆川再书促余有联舟约。自念山中离索,嘉会难逢,闰七月十八日登舟。途次转滞,十月二日始抵镇江。闻二兄既远去不相待,王龙溪在南京书来邀会,初六日与胡大徽同往赴之。①

己亥为嘉靖十八年,念庵三十六岁,是年召拜春坊右赞善(《年谱》引《明史》本传),当由江西赴北。又据《明史》本传,唐荆川世居江苏武进,旧属毗陵。荆川嘉靖十二年二十七岁即以吏部主事致仕,家居多年。己亥始起为春坊右司谏。是年东廓亦由南京吏部考功郎中迁太常少卿,故二人约会念庵由江西到镇江,然后三人联舟北行。但念庵到镇江时,邹、唐已北上,而这时王龙溪正在南京做官,约会念庵到南京。《冬游记》便从这里开始。

日录体的《冬游记》既长且冗,不便称引,这里依据原文而撮其要,以见其行止:

十月二日　抵镇江

六日　王龙溪在南京书来邀会,因与胡大徽同赴南京,晚宿炭渚驿。

七日　午过龙潭驿,夜宿东流寺,遣人入城约王龙溪、王鲤湖。

八日　鲤湖遣人约余。

九日　龙溪、鲤湖继至,留寺一日,论学。

十一　龙溪邀观都城,入观音寺,与龙溪论学。

十二　龙溪入城了部事,余与鲤湖游灵谷寺,午后龙溪来,暮宿月泉寺。

①《冬游记》载于《念庵文集》卷五,以下凡引自《冬游记》者不复注明。

十三　游禅堂,诸禅作斋供讫,移宿退居。

十四　别龙溪,夜宿龙潭驿。

十五　由龙潭买小舟下仪真,留二日。

十七　抵扬州。

二十　移家入城。

二十三　追徐波石、戚南山,至金山不遇。未几南山书来邀余往会。

十一月

十日　舟到仪真,林东城书来,期岁暮入安丰,诺之。

十七　与二友联骑趋全椒,将暮抵六合,宿东岳庙。

十九　抵全椒,访南山。县令与士友来访。晚宿南山家塾。

二十　访县令及士友。南山邀入南谯书院,适聚乐堂新成,诸友数十人来会。

二十一　早同南山赴南京,暮抵江浦县白马寺(龙溪、荆川常宿此),夜与南山论学。

二十二　渡江,午至江东驿,饭后入报恩寺。暮龙溪携酒肴至,联卧。

二十三　龙溪入部,余与南山观寺。

二十四　游徐府庵、高座寺、天界寺,返报恩寺,夜与龙溪等论学。

二十五　与南山过大教场习射,入神乐观午饭。龙溪来同宿方丈中。

二十六　谒孝陵,薄暮始返观(神乐?)中。南山、龙溪至江东会王遵岩。

二十七　遵岩使人邀赴报恩会,至则湛甘泉来顾,且邀次日饭。与遵岩、龙溪语至半夜。

二十八　城中相知来访。入城谒甘泉。将暮又至甘泉处，龙溪、扩斋、吴笤溪皆在饮席，席中论学。夜宿龙溪家，与论学。

二十九　避谢人事入普照寺，独卧禅榻，既觉值僧斋粥熟，就僧乞食。午后南山等来，移宿方丈中。

三十　与南山等至万岁寺午饭，饭罢同步轻祝禧寺，晚观《楞伽经》。

十二月

一日　早僧一庵设斋。与南山等抵牛首寺至住持方丈中熟睡。睡觉饭毕游山寺。晚龙溪等同至，饭罢同至禅堂，登榻分坐，已而皆分宿各方丈，余与龙溪南山连卧论学。

二日　游山寺，诸公置酒方丈，寺僧海天延入方丈设斋，供毕，归宿禅榻，夜半论学。

三日　早游罢归方丈，复设斋，供毕，趋至华严寺，夜论学。

四日　龙溪早别，余三人饭罢由江东门外普惠寺中陆行入水西门。

五日　观朝天宫，至灵应观午饭。出清凉门乘小艇北观石头城。将暮抵静海寺，宿对山方丈。

六日　凌晨携酒肴出饯西皋，午后龙溪来同饮。

七日　龙溪至，饯于方丈别院。

八日　与龙溪等乘舟游观音山，宿道院中，与龙溪、南山论儒佛老之辨。

九日　饭罢各拜别，南山龙溪送余置矶下。暮抵仪真，宿见斋客舍。

十日　至扬州，乘雪访吴疏山。

十二　移家入船,赴泰州安丰场践约访王心斋。

此下访心斋一节省去不录,念庵直至十二月二十八离开安丰场,《冬游记》结束。

由《冬游记》可见,当时的交通已相当便利。而游记给人的最深印象之一是,儒家士大夫的交游与会讲,几乎全部是以佛道寺观为处所。念庵访友的两月间,几乎全是夜宿寺观,先后在东流寺、观音寺、月泉寺、退居寺、东岳庙、白马寺、报恩寺、神乐观、普照寺、祝禧寺、牛首寺、华严寺、静海寺等居宿。居宿期间,不仅寺僧时设斋款待,儒士还往往自携酒肴饮宴寺中。可惜,明代寺院的这种供游旅士人宿泊留居的功能学者研究不多,其与寺院经济的关联我们所知还甚少①。但在寺中论学静修,至少自宋代以来就已经是儒者的常事了。由常理推之,寺僧一般皆乐于与有名的士人往来,在寺院接待他们,以提高寺院及僧主的声名,而士人在享用寺院提供的安静空间的同时,不仅会付一定酬银,也常会题写诗文以为回报。

《冬游记》的讲学主要分为两个方面:一方面是在江北的南谯书院,这是戚贤在全椒县的讲学基地;另一方面是在江南,在南京附近与王龙溪的讨论。

(二)《夏游记》

念庵的戊申《夏游记》更与前节所说东廓、龙溪会讲有密切关系。《夏游记》首云:

明年为戊申……会友人王龙溪期会匡庐天池,遂辍以往,是

①据《夷坚志》,两浙僧俗多建接待庵,游僧至时具斋以待之。寻常庵内容客不过再宿,然亦有庵不限。见其书卷四十七《祖圆接待庵》。

时五月下旬。

正如我们前面指出的,嘉靖二十七年戊申王门高弟全部会集江西参加青原讲会,故戊申年是王学会讲活动集中而且重要的一年。以下我们仍按照处理《冬游记》的方法将《夏游记》记述的行止撮要如下:

五月二十六　登舟至新市,晚泊玉峡征君楼。

二十七　至新淦,反同年吴云泉、饶湖田等。

二十八　泊白马,邀卢虚舟、朱周卿。

二十九　宿河泊所,卢、朱皆畏暑,挟医而行。

三十　午泊石头口,返至南浦附商舟。

六月朔日　使云龙溪昨暮南上,遂乘艇沿流而南,宿曲江。

一日　至丰城追及龙溪,同舟为钱绪山、贡玄略、王济甫。中夜宿樟树。

二日　龙溪将晤张浮峰、大参于临江,暮同会慧力寺。

三日　出天王寺登舟,宿清沂。

五日　至新淦同饮云泉湖田所。

六日　至玉峡,邑令成井居以钱、王同门邀会后山寺。

七日　自玉峡趋石莲,与龙溪辨析学术二日。

九日　绪山题石,出吊周七泉,连榻而宿,各指所病。

十日　同宿敝庐,论已发未发。

十一　诸君别,如安成。

二十五　会于青原,四方及同郡之士先后至者百六十人,僧舍不能容。每日升堂,诸君发明良知与意见之害;退则各就寝所商榷,俱夜分乃罢手。

七月二十三　解会,龙溪与贡、王二君先归,邀予同择龙虎山中为江、浙会所。予以先忌归祀,祀毕与周柳渠、王有训发同江。

八月朔日　至新淦。

二日　复遇龙溪于市汊。

三日　将任南昌,龙溪入城别浮峰,余与贡、王避处玉清宫。

四日　云泉至,入其舟。

五日　候龙溪,午后以王以敬来遂发,晚泊八角楼。

六日　午过赵家园,宿瑞虹。

七日　午至龙窟,龙溪易舟,泊余干。

八日　会于安仁,邑令等先后相见。

九日　过郭家渡,舆人告劳,暂休仙岩寺中。食罢复出江上,乘小艇返寺中,是夜与龙溪共榻言别。

十日　雨止欲登上岩寺,舆人绐以径滑不可,至真人府,上清宫在其左五里。午后息上清宫。

十一　贵溪邑令周君遣人修馈,宫中道侣千余人。初青原议择江、浙会地,以龙虎为胜,至是厌其喧剧。

十二　闻冲玄幽阻,同诸君往,题楼壁:"嘉靖戊申中秋……"(题文前节已录)题罢返上清宫。

十三　冲雨出山,薄暮至贵溪。

十四　龙溪酌别,余与三四友人会贵溪士友,夜宿浮石寺。

十五　暮至瑞虹,始附商舟。

十六　过彭蠡,是夜宿黄家渡。

十七　早过南昌,晚泊曲江。

十八　过樟树,易舟,深夜至新淦。

十九　午至桐江。

从《夏游记》可知，念庵家住吉水，坐船行四日到南浦。由南浦搭乘商船，在丰城遇到王龙溪、钱德洪等人，钱、王二人来自浙江。然后数人又返行至吉水，曾在念庵讲学处石莲洞和念庵家中论学。此后钱、王等人赴安成参加邹东廓的惜阴、复古会，而念庵则未参加本年的惜阴和复古会。惜阴、复古会约两周，按惯例继出青原山开同志大会，念庵赴青原会与众友相聚。大会参加者百六十人，从六月二十五至七月二十三结束。会后龙溪、念庵等携行赴贵溪县内龙虎山中，寻勘江、浙大会之所，因见上清宫喧闹，最后决定以冲玄观为会所。

念庵本来应龙溪约，同游庐山，而后同参加青原大会，所以自吉水北行。但到南浦后才得知龙溪等已经向吉州方向南行（大概约定有差池，或钱、王已游庐山完毕），故在丰城追上钱、王后便同行到吉水念庵家小住，然后参加复古、青原大会。

五、罗近溪的会讲特色

罗汝芳，号近溪，江西建昌南城人，嘉靖十九年庚子（1540）见颜山农而师事之。颜山农学于阳明高弟王心斋，庚子秋试时，颜山农从心斋的东陶精舍返江西，在南昌发榜布告，聚集一省士子于能仁祠，讲"急救心火"，罗汝芳受其"制欲非体仁"说的震撼，从此终身敬事不渝。

嘉靖二十二年癸卯（1543），汝芳"举于乡，与同志会滕王阁"，这是他参加会讲的最早记录。次年，"会试，与同志大会灵济宫"。又次年，在家乡"建从姑山房以待讲学"①。南城为建昌府所在，从姑山在

①以上三条材料皆见杨起元《罗近溪先生墓志铭》，载《近溪子集》附集卷二。以下简称《墓志铭》。

南城附近，因以名讲学之所。事实上在汝芳家乡，本来有乡会一类的活动，可见于《近溪子集》中他与乡弟子的答问：

> 问："里中自前峰先生偕碧崖、纯斋诸公讲里仁社会，将数十年，今更通诸一乡一邑，真是君子之德风也。"曰："孔子云，为政以德可以无为而治，但观近日之会，昭然可见。吾乡老幼聚此一堂有百十众，即使宪司在上，也不免有些喧嚷。是岂法度不严？奈何终难静定。及看此时，或起而行礼，或坐而谈论，各人整整齐齐，不待吩咐一言。从容自在，百十之众得如一人。"

这说明在罗汝芳父亲（前峰）时，其乡里已经有"会"，称为"里仁社会"。可以想见，这个里仁社会应当和颜山农的三都萃和会是一类的乡族会。罗汝芳在乡里也已经是里仁会的积极参与者了，据《墓志铭》载，嘉靖三十年辛亥（1551）罗汝芳居家，"会乐安、会宜黄、归立义仓，创义馆、建宗祠、置醮田、修祖墓，讲里仁会于临田寺"。会乐安、会宜黄都是地方性的小会，"讲里仁会"则是继承了家乡的传统，把里仁会由乡会发展为像惜阴会一样的县邑讲会。

约嘉靖二十九年（1550）以后，罗近溪更多开始参加大的会讲，《墓志铭》记他"约同志大会留都，秋会江省月余；沿流至螺川，集会九邑同志"。螺川在吉安，罗近溪有可能是参加了复古、青原大会，罗洪先是年亦参加了复古大会。

嘉靖三十三年癸丑近溪赴廷试，中进士。在京中参加同志讲会：

> 嘉靖癸丑第进士，寓京师，与姜凤阿宝、胡庐山直、邹颖泉善、耿楚侗定向、刘养旦应峰诸先生联同志会，辰夕切摩，各有

所得。①

是年,“徐阶定会所于灵济宫,夫子(近溪)集同年联同志同至”②。按徐阶任礼部尚书兼东阁大学士始自嘉靖三十一年,京中的灵济宫大会讲为徐阶所推动③,而《明儒学案》谓癸丑、甲寅两年灵济宫大会最胜,应与近溪的参与有关。

嘉靖四十一年壬戌(1562)近溪出守宁国府,其主政的特点是“联合乡村,各兴讲会”④,这种讲会必然如颜山农的萃和会、近溪家乡的里仁会一样,是以乡绅为中心,以宗族为网络的地方性善俗教化的乡会。在宁国他也主办大规模的讲会,如前节提到的王龙溪嘉靖四十三年甲子春曾参加近溪主持的宁国千人大会。

嘉靖四十四年乙丑近溪入觐,再次“合同志大会灵济宫”⑤,隆庆五年辛未(1571),“大会南丰,大会广昌,大会韶州,由郴桂下衡阳,大会刘仁山书院”⑥。万历初年近溪任云南副使、参政,先后在武定、临安、弥勒、石屏、通海、大理、永昌、洱海、楚雄等多处会讲,其会讲多以四书的内容为题目。

万历五年丁丑(1577)赍捧入京,礼成,与同志会讲广慧寺,未几,被令致仕,此后一心讲学,足迹遍江南:

①谭希思:《皇明理学名臣传》,《近溪子集》附集卷一。

②同上。

③《明儒学案》卷二十七:“(徐阶)为讲会于灵济宫,使南野、双江、松溪程文德分主之,学徒云集,至千人。其时癸丑甲寅,为自来未有之盛。”《野获编》亦载:“嘉靖末年,徐华亭以首揆为主盟,一时趋骛者,人人自托吾道。凡抚台莅镇,必立书院,以鸠集生徒,冀当路见知。”

④谭希思:《皇明理学名臣传》,《近溪子集》附集卷一。

⑤同上。周汝登《圣学宗传》亦云以宁国府入觐而与会灵济宫。

⑥《墓志铭》。

> 得请致仕，还从姑，开诲来学。遍涉抚、吉、洪、饶、楚、粤、闽、浙、留都、徽、宁诸郡，大会同志。东南之学丕振。①
>
> 致仕，复与诸门人联辙各郡，走安成、下剑江、趋两浙、金陵、往来闽、广，盖张皇此学。②

他的这种讲学活动在范围上可与王龙溪相比。据《墓志铭》，近溪在致仕后有名的会讲活动有，万历十一年癸未赴临川会、崇仁会，又“入吉州访王塘南，进安福访邹颖泉，至永新拜颜山农，下泰和会胡庐山”，皆一时江西名儒。万历十三年乙酉（1585），“大会江省同志于会城”，这也是江西全省大会。万历十四年丙戌，“下南昌，游两浙，至留都会凭虚阁，会兴善寺，别后大会芜湖，大会水西，大会宁国，从祁门入饶州而还”。这一年的南京凭虚阁会赵志皋有记载：“部寺诸大夫及都人士日会百计，予时率六馆师生延先生入凭虚阁。”③从以上这些记载可知，近溪的会讲一方面与邹东廓一样，以整个江西为重点；另一方面也完全继承了王龙溪重视水西、宁国并遍游东南会讲的大动作。

近溪虽然在讲学活动的范围上可与龙溪相比，但二人的会讲特色有所不同。龙溪会讲专注于阳明学的基本理论问题而极深研几，参加同志会远多于乡会，所以他的会讲是精英的会讲，他关心的课题是理论性和精神性的课题。而罗近溪之父在家即主办里仁会，近溪的老师颜山农又以办乡族的萃和会闻名，受此影响，近溪所主之会，以大众参加的乡会居多，其会讲的性质多是一种通俗化或世俗化的儒家会讲。如近溪以为明太祖的孝顺六言直接孔孟、

①王时槐：《近溪罗先生传》，《近溪子集》附集卷一。
②刘元卿：《诸儒学案传》，《近溪子集》附集卷一。
③《近溪先生墓表》，《近溪子集》附集卷二。

发明圣学,特加鼓吹,“直接尧舜之统,发明孔孟之蕴”,说:“惟居乡居官常绎诵我高皇帝圣谕,衍为乡约,以作会规。而士民见闻处处兴起者辙觉响应。”①史传也说:“出守宁国府,衍圣谕六言,日令讲生发明。”②

六、明儒的祠祀观念与王学讲会之发展

在《明儒学案》中,论及湛若水时有一段著名的话:

> 平生足迹所至,必建书院以祀白沙,从游者殆遍天下。③

这句为治理学史者耳熟能详的话,提示出一重要的课题,即书院(以及讲会)的发展与明儒的宗教观念(崇祀)有无关联?从《明儒学案》的论述来看,祭祀先儒的动机是推动书院发展的重要精神动源,至少对于明代的心学运动来说是如此。而明代书院一千余所,以嘉靖年间所建为多,而嘉靖间的书院又主要为王阳明、湛若水的弟子所建,所以这一课题对整个明代书院都是有重要意义的。

(一)宋代学中立祠与朱熹的祠记

在宋以后的文集中,我们常常会看到“祠记”一类文体,记述建祠的意义与经过。一般地,这些祠记多为州县的学校或书院中建立的先儒祠所写。值得注意的是,此种祠记在北宋以前甚少。如欧阳修、王安石、苏轼的集中皆无此种为学中所立先儒祠作记的文章。二程、

---

①《近溪子集·礼卷》。

②谭希思:《皇明理学名臣传》,《近溪子集》附集卷一。

③《明儒学案·甘泉学案一》。

张载、周敦颐也没有写过这类文字。而到南宋,虽然陆九渊集中只有《王荆公祠堂记》一篇,但朱熹集中已有大量的先儒祠记出现。可以说,文体的变化往往与制度、学术、思想的变化有一定的关联。

出现此种现象的原因应与北宋的三次兴学运动的结果有关。一般认为,北宋有三次兴学运动,即以范仲淹为首的庆历兴学、以王安石为首的熙(宁)元(丰)兴学和以蔡京为首的崇宁兴学。而这三次兴学运动中最重要的内容就是诏命州县广立学校,州之士满二百人皆须立学。王安石说:“今天子始诏天下,有州者皆得立学,奠孔子其中。”①州县立学,在学中必祀先圣先师。政府还在每州置教授二员,县设学。地方官学体制一般具有教学、祭祀、收藏、住宿四大要素。在北宋末年,地方州县立学的同时,在这些学中的祭祀活动也由先圣先师扩展及先儒先贤。

这种祭祀的观念和传统渊源甚远。《礼记·祭法》篇综论制祀之道:

> 夫圣王之制祭祀也,法施于民则祀之,以死勤事则祀之,能御大灾则祀之,能捍大患则祀之。……此皆有功烈于民者也。

《礼记》把有功德于民者列为祀典之首,已经显示出民本主义的人文取向对早期中国宗教文化的影响。《礼记》所总结的这些原则随着早期儒家文献的被经典化,逐渐成为礼仪实践的实际指导原则。这种功德祭祀多少带有纪念性的意味,并非纯粹的宗教性祭享祈福,但也不能否认,此种功德祭祀仍具有宗教特色。

如《汉书》载“文翁终于蜀,吏民立为祠堂,岁时祭祀不绝”。唐玄宗天宝七载(748),诏历代忠臣义士、节妇烈女、史籍所载德行弥高

①王安石:《繁昌县学记》。

者，所在宜置祠宇，量事致祭。后世祭忠臣义士等始于此。宋太祖开宝三年(970)、真宗大中祥符元年(1008)、神宗元丰三年(1080)都曾诏前代烈士周公孔子百辟卿士祀之，故民间对有功烈于民者，可以说代祀不断。对先圣先师的祭祀自汉代以来也渐成系统。《礼记·文王世子》说："凡始立学者，必释奠于先圣先师。"这还仅指国学而言。但这种对圣师的释奠尚未确立其对象。约在汉明帝以后，确定了周公为先圣，孔子为先师，在国学中行释奠礼。曹魏以后先圣为孔子，先师为颜回，在国子学中建孔庙。唐太宗贞观后，令州学、县学中亦立孔子庙，使得各级学校成为"庙学"的体制。不仅如此，唐贞观以后还建立了从祀制度，在庙堂从祀者，不仅包括孔门弟子，也包括有杰出贡献的后来儒者。这种在学中释奠孔颜及后儒的传统自然会影响后来民间兴办的书院的祭祀行为，并使地方官学及民间书院的祠祀对象渐渐扩大。

因此，随着文化的发展，祭祀对象不仅有在事功上有功烈于人民者，更包括在思想文化上有德于人民者，也是理所当然和势有必至的了。朱熹自己在任地方官时即立过先贤祠，其中也包括道学家的祠。

如朱熹任南康军之初，就立濂溪周先生祠，以二程配，由张南轩作记。但因朱熹一生作官时间甚短，建祠有限，而所作祠记却很多。《朱子文集》卷七十八至八十收入不少为理学家设祠而作的祠记。从朱熹所作的祠记来看，这些理学家的祠是被用来推广理学思想的。如淳熙三年(1176)为建康府学的明道祠作记：

> 资政殿大学士建安刘公某，居守建康之明年春某月，始立明道先生之祠于学，而以书走新安之婺源，抵熹曰："……始至慨然，即欲奉祠，以致吾意，使此邦之为士者有以兴于其学，为吏者有以法于其治，为民者有以不忘于其德。……"岂独以致其尊贤

尚德之意，使民不忘而已哉！若夫推公之志，而以先生之所以教者教其人，使之从事于为己爱人之实。①

明道先生即程颢，这是朱熹为刘珙在建康所立程明道祠写的祠记，祠立在府学中。立祠之意一方面是尊贤尚德，一方面是使吏民士人有学习的榜样。又如淳熙四年为江州所作记：

淳熙丙申，今太守潘侯慈明与其通守吕侯胜己始复作堂其处，揭以旧名，以奉先生之祀，而吕侯又以书来，属熹记之。②

濂溪即周敦颐，二程曾学于濂溪，朱熹最早对周濂溪大加表彰，所以奉祀者特请朱熹作记。吕胜己为张南轩门人。淳熙五年南轩的弟弟张杓在袁州亦请朱熹作祠记：

宜春太守广汉张侯既新其郡之学，因立濂溪、河南三先生之祠于讲堂之东序，而以书来，属熹记之。……使三先生之祠遍天下，而圣朝尊儒重道之以垂于无穷，则其美绩之可书，又不止于此祠而已也。③

这是在袁州州学中立濂溪、二程祠，立祠的目的是营造尊儒重道的风气。又如淳熙六年隆兴府学立濂溪祠，请朱熹作记：

隆兴府学教授南康黄君灏，既立濂溪先生之祠于其学，而书

①《建康府学明道先生祠记》，《晦庵先生朱文公文集》卷七十八。
②《江州重建濂溪先生书堂记》，《晦庵先生朱文公文集》卷七十八。
③《袁州州学三先生祠记》，《晦庵先生朱文公文集》卷七十八。

> 来语熹曰:"先生之学自程氏得其传以行于世而至于今,而学者益尊信之。以故自其乡国及其平生游宦之所,历皆有祠于学,以致其瞻仰之意。若此邦者,盖亦先生之仕国也,而视于其学独未有所祠奉。灏也既言于府而敬立之,且奉程氏二先生以配焉,又将窃取其书日与学者诵习之。"①

黄灏是朱熹的学生,他在府学中立濂溪祠。从朱熹所引黄灏的话来看,淳熙年间,濂溪的家乡和他游宦过的地方,都在当地的"学"中立其祠,以致瞻仰之意。

这种为理学思想家立祠于学的风气在当时已颇为流行,如朱熹为其原籍婺源县学所作的祠记:

> 淳熙八年春三月,婺源大夫周侯始作周程三先生祠于其县之学,而使人以书来谓熹曰:"子故吾邑之人也,盖尝有闻于先生之学,而既祠之南康矣。且濂溪故宅、豫章、宜春之祠,又吾子之所记也。其为我言之!"熹惟三先生之道则高矣,美矣,然此婺源者,非其乡也,非其寓也,非其所尝游宦之邦也。且国之祀典,未有秩焉而祀之,于礼何依而于义何所当乎?……周侯又与邑之处士李君缯及其学官弟子数十人皆以书来曰:"……天下学士靡然向之,十数年来,虽非其乡非其寓非其游宦之国,又非有秩祀之文,而所在学官争为祠堂,以致其尊奉之意,盖非敢以是间乎命祀也,亦曰肖其道德之容,使学者日夕瞻望而兴起焉耳。"②

婺源县学所立祠也是周敦颐、二程的祠,从朱熹此文所述可知,依据

①《隆兴府学濂溪先生祠记》,《晦庵先生朱文公文集》卷七十八。

②《徽州婺源县学三先生祠记》,《晦庵先生朱文公文集》卷七十九。

朝廷发布的祀典而建祠立祀,这是“依于礼”;对有功德者,在其家乡、在其居住过的地方、在其作过官的地方建祠立祀,这是“当于义”。这是建祠立祀的一般原则。但在淳熙间,对周濂溪的祠祀已经大大超越这种范围,各地的“学宫”争相立祠,而其目的是致其尊奉之意,使士子每日瞻望而有所兴起。

此种情况也可见于韶州州学的濂溪祠,据朱子祠记:

> 乾道庚寅,知州事周侯舜元仰止遗烈,慨然永怀,始作祠堂于州学讲堂之东序,而以河南二程先生配焉。后十有三年,教授廖君德明至,视故祠颇已摧剥,而香火之奉亦惰弗供。乃谋增广而作新之。明年,即其故处为屋三楹,像设俨然,列座有序。月旦望率诸生拜谒,岁春秋释奠之明日,则以三献之礼礼焉。而犹以为未也,则又日取三先生之书以授诸生。①

此记作于淳熙十年(1182),而韶州州学的濂溪祠初建于乾道六年(1170),而且当时即已配祀二程。我们知道,朱熹的《程氏遗书》编定、刊印于乾道四年,朱熹作《太极图说解》《西铭解》始于乾道五年,因此周敦颐、二程地位在南宋的提高,并不能认为只是朱熹造成的。乾道初年时,在朱熹编定、注解周、程之书的同时,对周、程的推崇已在士林渐成风气,这从这一时期的立祠便可见一斑。廖德明是朱熹的门人。

濂溪、二程之外,二程门人被立祠者亦不少。如朱熹有谢上蔡祠记:

> 应城县学上蔡谢公先生之祠,今县令建安刘炳之所为

①《韶州州学濂溪先生祠记》,《晦庵先生朱文公文集》卷七十九。

也。……刘君之来,访其遗迹,仅得题咏留刻数十字而已,为之慨然永叹,以为先生之遗烈不建于此邦,后之君子不得不任其责。于是既新其学,乃即讲堂之东偏设位而祀焉。①

此记作于绍熙二年(1191),上蔡是二程高弟,刘炳是朱熹门人,时任应城县令,立上蔡祠于县学。后来朱熹的学生黄子耕任台州太守时也曾立谢上蔡祠,有叶适作记。绍熙中所立理学家祠还有黄州的二程祠,朱熹也有记文:

齐安在江淮间,最为穷僻……河南两程夫子,则亦生于此邦……今太守李君侯乃能原念本始,追诵遗烈,立二夫子之祀于学官,于以风厉其人而作兴之。②

此文在绍熙三年。

绍熙五年,朱熹作邵州的濂溪祠记,也值得注意:

邵阳太守东阳潘侯焘以书来曰:"郡学故有濂溪先生周公之祠,盖治平四年,先生以零陵通守来摄郡事而迁其学,且属其友孔公延之记而刻焉。其后迁易不常,乾道八年乃还故处,而始奉先生之祀于其间。既又以故府张九成之学为出于先生也,则亦祠以侑焉,于今盖有年矣。焘之始至,首稽祀典……乃更辟堂东一室,特祀先生,以致区区尊严道统之意。③

①《德安府应城县上蔡谢先生祠记》,《晦庵先生朱文公文集》卷八十。
②《黄州州学二程先生祠记》,《晦庵先生朱文公文集》卷八十。
③《邵州州学濂溪先生祠记》,《晦庵先生朱文公文集》卷八十。

邵州在乾道八年已立濂溪祠,这也是值得注意的。而儒家学者官员在地方任职,到任先核查祀典,以立祀作为政治管理和道德教化的重要途径。这在明代仍然如此。

与朱熹同时或以后的祠记就逐渐多起来,如叶适等所作的记文就相当多,其中也有不少周程、程氏门人、朱熹的祠记。这里就不再征引了。

由以上所述来分析,南宋以后为理学名儒立祠奉祀的动因有:1. 彰示王朝尊儒、重道、尚德之意。2. 将士人的榜样具象化而使士人有所瞻仰。3. 风厉当世而兴起后来。4. 推广道学思想。

由于上述这些祠堂都是立于府学、州学、县学,所以其功能均是对士人而发,这一点是没有疑问的。

然而,立祠仅仅是出于以上的人文考虑及对其社会功能的关注吗? 显然不是。祭祀所预设的宗教观念不可能不存在。可以朱熹所作吴公祠祭和苏颂祠记为例:

> 平江府常熟县学吴公祠者,孔门高第弟子言偃子游之祀也。……庆元三年七月,知县事、通直郎会稽孙应时乃始即其学官讲堂之东偏作为此堂,以奉祠事。是岁中冬长日之至,躬率邑之学士大夫及其子弟,奠爵释菜,以妥其灵。①
>
> ……用告有司,请即学官岁时奉祠,以建遗烈,使学者有所兴起。今既毕事,将妥厥灵,敢以舍菜之礼告于先圣先师之神。②

“以妥其灵”即安定其灵明,所谓告于先圣先师之“神”也是指其灵

①《平江府常熟县学吴公祠记》,《晦庵先生朱文公文集》卷八十。
②《奉安苏丞相祠告先圣文》,《晦庵先生朱文公文集》卷八十六。

神，都承认死后精神的某种存在。而建祠之后，岁时奉祀，更是预设生人与死人的感格交通。

（二）王学书院的建立与祠祀意识的作用

王阳明曾为万松书院作记，其中云：

> 万松书院在浙省南门外，当湖山之间。弘治初，参政周君近仁因废寺之址而改为之。庙貌规制略如学宫，延孔氏之裔以奉祀事。……惟我皇明，自国都至于郡邑，咸建庙学，群士之秀，专官列职而教育之。其于学校之制，可谓详且备矣。而名胜之区，往往复有书院之设，何哉？所以匡翼夫学校之不逮也。①

其意认为学宫所教只是为科举，已不复有明伦之意，书院即倡发明伦之学。据阳明所说，书院的规制与学宫相类似，即取“庙学”的结构。此种结构陈白沙曾言及：

> 凡学宫之设，有文庙，有明伦堂，前后位置，所具皆同。……庙前树杏为坛，夹以两庑，戟门之东祠乡贤，西祠后土。……堂之东西偏为两斋，为诸生号舍。道义门与儒学门相望，东庑之上神库，西斋之上神厨。庙与堂之间，会馔堂居之，北列廨宇。②

白沙说这种结构和布局是“天下之通制”。其中庙的部分位置很重要，而且包括乡贤之祠。

明代书院的建立与“祠祀”的观念有重要关联。除了前面所引的

---

①《万松书院记》，《王文成公全书》卷七。

②《程乡县儒学记》，《陈献章集》卷一。

"平生足迹所至,必建书院以祀白沙"一条外,还可举出黄绾的天真书院碑记:

> 今多书院兴必由人,或仕于斯,或游于斯,或生于斯,或功德被于斯。必其人实有足重者。表表在人,思之不见,而后立书院以祀之。聚四方有志,树之风声,讲其道以崇教化。浙江之上,龙山之麓,有曰天真书院,立祀阳明先生者也。盖先生尝游于斯,既没,故于斯创讲舍……则今日书院之创,非徒讲学,又以明先生之功也。……昔宋因书院为学校,今于学校之外复立书院,盖久常特新之意与?①

"表表在人,思之不见,而后立书院以祀之","讲其道以崇教化",黄绾此文与《明儒学案》述湛若水"必建书院以祀白沙"异曲而同工,表示书院之建立,其重要动机与功用就是用以奉祀先贤。黄绾是王阳明生时最亲密的友人和学生,官至礼部尚书兼翰林院学士,他的话对王学书院的建立应该是有代表性的。需要注意的是,以祠祀为建书院的重要动机,并非认为在此种动机支配下所建的书院只有祭祀的功用,崇祀与讲学("讲其道以崇教化")是密切联系的,这从黄绾的碑文中可以看得很明白。

以下再从《王文成公全书》所载有关王学书院的材料中择录若干,以见书院之建与祠祀的关联。据《阳明年谱》:

> 十六年丁酉十一月,佥事沈谧建书院于文湖,祀先生。
>
> 文湖在秀水县北四十里,广环十里,中横一州,四面澄碧,书院创焉。谧初读《传习录》,有悟师学,即期执贽请见。师征思

①碑记文引自《王文成公全书》卷三十五《年谱附录一》。

田,弗遂。及闻讣,追悼不已。……率同志王爱等数十人讲学于其中,置田若干亩以赡诸生。是年巡按御史周汝员立师位于中堂,春秋二仲月率诸生虔祀事,歌师诗以侑食。既后谥其佥江西,为师遍立南赣诸祠。

十九年庚子,门人周桐、应典等建书院于寿岩,祀先生。

寿岩在永康西北乡,岩多瑞石……桐、典与同门李珙、程文德讲明师旨,嵌岩作室,以居来学。诸生卢可久、程梓等就业者百有余人。立师位于中堂,岁时奉祀,定期讲会。

二十一年壬寅,门人范引年建混元书院于青田,祀先生。

书院在青田县治。……又惧师联无所,树艺不固,乃纠材筑室,肖师像于中堂;谓范子之学出于王门,追所自也。范子卒,春秋配食。

二十三年甲辰,门人徐珊建虎溪精舍于辰州,祀先生。

精舍在府城隆兴寺之北。……是年,珊为辰同知,请于当道,与同志大作祠宇,置赡田。

二十七年戊申八月,万安同志建云兴书院,祀先生。

书院在白云山麓……至嘉靖甲子,衡为尚书,贤宣为方伯,与太仆卿刘悫复完书业,祭祀规制大备,名曰云兴书院云。

九月,门人陈大伦建明经书院于韶,祀先生。书院在府城。先是,同门知府郑骝作明经馆,与诸生课业,倡明师学。至是大伦守韶,因更建书院,祀先生。立师位,与陈白沙先生并祀。

二十九年庚戌正月,吏部主事史际建嘉义书院于溧阳。祀先生。

……延(钱德)洪主教事。……定期来会,常不下百余人。立师与甘泉先生位,春秋奉祀。

四月,门人吕怀等建大同楼于新泉精舍,设师像,合讲会。

三十三年甲寅,巡按直隶监察御史闾东、宁国知府刘起宗建水西书院，祀先生。

三十五年丙辰二月，提学御史赵镗修建复初书院，祀先生。

书院在广德州治。初，邹守益谪判广德，创建书院……是年，汉、天爵致政归，知州庄士元、州判何光裕，申镗复大修书院，设师位，以岁修祀事。

五月，湖广兵备佥事沈宠建仰止祠于崇正书院，祀先生。

四十二年八月，提学御史耿定向、知府罗汝芳建志学书院于宣城，祀先生。

洪、畿初赴水西会，过宁国府……延至景德寺，讲会相继不辍。是年，畿至，定向、汝芳规寺隙地，建祠立祀，于今讲会益盛。①

这些都是嘉靖年间的事迹。从中可看出，不仅崇祀王阳明是王学建立书院的动机与结果，而且“建祠奉祀”和“定期讲会”也往往合于一体。就是说，祠祀阳明不是独立的，不仅与书院的讲学相联结，也常与书院外的讲会相结合。

前面在论会讲时提到龙沙会，李春芳《重修阳明王先生祠记》说：

阳明先生祠，少师存翁徐公督学江右时所创建也。……(公)日与文庄欧阳公穷究心学，闻阳明先生良知之说而深契焉。江右为阳明先生过化之地，公既阐明其学以训诸生，而又谓崇祀无所，不足以系众志，乃于省城营建祠宇，肖先生像祀之。遴选诸生之俊茂者乐群其中，名曰“龙沙会”。②

---

①此处所引数条皆见《王文成公全书》卷三十五《年谱附录一》。

②《重修阳明王先生祠记》，《王文成公全书》卷三十八《世德纪附录》。

这是讲徐阶作江西督学时创立龙沙会，建会的动机就是由崇祀以系众志，以会讲而明其学。说明有些讲会的兴立也同样是与“崇祀”有密切关联。又如王龙溪说：

> 东南同志，每岁春秋时祭，会于天真，因为湖上浃旬游处，共证交修。①
>
> 老师祠内有祀田若干，并阳明洞中山地若干，为祭祀、修理、印刻遗书、会集同志之用。每年办纳粮差外，其用各有所属。②

表明会讲的活动不仅往往依托于时祭，其会集的费用亦往往来源于祀田。讲会与崇祀的多方面关联，本文第一节有关王学讲会的许多材料也都可作为证明。

早在三十年代，盛朗西曾提出书院以藏书、供祀、讲学三者为主要功能，他对供祀的看法是：“兼有宗教性质，取先儒之有功德于圣门者从祀之。周、程、张、朱祀之者最多。”高名士则认为，书院或学校的祭祀活动，不能纯粹当作宗教活动来看待，而是“学礼”的教育活动，同时把理想人格具象化，便于人格教育与文化传承③。当然，还应看到，王学遍建书院祀阳明和甘泉遍建书院祀白沙，也是在心学受到在朝当权者的排斥和打击下的一种顽强抗争，具有一定的政治意义。

七、会约与乡约之比较

早在北宋吕大忠的《吕氏乡约》中即有聚会的条目。《吕氏乡

①《钱绪山行状》，《王龙溪全集》卷二十。

②《答邹东廓》，《王龙溪全集》卷九。

③高明士：《书院祭祀空间的教育作用》，《国际儒学研究》第三辑。

约》的要目为：德业相劝、过失相规、礼俗相交、患难相恤，下次罚式、聚会、主事。其中“聚会”条：

> 每月一聚，具食；每一季一会，具酒。所费率钱当事者主之。遇聚会则书其善恶，行其赏罚。若约有不便之事，共议更易。①

可见乡约的实践，是以月、季的聚会为其活动形式，而乡约的聚会内容是以家族、社区的道德善恶为中心，论善恶，行赏罚。

其中“主事”一条又说：

> 约正一人或二人，众推正直不阿者为之，专主平决赏罚当否。直月一人，同约中不高下，依长少轮次为之，一月一更，主约中杂事。

可见乡约并非只是一种规范的条文，也是一种联系的组织，这从“约中”的提法可以看得很清楚。《吕氏乡约》在“德业相劝”条中规定“凡有一善，为众所推者，皆书于籍”，在“过失相规”条中也说“每犯皆书于籍”，所以我们也可以确定乡约的活动少不了“约籍”，用来记录同约中人的姓名以及各人的善恶行为。

南宋时，朱熹对《吕氏乡约》作了修改，朱子《增损吕氏乡约》在总叙四目之后云：

> 众推有齿德者一人为都约正，有学行者二人副之。约中月轮一人为直月。置三籍，凡愿入约者书于一籍，德业可劝者书于一

①本文所引《吕氏乡约》系用《说郛》本卷八十。

籍,过失可规者书于一籍,直月掌之。月终则告于约正而授于其次。①

这里的"籍"已经把名册会籍与功过簿籍分开书写。

朱子又在"德业相劝"条中增:

右件德业,同约之人,各自进修,互相劝勉。会集之日,相与推举,其能者书于籍,以警励其不能者。

这里所说的"会集"即是约中的定期聚会,这无疑就是明代乡会的先河。朱子又云:

以上乡约四条,本出蓝田吕氏,今取其他书,及附己意,稍增损之,以通于今。而又为月旦集会读约之礼如左方,曰:凡预约者,月朔皆会,直月率钱具食。

"月朔集会"而且"读约",这与前述明代乡会的讲会同多异少。

王阳明抚南赣时曾发布《南赣乡约》,并说明其目的是:

今特为乡约,以协和尔民。自今凡尔同约之民,皆宜孝尔父母,敬尔兄长,教训尔子孙,和顺尔乡里。死丧相助,患难相恤,善相劝勉,恶相告戒,息讼罢争,讲信修睦,务为良善之民,共成仁厚之俗。②

---

①文见《晦庵先生朱文公文集》卷七十四。

②《王文成公全书》卷十七《别录九 · 公移二》。

南赣乡约较之宋代的乡约规定得更为具体和实际，但从"会"的组织和活动来看，也仍然是每月一会。后来阳明门人中不仅邹守益主持乡会，连王龙溪也曾参加"乡约讲会"①。

两宋以来的乡约传统对讲会的组织、活动、规范有很大影响。像前面提到的邹守益参加的南乡乡会，"约于葛泉，以迪德规过，兴利除害，取法前哲，斟酌时义，有会誓，有会规，有会条，期以濯摩礼义，同升于古道。每月一会，每姓直一月"，与两宋的乡约活动区别不大。明代还有所谓"宗会"，立"宗约"，以祠堂为会堂，每月聚讲②。应当也是受乡约活动的影响。此外，明代的会饮读誓也可能对后来会集的风气有所影响。据邹守益说：

> 惟我太祖高皇帝，以睿知文武整齐华夷，而品式周密，下及于乡村之间。立里社一坛以祀五土五谷之神，立乡厉一坛以祀无祀之鬼；立会饮读誓之法以抑强扶弱，习于敦睦。……于庙前修里社之坛，春秋二社敬行祈报，以安其神。于水口立乡厉之坛，清明、中元仿俗至祭，以安其鬼。祭毕会饮，读誓文，参以牌谕乡约，章善纠恶，以安其人。③

所以，安福的惜阴会约明显地受到宋明乡约文化的影响：

> 人立一簿，用以自考；家立一会，与家考之；乡立一会，与乡考之。凡乡会之日，设先师像于中庭，焚香而拜，以次列坐，相与

①《王龙溪全集》载："太邑春宇张侯旧有乡约讲会，予莅会所，发明亲民之旨。既述其概而纪之矣。士民约长诸役，念侯及民之政，其大且切者五事，曰修县治，兴学校，筑城垣，建义仓及讲乡约。"（卷十七《太平县修建五事记》）

②如明代王孟箕订《宗约会规》，见毛礼锐等著《中国古代教育史》，第390页。

③《立里社乡厉及乡约》，《东廓邹先生文集》卷八。

> 虚心稽切:居处果能恭否?执事果能敬否?与人果能忠否?尽此者为德业,悖此者为过失,德业则直书于册,庆以酒;过失则婉书于册,罚以酒。显过则罚以财,大过则倍罚,以为会费。凡与会诸友各亲书姓名及字及生辰,下注"愿如约"三字,其不愿者勿强,其续愿者勿限。①

王龙溪参加的浙江的讲会也都有会约:

> 越中旧有小蓬莱会,大都士君子立身天地间,出与处而已。……申六事之戒,示有终也。每月会期,主人夙具约,以辰刻赴会,别治静室,焚当冥坐,外息尘缘,内澄神虑。众中启请,或证独得,或析群疑,或征诸六经四书,以为折衷,或参诸前言往行,以为楷式。②

龙溪又有蓬莱会籍申约,详述会约六条的内容:

> 吾会长彭山先生,年老悬车,著述之暇,仿于昔贤洛社香山,集诸同志若干人,为蓬莱之会,意盖有在也。《会约》凡六条,立法之意颇善。初行甚肃,浸久约弛,兼之存殁,更代不常,渐至于蛊,文具徒村,儆戒相成之意隐矣。

蓬莱会的会约,其六条之纲为"敦德业""崇俭约""恤患难""修礼节""严规约""明世好"。故龙溪接着说:

---

①《惜阴申约》,《东廓邹先生文集》卷七。
②《云间乐聚册后语》,《王龙溪全集》卷十五。

原议每月之会择于初八日起，至十八日内一举之，如遇良辰乐事，或选胜出游，不妨再举。期以巳前赴会，终酉而别。有不得已者，先于报册内开明，毋托辞致罚。终日谈笑间亦当有益身心。其官司得失，他人是非，一切不置诸口，违者罚。

自彭山捐背，会中无所统一，渐失初意。……自今以后，愿与诸君图为更始之计。……每值会期，订以辰刻赴会，主人别治静室，焚香默对，外息尘缘，内澄神虑。相轮会主启请，或证所得，或质所疑，或征六经四子之言以为折衷。

蓬莱会约的特色，是在会中别设静室静坐，这既是王学知识人会讲与乡会的不同之处，也受到佛道二教修习的影响。在"崇俭约"中规定：

近习侈靡，每事尚奢。今日之会，正复古还淳之时。会席议定三人一席，每席时果四色，鱼肉六器，面食二品，不得过丰。①

从这些规定中可以看出，明代讲会的会约受到乡约的不少影响。当然，宋代乡约的组织对象包括乡里社区一般民众(当然以乡绅家族成员为多)，明代的乡会亦多如此，而王学的讲会则是王学知识人的活动组织形式，是与乡约组织不同的。知识人会讲和地方乡会则在组织及活动形式、规范方面分享着宋代以来乡约文化的遗产。

晚近海外的中国研究颇重视地域研究，同时在中国明清思想的研究中也出现了把某些思想或学术流派归约到地方宗族、阶级等下层基础的研究案例，这两种研究现在差不多被奉为新的范式。然而，中国古代自秦汉以来，各地文化交流频繁，并没有一个地区是孤立发

①《蓬莱会籍申约》，《王龙溪全集》卷五。

展的,宋代以后,文化的同质性更是大大提高,科举制度也促进了各地文化的同一性。宋明理学虽然在各地的发展不平衡,但地方文化的特色多因袭于传统,如江西二陆之后,金溪士人多偏主陆学,而非受制于经济或宗族。朱熹之后,福建多朱子学者,而不仅朱熹自己的思想不能归结到任何地方政治、经济、家族原因上,就是整个福建朱子学也不可能归结到闽北地区或闽南地区的政治、经济、家族原因上。各个地区知识人大跨度的频繁往来,更使在一个地方开始产生的思想扩散到远近不同的地区。王阳明是浙江人,但其哲学思想的形成,是与他在北京、山东、贵州等不同地方的政治、行政、教育、仕宦活动相联系的,是与他在各个地方和朋友的思想交流有关联的,也是在他和古人的思想对话中展开的。江西、江苏都不是王阳明的生活中心,但在嘉靖时代都成了与浙江相当的阳明学中心。这些阳明学中心的形成都是在知识人的交往中形成的,如各地的士人到浙江向王阳明问学后,回到家乡即宣传、推广阳明学说。各地的阳明学者跨县、府、省到其他地区传播、交流学习心得,促进阳明学的传播和深入。所以阳明学是在中心与边缘的反复互动中发展起来的。当然,一种思想在一个地区的广泛影响,还与此地区的需要有关,也会发生因应实际需要而产生的变化,但总的说,像江西的王学,是决不能归结于地方家族、经济基础的。

1996 年 1 月初稿草于东京大学

1997 年 9 月改定于哈佛大学

(原载《中国学术》第四辑,商务印书馆 2000 年)

王船山哲学的气体论与气善论

船山对《孟子·告子》篇的诠释,是我们在其整个"读孟子说"(船山《读四书大全说》的孟子部分,我们简称为"读孟子说")中所关注的主要部分。告子与孟子的人性之辩本是《孟子》书中的重要内容,在宋明时代重视心性学的道学看来,此篇为重中之重。船山论此篇的特色,是面对此篇的人性论辩论,把理气论的观点和方法投射其中,即不断地把理气的问题在性情的讨论中加以提出,显示出船山自觉地把理气问题向性情问题加以贯彻的努力,从而充分表现出理气论的哲学思想在船山思想中占有的基础、核心、前提的地位。由于船山对《孟子》此篇以及其他篇章的诠释中,理气论与性情论缠结在一起,不易析分,所以我们将依照船山诠释的顺序加以展开,而本文的主要目的和着眼点是在船山重"气"的宇宙论。另须指出的是,船山的"读孟子说"写成于他近 50 岁时,而船山早年所撰《周易外传》和他晚年的著作《张子正蒙注》,在某些问题上的提法与"读书说"有所不同,而本文集中在"读孟子说",船山思想演变的问题,留待日后处理。

在《告子》篇一开始,船山便指出,告子以"性犹杞柳",把性比作杞柳是不对的,因为人性在根本上不能比拟于物,"人之有性,却将一物比似不得"。所以,凡是把性比拟于物者,都未曾"见性""知性","总缘他不曾见得性是个什么,若能知性,则更无可比拟者"①。那

①王夫之:《读四书大全说》,中华书局 1975 年,第 659 页。

么,对于知性者见性者,性是什么?照孟子的说法,性是善,但船山主张善是命而不是性。这一点船山在“孟子说”的开始也作了表达:“孟子斩截说个‘善’,是推究根原语。善且是继之者,若论性,只唤做性便足也。”①这与“论语说”是一致的,即继之者为善,成之者才是性。性不是继之者,而是成之者,所以性不可言善。

不过,《周易》“继之者善也,成之者性也”,没有以善言性,这本来可以理解为表达上的问题,而后人强调继善和成性的分别,以致拒绝以善言性,应当说别有意义。如船山在“论语说”中,主张不以善言性,是要与《论语》的“性相近”说一致,但面对《孟子》书中《告子》篇的性善论说,船山若屡屡强调善不是性,显然不宜。所以除了我们在此篇中上面开始引用的一条外,船山没有再用继善成性的分别说明善不是性(反而,对照人和禽兽,船山多处强调人类的性善)。不过船山提出,用“诚”来说性比用“善”说性更为恰当。

如船山在此篇开始处指出:

> 性里面自有仁、义、礼、智、信之五常,与天之元、亨、利、贞同体,不与恶作对。故说善,且不如说诚。唯其诚,是以善(诚于天,是以善于人);惟其善,斯以有其诚(天善之,故人能诚之)。所有者诚也,有所有者善也。则孟子言善,且以可见者言之;可见者可以尽性之定体,而未能即以显性之本体。②

不以善论性,而以诚论性,在船山哲学中有着更广的宇宙论背景,只是我们在后面才能看得清楚。就这一段话来说,船山认为,性之本体不与恶对,也就是说,如果人性是“善”,那么这种“善”并不是和“恶”

①《读四书大全说》,第659页。

②同上。本文引文中括号中的文字皆船山自己的小注,以下不逐一注明。

相对立的[①]。换言之,与恶相对的善并不能用来表述性。因此,他认为,孟子以善言性,是以可见者言之,这是有局限性的,因为这种以可见者(如四端)论性的方式只能说明“性之定体”,无法说明“性之本体”。在船山看来,定体是指其现成性而言,本体是指其本源性而言[②]。船山显然认为,善恶相对的善不能表述性之本体,而应当用“诚”来表述性之本体。“诚”是船山用来表述天和属于天道的存在的属性的概念,这说明船山是把性划入与天具有相同属性的范畴。关于这一点,以及为什么说人之仁义礼智信与天之元亨利贞同体,我们在后面会具体解释。至于“唯其诚”以下数句,则不易确解。“所有者”这里当指天道实体的本然之诚而言,“有所有者”指人道“诚之”的努力使诚体现于己身而为己所有。观船山之意,《中庸》以“诚”为天之道,以“诚之”为人之道,故诚是第一序的概念,善是第二序的概念,诚是善的前提,善是诚的结果。由于天是诚,所以能把善赋予人;天是善,所以人能“诚之”而达于善;天所有的是诚,而人能把天之诚体现于自身(有所有者)的是善。船山习惯于以天—人分别的架构来对比分析,这也是他的理论特色之一。

以上是个小引,以下我们进入船山对孟子诠释的世界。

一、气善论

在《孟子·告子》篇的诠释中,朱子对告子的批评是“认气为性”[③]。

①以孟子之善“不与恶对”,首见于南宋胡宏的《知言》。

②按,《孟子》朱注水无分东西章已经提出“本性”“定体”,《四书大全》此条下引新安倪氏曰,提及“水之定体”“性之定体”“此性本然之定体”,见《四书大全》第2720页。

③《四书大全》告子篇首章载“朱子曰告子只是认气为性”(山东友谊书社1989年,第2715页)。

这个说法中包含着批评告子是把气质之性当作本然之性,包含着本然之性为善、气质之性有不善的观点。总体上,船山在此篇的论释是针对朱子学中这些观点的,而船山所集中阐发和欲证明的,不是性本善说,而是气本善说。这是很值得注意的。

船山认为,“其实告子但知气之用,未知气之体”①,意思是说告子只知道“气之用”可以为善可以为不善,而不知道“气之体”是无不善的。可见,船山不仅区分了“性之实体”和“性之本体”,也区分了“气之用”和“气之体”。这里的“气之体”相当于性之本体的层次,也可以称为“气之本体”。船山在《告子》篇中的诠释,其主要的宗旨,可以说就是论明“气之体”,强调气本善。

从这里话题一转,船山开始正式地讨论起“理气善恶”的问题。他说:

> 理即是气之理,气当得如此便是理。理不先而气不后。理善,则气无不善;气之不善,理之未善也(如牛犬类)。人之性只是理之善,是以气之善;**天之道惟其气之善,是以理之善。**“《易》有太极,是生两仪”,两仪,气也,唯其善,是以可仪也。所以《乾》之六阳,《坤》之六阴,皆备元、亨、利、贞之四德。和气为元,通气为亨,化气为利,成气为贞,**在天之气无不善。**天以二气成五行,人以二殊成五性。温气为仁,肃气为义,昌气为礼,晶气为智,**人之气亦无不善矣。**②

与“性本善”论相对应,船山着力提倡“气本善”论。在他看来,不仅天之气无有不善,而且人之气也是无不善的。在理气论的框架里,自

①《读四书大全说》,第660页。

②同上。引文中加粗的文字是本文作者为凸显其意义而加以强调的。

然会产生这样的问题:“气”的善与不善,与“理”有什么关系?

船山从理气论的基本观念说起。“气当得如此便是理”是说气的运行只能如此而不能如彼,这就是理,这个意义上的理即是气的运行法则和条理。由于理是作为实体的气的法则和条理,故理不是气之外的另一物,理与气也没有存在上的时间先后。

在接下来的分析中,船山提出,在理气善恶的问题上,人与物(动物)有相同,亦不相同。以人来说,人的理(性)善,所以人的气无不善;而物之理(性)不善,所以物的气也不善。可见对于人与物来说,都是理的善与不善决定了气的善恶与否。不同在于,人的理善,而物的理不善。这里的“理”其实是指性。以理的善与不善来决定气的善与不善,这个说法显然与船山理气论强调气为首出的一般倾向是不同的,而且船山也没有给出具体的证明①。

然而,这种对于人与物的理气善恶分疏,似不是船山在本篇的重点,其重点在说明天道上的理气善恶。他强调,与“人之性”不同,“天之道”不是理善决定了气善,而是气善决定了理善,即在天道上,气是善的,所以理也是善的。天道与人道的不同是:在天道上,气决定理;在人道上,理决定气。天道“气善是以理善”,人道“理善是以气善”。在天道上,气决定理,这是船山哲学理气论的一贯思想,而船山《告子》篇的诠释特色在于强调:在天道观上,气不仅决定理,气本身是无不善的。

天道何以如此?在接下来的论述中,船山从“《易》有太极”展开了他的宇宙论叙述。太极生两仪,两仪即阴阳,两仪是善的,即阴阳

①且船山在后面有一段说法与此不合:“人有其气,斯有其性;犬牛既有其气,亦有其性。人之凝气也善,故其成性也善;犬牛之凝气也不善,故其成性也不善。”(《读四书大全说》,第662页)照此说法,气善故性善,气不善故性不善,则人物之性的善恶决定于形气凝合的善否。这与理的善否决定气的善否的说法不同。

是善的。正是由于阴阳为善,所以乾卦的六阳和坤卦的六阴都是善的,这表现在乾、坤无不具备“元亨利贞”四德。阴阳是气,阴阳之化迭为四气,和气即是“元”,通气即是“亨”,化气即是“利”,成气即是“贞”,四气便是四德,可见天之气本身是善的。

在天之气无不善,在人之气如何呢?船山认为,在气化过程中,与天的阴阳二气组合成金木水火土五行相对应,人以阴阳二气变成仁义礼智信五性:温气为“仁”,肃气为“义”,昌气为“礼”,晶气为“智”,可见人之气本身也是善的。这表示人性的仁义礼智信五者来源于天之阴阳二气,这也可以看成是对“人之五性与天之四德同体”的说明。总之,天之道,气无不善;人之道,气亦无不善。船山刻意提倡气善说,以反对各种贬抑气的主张。

回到理气论的表达:

> 理只是以象二仪之妙,气方是二仪之实。健者,气之健也;顺者,气之顺也。天人之蕴,一气而已。从乎气之善而谓之理,气外更无虚托孤立之理也。①

气是实体,理只是体现了二气变化的法则;健与顺是理,但都是气运行的理。宇宙实体只是一气流行变化,而理不过是气(之善)的依从和顺承,所以气外更无独立的理。不管这里“从乎”的解释如何,船山在这里是强调气之善对于理是先在性的,于是,气善论也成为理的前提。人们常常引用船山所说“气外更无虚托孤立之理也”,但忽略了这里所联结的“从乎气之善而谓之理”的特殊语境,也就不能了解这个命题在气善论中的含义。

在宇宙论叙述的展开中,船山提出:

---

①《读四书大全说》,第660页。

> 乃既以气而有所生，而专气不能致功，固必因乎阴之变、阳之合矣。有变有合，而不能皆善。其善者则人也，其不善者则犬牛也，又推而有不能自为杯棬之杞柳，可使过颡、在山之水也。天行于不容已，故不能有择必善而无禽兽之与草木（杞柳等），然非阴阳之过，而变合之差。是在天之气，其本无不善明矣。①

在前面船山的宇宙论叙述中，从太极到两仪到五行，强调在此过程中天之气无不善。从五行以下进一步发展，则进入了宇宙论的另一个阶段，也就是阳变阴合而化生万物的阶段。船山认为，阴阳的变化交合，导致万物的产生，也导致善与不善的分化与生成：阳变阴合，善者为人，因为构成人的气是善的。阳变阴合，不善者为物，因为构成犬牛的气是不善的。船山特别指出，天不是有意志的主宰，故天并不能选择生物皆善，不能选择只生成人类而不生禽兽。故善恶的分化和生成是天之不容已，即不可避免的。

船山所叙述的宇宙论，以第一阶段为太极两仪，第二阶段为阴阳变合，这个思想直接来源于周敦颐的《太极图说》。《太极图说》："太极动而生阳，动极而静；静而生阴，静极复动。一动一静，互为其根，分阴分阳，两仪立焉。阳变阴合，而生水、火、木、金、土。五气顺布，四时行焉。"这说明船山的宇宙论结构明显受到周敦颐《太极图说》的影响。只是船山把变合置于五行之后。我们在下面将看到，比起周敦颐，船山更加强调"阴阳变合"的环节。

船山还把天道的理气和人道的情才放在一起而论其善恶：

> 理以纪乎善者也，气则有其善者也（气是善体）；情以应夫善

①《读四书大全说》，第660—661页。

者也，才则成乎善者也。故合形而上、形而下而无不善。①

“纪”是调节、导引的意思。这是认为，理是导引善的，气是实现善的，情是响应善的，才是成就善的。理、气是形而上的，情、才是形而下的，理气善则情才皆善。在这四者中，比起前人，船山突出了“气是善体”，即气在善的完成中的基础地位，也肯定了情和才可以为善，是善的实现条件。

但是，情才只是可以为善，而非必然为善。“情以应夫善”，情的作用是能够响应、对应善，但情本身并没有确定的方向，这叫作“无适应”。由于情的方向并非一定，所以情不必然为善。“才则成乎善”，才是成就善的材料条件，而材料是有待完成的，也就是尚未完成的，所以才是善的材料，但不是善的完成。这些都与气体的本善不同。

接着，船山的讨论从“善”延伸到“诚”：

若夫有其善，固无其不善；所有者善，则即此为善。气所以与两间相弥纶，人道相终始，唯此为诚，唯此为不贰，而何杞柳、湍水之能喻哉？故曰“诚者天之道”“立天之道，曰阴与阳”而已（二气），“诚之者人之道”“立人之道，曰仁与义”而已（仁生气，义成气），又安得尊性以为善，而谓气之有不善哉？②

这表现出，船山的主导立场是反对“尊性以贱气”，反对“性善气不善”。这当然不意味着船山主张贱性说，根据船山一贯的“乾坤并建”之说，他其实是主张把性与气同等看待。“有其善”当指气（前面曾引述“气则有其善者也”），“所有者”当指诚（前面曾引述“所有者

①《读四书大全说》，第662页。

②同上。

诚也,有所有者善也")。气是善体,"有其善而无其不善",意在说明气是善的。"所有者善"实际是指性(性与诚同位),是说性即此气而为善,而不是离开气独立成为善。气是与天道相弥纶、与人道相终始的本善之体,气即是"诚",即是"不贰"①。同时,气的表现分为天人两边,气在天道为诚,为阴阳;气在人道为诚之,为仁义。诚与诚之相对应,阴阳与仁义相对应。对应的意思是说对应的两者具有相同的特质、相同的结构地位。这些说法都意在表明气无有不善。

船山把"诚者天之道""立天之道,曰阴与阳"两句并提,是要说明,在《周易》天之道即是阴阳二气,在《中庸》天之道即是诚;两者通看,阴阳二气即是诚,诚亦即是阴阳二气,都是天道的内涵。不仅如此,船山还认为人道的仁义也是阴阳、诚的体现,所以他在后面说:"仁义,一阴阳也","气之诚即是阴阳、仁义"。这些都可以看作他对气善说的发挥。

船山接着说:

> 气充满于天地之间,即仁义充满于天地之间;充满待用,而为变为合,因于造物之无心,故犬牛之性不善,无伤于天道之诚(在犬牛则不善,在造化之有犬牛则非不善)。气充满于有生之后,则健顺充满于形色之中;而变合无恒,以流乎情而效乎才者亦无恒也。……②

由于阴阳即是仁义,所以,气充满天地之间,也就是仁义充满天地之间。这样一种普遍模式,表现在人道,即气充满生命体,也就是健顺

①"不贰"语出《中庸》:"天地之道,可一言而尽也,其为物也不贰。……"不贰亦诚。

②《读四书大全说》,第662页。

之性充满人的身体官能之中。但这里说的充满,就天道言,是指变合前的阶段,而变合前的气,其自身不能提供生成,必须有待变合的作用。就人道言,则指情才尚未发生的阶段。船山强调,变合不能保持为一定的方向,故变合的结果不能保证为善,如天之变合会产生性不善的禽兽,人之变合,会产生不善的情才。总之,充满—变合是一种普遍的模式,但有天人的不同表现:在天,有天的充满和天的变合;在人,有人的充满和人的变合。而这两个充满与两个变合之间有对应性。无论如何,气和仁义是变合前的本体。

二、气体论

船山继续其有关“变合”论的发明:

> 天不能无生,生则必因于变合,变合而不善者或成。其在人也,性不能无动,动则必效于情才,情才无必善之势矣。在天为阴阳者,在人为仁义,皆二气之实也。在天之气以变合生,在人之气于情才用,皆二气之动也。①

“变合”是船山哲学中的一个重要范畴。在宇宙论上,变合是船山所理解的宇宙演化的一个重要机制。宇宙如果只有二气五行,没有变合,就无法生成。因此二气五行的“变合”是宇宙得以生成万物的关键。而正是生成造成了善与不善的分化,即从源始的无不善之气分化为善与不善的气化结果。

事实上,“变合”对于船山而言,正像“发展”“变化”之于今人一样,不仅用于宇宙论,也用于性情论,而成为一普遍范畴。在船山看

①《读四书大全说》,第 661 页。

来,如果说“变合”是天道论的生成关键,那么在人道论上亦有相应的变合机制,此人道的变合,他常常用“情才”来说明。也就是说,人道的“情才”与天道的“变合”相对应。在天,生成万物必依赖于变合,而有变合则有不善生成;在人,性之动静必验于情才,情才则有不善。同时,船山以性对应天,这也很值得注意。

天、阴阳——阳变阴合而有不善

性、仁义——情动才变而有不善

上一行属“天”,下一行属“人”。天之实是阴阳,性之实是仁义。通上下而言,阴阳、仁义为“二气之实”,变合、情才为“二气之动”,也可以说,二气之实是体,二气之动是用,体无不善,用有不善。

二气之实的观念,是认为天之阴阳与人之仁义,都是二气实体(后面船山还说“仁义,一阴阳也”),这种把仁义归于二气的思想是明末气学思想影响越来越大的表现,刘宗周等人都曾以不同方式有所表达。但在这里要强调的是,“实”与“动”相对(这与后面的实与几或诚与几相对,是一致的),船山在“动”字后有小注:“此‘动’字不对‘静’字言,动、静皆动也。”动静皆动,是说此与“实”相对的“动”字乃是指现象界而言,故“实”是指实体、本体而言。

所以,船山批评告子“而但据气之动者以为性”,就是指告子是以情才为性(如性犹杞柳,是言才;性犹湍水,是言情)。以情才为性,就是只知气之用,不知气之体,就是不知气之实。船山指出:

> 告子既全不知性,亦不知气之实体,而但据气之动者以为性。动之有同异者,则情是已;动之于攻取者,则才是已。若夫无有同异、未尝攻取之时,而有气之体焉,有气之理焉(即性),则告子未尝知也。①

①《读四书大全说》,第661页。

这是指在人而言,情是有爱有恶,才是受物之引而追求物,这些都是气之动。所谓气之体就是气之未动的存在和状态,在天而言,此时未有变合;在人而言,此时既无情亦无才。也就是说,就人来说,“气之体”是指性之未动,情才未生,人之气未发用于情才的状态。船山在这里虽然就人而言气之体,但从船山哲学的体系来看,气之体当然也有其天道论的意义。如下面所讨论的,在人道的无有同异、无有攻取,即在天道未有气化、变合,此即气之体。气之体并非无理,故说有气之体焉,有气之理焉。

船山进一步说明:

> 若夫人之实有其理以调济夫气而效其阴阳之正者,则固有仁义礼智之德存于中,而为恻隐、羞恶、恭敬、是非之心所从出,此则气之实体,秉理以居,以流行于情而利导之于正者也。若夫天之以有则者位置夫有物,使气之变不失正,合不失序(如耳听目视,一时合用而自不紊),以显阴阳固有之撰者,此则气之良能,以范围其才于不过者也。①

“撰”出于《系辞》“以体天地之撰”,在船山即指本然之实(体)。照船山的看法,从天道来说,天以理调节(位置即调节之义)万物,使得气变而不失正,合而不失序,即气的变合在理的调节下正而不失其序,以从显乎阴阳固有的状态,这是气的良能。从人道上说,人没有这种良能,只能仿效气的良能,即以人之理调节人之气,以达到效法阴阳正而有序的状态。其具体机制是,仁义之性发见为四端之心,这就是气之实体与流行,故气之实体是含有理的,实体流行于情,理导引情使之正而不放。

①《读四书大全说》,第661—662页。

船山进而论及气的本体：

> 苟其识夫在天之气，唯阴唯阳，而无潜无亢，则合二殊、五实而无非太极（气皆有理）。苟其识夫在人之气，唯阴阳为仁义，而无同异无攻取，则以配义与道而塞乎两间（因气为理）。①

前一句讲在天之气，后一句讲在人之气。从天道说，所谓气之实体即是阴阳，太极即是阴阳和均、无变合无潜亢的存在和状态②。当然太极阴阳作为气，其中有理。从人道说，所谓气之实体也是阴阳，但阴阳在人体现为仁义，此仁义之气是没有同异也没有攻取的，即尚未有情才发生；以此人之气"配义与道"（孟子语），就能浩然"塞于天地之间"（孟子语）。可见船山是很推崇气之本体、实体的。船山紧接着说：

> 故心、气交养，斯孟子以体天地之诚而存太极之实。若贵性贱气，以归不善于气，则亦乐用其虚而弃其实，其弊亦将与告子等。夫告子之不知性也，则亦不知气而已矣。③

这说明，在天，气之实体即诚，即太极，即阴阳；在人，气之实体即性，即仁义。人道的目的就是要体认诚（体诚即诚之）并存养太极（性）。换言之，圣贤所说的太极，所说的诚，都是气，都是阴阳；而人的理想就是要由心气交养以达到天地境界④。如果贱气，就无法体认天地的诚，无法存养太极，因为太极、诚就是气之本然存在。

①《读四书大全说》，第662—663页。

②固然船山此处未说太极即是无变合，但以下文论人道之"无同异无攻取"参之，在天之太极自应无变合。

③《读四书大全说》，第663页。

④"天地境界"一语本出自冯友兰《新原人》，这里借其意而用之。

对“贵性贱气”说①,船山进一步加以分析:

> 贵性贱气之说,似将阴阳作理,变合作气看,即此便不知气。变合固是气必然之用,其能谓阴阳之非气乎?《易》曰:“立天之道曰阴与阳,立人之道曰仁与义。”仁义,一阴阳也。阴阳显是气,变合却亦是理。纯然一气,无有不善,则理亦一也,且不得谓之善,而但可谓之诚。有变合则有善,善者即理。有变合则有不善,不善者谓之非理。②

与那种主张“阴阳是理,变合是气”的观点相对,船山坚持认为,阴阳是气,仁义也是气;变合既是气,同时也是理。“纯然一气,无有不善”指的是太极、诚、阴阳、气之本体,无有不善;到了阴阳变合的阶段以后,才有善和不善,于是善者叫作理,不善者为非理。这是前面讲述过的,这个观点即体在变合前,善在变合后。船山总是说变合之前的实体无不善,但不说此实体是善。这两种说法在逻辑上是不同的,无不善,是指无恶,而无恶并不排斥无善。因此,虽然我们并不确定船山认为太极是超善恶的,但船山本体无不善说和无善无恶说或超善恶说的确不矛盾。

此外,如果我们问:“纯然一气之中不得谓之善,但其中有没有理?”船山应当作肯定回答,正如他在前面所说的“合二殊五实无非太极(气中有理)”,但事实上,船山的回答相当微妙:

> 大要此处著不得理字,亦说不得非理,所以周子下个“诚”

---

①按贵性贱气说,船山未明其所指,当即指《孟子集注大全·告子》篇“告子曰生之谓性”章所载的朱注和朱学者的注释而言。

②《读四书大全说》,第663页。

> “几”二字,甚为深切著明。气之诚,则是阴阳,则是仁义;气之几,则是变合,则是情才(情者阳之变,才者阴之合)。若论气本然之体,则未有几时,固有诚也。……唯本有此一实之体,自然成理,以元以亨,以利以贞,故一推一拽,“动而愈出”者甚妙。实则未尝动时,理固在气之中,停凝浑合得住那一重合理之气,便是“万物资始,各正性命,保合太和”底物事。①

“此处”即太极,即气的本然实体。气的本体不能称为“善”,也不能说是“理”,但也不能说是“非理”,船山认为最好称之为“诚”。船山以“气之诚”与“气之几”相对:气之体即是气之诚,其内涵即阴阳、仁义;气之用即是气之几,其内涵即变合、情才。船山以“诚”指气的本然之体,也就是未有“几”时的状态,几就是前面所说的“变合”,故后又称“变合之几”。未有几时,气之本体未动,但理在其中。所以,周全地说,未有几时的太极,是气理凝合、保合太和的存在,这就是万物资始的根源。可见,“诚”与“体”“实体”“本然之体”是相通的概念,在船山的宇宙论中指气的本然实体②。

可见“诚”在天道论上即是未有变合之几的本然气体,所以他说“不待变合而固然,气之诚然者也”。诚可指在天之诚,也可以指在人之诚,在人之诚即五性,船山认为五性十德“其实则亦气之诚然者而已”③,就是说,五性是不待变合而气所固有的。就性是变合以前的本源而言,其与天的性质是一样的。

不过,就宇宙论来说,如果太极中包含阴阳、仁义,则此太极已不

---

①《读四书大全说》,第663—664页。

②张岱年先生指出:“近年来有一个流行的见解,认为船山所谓诚即实有之义,也就是表示客观实在的范畴,实际上这是不够准确的。”《船山全书》第十六册,第1288页。

③《读四书大全说》,第664页。

是浑沦一物,这应当是在两仪的阶段和状态。可能在船山看来,太极与两仪的阶段都在变合生成之前,都可属于本体,故往往不再分疏。

当然,船山建立气之本体的观念,不是仅仅出于对宇宙论的兴趣,而是和善恶根源的问题相联系的。他又说:

> 在天之变合,不知天者疑其不善,其实则无不善。惟在人之情才动而之于不善,斯不善矣。然情才之不善,亦何与于气之本体哉!气皆有理,偶尔发动,不均不浃,乃有非理,非气之罪也。人不能与天同其大,而可与天同其善,只缘者气一向是纯善无恶,配道义而塞乎天地之间故也。①

天即气之本体,没有不善。不善是在变合后产生的,所以变合产生的不善与气之本体没有关系。变合而产生善与不善的分化,这并不是气的责任。相反,人之所以能够仿效并达致天的善,正是由于气体本来是善的,能配合人的心性修养达到浩然充满的境界。

三、气几论

从前面的叙述和分析中可见,在"诚"和"几"的问题上,船山受周敦颐的影响较深。

前面已经说过,船山主张:"天不能无生,生则必因于变合,变合而不善者或成。其在人也,性不能无动,动则必效于情才,情才而无必善之势矣。在天为阴阳者,在人为仁义,皆二气之实也。在天之气以变合生,在人之气于情才用,皆二气之动也。"②变合就是动,动的

---

①《读四书大全说》,第667页。

②同上书,第661页。

开始便是几。

所以船山又特别引入“几”字:“周子下个‘诚’‘几’二字,甚为深切著明。气之诚,则是阴阳,则是仁义;气之几,则是变合,则是情才。若论气本然之体,则未有几时,固有诚也。……”①周敦颐《通书》言“诚无为,几善恶”,在船山的理解,诚是本体,几是发动;本体是超善恶的,几动则有善有恶;诚在几先,故未有几时,只有诚而已。因此,诚与几在船山哲学中成为一对结构性的、方法的范畴,诚不一定仅仅指气,它只在论及宇宙论的本体时才指气的本然实体。诚的意义,准确地说,就是本然之体。而“几”,就是指本体外发的活动。与周敦颐相比,船山似不强调“几”本来具有的初始萌动的意义,而更多以“几”作“动”的同义使用。故诚与几,也可以在宇宙论以外用来指其他的“本然之体”与“发动之几”的关系,正如变合的概念一样。

如在《告子》篇及《尽心》篇的性情论分析中,船山都多次这样使用:

> 盖性,诚也;心,几也。几者诚之几,而迨其为几,诚固藏焉,斯“心统性”之说也。然在诚则无不善,在几则善恶歧出,故周子曰“几善恶”。是以心也者,不可加以有善无恶之名。张子曰“合性与知觉”,则知恶、觉恶亦统此矣。②

不过,这样一来,诚—几的使用就有两种不同意义了,一是本原与后起,这是宇宙论的讲法;一是内体与外用,这是本体论的讲法。无论张载、船山都没有自觉区分这两种论述。

在心性论上,诚指性,几指心之知觉(知觉之动)。在这里,诚是

①《读四书大全说》,第663页。
②同上书,第715页。

看不见的,被表现的;心之知觉是表现着的。当心动为知觉,性仍然隐藏在心内,但是,虽然知觉之心是性的外发,却在善恶上与性不同。性是无不善的,而心之动几是有善恶的。

船山说:

> 情元是变合之几,性只是一阴一阳之实。情之始有者,则甘食悦色;到后来蕃变流转,则有喜怒哀乐爱恶欲之种种者。性自行于情之中,而非性之生情,亦非性之感物而动则化而为情也。①

在人之道,情就是变合之几,而性是阴阳之实,可见,如果比较在天之道,那么在结构上,性相当于诚,情相当于几。其实,不仅在结构上性相当于诚,船山看来,在实质上也是如此。

船山还进一步解释:

> 情固是自家底情,然竟名之曰"自家",则必不可。盖吾心之动几,与物相取,物欲之足相引者,与吾之动几交,而情以生。然则情者,不纯在外,不纯在内,或往或来,一来一往,吾之动几与天地之动几相合而成者也。释氏之所谓心者,正指此也。②

情的产生,照船山看来,并不是心之动几独立形成的,而是心与物交互作用产生的。这种交互作用表现为,心之动几有取于物,同时物又引于心之动几,两者相交而产生情。所以情是"心之动几"与"外物"之间相取相引的互相作用的产物。因此,借用西方哲学的概念来说,

①《读四书大全说》,第674页。

②同上书,第675页。

船山认为情既不是主体自身(内)的产物,也不是客体自为的存在(外),而是具有“主客间性”,这种“主客间性”是在主客的交互活动(往来)中发生形成的。船山甚至认为,情是“吾心之动几”与“天地之动几”相合成的结果,这里的天地之动几应当是指在天之道的变合中产生的不善的气质或存在。这个思想还有待进一步研究。

船山又说:

> 乃心统性而性未舍心,胡为乎其有恶之几也?盖心之官为思,而其变动之几,则以为耳目口体任知觉之用。故心守其本位以尽其官,则唯以其思与性相应;若以其思为耳目口体任知觉之用为务,则自旷其位,而逐物以著其能,于是而恶以起矣。①

这是说,既然心动之时性仍然内藏于心,并没有离开心,为什么“几”会有不善?船山的解释是,人心本来以思为其功能,当心发为变动之几时,有两种发展的可能:一种是,心思与性相应,船山把心思与性相应叫作心能守住自己的本位而充分发挥心官的功能;另一种是,心思为感官所用,即今人所谓“跟着感觉走”,船山认为这是心官自己失其本位的职能而在追逐外物上去表现,于是才产生了恶。

在批评陆王“心即理”说的时候,船山也提到“几”的观念:

> 原心之所自生,则固为二气五行之精,自然有其良能(良能者,“神”也),而性以托焉,知觉以著焉(性以托,故云“具众理”。知觉以著,故云“应万事”)。此气化之肇夫神明者,固亦理矣,而实则在天之气化自然必有之几,则但为天之神明以成其变化

①《读四书大全说》,第715页。

> 之妙，斯亦可云化理而已矣。①

这是认为心是精之神，心是精之良能，就是说心的知觉是二五精气的神明作用，而性便以知觉之心为依托。气化过程中出现了知觉神明的现象和作用，这不能说是偶然的。在这个意义上说，知觉的出现是气化的一种必然性（理）。就其实际机制而言，知觉（思维）的出现是气化中自然而有的一种“几”，以成就变化的妙用，如果说这是理的表现，则可以说是“化理”，即气化的必然性。

四、气化论

现在来看，船山在《尽心》篇中集中阐发的气化论，从中可以进一步了解船山在前面所说的一些重要思想。

船山认为，佛老的基本思想是“以在人之几为心性，而以未始有为天”，即佛老以知觉为性，以虚无为天。二程以理统心、性、天，用以破除佛老的这一思想，是正确的。船山又认为，比起二程，张载的哲学思考和理论深度更为突出，因为，“言心言性，言天言理，俱必在气上说，若无气处则俱无也”②。可见，船山晚年一归横渠，在其中年业已指明他的发展方向矣。

船山首先举出“气”与“化”的不同，他说：

> 张子云：“由气化，有道之名。”而朱子释之曰：“一阴一阳之谓道，气之化也。”《周易》“阴”“阳”二字是说气，著两“一”字，方是说化。故朱子曰：“一阴而又一阳，一阳而又一阴者，气之化

①《读四书大全说》，第720—721页。

②同上书，第718页。

也。”由气之化，则有道之名。然则其云“由太虚，有天之名”者，即以气之不倚于化者言也。气不倚于化，元只气，故天即以气言，道即以天之化言，固不得谓离乎气而有天也。①

《周易·系辞》“一阴一阳之谓道”，船山指出，在这句话里，其中的“阴”“阳”二字指“气”，而其中的两个“一”字是表达“化”。这个解释来源于朱子，朱子对“一阴一阳之谓道”的解释，就是认为这是指一阴又一阳的气化迭运过程。船山受此影响，也认为《周易》这句话是讲气之化。船山进而提出，气并不总是处于“化”，有“不倚于化”的气，这里显然受张载的“太虚”观念以及古代“元气”观念的影响。此不倚于化的气即张载所谓天、所谓太虚之气，这个不倚于化的气指的就是比“气之化”的阶段更为原始的气的存在。船山认为张载所说的太虚和天即指未化的原始之气，此原始之气亦即本然之气，或气之本体。在这里，船山也发挥了张载的思想，强调天即气，没有离气的天②。

就理气的问题而论，我们在前面已经指出，在船山哲学中不能说在变合以前的气中没有理，用气化论的说法，即不能说未化之气没有理，但理确是在气化中才得以显现。“气化”即是对“变合”观念的扩展。对此，船山说：

凡言理者……是动而固有其正之谓也，既有当然而抑有所以然之谓也。是唯气之已化，为刚为柔，为中为正，为仁为义，则

①《读四书大全说》，第718页。

②船山也说：“天固非离乎气而得名者也。……舍气言理则不得以天为理矣。何也？天者，固积气者也。”

谓之理而别于非理。①

这是说，理一定是在动中作用的，所谓理就是活动和运行有其正当（此处的“正”字不易准确表达）的状态、次序、条理，因此理兼有“当然”和“所以然”的意义。理兼具当然和所以然的意义，此说法来源于朱子。船山强调的是，只有在气已化的过程中，气化为刚柔、中正，气化为仁义，才叫作理。换言之，气未化时，不得谓之理。

船山又说：

> 化者，天之化也；而所化之实，则天也。天为化之所自出，唯化现理，而抑必有所以为化者，非虚挟一理以居也。所以为化者，刚柔、健顺、中正、仁义，赅而存焉，静而未尝动焉。赅存，则万理统于一理，一理含夫万理，相统相含，而经纬错综之所以然者不显；静而未尝动，则性情功效未起，而必由此、不可由彼之当然者无迹。若是者，固不可以理名矣。无有不正，不于动而见正；为事物之所自立，而未著于当然；故可云“天者理之自出……”②

船山提出“唯化现理”，认为气之已化是理得以显现的前提，气之未化，则理不可现，所以说唯有气化才能使理得以显现。船山又认为，气之化必有所以为化者，什么是“所以为化者”？观船山之语，此处的“所以为”似非指气化的所以然根据，而是指化的本源。此本源一方面赅存刚柔等理于其中，一方面是静而未动的状态。赅存表示统合浑然而未分化，即“相统相含，而经纬错综之所以然者不显”，也即理

①《读四书大全说》，第719页。

②同上。

未显现;静而未动表示性情功效未起,也就是变合动几以前的状态,此状态中当然之理无迹可显,故此种状态不可名为理。这种状态就是事物的根源,也是理的根源(是理之所自出)。这个根源,在船山指的就是天。

这个天也就是太极,故船山接着说:

> 太极最初一〇,浑沦齐一,固不得名之为理。殆其继之者善,为二仪,为四象,为八卦,同异彰而条理现,而后理之名以起焉。气之化而人生焉,人生而性成焉。由气化而后理之实著,则道之名亦因以立。是理唯可以言性,而不可加诸天也,审矣。①

这也是说,太极是宇宙的本原,太极浑沦齐一,静而未动,尚未分化出条理,所以不能把太极叫作理。"继之者善"即是气化的过程,在这个阶段,太极有动而生两仪、四象、八卦,然后在分化中同异生成,条理显现(前面船山说过变合而后有同异),才有了刚柔、健顺等条理的名字。气化过程中产生了人,人生而有性,所以气化之后理始彰显,也才有了道的名字。故理是指气化产生的人的本性,而不能用来指气化以前的天和太极。当然,从我们的角度看,正如前面指出的,船山所谓"气化而后理之实著",应当不是说气化以前没有理存在,不是说未化之气其中无理,而是认为气化以前的太极中理是一,与气浑沦为一体,没有分殊的理,没有条理,因此气化以前理不能显现出来。

天又称为诚:

> 若夫天,则《中庸》固曰"诚者,天之道也"。诚者,合内外,包五德,浑然阴阳之实撰,固不自其一阴一阳、一之一之之化言

①《读四书大全说》,第720页。

> 矣。诚则能化,化理而诚天。天固为理之自出,不可正名之为理矣,故《中庸》之言诚也曰一,合同以启变化,而无条理之可循矣。是程子之竟言"天一理也",且令学者不审而成陵节之病,自不如张子之义精矣。①

所有这些,都出于船山对二程"天者理也"的异议(船山误引为"天一理也"),他认为二程之说不如张载之义为精。在他看来,"诚"是浑然阴阳之实体,不属于一阴又一阳之"气化"。诚是气化的"所以为化者",即诚是气化的源头和本原,为气化提供了可能。气化而后理现,故理显于化;而诚属于天,天是不倚赖于化的。天是理之所自出者,是浑然包含、不动而静、无条理无同异的元气实体,其特点是完全的同一性"一""合""同"。与理相比,此天为体,理为用,故以理言天,只"得用而遗体"。当然,相信天即是理,可以得天之大用,所以,二程的讲法虽然有遗漏,但意旨是正确的。这与陆王主张的充满流弊的"心即理"说是不可同日而语的。可见在船山思想中,认定有一阴阳和合、理气不分的浑沦实体,此为气之本体,为宇宙的本原,亦称太极、天、诚。其所以称天为诚,是因为《中庸》以诚言天。此一实体,就其为宇宙的根源而言,称为太极,就其为气化之前的浑然实体则称为天,就其为变合之几以前的本然之体称为诚。

船山接着说:

> 就气化之流行于天壤,各有其当然者,曰道。就气化之成于人身,实有其当然者,则曰性。性与道,本于天者合,合之以理也;其既有内外之别者分,分则各成其理也。故以气之理即于化而为化之理者,正之以性之名,而不即以气为性,此君子之所反

①《读四书大全说》,第720页。

> 求而自得者也。所以张子云“合虚与气,有性之名”,虚者理之所涵,气者理之所凝也。①

就天道而言,气化流行之当然是指“必由此、不可由彼之当然”,即气化过程的规律、法则、条理。就人道而言,气化凝聚于人身的当然之则即是人性。性本于天,道亦本于天;性是理,道亦是理,所以性与道在本原上是合而不分的,但气化之后,性在内,道在事,各自为理。性是人身之内的理,道是气化流行而外在于人的理。所谓气之理,不是离开气化独立而存,气之理恰恰就是气化的理。人的“性”本来自气化的理,但气化的理凝于人身者,不称其为理,而称其为性,这表示君子不以气为性,而致力反求自得。所以张载说“合虚与气,有性之名”,意谓虚是理之所含,气是理之所凝,就是说,理凝于气,理含于虚。

船山又讨论了气化过程中理气的统一(一)和差别(别),他说:

> 气固只是一个气,理别而后气别。乃理别则气别矣,唯气之别而后见其理之别,气无别,则亦安有理哉!②

气别应指气化之分化和分殊化,形态不同的事物乃由不同气质所构成,但从构成的统一性上看,一切事物只是一气,这就是《庄子》中所说的“通天下一气耳”。而从分殊的角度看,即从气化的分殊形态及其各自具体构成的气质看,气就不是“一”,而是“别”了。那么,气的“一”或者“别”,是由理决定吗?船山一方面说理别而后气别,也就是理规定了气的分殊差别,这是一个存在论的说法。另一方面,船山

①《读四书大全说》,第720页。

②同上书,第666页。

又说,若从认识论来看,有气别而后才能见其理之别,即理别一定要在气别上体现出来,如果不在气的殊别上体现,理就不能被人所认识。

船山接着说:

> 在天之变合,不知天者疑其不善,其实则无不善。惟在人之情才动而之于不善,斯不善矣。然情才之不善,亦何与于气之本体哉?气皆有理,偶尔发动,不均不浃,乃有非理,非气之罪也。①
>
> 天下岂别有所谓理?气得其理之谓理也。气原是有理底,尽天地之间无不是气,即无不是理也。变合或非以理,则在天者本广大,而不可以人之情理测知。②

在这里船山又作了一个理的定义:气得其理之谓理。什么叫作"得其理"?"得其理"可与"失其理"相对,当指气得其条理,得其自然节次之序。变合本身不是不善,情才本身亦不必不善,情才动而向于不善,才成为不善。故情才的不善与气之本体无关。气之本体非有不善。但是,若气本无不善,而且气中有理,为何变合的过程会导致非理?这一点船山并未作出合理的说明。

船山指出,程复心说"万物之生同乎一本"并没有错,但没有指出万物何以同出一本,即所以为一本者。船山指出,天是万物同乎一本的根源和根据,这也是张载《西铭》的宗旨。然而进一步看,若说万物之生同乎一天,这是以未有万物者言之呢,还是以万物的统一之理言之呢?在船山看来,只能是前者,即"万物之同乎一本,以天言也",就

①《读四书大全说》,第 667 页。

②同上书,第 666—667 页。

是说，万物统一性的根源是天，而不是理。

关于命，船山说："在天者，命也；在人者，性也。命以气而理即寓焉，天也；性为心而仁义存焉，人也。"①又说：

> 天之所以生此一物者，则命是已。夫命也而同乎哉？此一物之所以生之理者，则性也，性也而同乎哉？异端之说曰"天地与我同根，万物与我共命"，故狗子皆有佛性，而异类中可行也。使命而同矣，则天之命草木也，胡不命之为禽兽；其命禽兽也，胡不一命之为人哉？使性而同矣，则犬之性犹牛之性，牛之性犹人之性矣！②

天所赋予一物并使之成为此物而非他物的给定性，是"命"，物各不同，是因为它们各自得于天的命不同。一物的所以然本质即其"性"，物各不同，故它们各自的性各个不同。如果说物物性命皆同，那就是佛老之说了，道家说天地与我共命，佛家说狗子都有佛性，都是如此。这也正是孟子所批评的告子所主张的思想。

船山接着说：

> 夫在天则同，而在命则异，故曰"理一而分殊"。"分"云者，理之分也。迨其分殊，而理岂复一哉！夫不复一，则成乎殊矣。其同者知觉运动之生，而异以性；其同者烟煴化醇之气，而异以理。乃生成性，而性亦主生，则性不同而生亦异；理别气，而气必有理，则理既殊而气亦不同。③

①《读四书大全说》，第681页。
②同上书，第727页。
③同上书，第727页。

万物的本原都来自天,这是共同的,但天所赋予每一存在物的命各有不同,所以说“理一而分殊”。“分”就是指理的分,气化造成分殊的事物,各个事物的理互不相同,理不复为一了。就万物的现成存在而言,如人和动物都有知觉运动,这是共同的,但各自的本性是不同的;就万物生成的来源而言,都来自絪缊气化,这是共同的,但气化成物的理又各个不同。有生命即有其本性,而性能够主导生命;万物性不同,从而各自的生命也不同。理的作用本身就是造成气的区别,万物的理既然不同,它们的气也必然不同。在程朱的格物学说中,有所谓“一物之中莫不有万物之理”的说法,船山则认为这种说法在性论上会导致“万物生同则性同,气同则理同”的结论,这是他所反对的,他的上述讨论都是对这种说法的警惕和批评。

五、气理论

最后,我们来看读“孟子说”中的气理论。这里所说的气理论即我们习惯说的理气论。由于船山在理气两者之间更显出对气的重视,所以我们用“气理论”来概括其对气和理的讨论。在前面各节,已经有不少地方涉及船山哲学的理气观念,这里不避重复,先将这些有关理气的论述集中起来作一呈现。在理气关系问题上,船山的基本观点是:

> 理即是气之理,气当得如此便是理,理不先而气不后。①
>
> 理只是以象二仪之妙,气方是二仪之实。健者,气之健也;顺者,气之顺也。天人之蕴,一气而已。从乎气之善而谓之理,

①《读四书大全说》,第660页。

> 气外更无虚托孤立之理也。①
>
> 凡言理者……是动而固有其正之谓也,既有当然而抑有所以然之谓也。是唯气之已化,为刚为柔,为中为正,为仁为义,则谓之理而别于非理。②
>
> 天下岂别有所谓理?气得其理之谓理也。气原是有理底,尽天地之间无不是气,即无不是理也。变合或非以理,则在天者本广大,而不可以人之情理测知。③
>
> 虚者理之所涵,气者理之所凝也。④

这些都在不同的具体问题上表现出船山的基本理气观,即气是实体,理只是这一实体变化的法则和条理。气外无理,气中含理;气聚成形质,理即凝结为此形质之性。理气不离,理气互相为体。

船山在"读孟子说"中,为说明心、性、志、气的关系,亦依据其理气哲学加以说明:

> 理者,原以理夫气者也(理治夫气,为气之条理),则理以治气,而固托乎气以有其理,是故舍气以言理,而不得理。⑤

这是说,就自然哲学而言,理的意思本来是指治理、条理,使气的运行有条不紊。理的作用不是提供给气以存在的根据,而是提供给气以运行的条理,说明船山的理气观不是注重气的存在,而是注重气的运

①《读四书大全说》,第660页。
②同上书,第719页。
③同上书,第666—667页。
④同上书,第720页。
⑤同上书,第532页。

行即气化。气化是船山宇宙论第二序的阶段，所以船山理气论的讨论在其思想中并非终极性的本源问题。船山强调的是，理托于气，即理必须依凭气而存在，以气为实体，因为理的存在就其本质而言即指气对气的条理化作用。所以，离开气，离开表现于气化的条理化，就谈不上理的存在。

在解释“塞乎天地之间”时，船山说：

> 天地之间，皆理之所至也。理之所至，此气无不可至。言乎其体而无理不可胜者，言乎其用而无事不可任矣。《集注》云“充塞无间”。间者，隙漏之谓，言无一理一事之不周也。①

中国古代哲学喜欢用“充满两间”“充塞天地”一类具象的语汇说明存在的最大普遍性，船山也使用这种讲法，强调天地之间处处有理，处处有气，凡有气处便有理，凡有理处便有气。

在朱子学的论孟诠释中，命是与气相关的。针对《大全》引朱子小注“‘命’字是指气言”，船山说：

> 愚于《周易外传》有“德命”“福命”之分，推其所自来，乃阴阳虚实、高明沈潜之撰。则德命固理也，而非气外之理也；福命固或不中乎理也，而于人见非理者，初无妨于天之理。则倘至之吉凶，又岂终舍乎理，而天地之间有此非理之气乎哉？②

船山不赞成以德命为理，以福命为气，根据船山一贯的思想方法，他比较反对把两个不同事物分别界定为理和气，而是主张每个事物都

①《读四书大全说》，第537页。
②同上书，第723页。

是理气结合的,或都有理气两面。因此,用这个方法来观察,德命虽然可说是理,但不是离于气而独立的理;福命虽然可说是气,但不是离于理而独立的气。

船山又说:

> 其或可以气言者,亦谓天人之感通,以气相授受耳。其实,言气即离理不得。所以君子顺受其正,亦但据理,终不据气。新安谓"以理御气",固已。①

在船山看来,像性、命等很多问题都可以看作理气问题的表现,所以他坚持把理气不离的方法贯彻到一切可用理气范畴分析的问题上。在概念上,"命"是天所授予人者,人们之所以认为命是气,原因在于"气"确实往往是天人感通授受的中介。然而,命虽然有时属气,但气不离理,故命中有理。尤其是君子对于命的态度,只依据于理的当然,这也说明命不仅是气,命也不能离开理。船山还指出:

> 人只将者富贵福泽看作受用事,故以圣贤之不备福为疑,遂谓一出于气而非理。此只是人欲之私,测度天理之广大。《中庸》四素位,只作一例看,君子统以"居易"之心当之,则气之为悴为屯,其理即在贫贱患难之中也。理与气互相为体,而气外无理,理外亦不能成其气。善言理气者必不判然离析之。②

人们有见于圣贤多贫困,所以把命运完全归于气数,以为命与理无关。船山认为,其实即使是人处于贫贱忧患的运命中,仍然有理,因

①《读四书大全说》,第724页。
②同上。

为离开理就不成其为气，不成其为命。

船山对理势问题的发明，是其思想特色之一，势关系到理，也关联到气，所以在此一并讨论。

《孟子·离娄上》说："天下有道，小德役大德，小贤役大贤。天下无道，小役大、弱役强。斯二者，天也，顺天者存，逆天者亡。"朱子在《孟子集注》中说："天者，理势之当然也。"朱门后学者认为，德贤以理言，大小强弱以势言，如双峰饶氏说："盖天下有理有气，就事上说，气便是势……才到势之当然处，便非人之所能为，即是天了。"①船山很重视气，但他对这种以气言势之说，并不赞成。正如我们在其读"论语说"中所指出的，船山坚持理气不可分离，理气互体并建，故凡前人重理贬气处，船山必注重尊气；凡前人言气离理处，船山必兼顾理，强调理。船山就此评论说：

> 粗疏就文字看，则有道之天似以理言，无道之天似以势言，实则不然。既皆曰"役"，则皆势矣。《集注》云"理势之当然"，势之当然者，又岂非理哉！所以庆源、双峰从理势上归到理去，已极分明。"小德役大德，小贤役大贤"，理也。理当然而然，则成乎势矣。②

"役"表示支配性的力量和作用，体现了势，但势并非离开理，不能说一个事物只有势没有理，势本身也体现了理。同时。船山认为，理既是当然，也是必然，"当然"一定展开自己为"必然"，故船山说"其必然者即理也（说见《离娄》篇）"③。也就是说，理作为当然和必然的

①《四书大全》，第2472页。
②《读四书大全说》，第599页。
③同上书，第517页。

展开要借助气,也就成为势。

> 双峰以势属之气,其说亦可通。然既云天,则更不可析气而别言之。天者,所以张主纲维是气者也。理以治气,气所受成,斯谓之天。理与气元不可分作两截。若以此之言气为就气运之一泰一否、一清一浊者而言,则气之清以泰者,其可孤谓之理而非气乎?①

所以,势在孟子是用“天”来表达,而天包含理气两者,既包含气,同时即气而显理。纲维是指统率之,法纪之,所以天绝不是孤立的理,而是气的有法则的运行,这一运行本质上是理统理气(统是统率,理是条理)的过程。船山接着说:

> 有道、无道,莫非气也(此气运、风气之气),则莫不成乎其势也。气之成乎治之理者为有道,成乎乱之理者为无道。均成其理,则均成乎势矣。②

天下有道、天下无道,都是天,都有气的作用,从而都是势。这无异于说,有道之天与势,有无道之天与势。有道之天是指气体现了治之理,无道之天是指气体现了乱之理。无论治与乱,气都成就、体现了某种理(治之理或乱之理)的作用,从而也由于气的参与而造成了一定的势。

船山进而指出:

---

①《读四书大全说》,第 600 页。
②同上。

> 理与气不相离，而势因理成，不但因气。……凡言势者，皆顺而不逆之谓也；从高趋卑，从大包小，不容违阻之谓也。夫然，又安往而非理乎？①

由于理气在存在上不可分离（在认识上可以分离），所以势作为现实的存在，是由理气共同合成的，不仅是气的作用。所谓“势”总是指一定的趋势，而趋势是向着一定方向发展的；向一定方向发展的趋势即是事物的必然性，从而体现了理。因此势总是体现着理的。

船山又把这个道理称为“势之必然处见理”，他说：

> 言理势者，犹言理之势也，犹凡言理气者，谓理之气也。理本非一成可执之物，不可得而见；气之条绪节文，乃理之可见者也。故其始之有理，即于气上见理；迨已得理，则自然成势，又只在势之必然处见理。②

船山明确说明，在他看来，把理和势相对待，则理势的关系在一定意义上相类于理气的关系（势不单纯是气），如理是气的理，气是理之气；理是势之理，势是理之势。因为理解理气的关系是理解理势关系的前提，气是实体，理是作为实体的气的条理，理不是一独立可见之物。气在理的法则（此处法则作动词）作用下自身成为一种势，理便是这一势中呈现的必然性。

船山批评朱门后学者错在把理视为一实体存在：

> 双峰错处，在看理作一物事，有辙迹，与“道”字同解。道虽

①《读四书大全说》，第601页。

②同上。

> 广大，然尚可见，尚可守，未尝无一成之形。故云“天下有道”，不可云“天下有理”。则天下无道之非无理，明矣。①

船山认为，理和道不同，道是可见的，理是不可见的；道有一定的形态，有一定的轨迹，可以守，而理没有道的这些特点。但另一方面，道又是“一定之理”：

> 道者，一定之理也。于理上加“一定”二字方是道。乃须云“一定之理”，则是理有一定者而不尽于一定。气不定，则理亦无定也。理是随在分派位置得底。道则不然，现成之路，唯人率循而已。故弱小者可反无道之理为有道之理，而当其未足有为，则逆之而亡也。孟子于此，看得“势”字精微，“理”字广大，合而名之曰“天”。进可以兴王，而退可以保国，总将理势作一合说。②

理是普遍的法则，道是有确定规定的理，这表示，相对于“有一定”的道来说，理是“不尽于一定”的，这是因为理是随气而凝的，气化的不定使理无法一定。

可见船山在对理势问题的论述中也清楚地表达了他对理气关系的基本看法。

综上所述，我们对船山的气体论和气善论思想已有了比较清楚的了解。气体论一方面是船山哲学宇宙论的基础，另一方面是其气善论的论证。从气善论的基本立场出发，船山把宇宙的演化分为两个基本阶段，即变合以前的气体阶段与变合以后的气化阶段，气体即气之体，亦即气之实体、气之本体，指传统宇宙论的太极、阴阳。气之

①《读四书大全说》，第 601 页。
②同上书，第 601—602 页。

本体的特点是源始、浑沦、无动、无恶。源始指它是气化之前的宇宙根源,浑沦是指其尚未分化、没有生成,无动是指没有运动,无恶即无不善。船山宇宙论模式所体现的对濂溪、横渠的复归,值得注意。不仅如此,船山还把气之本体称为“诚”,并且认为四气便是四德,阴阳便成五性,仁义便是阴阳,气自身便是德或德的根源。气化即气之用,在气化阶段阳变阴合,生成万物,生成善恶,理作为气化的条理得以呈现。从而在理气关系上,船山主张气是实体,理是气的理,气决定理。在船山的这一套论说中,主旨是以“气善说”“气体说”来反对“性善气不善”“尊性贱气”。这种对气的重视,一方面是出于船山对“乾坤并建”二元平衡方法论的贯彻,对朱子学的尊理抑气论的反驳;另一方面则是由于船山对孟子养气论十分重视,主张“养气以体天地之诚”,体现了他自己从修养论出发而需要的宇宙论诉求。这是我们在理解船山气善论和气体论时要细心把握的。

从理论思维来说,也可以这样认为,在经历了元明理学在“理”的理解上的去实体化转向之后①,理不再是首出的第一实体,而变为气的条理,因此人性的善和理本身的善,需要在气为首出的体系下来重新定义,气善论在这个意义上正是为人性和理的善提供了一个新的终极的保证。这使得北宋前期以来发展的气本论,作为儒家思想的体系,终于获得了其完整的意义。

（原载《中国社会科学》2003 年第 5 期）

---

①参看陈来:《元明理学的去实体化转向及其理论后果》,《中国文化研究》2003 年 2 期。

“全而生之,全而归之”

——王船山晚年的思想宗旨

上 篇

船山的《张子正蒙注》(以下简称《正蒙注》),作于 67 岁,修定于 72 岁,足以代表他的晚年思想。船山自中年以来通过各种著述所表达的思想,在这里得到了一种综合和熔铸,并得到了新的发展。《正蒙注》所采取的话语形态是“横渠学”的,但这种横渠学的话语不能仅仅被看作船山晚年所借用的、一种由文本的制约所带来的表达方式,应当说,这是船山思想归宗返本的自觉选择。换言之,横渠学的话语之于船山,并不是一种外在的、偶然的形式,而是他经历一生思考选择后所确定的学术形态,这从他自撰墓铭的“希张横渠之正学”可以得到完全的证明。同时,《正蒙注》中又充满了船山自己的诠释和发挥,表明横渠只是他的思想方向和诠释基点。

张载的《正蒙》一书,是其晚年所编集,其中有不少来自中年时的《易说》;而取自《易说》的部分,在收入《正蒙》的时候,也有一些地方作了修改。在他去世后,门人苏昞等将此书区分而为十七篇,在南宋前期已成定本。朱子虽然没有为《正蒙》一书作注,但为其中的《西铭》作过注释,而且朱子一生中讨论《正蒙》的言语亦不少。《正蒙》在明清时代有不少学者为之作注释,一般来说,明清学者为《正蒙》作注者多是朱子学者①。

船山一生对横渠最为尊崇，他对横渠的了解也主要来自《正蒙》，他在晚年作《张子正蒙注》，而且明确宣明“希张横渠之正学”，表明这既是他在学术思想上的自我定位，也是他的学术宗旨和归宿。

一、贞生死以尽人道

今人阅读《正蒙》，尤其是第一篇《太和篇》（下引篇名皆省去“篇”字），多视之为一种论天道的宇宙论，也就是主要从自然哲学来了解张载的思想。船山的理解则大不然，也因此，我们在看他的《正蒙注》的时候，会看到他明显地注重其人道论的意义，这成为其《正蒙注》思想的重要特点，很值得注意。

《正蒙注·太和篇》绪言②：

> 此篇首明道之所自出，物之所自生，性之所自受，而作圣之功，下学之事，必达于此，而后不为异端所惑。盖即《太极图说》之旨而发其所函之蕴也。③

首先，船山指出，《太和》一篇力在揭示道、物、性的宇宙论根源（即道何所出，物何所生，性何所受）。其次，他表明对道、物、性所产生的根源的揭示，并不是一种独立的哲学理论的建构，而是与儒家的下学上达、成圣成贤之学有密切而内在的关联，它是作圣之功的基础，是下

①亦有主张气学的学者为之作过注，如韩邦奇作《正蒙解结》，但韩氏见到刘近山《正蒙会稿》后，便将自己的注解付之于火而不传。见韩氏《正蒙会稿序》。

②船山《正蒙注》每篇之前皆有一段文字，以说明此篇的宗旨，姑称之为绪言。

③《张子正蒙注》，《船山全书》第十二册，岳麓书社 2011 年，第 15 页。（以下只注书名和页数）

学之事的前提,因此它是作为“圣学”的一部分而获得其意义的。复次,这里强调,只有明了道物性的真实根源,才能不受佛老二氏的迷惑,而《正蒙》正是要去除佛教道教的蒙蔽。最后,船山也说明,在他的理解中,横渠的《正蒙》是对濂溪《太极图说》的发明,所以张、周共同成为他理论上、思想上追溯的源头。

在《太和篇》的前两章(即“太和所谓道”一章和“太虚无形,气之本体”一章)之后,船山说:

> 此上二章,兼动静、生死而言。动静之几,尽性之事,死生之故,立命之事,而一动一静,一屈一伸,理所必有而通于一,则一也。①

这再次表明,动静不能仅仅被看作纯粹自然哲学的运动范畴,对动静的把握是属于“尽性之事”(“尽性”一词来源于《易·说卦》“穷理尽性以至于命”和《中庸》“惟天下至诚为能尽其性”),对死生的了解也不仅仅是一种对自然过程的说明,而是服务于“立命之事”(立命之说来自《孟子》“修身以俟之,所以立命也”)。也就是说,在船山看来,《太和》开篇的这两章都是要落脚在人的安身立命的人道上来理解。

在第三章“天地之气,虽聚散、攻取百涂”末尾,船山有一篇长文字,与其《正蒙注》绪论一样重要,他说:

> 此章乃一篇大指,贞生死以尽人道,乃张子之绝学,发前圣之蕴,以辟佛老而正人心者也。……且以人事言之,君子修身以俟命,所以事天;全而生之,全而归之,所以事亲。使一死而消散

①《张子正蒙注》,第19页。

> 无余,则谚所谓伯夷、盗跖同归一丘者,又何恤而不逞志纵欲、不亡以待尽乎?惟存神以尽性,则与太虚通为一体,生不失其常,死可适得其体……①

《太和篇》可谓《正蒙》一书的概要,船山认为《太和篇》的大指,就是“贞生死以尽人道”,这意味着,在船山的理解中,“贞生死以尽人道”也是《正蒙》全书的大指,甚至是整个横渠学的主题;而横渠的思想,既是对圣学的发明,也是批佛老、正人心的武器。可见,船山所关注的,绝不是某种抽象的哲学,而是尽人道的儒家圣学。所以,发明儒家的圣学,解除佛老的蒙蔽,是船山思想的一体两面的主题,也是横渠思想的核心主题。尤其重要的是,船山的思想比起横渠更进一步,在他的理解中,《太和》《参两》诸篇,以及整部《正蒙》书之成为圣学的一部分,不仅仅因为它们肯定宇宙实有,反对佛老虚无之说,而且因为它们以“贞生死以尽人道”为内容。这几句话也显示出,船山的生死—人道论有着实体的含义,这就是,一个人行为的善和恶不会随其死亡而消散无余,否则善恶的分别就没有意义了,一个人的善恶将影响到他死后的归宿,所以他主张要以“存神尽性”的修养,来保证死后“全而归之”于太虚。因此,“存神尽性”和“全而归之”就成了《正蒙注》最主要的结论和落脚点。这在以前的船山研究中是完全被忽视的。

所以在《太和篇》的“昼夜者,天之一息乎”一章后,他再次申明:

> 此篇之旨,以存神而全归其从生之本体。②

①《张子正蒙注》,第21—22页。
②同上书,第40页。

这再次强调,《正蒙·太和》的宗旨,乃在于“存神而全归其从生之本体”,实际上这也就是《正蒙注》的宗旨。“存神”是君子的功夫,“所从生之本体”就是人的身体和生命的来源,在船山就是指太和细缊。换言之,《太和篇》的宗旨是要人以存神的功夫达到死后全部归返于太和本体。这样一来,船山《正蒙注》的重点就转到了“功夫—本体”①,而“生死—善恶”的问题便成为船山思想的核心问题。我们在后面还会看到,“存神尽性”“全而归之”在船山晚年已经成为其思想体系中的“终极关怀”。

“存神”是船山《正蒙注》中的重要观念。“存神”一词的渊源可见于《孟子·尽心上》“君子所过者化,所存者神,上下与天地同流”;存神的说法,除了《孟子》外,还化用了《周易·系辞》中“精义入神”“穷神知化”“神而明之存乎其人”等用法的意义。船山的存神观念直接来源于《正蒙》本身,《正蒙》云“圣人尽道其间,兼体而不累者,存神其至矣”,“性性为能存神,物物为能过化”,“存神然后妙应物之感”,“既不能存夫神,又不能知夫化矣”。船山把存神和尽性连用,成为一对基本的心性功夫观念。

在《太和》以下各篇中,船山也都尽量紧扣人道点醒读者。如《参两篇》注中说:“体无形有象之性,以达天而存其清虚一大之神,故存心养性,保合太和。”提示读者要把清虚一大和存心养性结合在一起②。又说:“此上二章,因天化以推心德之主宰。”③《天道篇》绪

①“本体—功夫”的对待,在明代哲学中,“本体”主要是指心之本体;而作为船山哲学思想核心结构的“功夫—本体”中的本体是指气之本体,宇宙的根源性本体。

②至于这里所说的存心养性与保合太和的关系,我们要在《生死善恶》一章才能清楚了解。

③《张子正蒙注》,第46、60页。

言:“前二篇具明天道,此篇因天道以推圣德,而见圣人之学……”①都处处提醒读者,《正蒙》论及天地神化与圣学心德时是紧密关联的。在《神化篇》绪言中,他认为“此篇备言神化,而归其存神敦化之本于义,上达无穷而下学有实”②,即其中虽然极论天地阴阳之化,但仍归结到“存神敦化”,上达和下学始终密切联结。

《动物篇》《诚明篇》更是如此,《诚明篇》绪言曰:

> 前篇统人物而言,原天所降之命也;此篇专就人而发,性之蕴于人所受而切言之也。……张子推本神化,统动植于人而谓万物之一源,切指人性,而谓尽性者不以天能为能;同归殊涂,而尽其义,乃此篇要旨。③

这是强调人不能仿照天的自然无为,而必须在人道上作尽性的努力,了解人性的天道来源,正是为了使人自觉到尽性的必须。《诚明》注的最后又云:

> 此章绎《易传》之旨而决之于义利之分,为天道物理之恒、人禽存去之防,其言深切。学者取而验吾心应感之端,决之于几微,善恶得失判为两涂,当无所疑矣。④

《大心篇》绪言云:

①《张子正蒙注》,第 65 页。
②同上书,第 76 页。
③同上书,第 112 页。
④同上书,第 141 页。

> 自此以下三篇，乃言学者穷理精义之功，明乎道之所自出，则功不妄；反诸学之所必务，则理不差。君子之道所以大而有实也。此篇乃致知之要，下二篇乃笃行之实。①

这些都说明，船山对《正蒙》的解说，其重要特点便是强调人道论的意义，防止人们在读《正蒙》的时候只关注其天道论部分，而忽视其中人道论的意义。

二、明人道以为实学

《正蒙》后半部的数篇，多是对《论》《孟》《诗》《书》《易》《三礼》的具体解释，船山按语不多，也就不必叙述了。现在我们越过这些部分直至《正蒙》书的最后一篇《乾称篇》。船山把此篇分为两部分，前一部分即《西铭》，称为"乾称篇"，后一部分则称为"可状篇"②。在《乾称篇》绪言的前半部，船山着重说明张载与周敦颐在理论上的继补关系：

> 抑考君子之道，自汉以后，皆涉猎故迹，而不知圣学为人道之本。然濂溪周子首为《太极图说》以究天人合一之原，所以明夫人之生也，皆天命流行之实，而以其神化之粹精为性，乃以为日用事物当然之理，无非阴阳变化自然之秩叙而不可违。然所疑者，自太极分为两仪，运为五行，而乾道成男，坤道成女，皆乾、

①《张子正蒙注》，第143页。

②按《正蒙》书第十七篇为《乾称》，而明清以来《正蒙》各本，大抵分为两类，一种把《乾称》中的《西铭》提出另行，不在《正蒙》之内，另一种则维持将《西铭》作为《乾称篇》的开首部分。船山则以《西铭》为第十七《乾称篇》，而以"凡可状"以下文字为第十八《可状篇》。

> 坤之大德,资生资始;则人皆天地之生,而父母特其所禅之几,则人可以不父其父而父天,不母其母而母地,与《六经》《语》《孟》之言相为蹠戾,而与释氏真如缘起之说虽异而且同。则濂溪之旨,必有为推本天亲合一者,而后可以合乎人心,顺乎天理而无敝。故张子此篇不容不作,而程子一本之说,诚得其立言之奥而释学者之疑。①

这是说,汉代以后的考证儒学,完全不了解人道有其天道的来源,所以周子《太极图说》从宇宙本源上揭示天人合一,使人明白人的生命和本性来自天命流行,日用事物的道理来自阴阳变化的秩序。但是,如果只讲天人合一,未讲天亲合一,即如果只说明人的生命和本性来自天地,而不说明父母对个人的意义,就会导致人们仅仅以天地为父母,忘记了孝顺亲生父母的意义,结果就会以事天代替了事亲。《西铭》的意义正在于弥补了《太极图说》的缺略,把“天亲合一”的道理讲明,使得天道和孝道得以统一。

于是,在绪言的后半部,船山从“天亲合一”的立场全面阐释了孝道在理解《西铭》中的意义:

> 窃尝沈潜体玩而见其立义之精。其曰“乾称父,坤称母”,初不曰“天吾父,地吾母”也。从其大者而言之,则乾坤为父母,人物之胥生,生于天地之德也固然矣;从其切者而言之,则别无所谓乾,父即生我之乾,别无所谓坤,母即成我之坤,惟生我者其德统天以流形,故称之曰父;惟成我者其德顺天而厚载,故称之曰母。……尽敬以事父,则可以事天者在是;尽爱以事母,则可以事地者在是。……若舍父母而亲天地,虽极其心以扩大而企及

①《张子正蒙注》,第351页。

之，而非有恻怛不容已之心动于所不可昧。……谁继天而善吾生？谁成我而使有性？则父母之谓矣。继之成之，即一阴一阳之道，则父母之外，天地之高明博厚，非可躐等而与之亲，而父之为乾，母之为坤，不能离此以求天地之德，亦昭然矣。①

船山指出，在哲学认识上，人是天地的产物，故可以说“乾称父、坤称母”。而在“生”我“养”我的问题上，父母才真正、直接地体现了天地的功德（功、德皆指用言）。所以就乾坤的生生功德而言，在这一点上，父即是乾，此外更无别的天，母即是坤，此外更无别的地。可见，天地可称父母，是在认知和境界的意义上说的，但这并不等于说可以在实践上把天地与亲生父母相等同，或以天地代替亲生父母。道德实践上的“孝”是必对亲生父母而言的，它是基于我们对父母的不可掩抑的恻怛情感，人对天是无法具有这种情感的。同时也要看到，孝道不仅仅是人道，父直接体现的是天之德，母直接体现的是地之德，孝敬亲生的父母就是人事天事地的最根本的表现。

“事天”之说可见于《礼记·哀公问》的子曰“仁人之事亲也如事天，事天如事亲”，《大戴礼记》中也有相同的说法。《孝经》的“子曰”云“昔者明王事父孝，故事天明”。《孟子·尽心上》说：“苟存其心，养其性，所以事天也。”孟子以尽心知性所以知天，以存心养性所以事天。宋儒杨龟山说：“《西铭》只是发明一个事天的道理。”朱子论张载《西铭》说：“他不是说孝，是将孝来形容这仁。事亲底道理，便是事天底样子。”②

船山的思想与朱子的说法不同，朱子认为《西铭》是以孝来形容仁，其目的要落在仁，而不是说孝。船山的说法则认为《西铭》的意义

①《张子正蒙注》，第352—353页。

②朱子语见《朱子语类》卷九十八。

还是强调孝,是以孝道的实践来体现对天地的义务。在这个意义上,《西铭》的意义应该不是要建立一个天地境界①,而是在一个新的高度上更深刻地认识人世孝道的意义。所以他在绪言的最后说:"张子此篇,补周子天人相继之理,以孝道尽穷神知化之致,使学者不舍闺庭之爱敬,而尽致中和以位天地、育万物之大用。"②这种解释正是船山言天不忘人,始终重视人道的思想的表现。

在古代宗教观念里面,天是神性的存在,事天的主要方式是祭祀。在古代宗教的时代,"事天"的观念表现在天与人的关系中,人对天有义务,同时人对人也有义务,事天和事亲是分开的。儒家的产生则注重事天和事亲在内心态度上的一致性,但在后来儒家的观念中,天的神性逐渐减消,尤其是在理学体系中,"天即理也",使得古代经典的理解受到理性化的洗礼。宋代以来,道学以《西铭》为基础,仍坚持认为人对天地承担有义务或责任。在这样的体系中如何建立或以何种方式重新建立人对天的义务,以及如何实现此种义务,便是一个新的问题。在道学中,按船山的理解,没有什么另外的事天的事务要做,人是自觉地以尽其对人的义务来同时实现对天的义务。船山的这种态度,用《思问录》的表达,即是"明人道以为实学"。

三、安身立命的要旨

现在,让我们返回船山的《正蒙注》,《正蒙注》的序他称为《序论》,《序论》中间一段,与以上所说有极大关系,反映了船山对《正蒙》大指的理解和他自己的思想宗旨。他说:

---

①"天地境界"一语出自冯友兰的《新原人》,指一种仁者与天地万物一体的精神境界。

②《张子正蒙注》,第353页。

> 人之生也,君子而极乎圣,小人而极乎禽兽;然而吉凶穷达之数,于此于彼,未有定焉。不知所以生,不知所以死,则为善为恶,皆非性分之所固有,职分之所当为,下焉者何弗荡弃彝伦以遂其苟且私利之欲?其稍有耻之心而厌焉者,则见为寄生两间,去来无准,恶为赘疣,善亦弁髦,生无所从,而名义皆属沤瀑,两灭无余,以求异于逐而不返之顽鄙。乃其究也不可以终日,则又必佚出猖狂,为无缚无碍之邪说,终归于无忌惮。自非究吾之所始与其所终,神之所化,鬼之所归,效天地之正而不容不惧以终始,恶能释其惑而使信于学!故《正蒙》特揭阴阳之固有,屈伸之必然,以立中道,而至当百顺之大经皆率此以成,故曰"率性之谓道"。天之外无道,气之外无神,神之外无化,死不足忧而生不可罔,一瞬一息,一宵一昼,一言一动,赫然在出王游衍之中,善吾伸者以善吾屈。然后知圣人之存神尽性、反经精义,皆性所必有之良能,而为职分之所当修……①

这里的"性分之所固有、职分之所当为"出自朱子《大学序》"其学焉者,无不有以知其性分之所固有,职分之所当为"。船山强调,如果不能知生知死,不能对生命的根源与死亡的归宿有完整了解,就不能了解善恶的意义,不能理解为善去恶是人性固有的当然,从而会认为善恶的分别是没有意义的②。如果以为为善去恶不是人性固有之当然,善恶分别是没有意义的,那就会导出三种不良的发展:一是纵欲主义,抛弃一切伦理规范以追求个人的私利;二是虚无主义,认为善恶对于人的生命是多余的,人生的一切在死后都消灭无余,所以生命

①《张子正蒙注》,第11页。

②船山原文"为善为恶"似当改作"为善去恶",因为我们总不能说"为恶"是职分之所当为。

和善恶都没有意义;三是自由主义,追求生活的无规范无拘束,随心所欲,而最终变成为一种猖狂的人格形态①。第一种人即世俗小人,第二种人即佛老之徒,第三种人指王门末流。所以,对宇宙和生命的"原始反终",其根本目的是使我们能够确认"善"是本性所固有,"为善"是我们天生的责任,认识到生命为真实,死亡不可怕。

船山指出,《正蒙》解决这一问题的进路是,确认阴阳变化宇宙的实体基础,屈伸生死是自然的普遍法则。阴阳和屈伸是人道大经的本源,人道是从阴阳屈伸中引申出来,所以人的言行及人生的一切都在气化聚散之中而不会消灭,都在天道皇皇的流行之中而受其往复,对生时的善待便是对死后的善待,生时的善对死后有影响、有作用。如果明白这些道理,就能真正了解"存神尽性"是人性的良能,人生的当然②。

《正蒙注·序论》的这一段,清楚扼要地阐明了船山所理解的《正蒙》的宗旨和意义,实际上是阐明了他自己的思想关怀和主张。在这段阐述中可以清楚地看到,船山所强调的核心基本问题是生死与善恶的问题,即"贞生死以尽人道"。在船山看来,如果不能认清《正蒙》的道理,生命就没有价值目标,一切价值如同大海中的泡沫,人就不能"安身立命"。可见,船山的思想要旨是要基于儒家的生死观和善恶观来解决人的"安身立命"问题。

船山的思想,从一定意义上看,具有自然主义的特点,因为他要把善恶的问题追溯到自然的生死,追溯到阴阳的屈伸,试图以阴阳屈

①这里的自由主义一词是代用概念,与现代政治理论和道德哲学的自由主义概念并不相同。

②"一瞬一息,一宵一昼,一言一动,赫然在出王游衍之中",按后句出于《诗经》之《大雅·生民》:"昊天曰明,及尔出王;昊天曰旦,及尔游衍。"船山引此以说明一切都在天道往复之中。故《张子正蒙注·可状篇》云:"明夫聚散死生皆在道之中,而非灭尽无余。"(《张子正蒙注》,第 376 页)正可作为注脚。

伸的自然来说明价值的根源。但是,从基本出发点上看,其基本关怀是人道的、价值的,所以尽管他对善恶根源的哲学论证诉之以气学的形态,但船山思想在总体上又不能简单归结为自然主义,更不能归结为一种与人文价值无关的自然辩证法。

四、圣学正统的重建

同样值得重视的是,船山的《正蒙注·序论》比较全面地阐述了他对道学传统和宋明理学发展的看法,从中可以看出他如何看待自己与这一传统的关系。

《周易》蒙卦之"蒙",《正义》的解释是:"蒙者,微昧暗弱之名。"可见"蒙"与"明"相对。《彖传》云:"蒙以养正,乃圣功也。"旧注以为指隐默自修,其实是不大说得通的。张载所用的"正蒙"本出于彖辞"蒙以养正"。对此,船山的训释说:"谓正蒙者,养蒙以圣功之正也。"也就是以圣功正学来教养童蒙。而在船山,蒙是指知识的开始,意味正童蒙之志于始。其实,无论船山在训诂上如何解释"正蒙"两字,他的重点应当是在"正";而这一"正"字与他的"正学"观念是同一意义的。"正"若作为动词,则应该是指正其蒙昧之蔽。此蒙昧之蔽指的即是佛老二氏的学说。我们知道,船山晚年自题墓铭中的"希张横渠之正学",表达了他学术的归宗和归宿,这"正学"的意义包含有二,一是儒家圣学的中道正统(圣学是船山自己反复使用的观念),二是毫不沾染异端影响的纯正儒学。这两点并不是分离的,而是互相说明的。所以船山在《序论》中说,他所理解的"正",是反对"狂思陋测、荡天理、蔑彝伦而自矜独悟,如老聃、浮屠之邪说"的"正"。他回顾了儒学史而指出,文武以前是尤"正",至于东周而"邪"出,故孔子阐明易道而推明仁学,经过《孟子》和《大学》的继承发挥,中正的人道由此完备地建立起来。孟子的时代虽然有杨墨为异端,但儒家当时不屑于论证其“邪”,故采取引而不发的态度。但汉、唐之间,儒者出入异端之学,受其影响太大,所以宋代儒学必须有“正蒙”出现,以正学术。把回应异端之学的挑战看作宋代道学兴起的主要背景,在这一点上船山与宋代以来道学的说法是一致的。

以下船山对宋明儒学的发展作了“贞邪相竞”的叙述:

> 宋自周子出,而始发明圣道之所由,一出于太极阴阳、人道生化之终始。二程子引而伸之,而实之以静一诚敬之功。然游、谢之徒,且岐出以趋于浮屠之蹊径,故朱子以格物穷理为始教,而檃括学者于显道之中。乃其一再传而后,流为双峰、勿轩诸儒,逐迹蹑影,沉溺于训诂,故白沙起而厌弃之。然而遂启姚江王氏阳儒阴释诬圣之邪说。其究也,为刑戮之民、为阉贼之党,皆争附焉,而以充其无善无恶、圆融理事之狂妄,流害以相激而相成,则中道不立、矫枉过正有以启之也。①

船山的论述一般并不严密,前后往往不能一致②。此段的叙述和结论便颇费疏解。他的整个叙述,应当这样理解,即周子发明太极人极,二程落实于诚敬功夫,这都没有问题。二程的弟子离开周程的正途而歧出,所以朱子出来纠正他们的差失,提出格物穷理,朱子也应是没有问题的。但朱门后学沉溺于训诂,于是引起陈白沙的反对,加以批评,陈白沙本人应当是没有问题的。但王阳明继白沙反对格物之路却引入佛禅邪说,于是导致明代后期的文化混乱和败坏。在这个意义上,周程朱陈并无不正,其矫枉亦无不是,唯程门后学、朱门后

①《张子正蒙注》,第10—11页。

②劳思光亦有类似看法,见其《中国哲学史》第三卷下册,第733、737、742、744页等。

学、白沙之后的阳明学，才是沿着矫枉的路子而走向过正①。

不过，如果从历史叙述来看，上面的说法有所缺漏，这就是他没有提到陆象山。但在后面的一段里他说道：

> 学之兴于宋也，周子得二程子而道著。程子之道广，而一时之英才辐辏于其门；张子教学于关中，其门人未有殆庶者。……贞邪相竞而互为畸胜，是以不百年而陆子静之异说兴，又二百年而王伯安之邪说熺，其以朱子格物道问学之教争贞胜者，犹水之胜火，一盈一虚而莫适有定。使张子之学晓然大明，以正童蒙之志于始，则浮屠生死之狂惑不折而自摧，陆子静、王伯安之蕞然者，亦恶能傲君子以所独知，而为浮屠作率兽食人之伥乎？②

"贞邪相竞而互为畸胜"，贞即是正，指正学与邪说彼此斗争，互为消长，同时也指明，只要有正学，就会有邪说出来与之相争。他在"贞邪相竞而互为畸胜"后面，紧跟着用陆王与朱子之教争胜作为说明，这表示他以朱子为"贞"，以陆王为"邪"，这也证明了我们上面的推断。

由此可见，船山对佛老极力诋斥，对陆王严厉批判，对二程、朱子基本肯定，对周子全无异辞，对横渠最为推崇。他认为横渠是接着濂溪讲的，而他自己是接着横渠讲的，这表现出，他的立场是回归横渠濂溪，以重建儒学正统，这也就意味着重建道学正统。这种重建也是以某种道统观念为基础，所以他在《序论》的最后说：

---

①此段文字似只能如此解释，否则，若以周矫汉儒、程补周说、朱正程门、陈矫朱门皆为矫枉过正，则非船山本意。不过，船山虽然认为周程朱陈并非不正，但以张载为最醇正，则亦属显然。

②《张子正蒙注》，第 12 页。

立天立地立人,反经研几,精义存神,以纲维三才,贞生而安死,则往圣之传非张子其孰与归!

"反经"出自《孟子·尽心下》:"君子反经而已矣,经正则庶民兴,庶民兴斯无邪慝矣。""经正"与"无邪慝"都与他的正学思想密切关联。他认为张子是继"往圣之传",这种说法正是宋代道学的核心观念,也就是所谓"为往圣继绝学";立天立地立人和纲维三才,亦即"为天地立心,为生民立命";"贞生而安死"则是船山所理解的正学的核心。所以,就此而言,船山并非自外于道学传统,而是以横渠学为往圣之传、正学之宗,回归张周,以此来吸收程朱。这是他对当时思想文化的救治之方,也是他对重建儒学—道学正统的明确选择。所以,他对于道学的立场可说是"回归源头,批判重建"。

船山对《正蒙》大义的解说,当然都是根据他自己的观点所作的诠释,也以此种方式显现出他自己的思想主张。换言之,《正蒙注》对《正蒙》大义的说明即是船山对自己思想的说明。而由以上论述可知,船山思想的主题可归结为:

原始终以立中道;

贞生死以明善恶;

存神尽性以全归本体。

这些思想主题的具体展开和意义解析,详见"下篇"。船山在具体解释、阐发时,往往观念多而且杂,叙述未必清晰,徒然为读者增加了理解上的曲折。我们今天也未必能够把他的所有概念论述一一解说清楚,但我们必须抓住其立言大指,这样在思想的重点、方向和意义上就不会迷失了。船山思想的主导意识,仍是如何克除佛老的影响,建立正确的儒家人生价值观,这正是道学的主题,在此意义上,船山不仅是宋明道学运动的继承者、参与者,也经他之手的发展,使得自张载以下到船山这样一个宋明道学内部的发展形态逐渐清晰起来。这个形态,从宋明思想的实际历史来看,是宋明道学主题之下的一个非主流的发展,但从思想的特质而言,就清代而言,却未必不是一个重要的流向。而无论如何,船山是一个一心寻找儒学正统以排佛老而正人心的儒学思想家,这个面目是清晰的。

最后,再引《正蒙注》的《神化篇》中解"知几其神,由经正以贯之"的一段话作为结束:

> 张子之言,神化尽矣,要归于一;而奉义为大正之经以贯乎事物,则又至严而至简。盖义之所自立,即健顺、动止、阴阳必然之则,正其义则协乎神之理。凝神专气以守吾心之义,动存静养一于此,则存神以顺化,皆有实之可守,而知几合神,化无不顺。此正蒙要归之旨,所以与往圣合辙,而非贤智之过也。①

义即是大正的人道原则,人道原则来源于天道的阴阳健顺;而人以大正的原则贯穿事物,不仅可使社会得以有序,也是对天道的一种协助参赞。义虽然来自天道,但亦存在于人心,人的修养应当凝聚神智,来守护心之义,动则存心,静则养性,这些功夫就是存神的真切功夫,也是顺应天地之化的实在功夫。换言之,存神、顺化才是《正蒙》一书的要旨,也是《正蒙》继承往圣而与之一致的地方。

下　篇

根据船山的看法,宇宙的本源是太虚中的絪缊之气,气聚而生成人物,人物死而散为气而归于太虚。聚散、生死是自然变化的必有之

---

①《张子正蒙注》,第93页。

几。气聚为人而可见,这是"明";人物死散而归于太虚,不可见,这是"幽"。所以人从生到死,是从"明"转变为"幽",而不是从"有"消灭为"无"。

如果船山仅仅停留在这种看法上,那么他与张载的思想就完全相同,仍然是一种不同于佛教和道教的自然主义的生死聚散说。就反驳佛道教、坚持自然变化的辩证观念而言,此说相当有力;同时,作为一种宇宙人生观,视生死变化为自然,不惧不畏不留,也有其重要的人生指导意义。

然而,若进一步问,在这种生死观下,人的善恶对"生"有何意义,对"死"有何意义?那么仅仅停留在以聚散释生死的观念上,就无法回答了。当然,如前所说,船山认为从自然的健顺之性而继之为仁义之性,以说明人的道德本性根源于天地之性,以确证善的根源,这也在一个方向上把他的气体—气化的宇宙论与善恶问题连接起来。但船山在实际上未止于此,与张载的区别是,他的宇宙论特色和思想特质最终要在善恶对于生死的意义上表达出来,善恶对宇宙的意义亦成为船山思想的终点。这就是"存神尽性,全而归之"。我们虽然在前面已经指出这是船山思想的宗旨,却未加具体揭示,本篇将对这一点作全面的讨论。

一、安生安死

船山继承了张载的思想,以气的聚散来说明生死的本质:

> 气之聚散,物之死生,出而来,入而往,皆理势之自然,不能已止者也。不可据之以为常,不可挥之而使散,不可挽之而使留。是以君子安生安死,于气之屈伸,无所施其作为,俟命而已

矣。(《太和》)①

气聚合而成人成物,这是“出而来”;人与物生命结束,气散归入太虚,这是“入而往”。气有聚散,人有死生,这是自然变化的法则,也是永恒的势运,绝无停止之时。因此,人不能以为个体的生命是能够永久不死的。生死聚散有自己的规则,君子的态度是顺应它,安于生,安于死,平静而自然地接受生死变化。人对气化聚散生死的过程是无所作为的,人所能够做的,就是以“俟命”的态度顺其自然,而无所恐惧留恋。“俟命”可见于《中庸》“故君子居易以俟命,小人行险以侥幸”,《孟子·尽心下》亦说“君子行法,以俟命而已矣”。当然,船山在这里并没有表达全面,人对于生死,不仅应以俟命的态度对待,还要尽力于心性的修养,这一点船山在其他地方多次加以强调。

船山解释正蒙“是生絪缊相荡、胜负屈伸之始”时又说:

> 胜则伸,负则屈,胜负屈伸,衰王死生之成象,其始则动之几也。此言天地人物消长死生、自然之数,皆太和必有之几。(《太和》)②

他以气的屈伸解释《正蒙》的“胜负”,这是合理的。成象与动几相对,成象指既成的固定形象,动几则是指这些形象形成的初始苗头。船山的意思是,有盛有衰,有生有死,有聚有散,这些变化终始的运动根于太和实体内含的动几,所以是必然的。他又说:

> 日月之发敛,四时之推迁,百物之生死,与风雨露雷,乘时而兴、

①《张子正蒙注》,第20页。

②同上书,第16页。此处“王”字似指旺盛。

> 乘时而息,一也,皆"客形"也。有去有来谓之"客"。(《太和》)①

气聚成形,形散还气,所以形是暂时的,故称为客形。一切有形体的事物都有兴有息,有兴无息是不可能的。所以"有生必有死",不仅仅对于人类是如此,这是宇宙万事万物的普遍法则。

往来屈伸是循环不止的,"伸之感而屈,生而死也;屈之感而伸,非既屈者因感而可复伸乎!"(《太和》)②,伸是生,屈是死,由伸到屈,即由生而死;死是屈,屈又可以变为伸,在感的条件下,已死而屈者又可因感而伸,重新组成新的生命形态。换言之,一个生命体之死,气散入太虚,合于絪缊之中。这些既散的气在一定条件下又会重组结聚为新的生命形体。当然,一个新的生命体不是由另一个旧的生命体的全部气构成,"死生流转,无蕞然之形以限之,安得复即一人之神识还为一人?"(《可状》)③

船山也继承了张载关于鬼神的说法,张载说"鬼神者二气之良能也",船山说:

> 鬼神者,气之往来屈伸也。(《乾称》)④
>
> 阴阳相感,聚而生人物者为神,合于人物之身;用久则神随形敝,敝而不足以存,复散而合于絪缊者为鬼。神自幽而明,成乎人之能,而固与天相通,鬼自明而返乎幽,然历乎人之能,抑可与人相感。(《太和》)⑤

---

①《张子正蒙注》,第 18 页。

②同上书,第 21 页。

③同上书,第 370 页。

④同上书,第 359 页。

⑤同上书,第 34 页。

古代宗教以人死后的存在为鬼，船山认为人物之死，即消散为气，还归于太虚絪缊之中，所以死散之气可名为鬼。反过来说，宇宙中并没有别的鬼，鬼就是死散而归向太虚的气。他又认为，太虚之中的神是一种变化的内在动力，它使得阴阳聚合为人物；而人物生成的时候，太虚之神就合于人物之身而成为人物的神智之神。至于最后一句，说人死气散为鬼，但经历过做人的这些鬼气，仍然可以与活的人相互感应，这应当是指祭祀的感格而言，我们就不在这里讨论了。

船山也指出，神是无所谓“聚”也无所谓“散”的。聚散是气，屈伸是指形气，神则无所谓屈伸，神也无所谓幽明：

> 日月、雷风、水火、山泽，固神化之所为，而亦气聚之客形，或久或暂，皆已用之余也，而况人之耳目官骸乎！故形有屈伸，而神无幽明之异。（《太和》）①

前面一段说“用久则神随形散，敝而不足以存”，这里也说“或久或暂，皆已用之余”，都是说客形用久就要消散。神本来是形而上的，太虚之神和人物之神，都是不可象的，所以无论形象如何聚散，神是无所谓幽明之分的。当然，神随着气之散，也会返于太虚。

对此，船山也从理气的角度加以说明：

> 未生则此理在太虚为天之体性，已生则此理聚于形中为人之性，死则此理气仍返于太虚。形有凝释，气不损益，理亦不杂，此所谓通极于道也。（《诚明》）②

①《张子正蒙注》，第34页。
②同上书，第120页。

这是说,事物的理,在事物未聚合成形以前,是作为太虚的体性,天的体性。当气聚结为人为物时,原来天的体性就转而成为人物形体中的性理。人物死而化气弥散,理也就重新回复为气的理,而随气返归于太虚。

二、全生全归

但是,船山与张载的一大不同是,在张载,"散入无形,适得吾体;聚为有象,不失吾常"(《正蒙·太和》语)是自然的,与人为无关的,描写的是自然生死聚散的循环过程。但在船山,则强调"适得吾体"和"不失吾常"都有人为的因素参与其中,这也是船山思想的要妙之处。如船山说:

> 至诚体太虚至和之实理,与絪缊未分之道通一不二,是得天之所以为天也。其所存之神,不行而至,与太虚妙应以生人物之良能一矣。如此,则生而不失吾常,死而适得吾体。迹有屈伸,而神无损益也。①

很明显,在这里,"生而不失吾常,死而适得吾体",都是"至诚""存神"的结果。以至诚的修养使自己与太虚絪缊保持一致,以存神的修养使自己与太虚神化的良能一致,如此,才能"生而不失吾常,死而适得吾体"。如果比照上面引用过的"形有凝释,气不损益",则这里的"迹有屈伸,而神无损益",神应指气之神。

这一"死而适得无体",在船山更表达为"全而归之"。上面这段话的意思,也就是我们在前面引过的"存神而全归其所从生之本体"。

①《张子正蒙注》,第34页。

正如我们在前文指出的，船山最特别的地方，是他指出《正蒙·太和篇》的宗旨是“存神尽性，全而归之”。全而归之的“归之”，当然是归于其本体，这本体就是太和絪缊，所以船山说：“鬼者归也，归于太虚之絪缊也。”(《可状》)①与张载不同，船山所说的“全归”很有讲究，体味他的话，人并不是在死后便可自然地“全归”其所从生的本体，“全归”实是“存神”修养的结果。这就是说，有存神的功夫才能全归本体，没有存神的功夫则不能全归本体。也就是说，有存神的功夫才能生时“不失吾常”，有存神的功夫才能死后“适得吾体”。

现在来看船山的这段话：

> 性尽，则生死屈伸一贞乎道，而不挠太虚之本体；动静语默一贞乎仁，而不丧健顺之良能。……盖其生也异于禽兽之生，则其死也异于禽兽之死，全健顺太和之理以还造化，存顺而没亦宁。(《太和》)②

人在生时若能尽性行道，则其生异于禽兽之生，因为他的生命活动“不挠”太虚之本体，不丧健顺之良能。不挠即不扰乱，意思是能使其生命与太虚本体一致。不丧健顺之良能，是说他的个体生命没有丧失从天地健顺之性得来的本性。一句话，他的生命保持着与太和之体用的一致。由于他在生时能尽性行道，所以其死也异于禽兽之死，这种异于禽兽之处乃在于他能“全健顺太和之理以还造化”。“还”就是“归”，这就是“全而归之”的意思。当然，这里只说全健顺之理而归之，没有谈到气，我们在后面还会说明。在船山这段话里，我们应当注意，按照他的说法，如果我们不能尽性存仁，就会影响(挠)太

①《张子正蒙注》，第369页。
②同上书，第18—19页。

虚的本体,就不能全健顺之理还归造化。

于是,船山说:

> 使与太和纲缊之本体相合无间,则生以尽人道而无歉,死以返太虚而无累。全而生之,全而归之,斯圣人之至德矣。(《太和》)①

这里的“与太和纲缊之本体相合无间”是指人为的修养和努力,这种“无间”,就是前面说的“性尽则生死屈伸一贞乎道,而不挠太虚之本体;动静语默一贞乎仁,而不丧健顺之良能”,也就是至诚存神而“体太虚全和之理,与纲缊未分之道通一不二,与太虚妙应以生人物之良能一”。而这里所说的“死以返太虚而无累”也与前所谓“不挠太虚之本体”相通。只有我们在德行上做到“与太和纲缊本体相合无间”,才能够“全而生之,全而归之”。“全而生之,全而归之”也成为我们的目标和目的。

如果细分的话,则“全归”还可分为“全形”和“全性”。他说:

> 全形以归父母,全性以归天地,而形色天性初不相离,全性乃可以全形。(《乾称》)②

事实上,船山自认为其“全归”之说本于《正蒙》。船山《张子正蒙注》的《乾称》本文有:“体其受而全归者,参乎!”这是指曾子死前启手足的故事。不过,船山注本用的《正蒙》本文“全归”,在其他诸本皆作“归全”,自然,“全归”和“归全”在意义上没有分别,但这显然是船山

①《张子正蒙注》,第20页。

②同上书,第356页。

有意无意地改动了本文(盖“归全”二字,在他看上去,即“全归”二字)。但如果不就字意而就话语的历史来看,归全和全归就有很大分别了。这段话中对全形和全性的分别,就使得前面的那个问题清楚了,即“全健顺太和之理以还造化”是就“全性”而言的,所以没有提到形气。

现在,让我们回到船山论《正蒙》与《太和》宗旨的那段话。这一段所解释的《正蒙》原文是:

> 昼夜者,天之一息乎?寒暑者,天之昼夜乎?天道春秋分而气易,犹人一寤寐而魂交。

“魂交”出于《庄子·齐物论》“其寐也魂交”。船山的解释是:“气之屈伸往来,一也。寤则魂交于明,寐则魂交于幽,神固未尝亡也。”是说人虽然有梦有醒,但心神始终而在。

《正蒙》接着说:

> 魂交成梦,百感纷纭,对寤而言,一身之昼夜也;气交为春,万物糅错,对秋而言,天之昼夜也。

船山的解释是:

> 魂交者,专指寐而魂交于幽而言。身内为幽,身外为明。生物者客形尔,暂而不常,还原而忘其故,故如梦。秋冬敛物之精,适得太虚絪缊之体,故如寤之返于真也。昼为生,夜为死,气通乎昼夜者,合寤寐而如一,故君子无不正之梦而与寤通理。
>
> 此篇(《太和》)之旨,以存神而全归其所从生之本体,故以秋配昼寤,以春配夜梦。而下章推物欲之所从出,唯不能通夜于

昼，而任魂交之纷纭，故有发无敛，流于浊而丧其清，皆随气迁流，神不存而成贞淫交感之势也。（《太和》）①

如果把人在白天清醒时的意识、生活作为本体，则夜半做梦便为客形。太虚絪缊是本体，人物之生则为客形。两相比照，就可以白天的清醒比喻为死后归还于本体，而以夜半做梦比喻为人生的暂时状态。生死的交替，则如昼夜之交替，不同的是，昼夜交替是自然的，人无所与于其中。人的生死虽然是自然的，但能否完全地回归到本体，则有赖于人的道德努力，所以船山要强调“此篇之旨，以存神而全归其所从生之本体”，存神在这里有着重要的作用，它决定着一个人死后如何回归，能否“全归”。我们在下节会更清楚地说明船山的思想所在。

三、不留不挠

要了解究竟什么叫“全而归之”，这和人的善恶有何关系，我们就要进一步加以阐释。

船山说：

聚而成形，散而归于太虚，气犹是气也。神者，气之灵，不离乎气而相与为体，则神犹是神也。聚而可见，散而不可见尔，其体岂有不顺而妄者乎？故尧舜之神，桀纣之气，存于絪缊之中，至今而不易。（《太和》）②

这是说，气聚成形，形散为气而还归太虚，气仍然回复为其自身。神

①《张子正蒙注》，第39—40页。

②同上书，第23页。

与气不相离，气回复为自身，神也依旧还是气之神（从形之神回复为气之神）。换言之，聚结为人物的气，在人物死亡而消散之后，并非为无，而是复归于本然的絪缊。形体的神本来来自气的神，形体散为气以后，形体的神也没有变为为无（本无聚散），只是回复到气之神。“神者气之灵”，是指形体的神，即神是气的虚灵作用和功能。这些都是强调气、神在散归后并没有消尽为无，气仍然作为气存在着，神仍然作为神存在着。船山说这就是《正蒙》讲的顺而不妄。然后船山指出，尧舜的神，桀纣的气，散归于太虚之中，至今不变。这句话是什么意思呢？

船山说：

> 聚则见有，散则疑无，既聚而成形象，则才质性情各依其类。……故善气恒于善，恶气恒于恶，治气恒于治，乱气恒于乱，屈伸往来，顺其故而不妄。不妄者，气之清通，天之诚也。（《太和》）①

照前面所说，所谓“不易”应当是指善气永远是善气，恶气永远是恶气，治气永远是治气，乱气永远是乱气。尽管这些气都处在屈伸往来之中，但它们之间永远不会混淆（因为它们不在同一世界）。

船山在解释“气之为物，散入无形，适得吾体”时指出：

> 散而归于太虚，复其絪缊之本体，非消灭也。……散而仍得吾体，故有生之善恶治乱，至形亡之后，清浊犹依其类。（《太和》）②

就是说，人生在世时的善或恶，治或乱，在人死之后，依其类而归散为气。善气和恶气各依其类而散，善气散归入善气类中，恶气散归入恶

---

①《张子正蒙注》，第19页。
②同上书，第20页。

气类中,互不混淆。这是一种很奇特的思想,既不是纯粹的自然主义,更不是纯粹的人文主义,而是带有某种宗教或神秘色彩的气学世界观,这很可能与明代后期、明末的善恶报应论和民间宗教的死后观念有一定的关系。

人生善恶对宇宙的影响,不仅在于死后的归类,而且在其生前。所以,不仅要“全归”,也要“全生”。船山在《动物篇》中有一段话:

> 日生者神,而性亦日生;反归者鬼,而未死之前为鬼者亦多矣。所行之清浊善恶,与气俱而游散于两间,为祥为善,为眚为孽,皆人物之气所结,不待死而始为鬼以灭尽无余也。(《动物》)①

这是说,不仅人在死后散为气对宇宙有影响,即使人在活着的时候,他的行为的善恶都会随时成为一种气或者与气一起而游散于天地之间。这些言行的善恶与气一起,结为一定的天象气候,影响人的社会生活,如所行之善在天地之间结为祥瑞,所行之恶则结为灾害。这些也属于鬼,是未死前的鬼。

在这样的宇宙观下,人在生时的言行善恶,并不仅仅是一种名声、一种社会评价,也绝不会像大海的泡沫消散灭尽,反而会在他生前和死后,变成宇宙当中的一种实体性的存在,影响天地两间的气象,影响宇宙的构成。就本质而言,这类思想在历史上至少可以追溯到汉代的灾异感应说②,甚至有佛教“业”的影子。

---

①《张子正蒙注》,第102页。

②此种感应论在明末理学中亦可见,特别是在民间讲会中,如高攀龙的同善会讲语云:“人人良善,这一县一团和气,使感召得天地一团和气,当雨便雨,当晴便晴。……极不好的风俗,这一团恶气便感召得天地一团恶气,雨旸不时,五谷不登,人们疾病疠疫交作。”(《高子遗书》卷十二,《四库全书》第1292册,上海古籍出版社,第720页)

现在,我们再回到论“张子之绝学”的那段重要资料:

> 此章乃一篇之大指。贞生死以尽人道,乃张子之绝学,发前圣之蕴,以辟佛老而正人心者也。朱子以其言既聚而散,散而复聚,讥其为大轮回;而愚以为朱子之说正近于释氏灭尽之言,而与圣人之言异。……《易》曰:“精气为物,游魂为变。”……形而上,即所谓清通而不可象者也。器有成毁,而不可象者寓于器以起用,未尝成,亦不可毁,器敝而道未尝息也。……有形者且然,况其絪缊不可象者乎!未尝有辛勤岁月之积一旦悉化为乌有,明矣。……且以人事言之,君子修身俟命,所以事天;全而生之,全而归之,所以事亲。使一死而消散无余,则谚所谓伯夷、盗跖同归一丘者,又何恤而不逞志纵欲,不亡以待尽乎?惟存神以尽性,则与太虚通为一体,生不失其常,死可适得其体,而妖孽、灾眚、奸回、浊乱之气不留滞于两间,斯尧舜周孔之所以万年,而《诗》云“文王在上,于昭于天”,为圣人与天合德之极致。(《太和》)①

这一段全面阐述了船山所理解的《正蒙·太和篇》的宗旨,充分表达了船山自己思想的终极关怀。他批评程朱的过分自然主义的生生说②,认为气之生生说不仅不能恰当说明人物的所从来、所以往,而且会导致善恶意义的减失。他始终不能接受程朱对张载的异议。他主张絪缊之气即在器物之中,絪缊是不可毁灭的,故形器解体而不可象的气之神未尝消灭,而人一生中的积善积恶也绝不会随生命的死

①《张子正蒙注》,第22页。

②程朱的气之生生说与横渠的聚散轮回说的分别,可参看拙著《宋明理学》(辽宁教育出版社1992年)中程颐的部分。

亡而化为乌有。在他看来，从理论的功能上说，如果主张人们的善恶行为随一死而消散无余，那么人们就会认为，圣贤和盗贼，大善与大恶，归宿完全相同，他们的分别没有意义，从而就会使人无所畏惧、无所顾忌地走向纵欲主义。君子知道人们的善恶行为不会随一死而消散无余，因此修身俟命，存神尽性，这样生时全面行善，与太虚通为一体，不会留下任何浊气灾眚于两间之中，这就是“全而生之”。这样的君子死后合于太虚，以全清之气回归到细缊太和，这就是“全而归之”。他认为，所谓周孔万年，所谓文王在上，都应该从这个方面来理解。

现在，我们已经基本明了了船山的思想，以下再举出一些材料来进一步帮助说明：

> 顺而言之，则惟天有道，以道成性，性发知通。逆而推之，则以心尽性，以性合道，以道事天。惟其理本一原，故人心即天，而尽心知性，则存顺没宁；死而全归于太虚之本体，不以客感杂滞遗造化以疵颣。圣学所以天人合一，而非异端之所可溷也。(《太和》)①

这也是说，人若能尽心知性，就能做到张载所说的存顺没宁，死后便能够全归于太虚本体，不留下任何不善混浊的杂滞之气影响两间的造化，这也就是前面说的“浊乱之气不留滞于两间”。这样的归宿才是真正的天人合一，才是保合太和，这样的人生才是“立命”。换言之，如果不能尽心知性修养自己，就有可能造成恶浊之气而影响两间，自己也就不能全归本体。这里涉及的心性功夫论问题留待后文讨论。

①《张子正蒙注》，第33页。

他又说：

> 人能存神尽性以保合太和，而使二气之得其理，人为功于天而气因志治也。不然，天生万殊，质偏而性隐，而因任糟粕之嗜恶攻取以交相竞，则浊恶之气日充塞于两间，聚散相仍，灾眚凶顽之所由弥长也。（《太和》）①

如果人能存神尽性，就能全而生之、全而归之，用《周易》的话来说，这也叫作保合太和，意即保证了太和的清通与和谐。如果不能存神尽性，人顺其气质之偏而不加修养，本性便隐而不彰，言行动止都听任欲望的鼓动，这样浊恶之气就会弥漫天地之间，凶灾就会不断增长，宇宙和人类社会就有可能陷于灾乱和苦难之中。

在上述内容解说明白的背景下，我们才能理解《正蒙注》中的以下说法：

> 乾乾自强，以成其德，以共天职，而归健顺之理气于天地，则生事毕而无累于太虚。……（《至当》）②

有了前面的论述，我们才能顺理成章地知道，"归健顺之理气于天地"就是前面所说"全健顺太和之理以还造化"；"生事毕而无累于太虚"就是"不以客感杂滞遗造化以疵纇"，就是"浊乱之气不留滞于两间"，"不挠太虚之本体"，"死以返太虚而无累"。

行文至此，我们可以说，王船山思想的落脚之处，现在已明白无疑。这个生死—善恶的问题是船山晚年思想的核心和要义，其他复

①《张子正蒙注》，第44页。
②同上书，第207页。

杂的理论辨析和概念组织都是围绕此一核心的外围建构和展开的，或为这一落脚点所铺排的理论条件。他的所谓"气论"也不可能离开这一基点来理解。这种观念不仅受到宋明理学的影响，也可能受到明末善书和民间宗教等流行的善恶报应论的刺激，而他的奸回、灾眚的说法也应当包含他所亲历的明末社会动乱与天崩地解的经验。

四、理学渊源

船山的"全而生之""全而归之"思想是从哪里来的？回答是：其基本观念从古典儒学和宋明理学而来。

前面已经提及，张载的《正蒙·乾称篇》中有"体其受而归全"的讲法，船山注本的"归全"作"全归"，根据以上论述，我们相信船山作"全归"并没有版本上的依据，这多半是他的思想影响了他的视觉。

其实，这一思想在儒学中有久远的渊源。

《大戴礼记·曾子大孝》篇：

> 乐正子春曰："吾闻之曾子，曾子闻诸夫子曰：'天之所生，地之所养，人为大矣。父母全而生之，子全而归之，可谓孝矣。不亏其体，可谓全矣。'故君子顷步之不敢忘也。……"

这是"全而生之""全而归之"的最早出处，照《大戴记》的说法，这种提法甚至可追溯到孔子，至少可追溯到七十子时代。

《论语·泰伯》"曾子有疾，召门人弟子曰……"章，朱子《论语集注》载：

> 程子曰："君子曰终，小人曰死。君子保其身，以没为终其事也，故曾子以全归为免矣。"尹氏曰："父母全而生之，子全而归

之。曾子临终而启手足,为是故也。非有得于道,能如是乎?”

由于《大戴礼记》不在《十三经》之中,后世传讲此书的人亦少,所以,我很怀疑宋明士人都能很容易地得到乃至熟悉这部书。我推测,这一套论说的后世影响应当是与程门对《论语》的解释有关。二程高弟子尹和靖对二程的“全归”观念,明确用《大戴礼记》的说法作了阐释,经过朱子《四书集注》的表彰,影响了此后宋明思想的发展。船山对于儒家典籍研读甚广,对朱子的《四书集注》更为用力,其《四书训义》就是以朱注为本,加以发明。所以《大戴礼记》、二程和尹氏的这些思想必然是他所熟悉的。

事实上,朱子早在其《西铭解义》中已提及:

> 父母全而生之,子全而归之,若曾子之启手足,则体其所受乎亲者而归其全也。况天之所以与我者,无一善之不备,亦全而生之也;故事天者能体其所受于天者而全归之,则亦天之曾子矣。……①

受于父母的要全而归之,受于天的也要全而归之。但是朱子在这里并没有具体说明如何全而归之。

朱子的意见,我们留待后面再说。先来看二程、尹氏之后,南宋程学者的观点。张横浦云:

> 曾子得正而毙,吾能处其正,顺受而全归于天地,是有曾参之孝也。②

---

①《性理大全》(一),山东友谊书社 1989 年,第 344 页。
②见《宋元学案》卷十七《横渠学案上》。

这是继承了二程的说法。

张南轩云:

> 天地其父母乎?父母其天地乎?不以事天之道事亲者,不得为孝子;不以事亲之道事天者,不得为仁人。全而生之,全而归之,事亲之道,所以事天。①

很明显,张南轩在程门的影响下,把《大戴礼记·曾子大孝》篇的"全生""全归"观念和《礼记·哀公问》篇的"事天""事亲"观念结合在一起。横浦和南轩都没有见过《四书集注》,所以他们的思想并不是受朱熹影响得来的②。

明代心学亦很重视此说,如湛甘泉云:

> 中立而和发焉,万事万化自此焉,达而位育不外是矣。故位育非有加也,全而归之者耳。③
>
> 天之生物,使之一本,父母全而生之,子全而归之,继善成性,不以生存,不以死亡,生生化化,通乎死生昼夜而知者,归根复命之谓也,谓之不死可也。④

这"不以生存,不以死亡,谓之不死可也"的说法,和后来王船山的说法已经接近,但从甘泉所用的"继善成性"来看,他所强调的全生全

①《洁白堂记》,《宋元学案》卷五十引《南轩文集》。

②南轩死时朱子的论、孟集注已有成稿,但其后仍不断修改,而四书合而为一时,南轩已死十年矣。南轩当看过朱子的《西铭解义》。不过,以南轩出于名门与名师来看,他不必经过朱子便可了解儒家此一传统的讨论。

③《明儒学案·甘泉学案一》引《心性图说》。

④《明儒学案·甘泉学案二》之《论学语》引《答祝介卿》。

归,当指性而言。

阳明学论此更多,如王阳明答顾东桥书:

> 盖"知天"之"知",如"知州""知县"之"知"。知州则一州之事皆己事也;知县则一县之事皆己事也。是与天为一者也。"事天"则如子之事父,臣之事君,犹与天为二也。天之所以命于我者,心也,性也,吾但存之而不敢失,养之而不敢害,如父母全而生之,子全而归之者也。①

可见阳明对这一套传统的论述不仅熟悉,而且深受其影响,但阳明认为,全生和全归者,不是气,而是心和性。阳明弟子后学也多有论述,如邹东廓语录云:

> 念虑事为,一以贯之,是为全生全归,仁孝之极。②

罗近溪云:

> 盖吾心之德原与天地同量,与万物一体。故欲明明德于天下,而壹是皆以修身为本者,正恐自贼云耳。故曰:"谓其身不能者,贼其身者也。"夫父母全而生之,子全而归之,孔子东西南北于封墓之后,孟子反齐止嬴于敦匠之余,固为天下生民,亦为父母此身。……③

①《传习录》卷中。
②《明儒学案·江右王门学案一》。
③《近溪子明道录》卷七《会语》。

泰州学派最讲安身,所以“全而生之”“全而归之”的思想很适合他们论述。

王塘南语录载:

> 问:“人之死也,形既朽灭,神亦飘散,故舜、跖同归于必朽。所仅存者,惟留善恶之名于后世耳。”予曰:“不然。”又问:“君子之修身力学,义当然也,非为生死而为也。倘为生死而为善,则是有所为而为矣。”予亦曰:“不然。”夫学以全生全归为准的,既云全归,安得谓与形而俱朽乎?全归者,天地合德,日月合明,至诚之所以悠久而无疆也。孰谓舜跖之同朽乎?以全归而学,安得谓有为而为乎?曰天地合德,日月合明,悠久无疆,特言其理耳,岂真有精神灵爽长存而不泯乎?是反为沉滞不化之物矣。予曰理果有乎?有即沉滞矣。理果无乎?无即断灭矣。沉滞则非德非明非至诚也,断灭则无合无悠久也。此等见解,一切透过,乃可以语生知之学。①

这一段对话非常重要。王塘南弱冠时曾学于刘两峰,高攀龙后来很推崇他②。船山《正蒙注》论“贞生死以尽人道”的那一段话中,关于“全而生之、全而归之”的论述,与王塘南的主张及其与门人对话完全相应,如出一辙,如果说船山没有读过王塘南的上述语录,反而是不可想象的。这绝不是说船山受王学影响更大。如上所说,这是宋明道学的根于古代经典的共有论述,理学、心学皆不能外。

问者沿承自汉晋南北朝以来的神灭论,认为:人死形朽神灭,圣

---

①《明儒学案·江右王门学案五》。

②有关王塘南的心性思想,可参看吴震《聂豹 罗洪先评传》,南京大学出版社2001年,第256—295页。

人与大盗同其归宿；人死之后，精神即散灭，不可能长存不泯；因此，善恶与生死（及死后世界）无关，只是在人类后来历史上留下声名与影响。儒家以“为善去恶”的道德为无功利的绝对命令，如果认定善恶与生死有关，为了生死而行善去恶，那就成为“有所为而为”了，也就是说道德就有了功利的目的，这是不符合儒家传统的。

王塘南不赞成问者的看法，意味着他不认为人死后精神即散灭。他认为“全归”是为学的目的，全归的意思就是悠久不朽，这意味着，至少对于全归的人而言，其精神与行为的善恶都不会随形朽而朽灭。他认为，从以“全归”为目的来说，就不能算作功利性的“有所为而为”，因为这不是为了个人的功利，而是为了尽其对宇宙的责任。王塘南的说法表现出一种努力，即发展古代的“三不朽”说，把“不朽”的问题与“形神”的问题以及“全归”的问题联系在一起。

宋儒程、尹的“全归”说，本来并不包含船山所赋予的那种宇宙论意义。事实上，塘南所面对的问者的论点，乃是比较近于儒学正统（如朱子学）的见解，而塘南的全归说显然是船山的先导。船山进一步发展了塘南的主张，而他的阐释中所借用的媒介（即把善恶和生死关联起来的神秘自然主义），已颇受明末世俗思想的刺激和影响，但比塘南那种尚觉模糊的说法更加清楚实在。

我们说船山此种思想可能受到明末民间宗教的影响，并不是说这种说法一定直接来自某一民间宗教或善书，在我看来更为可能的是，船山受到此种思想的刺激，及“生死事大”的影响，意识到善恶报应论的意义，但他又不想采取民间宗教的地狱报应说、子孙报应说等庸俗的形式，故而采取一种把善恶报应或感应附加于气论的形态，使其仍然保持为精英士人的“事天”意义的哲学性话语①。

①事实上，黄宗羲对此也有论及，《宋元学案·明道学案上》有黄氏按语：“父母全而生之，原不仅在形体，闻道，则可以全归矣。”

在船山，这一问题意识的自觉，并不是一开始就建立了的，虽然他早在《周易外传》中略及此意，但《四书笺解·泰伯篇》根本未及曾子有疾这一章，《读四书大全》及于此章，而全未提及全生全归之义。《四书训义》列朱子集注，但船山在此章的训义中对程氏、尹氏的全归思想却全无发明①。

现在让我们回过头来看朱子对此问题的立场。朱子早已指出：

> 夫性者，理而已矣。乾坤变化，万物受命，虽所禀之在我，然其理则非有我之所得私也。……且乾坤造化，如大洪炉，人物生生，无少休息，是乃所谓实然之理，不忧其断灭也。今乃以一片大虚寂目之，而反认人物已死之知觉，谓之实然之理，岂不误哉！又圣贤所谓归全安死者，亦曰无失其所受乎天之理，则可以无愧而死尔！非以为实有一物，可奉持而归之，然后吾之不断不灭者，得以晏然安处乎冥漠之中也。夭寿不贰，修身以俟之，是乃无所为而然者，与异端为生死事大，无常迅速，然后学者，正不可同日而语。②

朱子认为，那种主张只有讲气的循环才能避免“断灭”论的思想，是不对的，宇宙的变易过程就是生生不已的过程，气是生生不息的；“生生不息”的观念本身就是反断灭论的，它表示不需要以旧的气来循环造做，旧气不断消尽，新气不断生生。朱子特别指出，古典儒学所谓“归全安死”，从未预设人的神识在死后可归于天，晏然处于冥漠之中，更

①《四书训义》曾子有疾章虽未提全归之说，但其中的思想倒与《正蒙注》中的西铭思想的解释有关：“人尽而归之天，所以赞天而善其化也。人之生也，父母生之，父母皆吾之天也。以大化言之，则父母在天之中，以生我言之，则天在父母之中。”（《船山全书》七，第530页）

②朱熹《答廖子晦》。

不是以此作为修身的目的。修身是“无所为”的，并不是为了死后的晏然安处。可见，朱子的立场是与塘南、船山对立的，船山始终认为，“新气”是无从产生的，宇宙只是旧气的循环。二人哲学的根本分歧在此。朱子批评廖德明的话，与向塘南发问者的思想，在立场上是相同的，也证明这个发问者的主张正是朱子学者的主张。

余 论

以上所论船山思想中的全生全归问题，指出在善恶报应的具体建构上，船山使用了一种气不灭、神不灭、善恶影响亦不灭的说法。我写完以上文字后，遍寻前辈论述相印证，乃知前人研究船山，多不及此，唯见唐君毅、嵇文甫曾略及之。唐君毅论王船山思想说：“由其学上承横渠之学之精神，而又特有得于易教之故，其言易道之别于先儒者，要在以太极只为一阴阳之浑合，力主乾坤并建，以言宇宙人生历史之日新而富有之变。缘是而其命日降性日生之说乃得以立，而更有其人之精神死而不亡之义。”①他又说：船山所谓人亡之后，其气或精神，非一逝而不还，恒能出幽以入明，而感格其子孙。圣贤英烈之逝，即以其精神，公之来世于群生。② 唯唐君毅《原性篇》在此二处皆未引船山原文，观其意，他所说的精神死而不亡，似主要指船山对古代祭祀中感格问题的解释，而未注意“全而生之、全而归之”之义。

他在《原教篇》也谈及此：“而圣贤虽殁，其精神亦常往来于宇宙间，圣贤养其清明之气，以显仁义，则贤圣虽逝，而此仁义清明之气，自往来于宇宙之间，而延于后起之人，为后起之人之清明之气。而贤

①《中国哲学原论·原性篇》，《唐君毅全集》第十三卷，学生书局 1989 年，第 503 页。

②同上书，第 513 页。

圣之德亦即长存天地。”①不过，《原教篇》论此，其所引资料，唯《周易外传》和《庄子解》各一条，亦未及《正蒙注》的根本思想。

嵇文甫在论王船山思想中的“唯心主义杂质”时指出，“我们必须认清，过去学者使用这个‘气’字，并不完全像我们现在使用‘物质’这个概念一样，它里面往往夹杂些非物质的因素，带有神秘气味。就如船山，在《张子正蒙注》里边，论气无生灭，以反对佛老的虚无思想，本来已讲出些物质不灭的道理。可是说着说着，就离开‘有形者’说到‘细缊不可象’的地方。不仅物质不灭，连人们‘辛勤岁月之积’，为善为恶，也都要在那廓然‘太虚’之中留下不可磨灭的印记，这就很难理解了。”②他引了船山“尧舜之神，桀纣之气”和“善气恒于善，恶气恒于恶”等几段话作为依据。不过，嵇文甫只是觉察到“气”论之复杂，而未认识到这些说法都是船山“全而归之”说的一部分③。

船山思想的主题，以其晚年的《正蒙注》为代表，通过“全而归之”体现了他的终极性关怀，这一点，从他的自题墓铭“幸全归于兹丘，固衔恤以永世”中的“全归”二字也可得到证明。船山的所有努力，是以强烈排击佛老的姿态，谋求全面树立儒家圣学的世界观，这与道学兴起的主题是一致的，故船山的思想主题可以说仍然延续着道学的主题。所不同的是，船山对佛老影响的忧虑是经历明末社会和思想的变化后有感而发的，但不论其所发之外缘如何，在思想和理论上与道学的主题仍一致。船山的思想要排除佛老的影响，破除二氏的虚无主义宇宙观与人生观，试图建立一宇宙论的通贯解释以安立儒

①《中国哲学原论·原教篇》，《唐君毅全集》十七卷，学生书局 1990 年，第620 页。

②《王船山学术论丛》，中华书局 1962 年，第 53 页。

③此外，徐荪铭曾引述船山《读通鉴论》中评论范缜等材料，说明船山对范缜神灭论的批评，但船山在《读通鉴论》中的评论多未深入。可参看吴立民、徐荪铭著《船山佛道思想研究》（湖南出版社 1992 年），第 94—96 页。

家的人性论、实践论,并以此重建儒学正统,彻底破除佛老的迷蒙。在此意义上,我们说船山实可谓一"承前启后"的儒学思想家。

所谓"承前启后",就"承前"而言,船山自觉承继和发扬了道学中张载"主气"论一派,而发展为一完整的形态;同时对朱子学的思想和理论资源也作了大量的吸收,从其自身的理论立场出发,全面延展了朱子学中儒家经典诠释的讨论;船山也继续和发展了明代思想(包括朱子学和阳明学)中的许多观念,尤其是对气的观念的注重。就"启后"而言,船山思想及其表述的理论形态,标志着清代思想进入了"后理学"时代。

这里所谓"后理学"或"后道学"是用于王船山或者更广泛地用于清代前期的发展,正如很多学者把"后现代"看成"现代"本身的一种发展,王船山等虽然对于理学有全面反思,但未尝不是道学的一种发展。在这个意义下,这里的"后"字,在彰示一种不同形态的同时,还能显示出一种连续性,比只讲典范的转换要好,正如余英时在讨论南宋政治文化时所用的"后王安石时代"概念一样①。这种看法与把船山作为继承横渠的宋明道学的另一支派的看法并行不悖。

"全而归之"的论述,显示出船山思想中一种根深蒂固的意识,即人对于宇宙的责任意识,而所有的意义都是建构在这一责任意识上的,即人对于宇宙的原生生态的保持和净化,是一件具有根本意义的事情;人的一切恶行都是对宇宙的污染,人要以善生善死、为善去恶来承担他对宇宙清净的责任。船山把这样一种意识作为其整个思想的基础和目标,不能不说是相当独特的。

(原载《中国学术》第七辑,商务印书馆 2003 年)

①参看余英时:《朱熹的历史世界》,允晨出版公司 2003 年。

明清世俗儒家伦理研究

——以蒙学为中心

研究中国文化价值结构系统的方向有两个：一个是注重少数圣贤的经典中记载的理想的价值体系，另一个则是完全注重一般民众生活和日常行为所表现的实际价值取向。对于历史学来说，后一种是不可能真正再现的。本文的目的不在注重经典体系中的价值，而是注重经典体系的价值理想怎样通过与世俗生活相妥协而转移为对世俗生活有现实规范的价值，即理论的价值系统如何转为现实的社会规范。本文认为，世俗儒家伦理与精英儒家伦理不同，它主要不是通过儒学思想家的著述去陈述它，而是由中下层儒者制定的童蒙教育实践以及他们所编定的童蒙读物形成并产生影响的。这种通俗的儒家伦理读物的内容并非简单认同现实的世俗生活，而是体现为家族主义、个人功利与儒家道德伦理的结合，在宋以后的中国历史上，于民众中流行极广。它比这一时期文学作品及各种散见的社会记录更集中地体现了对世俗社会直接发生作用的价值，而这些价值也正是和仍然是从前现代到现代化过程中中国人价值取向的基本要素。这使得明清蒙学的研究，不仅具有独立的学术意义，而且可以在解释东亚以及中国的现代经济发展方面提供若干背景和启示。

一、韦伯理论中的“伦理”与“欲望”

毫无疑问,本文的研究与韦伯(Max Weber)对新教和儒教伦理的研究有密切关系。因此,为了使本文的研究与韦伯的讨论相应,我们须先清理一下韦伯在研究新教伦理与儒教伦理时所采用的方法。

韦伯的儒教伦理观集中表现在他的《中国的宗教:儒教与道教》(以下简称《中国的宗教》)特别是其中最后一章《儒教与清教》中。根据韦伯的说法,就中国历史来看,较之西方,中国拥有的各种外在的有利于资本主义发生的条件并不算少,而通常被认为西方存在过的对资本主义发展的制度障碍在中国并不明显。因而,中国资本主义未发生的决定性原因与其说是制度的,不如说是“心态”的①。与之相对照,在《新教伦理与资本主义精神》(以下简称《新教伦理》)中,韦伯力图证明新教伦理为资本主义在西方的产生提供了“心态”的条件。

儒教与新教在“心态”上的不同,照韦伯的说法,主要有三个方面。首先,虽然二者同为理性的伦理,又都可归为“功利主义”的,但儒教将与此一世界的紧张降至最低,其特点是“适应世界”;而新教的清教徒对俗世有一种巨大的紧张,要将既有的世界进行理性的转化②。其次,儒教徒对财富的崇拜心态与清教徒的勤奋、节俭的禁欲主义不同。儒教徒对财富的态度可比拟于文艺复兴时期的现世精神,没有任何国家像儒教徒那样把物质福利作为终极目标抬得如此

①马克斯·韦伯:《中国的宗教:儒教与道教》,简惠美译,远流出版社1991年,第317页。

②同上书,第294、308页。

之高,但这并不是能创造出资本主义的经济心态①。中国的无与伦比的精打细算与资本主义的有条理的经营观念不是一回事;小商贩式的营利欲与现代资本主义没有关联。光是营利欲、重视财富,“是远远不能代表和产生从现代经济里志业人员身上所发现的‘资本主义精神’”②。最后,现代资本主义是功能性企业,而儒教把人嵌入宗族或家族,从而,在中国的一切团体包括企业的“信赖”基础是基于个人、家族和拟家族的关系,即“个人关系原则”占主导地位。与之不同,新教打断氏族纽结,建立信仰共同体,主张一种把信赖建立于非个人的、一种不同于血缘共同体的共同生活伦理。韦伯强调,在中国,所有共同体行为都为个人—亲属的关系所湮没和制约,而清教将一切都理性化为纯粹的事业关系,并以理性的法律和协定来取代传统③。

关于研究方法,韦伯在研究新教时指出:

> 我们所关注的并不是当时理论或官方在伦理概要里传授的是什么东西,无论这通过教会戒律、牧师职务布道产生过多么实际的作用。毋宁说我们只对与此大不相同的另一些问题感兴趣,即由宗教信仰和宗教活动所产生的心理约束力的影响,这些影响转而指导日常行为并制约个人行动。而这些约束力在很大程度上则是从它们背后的各种宗教思想的特点中衍生出来的。④

①《中国的宗教:儒教与道教》,第 304—305 页。

②同上书,第 314—315 页。

③同上书,第 304、309 页。

④马克斯·韦伯:《新教伦理与资本主义精神》,于晓等译,生活·读书·新知三联书店 1987 年,第 73 页。

这表明韦伯的重点不在理论和教义的层次,而在行为和心理的层次。并且,韦伯也不是一般地研究社会行为和个体心理,而是研究那些源于宗教思想而落实于个体心理的约束力。

韦伯研究的方法,不仅如以上所说,在范围上与人类学不同,即他只注重与宗教伦理有关的行为,而且因注重宗教伦理对经济行为的影响,在性质上也与人类学有所不同,所以他在为自己较少使用人类学材料而辩护时说:

> 我们在这里所讨论的,是作为各自国家的文化承担者的各阶层的宗教伦理观念,我们所关心的是它们的行为一直发生的影响。①

事实上,在韦伯的论述中,至少可以区分为三个层次,即理论教义的层次、作为实际伦理的心理约束的层次和一般世俗行为与心态的层次。由于韦伯既不注重理论教义,而与哲学相区别;又非一般地描述社会系统或宗教习俗,而与人类学相区别,所以,韦伯的着眼点是在第二层次,即实际伦理的心理约束层次。正因为如此,他所使用的材料,主要不是《圣经》,也不是人类学的材料,而更多使用的是《基督教指南》等宗教小册子。

照韦伯所说,至少有几种不同的资本主义历史形态,而每一种资本主义都具有自己相应的"精神"。其中最主要的是"投机资本主义"和"合理资本主义",前者是传统的资本主义,后者是现代的资本主义②。一般的崇拜财富的精神在韦伯看来只能是属于传统资本主义,由于欲望是非理性的,所以传统资本主义是非理性的资本主义。

①《新教伦理与资本主义精神》,第 18 页。
②同上书,第 36 页。

而新教伦理所代表的才是合理资本主义所需要的理性精神。因此，东方国家未能产生资本主义的原因并非缺乏制度性的条件，而是缺乏一种动机性力量，这种参与决定资本主义产生的规范性条件，既不是印度人的贪婪，也不是中国人的精打细算，而是一种包含职业观念、节制、守信、尽职、把劳动本身作为目的的心态在内的理性伦理①。

韦伯在谈到富兰克林时特别指出，与福格的赚钱信条不同，富兰克林宣扬的是一种伦理。福格体现的只是商人的大胆，而富兰克林宣扬的是带有伦理色彩的劝世格言。富氏所宣扬的不单是发迹的方法，而且是一种奇特的伦理，违反其规范被认为是忘记责任，而不仅仅是愚蠢。韦伯强调这种具有伦理色彩的东西才是他所说的“资本主义精神”②。

韦伯指出，前资本主义社会对富兰克林的思想都会抱排斥的态度，认为是卑鄙的贪婪，但同时那种社会里的官员、农民的贪婪不亚于任何人③。这一方面表现出官方宗教作为教义理论的意识形态与大众的现实生活态度的不同，另一方面也说明资本主义精神与前资本主义精神的区别并不在赚钱欲望的发展程度上。韦伯认为：

> 许多国家的资产阶级资本主义的发展程度，按西方的标准来看，一直是落后的，但在靠赚钱以取得私利方面使绝对不讲道德的做法普遍盛行，却恰恰是那些国家一直具有的一个突出的典型特征。……资本主义无法利用那些信奉无纪律的自由自在的信条的人的劳动，正如它不能利用那些在与他人往来中给人

①《新教伦理与资本主义精神》，《导论》。

②同上书，第 50、61、124 页。

③同上书，第 39 页。

以完全不讲道德的印象的人一样。①

因此,所谓"资本主义精神"是"一种要求伦理认可的确定生活准则"②,是一种已被合法化的、对人会产生心理约束力的规范。韦伯认为,对世俗生活的道德辩护,而合法化为某种伦理,才是合理资本主义的精神支持。韦伯这种对伦理和欲望的区分,是十分重要的。就是说,如果我们要在同一层次上延续韦伯的讨论,就不仅要脱离教义层次而转向现实心态,而且需要着眼于具有伦理意义的生活准则。

如果说,韦伯对中国文化或儒家文化的批评是指它未能提供一种伦理,以促使资本主义产生,那么,现代学者对儒家文化的批评,则强调它以伦理为本位,而不能提供一种欲望③。现代学者的这种批评在眼力上就大大低于韦伯,而两方面的结合共同构成了 20 世纪对儒家阻碍现代化的指责。然而,工业东亚的奇迹与 90 年代中国大陆的发展表明,这两种指责都是不恰当的。事实上,韦伯也承认儒教中国对既有的现代文化(经济—技术)加以同化的能力是无可怀疑的。韦伯甚至认为中国的这种能力高于日本(虽然并不恰当)。所以,对中国文化同化现代化的能力的怀疑,一方面来自甲午战争之后中国历史发展本身,另一方面则来自中国知识分子自己对儒家文化的形式主义批评,而对韦伯的某些误解正是以中国知识分子对儒家文化的某些误解为前提的。中文世界对韦伯命题的重新审视,也应包括对自己文化观念的清理。

韦伯开创了把规范性与结构性因素加以综合研究的范例。就方

①《新教伦理与资本主义精神》,第 40 页。

②同上书,第 41 页。

③包遵信:《儒家伦理与"亚洲四龙"——"儒学复兴说"驳议》,《改革》1988 年第 1 期。

法来说,《新教伦理》代表的研究视角,正如韦伯在《普通经济史》中强调的,在规范性研究方面,应当区分专家宗教与大众宗教,区分官样教义与现实生活,把宗教伦理理想与信徒生活实际所受的影响区分开来①。但另一方面,我们也看到,在《中国的宗教》一书中,韦伯没有贯彻好这一方法。他更多地对“儒教”而不是“儒教徒”进行分析,即使对儒教徒(当然,由于儒家的特殊性质,儒教徒很难定义),他也未能举出适当的材料来证明。正如韦伯大量利用《基督教指南》等宗教小册子一样,按其方法,他理应利用儒家文化中同一层次的材料,如本文所注重的蒙学读物等,以便说明被儒家合法化的伦理规范,对于经济过程中的个人,是否产生过及产生过何种心理约束力。但是韦伯限于知识和能力,未能这样做。换言之,应当证明儒家文化中人的行为,除了会受到人性中的欲望所推动之外,还会在哪些方面受“规范性”因素的引导;或者,儒家即使不是在本源的意义上塑造出这些现实态度,它是如何或者在何等程度上与这种态度相容,甚至加以合法化的。

另外,正如余英时指出和强调的,由于西方资本主义发展的特殊历史文化经验和西方宗教的特殊性,不可能在非西方社会中发现与西方社会完全相同的东西。因此,重要的问题是提出一般性的韦伯式的问题,以扩大开拓中国历史的研究领域,而并非把韦伯理论作为放之四海而皆准的历史哲学加以应用②。在这个脉络下,当然也不仅仅是消极地与韦伯辩难。同时,本文也不想像韦伯那样单刀直入地只研究经济伦理,而是希望对蒙学这一文化形态作一综合研究,以

①参见弗兰克・帕金:《马克斯・韦伯》,刘东译,四川人民出版社 1987 年,第 55 页。

②余英时:《中国近世宗教伦理与商人精神・序论》,《中国思想传统的现代诠释》,联经出版社 1987 年,第 259—267 页。

便使其成果不仅可以与华人经济的现代发展相对照，也可以对在整体上理解现代化过程中中国人的行为模式有所帮助。

二、蒙学与中国人的价值

儒家文化是中国人道德价值的主要支柱。谈到儒家思想家，人们可以毫不费力地数出从朱熹到王阳明等著名人物，但是如果我们认真阅读他们的浩繁著作，会惊奇地发现，在这些著作中很少有适用于社会大众的道德训诫或伦理教言。充满其中的是属于哲学的心理学的内容，即如何从事、调整精神生活，进行心理锻炼的内容。即使有道德箴言，也多是面对"士"即饱受儒学教育之士提出的、在特定社会结构中立身处世的气节风范。毫不夸张地说，这一切都代表了"精英"的精神要求与价值。

那么，传统文化的价值是如何在社会中实际产生影响的？其影响是通过何种渠道渗透、伸展至民间的？民间大众所接受的价值在结构上有何特性？当然，朱熹和王阳明也曾兼做童蒙教育及社会教化工作，如朱熹的《小学》与《童蒙须知》是一切启蒙教育的经典，而王阳明的《南赣乡约》则对南方农村的乡治及道德秩序起了不小的作用。但理学家的著作及活动主要不是面对大众的，这一点是没有疑问的。在中国文化中，中下层儒者实施的蒙学教育才是伦理教化的直接活动。

古代中国历来重视少儿教育，《周易》所谓"蒙以养正"①，说明中国文化早就认识到启迪儿童心灵和智慧的必要性。古代的儿童教育又称为"童蒙"教育，或"蒙养"教育、"蒙学"教育，儿童教育读物称为蒙学或蒙养读物，其历史自周秦至清末，长达三千年之久。从蒙学施

①《周易・蒙卦・彖辞》。

教的场所来说,传统童蒙教育最具代表性的途径是书馆、乡学、村学、家塾、冬学、义学、社学等,可以说最贴近民众的一般生活。在中国历史上流传最广的启蒙教材,从历史顺序上说,有南朝梁周兴嗣所编的《千字文》,唐代的《太公家教》和《兔园册》①,宋代的《三字经》,清代的《弟子规》②、《增广贤文》等。特别是《增广贤文》,清代以来民间流传有"读了增广会讲话,学了贤文会做人"的说法③,表明《增广贤文》中"做人"的世俗智慧颇入人心。

童蒙读物的内容主要是两类:一是知识性,包含识字及名物历史知识;一是伦理性,包括人生与道德训诫。这些读物的编写,在出发点上是为少儿所写,但在教育实践上,由于它们是"乡校俚儒教田夫牧子之所诵也"④,对"村姑里妇"也有深刻影响⑤,其适用范围极广。由此可知,第一,蒙学读物的对象适于一切低文化程度者,不仅是儿童,无文化的成年人也赖其启蒙。第二,蒙学教材的使用者即教师,

①《太公家教》,王重民《敦煌古籍叙录》:"《太公家教》是从中唐到北宋初年最盛行的一种童蒙读本。大概说来,自从第八世纪的中叶直到第十世纪末年(750—1000年)通用在中国本部;第十一世纪到第十七世纪的中叶(1000—1650年),还继续不断地被中国北部和东北的辽、金、高丽、满洲各民族内说各种语言的儿童所采用。这个童蒙读本的流传之广,使用时间之长,恐怕再没有第二种比得上它的。"《兔园册》,罗振玉《兔园册府残卷提要》中说:"《兔园册》者,乡校俚儒教田夫牧子之所诵也。……此书盛行于五代,或至宋季尚存。"

②《弟子规》为清人李毓秀所辑,在清代大有取代《三字经》之势,清人周保璋在《童蒙记诵篇·节增三字经》中说:"近李氏《弟子规》盛行,而此书(《三字经》)几废。"

③引自徐梓:《中国传统启蒙教材概观》,见氏编《蒙学歌诗》,山西教育出版社1991年。

④参看贝拉(Robert Bellah):《德川宗教:现代日本的文化渊源》,王晓山等译,香港牛津大学出版社1994年,第130—135页。

⑤参看王炳照:《蒙学十篇序》,《蒙学十篇》,北京师范大学出版社1990年。

为社会基层如农村的乡校的"俚儒",即不是精英知识分子,而是生活在民间的下层儒者。宋代以后,蒙学教材中伦理教诫的内容大大加重,许多道德箴言是取历来圣贤的嘉言加以改造,成为流传甚广的格言谚语。蒙学读物的内容,由于简明扼要,通俗易懂,便于记诵,切于日用,因而流传时间很久,范围较广,影响甚深。在世俗儒家的文化形态中,还有一种家训家规也广为流传,特别是名人名家的遗训与治家格言,是士绅阶级包括书香之门乃至殷实富户倾心仰慕的良方,成为他们正齐门风、振作家声、炫耀乡里的范例①。但这一类东西与蒙学不同,主要是对社会上层产生影响,不像蒙学文化对社会影响那么大,故不在本文的研究之列。周谷城先生指出:"当时普通人所受的教育,以及他们通过教育所形成的自然观、神道观、伦理观、道德观、价值观、历史观,在这类书中,有更加充分而鲜明的反映。"②事实上,这是儒家教育实践逻辑的必然体现,因为儒家特别重视社会教化,始终把"化民成俗"置于重要地位,儒家教育体系的内在逻辑决定了儒家不可能满足于使自己的理论停止在精英知识分子的理论论说上面。这样一来,儒家文化不仅影响各级国家学校(国学、府学、州学、县学)的精英教育,也必然延伸到民间教育中。

自宋代以后,官学系统主要由府学、州学、县学组成,但实际上这些学中并不系统授课,而是科举预备班。真正执行初级教育即启蒙教育功能的是村学、乡学、社学、义塾。据吕坤《社学要略》:

> 掌印官晓谕百姓,今后子弟,可读书之年,即送社学读书,纵使穷忙,也须十月以后在学,三月以后回家。如此三年,果其材无可望省,令归业。乡间社学,以广教化。子弟读书,务在明理,非必令

①参看王炳照:《蒙学十篇序》,《蒙学十篇》。

②周谷城:《传统蒙学丛书序》,《传统蒙学丛书》,岳麓书社1985年。

农民子弟人人考取科第也。

这明确说明,社学这一类基层教育形式在明清间极为普遍,从其经济来源上看,这一类机构自属民间无疑,但亦接受官府的指导;各级官府也多加倡扬,并帮助选择社师。其中义塾往往由富户出资,贫穷子弟亦可受学。义塾所费甚少,据《变通小学义塾章程》,"在有力之家,每岁多用一聘师之费,亦属无多,而在乡则可设五处义塾,可教数百孤寒子弟"。由于官府的督导,即使家贫农忙少人,冬闲半年也须在学,在某种程度上,可谓已形成一种官民结合的义务教育体制。

正如吕坤《社学要略》所说,社学所教,多是所谓蒙养教材,其目的并不在求取科举名第,而在文化普及与伦理教化:

> 初入社学,八岁以下者先读《三字经》,以习见闻,《百家姓》以便日用,《千字文》亦有义理。有司先将此书令善书人写姜字体,刊布社学,师弟令之习学。

除此之外,"近世教民俗语,及切于纲常伦理、道义身心者"(《社学要略》),也常在学中讲授。清代亦如此,据《变通小学义塾章程》的作者说,他曾问一乡人曾读书否,其人曰曾入塾五年;又问曾学何书,答曰:启蒙时,先读《神童诗》《千字文》,以后即读《学》《庸》《语》《孟》,说明蒙学确实是基层教育的主要内容。

按传统的说法,蒙学似应属"小学",即八至十五岁少儿的启蒙教育,如古人所说"古者八岁入小学,十五入大学"。但实际上,对于蒙学来说,年龄并不具有绝对意义。"二十岁以上的成人在农闲时节,到私塾或村学中接受启蒙教育,极其普遍。"①因此,小学与大学的界

①徐梓:《中国传统蒙学述评》,见氏编《蒙学须知》,山西教育出版社 1991 年。

限主要是在教育内容上,朱熹说:"古者初年入小学,只是教之以事,如礼乐射御书数及孝悌忠信之事。"(《朱子语类》卷七)许衡也说:"古者民生八岁,上自王公,下至庶人之子弟,皆令入小学,教之以洒扫、应对、进退之节,礼乐射御书数之文。"(《小学大义》)就是说,小学灌输行为与道德的规范,大学则进一步研习其哲理,前者习其所当然,后者习其所以然。这也就是为什么在儒家哲学如理学家的著作中主要不讨论价值规范,而是讨论哲理。也正因为如此,有机会受教育的人在整个人口中的比例极小,大多数人并无受教育的可能。而小学童蒙,对多数人来说,既是他们受教育的开始,也是他们受教育的结束。所以童蒙读物中的伦理规范,对于大多数人和整个社会来说更具有普遍性。何况有许多所谓经蒙不分的教馆,对童子和已冠者一同教授①。影响所至,即使未受教育的人或家庭,也往往受其深刻的影响。如王阳明在颁行社学教条时即指出:"尽心训导,视童蒙如己子,以启迪为家事,不但训饬其子弟,亦复化喻其父兄。"②

由于蒙学对象不是已受教育的知识阶层,教授者又是社会基层的俚儒,所以虽然蒙学读物和蒙养实践的终极取向是向民众灌输儒家的价值观念,但其传播方式与内容调适无不发生一种转化,从而使得这些蒙学读物的内容混杂不纯,在整体上呈现出一种世俗儒家伦理(Vulgar Confucianism)③的形态。在这种世俗儒家伦理之中,伦理教诫与世俗智慧合而为一,使得伦理世俗化,习俗伦理化。

①见清代唐彪:《父师善诱法·经蒙宜分馆》。

②王阳明:《颁行社学教条》,《王文成公全书》卷十七。

③"世俗儒家伦理"之说,最先由波士顿大学(Boston University)社会学家彼得·柏格(Peter Berger)提出,对20世纪80年代以来关于工业东亚的讨论有很大影响。

三、克制与自我约束

在中国传统的初级教育中，行为与意志的自我约束和锻炼是被特别看重的，这一点虽然可以被理解为建立道德实践的基础，但具有更广泛的行为意义。朱熹在他著名的《童蒙须知》一书中，用了四章来强调这种训练，而只用一章说明读书和写文章。在《衣服冠履第一》章中朱熹写道：

> 自冠巾衣服鞋袜，皆须收拾爱护，常令洁净整齐。……不可宽慢，宽慢则身体放肆，不端严。
>
> 凡着衣服，必先提整襟领，结两衽纽带，不可令有阙落。饮食照管，勿令污坏，行路看顾，勿令泥渍。凡脱衣服，必齐整折叠箱笥中，勿散乱顿放。……凡盥面，必以巾帨遮护衣领，卷束两袖，勿令有所湿。凡就劳役，必去上笼衣服，只着短便。

这一切在现代人看来，颇似个人卫生的范畴，但朱熹的时代根本无现代卫生的观念，他的这些主张，一方面是“以俭化俗”，另一方面要由此养成行为的“端严有序”，杜止“宽慢”。同样的精神也表现在《洒扫清洁第三》中：

> 凡为人子弟，当洒扫居处之地，拂拭几案，常令洁净。文字笔砚凡百器用，皆当严肃齐整，顿放有常处。

在《杂细事宜第五》中，对行为的训练养成更有详细的规定，如：

> 凡子弟须要早起晏眠。……凡相揖，必折腰。凡对父母、长

> 上、朋友,必称名。凡称呼长上,不可以字。……凡饮食于长上之前,必轻嚼缓咽,不可闻饮食之声。……凡开门揭帘,须徐徐轻手,不可令震惊响。凡众坐,必敛身,勿广占坐席。凡侍长上出行,必居路之右,住必居左。凡饮酒,不可令至醉。凡如厕,必去上衣,下必浣手。凡夜行,必以灯烛,无烛则止。……凡夜卧,必用枕,勿以寝衣覆首。凡饮食,举匙必置箸,举箸必置匙。

这一套行为规范可以说是“礼”的一部分,通过蒙学教育来实现文化价值的社会化过程。明代的屠羲时曾作《童子礼》,全篇分检束身心之礼、入事父兄出事师长之礼、书堂肄业之礼三类。在检束身心方面,盥栉、整服等继承了朱熹的《童蒙须知》,而对行礼之法有更详细的规定,对如叉手、肃揖、拜起、跪、立、坐、行、言语、视听、饮食等都有详细的规范。兹录其中数条,以见大概:

> 凡走,两手笼于袖内,缓步徐行,举足不可太阔,毋得左右摇摆,致动衣裾。目须常顾其足,恐有误差。登高,必用双手提衣,以防倾跌。(《童子礼·行》)
>
> 凡饮食,须要敛身离案,毋令太逼。从容举箸,以次箸于盘中,毋致急遽,将肴蔬拨乱。咀嚼,勿使有声,亦不得恣其所嗜好,贪求多食。安放盘箸,俱当加意照顾,毋使失误堕地。(《童子礼·饮食》)
>
> 以木盘置水,左手持之,右手以竹木之枝,轻洒堂中。先洒远于尊长之所,请尊长就止其地,然后以次遍洒。毕,方取帚于箕上,两手捧之,至当扫之处,一手持帚,一袖遮帚,徐步却行,不使尘及于尊长之侧。扫毕,敛尘于箕,出弃他所。(《童子礼·洒扫》)

为了把朱熹训练儿童的原则更加通俗化,不仅朱熹的弟子陈淳用《小学诗礼》将其诗诵化,明清时代也有不少学者将《小学》《童蒙须知》编成韵语,以便蒙学教育之用。如罗泽南的《小学韵语》、万斛泉的《童蒙须知韵语》等。试举其例:

口之于味,人有同嗜,左食右羹,先菜后肉。不可放饭,不可流饮,食不可咤,骨不可啮。毋扬尔饭,毋刺尔齿,吞羹絮羹,人所共耻。毋投狗骨,毋反鱼肉,固获嚃炙,是曰肆欲。(《小学韵语》)

又如:

凡人之为人,身体必端整。尝闻诸格言,男子有三紧。冠履及绦带,检束日唯紧。宽慢则放肆,最足招嘲哂。(《童蒙须知韵语·衣服冠履其一》)

举匙必置箸,举箸必置匙。食已皆置案,须令常整齐。(《童蒙须知韵语·杂细事宜其六》)

凡与人相揖,低头而曲腰。出声则收手,毋得稍轻佻。(《童蒙须知韵语·杂细事宜其十六》)

凡与众人坐,相对必敛身。坐席勿广占,俨如见大宾。(《童蒙须知韵语·杂细事宜其十七》)

再如《蒙学诗教》:

坐来端拱肃容仪,养重收心在此时。莫把一身偏左右,谩将两手戏东西。

横肱碍肘招人恶,跷足张箕惹众嗤。记得古人言一句,坐如

尸也是吾师。(《蒙养诗教·坐》)

饮食随时饱便休,不宜拣择与贪求。若陪尊席毋先举,便是同行务逊酬。

鱼肉吃残须莫反,饭汤流歠最堪羞。遗羹让果垂青史,饮食之人乃下流。(《蒙养诗教·吃饭》)

晏息调神自有时,那堪昏睡竟无知。须防面仰令张口,更忌身翻作偃尸。

蠖屈隈藏呼吸小,龙潜寂静梦魂怡。窗前若警鸡初喔,平旦几希仔细思。(《蒙养诗教·晏息》)

所有这些教养少儿的“礼”,也就是中国人及中国文化所强调的“规矩”。在中国社会中,人们鄙视儿童的“没规矩”,而称扬举止行为有规有矩的儿童。这些规矩的训练,从社会学角度说,是人的社会化过程的一部分;从伦理学角度说,有助于道德行为的养成;从群体生活来说,可以培养个人约束自己以遵从群体的纪律。韦伯指出:“资本主义无法利用那些信奉无纪律的自由自在的信条的人的劳动。”他也强调《新教伦理》中的“节制有度”①。他还指出,清教徒那种对平静的自我控制的推崇,“今天仍然是最典型的英美绅士的特征”,“就清教这个词的形式上的心理学含义而言,它是试图使人具有一种人格。与很多流行的观点相反,这种禁欲主义的目的是使人可能过一种机敏、明智的生活:最迫切的任务是摧毁自发的冲动性享乐,最重要的方法是使教徒的行为有秩序”②。从这个角度来说,不仅儒家的“礼”所体现的自我控制远超过清教徒与英美绅士,蒙养实践中对行为的训练,也比较容易转化为人对团体工作中纪律的适应。

①《新教伦理与资本主义精神》,第40、50页。

②同上书,第91页。

这样一种强调训练和自我控制的传统，在近代以来中国家庭和学校的教育及社会化训练中仍被有力地保持着。

四、勤俭与惜时

在所有童蒙读物中，"勤"是受到特别重视的一个伦理价值。对"勤"的强调，鲜明地体现出儒家伦理与世俗智慧的结合。

清人《重订训学良规》中说：

> 子弟宜令习勤，以早到书塾为第一义。晏起者必严儆之，勿使习惯，尤在为师者，以身先之。倘生徒俱到，师犹高卧未起，则虽令不行矣。洗砚磨墨，拂理书籍几案，虽富贵家，宜令亲自料理。不独自幼整饬，长大无乱头粗服之弊，习于勤劳，亦致寿之道也。①

又说：

> 子弟须俭朴，一饮食也，当知来处不易，勿以粗粝而嫌之。一衣服也，当使知物力艰难，勿以布素而轻之。微而片纸寸墨，亦当爱惜，勿稍暴殄，异日方为保家之子。然此非专务吝啬，省一钱浪费，即多一钱正用。子弟幼时，即使知人品高低，不系衣食美恶；能耐饥寒方能有以自立，所谓俭以养廉也。②

清人《训蒙辑要》的学训中有"勤课"条：

①李新庵、陈彝：《重订训学良规》。
②同上书。

徐幹云：今学者勤心以取之，不懈以成之，自足以致昭明，而成博达矣。盖精于勤，荒于嬉，所从来矣。①

规定学徒必于黎明集于学堂，上午讲书，下午读书，黄昏歌诗。

清代学者张履祥《初学备忘》：

柳仲涂曰，祖宗忠孝勤俭以成立之，子孙顽率奢傲以覆坠之。忠孝勤俭，修身之大概也。……朱子《与长子书》，从师就学之道极为详尽，而终篇要之以“勤谨”二字。盖勤则进业，谨则寡失，守此二字，以之终身，养德以此，养身亦以此矣。②

以上所说的“勤”多指学业而言，亦兼及家业。其实蒙学读物中也有很多一般的对勤业的劝诫，即对职业本身的勤勉规范。如张履祥特别指出：

人各有业，农有畎亩之事，工有器用之事，商贾有市肆车牛之事。废业游手，不至于失所，必入于不肖。③

……原其病根，只是不勤于学，故无上达之志，而甘下流之趋也。韩子曰：“业精于勤，荒于嬉。”刘忠宣公曰：“习勤忘劳，习逸忘惰。”人至嬉游忘惰，亦可哀矣。且思世间饱食终日、无所事事者何物。④

今世极多游民，是以风俗日恶，民生日蹙，虽其业在四民者，

①石天基：《训蒙辑要·学训》。

②张履祥：《初学备忘》，载《蒙学须知》，第233页。

③同上书，第220页。

④同上。

> 莫不中几分堕游之习，而士益甚。饱食终日，无所用心而已；群居终日，言不及义而已。究其为害，更甚于游民也。今宜蚤作夜思，求其所未知者，与夫所未能者，将终其身而有皇皇不及矣，亦何暇博弈、饮酒、游谈、浪走哉。农夫之耕，夏失业则禾无秋，冬失业则麦无秋，春失业则菽无秋，故曰思无越畔也。为学而逸游是耽，其不入于小人希矣。①
>
> 夫能稼穑，则无求于人，可无求于人，则能立廉耻。知稼穑之艰，则不妄求于人。……吴康斋先生讲濂洛之学，率弟子以躬耕，刘忠宣公教子读书，兼力农；何粹夫官归，辟后圃种菜，俱可为百世之师也。许鲁斋有言，学者以治生为急，愚谓治生以稼穑为先。②

这些思想在蒙学读物中很多见，如明代广为流传的吕得胜《小儿语》：

> 既作人生，便有生理。各个安闲，谁养活你。世间生艺，要有一件。有时贫穷，救你患难。饱食足衣，要有一间。终日昏昏，不如牛马。③

吕得胜之子吕坤是著名儒者，曾作《续小儿语》，其中说：

> 安乐人人破败，忧勤个个亨通。④

---

①张履祥：《初学备忘》，第 221 页。

②同上书，第 222 页。

③吕得胜：《小儿语 · 四言》。

④吕坤：《续小儿语 · 六言》。

《增广贤文》中说：

> 念念有如临敌日，心心常似过桥时。①

是把这种忧惧提得更直接了。这种忧心勤力的提法，与韦伯描述的新教伦理很相近。韦伯认为加尔文教的“预定论”导致信徒由于无法肯定是否得到上帝恩宠而焦虑、紧张，于是只能勤奋于世俗职业并谋求成就以确定上帝对自己的恩宠。清代李惺仿《小儿语》，作《老学究语》，其中有“执业·勤”条：

> 日图佚乐，定不快活。能耐劳苦，必无痛楚。日出而作，日入而息。第一等人，自食其力。懒人懒病，无药可医。不瘫不痪，惰其四肢。身有所属，心有所系。若无执业，何所不至。……民分为四，各技其艺。欲善其事，必致其志。只怕不勤，不怕不精。只怕无恒，不怕无成。②

这种“执业”的观念与近人所说的“职业”是一样的。这种“执业以勤”的伦理劝诫更与韦伯所说的勤业伦理相接近。清人谢泰阶撰《小学诗》，起因是读朱熹《小学》有感而作，但其中一些内容亦超出《小学》之外，作者以之课门下童子，其中云：

> 正事须常干，休寻逸乐方。试看勤力者，家自有余量。
> 技艺随人学，营生到处寻。一生勤与俭，免得去求人。③

---

①《增广贤文》，《蒙学十篇》，第120页。

②李惺：《老学究语·四言》。

③谢泰阶：《小学诗·敬身第三》。

在蒙学读物中以勤劝学的内容更是比比皆是,《三字经》流传最广:

> 昔仲尼,师项橐。古圣贤,尚勤学。赵中令,读鲁论。彼既仕,学且勤。披蒲编,削竹简。彼无书,且知勉。头悬梁,锥刺股。彼不教,自勤苦。……①

《三字经》最后两句:

> 勤有功,戏无益。戒之哉,宜勉力。②

清代李毓秀编《弟子规》,原名《训蒙文》,以学规、学则的形式对蒙童进行启蒙教育和指导,通俗易懂,备受欢迎,不仅在私塾、义学为必读书,而且在祠堂、茶楼、市井广泛流传,被誉为"便于记诵而切于日用"的开蒙上乘,在清代大有取代《三字经》之势。清人周保璋在《童蒙记诵》中说"近李氏《弟子规》盛行,而《三字经》几废",可见影响之大③。在《弟子规》中也强调"应勿缓","行勿懒","朝起早,夜眠迟,老易至,惜此时"。《神童诗》同样重视"勤",指出"少小须勤学""学问勤中得"。

韦伯在《新教伦理》第二章一开始引用了富兰克林的几段话,其中有"时间就是金钱""信用就是金钱"等,同时他强调珍惜时间、讲究信用这些规范,以及"勤奋与节俭,在与他人的交往中守时并奉行公正原则,对年轻人立身处事最为有益",还说"行为谨慎还能表明你

---

①《三字经》传为宋王应麟作,历代有人增补,此处所引,据《蒙学十篇》,载在第26页。

②《三字经》,《蒙学十篇》,第28页。

③见王炳照:《蒙学十篇序》。

一直把欠人的东西记在心上"①。韦伯把这些作为"资本主义精神"的重要组成部分。他同时指出:"几乎不必指出,路德并不具有我们前面提到的那种意义上的,或者说在任何意义上的资本主义精神。"但是,"宗教改革本身的后果只是有组织的从事一项职业的世俗劳动受到越来越高的重视"②。

韦伯特别指出,为了理解新教禁欲主义伦理与它为日常经济生活所设立的准则之间的联系,有必要对那些根源于教会实践活动的著述进行考察,如《劝世文》《良心问题汇编》《基督教指南》等,以了解宗教力量通过上述渠道展现出来的对民族性格的影响③。他在第五章《禁欲主义与资本主义精神》中仔细考察了巴克斯特牧师《基督教指南》等著述后,分析了新教伦理的态度:

> 他们坚持反对态度的真实道德依据是:占有财富将导致懈怠,享受财富会造成游手好闲与屈从于肉体享乐的诱惑。最重要的是,它将使人放弃对正义人生的追求。事实上,反对占有财富的全部理由就在于它可能招致放纵懈怠。因为,圣徒的永恒安息是在彼岸世界,而在尘世生活里,人为了确保他蒙承神恩的殊遇,他必得"完成主所指派于他的工作,直至白昼隐退"。按照主之意志的明确昭示,惟有劳作而非悠闲享乐方可增益上帝的荣耀。④
>
> 这样,虚掷光阴便成了万恶之首,而且在原则上乃是最不可饶恕的罪孽。人生短促,要确保自己的选择,这短暂的人生无限

①《新教伦理与资本主义精神》,第33、34页。
②同上书,第60、61页。
③同上书,第121、130页。
④同上书,第123页。

> 宝贵。社交活动,无聊闲谈,耽于享乐,甚至超过六到八小时的睡眠,凡此种种,皆在应受道德谴责之列。清教伦理当然不会如富兰克林那样申言时间即金钱,但这条箴言在某种精神意义上确是真理,时光无价,从而虚掷光阴即是丧失一寸为上帝的荣耀而效劳的宝贵时辰。①

非常值得注意的是,韦伯以上所提到的新教伦理的原则,在中国儒家文化的普及读物中都可以找到对应物。像在本节前面提到的,各种学规中对"晏起"的严戒,对"群居终日,言不及义""饮酒游谈"的指斥,对"惰游之习""逸游是耽"的警告,以及对"执业""勤业"的强调与肯定,与新教伦理并无二致。儒家文化正如新教伦理一样,不会像富兰克林那样高倡"时间就是金钱",但同样主张"朝早起,夜眠迟,老易至,惜此时",而强烈反对虚度时光。因此,如果从引导一种惜时的行为习惯的立场来了解"时间就是金钱",那么也可以说,一个文化中即使不与金钱直接联系而有的习惯,仍然会在需要与金钱联系起来时发生作用。再考虑前节儒家文化关于自我约束的训练,其全部意义不正是要人谨防"放纵懈怠"吗?从这里可以看出,至少在理论上,儒家伦理透过普及读物而对人的日常生活所发生的作用,与韦伯所论述的新教伦理的作用,可以有相通之处。

正如韦伯所指出的,福格"有钱就赚"的话只是商人的大胆与个人的信条,而富兰克林的话则是具有伦理色彩的劝世格言。既然韦伯的方法重视具有伦理色彩的劝世格言,认为只有这一类东西才对人有实际心理约束力,那么,我们从前现代中国的伦理格言入手,考察其对人的日常行为与心理的影响,在方法上应当说是与韦伯一致的。

---

①《新教伦理与资本主义精神》,第 123 页。

另一可注意的点是，韦伯在强调不能把富兰克林的话看作“仅仅是为了纯粹利己的动机而进行伪装”的外表，认为其中与某种禁欲主义成分有关、与一种宗教观念有关时，指出向幼儿灌输伦理训诫的意义：

> 富兰克林虽然是一个无特殊色彩的泛神论者，但他那加尔文教派的严父却在他幼小的时候就反复向他灌输一条来自《圣经》的古训。因此，如果我们问为什么要在人身上赚钱，他在自传中所作的回答用上了这条古训：“你看见办事殷勤的人么，他必站在君王面前。”①

如前引述，与这条古训内容类似的教育儿童的劝世格言，在中国明清世俗儒家文化中，可以说处处可见。

韦伯所叙述的新教伦理的“职业”观念，在明清世俗儒家文化中并不突出，但类似的说法也有一些。中国没有新教源于宗教的“天职”观念，那种“对职业活动内容的义务”的观念并未充分发展，但是儒家文化中“敬业”的观念源出甚早（秦汉以前），“人各有业”意义上的“业”的观念一直流行，像《弟子规》《老学究语》中“执业”及“必致其志，只怕不勤”的主张可以说和“职业”的观念很接近。

五、孝悌、善恶与福报

蒙学教材的主要功能有二，一是伦理教训，一是文化启蒙。宋以后的童蒙教育更加强调寓道德教训于文化启蒙之中。启蒙教材中的伦理原则主要来源于儒家。《千字文》编于梁代，其中说：

①《新教伦理与资本主义精神》，第37页。

德建名立，形端表正。①
容止若思，言辞安定。
上和下睦，夫唱妇随。②
仁慈隐恻，造次弗离。
节义廉退，颠沛匪亏。③
孟轲敦素，史鱼秉直。
庶几中庸，劳谦谨敕。④
省躬讥诫，宠增抗极。⑤

《三字经》开首便说“人之初，性本善”，把向善的思想深深扎根于人心之中，更鲜明提出“首孝悌，次见闻”。事实上，所有蒙学读物或教材，作为儒家文化的一种形式，都始终强调儒家伦理的优先性。而其中作为家庭或家族伦理核心的孝悌之道始终占首要地位。《三字经》说：

香九龄，能温席；孝于亲，所当执。融四岁，能让梨；弟于长，宜先知。

曰仁义，礼智信；此五常，不容紊。自子孙，至玄曾，乃九族，人之伦。

父子恩，夫妇从，兄则友，弟则恭，长幼序，友与朋，君则敬，臣则忠。

①《千字文》，《蒙学十篇》，第36页。
②同上书，第37页。
③同上书，第38页。
④同上书，第41页。
⑤同上。

此十义，人所同。①

清代李毓秀《弟子规》中的道德教育更多，如：

首孝悌，次谨信；泛爱众，而亲仁。

书中对如何侍奉父母有极详细的条目，如：

父母呼，应勿缓；父母命，应勿懒；父母教，须敬听；父母责，须顺承。

对尊长恭兄等也有许多具体规范：

兄道友，弟道恭；兄弟睦，孝在中。

长者立，幼勿坐；长者坐，命乃坐；尊长前，声要低；低不闻，却非宜；进必趋，退必迟；问起对，视勿移。

如果一个人自幼受到这种人与人之间长幼尊卑的秩序的训练，可以想见，这种训练在现代的商业团体中会很自然地转化为企业的内部秩序。

事实上，在《名贤集》中，道德训诫的领域已超出家庭伦理，而向社会关系扩展。《名贤集》一开始就说：

但行好事，莫问前程。②

①《三字经》，《蒙学十篇》本。

②《名贤集》，《蒙学十篇》，第51页。

这是董仲舒“正其谊不谋其利,明其道不计其功”人际伦理原则的通俗化。其中又说:

> 与人方便,自己方便。①

这是转化了墨子“交相利”的功利主义社会伦理。它甚至把良心和守法相提并论:“寸心不昧,万法皆明”,“常怀克己心,法度要谨守”②。这些提法,可以说更具有超越时代的普遍性。

《弟子规》也强调了信用的规范:

> 用人物,须明求;傥不问,即为偷。借人物,及时还;人借物,有勿悭。
>
> 凡出言,信为先;诈与妄,奚可焉。③

蒙学读物对进德和修身也很重视:

> 见人善,即思齐;见人恶,即内省;有则改,无加警。④

主张:

> 闻誉恐,闻过欣;己有能,勿自私;人有能,勿轻訾。⑤

①《名贤集》,《蒙学十篇》,第51页。
②同上书,第53、54页。
③《弟子规》,《蒙学十篇》,第74、75页。
④同上书,第75页。
⑤同上书,第76页。

又说：

> 凡取与，贵分晓；与宜多，取宜少。将加人，先问己；己不欲，即速已。①

《增广贤文》中说：

> 君子爱财，取之有道。②

这些朗朗上口的语言，把儒家伦理的基本原则通俗地加以陈述，很容易为少儿及大众所接受，取得广泛的影响。

在这些人生劝诫之中，基本取向是教人行善，劝人向善，而世俗化的儒家伦理特点之一，就是把善恶与报应联系起来。因此在童蒙读物中有关善恶报应的内容是很常见的。如《名贤集》：

> 积善之家，必有余庆；积恶之家，必有余殃。③
>
> 积善有善报，积恶有恶报，报应有早晚，福祸自不错。④
>
> 善恶到头终有报，只争来早与来迟。⑤
>
> 侵人田土骗人钱，荣华富贵不多年。莫道眼前无报应，分明折在子孙边。⑥

---

①《弟子规》，《蒙学十篇》，第 77 页。

②《增广贤文》，《蒙学十篇》，第 124 页。

③《名贤集》，《蒙学十篇》，第 51 页。

④同上书，第 58 页。

⑤同上书，第 63 页。

⑥同上书，第 64 页。

《增广贤文》说：

善有善报，恶有恶报，不是不报，日子未到。①

善必寿考，恶必早亡。②

同时，命运的思想在蒙学读物中也很普遍，如《名贤集》：

百年还在命，半点不由人。③

命贫君子拙，时来小人强。命好心也好，富贵直到老。命好心不好，中途夭折了。心命都不好，贫苦直到老。④

心好家门生贵子，命好何须靠祖田。⑤

又如《神童诗》：

寿夭无非命，穷通各有时。迷途空役役，安分是便宜。⑥

《增广贤文》不仅重复了《论语》所载的“死生有命，富贵在天”，而且说：

命里有时终须有，命里无时莫强求。万事不由人计较，一身

①《增广贤文》，《蒙学十篇》，第124页。

②同上书，第131页。

③《名贤集》，《蒙学十篇》，第58页。

④同上书，第59页。

⑤同上书，第64页。

⑥《神童诗》，《蒙学十篇》，第102页。

都是命安排。①

美国社会学家罗伯特·贝拉在其名著《德川宗教:现代日本的文化渊源》中讨论日本宗教特别是儒教与日本近代经济发展时,一方面强调儒教的勤奋、敬业、珍惜时间的伦理,及勿娱乐、勿奢侈、勿玩耍的劝勉,一方面指出家庭价值、正直、无私在经济理性化进程中的作用。他在论述日本后期心学的伦理教义的一般特征时,指出其三个特征,第一是勿忘"孝"字,第二是必须正直,第三是家庭幸福。他还举出胁阪义堂的七条说教,其中除了诚实、节俭、勤劳外,还有"重视忠义孝道及宽容","重视慈悲、阴德、养身和养家"。贝拉认为,所有这些价值"有助于培养对世俗的工作采取严格的、实际的、始终如一的态度,并且在经济步入理性化过程之际,对企业家及工人双方也是很重要的,为了达到这一切,心学利用了远东最古老和最强有力的宗教传统,它可以上溯至孟子"②。肯定传统的德性价值作为个体的工作伦理,对于经济理性化过程也有积极的意义。

六、功利与成就

在蒙学读物中,与社会经济行为有关的最世俗化的部分,也许还不是有关福报、命运的内容,而是有关功利成就的追求。换句话说,在把功利的追求合理化为伦理性准则方面,蒙学读物是相当成功的。

在《三字经》的结尾,我们读到这几句归宗之语:

①《增广贤文》,《蒙学十篇》,第115、133页。

②贝拉(Robert Bellah):《德川宗教:现代日本的文化渊源》,王晓山等译,香港牛津大学出版社1994年,第130—135页。

上致君，下泽民。扬名志，显父母。光于前，裕于后。①

致君泽民是儒家的社会功利思想；光耀祖宗，显荣父母，遗泽后代，是世俗儒家特有的家族理想；传声扬名，是个人成就的追求目标。这使得《三字经》最后归结为社会成就、家族成就和个人成就，显示出明显的成就取向。实际上，如果把《三字经》作为一个体系来看，可以说上述三种成就目标构成了其体系的终极关怀。把伦理规范与成就追求融为一体，可以说是世俗儒家伦理的特色。

孔子早已说过“学而优则仕”。虽然他也说了“仕而优则学”②，但后人更多的是以前一句话作为孔门重视个人成就的一个根据。在蒙学作品中，《千字文》也说：

荣业所基，籍甚无竟。学优从仕，摄职从政。③

教育人敬守祖宗的世业，代代相传，以优学做官从政，甚至说：

坚持雅操，好爵自縻。④

这很可以理解为雅操是获取好爵的手段。《千字文》还说：

户封八县，家给千兵。高冠陪辇，驱毂振缨。世禄侈富，车

①《三字经》，《蒙学十篇》，第28页。
②《论语·子张》。
③《千字文》，《蒙学十篇》，第37页。
④同上书，第38页。

驾肥轻。策功茂实,勒碑刻铭。①

也是鼓励人们追求荣华富贵与功名利禄。

《神童诗》在宋代以后很流行,其中劝学、得第等充满了世俗儒家伦理价值:

天子重英豪,文章教尔曹。万般皆下品,惟有读书高。②
少小须勤学,文章可立身。满朝朱紫贵,尽是读书人。③
自小多才学,平生志气高。别人怀宝剑,我有笔如刀。④
朝为田舍郎,暮登天子堂。将相本无种,男儿当自强。⑤
学乃身之宝,儒为席上珍。君看为宰相,必用读书人。⑥
莫道儒冠误,读书不负人。达而相天下,穷则善其身。⑦
大比因时举,乡书以类升。名题仙桂籍,天府快先登。⑧
喜中青钱选,才高压重英。萤窗新脱迹,雁塔早题名。⑨
年少初登第,皇都得意回。禹门三级浪,平地一声雷。⑩
一举登科日,双亲未老时。锦衣归故里,端的是男儿。⑪

①《千字文》,《蒙学十篇》,第39页。
②《神童诗》,《蒙学十篇》,第85页。
③同上。
④同上书,第86页。
⑤同上。
⑥同上。
⑦同上。
⑧同上书,第87—88页。
⑨同上。
⑩同上。
⑪同上。

《神童诗》中所选,充满了以学求官的内容,鼓励青年学子“为官须作相,及第必争先”,把“金榜挂名时”设为人生四大喜乐之最。

以上材料显示,在世俗儒家文化中,以功名为形式,极力突出了个人成就的自我实现。这种突出,与正统儒家伦理强调的道德价值的实现不同,而是强调能力价值的实现。从而,对成就的追求甚至在世俗的目标价值系谱中更高于对道德的追求。这样一种价值观的结果,在人的行为上的影响,显然不会局限于对科举功名的追求,而必然会呈现为对包括经济成就在内的多数世俗目标的追求。世俗儒家伦理把这种追求加以正当化和合理化,在适宜的经济制度环境下,就有可能成为经济发展的动力性资源。

七、世俗儒家伦理的理论基础

——明代后期的儒学流变

在王阳明弟子的发展中,出现了一种偏离正统(orthodoxy)的变化,它首先出现在对宋明理学的核心概念“格物”的解释上。

王阳明的弟子王艮提出了一种有异于师门的“淮南格物说”。在王艮看来,格物首先要了解什么是“物”,他认为,“身与天下国家一物也,惟一物而有本末之谓”①。这是说,万物都是物,或从万物一体的观点看,万物为一体,万物为一物。但《大学》本来说过“物有本末”,因而只有在万物中区别出“本”与“末”,才能把握“格物”的意旨。在他看来,《大学》中说“壹是皆以修身为本”,可见“身”是本。他说:“是故身也者,天地万物之本也;天地万物,末也。”②既然身是“本”,那“格”的意义是什么呢?王艮说:“格,絜矩也。絜度于本末

①《泰州学案一·心斋语录》,《明儒学案》卷三十二,中华书局标点本,第723页。
②同上书,第711页。

之间,而知'本乱而末治者否矣',此格物也。"①絜度即衡量,王艮认为,"格"就是以"本"去衡量"末"。他说:"吾身是个矩,天下国家是个方,絜矩则知方之不正,由矩之不正也。是以只去正矩,却不在方上求,矩正则方正矣,方正则成格矣,故曰物格。"②这就是说,身是本,身是絜度所根据的"矩"。以身为本,要求把注意力转移到正身上。

如果王艮重视"身"的说法仅仅是《大学》及传统儒家"修身为本"的重复,他的格物说就没有什么新意,也就不会产生很大反响。然而,他的格物说所以受到同时及后来学者的注意,正是由于他在修身为本之外,更提出了爱身、安身、保身、尊身的思想,这些思想不仅与朱子和王阳明的格物说不同,与以前整个儒家传统的发展也有重要的差异。

王艮反对把《大学》的"止至善"归结为"明明德",他认为"止至善者,安身也。安身者,立天下之大本也","知身之为本,是以明明德而亲民也。身未安,本不立也,本乱而末治者,否矣"③。由于王艮把身看成万物之本,所以他提倡"尊身"。他说:"身与道原是一件,至尊者此道,至尊者此身。尊身不尊道,不谓之尊身;尊道不尊身,不谓之尊道。"④在传统儒学中,只能说重视"修身",而不能说"尊身",因为修身的说法中意味着"身"是需要修整的。而王艮把身与道相提并论,公开提出要尊身,这也是宋以来理学发展中未有过的。

王艮所说的安身与王阳明不同,王阳明认为视听言动和躯体行为合于义理就是修身,王艮则说:"不知安身,便去干天下国家事,是

①《泰州学案一·心斋语录》,《明儒学案》卷三十二,第712页。

②同上。

③同上书,第711页。

④同上书,第716页。

之为失本。就此失脚,将烹身割股,饿死结缨,且执以为是矣,不知身之不能保,又何以保天下国家哉?"①按照这个思想,古代所谓忠臣义士,舍生取义,都不是保身安身。王艮明确表示,安身保身的"身"都是指个体血肉之躯的生命存在。把爱护人的感性生命置于与重视道德原则相等的地位,这的确显示出一种新的思想方向。王艮的语录中记载了他和弟子的问答:

> 有疑安身之说者曰:"夷、齐虽不安其身,然安其心矣。"曰:"安其身而安其心者,上也。不安其身而安其心者,次之。不安其身又不安其心,斯为下矣。危其身于天地万物者,谓之失本。洁其身于天地万物者,谓之遗末。"②

伯夷、叔齐拒食周粟,饿死于首阳山,历代儒者都表彰其气节。传统儒家认为,人为了道德理想而牺牲生命是高尚的,但在王艮看来,生命之身才是最根本的,没有了生命之身,其他一切都无从谈起。从这个角度来看,伯夷、叔齐并不可取。王艮说:"人有困于贫而冻馁其身者,则亦失其本而非学也。"③一个人为学,首先需要努力建立保障其生命存在的物质生活条件。从这样一个立场上看,为了满足保障、发展生命活动需要的各种行为,从治生(包括经商、务农、做工)到避世,都具有重要意义。

同样的变化也出现在对"良知"的解释上。王艮提出了"明哲保身",他说:

---

①《泰州学案一·心斋语录》,《明儒学案》卷三十二,第712页。
②同上书,第713页。
③同上书,第715页。

> 明哲者，良知也。明哲保身者，良知良能也。知保身者则必爱身，能爱身则不敢不爱人，能爱人则人必爱我，人爱我则吾身保矣。①

这样一种以感性生命为本位的思想，在价值观上有什么意义呢？由以上所说可知，王艮的思想中，保身是良知的基本意义，而这样一来，良知就与人的生命冲动没有本质区别了。同时，王艮认为，从良知的保身意识中可以引出"爱人"的伦理。他运用一种类似墨子的论证方法，即爱人并不是一个绝对价值，我之所以去爱人，是因为爱人可以是使人爱我的手段。爱人并不是一个绝对的道德命令，也不是达到社会和谐的要求，而是达到爱身保身的手段。这种伦理观，至少在论证的逻辑上，与正统儒家伦理不同。

由于这种理论预设了一种人己相互感应的理论，即我爱人则人亦爱我，我利己害人则人亦报我，因而"明哲保身"的伦理学虽然其终极目的落脚在"保身"，却并不由此引出私己的个人主义。就一般的道德规范和道德修养来说，王艮并没有否定儒家伦理，只是由于他出身平民小生产者，又以小生产者为说教对象，使得他一方面不自觉地融入了平民自我保护和珍生爱身的伦理观念，另一方面在传统儒家伦理的阐释上采取了类似墨子的方法，使价值目标上加入了功利的意义，从而使得他的伦理观中突出了个体感性生命生活在人生和价值中的意义。很明显，王艮的这些思想更接近于"世俗儒家伦理"的特质，是作为精英文化的理学价值体系向民间文化扩散过程中发展出来的一种形态。

王艮开启了王门后学的泰州学派，泰州学派的另一中坚人物罗汝芳在家族伦理方面也发展了世俗化的形态。他以"孝悌慈"为自己

---

①《泰州学案一》，《明儒学案》卷三十二，第715页。

晚年讲学的宗旨,是基于他自己的家庭生活经验。他的家庭是一个互亲互爱、充满亲情的温暖家庭,这使他认为,人人都有“孝悌慈”的良知,按照这个良知去行,就简易自然,无往不通。

罗汝芳从一家人都有“孝悌慈”的良知出发,进行推广,认为“由一家之孝悌慈而观之一国,一国之中未尝有一人而不孝悌慈者;由一国之孝悌慈而观之天下,天下之大,亦未尝有一人而不孝悌慈者”①。罗汝芳这种讲法,即从认为人人都有“孝悌慈”的良知,进而推广到天下无人而不“孝悌慈”,是以前儒者所没有的。按照从前儒者的理解,只能承认人人都有“孝悌慈”的良知,不能承认人人都做到了“孝悌慈”。这是由于罗汝芳所理解的“孝悌慈”与正统儒家理论有所不同,他说:

> 又由缙绅士大夫以推之群黎百姓,缙绅大夫固是要立身行道,以显亲扬名,光大门户,而尽此孝悌慈矣;而群黎百姓,虽职业之高下不同,而供养父母,抚育子孙,其求尽此孝悌慈,未尝有不同者也。……又时乘闲暇,纵步街衢,肆览大众车马之交驰、负荷之杂沓,其间人数何啻亿兆之多,品级亦将千百其异,然自东徂西,自朝及暮,人人有个归着,以安其生;步步有个防检,以全其命。窥觑其中,总是父母妻子之念固结维系,所以,勤谨生涯,保护躯体,而自有不能已者。②

这就表明,罗汝芳对“孝悌慈”的理解不仅限于儒家经典中冬温夏清的侍奉,服从长上的要求等,而是容纳了从供养父母、抚育子孙,到安生全命、勤谨生涯,以至光大门户、显亲扬名等一系列价值,这些价值

①《泰州学案三》,《明儒学案》卷三十四,第782页。

②同上。

可以说都体现了家族伦理的原则和规范。因而，罗汝芳以“孝悌慈”为根本原理的思想，不仅强调了传统儒学的伦理优先立场，而且，与王艮一样，他在“孝悌慈”的家族伦理解释下，肯定了为家庭而追求财富、功名等功利性价值，肯定了保护自我、勤勉从业等伦理规范。换言之，世俗儒家伦理在他对“孝悌慈”的特殊解释方式下，得到了充分的肯定。

王艮的安身、尊身思想，罗汝芳的为家庭而保护自我、勤勉从业的思想，都对吕坤有影响，而吕坤是明代蒙学中最有影响的学者。吕坤曾说：“保身底是德义。”又说：“心要常操，身要常劳。”①他还说：

> 古之士民，各安其业，策励精神，点检心事，昼之所为，夜而思之，又思明日之所为。君子汲汲其德，小人汲汲其业，日累月进，旦兴晏息，不敢有一息惰慢之气，夫是以士无慆德，民无怠行。②

由上述可知，明清间蒙学读物中大量反映的世俗儒家伦理，除了精英文化向下层传播过程中所必然发生的俗化之外，也是以这一时期理学内部的世俗化转向为基本背景的。这有力地说明，那种认为世俗生活伦理与儒家思想不同的看法，是完全没有根据的。

最后，我想简单提及明末功过记录的盛行。在相当程度上世俗化了的学者袁了凡在道教影响下创制的“功过格”是一种个人对自己行为善恶的记账簿，这种形式不仅在世俗社会中影响很大，广为流行，而且对正统儒家学者也有影响。明末著名的儒家思想家刘宗周的《人谱》和陆世仪的《格致编》都是在这种影响下形成的。这种关

①吕坤：《呻吟语》卷二十一《修身》。
②同上。

于个人德行的功过记录，其总的倾向，可以归结为一种韦伯所说的禁欲主义。一个虔诚的人，必须每天把自己行为及思想的善和恶，分别记录在“功”和“过”两个格中，并在一个长时段中观察、比较自己是否进步。韦伯在谈到加尔文教的禁欲主义时认为，天主教、归正会都有“宗教记账簿”，里面登记和罗列着各种罪恶、诱惑和争取恩宠的进展。他还认为：“本杰明·富兰克林那本记录他在不同美德方面进步的簿子，尽管表格化了而且像统计数字，却是一个经典的例子。”①韦伯为了强调他自己的立场，认定一般的道德记账簿只是为使忏悔完整全面，而新教和富兰克林则是在记录簿的帮助下精密准确地体察自己的心理意向②。实际上，韦伯的这种说法和区分，并没有真正的说服力。尽管如此，我们的确可以在刘宗周的记录簿里发现他对自己心理意向的精密体察，而这正体现了韦伯所说的“世俗禁欲主义”。

八、社会生活的世俗智慧

在一部分蒙学读物中，除了来自儒家伦理的道德教训之外，还有相当数量的生活格言，这些格言按其性质，用韦伯的话，应称之为“世俗智慧”。虽然这些格言只是在一部分蒙学读物中出现，但在反映中国人的生活态度与行为方式方面，有着无可争辩的普遍性。在这些读物中，最有代表性的，当属《名贤集》和《增广贤文》。这两部书，汇辑的年代已不可考，其内容或辑自雅言，或采录俗语，自清后期，风靡全国③。

根据我的了解，《名贤集》和《增广贤文》从内容结构（而非叙述

①《新教伦理与资本主义精神》，第95页。

②参看韦伯：《新教伦理与资本主义精神》第四章的注100，中译本第203页。

③见徐梓：《中国传统启蒙教材概观》，见氏编《蒙学歌诗》，第12页。

结构)上看,除去修辞性的格言(这部分内容很多,如“长江后浪推前浪,世上新人赶旧人”,“同君一席话,胜读十年书”,“莫道君行早,更有早行人”等,其作用主要是加强语言的力度和修饰性),都可以分为五个部分,即伦理、报应、命运、经验和智慧。其中“伦理”“报应”“命运”三个部分的内容已见前述,不再讨论。另两部分我名之为“经验”和“智慧”,统称之为世俗智慧,而这五部分也都是以格言的形式出现。

所谓“经验”部分,是指以下内容,如《名贤集》:

> 人贫志短,马瘦毛长。①
>
> 羊羔虽美,众口难调。才高语壮,势大欺人。②
>
> 礼下于人,必有所求。人为财死,鸟为食亡。人无远虑,必有近忧。③
>
> 人无千日好,花无百日红。路遥知马力,日久见人心。④

又如《增广贤文》:

> 易涨易退山溪水,易反易覆小人心。⑤
>
> 画虎画皮难画骨,知人知面不知心。⑥
>
> 贫居闹市无人识,富在深山有远亲。⑦

---

①《名贤集》,《蒙学十篇》,第 51 页。
②同上书,第 52 页。
③同上书,第 53 页。
④同上书,第 56 页。
⑤《增广贤文》,《蒙学十篇》,第 108 页。
⑥同上书,第 109 页。
⑦同上书,第 110 页。

有茶有酒亲兄弟，急难何曾见一人。人情似纸张张薄，世事如棋局局新。①

人情莫道春光好，只怕秋来有冷时。②

入山不怕伤人虎，只怕人情两面刀。③

这些内容，基本上可以说是社会现象的描述和生活经验的概括。其中有些只具有描述性，并没有规范性，如"人贫志短，马瘦毛长"，"礼下于人，必有所求"等。另外一些内容虽然也是描述性的，但同时表露了中国人的某些心理，如上引材料中后面的六、七条，都是感叹人情冷暖，人心难测，显现出一种对他人深深的不信任感。

这种对他人的不信任感，反映了中国社会的生活经验，而就其出发点来说，也包含了自我防护心理。所谓"智慧"的内容，正是以此种心理为基础而发展的处世之道或待人之术：

逢人且说三分话，未可全抛一片心。④

莫信直中直，须防仁不仁。山中有直树，世上无直人。⑤

虎生尤可近，人熟不堪亲。⑥

无钱休入众，遭难莫寻亲。⑦

是非只因多开口，烦恼皆因强出头。⑧

---

①《增广贤文》，《蒙学十篇》，第 112 页。

②同上书，第 120 页。

③同上书，第 125 页。

④同上书，第 109 页。

⑤同上书，第 111 页。

⑥同上书，第 112 页。

⑦同上。

⑧同上书，第 117 页。

知事少时烦恼少，识人多处是非多。①

忍得一时之气，免得百日之忧。②

人善被人欺，马善被人骑。③

见事莫说，问事不知，闲事莫管，无事早归。④

饶人算之本，输人算之机。⑤

亏人是祸，饶人是福。⑥

事不干己，分毫休理。⑦

如果对“经验”和“智慧”进行区别的话，可以这样说，“经验”更多地具有描述性，并不直接指导行为；而“智慧”的部分，如“逢人且说三分话，不可全抛一片心”，“事不干己，分毫休理”，则可对人的行为直接发生规范作用。

在上述有关世俗智慧的格言中，大量是属于中国人所说的“人情世故”，从积极的方面来说，这些内容是中国人应对自己所在的高密度生活社群中的复杂关系而累积的经验。所有这些世俗智慧，其主导的取向，正是泰州学派力倡的“明哲保身”。这些语言在中国社会流行很广，使得它们已成为支配中国人行为的规范性资源的一部分，以致我们从国家领导人到一般民众的话语中都可以看到它们。

韦伯在《新教伦理与资本主义精神》第二章的一条很长的注释中，讨论了文艺复兴时期的文学作品与“富兰克林写给中下层大众的

①《增广贤文》，《蒙学十篇》，第125页。

②同上书，第117页。

③同上书，第120页。

④同上。

⑤同上书，第122页。

⑥同上书，第133页。

⑦吕得胜：《小儿语》。

著作,及清教徒的宗教小册子和训诫"之间的差异。在有关勤奋的问题上,他写道:

> 卡托和阿尔贝蒂的著作中都没有论及这种精神气质。因为,对他们两人来说,这是一个世俗智慧的问题,而不是一个伦理的问题。在富兰克林的著作中也有着功利主义的倾向,但是,那些写给年轻商人的训诫的伦理性质不可能被人误解,这才是最重要的。对他来说,一个人理财时不小心谨慎,就等于戕害了资本萌芽,从而犯下了一个伦理错误。①

他又写道:

> 一种建立在宗教基础上的伦理观念只要维持了宗教规定的态度,就能产生一定的心理约束力,只要宗教信仰存在,这种约束力就极其有效。像阿尔贝蒂具有的那种纯粹世俗智慧是不能控制这种约束力的。只有当这种约束力发生了作用的时候,这种伦理观念才对生活行为,从而对经济秩序产生独立的影响。坦白地说,这才是整个文章的主旨。②

当然,伦理观念与世俗智慧的不同之处在于,前者作为"应然"对人的行为具有心理约束力,但影响行为的却不仅是伦理观念,世俗智慧以及欲望都可以影响人的行为。因此,从行为主义的角度或人类学的角度来看,这些世俗智慧对理解中国人的行为或支配中国人行为的文化模式,都有其重要的意义。从另一方面说,在传统蒙学读物中,

---

①韦伯:《新教伦理与资本主义精神》,第159页。
②同上书,第160页。

世俗智慧已在相当程度上被伦理化了，若不遵从它，便不仅是愚蠢，而且犯了伦理上的过失。

虽然，韦伯所提出的“儒教纯是一种一般入世的道德伦理，儒教所要的是适应这个世界及其秩序与习俗”的论断①，是可以接受的，但就他认为“基本上，它（儒教）所代表的只不过是给世上受过教育的人一部由政治准则和社会礼仪规则所构成的巨大法典”②这一点来说，就不能反映整个儒家文化。韦伯的话只适用于精英儒家文化，即由贡生、举人、秀才、进士以及及第后任职的官僚所组成的文化群。如本文所指述的，具有儒家文化属性的中国传统蒙学，其对象是田夫牧子、村姑里妇，其教育的目的也不是由科举得第，这一文化所提供给他们的不是国家法典，而是日用伦常。同时，就世俗儒家文化来说，韦伯的论断“儒教的理想与禁欲的基督新教的职业概念之间，甚至存在着更强烈的紧张性”③，也是不适当的。“君子理想”与“经典”都是精英儒家文化而不是世俗儒家文化的终极关怀。至于说儒家认为“俭约不应被赋予正面的评价”④，对世俗儒家伦理而言，就更是不正确的了。

韦伯所有在儒家伦理方面所下的错误论断，都是因为他只就精英儒家文化立论，而忽略了世俗儒家文化。按照《新教伦理》的研究方法，这本来是不应该被忽略的。由于这样一种忽略，他断言民众阶层的节俭与儒教无任何内在联系⑤，认为从儒教伦理到一种市民的有条理的生活方式之间并无任何中介联系⑥，这些看法都是不正确

①韦伯：《中国的宗教：儒教与道教》，第 217 页。
②同上书，第 218 页。
③同上书，第 226 页。
④同上书，第 223 页。
⑤同上书，第 297 页。
⑥同上书，第 305 页。

的。事实上,由于他主要着眼于精英儒家伦理而下了许多论断,使得他的论断与他自己偶尔利用的旅行者的报道,发生矛盾。更重要的是,这使得他的理论在解释东亚及中国在模拟现代化过程中的迅猛发展方面,显得无能为力。

蒙学作为大众日常行为规范体系的一种集中体现,可以看作诺思(D. C. North)所谓的“非正规约束”的一部分。蒙学的研究表明,中国人既有重道德、辨善恶的一面,又有精于世故、追求成就的一面。在经济行为上,经中国文化训练的人具有自我约束和勤俭执业的品质,在模拟现代化的过程中可发挥积极的作用,而功利动机的合法化则为中国人提供了心态的支持。至于世俗智慧,虽然不是儒家伦理的正面表现,但其核心“明哲保身”已在明后期儒学中充分发展,所有世俗智慧可以说都是为保护自我而发,绝无害人之心,在这个意义上仍可视其为儒家伦理的消极表现,对理解中国人的行为方式及其心理机制,不无意义。

(原载《国学研究》第三卷,北京大学出版社 1995 年)

近代"国学"的发生与演变

——以老清华国学研究院的典范意义为视角

2009年,新的清华大学国学研究院成立。从一定意义上说,新的清华国学研究院当然是对老清华国学研究院的继承和重建。因此,要建设好新的清华国学研究院,正确掌握清华国学研究院的基本方向,就需要全面、深刻地认识老清华国学研究院的学术典范和历史意义。

若要全面认识老清华国学研究院的历史意义,则必须对近代国学观念的嬗变有一个总体的了解,并在总体了解的前提下,对国学概念实际流行的复合层次作出基本分析。而晚近学者对近代国学概念及其讨论的梳理,资料收集甚为丰富,但较缺少概念的辨析和理论的把握①。为此,本文将从几个大的方面展开论述。第一,分析"国学"的观念意识。关注"国学"语词之使用所从出发的时代观念及其意识,注重其在早期的变化和与社会文化思潮的联结,并将其区分为三个阶段。第二,阐明"国学"概念定义的几个基本意义。以往学者的国学定义主要从国学的对象范围上着眼,本文强调的是把"国学"作为一个近代研究体系的意义。因为很明显,所谓"新国学"的提法和

①可参看罗志田:《国家与学术:清季民初关于"国学"的思想论争》,生活·读书·新知三联书店2003年。桑兵等:《近代中国学术思想》,中华书局2008年。桑兵等:《国学的历史》,国家图书馆出版社2010年。

讨论,当然是指研究体系而言,研究的对象范围则无所谓新旧。第三,区分国学研究体系在近代演进的几个阶段。需要说明的是,本文只论述到20世纪20年代末期,即整理国故运动的后期为止。第四,关于近代国学大家的几个主要形态,这和国学研究演进的阶段是相对应的。以上的不同分析最后都归向老清华国学研究院,以求呈现和理解其在"国学"领域作为学术典范的意义。

一、国学观念之发生与演进

为了凸显近代以来"国学"观念在不同语境的复杂性,以下从三个方面试图加以呈现,即救亡意识主导下的、政治取向的国学观念,启蒙思潮主导下的、文化取向的国学意识,以世界汉学(及东方学)为参照的、学术研究的国学观念。与中国近代历史进程相适应,这三个方面展开为三个阶段的发展。

晚清民国之交,中华民族历经鸦片战争以来至甲午战争的种种屈辱,遭遇了空前的国家危机。这一危机不是个别的经济的或政治的或外交的危机,而是一种总体性的危机。这个总体性的危机就是在世界列强贪婪的攫取态势之下,中国在经历了一系列丧权辱国的让步后,有可能沦为列强的殖民地。这种民族危机,在甲午战争以后已经普遍地被当时的中国人意识到了,从而激发起强烈的民族救亡意识。在此种形势下,对国学概念的思考与中华民族的国家命运紧密地联系在一起,"国学"成为当时表达民族思想的一个方式,其代表即邓实与晚清国粹派。

如黄节提出,"立乎地圜而名一国,则必有其立国之精神焉,虽震撼掺杂,而不可以灭之也。灭之则必灭其种族而后可。灭其种族,则必灭其国学而后可。昔者英之墟印度也,俄之裂波兰也,皆先变乱其言语文学,而后其种族乃凌迟衰微焉。迄今过灵水之滨,瓦尔省之郭，婆罗门之贵种，斯拉窝尼之旧族，无复有文明片影留曜于其间，则国学之亡也。学亡则亡国，国亡则亡族”①。当时整个国家的民族危机非常严重，国粹派人士认为国家面临着灭亡的危险，就此，他们提出了“国”和“学”的关系。

同样，邓实主张“国以有学而存，学以有国而昌”②，他还指出：“中国自古以来，亡国之祸叠见，均国亡而学存。至于今日，则国未亡而学先亡。故近日国学之亡，较嬴秦蒙古之祸尤酷。……夫国于天地，必有与立。学也者，政教礼俗之所出也。学亡则一国之政教礼俗均亡；政教礼俗均亡，则邦国不能独峙。试观波尔尼国文湮灭，而洼肖为墟；婆罗门旧典式微，而恒都他属。是则学亡之国，其国必亡，欲谋保国，必先保学。”③他还指出，欧洲人殖民主义的老谋深算：“其希望伟，其谋虑深，其亡人过也，必先灭其语言，灭其文字，以次灭其种姓。”④

黄节、邓实的这些提法凸显了他们对中国作为国家和中国历史文化的双重忧患，按照这个观点，一个国家与其国学是共生共存、相互依赖的，国家依靠其国学而生存，国学依赖有国家而昌盛。

这种观点在当时为不少人所主张，许守微也说：“是故国有学则虽亡而复兴，国无学则一亡而永亡。何者？盖国有学则国亡而学不亡，学不亡则国犹可再造；国无学则国亡而学亡，学亡而国之亡遂终古矣。”⑤在这种说法里，亡国的迫切感更为突出，它表现出，面对国

①黄节：《国粹学报叙》，《国学的历史》，国家图书馆出版社，第17页。

②邓实：《国学讲习记》，《国学的历史》，第81页。

③邓实：《拟设国粹学堂启》，《国学的历史》，第89页。罗志田以为此文可能为刘师培草，见罗书《国家与学术：清季民初关于“国学”的思想论争》，第63页。

④邓实：《鸡鸣风雨楼独立书·人种独立》，《政艺通报》1903年第23号。类似观念还可见姚光：《国学保存论》，《国学的历史》，第96页。

⑤许守微：《论国粹无阻于欧化》，《国学的历史》，第60页。

家危急的形势，当时有部分人甚至认为国亡已经难以避免，因此要学习明末顾炎武的想法，通过保学来避免永远亡国，用保学来期待再造国家。在这一点上他们吸取了晚明部分士人的想法，即假如国家亡了，学术不亡，国家还能复兴；如果国学也亡了，国家就无法复兴。国粹派将国学的兴亡和国家的兴亡联系在一起，提出了国学这一概念，保守固有文化，有着深刻的政治意义。

对国学的如此深忧，反映了他们对亡国灭种的极大恐惧。这样的“国”与“学”的讨论，不能不影响对“国学”二字的理解和使用。

在这种对深重的民族危机的自觉之下，邓实说：

> 夫自国之人，无不自爱其国之学。①

邓实特别强调国学与爱国心的关联，如他说“国学存则爱国之心有以依属，而神州或可再造”②，认为一民族之文化是该民族之思想的基础和来源。许之衡认为，“国魂者源于国学也。国学苟灭，国魂奚存”③。黄节更主张，“呜呼，不自主其国，而奴隶于人之国，谓之国奴；不自主其学，而奴隶于人之学，谓之学奴”④。梁启超也认为，“凡一国之立于天地也，必有其所以立之特质。欲自善其国者，不可不于此特质焉，淬厉之而增长之。……诸君如爱国也，欲唤起同胞者爱国之心也，于此事必非可等闲视之矣”⑤。在梁启超等人看来，国学就是本其爱国之心，为国家和民生伸张之学，中国几千年绵延至今，根

---

①邓实：《古学复兴论》，《国学的历史》，第70页

②邓实：《国学今论》，《国学的历史》，第49页。

③许之衡：《读国粹学报感言》，《国学的历史》，第56页。

④黄节：《国粹学报叙》，《国学的历史》，第18页。

⑤梁启超：《论中国学术思想变迁之大势》，《饮冰室合集·文集之七》，中华书局2015年，第3页。

本原因就在于历史上仁人志士倡导国家大义而影响民心。邓实、刘师培创办《国粹学报》,大意皆出于此,《国粹学报》发刊词便明确声明,“保种、爱国、存学”是该刊的志向。

邓实又指出:

> 国学者何？一国自有之学也。……君子生是国则通是学,知爱其国无不知爱其学。①

爱学即是爱国,爱国所以爱国学。所有这一切,正如梁启超后来所说,都是建立近代“民族主义之根柢源泉”②,所谓国学乃立国之根之论,皆当如此观之。可见,晚清国粹派“发明国学,保存国粹”的主张实际是爱国主义文化观的体现。

桑兵指出,近代意义的国学一词及其使用,始于20世纪初,受到日本明治维新后学术变化的影响。这是就语词的使用而言。而就观念意识来看,清末国学倡导者的言论,受到顾炎武文化意识的影响匪浅。顾炎武关于亡国与亡天下的说法,常被转换为亡国与亡国学的关联,盖顾炎武所谓天下本是作为礼俗政教的文化而言。

可见,清末国学之名所起,并不是因反满而立,虽然邓实、黄节都是赞成反满革命的,这一时期国学保存论者的出发点主要是针对西方帝国主义欲亡中国而言。他们的主张,不是强调“研究”国学,而是“保存”中国文化,以求促进国民的爱国心。可见此时国学概念之提出,主要是政治取向的,而不是学术取向的,国学说是当时救国论述的一部分。邓实说:

---

①邓实:《国学讲习记》,《国学的历史》,第81页。

②梁启超:《新民说》,《饮冰室合集·专集之四》。

> 不知爱吾祖国之文明，发挥而光大之，徒知爱异国之文明，崇拜而歌舞之。呜呼，吾想不百年后，东洋之文明亡，文明亡而其发生出此文明三千余年之祖国亦亡。①

我们必须知道，邓实和《国粹学报》的这些人绝不是主张排斥西方文明，而是主张两大文明之融合，所以他们注重保存国学，并不是针对欧化。这一点许守微说得最为明白：“国粹也者，助欧化而愈彰，非敌欧化以自防，实为爱国者须臾不可离也云尔。”②

章太炎也是一样，他从亡国的印度历史那里了解到“民族独立，先以研求国粹为主，国粹以历史为主”③。他更提出著名的口号“用国粹激励种姓，增进爱国的热肠”。章太炎主办《民报》时所刊的《国学讲习会序》中也说：“夫国学者，国家所以成立之源泉也。吾闻处竞争之世，徒恃国学固不足以立国矣，而吾未闻国学不兴而国能自立者也。吾闻有国亡而国学不亡者矣，而吾未闻国学先亡而国仍立者也。”④章太炎是革命党人，尽管革命党人中也有倡导欧化，不主张保存国粹的，同样是爱国忧国的人士，但章太炎的主张在革命派内部深有影响。

近代国学的观念，从20世纪初到20年代末，经历了三个阶段的变化。如上所说，第一个阶段是晚清到辛亥革命，这一时期的“国学”，体现的是一个政治的观念，而不是一个学术的观念。国学当然是指学术文化，但20世纪初提出“国学”时，其出发点是本于爱国主义的立场，着眼于政治的救亡。晚清国粹派提出的“国学”是一个基

①邓实：《东西洋二大文明》，《国学的历史》，第185—186页。

②许守微：《论国粹无阻于欧化》，《国学的历史》，第61页。

③章太炎：《重刊古韵标准序》《印度人论国粹》，《章太炎全集》四，上海人民出版社1985年，第203、366页。

④《国学讲习会序》，《国学的历史》，第77页。

于爱国主义观念的概念,他们自己也明确使用了爱国主义的语词。他们的基本观念是,国学代表一个国家的文化和语言,是和这个国家的兴亡命运完全联系在一起的,为了救亡图存,必须保存国学。

邓实、黄节在 1905 年提出了国学的概念,1907—1908 年章太炎也使用了这个概念,以此激励国人的爱国心。晚清这些人的国学概念,都是为了激励大家的爱国心,有一种很明显的救亡保国意识,即通过捍卫国学、保存国学来救亡保国、保种保教。这个阶段还有一个特点,即国粹派虽然强调要保存国学、守护文化,但并不反对革命,这些人都属于革命派的一翼。郑师渠的《晚清国粹派》对此有清楚的分析①。

第二个阶段,辛亥革命以后到新文化运动。这个时期,国学作为一个核心词汇用得较少,但国学作为中国传统文化的代名词,其问题意识仍吸引着社会的关注,特别是从新文化运动开始之后,1915 年《新青年》的前身《青年杂志》讨论东西文化,也就是中西文化的优劣,可以说其中讨论的中国文化的问题就是国学问题。国学的基本价值观、基本理念和基本学术倾向,这些在新文化运动前后变成了讨论的中心,虽然这时国学作为关键词出现得不甚普遍,但它作为问题意识是始终存在的。所以,这个阶段的国学观念主要是文化意义的,而不是政治意义的;人们关注的不是把国学作为国家兴亡的文化基础,反而是从文化的角度,批判原有文化,引进西方文化价值来发展现代中国的文化。这个阶段有关"国学"的问题意识突出的是文化,而不是政治。

这个阶段比较有代表性的看法可举 1919 年毛子水的《国故与科学的精神》一文,仅从傅斯年为其文作附识、胡适写长信与之讨论便可见其代表性。毛子水所讲的国故和清末人讲的国学在意义上相

①郑师渠:《晚清国粹派文化思想研究》,北京师范大学出版社 1997 年,第 321 页。

近,他的定义是“国故就是中国古代的学术思想和中国民族过去的历史”①。但与晚清国粹派不同,他不是主张珍视国学国故以为民族国家立国的基础,而是认为:“我们倘若单讲到学术思想,国故是过去的已死的东西,欧化是正在生长的东西;国故是杂乱无章的零碎智识,欧化是有系统的学术。这两个东西万万没有对等的道理。”②他更认为:“我们中国民族,从前没有什么重要的事业,对于世界文明,没有重大的贡献,所以我们的历史,亦就不见得有什么重要。”③这种在新文化运动高潮中从东西文化比较的角度所作的对国学的评价,与晚清的关注点全然不同,更多的是对国学和传统文化的批判。

自然,在文化观念上,与这一时期主流的批判传统思潮不同的主张也同时存在,如毛子水的文章发表后立即有张煊的反驳文章回应,但毛子水的观点是一时的主流,是无可否认的。虽然新文化运动并非以国学为关键词,但其批判旧文化的锋芒,显示出国学仍是主要关切的对象。

新文化运动时期的争论是启蒙思想和文化保守主义的争论,要指出的是,重视保守中国文化的学者虽然强调中国文化和东方文化的价值(如梁漱溟到北大说我是来替孔子和释迦说话的),但他们并不反对“欧化”,并不拒绝、反对西方文化,正如晚清国粹派在政治上并不反对革命一样。与《新青年》杂志文化观念不同的《东方杂志》同时大量介绍西方文化,主张东西文化融合,是人们所熟知的。20世纪20年代前期《学衡》杂志出现,一定意义上可以说是接续《东方杂志》的方向,其对中国文化的持守和信念,也是文化意义上的,但绝非反对和拒绝西方文化。这也是第二个阶段的一个重要特点。

①毛子水:《国故和科学的精神》,《国学的历史》,第142页。

②同上书,第143页。

③同上书,第144页。

第三个阶段就是20世纪20年代初期到末期,这一时期,国学的概念开始广泛流行,而越来越成为一个学术概念。在国学概念下面所谈论的,既不是政治,也不是文化,而是学术研究。这种情形和这一时期发起、流行的整理国故运动有关。1919年底,胡适吸收了毛子水和傅斯年的观点,肯定了"整理国故"的提法。当时胡适的影响很大,而傅斯年等人还是学生。"整理国故"经胡适肯定之后渐渐产生了影响。其影响所及,首先是北京大学成立了国学研究所(正式名称是北京大学研究所国学门,俗称北京大学国学研究所)。北京大学研究所国学门成立于1922年,此后1924年东南大学成立国学院,1925年清华大学成立国学研究院(当时的正式名称是研究院国学门,通称为清华国学研究院),1926年厦门大学成立国学研究院,1928年燕京大学成立国学研究所。其他各地成立国学专修机构或学校,不一而足,其中以无锡国学专修学校最为有名。可以说,在新文化运动后期,出现了一个新的运动即整理国故运动,它在某一程度上有点类似于今天的国学热(当然跟今天国学热还是不能相比的,它主要还是在学术层面上,也还没有形成一个全民的文化国学热)。应当说,20世纪20年代的学术界已经逐渐发现了研究国学的重要性,整理国故运动推动了国学的研究,正是在此背景下,出现了一系列国学研究院所与类似机构。

与成立国学研究院所相关,这时的学术界出现了多种有关国学的定义。虽然关于国学的定义不同的人有不同的讲法,但这些定义所突出的理解,都是在学术的层面上,既不是强调政治(晚清),也不是突出文化("五四"),而是注重如何发展学术研究。国学的观念在从晚清到20世纪20年代三个阶段的基本变化,反映了人们不同时期对传统文化与时代使命关系的认识。

20世纪20年代,国学的关注进入第三阶段,虽然文化启蒙思潮和文化保守主义的争论仍在进行,但保守主义并非反对西方文化,而是承认全盘接受西方文化的必要性(如梁漱溟)。文化保守主义已经结合第一次世界大战后的世界潮流,融合中西的文化主张并非容易击倒。启蒙阵营也分化出整理国故的主张,但在启蒙阵营,新文学观念与整理国故交杂纠葛,一元化的思维方式支配了多数新派学人,把启蒙与国学对立起来(如吴稚晖),以为要启蒙就必须排斥国学。所以,整理国故运动中真正开花结果的反而多是持保守主义文化观的学者。

不管如何,此时国学的概念已经与邓实时代不同,越来越成为一个学术的概念了。"学术国学"论说之发展日渐明显,与邓实时的"爱国国学"的论说已大不相同了。

二、国学概念之使用

近代国学概念的定义可以分为几种。作为一个近代的文化概念而不是古代教育的设置,"国学"与"西学"相对,是指遭遇西方文化冲击之前中国原有的思想文化与学术体系,这是国学概念在近代的第一种用法。这里的"国"是本国之义,"学"是学术之义。用章太炎在辛亥革命前的提法,国学可称"中国独有之学"①;用刘师培后来的说法,则可称"中国固有之学术"②;东南大学国学院的提法以国学为"中国原有之学术"③。后来20世纪30年代王缁尘《国学讲话》称:"国学之名,古无有也,必国与国对待,始有国家观念,于是始以己国

①章太炎说:"中国之小学及历史,此二者,中国独有之学,非共同之学。"《章太炎政论选集》,第259页。

②此为《国故月刊社》之宗旨。

③东南大学《史地学报》2卷4号(1923年)有文云:"国学之为名,本难确定其义,在世界地位言之,即中国学,分析言之,则中国原有学术……"(第139页)

之学术成为国学。"①从历史上看，根据章太炎等人的讲法，国学之提出，是指中国固有的学术，这个意义上的"国学"从晚清到民国初年一直比较流行。

1925 年清华国学院成立的时候，吴宓在论述清华研究院缘起时，表达了对清华国学院的理解②，后来又在《清华开办研究院之旨趣及经过》中加以强调："兹所谓国学，乃指中国学术文化之全体而言，而研究之道，尤注重正确精密之方法。"③吴宓所用的国学概念，定义了国学的对象和范围，是当时各个国学院所表达得最清晰的概念。这个定义以学术形态的文化为主，故称"学术文化"，不包括民俗文化等非学术内容；此外，他重点强调学术文化的"全体"，意谓不能仅以传统学术文化之一种（如儒家或道家）代替其全体。至 20 世纪 90 年代初，张岱年先生写《国学丛书》序的时候，还是讲国学即中国学术，这是流行最广的国学定义。

第二种是扩大的用法，即以国学为中国传统文化的简称。以国学为"中国传统学术"和以国学为"中国传统文化"，这两种用法的区别在于，"中国传统学术"的外延要小于"中国传统文化"，后者往往无所不包，而前者侧重于学术形态的文化。当一个概念提出之后，其意义就会不断扩大，不同的人对其有不同的使用。在一般的意义上把国学当作传统文化，这个"传统文化"的意义就比较广泛了，它不仅是学术形态的文化，还可以将不是学术形态的文化包括在内。不仅是民俗文化，还有其他各种层次的文化，都被包括在内。这样的"国学"概念就是整个中国传统文化的概念了。新文化运动聚焦于中国文化和西方文化的比较，所以这种以国学指中国文化的概念，其使用

①王缁尘：《国学讲话》，世界书局 1935 年，第 1 页。

②《清华周刊》360 期，1925 年 10 月 25 日，第 21—22 页。

③引自孙敦恒《清华国学研究院史话》，清华大学出版社 2002 年，第 15 页。

与当时文化论争的焦点是有关系的。如范百诲讨论东西文化时就说“国学是什么？便是东方全部文化的代表”①。当时批评中国文化的人尤其习惯于在这种意义上使用“国学”。

自然，国学一词在20世纪初流行开来之后，和其他任何概念一样，渐渐有不同意义的使用，如以上所说两种是一般所理解和使用的国学概念。在这两种以外，也多有以“国学”代称“国学之研究”者。“国学研究”是指对中国传统学术文化的研究，中国传统学术体系的内容，包括哲学、古典学、史学、文学、宗教、语言、艺术等等。

今人余英时认为：“我所讲的国学，主要是指中国传统的一套学术（或知识）系统而言，这个学术系统，便是经史子集的四部分类之学；经过乾嘉朴学洗礼之后，已发展出一套比较完整的研究方法，包括文字、声韵、校勘、考订种种整理经典文本的专技。在晚清时期，这一系统可以《四库全书总目提要》和张之洞《书目答问》为具体的代表。”②这个看法把国学理解为传统的学术系统，也是就对象而言，应当说与吴宓是一致的。此外，他还认为清末民初是国学兴起的时期，此时的章太炎、刘师培的国学已经受西学的影响，将四部之学向西方开放，转化为西方学科分类，与西方学术系统相通，不全然是传统的，不能简单视为乾嘉考证学的延续。他所指出的这种转化为西方学科分类的国学，就不是纯就对象而言，而是国学研究的系统了。

我现在要强调的是，实际上从晚清以来到二十世纪二三十年代，“国学”之使用，很重要的一个意义，就是第三个方面的意义，即“国学”是指一个研究体系，或者一个学术研究体系。这个学术研究体系不是指一个过去的文化体系，如孔子思想体系、朱熹的学术体系，而

①范百诲：《青年国学的需要》，《国学的历史》，第263页。

②《国学概念与中国人文研究》，“中央研究院”第28次院士会议主题讲演。见往复网。

是我们现在研究它们的体系。因此,在这个意义上,国学就不是一个具有时间性的概念。如认为晚清以前的学术是国学,这就是把国学理解为在时间意义上的传统学术,用时间界限来划分国学的范围。20 世纪 20 年代的国学概念更是一个学术类型的概念,指对中国文化的一种研究体系。

比如,最典型的就是胡适的观念。胡适主张"研究这一切过去的历史文化的学问,就是国故学,省称为国学"。这个历史文化的学问不是指古人对过去的研究,而特别指近代以来我们对过去历史文化的一种研究。胡适在北大国学研究所办的刊物《国学季刊》的发刊宣言中说"国学就是国故学的缩写"。什么是国故学呢? 他说:"中国一切过去的文化历史,这是国故;研究这一切过去文化历史的学问,是国故学,简称国学。"①这个讲法来自毛子水,他在 1919 年写的《国故和科学的精神》里面提出:"国故,就是中国古代的学术思想和中国民族过去的历史","我们现在研究古人的学术思想,这个学问叫国故学"②。胡适加了一句,说"国故学"缩写、简称、省称就叫国学。就国学这一语词的历史来讲,胡适的说法并不合乎实际,并非先有一个"国故学"流行,然后大家省称、简称,才有了国学的概念,语词的历史并不是这样的。但是胡适的这个说法,显示出国学的第三种意义,即国学是研究过去历史文化的学问。所以,这样一个国学的概念就是一个学问体系的概念,就是指研究中国历史文化的学问体系。

这种用法在 20 世纪 20 年代以后广泛流行,也渗透在学者的日常语言之中。比如当时国学名家黄侃,是章太炎的弟子,周作人谈到黄侃时赞叹地说:"他的国学是数一数二的。"③这个"国学"的概念不

①胡适:《国学季刊》发刊宣言,《国学的历史》,第 194 页。

②毛子水:《国故和科学的精神》,《国学的历史》,第 142—152 页。

③《知堂回想录》,香港三育图书 1980 年,第 482 页。

是指它的对象即传统文化、传统学术,而是指对它的研究。林语堂说:"科学的国学是我们此去治学的目标。"①他所说的国学也不是就它的对象来讲,而是就一个研究的体系、一个学问的体系来讲的。顾颉刚认为国学就是"用科学的方法去研究中国历史,研究中国历史的材料",这也是说国学是我们现代人研究过去中国历史材料的一个系统,这样的讲法就是以国学为一个研究的系统。顾颉刚还说:"国学是科学中的一部分。"②这个科学就是一个研究的系统概念。毛子水在 20 世纪 30 年代的时候回顾这段整理国故的历史,表扬胡适为《国学季刊》所写的《发刊宣言》,认为"民国十二年(1923)以后,国内的'国学'之所以能有一点成绩,这篇文章的力量不少"③。他所说的"国内的国学之所以有成绩"这句话中的"国学",不是指作为研究对象的国学,而是指"国学的研究"这个体系。曹聚仁后来也说:"简言之,国学者,以我国固有之学术为研究之对象,而以科学方法处理之,使成为一种科学者也。"(见曹聚仁《国故学之意义与价值》)所以这第三个意义的国学就是指国学研究。

另外,就外延来讲,因为国学同时已经开始作为一个学科的意义出现,在 1922 年北大成立国学研究所的时候,开始招收研究生。北大国学研究所筹备时的《研究所简章》为国学门所规定的范围,已规定了国学的范围,即"凡研究中国文学、历史、哲学之一种专门知识者属之"④。这是确定国学的范围,即国学不仅仅指文学,也不仅仅指历史或哲学,只要是研究其中之一种,都属于国学的范围。1925 年清华国学研究院成立,《研究院章程》也规定"先设国学一科,其内容

①林语堂:《科学与经书》,《晨报五周年纪念增刊》,1923 年 12 月 1 日。
②顾颉刚的两段话皆见《一九二六年始刊词》,《国学门周刊》2 卷 13 期,第 3 页。
③毛子水《胡适传》,转引自陈以爱《中国现代学术研究机构的兴起——以北大研究所国学门为中心的探讨》,第 196 页。
④《公布北大研究所简章布告》,《蔡元培文集》卷三,第 50 页。

约为中国语言、历史、文学、哲学等”①。

三、国学研究之发展

1922年北大国学研究所成立,其成员与主持者多出自章太炎门下,他们多在1913—1915年间进入北大,他们代替了过去桐城派的遗老,不仅成为北大文史教学研究的主流,而且主导了北大国学研究所。即使1923年胡适起草的《国学季刊》发刊宣言,其中也“隐现着章太炎的影子”(逯耀东语)②。

《北京大学校史(增订本)》叙述北大20世纪前十年的历史时指出:

> 在此之前,姚永概任文科教务长,桐城派的学风在北大文科居于优势。……夏锡祺代替姚永概主持北大文科后,引进了章太炎一派。……他们注重考据训诂,以治学严谨见称,这种学风以后逐渐成为北大文史教学与科研中的主流。③

京师大学堂开办后,桐城文人任教者甚多,桐城派领袖吴汝纶即首任京师大学堂总教习。民国后严复出掌北大,姚永概任文科教务长,亦桐城派著名文人。1913年夏锡祺任文科学长,此后相继引入沈尹默、朱希祖、钱玄同、马裕藻、沈兼士、黄侃等章太炎门人,后又引入刘师培,公开挑战桐城古文,鼓吹六朝文章。进入民国后的一个时

---

①孙敦恒:《清华国学研究院史话》,第26页。

②《中国现代学术研究机构的兴起——以北大研究所国学门为中心的探讨》序,江西教育出版社2002年。

③《北京大学校史(增订本)》,第48页。

期,章太炎一时成为学界最高权威,而北大文科以训诂音韵、文字考据为真正的学问,也都是受其影响。

1917 年后,陈独秀任北大文科学长,引入胡适等人,大兴新文学运动和文学革命。虽然太炎门人在国语运动上与新文学运动一致,但刘师培、黄侃明确反对新文化运动对古代文化采取的偏激态度,而太炎门人始终在北大文科处于优势地位。胡适从一开始就认识到北大文科的这一特点,故努力与太炎弟子们维持良好关系。在新文化运动中,胡适的社会名声虽然大大超过这些文科同事,但在北大文科内部,还是太炎门人居于优势和主导①。

1921 年北大通过研究所组织大纲提案,规划成立研究所,分国学、外国文学、社会科学、自然科学四门,国学一门进度最快,遂于 1922 年 1 月成立研究所国学门。这与后来清华研究院先成立国学门是相同的。所不同的是,北大在 1917—1918 年已经成立了分科的研究所(文、法、自然),但蔡元培后来认为各系分设,散漫无伦,故 1920 年由评议会决定合并旧研究所为四门,新的研究所以蔡元培为所长。此研究所非专为研究生而立,乃专为研究高深学问而设。其国学门的范围是:凡研究中国文学、历史、哲学之一种专门知识者属之。

陈以爱指出,这些身兼国学门委员的文科教授,除了胡适外,皆为留日的章太炎门生,由沈兼士连续担任国学门主任(1922—1927)。与清华国学研究院重视培养研究生不同,北大国学门 1922—1927 年的研究生共 46 人,但最后只有 10 人提交了毕业论文。这显然是因为国学门的重点不在培养研究生,而是在“三室五会”的活动,“五会”中的歌谣研究会成立最早,在全国推动了一场歌谣运动。风俗调查会与歌谣研究会互动密切,由风俗会而推动方言研究会,广泛开展

①陈以爱:《中国现代学术研究机构的兴起——以北大研究所国学门为中心的探讨》,江西教育出版社 2002 年,第 29 页。

方言调查①。北大国学门这种偏重民俗、歌谣的倾向,不能不说是受新文化运动及其文化观念的影响。1926年,沈兼士在检讨北大国学门工作时也指出,国学门"关于研究方面尚未能充分进行"②。

从晚清到清华大学国学院成立,国学研究在近代的演进也可以分为三个阶段。第一阶段在学问方法上延续了清代的考据学、训诂学,在观念上引入一些近代的文化意识。如按照古人的传统观点,经学是最重要的,但清代的学术观念已经开始慢慢变化,到了晚清,章太炎、刘师培等人的国学研究作为一个研究体系,一方面继承了清代的考证学、训诂学作为方法,另一方面就研究意识来看,已经具有近代观念,认为经学和子学是平等的。他们的研究不再突出"经",而比较强调"子",并且在"子"里面对孔子也有所批评③。这些都体现了近代文化的意识,即把经学的地位降低,把孔子的地位与诸子拉平。这是从晚清开始到民国初年,当时的国学作为研究体系的基本形态,这个形态对后世的影响还是很大的。现代人一提起国学,想到的就是考据学、训诂学等"小学",其实这只是国学在近代的第一阶段的一些特征。这里有一个很有意思的问题,就是清代考据学、训诂学加近代学术观念所构成的近代第一阶段的国学其实已经是一个新的学术体系了,已经不是老的体系了。考证学、训诂学加上近代意识,使得这些学术系统已经带有新的特色,跟清代传统的学术研究体系不同了,如《国故论衡》。虽然《荀子集解》的作者王先谦是近代人,但是这本书的学术形态还是比较传统的,可谓是传统的国学。近代新的

①陈以爱:《中国现代学术研究机构的兴起——以北大研究所国学门为中心的探讨》,江西教育出版社2002年,第81—89页。

②《研究所国学门第四次恳亲会纪事》,《国学门月刊》第1卷第1号,第140页。

③当然他们后来有些变化,比如章太炎早年"订孔",对孔子有责难,但晚年又收回了。

国学虽然仍包括传统的国学，但其主体已经发展出新的研究形态。

第二阶段可以说是以强调科学方法和疑古思潮为特色，以北京大学国学研究所为中心。在新文化运动倡扬“科学与民主”的影响下，不仅胡适特别强调科学方法的意义，其他人（如毛子水）也都非常重视科学方法。实际上，“科学方法”作为一般提法已经成为当时学界的共识，而实际上如何理解科学方法则主张有异。这个时期提倡的所谓“科学方法”与晚清到民国初年的考据学、训诂学方法其实是有所不同的。虽然胡适常说清代考据学、训诂学当中有一些科学的方法，但总体来讲，他所讲的科学方法不即是清朝人的那种训诂学、考据学，而是有了一些新的分析和处理方法，特别是由西方学术而来的一些方法，如实验主义、实证方法。除了科学的方法之外，疑古、辨伪的意识是这一阶段的国学研究，特别是胡适、顾颉刚研究的一个特点①。疑古思潮与当时整个新文化运动对传统的批判、怀疑有关，人们对中国古史、经书、史料提出许多怀疑，这种怀疑也开发了许多新的研究领域，促进了史学的发展。这是作为研究体系的国学在这一阶段的特点。

第二阶段北大胡适等所代表的科学思潮加疑古思潮是一个新的国学研究形态，比第一阶段更进一步。它强调科学思潮、疑古思潮，同时也强调整理古代文化，这种文化学术意识虽然与第一阶段有连接之处，但已经属于更新的一个阶段，其形态与章太炎相比也已经是一个更新的发展了。在章太炎那个时代，考据学、训诂学加近代意识的学术里面虽然也有一些西方的东西，但那些西方的东西更多的是属于“革命”的社会因素，如因为主张革命，所以要把经学和孔子的地位降低。但是到了科学、疑古这一阶段，它配合了科学和民主的呼唤，从文化启蒙的立场引进西方的人文价值，西方文化也在中国近代

①参看陈以爱书，第182、205页。

学科建立的意义上被大量参考借鉴。不过,大体上看,这一阶段的北大国学门,“启蒙”的意识甚强,“科学”的整理不足。

第三阶段以清华国学研究院为突出代表,借用一个较有争议的概念来讲就是“汉学化的国学”①。这里的“汉学”不是胡适继承章太炎而主张的清代汉学②,而是世界汉学(即东方学中的中国部分)。汉学化的国学是什么意思呢?其实就是世界化的,跟世界学术的中国研究接轨、合流的一个新的国学研究③。例如王国维所实践、由陈寅恪提出的大家熟知的“把地下的实物和纸上的遗文互相释证”“外来的观念和固有的材料相互参证”“异国的故书和吾国的古籍相互补正”三种方法,这些方法可以说都是与当时法国和日本的汉学、中国学的研究方法相一致的。所以,陈寅恪所注重的,也是清华国学研究院不仅在宗旨而且在实践上强调的是,如何利用东方的古语言学、比较语言学等新的知识和方法来研究中国文化,因为当时的欧洲人和日本人都用了这种方法对中国的古学做了新的研究并取得令人瞩目的成果。第三阶段的这种以清华国学研究院为代表的世界化的国学是新的国学研究的进一步展开,可以说,它真正落实了一个新国学运动的展开。第二阶段所讲的科学方法和疑古更多的还是观念上的解放和启发,如顾颉刚所提出的“累层地造成的中国古史”的假设,而没有落实到学术实践上。所以李济后来说:“(清华)国学研究院的基

---

①龚鹏程《国学入门》认为清华国学院的课程与教育和西方或日本的汉学接近,北京大学出版社 2007 年,第 228—229 页。

②关于胡适继承章太炎汉学的一面,参看陈平原:《中国现代学术之建立》,北京大学出版社 1998 年,第 191、223、224 页。

③北大国学门,包括胡适,对此有所意识而未能真正发展,其原因是多方面的。其中重要的一点是启蒙的文化观支配了北大国学门的方向,不仅对民俗、民谣的重视是这样,胡适对传统文化缺乏信心也是基于同样的原因。可参看我的文章《启蒙批判与学术研究的双重变奏》,《清华大学学报》2010 年第4 期。

本观念，是想用现代的科学方法整理国故。”①这个说法虽然未能把清华国学研究院与北大国学门的特色区别开，但是如果把科学理解为包括西方社会学、历史学、语言学、人类学等社会科学理论，也可以认为，清华国学研究院才在科学地整理国故上做出了成绩②，这也是清华国学研究院后来居上的原因③。后来中央研究院史语所的学科负责人也是以清华国学研究院出身者为主流④。

四、国学名家与大师

上述近代国学研究发展的第三阶段之所以以清华国学研究院为代表，是因为这一阶段清华国学研究院的核心教授王国维等人是世界承认的最好的国学研究者。这就涉及国学家的问题。国学研究作为一个体系的发展不仅离不开国学学问家，而且是通过一代一代的国学家的工作来体现的。如前述近代国学研究的第一阶段，考证学、训诂学加近代意识，这一阶段的国学家以章太炎为代表，他不仅主张

①引自夏晓虹、吴令华编：《清华同学与学术薪传》，生活·读书·新知三联书店2009年，第388页

②吴宓说：“本院所谓国学，乃取广义，举凡科学之方法，西人治汉学之成绩，亦皆在国学正当之范围内以，故如方言学、人种学、梵文等，悉国学也。”（《研究院发展计划意见书》，《清华周刊》371期，1926年3月19日）。不过事实上，因胡适和傅斯年等所谓科学主要指自然科学，陈寅恪似以“科学”超出人文学，故不太赞成“以科学方法整理国故”的提法，认为这是新派学人即留学生的主张，也是容易出偏差的。参看《清华同学与学术薪传》，第439页。

③周传儒在《史学大师梁启超和王国维》一文中说：“以清华设备之富，梁王声望之隆，清华研究院遂远远超过上海之哈同书院、无锡国学专修馆乃至北大国学研究所之上。”见夏晓虹编：《追忆梁启超》，第320页。

④卢毅指出：“从后来步入正轨的史语所来看，清华国学研究院出身者显然占据主流，下设三组即分别由陈寅恪、赵元任、李济领衔。”（《整理国故运动与中国现代学术转型》，中共中央党校出版社2008年，第89页。

革命，有强烈的爱国意识，他的学术主张和学术研究在当时是代表着与前代不同的新的研究。第二阶段，即北大从1913年开始到1920年的主流研究，这个时期主导整个北大文科的是太炎门人，故代表这个时代的国学学者是太炎门人。从新文化运动作为文化运动的意义上来讲，胡适是这个运动的推动者，对青年学生影响很大，但是就北大的国学研究所来讲，胡适并不是主导者，主导者是太炎门人。所以，北京大学国学研究所1922年成立的时候，由沈兼士做主任，人员以太炎门人为主体。太炎门人比起章太炎，有他们进步的一面，比如他们同意推广白话文运动，这与新文化运动是合拍的；他们对民俗文化也颇重视，这也是与新文化运动合流的。但总体来讲，他们的国学研究方法受章太炎突出考据学治学方法的影响比较大，所以他们还没有像第三阶段像清华国学研究院大师那样把世界学术中新的东西引进来①。举一个例子，章太炎轻视甚至反对甲骨文研究，而王国维则是以甲骨文研究起家的学者。这就可以看出来，像章太炎的这种国学研究在20世纪20年代已经不能代表国学研究的方向了，新的国学要向前发展，一定要从世界上各个方面来吸收研究方法和研究成果，站在研究的前沿。

北大从1913年开始，整个文科都是章太炎的门人所主掌，可是今天看来，他们之中有哪一位的学术贡献在学术史上是特别重要的呢？比如沈兼士，我们从近代学术史上看，其成就显然是不能和王国维、陈寅恪等人相比的。太炎门人的学术虽然已经是一个近代学术形态了，但是学术研究的步伐还不能跟上时代的要求。因为这个时期欧洲和日本的汉学研究已经有长足发展，在许多方面已经超越国

①梁启超在其《先秦政治思想史》中已指出，新国学研究之新即在引入外来学术的方法。刘梦溪也指出，北大国学门是新国学，清华国学院比起北大国学门是更新的国学。

人。其实胡适、陈垣对此都很感叹,后来傅斯年也处心积虑地要和汉学家争高低①,而太炎门人则缺少这样的学术胸怀和学问志向②。至于清华国学研究院,王、梁、陈、赵四先生则已经入于此流之中,如王国维已经跻身世界一流研究者当中,这是当时世界学人如伯希和等都承认的。王国维等和当时世界各地的汉学家们常有交流,并在这些交流中得到了他们的尊敬③。

国学名家第一代是以章太炎为代表,第二代是太炎门人所代表的北大学者。太炎门人的国学研究当时还是以考证学和训诂学为主,虽然他们也有一些新的文化观念,比如赞同白话文运动等,但是就学术研究来讲,他们还没有走在最新的国学研究前沿。第三阶段的代表是王国维和清华国学研究院的学者,他的学术视野和研究成绩,无愧于世界一流。国学研究不是关起门来研究就能发展的,而是要充分了解世界中国学研究的方法、成就、动向。其实胡适当时是有这个心念的,然而,由于胡适受新文化运动影响太大,使他不能没有束缚地去追求国学的学术研究,也无法取得突出的成绩。所以正如我们看到的,王国维是近代国学家在第三个阶段的代表。

陈寅恪到清华的时候,他的视野、观念和方法跟王国维是一致的,受世界汉学、东方学的影响尤深。他跟王国维特别交心,除了社会、文化方面的共识之外,学术发展的眼界和方法也能达成共识。所以,到20世纪30年代时,只有他代替了王国维的角色,成为世界汉学、国际中国学共同认可的最高水平的新国学研究者。虽然陈寅恪的研究成果后出,但他的研究方法、路子与王国维是一致的。这个路

①参看陈以爱书,第291页。

②如黄侃便认为,研究国学,懂外文不一定是必要的,王念孙不懂外文,也是一个大学者。参看《清华同学与学术薪传》,第397页

③可参看桑兵:《晚清民国时期的国学研究与西学》,《历史研究》1996年第5期。

子就是，它始终与世界的中国研究、汉学研究、东方学研究连接在一起，站在世界学术的前沿。所以，清华国学研究院的学术始终是一个开放的研究视野，它不是排斥汉学，排斥外国学者研究，自说自话，而是要在整个世界的学术社群里面建立它的学术地位。有学者用“汉学化的国学”来描述清华国学研究院的学术，这里的汉学不是清代的汉学，而是指国际的汉学。这个讲法虽然不见得恰当，但是它体现了当时清华国学研究院的一个特点，体现出他们的学术视野是世界性的。

作为学术研究体系的近代国学，历史地包含两个部分，一部分是传统式国学研究，如孙诒让《周礼正义》、王先谦《汉书补正》等，另一部分为新的国学研究。新文化运动以后，新的国学研究慢慢占据主流，新国学研究如王国维的《观堂集林》、陈垣的《元西域人华化考》等。

陈平原认为晚清与“五四”两代学人（如章太炎和胡适）共同开创了中国现代学术的新天地①，但从国学研究的学术史角度来看，王国维、梁启超、陈寅恪的研究已经超越“五四”，开创了后“五四”时代的新国学研究。这并非仅仅从时间上说，而且是从类型的逻辑关系上说，如王国维、梁启超都是“五四”前成名的人物，但他们的研究不是章太炎、胡适所主张的清代汉学式研究，他们的学问类型都是超越“五四”学人，而不是“五四”学人所能笼罩的。所以陈平原其实只讲了我们所说的前两个阶段，而忽略了第三阶段，王国维、梁启超都不能归为“五四”学人，而他们才是中国现代学术的真正奠基人。

20 世纪 20 年代刘复等人及日本学人，都认为整理国故运动是一种“新国学之发生”。胡适后来也把他起草的发刊宣言称为“新国学

①参看陈平原：《中国现代学术之建立——以章太炎、胡适之为中心》，北京大学出版社 1998 年。

的研究大纲”。当时尚在留学的刘复说:“我们只须一看北京大学研究所国学门中所做的工作,就可以断定此后的中国国学界,必定能另辟一新天地,即使是一时还不能希望得到多大的成绩,总至少能开出许许多多古人所梦想不到的好法门。我们研究文学,决然不再做古人的应声虫;研究文字,决然不再向四目苍圣前去跪倒;研究语言,决然不再在古人的非科学的圈子里去瞎摸乱撞;研究歌谣民俗,决然不再说《五行志》里的鬼话;研究历史或考古,决然不再去替已死的帝王做起居注,更决然不至于因此而迷信帝王而拖大辫而闹复辟!总而言之,我们‘新国学’的目的,乃是要依据了事实,就中国全民族各方面加以精详的观察与推断,而找出个五千年来文明进化的总端与分绪来。”①可见“新国学”这个概念在20世纪20年代已经登场,指20世纪20年代国学研究的新发展。新国学当然是指国学作为一个研究体系已经有一个新的形态、新的方法。所以我们今天在讨论国学的时候也要把新国学的发展过程、阶段、经验做一个总结。可以说,清华国学研究院是20年代新国学运动里面最后的、有代表性的、开花结果的环节。

新国学运动中,国学家的文化观与国学家的学术成就之间有相当大的关系。国学家的文化观对国学研究的重要性,这一点在百年之后的今天来看是越来越清楚了。北大国学研究所(包括胡适)之所以在国学研究上没有取得最好的成绩,其中一个因素跟新文化运动的文化观的影响有关系。新文化运动的文化观的主导倾向是批判传统文化,反传统文化,这在当时虽然有它的必要性,可是在学术上也有一些影响。这种影响就是人们不能理直气壮地去研究中国文化,它使研究中国文化没有一个文化观的支持。整理国故的运动本来是一个能够走向学术的研究,得到很多学术成果的运动,可是从一开始

①《〈敦煌掇琐叙目〉叙》,《北大国学门周刊》第3期(1925年10月28日)。

就有一些新文化运动中的反传统声音来影响它,认为研究国学虽然不是一点意义也没有,但是意义不大,更激烈者如陈独秀认为,研究国学、整理国故如同在大粪里面找香水,而我们现在是要从西方引进香水。胡适本来是赞成整理国故的,因为胡适作为一个学者,了解当时汉学发展的情形,知道国学研究应该有一个大的发展,所以他提出整理国故。但是后来他屈服于新派的批评压力,要维护其作为新文化运动领袖的形象,于是转而表示他提倡整理国故是为了“打鬼”,为了“捉妖”,为了解剖中国社会的文化病象。在这样一种文化观的影响下,国学研究没有一个理直气壮的文化观作为基础来支持,成为一个很重要的问题。实践证明,国学研究需要有一个恰当的文化观作为基础,清华国学研究院是一个典型的范例。如清华国学研究院的创始人吴宓,他是学衡运动的主要领导者,倡导“昌明国粹,融汇新知”,主张中西要融合,没有任何文化的自卑感。清华国学研究院的几位导师也没有受激进文化观的束缚,梁启超重视中西融合,王国维突出兼通中西文化的重要性,陈寅恪强调不忘民族本位,他们在文化观上都是一致的。所以,近代文化史的经验告诉我们,要有一个重视民族文化的文化观作为底气来支持国学研究,加上引进新的研究方法,国学研究才能真正结出成果。

1929 年夏,清华国学研究院停办,此后清华的人文学就按照分科的系统来发展,兴办了分科的研究所,而不再有统括的国学研究院了。随着学系分科,清华文科的分科发展在 20 世纪 30 年代到 40 年代也创造了它的辉煌。在这个意义上,应该说清华国学研究院开创了清华文科研究的黄金时代,作为一个开创阶段,它成为此后老清华文科辉煌发展的一个基础和示范。1929 年以后,清华分科是跟随这个先导范例继续发展的。虽然此后清华的人文学科是以文学院为组织形式的分科发展,但是它的学术精神,它的学问宗旨,它的文化观,还是秉承了清华国学研究院中西融合、追求卓越的路向。清华文学院时期的学术也可以看成是清华国学研究院学术的继续发扬和光大延续。

今天,新的清华大学国学研究院作为老清华国学研究院的重建,当然要总结历史经验,继承老的清华国学研究院那种新国学研究的精神和方法,同时,我们还要不断向前迈进、跨越。时代毕竟不一样了,今天是一个中国崛起的时代,80 年来我们学术的积累跟 20 世纪 20 年代已有很大的不同。特别是改革开放以来,我国的人文学术研究、对中国历史文化的研究有了长足的进步。随着中国在世界上地位的提高,我们的大国地位要求我们提高在世界学术中的地位和影响。从这个角度来看,新清华国学研究院的宗旨一方面要继承老的清华国学研究院传统,另一方面是进一步发展老清华国学研究院的传统。今天的清华大学国学研究院当然是清华大学老国学研究院的继承者,是它精神上的延续;我们沿用"国学"的标志,就是要突出民族文化的主体意识,突出文化的主体性。外国人研究汉学虽然有其成就,但不会有中国学人这样的主体意识,甚至可以说,西方的汉学是西方学术的一部分。今天的中国人研究中国文化、中国历史,必须突出我们中国人的主体意识、主体理解,坚持中国文化的主体性建构。

新的清华国学研究院如何来继承和发展呢?我们用八个字表达:中国主体,世界眼光。"中国主体"是要突出中国人研究理解的主体性,要突出中国人对中国文化历史的认识,理直气壮地突出我们自己对民族文化的理解和研究方法。我想,中国人主导中国研究的时代应该是慢慢到来了。但是,这个中国主体不是一个孤立的主体,我们绝不是排外的、拒绝外部世界的、封闭的。"世界眼光"也是我们从老清华国学研究院继承的观点,而这个眼光让我们不仅仅向世界汉学开放,也向整个世界学术开放。我们今天研究中国文化,不仅要吸收汉学的研究成果,达到汉学的水平,还要吸收西方一流的人文学、哲学、社会学中所有的营养。我们要做出更好的研究成果,引领世界的潮流,即我们要使自己不仅与世界合流,而且成为主流。这是我们新时代中国国学研究应有的一个志向和宗旨。

2009年10月26日《光明日报》发表了对本人的整版专访,讨论近代国学之演变与清华国学院的地位,本文即在此专访基础上写成。

梁启超的“私德”论及其儒学特质

研究中国近代思想史的学者曾提出，梁启超在历史上的主要业绩，是他在戊戌（1898）之后到1903年之间在《清议报》《新民丛报》上所写的思想启蒙的文章①。这是从推动近代思潮和改革运动来讲的。其实，如果不就社会思潮的启蒙而言，梁启超的学术贡献在后来，特别是1920年以后，更有建树，但这不是本文的关注点。本文关注的是，从1902年初开始写作《新民说》，到1905年底完成《德育鉴》，这一时期梁启超关于“民德”思想的提出、发展、转变、完成，显示了他对“公德—私德互补论”认识的深刻性。这一点使他不仅超越了同时代的思想者，也是“五四”时代新学者所不及的。这从一个方面说明，评价梁启超，不能只着眼于其“历史贡献”，还应注重其“思想贡献”。而要全面、深入地了解梁启超的思想贡献，必须破除“启蒙的一元论”思维。如果改变“启蒙一元论”的观察角度，那么我们自然会看到，梁启超的思想贡献绝不止于1903年，他的思想特点是不断变化发展的，在不断变化发展中增加其思想的深刻性和洞察力。

《新民说》共二十节，梁启超于1902年开始写作，随写随发表在

①如李泽厚《中国近代思想史论》，人民出版社1976年，第423页。李泽厚在此书中对于梁启超的论述，比起对康有为、谭嗣同来，要简略很多，对梁启超的《新民说》基本未提，对王国维的论述就更为简单了。

《新民丛报》半月刊上，至 1906 年结束①。研究梁启超的论著，从勒文森开始，无不宣扬其《新民说》前期所写的“论公德”，作为梁启超道德伦理思想走向近代和批评传统道德思想的证明，这是合理的。然而研究者少有顾及《新民说》中后写的“论私德”及其意义，只有张灏在其著作最后一章讨论过“新民和私德”②。这表明在一般学者看来，梁启超论公德的思想才最有意义，事实上在当时社会中造成巨大影响的也确实是其论公德的思想。《论私德》是梁启超在 1903 年秋美洲之行归来、总体思想发生转变时所写。因此，从《新民说》最后完成的总体来看，梁启超对公德和私德同样重视和肯定，《新民说》中的“私德说”与“公德说”共同体现了他的道德思想，而且补充了“公德说”的基础。本文将从这一点入手，力图揭示梁启超的思想贡献，及其道德思想从传统到现代转化的合理途径。需要说明的是，《新民说》甚长，且梁的文字往往酣畅淋漓，一气呵成，很难切割。而为了使分析具有说服力，我们不得不较完整地引述其中的多处段落，尽管这些段落的文字可能较长，对读者的耐性有所考验。

一、新民论

梁启超在《新民说》的开始，便以《论新民为今日中国第一急务》

①关于《新民丛报》，可参看周佳荣：《言论界之骄子：梁启超与新民丛报》，中华书局(香港)2005 年。

②如勒文森：《梁启超与中国近代思想》，四川人民出版社 1986 年。刘邦富：《梁启超哲学思想研究》，湖北人民出版社 1994 年。其中第五章论《新民说》，而全未及《论私德》的意义。类似的论文和著作还有：张锡勤《梁启超伦理思想研究》，《中国哲学》第 12 辑；沈善洪《梁启超新民说伦理思想新探》，《学术月刊》1984 年第 11 期；唐凯麟《走向近代的先声——中国早期启蒙伦理思想研究》，湖南教育出版社 1993 年；张灏《梁启超与中国思想的过渡(1890—1907)》，江苏人民出版社 1993 年，第 194—209 页。

开其宗,明其义。他说:

> 吾今欲极言新民为当务之急,其立论之根柢有二:一曰关于内治者;一曰关于外交者。所谓关于内治者,何也?天下之论政术者多矣,动曰某甲误国,某乙殃民。某之事件,政府之失机;某之制度,官吏之溺职。若是者,吾固不敢谓为非然也。虽然,政府何自成?官吏何自出?斯岂非来自民间者耶?某甲某乙者,非国民之一体耶?久矣!聚群盲不能成一离娄,聚群聋不能成一师旷,聚群怯不能成一乌获,以若是之民,得若是之政府官吏,正所谓:“种瓜得瓜,种豆得豆。”其又奚尤?西哲常言:“政府之与人民,犹寒暑表之与空气也。”室中之气候,与针里之水银,其度必相均,而丝毫不容假借。国民之文明程度低者,虽得明主贤相以代治之,及其人亡,则其政息焉。①

这是援用西方哲人的一种看法,以为政府的德行和官员的德行,来自一般民众的德行,因而一般民众的德行若无进步,则政府和官员的德行也不可能进步。其实,这与中国文化传统观念不同,在儒家看来,士是无恒产而有恒心的,士大夫的德行本与一般民众不同,一般民众的德行有待政府和士大夫的教化而提升,这在朱子的《大学章句序》中有最清楚的说明。而梁启超在这里之所以一反传统的精英道德说,主张官员德行来自民众,在于他对改变当时普通国人对政治的普遍麻木态度感到极为迫切,故强调改变“民德”的重要性,从而提出“新民为今日中国第一急务”的呼吁。

他在第三节《释新民之义》中指出:

①《新民说》(宋志明选注本),辽宁人民出版社 1994 年,第 2 页。本文所引《新民说》皆据此本,以下为简便起见,只注明此书书名及页码。

> 新民云者，非欲吾民尽弃其旧以从人也。新之义有二：一曰，淬厉其所本有而新之；二曰，采补其所本无而新之。二者缺一，时乃无功。先哲之立教也，不外因材而笃与变化气质之两途。斯即吾淬厉所固有，采补所本无之说也。一人如是，众民亦然。凡一国之能立于世界，必有其国民独具之特质。上自道德法律，下至风俗习惯、文学美术，皆有一种独立之精神。祖父传之，子孙继之；然后群乃结，国乃成；斯实民族主义之根柢源泉也。我同胞能数千年立国于亚洲大陆，必其所具特质，有宏大高尚完美厘然异于群族者。吾人所当保存之而勿失坠也。……世或以“守旧”二字为一极可厌之名词。其然岂其然哉？吾所患不在守旧，而患无真能守旧者。真能守旧者何？即吾所谓淬厉其固有而已。①

我们知道，近代的“新民”呼吁在梁启超之前已经发起，如严复《原强》所提倡的“鼓民力”“开民智”“新民德”②，唐才常所主张“新其政必新其民”等③，但都没有后来梁启超的《新民说》系统、富于雄辩而且影响大。梁启超承继了严复等的思想，在《新民丛报》开办伊始，便公开其宗旨：“本报取《大学》新民之义，以为欲维新吾国，当先维新吾民。”④《大学》本有新民之说，严复、梁启超所说的新民则是指近代意义上对国民道德的改造与更新。但这种改造与更新，对梁启超来说，并不是抛弃传统道德，他明确指出，新民之“新”字包含有二义，一个意义是说，锻炼激发本有的德性而使其日新之、自新之；另一个意

---

①《新民说》，第 7 页。

②严复：《原强》，《严复集》，中华书局 1986 年，第 27 页。

③《唐才常集》，中华书局 1980 年，第 32 页。

④《本馆告白》，《新民丛报》第 1 号。

义是说，学习采纳本来所没有的新道德而使其纳新、开新、更新之。二者不可缺一。可见他从一开始就明确申明，“新民说”并不是要人完全抛弃传统。他指出，中国古代先哲的修养方法一向包括两方面，也就是淬砺其所固有的道德，采纳原本没有而更新的道德。在他看来，广义地说，“所固有”者不只是道德，还可以是风俗、文学等民族的共同文化，可以是整个民族的特性和精神。由此他认为，中华民族的特性和民族文化的精神是中华民族数千年来立于亚洲大陆的所以然，是中国民族主义的根源，因此，整体上保守此一民族文化是必须的。

然而，梁启超又着重指出，仅保守其所本有的道德文化是不够的：

> 仅淬厉固有而遂足乎？曰：不然！今之世非昔之世，今之人非昔之人。昔者吾中国有部民而无国民，非不能为国民也，势使然也。吾国夙巍然屹立于大东，环列皆小蛮夷，与他方大国，未一交通，故我民常视其国为天下。耳目所接触，脑筋所濡染，圣哲所训示，祖宗所遗传，皆使之有可以为一个人之资格，有可以为一家人之资格，有可以为一乡一族人之资格，有可以为天下人之资格，而独无可以为一国国民之资格。夫国民之资格，虽未必有以远优于此数者，而以今日列国并立、弱肉强食、优胜劣败之时代，苟缺此资格，则决无以自立于天壤。故今日不欲强吾国则已，欲强吾国，则不可不博考各国民族所以自立之道，汇择其长者而取之，以补我之所未及。今论者于政治学术技艺，皆莫不知取人长以补我短矣，而不知民德民智民力实为政治学术技艺之大原，不取于此而取于彼，弃其本而齐其末，是何异见他树之蓊郁，而欲移其枝以接我槁干？见他井之汩涌，而欲汲其流以实我

智源也？故采捕所本无，以新我民之道，不可不深长思也。①

这一段讲的就是“采补其所无”，主要是指“国民的意识”一向为中国人之所无。其实这也并不奇怪，迄于梁启超写《新民说》的时代，中国人一直是王朝的子民，共和国还未出现，自然也就不会有国民资格的自觉了。梁启超认为，在列国并立、弱肉强食的时代，民族国家的自立之道，首要者即在于树立“国民”之意识，即一国之公民的意识。他认为这是学习西方政治学术技艺的根本所在。

> 世界上万事之现象，不外两大主义：一曰保守，二曰进取。人之运用此两主义者，或偏取甲，或偏取乙。或两者并起而相冲突，或两者并存而相调和。偏取其一，未有能立者也。有冲突则必有调和，冲突者，调和之先驱也。善调和者，斯为伟大国民，盎格鲁撒逊人种是也。譬之跬步，以一足立，以一足行。譬之拾物，以一手握，以一手取。故吾所谓新民者，必非如心醉西风者流，蔑弃吾数千年之道德学术风俗，以求伍于他人；亦非如墨守故纸者流，谓仅抱此数千年之道德学术风俗，遂足以立于大地也。②

梁启超主张，在道德问题上，如同对待一切问题一样，应当兼取保守和进取的态度，一方面保守其旧，一方面进取其新，所以他主张的新民说，既不是全然蔑弃传统道德，也不是仅仅抱守传统道德，而是二者的调和并存。他认为善于进行调和才是伟大的国民，调和主义是处理世界万事万物的最佳原则。

---

①《新民说》，第9页。
②同上。

二、公德说

面对20世纪初中国近代变革和国家富强的迫切要求，在1902年《新民说》刚开始写作时，明显是以提倡公德为主导方向的。而公德说（1902年3月10日）是梁启超将近代启蒙思想应用于当时中国政治和道德领域的表现。这一思想是梁启超戊戌以后在日本受到近代西方社会思想等影响而迅速形成的①。

梁启超在第五节《论公德》中开始论述其对于私德与公德的理解和认识：

> 道德之本体，一而已。但其发表于外，则公私之名立焉。人人独善其身者，谓之私德；人人相善其群者，谓之公德，二者皆人生所不可缺之具也。无私德则不能立，合无量数卑污、虚伪、残忍、愚懦之人，无以为国也。无公德则不能团，虽有无量数束身自好、廉谨、良愿之人，仍无以为国也。②

这是说，公德和私德是道德统一体的两个外在表现，“独善其身”者是私德，“相善其群”者是公德。“公德”是个人与社群关系的道德，“私德”是个人不与他人发生关系而只求自身品性的完善；二者都是人生必需的道德，也都是立国所需的道德。“无私德则不能立”，“无公德则不能团”，相比较而言，私德是个人立身处世的根本，公德是社群得

①一般认为，梁启超的国家观受到的直接影响来自波伦哈克（Konnad Bornhak）与伯伦知理（Johann K. Bluntschli），《清议报》第11号至第31号刊有德国伯伦知理著《国家论》。

②《新民说》，第16页。

以维持的条件。

按照他的举例,能立私德者,如束身自好、廉谨、良愿;私德败坏者,如卑污、虚伪、残忍。公德之目虽然亦可列举,而其主要性质为利群。梁启超主张,缺少私德的民众不可能组成国家,只具有私德而缺少公德的国民也不能组成国家。可见,梁启超所说的"群"并不是指一般的社群、社会,而主要是指国家。他又指出:

> 夫一私人之所以自处,与一私人之对于他私人,其间必贵有道德者存,此奚待言?虽然,此道德之一部分,而非其全体也。全体者,合公私而兼善之者也。私德,公德,本并行不悖者也,然提倡之者,既有所偏,其末流或遂至相妨。①

这里对称私德为"独善其身"之德的说法是个补充。私德既是个人自处的德操,也是个人对待其他个人、处理与其他个人关系的道德,公德则是个人对于群体的道德。私德与公德两者并行不悖。这个思想用今天的话来说就是,私德是个人的品德、修养,而公德是指有益于国家、社会的德行②。一般认为,梁启超对公德的倡扬和呼吁直接来自他在这一时期的国家主义立场和对近代日本国家建设的借鉴③。

他指出:就私德而言,中国文化的私德甚为发达,但因偏于私德之表彰,对公德之提倡甚多缺略:

---

①《新民说》,第 18 页。

②张灏指出:"公德指的是那些促进群体凝聚力的道德价值观,私德是指有助于个人道德完善的那些道德价值观。"见张灏:《梁启超与中国思想的过渡(1890—1907)》,江苏人民出版社 1993 年,第 107 页。

③见狭间直树的论文《新民说略论》,其文收入狭间直树编:《梁启超·明治日本·西方——日本京都大学人文科学研究所共同研究报告》,社会科学文献出版社 2001 年,第 76 页。

> 吾中国道德之发达,不可谓不早。虽然,偏于私德,而公德殆阙如。试观《论语》《孟子》诸书,吾国民之木铎,而道德所从出者也。其中所教,私德居十之九,而公德不及其一焉。如《皋陶谟》之九德;《洪范》之三德;《论语》所谓温良恭俭让,所谓克己复礼,所谓忠信笃敬,所谓寡尤寡悔,所谓刚毅木讷,所谓短命知言。《大学》所谓知止慎独,戒欺求慊。《中庸》所谓好学、力行、知耻,所谓戒慎恐惧,所谓致曲。《孟子》所谓存心养性,所谓反身强恕。凡此之类,关于私德者,发挥几无余蕴。于养成私人(私人者,对于公人而言,谓一个人不与他人交涉之时也)之资格,庶乎备矣。①

梁启超列举了《论语》《孟子》《大学》《中庸》《尚书》所标举的德行,如忠信笃敬、温良恭俭让,大体皆为私德;教人的修养方法,如知止慎独、存心养性,皆为增进私德之方法,这些中国古人的著作对于养成人的私德,相当完备。而在公德培养方面,他却认为中国的传统文化付诸阙如,这对近代国家的形成非常不利。

因此他在《新民说》第一节《论新民为今日中国第一急务》中说道:

> 公德者何?人群之所以为群,国家之所以为国,赖此德焉以成立者也。人也者,善群之动物也(此西儒亚里士多德之言),人而不群,禽兽奚择?而非徒空言高论曰:“群之!群之!”而遂能有功者也。必有一物焉,贯注而联络之,然后群之实乃举,若此者谓之“公德”。②

---

①《新民说》,第16—17页。
②同上书,第16页。

梁启超强调公德是人类社群得以成立的根本,尤其是国家得以建立的根本。公德使个人与国家联结为一体成为可能。这就近乎把公德看作国家得以成立的先在条件了。其实社会公德是与社群组织的形成壮大同行成长的。中国近代思想家往往把文化的近代化看作社会近代化的前提而加以鼓吹,成为一种文化决定论,这在理论上往往是难以成立的。但就实践来说,这些新观念的宣扬,确实会对社会进步起到一种促进作用。

梁启超强调:“我国民所最缺者,公德其一端也。”①他认为,中国文化中重私德、轻公德的情形必须改变,否则,中国在近代世界的衰落是无法挽救的。他说:

> 虽然,仅有私人之资格,遂足为完全人格乎?是固不能。今试以中国旧伦理,与泰西新伦理相比较,旧伦理之分类,曰君臣,曰父子,曰兄弟,曰夫妇,曰朋友。新伦理之分类,曰家族伦理,曰社会(即人群)伦理,曰国家伦理。旧伦理所重者,则一私人对于一私人之事也。(一私人之独善其身,固周于私德之范围。即一私人与他私人交涉之道义,仍属于私德之范围也。此可以法律上公法私法之范围以证明之。)新伦理所重者,则一私人对于一团体之事也。(以新伦理之分类归纳旧伦理,则关于家族伦理者三,父子也,兄弟也,夫妇也。关于社会伦理者一,朋友也。关于国家伦理者一,君臣也。然朋友一伦,决不足以尽社会伦理。君臣一伦,尤不足以尽国家伦理,何也?凡人对于社会之义务,决不徒在相知之朋友而已。即绝迹不与人相交者,仍于社会上有不可不尽之责任。至国家者,尤非君臣所能专有。若仅言君臣之义,则使以礼、事以忠,全属两个私人感恩效力之事耳,于大

①《新民说》,第16页。

体无关也。将所谓逸民不事王侯者，岂不在此伦范围之外乎？夫人必备此三伦理之义务，然后人格乃成。若中国之五伦，则惟于家族伦理稍为完整，至社会、国家伦理不备滋多，此缺憾之必当补者也。皆由重私德、轻公德所生之结果也。）①

他指出，以中国古代五伦为主的伦理，在家族伦理方面比较完整，但在社会伦理方面只讲朋友，在国家伦理方面只讲君臣，是很不完备的②。之所以如此，乃是由中国文化看重一私人对他私人之事，不看重一私人对于一团体之事，是由中国文化重私德、轻公德的偏重所造成的。而团体意识以及个人对待团体的道德，是谓公德，它是近代国家得以成立的关键。

要之，吾中国数千年来，束身寡过主义，实为德育之中心点。范围既日缩日小，其间有言论行事，出此范围外，欲为本群本国之公利公益有所尽力者。彼曲士、贱儒动辄援不在其位不谋其政等偏义，以非笑之，排挤之。谬种流传，习非胜是，而国民益不复知公德为何物。今夫人之生息于一群也，安享其本群之权利，即有当尽于其本群之义务。苟不尔者，则直为群之蠹而已。彼

①《新民说》，第 17 页。

②梁启超此种认识亦受到日本文部省所发之训令的影响，盖见训令中中学所教伦理道德所列之目有对于自己之伦理、对于家族之伦理、对于社会之伦理、对于国家之伦理等，因而认为中国伦理范围较狭。参看张灏：《梁启超与中国思想的过渡（1890—1907）》，江苏人民出版社 1993 年，第 109 页；黄雅琦：《救亡与启蒙：梁启超之儒学研究》，花木兰出版社 2009 年。当时日本学者多注意公德问题，如 1902 年 10 月东京高等师范学校校长嘉纳治五郎对湖南师范留学生的谈话，即强调“凡教育之要旨，在养成国民之公德”。此说亦得时为学生的杨度的赞同。另可参看陈弱水：《公德观念的初步探讨——历史源流与理论建构》，《公共意识与中国文化》，新星出版社 2006 年。

> 持束身寡过主义者,以为吾虽无益于群,亦无害于群。庸讵知无益之即为害乎?何则?群有以益我,而我无以益群,是我逋群之负而不偿也。夫一私人与他私人交涉,而逋其所应偿之负,于私德必为罪矣。谓其害之将及于他人也,而逋群负者乃反得冒善人之名,何也?使一群之人,皆相率而逋焉。彼一群之血本,能有几何?而此无穷之债客,日夜蠹之而瓜分之,有消耗,无增补,何可长也?然则其群必为逋负者所拽倒,与私人之受累者同一结果,此理势之所必然矣!今吾中国所以日即衰落者,岂有他哉?束身寡过之善士太多,享权利而不尽义务,人人视其所负于群者,如无有焉。人虽多,曾不能为群之利,而反为群之累,夫安得不日蹙也?①

梁认为"束身寡过"即属私德,认为中国传统德育以养育私德为主,并且传统思想中有排斥公德发展之处,几乎成为习惯,于是人民不知什么是公德,不知道个人对群体的义务。其实,中国古代亦有公德,只是古代公德多系对于士大夫而言,对百姓并不提倡,而士大夫文化对民众也有影响,梁启超似未辨乎此。当然,古时的公德与近代的公德仍有同异。他所强调的是,国民必须明确自己对于群体、国家所担负的义务,以求益群利群,而不可只享受群体的好处而不承担责任。过于注重"身"的人难免对"群"有忽视。中国要从衰落转向振兴,一定要加强国民对"群"的责任意识,而这个"群"不是指社会,而是指国家。

> 故子而逋父母之负者,谓之不孝,此私德上第一大义,尽人能知者也。群之于人也,国家之于国民也,其恩与父母同。盖无

①《新民说》,第19页。

> 群无国,则吾性命财产无所托,智慧能力无所附,而此身将不可以一日立于天地。故报群报国之义务,有血气者所同具也。苟放弃此责任者,无论其私德上为善人为恶人,而皆为群与国之蟊贼!①

这是说,对一己有恩者,必须报答之,报效之,这是道德的通理。故个人对其父母负有义务,对其国家也须负有义务。梁启超在论公德的必要时,往往举私德为譬,可见他认为私德与公德同属一理,是相通的,以此说明公德之必须。

> 近世官箴,最脍炙人口者三字,曰“清、慎、勤”。夫清慎勤岂非私德之高尚者耶?虽然,彼官吏者,受一群之委托而治事者也。既有本身对于群之义务,复有对于委托者之义务,曾是清慎勤三字,遂足以塞此两重责任乎?此皆由知有私德,不知有公德,故政治之不进、国华之日替,皆此之由。彼官吏之立于公人地位者且然,而民间一私人更无论也。我国民中无一人视国事如己事者,皆公德之大义未有发明故也。且论者亦知道德所由起乎?道德之立,所以利群也。故因其群文野之差等,而其所适宜之道德,亦往往不同。而要之以能固其群、善其群、进其群者为归。②

传统官德强调清廉、慎法、勤政,是私德之高尚者,但官员作为个人对群体的义务,和官员对群体委托所负的义务,在清慎勤三者中都无法表达。在梁看来,这就是知有私德而不知有公德的例子,中国政治不

①《新民说》,第19页。

②同上书,第20页。

进步,都是根源于不知有公德;公德以利群固群为目的,要求国民视国事如己事。其实,古代士大夫亦要求视天下事如己事,但并不要求平民如此,而梁启超要求一切国民皆应有此公德。由此,梁启超主张,一切道德都是以利群为依归,这涉及道德的根源和本质问题,已超出了论公德的范围。就道德的实际情形而言,公德之外的私德是否以利群为目的,并不必然。这里就不多讨论了。

近代西方思想对个人和社会之道德的区分,始见于边沁对"私人伦理"与"公共伦理"的区分,此后密尔在其《论自由》中特别区分了"个人道德"和"社会道德"①。日本受此影响,在明治二三十年代关注过公德的讨论。戊戌运动后梁启超到日本,受其影响。但梁启超从爱国的民族主义出发,把个人对群体的自觉义务看成公德的核心,这是和中国近代民族国家受压迫而欲自强的时代要求——救亡图存密切相关的。事实上,日本明治维新以后,也不断突出"公德"建设的意义,而西洋近代所突出的公德,其意义主要指人在社会交往和公共生活中所循的道德,以及对公共财物所持的态度,对行政公务所承担的责任,对社会公益事业的关注,即突出社会公德,并不突出"国家"意识。梁启超的公德说受到日本近代重视公德的影响,但更受加藤弘之等国家主义的影响,故其重点有所不同。而梁启超的国家主义,是一种"救国"的国家主义,其"利群"是指利于国家,其公德说的主要宗旨在"爱国主义之发达"。这一点,从马君武在梁启超《论公德》发表次年所写的同名文章中也可以看出②。

基于"新民"说,梁启超又提出"新道德"的观念:

德也者,非一成而不变者也。(吾此言颇骇俗,但所言者,德

①约翰·密尔:《论自由》,商务印书馆 2007 年,第 90 页。
②马君武:《论公德》,《马君武文选》,广西师范大学出版社 2001 年。

之条理,非德之本原。其本原固亘万古而无变者也。读者幸勿误会。本原惟何?亦曰利群而已。)非数千年前之古人所能立一定格式,以范围天下万世者也。(私德之条目变迁较少,公德之条目变迁尤多。)然则吾辈生于此群、长于此群之今日,宜纵观宇内之大势,静察吾族之所宜,而发明一种新道德,以求所以固吾群、善吾群、进吾群之道。未可以前王先哲所罕言者,遂以自画而不敢进也。知有公德,而新道德出焉矣,而新民出焉矣。(今世士大夫谈维新者,诸事皆敢言新,惟不敢言新道德,此由学界之奴性未去,爱群爱国爱真理之心未诚也。盖以为道德者,日月经天,江河行地,自无始以来,不增不减。先昔圣贤,尽揭其奥,以诏后人,安有所谓新焉旧焉者。殊不知道德之为物,由于天然者半,由于人事者亦半。有发达,有进步,一循天演之大例。前哲不生于今日,安能制定悉合今日之道德?使孔、孟复起,其不能不有所损益也亦明矣。今日正当过渡时代,青黄不接。前哲深微之义,或湮没而未彰。而流俗相传简单之道德,势不足以范围今后之人心。且将有厌其陈腐而一切吐弃之者。吐弃陈腐,犹可言也。若并道德而吐弃,则横流之祸曷其有极,今此祸已见端矣。老师宿儒或忧之,劬劬焉欲持宋元之余论,以遏其流。岂知优胜劣败,固无可逃!捧抔土以塞孟津,沃杯水以救薪火,虽竭吾才,岂有當焉?苟不及今急急斟酌古今中外,发明一种新道德者而提倡之,吾恐今后智育愈胜则德育愈衰,泰西物质文明,尽输入中国,而四万万人且相率而为禽兽也。呜呼!道德革命之论,吾知必为举国之所诟病。顾吾特恨吾才之不逮耳!若夫与一世之流俗人挑战决斗,吾所不惧,吾所不辞。世有以热诚之心爱群爱国爱真理者乎?吾愿之执鞭,以研究此问题也。)公德之大目的,既在利群,而万千条理,即由是生焉。本论以后各子目,殆皆可以利群二字为纲,以一贯之者也。故本节但论公德之急务，而实行此公德之方法，则别著于下方。①

以道德的本原为利群，本应指公德而言，但梁氏就所有“德”而言，以作为强调。他又区分了德之本原和德之条理，德之条理是指条目。梁启超认为历史上私德的德目很少变迁，而公德的条目随历史变迁而变化较大。这就在理论上引发问题：若道德本原是利群，何以私德条目经久少变，而公德条目须屡屡变迁？这显然是因为私德并非以利群为宗旨，并不紧随社会组织的变化而变化。梁启超并没有注意此中的困难，他指出，就公德而言，道德是随历史的演化而变化、发展、进步的。于是他提出，今天的历史处境已经根本改变，在新的形势下，为了中国的生存发展，需要一种“新道德”，以团结国人，改善、发展中国。这种“新道德”所指的就是公德，故说“知有公德，而新道德出焉矣，而新民出焉矣”。新民主要就是用新道德启蒙人民，而新道德主要是就爱国爱群爱真理等公德而言。不过，在有些地方梁启超并未区分私德和公德，如他说以道德革命发展新道德，抵御西方物质文明的泛滥，以免人人陷于禽兽，这里所说的德应该不仅仅是指公德。然而，他的道德革命之说，开了后来新文化运动的先河，则不可否认②。

就公德的条目而言，梁启超在《新民说》中特别立专节论述的，有国家意识、进取意识、权利思想、自由精神、自尊合群、义务思想等，对当时的国人有振聋发聩的作用。讨论梁启超在呼吁公德上的建树和

①《新民说》，第 22 页。

②耿云志、崔志海合著《梁启超》中指出：“新民说中提出的一系列新道德、新理念、新观念不但被当时政治立场对立的革命派所接受，而且在五四时期借着新文化运动者的嘴和笔再次被提了出来。”（广东人民出版社 1994 年，第 116 页）吕滨《新民伦理与新国家》亦认为梁启超此说对新文化运动起了引发的作用，见其书第 154 页，江西教育出版社 2000 年。

意义的论著很多①,但非本文主旨,故不在此详论,仅举梁启超论自由与公德:

> 今世少年,莫不嚣嚣言自由矣。其言之者,固自谓有文明思想矣。曾不审夫泰西之所谓自由者,在前此之诸大问题,无一役非为团体公益计,而决非一私人之放恣桀骜者所可托以藏身也。今不用之向上以求宪法,不用之排外以伸国权,而徒耳食一二学说之半面,取便私图,破坏公德,自返于野蛮之野蛮。有规语之者,犹敢腼然抗说曰:“吾自由!吾自由!”吾甚惧乎“自由”二字不徒为专制党之口实,而实为中国前途之公敌也。②

在梁启超看来,自由是为了增益团体公益的公德,而绝不是私人放肆的条目。自由是指向宪政、指向国权的政治价值。这里警惕以自由为名而行私人放肆之实的立场,和他后来在《论私德》中的立场是一致的。

应该指出,梁启超在写作《论公德》时,虽然着重推崇公德,但对私德并没有否定,他对私德的意义是肯定的,这是他后来可以在同一部书中写作《论私德》一节的基础。如:

> 凡有过人之才者,必有过人之欲。有过人之才,有过人之欲,而无过人之道德心以自主之,则其才正为其欲之奴隶。曾几何时而销磨尽矣。故夫泰西近数百年,其演出惊天动地之大事业者,往往有宗教思想之人。夫迷信于宗教而为之奴隶,固非足

①对梁启超诸“公德”条目进行深入分析者,首推张灏《梁启超与中国思想的过渡(1890—1907)》,尤其是其中第六章。

②《新民说》,第62页。

> 贵！然其藉此以克制情欲，使吾心不为顽躯浊壳之所困，然后有以独往独来，其得力固不可诬也。日本维新之役，其倡之成之者，非有得于王学，即有得于禅宗，其在中国近世勋名赫赫在人耳目者，莫如曾文正，试一读其全集，观其困知勉行、厉志克己之功何如？天下固未有无所养而能定大艰、成大业者。①

在这里，梁启超讲的道德心，并没有区别是私德还是公德。就情欲的克制而言，就宗教、王学、禅宗的励志克己而言，这里的道德心应该更多指私德而言。所以这一段话与一年多后他在《论私德》中推崇英美领袖的道德纯洁、日本维新之士的儒家道德、曾国藩的修行严谨是一致的。这说明，论私德的若干意识在《论公德》篇中业已存在，只是在突出公德的主调下，未得到明确的发展和阐述。

三、论私德

梁启超1902年写《新民说》的《论公德》一节，以大力呼吁、提倡公德为主，在当时影响很大。但一年多之后，他的思想有所变化，重新重视私德的意义，故写了《论私德》作为《新民说》的第十八节②。

> 吾自去年著《新民说》，其胸中所怀抱欲发表者，条目不下数十，而以《公德篇》托始焉。论德而别举其公焉者，非谓私德之可以已；谓夫私德者，当久已为尽人所能解悟、能践履。抑且先圣

①《新民说》，第68页。

②《论私德》分三次在《新民丛报》刊出，即1903年10月4日、11月2日、1904年2月14日，亦即第38—39号、第40—41号、第46—48号。参看李国俊《梁启超著述系年》，复旦大学出版社1986年，第77页。

昔贤，言之既已圆满纤悉，而无待末学小子之哓哓词费也。乃近年以来，举国嚣嚣靡靡，所谓利国进群之事业，一二未睹，而末流所趋，反贻顽钝者以口实。而曰新理想之贼人子而毒天下。噫！余又可以无言乎？作《论私德》。①

梁启超在这里解释说，在过去的一年里，他所写的《新民说》的内容，即第一节到第十七节，大力提倡公德，而未列举私德，但这并不是说私德不需要，而是因为中国古圣先贤论述私德已经圆满充分，不必再费口舌。然而没有想到，在倡扬公德时，有些人把公德和私德对立起来，从而不仅没有利国利群，反而由于蔑弃私德，引起社会的不满。有鉴于此，他又专节论述私德的意义，以补充《论公德》的不足。应该指出，1903 年梁启超的美洲之行，因看到新党的腐化败坏而甚为不满，最后导致他思想的转变，这就是：在美洲归来之后其言论发生转变，放弃破坏主义和革命排满的主张。《年谱长编》云：“先生美洲归来后，言论大变，从前所深信之破坏主义和革命排满的主张，至是完全放弃。这是先生政治思想的一大转变。”②换言之，梁启超美洲之行的思想结果是总体上对激进主义深加反省。因此，《新民说》中对私德的讨论，并不是书斋中的申论，而是梁启超在这一年多的时间里对政治领域所见所闻的心得所引发的，即政治活动带来的他对道德问题的重新思考。同时，这些思考比较周全地处理了私德与公德的关系，在思想上有着重要的意义③。

①《新民说》，第 162 页。

②张朋园对梁启超从力倡革命转向保守提出了五个因素，见其著《梁启超和清季革命》，“中央研究院”近代史研究所，1982 年，第 167—175 页。

③蒋广学推测第十八节（《论私德》）可能作于出访美洲之前，而发表于出访之中。这是不可能的。蒋说参看：蒋广学、何卫东合著《梁启超评传》，南京大学出版社 2005 年，第 119 页。

在《论私德》中,梁启超发展了他在前期对私德的认识,对私德与公德之关系作了进一步的探讨。他接受了斯宾塞的说法:团体是个人之集合,团体的德性由个人的德性决定;个人没有的德性,从团体也无法获得。因此个人的德性很重要,个人的德性就是私德。他指出:

> 私德与公德,非对待之名词,而相属之名词也。……夫所谓公德云者,就其本体言之,为一团体中人公共之德性也。就其构成此本体之作用言之,谓个人对于本团体公共观念所发之德性也。夫聚群盲不能成一离娄,聚群聋不能成一师旷,聚群怯不能成一乌获。故一私人而无所私有之德性,则群此百千万亿之私人,而必不能成公有之德性,其理至易明也。盲者不能以视于众而忽明,聋者不能以听于众而忽聪,怯者不能以战于众而忽勇。故我对于我而不信,而欲其信于待人;一私人对于一私人之交涉而不忠,而欲其忠于团体,无有是处!此其理又至易明也。若是乎,今之学者日言公德,而公德之效弗睹者,亦曰国民之私德有大缺点云尔!是故欲铸国民,必以培养个人之私德为第一义。欲从事于铸国民者,必以自培养其个人之私德为第一义。①

这就是说,从作用来说,公德是团体成员对团体的态度,但从本体来说,公德是团体成员共同具有的德性。因而,个人所没有的德性,也不可能成为团体共有的德性,如同一个盲人组成的团体不可能有视觉明亮的德性一样。每个人私有的德性所没有的,那么由这样的个人组成的团体,不管其人数多么多,其公有的德性中也不可能具有。因此,今天社会在公德建设方面遇到的问题,很大程度上是因私德有

---

①《新民说》,第176页。

大缺点所造成。于是他提出:"欲铸国民,必以培养个人之私德为第一义。欲从事于铸国民者,必以自培养其个人之私德为第一义。"培养国民道德,应以培养私德为先务,从事国民道德教育的人,应首先重视培养自己的私德。这个讲法与一年前他在《论公德》篇中所论有了很大的变化①。他还说"私德者,人人之粮,而不可须臾离者也"②。

> 且公德与私德,岂尝有一界线焉?区划之为异物哉?德之所由起,起于人与人之交涉。(使如《鲁敏逊漂流记》所称,以孑身独立于荒岛则无所谓德,亦无所谓不德。)而对于少数之交涉,与对于多数之交涉,对于私人之交涉,与对于公人之交涉,其客体虽异,其主体则同。故无论泰东、泰西之所谓道德,皆谓其有赞于公安公益者云尔!其所谓不德,皆谓其有戕于公安公益者云尔!公云私云,不过假立之一名词,以为体验践履之法门。就泛义言之,则德一而已,无所谓公私。就析义言之,则容有私德醇美,而公德尚多未完者。断无私德浊下,而公德可以袭取者!孟子曰:"古之人所以大过人者,无他焉,善推其所为而已矣。"公德者,私德之推也。知私德而不知公德,所缺者只在一推。蔑私德而谬托公德,则并所以推之具而不存也。故养成私德,而德育之事思过半焉矣。③

---

①狭间直树的论文《新民说略论》第四节《论私德之后的"中国之新民"的立场》指出,《论私德》篇大力宣扬的不是公德,而是私德,而且是固有之旧道德。在对象上与先前面对广大民众呼吁他们向上对照,现在则以攻击后来的所谓"革党"为基调。其文收入狭间直树编《梁启超·明治日本·西方——日本京都大学人文科学研究所共同研究报告》,社会科学文献出版社 2001 年,第 87 页。

②《新民说》,第 176 页。

③《新民说》,第 162—163 页。

梁启超对私德与公德作了重新思考,他认为道德不论公德或私德,都起源于人与人的交往需要,以指导人处理与他人的关系,这里的"他人"可以是少数他人,可以是多数他人,也可以只是某一个别的他人。不管作为客体的"他人"有何不同,和他人发生关系的自我作为主体是同一的。只要主体的道德是为了增益于公益,其所发之对象客体的差别并不是决定性的,在这个意义上说,道德无所谓公私。而若就对象之分别来看,社会上有些人私德醇美而公德还不完备,但绝没有私德败坏而公德却完美的人。他在这里提出,公德是私德的进一步推广。那些有私德而公德不备的人,主要是缺少在私德基础上的进一步推广;而如果私德不立,则用以推广的基础也就无法成立。可见,私德是公德的基础,故说"养成私德,而德育之事思过半焉矣"。

日本明治时曾流行"破坏主义"①,即激进破旧主义。梁启超在1899—1903年赞同破坏主义,反对保教,但在《论私德》中他指出了破坏主义的坏处,对破坏主义作了全盘反思,对道德之重要性作了进一步阐发:

> 今日踸踔俊发、有骨鲠、有血性之士,其所最目眩而心醉者,非破坏主义耶?破坏之必能行于今之中国与否,为别问题,姑勿具论!而今之走于极端者,一若惟建设为需道德,而破坏则无需道德。鄙人窃以为误矣。
>
> 古今建设之伟业,固莫不含有破坏之性质。古今破坏之伟人,亦靡不饶有建设之精神。实则破坏与建设,相倚而不可离;

①梁启超1899年著有《破坏主义》一文,曰:"日本明治之初,政府新易,国论纷糅。伊藤博文、大隈重信、井上馨等共主破坏主义,又名突飞主义,务摧倒数千年之旧物,行急激之手段。当时诸人皆居于东京之筑地,一时目筑地为梁山泊云。"可见其破坏主义是受日本明治前期思想的影响。

> 而其所需之能力,二者亦正相等。苟有所缺,则靡特建设不可得期,即破坏亦不可得望也。……我之所恃以克敌者何在?在能团结一坚固有力之机体而已。然在一社会、一国家,承累年积世之遗传习惯,其机体由天然发达,故成之尚易。在一党派则反是,前者无所凭藉,并世无所利用,其机体全由人为发达,故成之最难。所谓破坏前之建设者,建设此而已!苟欲得之,舍道德奚以哉?①

他对"惟建设为需道德,而破坏则无需道德"的主张提出了反驳,认为建设与破坏不可相离,破坏必须伴随建设,破坏前也要有建设,而道德建设就是最重要的建设。他指出,国家的凝聚力来自积年累世的习惯文化,于是才能成为坚固有力的有机体,绝不可轻易加以破坏。

> 吾畴昔以为中国之旧道德,恐不足以范围今后之人心也,而渴望发明一新道德以补助之。(参观第五节《论公德》篇。)由今以思,此直理想之言,而决非今日可以见诸实际者也。夫言群治者,必曰德、曰智、曰力,然智与力之成就甚易,惟德最难。今欲以一新道德易国民,必非徒以区区泰西之学说所能为力也。即尽读梭格拉底、柏拉图、康德、黑智儿之书,谓其有"新道德学"也则可,谓其有"新道德"也则不可。何也?道德者,行也,而非言也。苟欲言道德也,则其本原出于良心之自由。无古无今,无中无外,无不同一。是无有新旧之可云也!苟欲行道德也,则因于社会性质之不同,而各有所受。其先哲之微言,祖宗之芳躅,随此冥然之驱壳,以遗传于我躬,斯乃一社会之所以为养也。一旦突然欲以他社会之所养者养我,谈何容易耶?窃尝举泰西道德

①《新民说》,第178页。

> 之原质而析分之，则见其得自宗教之制裁者若干焉，得自法律之制裁者若干焉，得自社会名誉之制裁者若干焉，而此三者，在今日之中国能有之乎？吾有以知其必不能也。不能而犹云欲以新道德易国民，是所谓磨砖作镜、炊沙求饭也。吾固知言德育者，终不可不求泰西新道德以相补助。虽然，此必俟诸国民教育大兴之后，而断非一朝一夕所能获。而在今日青黄不接之顷，则虽日日闻人说食，而已终不能饱也。况今者无所挟持以为过渡，则国民教育一语，亦不过托诸空言，而实行之日，终不可期。是新道德之输入，因此遂绝望也。①

梁启超在这里明确否定了他在《论公德》篇中表达的道德革命论，因为道德革命即一种激进破旧主义，正是他在此时极力反对的。同时，他对先前所持的“新道德”主张也进行了反省，认为新道德只是理想，不是当下能够实践的。他甚至说，“道德”本于良心的自由，无古今，无中西，无新旧。而“行道德”则应根据社会习俗、文化、制度的不同而因地制宜，因时制宜，在近代中国的转变时期，就是应当主要依据中国的传统进行德育。他认为，西方道德的根源，起于宗教制裁、法律制裁、社会制裁，这三者为古代中国所无，亦非当时中国所能有，因此，对西方新道德的吸收是在社会逐渐发展、国民教育大兴之后，才有可能。可见他对前期的文化决定论是有所更改的。

> 然则今日所恃以维持吾社会于一线者何在乎？亦曰吾祖宗遗传固有之旧道德而已。（道德与伦理异，道德可以包伦理，伦理不可以尽道德。伦理者，或因于时势而稍变其解释，道德则放诸四海而皆准，俟诸百世而不惑者也。如要君之为有罪，多妻之

①《新民说》，第178—179页。

> 非不德，此伦理之不宜于今者也。若夫忠之德，爱之德，则通古今中西而为一者也。诸如此类，不可枚举，故谓中国言伦理有缺点则可，谓中国言道德有缺点则不可。）而“一切破坏”之论兴，势必将并取旧道德而亦摧弃之。呜呼！作始也简，将毕也钜。见披发于伊川，知百年而为戎。毋曰吾姑言之以快一时云尔！汝之言而无力耶，则多言奚为？汝之言而有力耶，遂将以毒天下。吾愿有言责者，一深长思也！①

既然当时中国的实际状况，不可能以西方新道德来代替传统道德，那么，维持当下社会的道德只能是传统的道德。在这里，梁启超分别了道德与伦理两个不同的概念，这与黑格尔相通。他认为，伦理是与特定社会组织结构关联的模式，如尊崇君主、容纳多妻，是随社会和历史变化而改变的；道德是一般的人格品性，如忠之德目、爱之德目，是不随历史社会变化而改变的。这就更加证明了传统道德作为道德是普世的、永恒的价值②。

> 读者其毋曰：“今日救国之不暇，而哓哓然谈性说理，何为也？”诸君而非自认救国之责任也？则四万万人之腐败固已久矣！而岂争区区少数之诸君？惟中国前途悬于诸君，故诸君之

①《新民说》，第180页。

②陈敬的论文《论梁启超的普世伦理思想》，认为梁启超旅美归来后写《论私德》的变化，实质是转向普世伦理，重视道德的普遍性。又指出在现代伦理学中公德被称为规范伦理，属于他律道德；私德被称为美德伦理，是一种个人修养和自律，对美德伦理的回归表现了梁启超对公德—私德关系的认识是辩证的。文载《梁启超与近代中国社会文化》，第426页。耿云志、崔志海合著《梁启超》中讲到梁启超北美之游引起的思想变化，在新民问题上，由原来提倡公德变为强调传统私德，认为这是思想上明显的倒退。参看《梁启超》，广东人民出版社1994年版，第143、144页。

重视道德与蔑视道德，乃国之存亡所由系也。今即以破坏事业论，诸君亦知二百年前英国革命之豪杰为何如人乎？彼克林威尔，实最纯洁之清教徒也。亦知百年前美国革命之豪杰为何如人乎？彼华盛顿所率者，皆最质直善良之市民也。亦知三十年前日本革命之豪杰为何如人乎？彼吉田松阴、西乡南洲辈，皆朱学王学之大儒也。故非有大不忍人之心者，不可以言破坏。非有高尚纯洁之性者，不可以言破坏。虽然，若此者，言之甚易，行之实难矣！吾知其难而日孜孜焉！兢业以自持，困勉以自勖。以忠信相见，而责善于友朋，庶几有济。若乃并其所挟持以为破坏之具者而亦破坏之，吾不能为破坏之前途贺也。……今日稍有知识、稍有血性之士，对于政府而有一重大敌，对于列强而复有一重大敌，其所以兢兢业业、蓄养势力者宜何如？实力安在？吾以为学识之开通，运动之预备，皆其余事，而惟道德为之师。无道德观念以相处，则两人且不能为群，而更何事之可图也？……曾文正者，近日排满家所最唾骂者也，而吾则愈更事而愈崇拜其人，吾以为使曾文正生今日而犹壮年，则中国必由其手而获救矣！彼惟以天性之极纯厚也，故虽行破坏可也；惟以修行之极严谨也，故虽用权变可也。故其言曰："扎硬寨，打死仗。"曰："多条理，少大言。"曰："不为圣贤，便为禽兽；莫问收获，但问耕耘。"彼其事业之成，有所以自养者在也。彼其能率厉群贤以共图事业之成，有所以孚于人且善导人者在也。吾党不欲澄清天下则已，苟有此志，则吾谓《曾文正集》不可不日三复也。①

梁启超在这里所说的道德，显然并非专指公德，而主要指私德。他指出，英美革命的领袖都是重视道德、纯洁善良的人，日本维新的代表

①《新民说》，第183页。

人物都是日本的大儒，故无论救国与革命，从事政治都需要以道德品性为根本。他特别推崇曾国藩天性纯厚、修行严谨，认为这样的人是今日救国事业的榜样。他甚至认为，对于从事政治救国的人士来说，重视还是蔑视道德，是关系国之兴亡的根本大事。这显然是儒家的道德观，显示了儒家思想对梁启超道德思想的深刻影响。同时，这一说法实际上是把道德归结为美德，带有德性伦理学的色彩，因为，公德指向公共生活，私德关注个人品质，后者是德性论，前者是规范论。而他此时也显示出对精英道德的更加关注，这也是与写《论公德》时不同的①。

另外，梁启超也力劝新学青年正视这一点：

> 问者曰："今日国中种种老朽社会，其道德上之黑暗不可思议。今子之所论，反乃偏责备于新学之青年。新学青年，虽或间有不德，不犹愈于彼等乎？"答之曰："不然！彼等者无可望无可责者也，且又非吾笔墨之势力范围所能及也。中国已亡于彼等之手，而惟冀新学之青年，致死而之生之。若青年稍不慎，而至与彼等同科焉，则中国遂不可救也。此则吾哓音瘏口之微意也！"②

由于当时参加救国、革命运动的多是接受新学影响的青年，因此梁启超明确表示，对私德的培养尤寄希望于青年，因为他们是维新事业的主体，是中国的希望。

近代以来有些西方政治思想家主张，不应把适合于私人生活或

①黄克武认为梁启超在新民说后期精英主义观念有所加强，以仁人志士负最大责任。见氏著《一个被放弃的选择：梁启超调适思想研究》，"中央研究院"近代史研究所专刊(70)，1994 年，第 154 页。

②《新民说》，第 185 页。

个人关系的道德标准用于政治行为，但20世纪以来，越来越多的学者不赞成把公德与私德截然分割开来，那种认为公共生活中可以完全不顾私人生活的道德标准的主张，在现代政治生活中已经无法立足。和一般启蒙学者不同，梁启超很早便从事政治活动，所以他对私德重要性的觉悟来得更早，认识也更深入。

四、论德育与求道

梁启超对道德与社会变革的理解，使他在德育问题的认识上，与其他社会改革人士大不相同。他自认为是当时新学中重视提倡德育的人。他指出：

> 窃尝观近今新学界中，其龂龂然提絜德育论者，未始无人。然效卒不睹者，无他焉，彼所谓德育，盖始终不离乎智育之范围也。夫其獭祭遍于汗牛充栋之宋元明儒学案，耳食饫乎入主出奴之英法德伦理学史，博则博矣，而于德何与也？若者为理？若者为气？若者为太极无极？若者为已发未发？若者为直觉主义？若者为快乐主义？若者为进化主义？若者为功利主义？若者为自由主义？涉其藩焉，抵其奥焉，辨则辨矣，而于德又何与也？夫吾固非谓此等学说之不必研究也，顾吾学之也，只当视之为一科学，如学理化，学工程，学法律，学生计，以是为增益吾智之一端而已。若曰德育而在是也，则所谓闻人谈食，终不能饱。……而名德育而实智育者，益且为德育之障也。以智育蠹德育，而天下将病智育，以"智育的德育"障德育，而天下将并病德育。此宁细故耶？有志救世者，于德育之界说，不可不深长思矣！①

①《新民说》，第186页。

他指出,儒学思想史的学习,西方伦理学史的学习,虽然包括很多深刻的道德理论思考,述及众多伦理学派别,但此类学习与科学的学习相同,只是增益人的知识,并不能直接增进道德。所以,了解他人的道德经验并不能增进自己的道德,知识的博学并不能代替德育。在他看来,近代德育遇到的最大问题是,把救国的重点放在了智育之上,以智育代替德育。事实上,德育对于救世救国更具根本性意义。

至于德育的做法,他吸收了明末清初大儒黄宗羲的讲法,即用一两句话或几个字标出修身功夫的宗旨,简要直截,使学者易有下手处:

> 吾以为学者无求道之心,则亦已耳!苟其有之,则诚无取乎多言。但使择古人一二语之足以针砭我而夹辅我者,则终身由之不能尽。而安身立命之大原在是矣!黄梨洲曰:“学问之道,以各人自用得着者为真。”又曰:“大凡学有宗旨,是其人之得力处,亦是学者之入门处。天下之义理无穷,苟非定以一二字,如何约之使其在我?”此诚示学者以求道不二法门哉!夫既曰各人自用得着,则亦听各人之自为择,而吾宁容哓哓焉?虽然,吾既欲以言责自效于国民,则以吾愿学焉而未能至者,与同志一商榷之,可乎?①

他主张,德育的方法,不需要“多言”,适宜的方法是各人选择古人嘉言一两句,作为安身立命的根本,终身实行;或者用几个字标举学术的宗旨,以凝聚方向。梁启超的这一主张应当与他早年在学海堂、万木草堂这些传统书院中浸润于传统德育,对传统儒学有自身的体验,

①《新民说》,第186页。

有直接的关系①。

据此，他提出“正本”“慎独”“谨小”三项德育修身的要领，作为一种示范，提供给大家参考。他希望人们都像他一样，选择适合自己的古人嘉言作为功夫条目，自用自行，安身立命。

在论述“正本”“慎独”“谨小”这三纲领的意义时，他以王阳明《拔本塞源论》为依据，充分显示出王学在其德育观中占有主导地位。

> 一曰正本。吾尝诵子王子之《拔本塞原论》矣，曰：“圣人之学，日远日晦；而功利之习，愈趋愈下。其间虽尝瞽惑于佛老，而佛老之说卒亦未能有以胜其功利之心；虽又尝折衷于群儒，而群儒之论终亦未能有以破其功利之见。盖至于今，功利之毒，沦浃于人之心髓，而习以成性也，几千年矣。记诵之广，适以长其敖也；智识之多，适以行其恶也；闻见之博，适以肆其辩也；辞章之富，适以饰其伪也。其称名借号，未尝不曰：‘吾欲以共成天下之务。’而其诚心实意之所在，以为不如是则无以济其私而满其欲也。以若是之积染，若是之心志，而又讲之以若是之学术，宜其闻吾圣人之教，而以为赘疣枘凿。”……呜呼！何其一字一句，皆凛然若为今日吾辈说法耶！夫功利主义在今且蔚成大国，昌之为一学说，学者非惟不羞称，且以为名高矣。阳明之学，在当时犹曰赘疣枘凿，其在今日，闻之而不却走不唾弃者几何？虽然，吾今标一鹄于此，同一事也，有所为而为之，与无所为而为之，其

①黄克武强调梁启超的思想与儒家传统有连续性，见氏著《一个被放弃的选择：梁启超调适思想研究》，“中央研究院”近代史研究所专刊(70)，1994年，第34页。刘纪曜则认为梁启超形式上跟着传统，实际上已离开传统，见其著《梁启超与儒家传统》，台北，师大历史研究所博士论文，1985年。

外形虽同，而其性质及其结果乃大异。①

由于他认为功利主义是当时盛行之论而最为有害，故以王阳明的《拔本塞原论》中强调从心髓上破除“功利之习”“功利之心”“功利之见”“功利之毒”的观点为根本，明确把道德和功利主义对立起来，以排斥功利主义。王阳明在此文中指出，功利之士往往借着为天下事务的口号，其实是为了满足自己的私欲，因为不借着这些口号就不能实现其私欲。梁启超认为这正好可以用来作为当时新党政治人士行为的写照。他特别痛心的是，与明末清初不同，今日的功利主义在西方文化的影响下，已经堂而皇之地成为流行的价值观，而受到推崇，这也是他最感忧心的地方。

所以，他对功利主义的戒心，还不是一般意义上的，主要是有见于政治活动人士的虚伪：

> 试以爱国一义论之。爱国者，绝对者也，纯洁者也。若称名借号于爱国，以济其私而满其欲，则诚不如不知爱国、不谈爱国者之为犹愈矣。王子所谓功利与非功利之辨，即在于是。吾辈试于清夜平旦，返观内照，其能免于子王子之所诃与否？此则非他人所能窥也！大抵吾辈当发心伊始，刺激于时局之事变，感受乎时贤之言论。其最初一念之爱国心，无不为绝对的、纯洁的，此尽人所同也。及浸假而或有分之者，浸假而或有夺之者。既已夺之，则谓犹有爱国心之存，不可得矣。而犹贪其名之美，而足以炫人也，乃姑假焉！久假不归，则亦乌自知其非有矣！夫其自始固真诚也，而后乃不免于虚伪。然则非性恶也，而学有未至

①《新民说》，第187页。

也。亦于所谓拔本塞源者,未尝一下刻苦工夫焉耳。①

他特别关注的是,当时不少大谈爱国的政治人士,他们的活动表现出,这些人其实是为了追求和满足其私欲,这正是王阳明所说的功利之士。在梁启超看来,这样的人还不如不知爱国观念、不谈爱国宣传的人。按照他的分析,这些人开始时有真实的爱国心,但此心渐渐为名利之心所侵夺,真实的爱国心便渐渐失去,但仍然以爱国为名,以爱国为炫耀。这都是因为他们"学有未至",没有下过"刻苦工夫"。这里的"学"指修身之学,"工夫"指修身的功夫。这是以缺乏儒学的学养和理学的功夫来批评当时政治活动中的功利之士。

……顷见某报,有排斥鄙人奋道德之论者,谓:"今日只当求爱国忘身之英雄,不当求束身寡过之迂士。既为英雄矣,即稍有缺点,吾辈当恕其小节,而敬其热心。"又曰:"欲驱发扬蹈厉、龙拏虎掷之血性男子,而一一循规蹈矩,粹面盎背,以入于奄奄无气之途。吾不知亡国之惨祸,既在目前,安用此等腐败迂阔之人格为也?"吾以为此言又与于自文之甚者也。夫果为不拘小节之英雄,犹可言也,特恐英雄百不得一,而不拘小节者九十九焉。我躬之在此一人之内耶?抑在彼九十九人之内耶?则惟我乃能知之。如曰无须如王子所谓拔本塞原者,而亦可以为英雄也,则不诚无物,吾未见有能成就者也。如曰吾之本原本已纯美,而无所用其拔与塞之功也。则君虽或能之,而非所可望于我辈习染深重、根器浅薄之人,夫安得不于此兢兢也?况吾之所谓旧道德者,又非徒束身寡过、循规蹈矩之云也。以束身寡过、循规蹈矩为道德之极则,此又吾子王子所谓断潢绝港,行焉而不能至者

①《新民说》,第188页。

> 也。苟不以心髓入微处自为课程，则束身寡过之虚伪，与爱国忘身之虚伪；循规蹈矩之虚伪，与龙拏虎掷之虚伪，正相等耳！何也？以其于本原之地，丝毫无与也。以爱国一义论之既有然，其他之诸德，亦例是而已。①

梁启超也引述了当时批评其《论私德》观点的人士的看法，并给予回应。针对主张在政治上不当求束身寡过之士，当求爱国忘身之英雄，英雄皆有小节之缺点，他认为，以不拘小节为名放松对政治人士的道德要求，其结果不仅不能得到英雄，反而可能适得其反。他以儒家经典《中庸》的话“不诚无物”为据，坚持没有道德修身就没有英雄。梁启超的这一说法，很像朱熹对于陈亮批评的回答，鲜明地表现出儒家学者的立场。在这个意义上，梁启超此论可视为近代新儒家批评功利主义的一个代表②。梁也表示，他所说的传统道德绝不是仅指束身寡过、循规蹈矩，而是强调在内心的细微处去除功利，真心爱国忘身，认为只有这样中国的政治才有希望。

正本之后为慎独，梁启超依然以《拔本塞源论》为根据：

> 二曰慎独。《拔本塞原论》者，学道之第一着也。苟无此志，苟无此勇，则是自暴自弃，其他更无可复言矣。然志既立，勇既鼓，而吾所受于数千年来社会之熏染，与夫吾未志道以前所自造之结习，犹盘伏于吾脑识中，而时时窃发。非持一简易之法以节

①《新民说》，第189页。

②这里所说的“近代新儒家”，是指19世纪末至20世纪20年代这三十年间出现的儒家思想家，包括康有为等。“近代新儒家”表示这些近代学者并非固守传统儒学，而是在政治、社会等方面提出了与时俱进的主张，但在人生价值、道德义理、修身功夫方面仍坚持儒家的思想。以往学者对梁启超作为近代新儒家的身份似不太肯定，而最近十多年来，这一点在学界应已无争议。

制之、涵养之，不能保其无中变也。若是者，其惟慎独乎？慎独之义，吾侪自束发受《大学》《中庸》，谁不饫闻？顾受用者万不得一，固由志之未立，亦所以讲求者有未莹也。吾又闻诸子王子曰："谨独即是致良知。"（《与黄勉之书》）然则王子良知之教，亦慎独尽之矣。……故以良知为本体，以慎独为致之之功。此在泰东之姚江，泰西之康德，前后百余年间，桴鼓相应，若合符节。斯所谓东海西海有圣人，此心同，此理同，而求道之方，片言居要，彻上彻下，真我辈所终身由之而不能尽者也。……王子既没，微言渐湮，浙中一派，提挈本体过重。迨于晚明，不胜其敝，而刘蕺山乃复单标慎独，以救王学末流。实则不过以真王学矫伪王学，其拳拳服膺者，始终仍此一义，更无他也。今日学界之受毒，其原因与晚明不同，而猖狂且十倍。其在晚明，满街皆是圣人，而酒色财气不碍菩提路。其在今日，满街皆是志士，而酒色财气之外，更加以阴险反覆、奸黠凉薄而视为英雄所当然。晚明之所以猖狂者，以窃子王子直捷简易之训，以为护符也。今日所以猖狂者，则窃通行之"爱国忘身""自由平等"诸口头禅，以为护符也。故有耻为君子者，无耻为小人者，明目张胆以作小人。然且天下莫得而非之，且相率以互相崇拜，以为天所赋与我之权，当如是也。……昔吾常谓景教为泰西德育之原泉，其作用何在？曰：在祈祷。祈祷者，非希福之谓也！晨起而祈焉，昼餐而祈焉，夕寝而祈焉，来复乃合稠众而祈焉。其祈也，则必收视返听，清其心以对越于神明，又必举其本日中所行之事、所发之念，而一一紬绎之。其在平时，容或厌然掩其不善而著其善。其在祈祷之顷，则以为全知全能之上帝，无所售其欺也。故正直纯洁之思想，不期而自来。于涵养、省察、克治三者之功，皆最有助力。此则普通之慎独法也。日日如是，则个人之德渐进；人人如是，则社会之德渐进。所谓泰西文明之精神者，在是而已。《诗》

> 曰:“上帝临汝,无贰尔心。”又曰:“相在尔室,尚不愧于屋漏!”东西之教,宁有异耶? 要之千圣万哲之所以度人者,语上语下,虽有差别;顿法渐法,虽有异同。若夫本原之地,一以贯之,舍慎独外,无他法门矣。……①

梁启超把王阳明与康德对比,认为二者在根本上是一致的,这开了当代中国哲学以康德贯通心学的先河。美洲之行使梁启超大受刺激的是当时活跃在海外的政治人士及学界人士的所作所为,他形容道,满街都是革命救国的“志士”,他们以“爱国”“自由”为口号,却把“阴险反覆、奸黠凉薄”当作英雄手段,公开以作小人为天赋权利而毫无羞耻。当时活跃在海外的新派政治人士的这些表现,是促使梁启超重新认识和强调私德的根本原因。在他看来,私德败坏是阻碍维新大业发展成功的根本问题。

为此,梁启超提倡慎独。梁启超所说的慎独,是阳明学的慎独,是以良知为本体的功夫。他所说的慎独方法,“必收视返听,清其心”以对越于天;又必举其本日中所行之事、所发之念,而一一反省之,使其正直纯洁之良知,不期而自然发动。他认为这种方法与西方的祈祷相通,于涵养、省察、克治三者之功,最有助益。

最后谈到“谨小”,也是有针对性的:

> 三曰谨小。“大德不逾闲,小德可出入。”此固先圣之遗训哉! 虽然,以我辈之根器本薄弱,而自治力常不足以自卫也,故常随所熏习以为迁流。小德出入既多,而大德之逾闲,遂将继之矣。所谓“涓涓不塞,将成江河。绵绵不绝,将寻斧柯”也。……夫使吾之所谓小过者,果独立焉,而无其因果,则区区一节,诚或

①《新民说》,第191页。

> 不足以为病。而无如有前乎此者数十层,有后乎此者数十层,以相与为缘,若是乎则亦何小之非大也!……譬诸治身,一二日之风寒疥癣,其事甚小也。而推其何以致此之由,则必其气血稍亏之感召也,卫生不协之酿成也。极其流弊,一日如此,他日如此,其痼疾或乃入于膏肓也。今吾辈之以不矜细行自恕者,其用心果何居乎?细行之所以屡屡失检,必其习气之甚深者也,必其自治之脆薄而无力者也,其自恕之一念,即不啻曰:"吾身不能居仁由义。"是并康德所谓良心之自由而放弃之也。必合此数原因,然后以不矜细行自安焉,是乌得更以小论也?而况乎以接为构,而日与相移,纯粹之德性,势不能敌旦旦之伐也。孟子曰:"能充无欲穿窬之心,而义不可胜用。"以反比例观之,则知充纤毫凉薄之心,可以弑父;充纤毫险黠之心,可以卖国也。所恶者,不在其已发之迹象,而在其所从发之根原也。以不拘小节之英雄自命者,其亦可以思矣。①

梁启超特别针对小节无害论而提出"谨小","大德不逾闲,小德出入也可",见于《论语·子张》,这是孔子弟子子夏的话,意谓大的道德原则不可违背,小的行为细节则不必苛求。梁启超认为,子夏的话本是对贤者所说,不是对一般人所说;一般人小德出入多了,大德也必然被伤害。这是因为,小节小过皆有因果作用,且小过之积,如涓涓细水,可以汇成江河,造成大过;小节出入之害,如风寒甚小,却可以亏其气血,引致痼疾,而亏于大节。当时从事革命或维新的人士很多以不拘小节的英雄自命,而流为功利之士,梁启超对此深为痛心。他主张必须检点细行,不能以自恕之心对待小事之过。所谓过之大小,是在已发之迹上论,没有从"用心"来看,如

①《新民说》,第194页。

果从所发之根源来说,任何“过”都是恶对于纯粹之德性的戕害。他甚至认为,纤毫的不正之心,最后可以发展为卖国的大节,这是不能不加注意的。

> 以上三者,述鄙人所欲自策厉之言也。天下之义理无穷,仅举三义者,遵梨洲之教,以守约为贵也。多述前贤训言者,末学谫陋,所发明不能如前贤也。专述子王子与其门下之言者,所愿学在是;他虽有精论,未尝能受也。抑古之讲学者,必其心得也甚深,而身体力行也甚笃。虽无言焉,已足以式化天下,而言论不过其附庸耳。不知道如鄙人,宁当有言,顾吾固云未能自度而先度人,窃自附于菩萨之发心矣。若问鄙人于此三者能自得力与否?固踧然无以为对也。愿读者毋曰,彼固不能实行也,而遂吐弃之。苟其言有一二可采者,则虽无似如鄙人,犹勿以人废言,则鄙人以此言贡献于社会之微意也。①

梁启超说明,正本、慎独、谨小三者本是他用意鞭策勉励自己的条目。仅仅立此三条,是要遵照黄宗羲的教示,不以多为贵。在论述三条时多引用前贤训言,是因为前贤已经发明无余。而引用前贤以阳明学为主,是因为他志在学王学②。佛经有言,“己已得度,回向度他,是为佛行;未能自度,而先度人,是为菩萨发心”。梁启超以此表示,自己虽然尚未做到这三条,但学菩萨发心,乐于向人推荐,激励大家一

①《新民说》,第194页。

②狭间直树认为,梁启超对王学的推崇受到日本的影响,参看黄克武的论文《梁启超与儒家传统:以清末王学为中心的考察》,收入李喜所编《梁启超与近代中国社会文化》,天津古籍出版社2005年,第142页。

起身体力行①。

梁启超在论述“谨小”时，引用王阳明弟子钱德洪的辟“虞”之说：

> 钱绪山云：“学者工夫，不得伶俐直截，只为一虞字作祟。良知是非从违何尝不明？但不能一时决断，如自虞度曰：此或无害于理否？（一）或可苟同于俗否？（二）或可欺人于不知否？（三）或可因循一时以图迁改否？（四）只此一虞，便是致吝之端。”……以鄙人之自验，生平德业所以不进者，皆此四种虞法梗乎其间。盖道心与人心交战之顷，彼人心者，常能自聘请种种之辩护士，设无量巧说以为之辞。②

虞度是思度、谋虑。钱德洪所说的四种虞度，都是人不能直接依从良知，犹豫不决，对自己的行为过错巧饰辩解。梁启超认为，这四种虞法就是人的自恕之词，即古人所说的阻碍道心的人心，所以与道心对立的“人心”是一切过失之根源，必须加以克服。

五、《德育鉴》与《节本明儒学案》

《新民丛报》于1902年初在日本出版，梁启超“日撰五千言，以《新民说》《新民议》两篇为主”。1903年春，梁氏应美洲保皇党之邀，

①黄克武认为，梁启超在新民说后期，以为“淬厉其所本有”是更为根本的工作，放弃了破坏主义与发明新道德之后，他将注意力转到“淬厉”，尤提倡王阳明学派的修身功夫。参看黄克武：《一个被放弃的选择：梁启超调适思想研究》，“中央研究院”近代史研究所专刊（70），1994年，第144、151页。

②《新民说》，第192页。

游历加拿大、美国各地,广泛接触了保皇党、革命党人士,10 月启程返回亚洲。次年(1904)到香港开保皇大会,二月末由香港至上海,三月复返日本。这期间,梁启超对革命党人的行为愈加不满,这直接导致他在思想上对德育的重新重视。黄遵宪 1904 年七月致书梁氏说:“公自悔功利之说、破坏之说之足以误国也,乃一意返而守旧,欲以讲学为救中国不二法门。公见今日之新进小生,造孽流毒,现身说法,自陈已过,以匡救其失,维持其弊,可也。谓保国粹即能固国本,此非其时,仆未敢附和也。如近日《私德篇》之胪陈阳明学说,遂能感人,亦不过二三上等士夫耳。言屡易端,难于见信,人苟不信,曷贵多言。仆为公熟思而审处之,诚不如编教科书之为愈也。于修身伦理,多采先秦诸子书,而益以爱国、合群、自治、尚武诸条,以及理化、实业各科,以制时宜,以定趋向。”①可知《论私德》发表于 1903 年末至 1904 年初时引起了不少人的注意。黄遵宪这一时期与梁启超信件往来较多,对梁启超影响较大,但梁启超并没有按黄氏所劝去编著德育教科书,而是作了《德育鉴》这样的传统德育书②。

1905 年梁启超作成《德育鉴》,发挥了他在《论私德》中提出的德育主张,选录古代儒者论道德修身的语录数百条,间加以“启超谨按”

①陈铮主编:《黄遵宪集》,《致梁启超函》(光绪三十七年七月四日,1904 年 8 月 14 日),中华书局 2019 年,第 850 页。

②《德育鉴》的前言最后说:“本编不可以作教科书,其体裁异也。惟有志之士,欲从事修养以成伟大之人格者,日置坐右,可以当一良友。其甄录去取之间,与夫所言进学之涂径次第,及致力受用之法门,自谓颇有一日长。不然,安取剿说以祸枣梨也?若夫学校用本,尚思别述。杀青之期,不敢言耳。乙巳十一月。著者识。”倒是刘师培 1906 年作成了一部《伦理教科书》,可能也是受黄遵宪的影响。而其书以知为先,不重践行,与梁启超此书宗旨不同。梁启超与刘师培关于道德论述的比较可参看黄进兴《追求伦理的现代性——从梁启超的“道德革命”谈起》,《新史学》十九卷第四期,2008 年。

进行评述,发明儒者修身大意[①]。

其"前言"首曰:

> 鄙人关于德育之意见,前所作《论公德》《论私德》两篇既已略具,本书即演前文宗旨,从事编述。[②]

可见《德育鉴》是根据《论公德》与《论私德》的思想,编述古人道德修身治心的语录,作为德育的参考。就实际来说,此书主要是申演《论私德》的宗旨编成的,应无疑义。

然后他直接论述了在《论私德》篇中讨论到的"道德"和"伦理"的分别,他说:

> 《记》有之,有"可得与民变革者",有"不可得与民变革者"[③]。窃以为道德者,不可得变革者也。近世进化论发明,学者推而致诸各种学术,因谓即道德亦不能独违此公例。日本加藤弘之有《道德法律进化之理》一书,即此种论据之崖略也。徐考所言,则仅属于伦理之范围,不能属于道德之范围(道德之范围,视伦理较广。道德可以包伦理,伦理不能尽道德),藉曰道德,则亦道德之条件,而非道德之根本也。若夫道德之根本,则无古无今、无中无外而无不同。吾尝闻之子王子之言矣,曰:"良知之于节目事变,犹规矩尺度之于方圆长短也。节目事变之不

①董方奎《新论梁启超》(华中师范大学出版社 2007 年)中有两章论梁启超的教育思想及其在中国近代教育中的地位,却皆未及《德育鉴》及其教育意义。

②《德育鉴》,清华大学国学研究院德育读本,北京大学出版社 2011 年,第 3 页。

③见《礼记·大传》:"立权度量,考文章,改正朔,易服色,殊徽号,异器械,别衣服,此其所得与民变革者也。其不可得变革者则有矣:亲亲也,尊尊也,长长也,男女有别,此其不可得与民变革者也。"

可预定,犹方圆长短之不可胜穷也。故规矩诚立,则不可欺以方圆。而天下之方圆,不可胜用矣。尺度诚陈,则不可欺以长短,而天下之长短不可胜用矣!良知诚致,则不可欺以节目事变,而天下之节目事变不可胜应矣!”夫所谓今之道德当与古异者,谓其节目事变云尔。若语于节目事变,则岂惟今与古异,抑且随时随地、随事随人,在在而皆可异。如人民服从政府,道德也,人民反抗政府,亦道德也,则因其政府之性质如何,而所以为道德者异。缄默谨言,道德也,游说雄辩,亦道德也,则因其发言之目的如何,而所以为道德者异。宽忍包荒,道德也,竞争权利,亦道德也,则因其所对之事件如何,而所以为道德者异。节约俭苦,道德也,博施挥霍,亦道德也,则因其消费之途径如何,而所以为道德者异。诸如此者,其种类恒河沙数,累万纸而不能尽也。所谓道德进化论者,皆谓此尔。虽然,此方圆长短之云,而非规矩尺度之云也。若夫本原之地,则放诸四海而皆准,俟诸百世而不惑,孔子所谓一以贯之矣。故所钞录学说,惟在治心治身之要。若夫节目事变,则胪举难殚。恃原以往,应之自有余裕耳。①

梁启超坚持主张,道德不受进化论规律所支配,道德的根本原则不会进化,道德对应的具体事项即节目事变会在历史上变化,但道德本身或原则不会变化。不仅如此,在他看来,道德的根本,古今、中外是一致的。治心、治身作为道德修养的要法也不会随时代变化,在今日仍然是有意义的。了解《论私德》的思想,就知道《德育鉴》的“前言”完全是《论私德》思想的展开和实践。

他接着指出:

①《德育鉴》,第4—5页。

> 公德私德，为近世言德育者分类之名词。虽然，此分类亦自节目事变方面观察之，曰某种属于公之范围，某种属于私之范围耳。若语其本原，则私德亏缺者，安能袭取公德之美名？而仅修饰私德而弁髦公德者，则其所谓德已非德。何以故？以德之定义与公之定义常有密切不能相离之关系故。今所钞录，但求诸公私德所同出之本。若其节目，则刘蕺山《人谱》及东人所著《公德美谈》之类，亦数倍此编之卷帙，不能尽耳。①

他提出，公德、私德是近代教育就节目事变方面所做的分别，其实二者并不能分开，而是统一的。私德亏缺的人不可能真有公德，而只讲私德却蔑视公德，也不会是真正有德的人。公德和私德不能分开培养，德育的培养是涵养公德私德同出之本源，这个本源就是人的自由良心。《德育鉴》的内容就是集中在如何培养自己的自由良心。

"前言"最后说："本编所钞录，全属中国先儒学说，不及泰西，非敢贱彼贵我也。浅学如鄙人，于泰西名著，万未窥一。凭借译本，断章零句，深惧灭裂以失其真，不如已已。抑象山有言，东海西海，有圣人出焉，此心同也，此理同也。治心治身，本原之学，我先民所以诏我者，实既足以供我受用而有余。孔子曰'知及之，仁守之'，又曰'得一善，则拳拳服膺而不失'。窃谓守而不失，然后其物乃在我。"②这里对本原之学的强调，表现出梁启超在修身的心学方面坚定地回到了儒学传统③。

以下举几则梁启超的按语，以说明他的思想及其与《论私德》篇

①《德育鉴》，第5页。

②同上书，第6页。

③有些学者认为梁启超对中国文化的私德评价不高，这显然只见《论公德》篇，而无见《论私德》篇，如黄雅琦《救亡与启蒙：梁启超之儒学研究》，花木兰出版社2009年，第207页。

的一致性。

> 启超谨案:居今日而与学者言义利之辨,无论发心体认者渺不可得,但求其不掩耳却走者,盖千百中无一矣。何也?所谓权利思想,所谓功利主义,既已成一绝美之名词、一神圣之学派。今乃举其与彼平昔所服膺最反对之学说而语之,匪直以为迂,且以为妄耳。吾今为一至浅之解释以勘之:先哲所谓义者,诚之代名词耳;所谓利者,伪之代名词耳。吾辈今日之最急者,宜莫如爱国,顾所贵乎有爱国之士者,惟其真爱国而已。苟伪爱国者盈国中,试问国家前途,果何幸也?①

梁启超认为,爱国为公德的第一要求,但声称爱国者,有诚有伪,而诚伪的问题就是私德的问题,可见私德和公德是不能分开的。在他看来,最大的问题是伪爱国者盈于国中,口称爱国,自命爱国,实际上却从个人功利出发。因此梁启超坚持以传统义利之辨抨击功利主义。

> 启超谨案:今世自由、平等、破坏之说,所以浸灌全国,速于置邮者,其原因正坐是,皆以其无碍手也。然卓吾谓酒色财气不碍焉耳,未尝必以酒色财气为圣贤也,而自由、平等、破坏,则以为豪杰志士之鹄焉。此正阳明所谓其习熟既足以自信,而条目又足以自安也。故昔之陷溺利欲、弁髦私德者犹自惭焉,今则以为当然。岂徒以为当然,且凡非如是者,不足以为豪杰。呜呼,是非之心与羞恶之心俱绝,相率而禽兽矣!②

①《德育鉴》,第10页。
②同上书,第17页。

梁启超认为,自由、平等、破坏之说之所以很快流行全国,是因为很多人觉得自由、平等、破坏之说不妨碍他们的各种败德行为;不仅不妨碍他们的败德行为,而且可以作为社会活动的宗旨。更有甚者,以自由、破坏为其败德行为作辩护。

他又指出:

> 启超谨案:……言破坏者,动曰一切破坏,而旧道德尤其所最恶也。一言蔽之,则凡其所揭橥者,皆投小人之私心,而又可以附于君子之大道而已。①

破坏主义以传统道德为破坏的主要目标,于是破坏主义的口号和主张都是投合小人之心又可以为君子所容纳的,这里指的就是以自由、平等、破坏为口号。

又如,《德育鉴》引吕坤语曰:"无所为而为"五字是圣贤根源,学者入门念头,就要在这上做。今人说话,第二三句便落在有所为上,只为毁誉利害心脱不去,开口便是如此。(吕心吾坤)其下有梁启超按语:

> 启超谨案:学者闻辨术之说,莫不以为迂,但今试问:苟有所为而言爱国,尚足为爱国矣乎?故曰立心之始,即务去此,不去此则率天下而伪也。②

这里所谓"有所为",是指在道德之外的目的,若主张爱国而另有其目的,这便是"有所为而言道德";真诚的、没有另外目的的爱国才是

①《德育鉴》,第19页。
②同上书,第22页。

"无所为而为"。"无所为而为"就是从事道德行为而没有任何功利、外在的目的。

针对这些以爱国合群为名、以私智自利为实的人,梁启超用王阳明的知行学说加以分析:

> 今与人言爱国也,言合群也,彼则曰吾既已知之矣;非惟知之,而且彼亦与人言之,若不胜其激昂慷慨也。而激昂慷慨之外,则无余事矣,一若以为吾有此一知而吾之责任皆已尽矣。是何异曰:识得孝字之点画,则已为孝子;识得忠字之点画,则已为忠臣也。就阳明先生观之,则亦其人未尝有知而已。然使其果纯为未尝有知也,则犹有冀焉,冀其一知而即行也。若知而不行,则无冀焉矣。……而今世之坐视国难、败坏公德者,其良知未尝不知爱国、合群之可贵。知其可贵而犹尔尔者,则亦不肯从事于致之之功而已。有良知而不肯从事于致之之功,是欺其良知也。质而言之,则伪而已矣。人而至于伪,乃小人而无忌惮也。阳明先生必提挈知行合一,以为致良知之注脚,为此也夫,为此也夫!①

这些人知道爱国、合群为公德,不仅知道,而且能把爱国、合群讲得慷慨激昂。但他们有知而无行,即没有行动。梁启超说,按王阳明说法,这就是还没有知。如果他们真的是未知,人们还可以期望他们有知而能行,但实际上他们是有知而根本不行。甚至有些坐视国难、败坏公德的人,他们的良知不是不知道爱国、合群的可贵,却仍然不按良知去做,这就是伪。

---

①《德育鉴》,第68页。

今试问举国之人，苟皆如先生所谓用其私智以相比轧，假名以行其自私自利之习，乃至于其所最亲近而相凌相贼者，苟长若是，而吾国之前途尚可问乎？夫年来诸所谓爱国、合群之口头禅，人人能道，而于国事丝毫无补者，正坐是耳。《记》曰："不诚无物。"又曰："至诚而不动者，未之有也；不诚，未有能动者也。"①

梁启超最为不满的就是，将爱国、合群作为口头禅，以爱国之名行其自私自利之实，从而导致对于国家大事毫无所补。

《节本明儒学案》一书成于1905年十月，《德育鉴》成于同年11月②。两者成书时间相继，内容都是德育语录，有一致性。从《德育鉴》的"前言"来看，《节本明儒学案》也是以"论私德"的思想为指导最终编成的，同期的《松阴文钞》也是同类著作。以下略举《节本明儒学案》中的几则眉批：

然则以功利之心谈爱国者何如？③

所谓主观说也。必实有爱国之心，然后成其为我之国。

此语直令人无所逃遁，凡吾辈日言爱国而无实行者，皆未知国之可爱也，推之一切皆如此。④

今世傲狠险戾之徒，侈然以平等自由口头禅相号者，正以有成说使之自信自安也。⑤

①《德育鉴》，第73—74页。

②朱鸿林对《节本明儒学案》作了详细研究，其论文为《梁启超与〈节本明儒学案〉》（2011年4月香港理工大学明史会议论文）。

③《节本明儒学案》，《饮冰室丛著》第六种，商务印书馆1916年，第111页。

④同上书，第127页。

⑤同上书，第121页。

这些眉批的思想与《德育鉴》案语所说完全一致，都针对当时谈爱国的人士蔑视私德修养而言。梁启超宣传公德，本来是为了宣传、鼓动人民的爱国主义意识，但他在海外政治活动中遇到的口称爱国的人士，个人道德品质低下，爱国的口号下面充满功利之心，这使得梁启超大为失望，也使得他重新思考私德的意义及其与公德的统一问题①。

张灏的著作在谈到《德育鉴》时有一种明显的倾向，即努力把梁启超和儒家传统拉开一些距离，以避免把梁启超肯定为一位儒家思想家。他认为梁启超的人格理想已经不是传统的内圣外王，梁启超《新民说》主张的道德价值也多为新的价值观，更对传统秩序和制度提出了改革的挑战②。我以为，这里的关键在于要用动态和发展的观点来理解“儒家”，特别是“近代新儒家”，而避免用一个单一的本质主义的儒家概念去判断儒家的多元体现和历史发展。传统儒家的形态本身就是多元的，不是单一的。而无论近代或现代、当代的新儒家学者，都不再与传统儒家完全一致。他们大都批判地肯定工业文明、民主政治、科学发展、现代化社会组织，并广泛吸收现代价值观。但在基本道德价值、基本人生理念、基本修身方法，以及文化认同上，仍坚持肯定儒家的基本观念。尤其是像梁启超这样坚持以宋明儒学功夫从事修身实践，坚持儒家的德育传统，在近代学者中已实属罕见，虽然他与乃

①1916年梁启超还作《曾文正公嘉言钞序》，言“抑先圣之所以扶世教、正人心者，四书六经亦盖备矣。然义丰词约，往往非末学所骤能领会，且亦童而习焉，或以为陈言而忽不加省也。近古诸贤阐扬辅导之言，益汗牛充栋，然其义大率偏于收敛，而贫于发扬。夫人生数十寒暑，受其群之荫以获自存，则于其群岂能不思所报？报之则必有事焉，非曰逃虚守静而即可以告无罪也明矣，于是乎不能不日与外境相接构。且既思以己之所信易天下，则行且终其身以转战于此浊世。若何而后能磨练其身心，以自立于不败？若何而后能遇事物泛应曲当，无所挠枉？天下最大之学问，殆无以过此！非有所程式而养之于素，其孰能致者？”

②参看张灏：《梁启超与中国思想的过渡（1890—1907）》，江苏人民出版社1993年，第194—198页。

师康有为的思想有所区别，但同为近代之新儒家，应无疑问。

总而言之，虽然梁启超《新民说》中的“公德说”在近代以来最有影响，人们甚至把《新民说》的道德思想仅仅归结为“公德说”，而实际上，《新民说》中后写的《论私德》，对“公德说”作了很大的补充和修正，更加深刻地思考了私德在整个道德结构中的基础意义和重要价值。因而，《论私德》不仅深化了他个人在《新民说》初始时的道德论，而且对由启蒙推动的近代化运动带来的道德反思的限度，以及后来发起的新文化运动的十年前，作了根本性的揭示，显示出思想家的深刻洞见。《论私德》及其影响下的《德育鉴》等书的编订，从根本上确立了梁启超作为近代新儒家的思想立场和方向，也奠定了儒家道德论在近代的调适和发展的典范，这从现代新儒家梁漱溟由梁启超《德育鉴》得到的启发和所受的影响亦可见一斑①。

（原载《清华大学学报（哲学社会科学版）》2013 年第 1 期）

①梁漱溟说：“溟年十四五以迄十八九间，留心时事，向志事功，读新会梁氏所为《新民说》《德育鉴》，辄日记，以自勉励。”（《思亲记》，《梁漱溟全集》第一卷，山东人民出版社 2005 年，第 593 页）“任公先生同时在报上有许多介绍外国某家某家学说的著作，使我得以领会近代西洋思想不少。他还有关于古时周秦诸子以至近世明清大儒的许多论述，意趣新而笔调健，皆足以感发人。此外有《德育鉴》一书，以立志、省察、克己、涵养等分门别类，辑录先儒格言（以宋明为多），而任公自加按语跋识。我对于中国古人学问之最初接触，实资于此。……在当年却给我的助益很大。这助益，是在生活上，不徒在思想上。”（《梁漱溟全集》第二卷，第 682 页）“对于人格修养的学问，感受《德育鉴》之启发，固然留意，但意念中却认为‘要作大事必须有人格修养才行’，竟以人格修养作方法手段看了。似此偏激无当浅薄无根底思想，早应当被推翻。无如一般人多半连这点偏激浅薄思想亦没有。”（《我的自学小史》，《梁漱溟全集》第二卷，第 683 页）“我极关心国家大事，平素看轻书本学问而有志事功，爱读梁任公的《新民丛报》《德育鉴》《国风报》等书报，写作日记，勉励自己。”（同上书，第 693 页）

梁漱溟与密宗

去年由梁漱溟先生哲嗣梁培宽先生示知,梁先生晚年还有未发表的《谈静》一文,析论儒释道三家习静的异同。为此,我重读了梁先生的著作,对梁先生前后习静的经历,有了一些新的了解。他的个人修习经验,尤其是其曾修藏密一节,以往鲜见学人提起,这些经验为研究现代儒学家的精神修养和功夫实践,提供了一个可资分析的例子。本文将对其修习密宗功夫的经历加以讨论和分析。

一

《梁漱溟全集》第八卷日记的部分,在1947年条下有注称:

> 此为著者遗稿中所见一抄件,谈习静问题;以其按日逐条记叙,故录入日记部分。①

这一部分留有1947年2月至4月共6天的日记,记录了梁先生第一次“习静”的前后经历。

以下是这一部分日记对其“习静”的记载:

①《梁漱溟全集》第八卷,山东人民出版社1993年,第420—421页。以下只注明卷页。

> 2月　十力先生自五通桥来勉仁，小住匝月。某次谈话，先生语我云："发愿"与"见体"是吾人一生最要紧的事。愚当下甚有警省。吾人一生若于此二者皆无有，则只有下堕，一生不如一生。因而时时念及之，不能忘。①

勉仁指在重庆的勉仁中学和勉仁书院，1946年末，梁漱溟退出国共和谈后从南京返回北碚，当时勉仁各校皆相当困难。五通桥在乐山，抗战胜利后，熊十力于1946年夏初由鄂重入川，在孙颖川开办的黄海化学工业研究社度日。该社附设一哲学研究部，是专为安置熊十力的，黄海社址在五通桥②。1947年初，熊先生由五通桥到重庆北碚梁漱溟先生办的勉仁书院小住，看望这位从政治激流中退出的老友，期待梁漱溟从事功转归学问。熊十力以精神性课题为终极关怀的态度，使刚从政治事务中抽身出来的梁漱溟得到了某种警醒。

熊十力离开勉仁后，受熊十力这次来访的影响，梁漱溟开始在学问功夫上追求新的境界，2月底他前去拜访了时在重庆的汉传密宗大师能海法师：

> 29日　同东明访谒能海法师于嘉陵新村十三号。愚求教言，师先问年齿，愚答五十五矣。师曰：一日间当有一时间习静。愚敬志之。又问方法如何。师答方法可任择一种，不必拘。③

梁漱溟见能海法师，求其开示，能海法师大概对梁漱溟热衷世事活动

---

①《梁漱溟全集》第八卷，第420页。

②参见郭齐勇：《熊十力、梁漱溟佚札三通与佚文一篇》。

③《梁漱溟全集》第八卷，第420页。

的性格有所了解,故没有深谈佛法,只是指示他应当每日习静,而习静的方法多端,不必拘于一格。这说明,能海法师也没有向梁漱溟特别推荐佛法如密宗的静修。陪同前往的东明即学佛颇久的熊东明①。

能海法师的建议打动了梁漱溟,于是他便开始寻师习静。3 月底,他确定跟从一位有 30 年静功经验的江先生学静:

> 31 日　午后同东明访江子斋先生于磁器口二十四厂之理化实验室,聆其自述三十余年来之静功,知其所得不差,深为敬服。谈话间,于愚夙来所见有印合处,并亦有所启发。于发愿、见体二念,多有鼓舞激励,尤隐契于心,悲喜不尽。因决意从江君习静。②

这位江先生在重庆一实验室工作,似非人文学者,也许是一位居士,不得而知。这位江子斋先生自述其静功所得,梁漱溟对其深表敬服,双方谈话十分契合。不知江君的功法是何源流,总之,梁漱溟决意按照江子斋的方法学习静功。

现存 4 月的习静日记共有三则,其一为:

> 2 日　宿特园楼上。天未明,念习静当在后半夜,睡醒时试为之。又念每晚将睡前,宜清净其心,俾梦中少杂乱念头,庶可睡安稳,而醒时精神较好。③

---

①熊东明,燕京大学毕业,曾在支那内学院学佛,亦与太虚法师过从。

②《梁漱溟全集》第八卷,第 421 页。

③同上。

这是在重庆上清寺“特园”楼上习静，特园正是民盟成立之处①，日记中说“睡醒试为之”，则是此次习静刚刚开始。而且，看起来江子斋教他的静功是要求在后半夜练习的功法。

其二为：

> 8日　连日虽不忘，亦总未得手作功夫。本日约四时起坐，于手脚姿势尚未得其安。念中觉察有二：一要搞清楚动机，动机不清楚或动机不正，必不可以；二要辨明“见体”之体，是儒家的抑佛家底。前者为出发点，后者为目的地。继自省念：我起心动念在向上，在出妄。此是循生物界中进化出人类之路而来，一直是趋静、静、静……而返于无妄。继觉：取静之心非静；有妄可出，终不得出。儒家之体与佛家之体是一非二，但属两阶段不同。②

从2日到8日，梁漱溟虽常欲习静而未得功夫，大概是多为勉仁的经营事情所耽阻。8日晨4时起床静坐，但他此日静坐尚无体验和收获，主要是他起念甚多而不自觉。他在静坐中先欲辨明习静的动机，认为动机不清楚则不可以习静；其次则就熊十力所说的见体，而欲区分儒家与佛家的不同。对于动机，他自认为在于向上、出妄，是追求趋静而返于无妄。趋静的讲法同于他历来以静为人心特征的说法。

---

①上清寺一带是陪都时期政治家活动最频繁的地方，其中“特”“范”“桂”“周”是当时知名人士政治活动和居住过的地方。陪都时期，中国民主同盟创始人张澜借住在特园，很多著名民主人士来这里与其会面，号称“民主之家”。中国民主同盟就是在特园成立的，梁漱溟是发起者之一。梁漱溟后来也说过，他在重庆时多借住园中（1976年12月30日致陈仲瑜信后注，《梁漱溟全集》第八卷，第106页）。

②《梁漱溟全集》第八卷，第421页。

对于见体,他认为儒家的见体与佛家的见体是一致的,但分属两个阶段,虽然他并没有说明两个阶段为何,但根据他一贯的思想,似认为儒家的见体是开始的阶段,佛家的见体才是究竟的阶段。

由熊十力不久前来重庆特提“见体”可知,梁漱溟此时向往的见体应是儒家的见体,而佛家的见体则当属以后的事情。由此儒佛之辨亦可推见,他所习静的功法应当属于佛家的静法。在这样一种以思考、反省为主的意识活动下,而且暗含追求儒家见体的意思,其习静之无所得,是可以想见的。不过,就认识而言,他所说“取静之心非静;有妄可出,终不得出”,认为不应当以求静之心习静,这个看法还是对的。

其三为:

> 18日　连日昏散,虽起坐不能有入。本日有觉:一切诸佛当然现在,与我无隔;不自欺是根本,是入手;不自欺是静,外此无真静。①

从8日到18日,梁漱溟虽然晨起静坐,但自觉未能有入,所谓有入即有所体会。至18日有所觉,认为不自欺便是静,此外无真静,这是用《大学》“诚意章”的意思来看“静”,等于用“诚意”的功夫取代“静”的功夫,这无异于使“静”失去了独立的功夫意义。

这样的说法虽然近于王阳明,但也表示,梁漱溟这一段的习静对于静功本身并没有真正的收获,最后只归结到诚意的不自欺而已。他想从佛法的功夫入,但其结果是仍然回到儒家。

从此次习静的缘起来看,熊十力来访之后梁漱溟立即寻师习静,以及在与江君谈话中,觉于发愿、见体多有鼓舞,应可推知,梁漱溟此次习静,一方面是因能海法师的提示,另一方面,此次习静与两年之

①《梁漱溟全集》第八卷,第421页。

后的习静不同,不是单纯地借以调心养心,而是以之为发愿、见体的功夫,这是此次习静的重要动机。

二

在1947年春夏间习静之后,过了两年(1949),梁漱溟先生再次习静,不过此次修习,在出发点上虽是习静,而实已超出单纯习静的范围。

《梁漱溟全集》载有《致言申夫》(1984),其中提到1949年事如下:

申夫先生左右:

顷奉大函询及刘仲迈、侯疑始二公各情事。我愧未闻刘公之名,曾闻侯公名字,今于其生平事迹亦复遗忘,模糊不清了。1949年夏秋间贡噶上师到重庆北碚,驻公园,我经友引进,聆取无相大手印,接受灌顶,当下如饮醍醐,得未曾有。我自少年倾心佛法(非受人指引,是自发的),抱出家为僧之念,直至二十九岁乃始放弃而结婚,但始终发愿不舍众生,不驻涅槃。曾致力乡村运动者十年,又值日寇入侵而奔走国事。对于佛家戒、定、慧,唯守不茹荤腥一小节,其它谈不上,既无修持,于今衰老(九十一),不念弥陀,只念观音,不修净土者,仍是以救苦救难自勉也。修定乃开智慧,惜我早年于静定未得入,中年一度若有所入,而今衰老,亦难凝神入定了。我公论易函稿,我只能展读,不能赞一词。此是真实话,非敢搪塞,唯公谅察幸甚!

敬叩台安!

梁漱溟再拜①

①《梁漱溟全集》第八卷,第308页。

这是梁先生晚年所写，观此书前后之语，应是就对方有关习静修定的问题而答，盖问者以为梁先生有修定功夫，而梁先生在回复中谈及1949年修习静定的经历。其中坦诚曾修藏密一节，《全集》他处皆未及，实属难得的文献。

既然修密的事情在1949年，我们就来看看本年的日记。在《全集》日记的1949年部分之首，录有梁漱溟晚年的自注：

> 此抄件据我回忆当是某年同罗膺中、曹慕樊诸友、又谢无量先生夫妇在缙云山顶上闭关习静时之日记。
>
> 1983年漱溟①

罗膺中即罗庸。《全集》本页有注脚："著者此次习静在1949年夏，重庆北碚北温泉缙云山缙云寺左近之一民舍中。罗膺中时为勉仁文学院教授、中文系系主任，原西南联大教授，曹慕樊为该学院教师。"②勉仁书院即在缙云山下，缙云山在嘉陵江畔，风景优美，缙云寺则是始建于南朝的古寺，这里也是太虚（1889—1947）办汉藏教理院之处，此处的确是闭关习静的好地方。注脚说习静在民舍中，其实不确，下引资料可见梁漱溟也在佛殿中习静。

自注这里所说的1949年夏在重庆缙云山闭关习静之事，即与答言申夫书中所说的"贡嘎上师到重庆，经友引进，聆取无相大手印，接

---

①《梁漱溟全集》第八卷，第421页。

②曹慕樊（1912—1993），号迟庵，四川泸州人，生前为西南师范大学中文系教授。早年毕业于金陵大学，1946—1947年，在四川乐山五通桥中国哲学研究所（附设于黄海化学社），师从熊十力先生，治佛学及宋明理学。1947—1950年，受重庆北碚勉仁文学院（创办人梁漱溟先生）之聘，为中文系副教授。1953年后，为西南师范学院（后改为西南师范大学）图书馆副馆长，中文系副教授、教授，汉语言文献研究所教授。又，日记所见，只有罗、曹二人，似无谢无量夫妇。

受灌顶”有关,参以下面还会引用的1949年8月19日日记所说“自皈依上师之日即先曾自己审查一番”,可知1949年夏梁漱溟确曾有皈依贡嘎上师而修习藏密一事①。而此部分日记不仅可以确证梁漱溟在接受灌顶之后即认真修习密宗大手印,而且详细记录了修习的过程。

不过,1983年梁漱溟对这部分日记的自注,也在一定程度上表现出他似是把修习藏密作为“闭关习静”之一种来理解和对待。有意思的是,梁漱溟40年代两次习静都与密宗大师有关。梁漱溟1947年习静是受能海法师的指引。能海法师是抗战前后在汉地弘传密教的代表人物,二十世纪三四十年代在四川宣讲佛法,正是能海法师指示梁先生应当习静②。梁先生后来与能海法师仍有往来,据1956年8月14日日记:“昨日游园遇能海法师,情意甚殷,嘱我往谈,拟择期偕鲜老访之。”③同年8月25日条:“饮食后访鲜老一同访能海法师,座谈甚久,即留午饭。师指示甚多,开一书单并‘习定要点’一纸,并嘱向唐慕汾借书。师于宗喀巴大师之教似深有所传授。”④能海法师于宗喀巴之教是格鲁派,贡嘎上师则为噶举派。能海所谓“习定”即是梁漱溟所谓习静功夫,能海法师还亲自写一纸“习定要点”引导梁漱溟,可见梁漱溟与佛教法师交,总是以此为中心⑤。

---

①贡嘎上师(1893—1957)在20世纪30年代、40年代两次应邀赴汉地,经过八年多时间,往返于四川、云南、两湖、两江、京、沪、陕等地,共收僧俗弟子数以万计,时国民党很多高官亦皈依其座下。

②能海法师(1886—1966)于1949年后任西南军政委员会副主席、中国国民党革命委员会中央副主席、中国佛教协会副会长。

③《梁漱溟全集》第八卷,第584页。

④同上书,第586页。

⑤鲜老即鲜英(字特生),特园的原主人。见1950年5月27、28日日记注,《梁漱溟全集》第八卷,第433页。

三

以下我们来看梁先生这次习静的日记，自 1949 年 8 月 4 日起至 9 月 11 日，近 40 天的修习，日记记录，一天不少，可见他此次习静非常认真，与两年前大不相同。

另外，选此时间习静，恰好是他写完《中国文化要义》而等待校样之时，故著述和修行没有大的冲突。

> (8 月)4 日（农历七月十日） 佛法须是大贪大慎大痴之人方得悟入，方得修成。不用思惟心，如理思惟亦不禁止，一切生命力量皆是此物表现，所以大烦恼即是大菩提。排订日课，诵习百字明及护法咒。以睡眠恢复疲劳，充实修道精力。①

此日排订日课，开始修习。《百字明咒》与《护法咒》是密宗咒法，《百字明咒》又译《金刚萨埵净罪咒》，主要功能是净除消解业障，这样才能以清静心修习。金刚萨埵的含义为“金刚、勇猛、有情”，在西藏译为“金刚勇猛心”，“金刚萨埵”一语，象征“坚固不坏之菩提心”与“烦恼即菩提之妙理”。这则日记证明，此次“闭关习静”从一开始便是修习密教之法的。这显然是在接受贡嘎上师灌顶、传授后立即开始依其教示实践修行。另外，虽然这里所说“不用思惟心，如理思惟亦不禁止”，但整个修习过程显示，梁漱溟的思惟过多，应是影响其习静成效的重要原因。

> 5 日（农历七月十一日） 初试日课修四加行。写致卢子英

①《梁漱溟全集》第八卷，第 422 页。

> 信。午后试修大印。报载长沙局部和平讯。①

“四加行”是密教的重要修行，“加行”一词，是指修持的基础。在密教的修持中，其最终目的是为了成就佛境，而要成佛就必须先令自己自无始以往轮回以来之罪障净化及要积备因缘与资粮，而各种加行正是为忏罪积资的基本工作。它们既是作重要修持前的一种准备功夫，同时也是终生修持乃至成佛以前都必须不断修习的法门。“四加行法”各派说法略异，大体就是“皈依法”（观想皈依境等）、“大礼拜法”（全身投地敬拜）、“金刚萨埵法”（持《百字明咒》）、“上师相应法”（诵念观想上师具足对上师的信心等）。《百字明咒》属金刚萨埵法，功能在于清净罪障，敬拜和持咒皆应反复多次，次数多者不止上百上千②。日记所说的“大印”应即密教“大手印”法。

> 6日（农历七月十二日）　“精神提振，气向下沉，心不住境而住心（空）中”——心知其意而不得实证。依课而行，粗得大概，就后面佛殿试坐，其环境视室内为佳。头脑有昏倦之感而又不能入睡，精神不足以修定。若离执计是见王，若无散乱是修王，若无作求是行王，若无所住即证果，越所缘境心体现，无所住道即佛道，无修无境即菩提——此数语吾皆承认，皆相信，只是可望而不可即。两日来以大印难入门，在午后恒再修四加行一遍。大印无可用力，只有在加行上用力。③

①《梁漱溟全集》第八卷，第422页。

②笔者缺少密宗知识，文中提及密宗常识，多从网络如百度百科中来，以下不一一注明。

③《梁漱溟全集》第八卷，第422页。

心不住境而住心中，很像知衲禅师的“真心息妄法”，精神、气、心这三句可能是大手印传授的法门。缙云寺佛殿是静坐的好处所，比民舍居室内为佳。历史上宋明儒者在寺中静坐，与梁漱溟在佛寺闭关，当有一致的地方。梁漱溟承认，大手印无可用力，很难入门，密教的大手印的四种特性，是坚固、清净、解脱、圆满。大手印乃主要秘密教法，也是一种无上教法，从见、修、行三方面而论，“见”即了悟佛性。“修”为了除却染污，显现清净，一般的训练是，先由上师处接受适当的灌顶、法本传授和有关指示，然后修四加行：皈依、发菩提心并配合大礼拜、金刚萨埵观想及上师相应法。特殊的训练包括那若六法等。“行”乃最高之境界，即清净无为，轻松自在，任运而行。密教的噶举派、宁玛派、萨迦派，倾向于保持心的无分别，在宽坦中揭露光明的心性，其用功方式与汉地禅宗的默照禅有相通之处。

“若离执计是见王，若无散乱是修王，若无作求是行王”等数句出自《恒河大手印偈颂》，贡噶上师 1938 年作有《恒河大手印释》，对恒河大手印偈详加解说，梁漱溟应该持有①。可见贡嘎上师特别向梁漱溟传授了恒河大手印偈。不过，初学时的梁漱溟觉得，大手印很难进入，他猜测自己的问题可能在于在四加行方面的用力不够，所以他还是希望先在加行上用力。

> 7 日（农历七月十三日） 必要从世俗生命所具之一种贪迷奔逐之势中超脱出来，此奔逐之势与其生命之自陷于有对为一事。佛者觉也，犹是生命而通乎万有，一体而无对，是以朗澈证定，动静自如。人身所以于修佛法最便者，即为其已从有对超进于无对，其超脱于本能之理智理性，正是其超脱于贪迷奔逐之所

①此书又名《贡嘎上师恒河大手印直讲》，如载于《涅槃道大手印瑜伽法要释》者，新文丰出版公司 1993 年，第 73—95 页。

在。感觉中之现量即其一例。但吾人今日所有者,已是知觉而非复感觉。修大印,似须从把握感觉入手。把握感觉,首在一闲宽坦,于脱出奔逐之势。平常余每因极细小不成问题之事而不能入寐。此放不下之心,即属于奔逐之所表现者。平素表现似能宽坦,其实不然。今修大印,一障碍在此。①

本日的日记仍起因于修大印,自省其修习大手印的障碍。但前面一大段,都是梁漱溟自己对生命的简要看法,即人的生命应当从贪迷奔逐中超脱出来,以进于与万物一体而无对的境界;贪迷奔逐是属本能,超脱本能则是理性之事。这些关于生命一体的思想,关于本能、理智、理性的进化的理解,是梁漱溟生命哲学的主要基调,在他的论著中都有阐明,而以晚年《人心与人生》一书论述最详。由此梁漱溟反省,认为自己的毛病在于对一切事放心不下,不能释怀于事,这是奔逐于外的表现,不能超脱此种奔逐,是修习大手印的障碍。照梁漱溟的初修体会,修习大手印,应先找到一种宽坦的感觉,始能入手,而不是只在知觉上了解。"宽坦"也是贡嘎上师传大手印"任运境界"常用的词汇。

8日(农历七月十四日)星〔期〕一　昨以此日记请教慕樊,今日略谈其经验。愚意当修亥母,慕樊赞成。抄《百字明》汉译文②,

①《梁漱溟全集》第八卷,第422页。

②百字明原是藏音,译文有数种,未知梁漱溟所用为何,应为贡嘎所传。陈建民有百字明意译颂,或可参之:敬礼大金刚密誓,顿然显自性清净,于大金刚心佛位,令我得坚固安住,令我显真实自性,令我具最极胜乐,令我显广大自性,令我随贪之自性,令我得一切成就,令我成一切事业,令我心具足大勇,令我起五智大用。大善逝一切如来,金刚本体莫舍我,令我住金刚自性,具大密誓大勇心,于法无生本体阿,起空乐大智慧吽,降伏一切魔仇呸。

> 阅《四部宗见略说》①。睡眠颇不少，而睡后脑部不见清爽，且感劳累，可怪。加行课渐熟，大印难入。②

梁漱溟在修习时与曹、罗等交流心得，以期相互促进。梁漱溟本日在念诵外，又抄《百字明咒》的汉译文，学习贡嘎上师的《四部宗见略说》。梁漱溟自觉此日加行较熟，但大印仍难进入，于是又提出修亥母法。盖密宗的金刚亥母法可以去烦恼、所知障，调和气脉，其法应亦是上师所传授。他说加行课渐熟，表示其在修习的初始阶段还是有进步的。

> 9日（农历七月十五日）星〔期〕二　夜来梦中行业几乎杀盗淫皆有表露，无始习气深如此。中夜欲起修金刚萨埵法清净垢障，以灯油不足，因循未果。晨起修四加行倍亲切。中元节祀先人。③

不知本日白天梁漱溟所遇何事，梦中竟现杀盗等事，梁漱溟认为这是自己生命中带来的习气使然，深自反省，于是夜起修金刚萨埵法，未果。所谓修金刚萨埵法，一是观想金刚萨埵菩萨，二是持诵《百字明咒》等，这也是四加行中最重要的，梁漱溟4日开始时起手便持诵《百字明咒》，便是修此加行。“倍亲切”，表示其修行已有效果。

> 10日（农历七月十六日）星〔期〕三　夜来梦中不免名利恭敬之念，及苟免自全之心。抄亥母修法笔记。收宽儿送来郭垒

①应即贡嘎上师所著《四部宗义略说》，原名《四部宗见》。

②《梁漱溟全集》第八卷，第422页。

③同上书，第423页。

等五信件,当即作复,中有致刘、孙等信。因抄写等事未习大印。加行课照常。

11日(农历七月十七日)星〔期〕四　一念真实一切是,一念不真实一切不是。今日修四加行心较真切。初试修亥母法,作十七字咒图。

12日(农历七月十八日)星〔期〕五　余最大病为心中不能洒落爽利,由此故念念不得踏实,每日一心不免二用,去道最远,平素未尝不自知,而以今日修道感觉最深切。修四加行及亥母。写缪子雍信。天气燥热。习达摩十二手之前四式。

13日(农历七月十九日)星〔期〕六　修四加行及亥母课,于亥母咒轮旋转未得窍要。落雨,不甚大。读龙树《发菩提心论》甚增悦乐,着手抄写。……

14日(农历七月二十日)星期日　天晴而凉爽,看天空廓清洁,极使心怀开朗。夜间几无时无梦,心不能闲之病极大;人以为我入道必易,实则适得其反。亥母咒轮仍不得手。抄《发菩提心论》竟。①

梁漱溟8日拟修亥母法,得到曹慕樊的赞成,于是从10日开始准备,先抄他人修此法的笔记,于11日开始试修。噶举派所修为金刚亥母,属于空乐大手印法的一部分,故贡嘎上师传授梁漱溟的无相大手印可能是空乐大手印(大手印三种之一)。此法须受灌顶,修四加行,得闻思正见,修金刚亥母、入拙火定,证大手印。从日记可知,他11—14日都修金刚亥母法及加行,但对亥母咒轮旋转,颇觉难以掌握。密宗金刚亥母为一种观想,观想亥母身上有一月轮,月轮上排列着本尊咒语,被称为咒轮,观想咒轮旋转并诵咒。咒轮旋转亦是清通气

①以上皆见《梁漱溟全集》第八卷,第423页。

脉,应是大手印的前行阶段。但梁漱溟在旋转咒轮方面,似不能得手。梁漱溟有读书的习惯,修习不得手,便去读龙树《发菩提心论》,然后抄写,这种抄写看起来还是出于对经论文字的喜爱,并非专为排除杂念。这也是他与罗、曹两位同修的不同之处。

> 15 日(农历七月二十一日)星〔期〕一　夜来仍苦梦多,醒时疲劳,必经一时间疲劳乃除。《发菩提心论》《密林纂注》有精要者,摘录之。忽悟我心不能闲之病若加对治,其病转增;当任其不能闲,而后可;此"任"却须极大信任,则不闲自闲,此大手印法也。妄外求真,转增其妄,识得妄不离真,其妄便自不见。细思五蕴非我之理。吴汉骥来,吴雨僧不就白沙院长,改推熊东明,作书促驾。重读《普贤行愿品》。肚腹不好,减课。①

三天前即 12 日日记,梁漱溟自己检查"余最大病为心中不能洒落爽利",昨日与此日的日记称此病为"心不能闲",表现之一是长期失眠。梁漱溟以为,不能用"对治"之法来治他的"心不能闲",而应当以任其自然之法对待,故必须极大信任"任"之之法,这也是大手印法"住于任运境界"的精神。

> 16 日(农历七月二十二日)星〔期〕二　夜来梦似轻减,肚腹亦略好。前云学佛必须从世俗生命奔逐之势超出者,今悟奔逐之根由在分别计较;分别计较之心不化除,其奔逐不休止。日来于"不除妄想不求真"之理有会,平素不能平等持心即是不能客观,自蔽其明,非独不能学佛,亦且不能处世。慕樊精进可畏,而余殊迟钝,不知是否于年齿有关系。望六之年心习难于改转也。

---

①《梁漱溟全集》第八卷,第 423 页。

试由亥母入大手印，不得手。得张东荪一信。①

“不除妄想不求真”是《永嘉证道歌》中的话。7日日记提出的超脱贪迷奔逐的问题，本日的日记又出现，以自省奔逐出于分别计较之心，这应当是老生常谈，算不得真正的觉悟。对《永嘉证道歌》的体会，也仍然是顺任自然的意思。大概他的思虑牵扯太多，修亥母法和大手印都无效果。

17日（农历七月二十三日）星〔期〕三　天有阴雨之意而卒不雨。夜来梦境较悠闲，如游西湖或观剧等；然入寐即入梦，总不能廓然无梦。修法者每以乳婴为喻，乳婴未有知识头脑，唯生活在现前感觉中，一切还他一切，大多是现量，可为入道之门也。先要无分别执，次乃除俱生执。于加行课中诵“以此能成大悲应化身”句，忽思密教即身成佛之理，余虽信得，却无自己即身成佛之志愿，来此修持只在调心养心明心，虽成佛不外明心，第因无成佛之决志与自信，功夫便不易得力，不知然否。②

密宗主张即身成佛，其意一为即此生而成佛，一为即此身而成佛。这里，梁漱溟提出一个重要的问题，即修习密宗之法，或修习其他佛家禅法，要不要以修行者立志成佛为前提。照梁漱溟说，他确实相信密宗“即身成佛”之理，也诵念“以此能成佛菩萨”，但自己并没有“即身成佛”的志愿；他此次修密，只是为了调心养心，以改去其“心不能闲”之病。他反省自己在功夫上的不得力，怀疑自己没有成佛的志愿是根本原因。其实修习密宗法或佛教其他法门，不一定必须立志成

①《梁漱溟全集》第八卷，第423页。
②同上书，第424页。

佛才能修习有效,密宗所要求的是用纯正清洁的心来修持,此为关键[①]。如理思惟虽然是正思惟,但思惟多而不能集中,是梁漱溟的特点,是他"望六之年的心习"。

> 18日(农历七月二十四日)星〔期〕四　早课大印似有"无念"之境,为向来所未有。中学送药来,即以十三、四章校正本付出,并写致朱绍云信,言罗崇高事。服药似不甚得力,功课稍懈然意不懈。闻福州撤守。[②]

此"无念"即指大手印"乐、明、无念"之无念,乐、明、无念是大手印修行过程生起的三种觉受。梁漱溟自觉此日修习所得境,为以往所未有,这是在修习上有所进步。十三、四章校正本指《中国文化要义》的校样。

> 19日(农历七月二十五日)星〔期〕五　默察膺中心最单纯,次则慕樊亦差不多,除学佛亦无事在,愚则不然。自皈依上师之日即先曾自己审查一番:一切法中佛法最胜,我岂有疑,然从人类文化发展说,当前需要则在中国文化,而非佛法之时机。同时我于当前中国建国问题及世界文化转变问题,自觉有其责任,更无第二人代得,在我心中亦可说除此事更无事在。所为皈依者,自感慧力不足,烦恼犹多,求明此心,俾力足任事而烦累可解也。因对世事放不下,修持自难得力。然细思所谓放下,只能是放平,而不可能是放弃不管。放平是佛法,放弃非佛法,不独于悲心不合,亦于大手印之"不作分别取舍"不合也。上师以无相大

①参看《大手印无上心要》,载《大手印:堪布卡特仁波切演讲集》,第64页。

②《梁漱溟全集》第八卷,第424页。

手印授我，又以“用心不要太紧”相嘱咐，其旨一贯。佛法在此，世法亦在此，循守不失，或亦无所谓不单纯乎，功夫苟不得力，当更求其故。……①

这是承17日关于有无成佛志愿和为何修持的继续思考。据此处梁漱溟所说，在皈依贡嘎上师时他自己曾有省思，第一，他自己一贯相信佛法是最胜法，所以皈依并没有欺骗自己和他人；第二，但当前人类文化需要中国文化，而非佛法，中国文化的价值问题只有他才能说明，此外世上更无他人，故他对世界和人类负有莫大责任，不能因皈依而放弃世事，世事是他当下心的唯一关怀；第三，此次皈依的原因是为了减少去除烦恼，明心养心，以便做事任事，即以更好的精神—心理状态去做世事。他猜想，自己修习不得力，是由于不能放下世间事，但自己又确实无法放下世事，这是他所遇到的内在矛盾。照他自己所说，其修密不力，根本原因还是他的儒家入世心念过重。

这里也提到，贡嘎上师传授无相大手印时，特别嘱咐他要掌握“用心不要太紧”的要领，他对此心法是毫无保留地接受、奉持的。

20日（农历七月二十六日）星〔期〕六　早课后与美国使馆人谈话，此子英昨日来电话所约者，大抵问过去民盟事。朝杰、伏园回来山，事已有成。天雨，自夜至朝，又至午后二时止。修大印仍未得法。陈玉诚有长信。②

本日修大手印法仍无所得。至谓事已有成，可能是指与勉仁有关的事情。

①《梁漱溟全集》第八卷，第424页。
②同上。

> 21日(农历七月二十七日)星期日　亥母咒轮不灵活,由观想息心入大印亦不生效。夜梦未见减少,头脑未见清爽。此李东生有电话来。子英来山晤谈。谢炎持孙信来见。即介与子英见面。亚三来信不肯上山,当复之。功课受妨碍。①

仍修亥母咒轮,咒轮已可旋转,但不灵活。欲以观想息心入大手印,亦未得效果。杂事众多,影响功课。此日以前的日记都没有提及"观想"的地方,事实上在密宗修习里观想是很重要的,只是在这里没有说明观想的具体方法。

> 22日(农历七月二十八日)星〔期〕一　落雨,清静无扰,天益阴凉宜人。功课照作无阙,然入坐时念虑虽尔能息,是否有当于无念之义尚不敢说。亥母仍不纯熟。写邓少琴、江东之、马秋帆各信。看《金刚经》。②

静坐时念虑已经能息止,修习有进境,但自己尚不知道是不是有当于大手印"无念"的阶段。亥母法自觉仍然不熟。看来他修习亥母始终成效不佳。又看《金刚经》,大约是要弄明白《金刚经》与密宗的无念法有何异同。

> 23日(农历七月二十九日)星〔期〕二　不断有雨,稍解干涸,午后雨止。肚微痛。听膺中谈话,为之惕然。功课如恒。③

---

①《梁漱溟全集》第八卷,第425页。

②同上。

③同上。

功课一如平日，仍以修大手印法为主。

> 24日（农历闰月一日）星〔期〕三　早课后侯子温来山商决院校各事。唐舜尧、罗崇高、于长茂等同来见。写致吕宗衡信。谷锡五自香港来信，顾孟徐深盼与我一谈。复以不愿走动。以日记送赓中阅看，赓中亦以来山后情形见告。于愚亦有指点。午后四时天雨。功课有阙。①

罗庸与梁漱溟交流修习心得，据梁漱溟说，罗心单纯，学佛之外全无他事，进步较快，故可提供梁漱溟一些心得和经验。

> 25日（农历闰月二日）星〔期〕四　夜间温度甚低。复张东荪一信，托谷转寄。于自性清净、本来佛陀二语有感出泪。今日精神不甚集中，课有阙。②

此两日外事稍多，精神分散，故未修习功课。“于自性清净、本来佛陀二语有感出泪”，说明梁漱溟对佛法佛理确有相应的生命感受，否则决不可能感至泪下。

> 26日（农历闰月三日）星期五　早课后亚三来山商决学院农场各事件。写邓子琴信。柴东生来信复之。午睡稍久，课有阙。与赓中、慕樊谈我对成佛见解。功课如恒，未有进步。③

---

①《梁漱溟全集》第八卷，第425页。

②同上。

③同上。

本日晚恢复修功课，大概仍是修大手印，自觉没有进步。观其与罗、曹谈对成佛的见解，其实恐怕还是关注成佛之志与修习成效的问题，然其心思还是多在理的思考上面，故修行进步较慢。

四

> 27 日（农历闰月四日）星〔期〕六　亚三走后，忽忆及农场新计画未见朝杰参加为怪，即写信问亚三，并写信给朝杰。亥母咒轮转见生涩。大印课连日均遵“心注眼，眼注空”之教，避免看任何一物。①

据南怀瑾说，他曾从贡嘎上师学，其传大手印，以“心注于眼，眼注于空”为三要之要②。可见梁漱溟这里所说的遵教，自是贡嘎上师之

①《梁漱溟全集》第八卷，第 425 页。

②南怀瑾有密宗《恒河大手印》《椎系三要诀》合刊序。其全文曰：溯自元初忽必烈帝师发思巴传译西藏密宗大手印法门始，大乘密道之在国内，犹兴废靡定。迄民国谛造，藏密之教，再度崛起，竞习密乘为时尚者，尤以大手印为无修无证之最上法，以《椎系三要诀》为大手印之极至，得之者如获骊珠，咸谓菩提大道，独在是矣。然邃于密乘道者，又称《大手印》与《椎系三要诀》等，实同禅宗之心印。且谓达摩大师西迈葱领之时，复折入西藏而传心印，成为大手印法门。余闻而滋疑焉！余昔在川康之时，曾以此事乞证贡噶上师，师亦谓相传云尔。等余修习此法后，拟之夙习禅要，瞿然省证，乃知其虽有类同，而与达摩大师所传心印者，固大有差别，不可误于习谈也。盖禅宗心印，本以无门为法门，苟落言筌，已非真实，何况有法之可传，有诀之可修也哉！有之，但略似禅宗之渐修，困难拟于忘言舍象之顿悟心要也。倘依此而修，积行累劫，亦可跻于圣位。如欲踏破毗卢顶上，向没踪迹处不藏身而去，犹大有事在。况以陡然斥念而修为法门，不示“心性无染，本自圆成”，则不明“旋岚偃岳而不动，江河竞注而不流”之胜。以“乐、明、无念”为佛法极则，而不掀翻能使“乐、明、无念”者为何物，允有未尽。以“心注于眼，眼注于空”为三要之要，而不明“目前无法，意在目前，不是目前法，非耳目之所到”之妙旨。则其能脱于法执者几希矣。今遇是二法本合刊之胜缘，乃不惜眉毛拖地，揭其未发之旨而赘为之序。

教,这“心注眼、眼注空”的虚空观法,也是他这次修习中最注重的法门。至于他说“亥母咒轮法转见生涩”,当是因为本星期多次缺了功课所致。但也显示出,此前两日他的亥母轮转已经顺行。

> 28日(农历闰月五日)星期日　早课后颂天、玉诚来山。对颂天谈中学及农场事。写周太玄转表老一信,托作孚带港;嗣闻作孚已走。得梁仲华一信,复之。闻兰州撤守。①

此日没有记录修习功课,或时事变化有以动之。梁漱溟二十年来一直关心政治、时局的变动,对他不可能没有影响。

> 29日(农历闰月六日)星〔期〕一　感觉只有众生的要求,而不觉有自己的要求,眼只注视鼻前四指之空际,而不看任何一物,颇为不易,尤不易凝视无移动。再则,求其凝视不移动即必须用力,用力凝视一空际,则不免此空际又变为一物矣。必须离目视空际而不用力,若无所视然,然后久久心息虑亡,乃克入空,愚愧未能也。所谓“乐、明、无念”当必始于无念。颂天派人送十四章稿来。今日心神较舒爽。凡有生命者皆有心,心即了知或觉识,此即在植物亦有(不过暧昧微弱而已,动物较明较强,至于人而最明最强;唯识之识指此,色受想行识之识指此)。“即心是佛”之心在此,“乐、明、无念”之明亦在此。通常吾人一切了知皆有明在,可惜其明里混在杂染习气内,局限得甚小甚小。无念即所以息此习气之势,而打开局限也。而乐者正不外乎自在自得自足,是故乐、明、无念三者相连,为成佛端倪。午后反省时

①《梁漱溟全集》第八卷,第425页。

多,课有缺。看《五灯会元》。①

此日的日记前半所录仍是习观虚空法。贡嘎上师对“椎击三要诀”特强调“眼注于空”。据贡噶上师传授的《椎击三要诀胜法解》一书,其撮要口诀为:“心注眼,眼注空,为一切要中要。”即心专注于眼,眼专注于虚空,此为一切要中之要②。在贡噶上师所传《大圆满最胜心中心引道略要》一书中,眼根的观空,其法是以眼凝视于虚空空寂,而明亦存在于前面虚空。凝视虚空以十六横指远为定量,宽如牛轭③。而内虚空观法则在此基础上进一步观虚空。梁漱溟修后觉得此观空法很难,可见其未能容易进入。乐、明、无念为大手印定境的觉受,梁漱溟认为乐是自在自足,明是了知无碍,无念是空静之静,三者相连,无念为本,证得“无念”,才能息止妨碍“明”的习气,才能达到“乐”的自在。这还是偏好在理上发明自家的见解。另外,18 日的日记与本日的日记所说“十三、四章”“十四章”,皆指《中国文化要义》校样,可见其习静之中分心实亦多端。

梁漱溟认为一切生命体都有心,心是了知,而人的了知贵在有明,他的讲法体现出,这个“了知”之“明”,既是密宗的明,又是《大学》明德的光明,也是孟子所谓良知的明觉,但人的明知为杂染习气所拘蔽,难以突破透出。所以这一套讲法其实不是佛家的讲法,而是儒家的讲法,是他自己对生命之明知的一种了解。他把这些观念和大手印的无念说结合在一起,显示出他总是要把自己的儒家生命哲学和佛家的说法结合起来的倾向。

①《梁漱溟全集》第八卷,第 426 页。

②《椎击三要诀胜法解》最后附“贡嘎上师椎击三要诀撮要口示”,载《涅槃道大手印瑜伽法要释》,新文丰出版公司 1993 年,第 72 页。

③参看邱陵《藏密心要十讲》。

> 30日(农历闰月七日)星〔期〕二　世人病痛只有外重内轻,物大而我小,昔贤早已言之,其实众生沉沦生死亦何莫非此之由。唯人类比较动物却还能抬得起头来,非定如此,所以有救。儒家即有见于人心光明正直,无物可以尚之,便觉把握在此,深信不疑。果然念念恒无违失,则出生死不出生死,亦可不论。惜杂染习气势力太强,万无可恃,事实上不落于外重内轻不止,此所以佛家必要"分别执""俱生执"连根拔除,实证真如法身,没有内外,没有物我,而后乃无问题也。肚腹始终不好,影响亥母轮咒。再服消炎片,写徐树人一信。寺前桂花盛开。①

寺前花开,寺即缙云寺,亥母轮咒修习又无成效。又论儒佛,这是梁漱溟终生论述的课题。梁漱溟始终认为佛家解决生死的问题,这是儒家所未及和所不能及的,但他肯定儒家有见于人心的正面光明,而亦可显其正大之处,他对儒家对人心光明的信任始终予以赞赏。

> 31日(农历闰月八日)星〔期〕三　细阅《六祖坛经》大有受益(早年看过多次),其言与大手印相合无二,虽亦夙所聆闻,不新鲜,而当下于我心习大有扭转,无复逐逐扰扰矣。午睡酣沉,但仍不能无梦耳。功课稍阙。②

重读《六组坛经》,深觉与大手印法相合,梁漱溟的这个感觉应当是相应的。虽然他此次并非初读《坛经》,但仍觉对修习颇有好处,心中不复逐逐扰扰,渐就平静。这应当说是理论与实践的结合所致。

以上是8月的修习日记,以下是9月的修习日记:

---

①《梁漱溟全集》第八卷,第426页。
②同上。

(9月)1日(农历闰月九日)星〔期〕四　背觉合尘,随习气而不返,是众生所以流转生死。一念自觉,尘劳顿息,常住真心,动静无二,是曰本来佛陀。——读《六祖坛经》,得此大意。连日亥母课稍疏,今重修亥母,咒轮竟难转。子英电话仍不能上山,改约星期日。俗人生活不出二种:一是赶日子——赶忙不及;一是遣日子——消遣无聊。学佛之人若堕此二边,便大笑话(儒者且不堕此)。万、王二生来山。阅《传灯录》。①

读《坛经》所得大意,算是相当简明扼要,亦可见其对佛教的理解实在不差。梁漱溟的特点是思惟理多,以理带行,自以为有得,其实对修行并无帮助,不但无所帮助,或适有以妨碍之。亥母法本来修习不甚灵顺,课程少修了几日,今天竟然退步不少,咒轮已经难转了。修习不得,于是念《传灯录》。

2日(农历闰月十日)星〔期〕五　看僧璨大师《信心铭》,反复自勘,参究不已——未必有当,但情不能已。夜十时后已睡矣,忽子英电告重庆大火,灾情极重,求攘灾,盖当正午时燥热,随即起风,火以风助而大也。阅《灯录》廿八、九、三十各卷。②

看《信心铭》,阅《传灯录》,皆是欲寻古人功夫法门以参之,然即便有所得,仍在理上,对修密不一定有帮助。从这里也可以看出,梁漱溟之修习密教之法,不能专一,而总是要借显教之法以进入之,这既是其修习未有成效的结果,也是其修习不能深入的原因。

①《梁漱溟全集》第八卷,第426页。

②同上书,第427页。

> 3日(农历闰月十一日)星〔期〕六　小雨阴凉。子英又电告火灾惨状,将率属赴渝救济。写雷人百、文德阳各信问平安。赵、胡来山,功课颇缺。①
>
> 4日(农历闰月十二日)星期日　晨,细雨,午后晴。自今日改以四加行移于早食后,晨起即习大手印。前觉心习扭转者,今又不见。子英电话不复上山。②

8月31日言心习已大扭转,今日觉得心习仍在,晨起习大手印,后修四加行,似皆未见成效。

> 5日(农历闰月十三日)星期一　过去泥于"心注眼、眼注空"之说,务求定睛于空际,而睛不能定,又深以"观鼻前四指空,折回观心"为难。今忽悟"观空""观心"是同时一件事,"折回"不免是多余之言,且以观心之故,不求定睛于空际,而睛自定,又以观心而心空、空不起念,亦易于无念。于长茂来山报告农场事。复亚三、子温信。又写一信致徐女伦,嘱探雷人百家平安否。路明书店寄广告来。众议阴历二十日下山。③

前此修大手印,要诀为"心注眼、眼注心",定睛于空际,又强调"观鼻前四指空""折回观心",二者功夫梁漱溟皆觉得甚难。在此日决定即将结束闭关下山之时,梁漱溟对大手印法不免有所评论,似已不能坚信,如说眼注空的要诀不可泥,又如说折回是多余之言,甚至说不必求定睛于空际等,皆显示出他对此次修大手印的失望。

---

①《梁漱溟全集》第八卷,第427页。
②同上。
③同上。

五

6日(农历闰月十四日)星〔期〕二　天雨。夜梦又似初来时一般,午睡亦浮而不沉。深叹伍先生可以随意睡十五分钟者为不可及。《圭峰语录》有云:"欲验临终自在不自在,但看寻常心行于尘境自由不自由。"从旁体察先生之深造自得,盖确然也,儒佛不同而相通如此。闻昆明有变,空运已停。肚腹始终不好,可怪。亥母法暂停。

7日(农历闰月十五日)星〔期〕三　天阴雨。以下山日期函告子英,并转托致作孚一信(附第十四章稿)。又函告培宽得空来山,商移居事。①

梁漱溟感叹,伍庸伯先生为纯儒,然其心与行之自在与自由,与佛相通,此次修习的无大成效似乎使他想起儒者之学。在修心明心的问题上,他似乎觉得儒佛并无高下之分,这可能是他不能义无反顾地专一修习密法的一个原因。

8日(农历闰月十六日)星〔期〕四　几于通宵不寐,黎明之前小寐,备极劳累之感,于辗转反侧之中,却深有一切唯心之体会。愚之皈依上师,其发心即在有感于不自在苦,而所谓不自在苦者首在失眠症,今于下山之前大犯失眠,正是宣告上山一月之失败。晨起未习大手印,只修四加行。早食后求小睡,仍不可得,但脑稍休息半小时而已。人并不如预想之疲倦思睡,可怪。

①《梁漱溟全集》第八卷,第427页。

又此次失眠并无可指之原因。阅《雍正御选语录》,深叹其不可及。①

梁漱溟坦陈,此次皈依修密,发心只在克除不自在苦,而临下山之日大犯失眠,无异于宣告此次修习的失败。但他仍坚持修四加行,并没有放弃。

9日(农历闰月十七日)星〔期〕五　午后天晴。滇事似缓和。慕樊同道宏下山。眠食似昨日为佳。得良庸信复之。阅报悉雷人百平安。得树人信复之。培英来山。得十力先生信。又内人得陈女士信,借悉武汉、北平统制思想之一斑。课稍懈。闻道宏病态复作与膺中病有关。②

课稍懈,但仍修习,大概只是四加行而已。

10日(农历闰月十八日)星〔期〕六　天气晴朗可爱,温度又升。姚鸣山来辞行,将北归也。膺中夫妇极称培宽有善根。膺中颇以我总在外面用力为病(数日前流露此言),愚亦非不自知其病。此大抵包含有二:向道似切,而所孜孜用力者不中肯要,且嫌手脚笨重,此一层也;再则,于般若中观以至大手印之理趣未尝不有所领悟,惜只在寻思卜度中讨生活,转来转去尽在外面,而愈寻思卜度将愈不得契会真实,此又一层也。两层殆为一事,可以不分。知之而不能去者,去之则全放下,还是手重之病,且自己心中亦绝对放不下(意想放下有好处,即是放不下,或意

①《梁漱溟全集》第八卷,第427页。
②同上。

> 想放下即全完，而不肯放），放不下而提起，仍不免于寻思卜度，盖行则不能无思度也，知之而不能去者大致如此。然则结论将如何，唯有少作寻思卜度，朴朴实实，就现状按部就班行课，不求效果，几时遇着便算，遇不着只是行下去而已。①

这是他对此次闭关修习的总结。罗庸认为梁漱溟此次修习无成效，原因是他心不专一，总不能不用心于外，是以不能见修习之效。梁漱溟反省自己，认为自己发愿向道还是恳切的，但掌握不住要领，更主要的是，自己多是在寻思卜度，妨碍了证会真实（体），就是说，梁漱溟太在理上寻思，其实应当抛去“理”之思惟，专在“行”上下功夫。所以他虽然在理上对大手印之理有所领悟，但功夫始终不能深入。

> 11 日（农历闰月十九日）星期日　早课后应约下山晤作孚，托带各信，并托带书于顾、周。院校工人来搬移行李，准备明日下山。②

此次闭关结束，梁漱溟也结束了在重庆的几年无政治生活，应邀走进北京，重新走向政治生活中。他在下山之后，有没有继续修四加行等，就不得而知了。

现代新儒家第一代大师，如熊十力、马一浮、梁漱溟，都与佛教有颇深的渊源，熊十力后来虽然批评佛法，但其身故之前仍常念诵往生咒③，可见他们与佛教的关系，皆非一两语可以简单说明的。而我们之所以注意梁漱溟与密宗修习，本不在追问他与佛教的关系，而是出

---

①《梁漱溟全集》第八卷，第 428 页。

②同上。

③见《梁漱溟致田慕周信》，《梁漱溟全集》第八卷，第 183—184 页。

于对他的修养功夫的关注,以说明第一代新儒家中的确有很重视功夫者。事实上,梁漱溟一生的功夫实践是多方面的,习静只是其中之一。但梁漱溟习静的记录,作为现代新儒家精神性的一个个案,在一定程度上,对于了解宋明儒者的习静,也应有所帮助,这也是我们关注这个案例的一个原因。

第一,即使像梁漱溟这样以佛教为终极关怀的人,他的修密习静也主要是功能性的,不是把这种修习作为即身成佛的功夫,不以成佛为目的,而只是作为解除烦恼、追求心灵安定的手段。可以推知,古代儒者与佛老相交,在寺中修习静功,也不是以放弃儒家的社会关怀和价值立场为条件的。

第二,超脱奔逐烦累,入于宽坦洒落,是儒释道各家精神性的共通追求,梁漱溟之习静,其目的在此。精神性包括很多方面,并非道德之修养一端而已。对心灵自在自由的追求,既是克服人生烦恼之需,也是对人心与人生的一种积极的、终极性的追求。

第三,梁漱溟的例子显示出,修习静功的人不必都有证验,即使修习者有本体论的承诺,也不必导致对本体的证会。在心性上,虽然不同程度上可能入静,但不一定产生内在的体验。这对那些习惯于理智思考的人来说,尤其如此。

第四,习静的效果多寡或有无体验,可能会影响人对整个修养功夫的了解,和对个人修养功夫的选择,梁漱溟后来论儒学功夫,多以戒惧慎独为主,提倡“反躬认取此自觉,时时戒惧其有失”,有近于朱子之处,或与此有关。

第五,梁漱溟的经验显示出,他此次修密的不甚成功,其重要原因是儒佛二者在他的生命、心灵中如何安顿,构成了他所特有的内在问题。他说“我思想的根本就是儒家跟佛家”①,又表示“我在思想上

①《梁漱溟全集》第八卷,第1137页。

是佛家,在生活上是儒家”,他一直认为对自己而言,儒佛二者并不冲突。然而,在习静过程中,入世的关怀和出世的关怀,到底何者是其终极关怀,似乎无法说清。

儒、佛两者的意义和安置,始终是梁漱溟留给我们的一个问题。梁漱溟一贯承认他在根本思想上认同佛家,这体现在他对“生命非断非常”“诸法无我”的佛教世界观的肯定;同时他又强调大乘菩萨道“不舍众生,不住涅槃”的入世悲愿与儒家思想相一致,故其“生活形态”同于儒家。可是,何以一个相信佛教世界观的人,到世间来做事时,就自然变成了儒家?仅凭来世间做事这一件就充分地成了儒家吗?显然不是。梁漱溟在生活中的信念,表彰人心正面的光明,赞美人间的伦理,阐发、推扬中国文化的价值,这都不是简单地入世便可持有的。照他的说法来看,他的生死流转的世界观并没有直接体现在其现实生活的面向中,与现实生活基本两橛而不相干;现实生活并非依据其生死世界观去行动,现实生活和行动所依据的内心价值,全都来自他对人心与人生的儒家式了解;发扬中国文化和儒家价值,对他可谓是“悠悠万事,唯此为大”,支配了他全部的现实关怀。由是在其内心形成一种特别的文化—心理结构,在人的层面,即政治、社会、文化、伦理方面是儒家,是中国文化的价值,而在生死信仰和宗教经验上,则是服膺于佛家。这表面上类似丹尼尔·贝尔的非单一性文化认同结构,但对于梁漱溟而言,这并不是表层的并列,而是彰显了他个人所特有的“双重性终极关怀”。由于他很少谈及内心对生死的信仰,所以他在大多场合的表现,是儒家的行动、信念、价值与人格。

(原载《河北学刊》2009 年第 6 期)

有情与无情

——冯友兰论情感

在冯友兰对中国哲学的了解中，情感的来源和对待情感的方法是一个相当重要的问题。他对这个问题的了解，既是他把握中国哲学精神的重要进路，也影响了他哲学思想的建构。本文专就此一问题进行了研究。

一

1935 年 3 月 2 日，冯友兰在清华大学讲演，题目为《人生术》。这次讲演是应清华青年会主办的大学问题讨论会之邀，讲演的内容发表于次日的《北平晨报》。

这里的"人生术"是指什么呢？据冯友兰的说明：

> 人生术者，就是假定人生是为寻求幸福的；那么，怎样才能得到幸福，就是人生术。①

按照这个说法，冯友兰所说的"人生术"，即是"求人生幸福之方法"。他认为，现代学校所重视的是知识的输入，故人生术的问题在现代学

①冯友兰：《三松堂全集》第十三卷，河南人民出版社 2001 年，第 723 页。

校很少谈及,但人生术的问题是中国古代学者谈论甚多的问题。他所列举的古代学者的例子,如:“从前的道学家那种呆板处事,无非在寻求幸福,又《论语》中的孔子‘乐以忘忧,不知老之将至’,‘一箪食,一瓢饮……回也不改其乐’,都是他们会讲人生术。”①照这里所说,他认为孔颜之“乐”,及道学家以各种修养功夫求孔颜之乐,都属于“寻求幸福”。

由此可见,冯友兰真正着意的,并不是一般所说的幸福。如有人以荣华富贵为幸福,有人以高官晋爵为幸福,有人则以拯救万民为幸福,但所有这些都是属于外在的幸福,这些幸福所带来的快乐也都是外在的快乐。而冯友兰所说的幸福,其实是指内在的幸福,他所说的乐也是精神境界之乐。

在冯友兰看来,内在的幸福与快乐的获得,关键在于“应付情感”的方法。一个人若能正确地应付自己的情感,就可以获得这种内在的幸福和快乐。所以,这篇以《人生术》为题的讲演,实际上完全集中在“情感”问题上。他说:

> 人生术很多,今天只讲一个,就是应付情感的方法。情感包括喜怒哀乐,虽然幸福的整个问题不完全在情感上,可是喜怒都于人生有大关系。如《三国》上的三气周瑜,一下子给气死了;《说岳》中的牛皋捉住了金兀术,把金兀术气死,牛皋乐死了。这都是情感的作用。我们怎么对付它,就是现在要讲的。②

可见,冯友兰所关注的,是如何调控个人喜怒哀乐的情感,以实现一种内心的幸福。

①《三松堂全集》第十三卷,第723页。
②同上。

在讲演中,冯友兰特别提出庄子对于情感的来源和情感的作用的了解:

> 庄子说人之所以有情感,因为人的知识不够,若有充分的知识,则不会有情感。譬如大风天气,使人出去不方便,在大人亦不觉得有什么情感发生。可是小孩子们不能出去,就会很生气,骂天是混蛋。这因为孩子们没有大人知道的多,所以就较大人受情感的痛苦多。西人斯宾诺莎的伦理学说,情感是人的束缚,若人有完全的知识,就可以把这束缚打破。
>
> 《庄子·养生主》篇讲此道非常之多:说老子死了,许多人非常悲哀,庄子说他们是"遁天背情","古之所谓遁天之刑"。他们对于人生性质,没有完全的知识,他们不知道死就是生的结果,所以他们就受了"遁天之刑",即是悲哀。
>
> 庄子是很懂这道理的,他的太太死了,他反鼓盆而歌,惠施曾因此责备他。庄子说,在起初,我心亦莫不慨然,但后来想,世界上原先压根就没有他太太,后来忽然有了,有了又没有了,还是和从前一样;人之生死,正如春秋顺序一样,没有可悲的。庄子之如此,是他以理化情。①

照这个说法,冯友兰这里所关注的情感现象,主要是指消极、否定的情感情绪。他借庄子的话表示,人不能顺应自然的变化去理解世界与人生,就是"遁天";人因为遁天而遭受这些消极情感的折磨,就是受"遁天之刑"。另一方面,他认为,情感之发生是由无知所致,而知识有两种,一种是对于自然的知识,如气象;一种是有关生死穷达的知识,其实是指哲学的了解。缺乏这两种知识,人就会受情感的束缚

①《三松堂全集》第十三卷,第 724 页。

折磨，而不能解脱。

冯友兰认为，人之所以不能摆脱情感的束缚，主要原因还不是人不能避免情感的发生，而在于“心累于物”，即情感发生后，不能为理所化，而累系于物：

> 王弼等主张人应“应物而无累于物”，说情感是自然的反映，所以不能免除，只要不累于物就够了。《庄子·应帝王》亦讲“至人之用心若镜，不将不迎，应而不藏，故能胜物而不伤”。镜之不伤，在其无累于物，但庄子只讲以理化情，对此点未加发挥。宋儒却有很重要的发挥。程明道的《定性书》说：“天地之常，以其心普万物而无心，圣人之常，以其情顺万物而无情。故君子莫若廓然而大公，物来而顺应。”宋儒解释此理，常举的例子是颜回的“不贰过”“不迁怒”，能作到此地步，就是他能廓然大公，物来顺应。如某人和他太太打仗了，一生气连茶碗都摔了，就因为他未能廓然大公，物来顺应。王阳明说“七情不可有所著”，著即累，即七情不可有所累。讲《大学》“心有所忧患，则不得其正，心有所忿懥，则不得其正”，他所注重在“所”字，一有所忧患忿懥，即是有了对象的累于物了，即有所苦了。如我们看人打别人的嘴巴，我们当时或亦忿懥，但事一过就完了。若有人来打我一个嘴巴，那就不同，我不但现在恨他，甚至什么时候想起来，什么时候恨。就是因为我的心有所累，我不能廓然大公，有“我”的存在，不能以“人打我”就象“人打他”的态度处置之。①

冯友兰认为，庄子近于无情论，而王弼和宋儒的看法则不是无情论。王弼和宋儒都认为人的情感是自然的反映，不可能免除，所以人应当

①《三松堂全集》第十三卷，第725页。

做的，不是无情，不是免除一切情感，而是使七情不要著累于物而伤苦。

冯友兰在讲演中最后指出，七情所以累物的根本原因在于“有我”。“我”的存在是心有所累、不能廓然大公的根源：

> 人之有所累与物否，完全在于“有我”与“无我”的存在。以现在的话说，就是客观的态度之有无。廓然大公，的确是对于人生幸福有莫大关系，对于一个人的事业成功，亦很重要。……不能廓然大公，有我之存在，总是战战兢兢，患得患失，结果也许很糟。……所以大公无私，无我无己，若在道学家的旗牌约束下讲起来，很无味，但实在他们是对人生幸福有关系的。①

这是说，决定人生幸福的重要因素之一，是能够做到“无我”，无我才能廓然大公，不累于物，不为外累所伤所苦。换言之，人应当有情而无我，或情顺于物而无我。所以，重要的不是无情，而是无我。

二

现在回过头来，追溯这一问题在冯友兰学术思想发展中的脉络和轨迹。

早在《人生哲学》第二章第二节《何为幸福》中，冯友兰就指出，在庄子看来，“凡物各由其道而得其德，即是凡物皆有其自然之性，苟顺其自然之性，则幸福当下即是”②。这里所说的“自然”是与“人为”相对的，人为是模仿自然，改造天然，人为导致天然境界所享受的

①《三松堂全集》第十三卷，第 725 页。
②《三松堂全集》第一卷，第 365 页。

幸福丧失。该书的第五章第三节题为《杨朱的人生术》，其中说：

> 杨朱所认为求幸福之道如此……吾人只应任情放言，而不顾社会之毁誉。……杨朱甚重肉体快乐，其所以如此，或者即由在一切快乐中，肉体快乐最易得到，选取最近快乐，正所以避免苦痛。①

这些都是他早年关于"人生术"和"求幸福之道"的讨论。

稍后出版的《一个新人生论》的第五节，题为《人生术》，其中提出，儒家所讲的"知命"乃是一种人生术。要了解人生术，先须了解"好"。"好"分为两种，一为"内在的好"，一为"手段的好"。"内在的好"，是指事物自身是可欲的，其价值就在事物自身。"手段的好"，是指某些事物本身没有独立的价值，但它们是可以达到内在的好者的手段。冯友兰认为，许多内在的好者必须用手段的好才能达到，而"手段的好"往往枯燥无味，故造成人生中的痛苦。如果人们能在主观上把"手段的好"认定为有"内在的好"，人的失望和痛苦就可以减去大半。

冯友兰又认为，中国古人所说的"无所为而为"是以"所为"有"内在的好"，"无所为而为"即以"为"有内在的好。以游戏的态度做事的人，也是以"为"有内在的好，而不是只把游戏当作手段。所以，如果我们在生活中将大部分手段都看成有内在的好，就可以"君子无入而不自得焉"，这样人生的痛苦即可减大半。冯友兰把这叫作"解决人生问题的一个方法"②。可见，冯友兰在《一个新人生论》以前，在论及人生术时，虽然还没有真正涉及所谓"应付情感"的问题，但他

①《三松堂全集》第一卷，第 409 页。

②同上书，第 569 页。

已经把在主观上解除失望痛苦看作寻求幸福的一个重要方法。

1926年至1927年，是冯友兰对中国哲学之精神的理解有重大进展的时期。1926年，冯友兰任教于燕京大学时撰文《中国哲学之贡献》，刊于日本《改造》杂志1926年7月号。其中认为，中国哲学中对于有些问题的讨论较西方哲学为详细和圆满，如“动静合一”的探讨。他的这篇文章完全是就中国古代“动静合一”的境界问题加以阐述。

他认为，自先秦的儒家、道家以来，中国哲学家都认为“动静合一”是人生的最高境界，如《系辞》说“寂然不动，感而遂通天下之故”，孟子说“不动心”，庄子说“至人之用心若镜，不将不迎，应而不藏，故能胜物而不伤”；汉代以后，道家哲学繁荣于魏晋，儒家思想复兴于宋明，玄学、理学都大大发展了“动静合一”的理想，并考究其实践的方法①。他在这篇文章中，叙述了郭象《庄子注》的思想，认为郭象讲的“诚应不以心，而理自玄符”“足为物主，而顺时无极”“以无心玄应，惟感从之”，就是庄子所谓“至人之用心若镜”的意思。他又认为，宋元哲学家中说“动静合一”者更多，如程明道在《定性书》中所说“所谓定者，动亦定，静亦定，无将迎，无内外……圣人之常，以其情顺万物而无情”，以及王阳明所说“随物见形，而明镜曾无留染，所谓情顺万事而无情也”，这些都是关于“动静合一”境界的叙述。与前面所述对照可知，这里所说的动静合一的境界即是所谓“应付情感”的方法。

冯友兰指出，“至于达到这种境界的方法，除了用知识驾驭感情、驾驭‘我’之外，更无他法。根据现代心理学，情感是依附于心理活动的基调，所谓哀乐都是情感，以知识驾驭情感，不是用外力强抑。我们如果对引起情感的事物有充分的认识，有相当的理解，则情感自然

①《三松堂全集》第十一卷，第81页。

减少”①。他认为，以知识驾驭情感，即王弼所说“以情从理”（《戏答荀融书》），亦即郭象所说有情者以理遣累。“如果不能以知识驾驭情感，就是庄子所谓‘遁天倍情，忘其所受’。如果遁天、背情的话，一定是‘遁天之刑’，即遭受苦恼。如果有能驾驭情感的知识，知道生是‘时’，死是‘顺’，就安时而处顺，哀乐不能入也。能超越哀乐就能得至乐，能超越哀乐，就象解脱了倒悬之苦一样。”②可见，这里所谓“知识”并不是一般的知识，而是指一种哲学的了解。所以这个时期的冯友兰实际上是用“以知识驾驭情感”来说明应付情感的问题。

冯友兰认为，能以知识驾驭情感的人不一定是无感情，如王弼认为“圣人茂于人者神明也，同于人者五情也。……五情同，故不能无哀乐以应物。然则圣人之情，应物而无累与物者也”。人遇到触发情感的事物，自然会产生感情，“但情感的发动立刻用知识去驾驭它，使之去”，“如此情感不沾滞于胸中，吾人也不会执着”。冯友兰引用程明道“怒时遽忘其怒而观理之是非”，又引王阳明“圣人无善无恶，只是无有作好、无有作恶，不动于气”，认为如果能够做到“情顺万物而无情”，“如此则情感于心如浮云于太空，有而无害”③。

冯友兰指出，人之所以不能做到情顺万物而无情，原因在于有“我”，“人有我则对未来常怀忧虑，对过去常怀追悔”，这也就是明道讲的“自私用智”；如果知道“我”为本无，以我合于宇宙，就能内外两忘，廓然大公，一切忧悔、私意、计虑、打算等不复存在。达此境界，无论任何变化，皆不滞留心中，这就是“动静合一”了。他认为“宋明哲学家最无私地注意到了这一点”。可以说，冯友兰对宋明道学的了解和体会正是基于他在情感问题上对道家和玄学的了解。

---

①《三松堂全集》第十一卷，第 82 页。

②同上书，第 83 页。

③同上书，第 84 页。

三

在1934年出版的《中国哲学史》下册，冯友兰明确提出了“应付感情的方法”这一概念。

在论述玄学时，他指出：

> 庄学主以理化情，所谓“安时而处顺，哀乐不能入也”。“何晏以为圣人无喜怒哀乐”，大约即庄子中此说。此说王弼初亦主之，所谓“以情从理者也”。颜渊死，子哭之恸，“安时而处顺”之人，自“理”而观，知“死”为“生”之自然结果，故哀痛之“情”自然无有。此即所谓以理化情也。然人之有情，亦是“自然之性”，有此自然之性，故“不能无哀乐以应物”。……不过圣人之情，虽“应物而无累与物”。庄子云“至人之用心若镜，不将不迎，应而不藏，故能胜物而不伤”(《应帝王》)。“胜物而不伤”，即“应物而无累于物者也”。不过庄学对付情感，不用此方法；而王弼更推广此理之应用，以之对付情感，后来宋儒对付情感之方法，俱同于此。①

又论二程，于《阴阳善恶之消长》节云：

> 庄子谓“至人之用心若镜，不将不迎，应而不藏，故能胜物而不伤”(《庄子·应帝王》)。道学家亦谓吾人之“用心”应如此。不过道家心所应之物，不包括情感在内；道家应付情感之方法，乃以理化情；能以理化情者，自无情感。道学家主张情感可有，

①冯友兰:《中国哲学史》下册，第607页。

> 但吾人有情感之时，应以情感非我有；见可喜可恶之事，圣人亦有喜怒之情感，但非圣人喜怒，乃其事可喜可怒也。惟其如此，故其事既过去，圣人喜怒之情感亦亡，此颜回所以能不迁怒也。若常人则自有其怒，故可怒之事既去，而仍有怒心；见不怒者亦怒之，此所谓迁怒也。“圣人之常，以其情顺万物而无情”，康节所谓“以物喜物，以物悲物”，与此意同。①

在《论王阳明》一章，其第六节为《恶之起源》，引王阳明《传习录》“七情顺其自然之流行，皆是良知之用，不可分别善恶，但不可有所着”，又引王阳明另一段“忿懥几件，人心怎能无得？只是不可有耳。凡人忿懥，着了一分意思，便怒得过当，非廓然大公之体了。故有所忿懥，便不得其正也。如今于凡忿懥等件，只是个物来顺应，不要着一分意思，便心体廓然大公，得其本体之正了”。然后冯友兰说：

> 所以七情不能有所着者，“盖着了一分意思，便怒得过当，非廓然大公至体”矣。《坛经》谓：“前念着境即烦恼，后念离境即菩提。”有所忿懥即念着境也。“圣人之喜，以物之当喜；圣人之怒，以物之当怒”，非“有”喜怒，即非有意于为喜怒也。圣人之心如明镜，“廓然而大公，物来而顺应”，当喜者喜之，当怒者怒之，而本体虚明，对于所喜所怒之物，毫无沾滞执着，所以亦不为其所累也。②

其第七节题为《动静合一》，在引用王阳明“随物见形，而明镜曾无留染”之后，冯友兰指出，“若能如此，则虽终日‘有为’，而心常如‘无

①冯友兰:《中国哲学史》下册，第 890 页。

②同上书，第 963 页。

为'，所谓动静合一者也"。"动静合一，乃是真静，绝对的静；动亦定，静亦定，乃是真定，绝对的定。此与程明道《定性书》所说正同。"①

四

在完成《中国哲学史》以后，冯友兰便较少使用"动静合一"的说法了，而较多用"对付情感"或"应付情感"的说法。后来，特别是 50 年代以后，他将此点收摄到"精神境界"的说法来讲。不过，在"贞元六书"时期，这种"应付情感的方法"的讨论，并不在专讲"境界"的《新原人》中，而是在讲生活方法的《新世训》里。

其实这也不足为怪，因为"新世训"的内容，用冯友兰自己的说法，是论生活方法，也就是"人生术"。同时，我们也不妨作一推测，即《新世训》在前，《新原人》在后，在写《新世训》的时候，冯友兰还未意识到"应付情感"的方法就是精神境界的一个方面。

《新世训》第六篇《调情理》，就应付情感的问题作了全面论述。他在谈到道家的"以理化情"时指出：此所谓情，即我们现在所谓情感之情；此所谓理，则意义比较复杂，有时指上文所说情或势中所表现底道理，有时指对于此等道理底知识或了解，有时指我们能有此等知识或了解底官能，即我们所谓理智②。

他首先叙述了道家对这一问题的看法：道家认为情起于人对事物的不了解，如小儿走路为石头所绊倒，就会大怒而骂此石头，这是因为小儿对于事物的了解不够，因而产生情感。成人虽然比小儿对于事物的了解多，但其了解可能是部分的了解，故有时仍不能无情。

---

①冯友兰：《中国哲学史》下册，第 966 页。

②《三松堂全集》第四卷，第 454 页。

只有对宇宙及事物有完全充分的了解,人才能完全无情。故道家是推崇无情的。但这种无情并不是如槁木土块,而是其情为理所化,也就是以理化情。这些讲法与1935年的讲演相同。冯友兰又引用《世说新语》中所说“太上忘情,其下不及情,情之所钟,正在吾辈”,指出槁木土块的无情是“不及情”,而道家的圣人无情是“太上忘情”。道家认为,对于事物之理有所了解,则对事不起情感,故能不为事物所累;能不为事物所累,也就是对某事“看得破”;看得破,就能沉得住气,因为所谓沉不住气,就是一时为情感所压倒。对于事物之理有了解,故能宽容,因为在这样的了解中,我们对于顺我们的事物不会特别喜爱,对于逆我们的事物也不会特别怨恨。对于所有的事物都能看得破,便能达到完全的无情。《庄子・德充符》篇说“圣人有人之形,无人之情”,“所谓无情者,不以好恶内伤其身”,以好恶之情而内伤其身,即所谓“刑”,亦即所谓“累”。但不为事所累,并不是不做事,只是做事而不起情感。所以,道家的圣人,是完全无情的人。冯友兰认为,道家的这种理想虽然可能是一种不可企及的理想,“但一个人若能没有无益底情感,则可少受许多累,多作许多事”①。所以他对道家的这种人生理想是充满同情和了解的。

冯友兰接着说,玄学与先秦道家不同,玄学认为,“圣人不是无情,而是有情而不为情所累。道家以有情为累,以无情为无累。王弼以有情而为情所累为累,以有情而不为情所累为无累”②。与之相近,宋明道学家也主张圣人有情而不为情所累,宋明道学家的说法虽然并不是取自王弼,但与王弼相同,却是事实。程明道所说的“情顺万物而无情”,其中的无情并不是道家的无情,“此所谓‘无情’,是有

①《三松堂全集》第四卷,第457页。

②同上书,第464页。

情而无‘我’”①。冯友兰特别举出王阳明论物来顺应的例子，说：

> 王阳明《传习录》：“……只是个物来顺应，不要着一分意思，便心体廓然大公，得其本体之正了。且如出外见人相斗，其不是底，我心亦怒，然虽怒，却此心廓然，不曾动些子气。如今怒人，亦得如此，方才是正。”阳明此所举之例甚好。我若见一人无缘无故打别人一个嘴巴，我心中必因此人之恃强欺人而怒。不过此怒没有“我”的成分在内，是没有私意底，因此我的心是廓然大公底，其有怒是“物来顺应”，其有情是“情顺万物”。我们说有情而无“我”，正是说此。这样底怒，是很容易消失底，于见此事时有怒，但此事已过，我心中即复归于平静，如太空中虽一时有浮云，但浮云一过，太空仍是空空洞洞底，此即所谓情顺万物“而无情”。如此即是虽有情而不为情所累。②

与1935年的讲演一样，他承袭王阳明的方法，举“见打别人嘴巴”和“被别人打了嘴巴”的生动例子，以便使人了解此理。冯友兰还指出，道家以理化情，以求达到无情；宋明道学家不求无情，主张有情无我，所以宋明道学有道家以理化情的好处，而没有道家以理化情的困难。

40年代，冯友兰在西南联大教一年级学生读《新世训》《新原人》，其教授的方法是要学生看书，然后提出问题，大家讨论。由这个课程的讨论，引出一些公开的讨论，故1944年冯友兰发表了《论情感》一文，以回答李文翔、胡绳对《新世训》的批评。他申明，“在《新世训》‘调情理’章中，我的主张是‘有情而不为情所累’，不是‘无情’”。又说“我的主张是‘有情无我’”，“有情无我，与有情有我的分

---

①《三松堂全集》第四卷，第464页。

②同上书，第465页。

别，就是一个公私之分……有情有我，一为个人而有底喜怒哀乐，是有私底。有情无我，是为国家社会、为正谊、为人道而有底喜怒哀乐，是为公底”。

1947年，冯友兰到美国教书，1948年出版《中国哲学简史》，在庄子一章中，在讨论相对幸福一节，他重复了30年代的讲法，在魏晋玄学一章中，他把“圣人忘情”说称为“主情派”。最重要的是，他在第二十四章《更新的儒家：两个派别的开端》中，特立一节《处理情感的方法》，在这一节，他把他在《中国哲学史》完成以后提出的有关应付情感的论述都概括于其中。

五

现在来讨论冯友兰有关中国哲学情感论的叙述中值得进一步讨论的问题。

冯友兰自己就中国哲学的情感问题的讨论提出三点，第一，完全无情是好的、应当追求的吗？第二，完全无情是可能的吗？第三，宋明道学与先秦道家所说的区别何在？

就第一点来说，冯友兰认为，道家所说的完全无情是指“忘情”（太上忘情），忘情的心理状态，即庄子所说的“恬愉”二字。据成玄英疏，“恬，静也；愉，乐也”。愉之为乐，与相对于苦的乐，二者不同。愉之乐不是动荡的乐，恬愉是静的乐，这种恬愉的无情是好的，可欲的。这种说法与以前的说法不同，以前冯友兰认为道家就是无情派，而照这里的忘情说，道家追求的是恬愉的心境，这种心境虽然无情，却有乐。这样一来，就与宋明道学的“乐”很难分别了。

就第二点来说，冯友兰认为，从王弼的观点来看，完全无情是不可能的，所以王弼后来主张应该有情而无累。

就第三点来说，冯友兰认为先秦道家主张完全无情，而宋明道学家不主张完全无情,不认为完全无情为好,也不认为完全无情为可能,所以道学家与王弼相近,而与先秦道家不同。冯友兰这个说法的问题,同样在于这种讲法中,无法区别玄学和道学的精神境界。

冯友兰叙述道家思想甚精,其论宋明儒学亦极有睿见。但在推崇中国哲学的无情无累说的时候,冯友兰遇到的重要挑战,应当是这个问题:冯友兰在叙述中国哲学史上的这些问题时,明显是偏于同情和欣赏无情无累说的。无情无累说的诠释不仅不能说明道家、玄学、道学的分别,更突出的问题是,这种立场很大程度上是把感情主要理解为消极的情感(失望、愤忿、痛苦),那么,他应当如何处理那些伟大的、积极的感情呢?事实上,在《新世训》的《调情理》中,冯友兰也提到,有人喜欢有强烈的情感,有人认为人的情感可以使人生丰富,恬愉太过单调。胡绳当时也向冯友兰提出,"为什么不能举象'先天下之忧而忧,后天下之乐而乐''孤臣危泣,孽子堕心'那样博大深厚底感情呢?"①对此,冯友兰当时只是简单回答说:"至于先天下而忧乐的感情,正是'有情而无我'。若其有我,他一定是先天下之乐而乐,后天下之忧而忧。"②但是,冯友兰所说的"有情无我"是强调无我,而不是强调有情;他所说的有情也只是"不能无情"罢了,并没有主张、利用积极的情感的意思。这显然是因为,在这里冯友兰只讲无小我的一面,而没有讲有大我的一面,偏于"无",而未能重视"有",所以不能提出如何对待积极情感。《新原人》中虽然讲了无私我、有大我,却没有提及像《定性书》所说的境界。

由于冯友兰在《新原人》的境界说中并没有把玄学和道学应付情感的方法作为一种人生的境界,因而受到熊十力的质疑。冯友兰答熊十力书:

---

①引自《三松堂全集》第五卷,第447页。

②同上书,第448页。

> 先生所说“无相之境”，相当于《新原人》所说同天境界。……先生所说无相，《新原人》亦说“在同天境界中人是有知而又是无知底”。先生说真宰，《新原人》亦说“在天地境界中底人，是无我而又有我底”，在天地境界中底人自觉他的“我”是宇宙的主宰。先生说“不舍事而未尝有取”，《新原人》亦说，在天地境界中底人“是有为而无为底”。先生若就此诸节观之，或可见吾二人条流之合，于此亦甚多也。①

熊十力所说的“无相之境”和“不舍事而未尝有取”，其实与前述程明道、王阳明所说的“物来而顺应”“情顺万物而无情”“不要着一分意思”是一致的，而冯友兰在《新原人》中确实没有涉及这一点。

冯友兰从早年起，通过对道家、玄学（主要是庄子和郭象）的研究，分两个方面引入精神境界的问题，一个是神秘主义，以万物一体为主题；一个是应付情感，以有情无我为核心。他对宋明道学的理解也是从这里切入的。

十年前，我出版了《有无之境——王阳明哲学的精神》，自以为颇多发明。近来重读冯友兰先生的书，始知许多问题已经被先生在多年前点出，“应付情感”的问题即其中之一。故将先生的论点叙述如上，以见先生的体会之深和贡献之大。

写于2000年11月28日

（原载《传统与创新——第四届冯友兰学术思想研讨会论文集》2001年）

①《致熊十力》，《三松堂全集》第十四卷，第34页。

化解“传统”与“现代”的紧张

——“五四”文化思潮的反思

一、引言：超越“五四”的历史任务

在中国文化面对西方挑战而走向现代化的历程中，中国现代史上的新文化运动作为一个举世公认的伟大启蒙运动是一个重要的里程碑，它在社会文化思想方面带来的广泛解放与深刻震撼乃是中国人走向世界的新起点，在这个意义上，“五四”前后的新文化运动确实是划时代的。

鉴于“五四”新文化运动的积极历史意义和它热烈呼唤的价值已在今天无可争辩，如科学已在中国牢牢生根并开花结果，民主化也随着现代化全方位改革的步伐逐日推进，我们在这里要探讨的是另一个侧面，即在纪念“五四”七十周年时，以历史和文化反思的态度，批判地审视“五四”在文化论争中的一些基本观念，总结“五四”时期文化讨论的理论经验，使我们在 80 年代的又一次新文化运动（我把 80 年代中期以来在文化、哲学、历史等领域的比较、反思、批判、讨论的热潮看作“第二次新文化运动”。这个运动仍在向纵深持续发展）中可以超越“五四”，走向更加成熟的阶段。这对进一步发扬“五四”的民主呼唤与继承“五四”的批判精神是相互补充、不可缺少的方面。

正如“文艺复兴”或“启蒙运动”这些欧洲近代文化史上的伟大

运动及其基本观念一样，“五四”新文化运动既具有启蒙运动的积极特征，同时也更突出这样一种文化变革的反传统性，但是文化从近代以来的发展在总体上是文化批判与文艺复兴的交融。无疑地，近代文化运动内在地具有某种反权威、反传统的精神。然而，这一运动批判的是中古以来政治化、制度化的教会权威，否定的是中古以来不适宜近代要求的僵化的宗教规范。而这并没有影响它同时采取另一种“传统”的形式，即呼唤和要求恢复希腊的古典人文传统。就是说，从后一方面看，近代文化的发展也是恰当地运用了“传统”的观念和力量，从传统中汲取所需的精神资源。

另一方面，文艺复兴和启蒙运动代表的文化取向尚不足以反映整个西方近代文明的全貌。诚然，近代西方文明的基本特色是启蒙运动后“理性”发育出的新政治制度和新科技体系（民主与科学）。但是，西方文明作为一个有机整体的存在，直至今天，与它以基督宗教传统为形式的价值体系的连续性是不可分割的。基督教经过宗教改革转化为与近代社会密切结合的价值系统，它与启蒙运动养育的文化方向是西方文明中两个互补的要素。由此我们才能了解，近代文明的发展是“连续”（continuity）与“变革”（change）的统一，而不是“传统”（tradition）与“现代”（modernity）的断裂。

不仅如此，在西方近代以来的人文文化发展中，不但黑格尔总体上对启蒙运动的形而上学提出批评，浪漫派和历史解释学也提出对启蒙运动一些基本观念进行修整，如认识“理性”的局限，重新了解“权威”“传统”的积极意义。近年来，更有学者经过研究发现，文艺复兴事实上也曾受惠于中世纪的宗教文化。所有这一切使我们更加深切地体察到近代化过程中文化运动内部“传统—现代”问题的复杂性。

相比起来，新文化运动的先行者以极大的激情拥抱“新”文化，批判“旧”文化，凸显启蒙、解放的强烈冲击力量。同时以“打倒孔家店”为中心口号的“全盘反传统”特色也极为突出,这与当时中国知识分子所处的客观历史环境有关,也与他们的主观学养、心态、情绪、思想方法有关。中国近代史上几次改革的不成功,使得当时为数不多的知识群体一面产生急躁情绪与无力感,一面又企图从文化上寻找这些失败的“必然原因”,尽管这些失败(如戊戌维新)可能根本上就是偶然的。从19世纪末到20世纪初,在享受了千余年中央之国的文明优越感之后,中华文明突然之间在崛起的以帝国主义侵略为形式的西方近代文明冲击下,到了生死存亡的危急关口。加上社会达尔文主义的“及时”引入,救亡图存的危机意识与急迫感支配了中国知识分子的首要关切,造成了这个时期知识界相当普遍的激动气氛。李泽厚提出以“启蒙与救亡的双重变奏”解释“五四”新文化运动的特殊开展,事实上,救亡意识的高涨固然推进了爱国运动,但不仅它的急迫使启蒙一面未能丰富、全面、持久地展开,由此带来的文化上的狭隘功利主义也堵塞了“创造地转化”传统资源以参加近代文化建设的大道。“五四”以来中国青年知识分子的热血中一直有一种强烈的“反传统”在涌动,从历史根源上讲是由中华民族的危机造成的,也应承认,在思想根源上与青年特有的激进性格与文化体验的不成熟性有密切的联系。

“五四”以后的六十年间,中国历史上出现了多少重大历史事件和伟大历史人物,而80年代的现代化呼声和新文化讨论似乎才是“五四”时期合乎逻辑的历史延续。一方面,鸦片战争到“五四”运动隐含的历史主题——“现代化”,在60年后终于取得了明白无误的形式,并第一次成为中华民族全体的自觉要求;另一方面,当我们重复“五四”的甲子时,我们也惊讶地发现,文化上似乎重新回到了“五四”的起点,不同的是,政治上的反帝救亡的主题变为经济上如何免于“开除球籍”。“五四”文化讨论的种种观点也都在“文化讨论”中匆匆重演了一遍。这是我们必须总结“五四”文化思潮正反两个方面经验的现实要求。有幸的是,今天我们比“五四”先行者拥有更多的经验,如资本主义在两次大战后调整、发展的经验,社会主义体系建立、发展乃至改革的经验,工业东亚尤其是中国台湾地区现代化的经验。我们通过韦伯更加了解到如何从功能角度看待传统的负面作用,也通过伽德玛(Hans-Georg Gadamer)更加了解到从人文价值如何肯定传统的积极意义,工业东亚引起的对韦伯命题的再思考则提供了中国文化与现代化的问题上对传统看法的新挑战。站在这样新的背景和视野中,重新审视“五四”前后新文化运动中激进功利主义与文化保守主义的理论得失,并不是计较历史功过,而是希望藉此提高文化反思的深度:我们究竟应当怎样看待中国传统文化。

二、激进功利主义

新文化运动中主流派代表是陈独秀,研究陈独秀的文化立场是一件十分有意义的工作,但本文只能限于讨论陈独秀东西文化论的主要论点。

《新青年》创立之初,陈独秀的功利主义倾向并不突出,如在《法兰西与近世文明》一文中,他大力称扬法国人为人类贡献了自由、平等、博爱的价值理想,并为此奋力实现;批评德国人虽对科学有所发明,“特其多数人之心理,爱自由爱平等之心为爱强国强种之心所排而去,不若法兰西人之嗜平等、博爱、自由根于天性,成为风俗也”①。陈独秀对法德文化及民族性格的描述未必正确,他的观点也没有充分展开,但值得注意的是,他在这里承认价值理性与科技理性的不同,并揭表出两种态度:一种是以自由、平等本身的价值为理想;一种

①陈独秀:《法兰西与近世文明》,见陈崧编《“五四”前后东西文化问题论战文选》(以下凡引此书简称《东西文选》),中国社会科学出版社 1985 年。

是富国强种的功利性目的。法国人以自由为尺度,德国人以富强为标准。德国人的终极关怀不是人类的某种价值理想,而是某种富强的功能;富强对于民族的生存发展具有重要意义,但是把富强的要求同时当作衡量学术与文化价值的标准,则必然引向文化上的狭隘功利主义。

1915年开始的东西文明论战是近代第一次比较文化的讨论,对东西文明及其差异作一个价值判断,不仅是每一个学人参加讨论必须作的结论,也是他们作种种现象描述的前提,但价值的判断在不同的坐标系统中的结论不同。在文化学意义上,我们更感兴趣的是当时的新青年派与他们的对立面用以评判东西文化的标准是什么,这些标准在学术层面上是否合理。这对我们今天评价传统文化显然有直接的相关性。

作为新青年派主将的陈独秀,热烈拥护"个人之自由,权利与幸福,思想言论之自由,个性之发展",提倡"法律面前的个人平等,个人自由权利载诸宪章,国法不可剥夺",指出东洋社会以宗法家族为本位,个人无权利,听命于家长,压抑独立人格,窒碍思想自由。他的这些对政治民主与个性解放的呼吁直到今天我们仍能感受到其现实意义。陈独秀还指出,西洋文明的一个特点是以法治为本位,国家政治乃至社会家庭无不如此,虽然他所理解的法治特重社会家庭关系中权利关系的明确界分,但提出此点也确实难能可贵。由此陈独秀作出了这样的结论:"以法治实力为重者,未尝无刻薄寡恩之嫌,然其结果,社会各人不相依赖,人自为战,以独立之生计,成独立之人格。各守分际,不相侵渔,以小人始,以君子终。社会经济,亦因以厘然有叙。以此为俗,吾则以为淳厚之征也,即非淳厚又何伤!"①

在评价文化价值方面有两种不同的标准,借用韦伯的术语,一是

①陈独秀:《东西民族根本思想之差异》,《东西文选》。

“功用理性”的标准,一是“价值理性”的标准。功用理性的标准是指以某种社会政治、经济的功效为基点,价值理性的标准是以伦理、文化价值本身为标尺。陈独秀既不能把握价值系统的多层结构,又在论东西文化中交叉使用两种标准,并最终完全倒向功用标准,这使他的理论不可避免地带有片面性。在主张“西洋民族以个人为本位,东洋民族以家族为本位”时,他以自由、平等的价值为标准,赞扬西方文明,批判中国传统文化中对个人的轻视;而在主张“西洋民族以法治为本位,以实力为本位,东洋民族以感情为本位,以虚文为本位”时,他便不加分析地称扬西方的“亲不责子以权利,遂亦不重视育子之义务”以及“爱犬不爱小儿”的文化偏向。他虽然指出了在东洋社会传统结构中注重人际感情的做法在日益复杂的社会关系中显露的局限性与弊端,但他也几乎走到只要权益不要感情的另一极端,由此承认西洋文化“未尝无刻薄寡恩之嫌”,却又认为只要社会经济可以“厘然有叙”,“即非淳厚又何伤”。也就是说,为了某种社会功能可以毫不犹豫地牺牲人类始终向往的友爱、互助的价值理想。

循此发展,更有甚者。他在提出东西文明另一点差异——“西洋民族以战争为本位,东洋民族以安息为本位”时,竟毫无批判地大力称赞:“西洋诸民族好战健斗,根于天性,成为风俗。自古宗教之战、政治之战、商业之战,欧罗巴之全部文明史无一字非鲜血所书。英吉利人以鲜血取得世界霸权,德意志人以鲜血造成今日之荣誉!”①形成对比的是,他对注重和平宽容与文化教养的东方文化极力诋斥,把爱好和平当作东洋民族“卑劣无耻之根性”,于是便有“爱和平尚安息雍容文雅之劣等东洋民族”②的荒唐提法。陈独秀几乎变成一个战争与鲜血的崇拜者,并不是不可理解的,也不表示他对人类有史以

①陈独秀:《法兰西与近世文明》,《东西文选》。

②陈独秀:《东西民族根本思想之差异》,《东西文选》。

来的崇高理想、价值的无知。陈独秀把和平的价值当作文化的劣根性是他救亡的现实意识支配或压倒了他在文化上的价值判断。面对鸦片战争以来中国积贫积弱、饱受侵略的境况，这种言论不失为有感而发的痛切。但是，如果以"强国强种"作为终极标准并引入文化领域以判断文化价值，那么，不但一切与强国强种无直接关联的文化价值，包括道德、宗教、审美等变得一钱不值，人类永恒的和平、正义、和谐的理想也全无意义，以这些价值为核心的文化传统自然都在摒弃之列，即如自由、平等、博爱的价值也只在工具理性的意义上承认其地位。从另一个方面说，如果富国强种是绝对的目的，那么如果有其他手段比自由、平等、博爱更有效用，自由平等的牺牲也是理所当然的。在这样的立场上，帝国主义、军国主义的道路也是可以接受的。由此可见，在社会达尔文主义和中国内忧外患的背景下，丧失了价值理性标准，使最先进的中国人完全陷入功利主义。在功利主义的坐标系中，不仅和平与文化发展没有独立价值，一切与富强无关的人文价值都要遭到排斥，在这种态度下评判中国传统文化，其结论当然可想而知。

陈独秀的这个例子把文化领域两种价值判断的冲突尖锐地凸显出来。如果不爱和平、不雍容文雅便是"高等民族"的高等文化，那么13世纪的蒙古铁骑便达到人类文化的高峰了。近年来批判爱好和平的中国民族性，无批判地颂扬福泽谕吉、伊藤博文等论点都不过是重复陈独秀的价值立场。和平理想、文化意识这些人文价值是绝不能依照外在的功利标准来判断的，人文价值的评价标准必须内在于人文文化本身来取得。这在理论上不应当再有什么疑问了。

三、文化保守主义

从文化的角度看，新文化运动中值得注意的另一派是与《新青年》所代表的激进主义大异其趣的《东方杂志》等文化保守主义。

文化保守主义并不是政治保守主义，也不是对西方文化无所知晓的抱残守缺的文化遗老。第一次世界大战发生后的文化保守主义者，很多人曾参加革命党，或出身西学，绝大多数赞成共和，许多人本身兼做引进西学的工作。文化保守主义者认为他们与所谓“守旧派”有相当严格的界限。所以，那种庸俗的看法，即认为“五四”时代乃至今天比较主张认同传统的文化保守主义者就是巴金笔下的旧绅冯老太爷，可以说是完全没有根据的。美国研究知识分子史的学者傅乐诗谈到章太炎时指出：“在一个处于革命状态的环境里，文化道德与社会政治秩序不再和谐一致，文化已变成为一种脱离社会的政治形式而存在的精粹。作为文化卫士的学者此时变为与社会政治无关的纯粹真理的研究者。”①就是说，这一类知识分子的文化结论可能较之革命派是“保守的”，但他们与革命派以某种现实政治需要评判文化的态度不同，他们是站在纯粹学术的领域内探讨文化的价值。近代化过程引起的价值整合到价值分离，使文化—道德从传统一元化的关系中解离出来，使对文化—道德的保守态度常常仅仅是一种纯粹文化的态度，而与政治上是否保守了无干涉。著名的文化保守主义者梁漱溟，他的文化判断与他的政治倾向——“政治民主化，军事国家化”以及“全盘承受西方文化”②并行不悖，是一个典型的例子。因而史华慈指出：“五四时代出现的这些知识分子，我们必须发明一个新的词汇去指称他们，并把他们和什么‘守旧派’区别开来，这就是‘文化保守主义’。”③在另一个意义上，这也是文化民族主义，如费景

①引自魏斐德（Frederic Wakeman）：《关于国民性的探寻》，见《中国传统文化的再估计》，上海人民出版社1987年。

②参见《梁漱溟问答录》，湖南人民出版社1988年；《东西文化及其哲学》，商务印书馆1922年。

③参见杜维明《人性与自我修养》，和平出版社1988年。

汉(John. C. H. Fei)指出的,这种文化民族主义也远远超越了狭隘的政治民族主义①。同时,第一次世界大战的悲剧已经不能再要求理智的知识分子像从前那样无条件地拥抱西方文化了。马克思主义与社会主义思潮对资本主义阴暗面的揭露和批判,以及苏维埃革命的成功,这些都是"五四"前后文化保守主义者批判地看待西方文化并要求保持固有文化的优秀成分的重要历史背景。因而,在这些意义上,文化的"保守"并不是贬义的,只是说与激进派完全集中于政治经济的功效相比,他们更注重文化和价值;与激进派要求决裂式的变革相比,他们更多的是要求对传统的继承。

"五四"时期文化保守主义在思想方法上的一个特点就是强烈反对功利主义的文化观。功利主义按其意义有广狭之分,我们在文化上批判的功利主义当然是指狭隘的功利主义,即以最直接、切近的利害成败关系衡量一切的态度。如果依照陈独秀的铁血崇拜,虽然有可能促进民族国家的强盛,但也可能把国家引向危险的道路,而对帝国主义、军国主义的批判从根本上说只能是依照人类理想与价值。伧父(杜亚泉)指出,依照功利主义,"道德不道德之判决在力不在理,弱者劣者为人类罪恶之魁,战争之责任不归咎于强国之侵凌,而诿罪于弱国之存在","一切是非,置之不论,而以兵力财力之强弱决之"②。就是说,道德及文化价值的是非,其评价标准乃是作为人类价值理想的"理",而不是决定功利的"力"。如果弃人文价值理想于不顾,听循此种功利主义发展,势必引导为"强权主义、奋斗主义、活动主义、精力主义。张而大之,为帝国主义、军国主义"以及"战争万

①参见魏斐德《现代中国文化的民族性探寻》,《中国文化与中国哲学》,生活·读书·新知三联书店 1987 年。

②伧父:《迷乱之现代人心》,《东西文选》。

能主义”①。后来梁启超也指出：“自达尔文发明生物学大原则……万语千言就归结到‘生存竞争，优胜劣败’八个大字。这个原则和穆勒的功利主义、边沁的幸福主义相结合，成了当时英国学派的中坚。……其敝极于德之尼采，谓爱他主义为奴隶的道德，谓剿绝弱者为强者之天职，且为世运进化所必要。这种怪论就是借达尔文的生物学做个基础，恰好投合当代人的心理。所以就私人方面论，崇拜势力，崇拜黄金，成了天经地义；就国家方面论，军国主义帝国主义成了最时髦的政治方针。”②这都是指出功利主义片面发展的恶果。1918年6月，钱智修在《东方杂志》第十五卷第六号写了《功利主义与学术》一文，把文化、学术领域中文化保守主义与激进功利主义的矛盾尖锐地铺摆出来。他说：“功利主义之评判美恶，以适于实用与否为标准。故国人于一切有形无形之事物，亦以适于实用与否为弃取。四十年前，有富国强兵之说，富强之足尚以其能御外侮，打胜仗，致家给人足之效也。此功利主义之最浅显者也。三十年前，有格致实学之说，格致实学之当讲，以其能利器械，兴工艺，获物质文明之享受也。此亦不离功利主义之窠臼者也。二十年来，有民权自由之说，有立宪共和之说，民权之与自由，立宪之与共和，在欧美人为之，或用以去其封建神权之旧制，或借以实现人道主义之理想，宜若非功利主义所能赅括矣。而吾国人不然，其有取乎此者，亦以盛强著称于世。”这是指当时国人以工具的意义对待西方文化中的民权自由等价值，“而又以归纳法之不精，想象力之薄弱，故凡固有文明之与功利主义相妨者则破坏之，外来文明之与功利主义无直接之影响者亦唾弃之”。于是不仅“所谓最大多数之最大幸福者，亦以其与一己之私利一时之近利不相容而不得不牺牲之”。政治只是竞争，伦理只是强权，学术只

①伧父：《战后东西文明之调和》，《东西文选》。
②梁启超：《欧游心影录》，《东西文选》。

是敲门砖，“盖此时之社会于一切文化制度已看穿，后壁只赤条条地剩一个穿衣吃饭之目的而已”。他还特别指出功利主义态度用于学术、文化、教育的弊害，“功利主义之最害学术者，则以应用为学术之目的，而不以学术为学术之目的是也”，“以应用为学术之评价者，如言振兴与工艺则只当治理化学，欲足国用则当治经济学，而其他诸学皆可废是也”。在功利主义支配下，社会文化层面“通俗主义、平凡主义，弥漫于学界，而高深之学，遂为世所大戒”，“国人鉴于坊肆诲淫诲盗之书汗牛充栋，每下愈况，亦有兴雅道陵迟之感者，而不知皆通俗主义、平凡主义之出产物也。其真正之病根则功利主义也”①。他要功利主义对这一切负全责可能是夸大了功利主义的作用，但他确实指出功利主义对文化“侵入”造成的危险性，指出了在一个受功利原则支配的制度下缺乏价值理性引导的规范，会对文化本身带来什么影响，也指出了在功利主义心态下根本无法正确评判传统文化与一切人文价值。这些警告之所以值得注意，不仅在于文化讨论本身，还在于这些现象不仅重现于今天，而且有愈演愈烈的趋势，在“短、平、快”的狭隘功利主义支配下，不但传统文化毫无价值可言，一切人文文化全遭贬值，哲学根本是无用之学，历史只是一堆不卖钱的古董，文学只在满足感官刺激时才承认其意义；教育要“百年树人”，投资见效太慢，基础理论研究缺乏市场化商业化的能力只好遭受冷眼，学术书刊既然不能赚利也就当然地让位于情爱小说。而在这种气氛中受到最大冲击的是人文学术。新中国成立以来，我们一直以某种政治的功利观点对待人文学术，或利用人文科学作为政治的工具，或贬抑人文学科非实用的价值和意义。近年来政治功利主义演变为经济功利主义，一切学术、文化都必须在经济功能的标尺下决定其命运。其中虽然在相当程度上有制度本身的问题，但也与我们不能正确地认

①钱智修：《功利主义与学术》，《东西文选》。

识价值理性与制度改革相配合的必要性有关联。

无疑,功利主义是人类历史的推进力之一。但是功利主义有它自己适用的领域,特别是经济领域。然而即使在经济领域,除了受功利主义支配的种种经济行为之外,没有一种价值原则在总体上进行制约调节(如社会主义的平等、平均观念),纯粹的功利主义在经济领域也会造成冲突而成为阻碍。在文化、科学的发展上更应排除狭隘功利主义,因为人文学科的特点即是有内在价值的不一定有工具价值,所以我们不能因为唐诗宋词缺乏经济功能、不能促进经济现代化而否认其文学、美学上的价值。“五四”时期的文化保守主义者要求把价值的立场与功用的立场分开,认为“审文明真价之所在”虽然不应脱离文化价值在人类生活方面的影响,但文化问题十分复杂。站在文化保守主义的立场上,关键在于要求激进派承认有超政治、超经济、超功利的人文价值。如伧父认为西方重竞争,东方重自然,西方动的文明引向物质生活的丰裕,东方静的文明注重精神生活的安宁和和谐。从价值上看,不能以绝对肯定一方而绝对否定另一方来解决。因此两种文明应当互补,主张“统整吾固有之文明,其本有系统者则明了之,其间有错出者则修整之。一面尽力输入西洋学说,使其融合于吾固有文明之中”①。

在新文化运动主流派内部,与陈独秀的激进观点有所区别,胡适在一定程度上克服了功利主义。他在批评毛子水时说:“你的主张也有一点太偏了的地方,如说‘我们把国故整理起来,世界的学术界也许得着一点益处,不过一定是没有多大的。……世界所有的学术,比起国故更有用的有许多,比起国故更要紧的亦有许多’。我以为我们做学问不当先存有这个狭义的功利观念。做学问的人当看自己性之所近,拣选所要做的学问,拣定之后,当存一个‘为真理而求真理’的

①伧父:《迷乱之现代人心》,《东西文选》。

态度。"①胡适的观点没有进一步向整个文化形态展开,但包含了这样的思想,学术的价值不能依照某种外在的效用来衡量,只能以内在于学术本身的真理为标准。在这一点上,胡适反对"太偏"的观点倒是比较稳健的。

四、东西古今:价值理性与工具理性

民国初期东西文化讨论之初,无论是陈独秀、李大钊还是伧父都把文明的民族性、地理差异特别突出出来,强调东西方文明的差别。随着讨论的深入,学人们发现,把世界文明的差异和冲突特别是当时先进的西方与落后的东方的区别仅仅归结为民族性格或地理因素的差异,是一种完全肤浅、表面、现象的看法。1920 年常燕生《东方文明与西方文明》一文集中批判了文化的"东西"说,而转向"古今"说,即主张当时一般人所了解的东方与西方文明的差异不是民族或地理的差异,而是时代的差异。这当然与"五四"时期的"新旧"讨论有联系,因为无论是陈独秀还是汪叔潜在把西方文明说成"新"的时候,都不仅指西方文明为中国传统所未闻,而且也包含不同时代的含义。

稍后胡适也认为,强调文化的民族差异以解释文化冲突是缺乏历史意识的表现。他说:"在历史上我们看出那现在科学化的欧洲民族也曾经过一千年的黑暗时代,也曾十分迷信宗教,也曾有过寺院制度,也曾做过种种苦修的生活,也曾极力压抑科学,也曾有过严厉的清净教风,也曾为卫道的热心烧死多少独立思想的人。究竟民族的根本区分在什么地方?至于欧洲文化今日的特色,科学与德漠克拉西,事事都可用历史的事实来说明:我们只可以说欧洲民族在这三百年中受了环境的逼迫,赶上了几步,在征服环境的方面的成绩比较其

①胡适:《致毛子水》,《东西文选》。

余的民族确是大的多多。”①“五四”以后几年中，多数学者逐渐地抛弃了从民族、地理认识东西文明的看法。

常燕生（常乃悳）把这个“东西”的“古今”说表述得最为充分明白。试看他所列表：

东方文明的要素	西方文明的要素
重阶级	重平等
重过去	重现在
重保守	重进取
重玄想	重实际
重宗教	重科学
重退让	重竞争
重自然	重人为
重出世	重入世

常燕生认为，这两种文明的差别在当时是很明显的，“但这两个的关系是前后的，不是对峙的”。东方和西方并非自古以来就有这样的差别。“所谓东洋文明的几种要素，往往在古代西洋诸国里边都可以找出来”，因而所谓西洋文明的要素实际是近代文明的特质，所谓东洋文明的要素不过是古代文明的特质，“一般所谓东洋文明和西洋文明之异点实在就是古代文明和现代文明的特点”②。我们所看到的现在东西文明的差别，并非上古时代即已如此，只是西方已进入现代，而东方仍停止在古代而已。所以，“不应误以近代文明特质当作西方文明的特质”或“误以古代文明的特质当作东方文明的特质”。常燕生把“东西”问题直截了当地归结为“古今”问题，使讨论提高到一个

①胡适：《读梁漱溟先生的东西文化及其哲学》，《东西文选》。

②常乃悳：《东方文明与西方文明》，《东西文选》。

新的层面,他的观点相比于新文化运动初期的观点具有鲜明的优越性,即把东西文明冲突的本质——“传统”与“现代”的差别凸显出来,从而也标举出文明“现代化”的意义:东方人无法变成西方人,但古代文明可以现代化。于是也揭示了19世纪以来中国文化危机的本质。因而这个观点不仅为胡适所赞同,冯友兰直到30年代也仍持这个看法。

从今天来看,常表所列“西方文明的要素”的确是近代西方文明的特色。但且不说文化的民族差别不容否认,事实是,现代西方文明作为一个整体,既有“重进取、重科学、重竞争”的“现代”特色,也有“重保守、重宗教、重退让”的宗教“要素”。因而现代文明并不只是“重进取、重科学、重竞争”,同时也必然和必须有“重保守、重宗教、重退让”相互配合。

站在当代学术的立场,所谓东西,所谓古今,所谓精神文明与物质文明,所谓静的文明与动的文明,这些提法都在一个方面有其合理性。但说到底,本质上乃是韦伯所谓“价值理性”(value rationality)与“工具理性”(instrumental rationality)的冲突表现。这在稍后的“科玄论战”中表现得更为清楚。激进功利主义者认清工具理性的发展是西方近代文明的特色,但把这种特色当作近代文明的全体,以致绝对排斥价值理性,无条件地拥抱工具理性。而文化保守主义者自觉不自觉地在实际上扮演了维护价值理性的角色,他们的所有论点不在要不要工具理性的发达,而在于新的社会仍然必须有价值理性,东西方的价值理性传统并无古今高下之分,人文价值必须有自己独立的尊严和领地。

在这个意义上,常表中虽然有刻画不准确的地方(如“重入世、重实际”也是中国文化特别是儒家文化的明显特色),但总的来说,“重宗教、重退让”的一列,从韦伯的立场看,就是价值理性的表现,而所谓“重科学、重进取”的一列就是工具理性的表现。从韦伯的立场看,简单地在总体上把这两列说成是“古今”或“东西”都是不正确的，特别是把价值理性的要求与表现视为与现代完全对立、必须彻底扫除的“古”，是不正确的。近代历史的发展，使西方文明中的工具理性一面急速发展，并日益采取形式合理的特征，但西方文明从民主秩序到社会道德，从来没有离开过基督教。宗教不过是伦理价值的一种承担形式，基督教经受了启蒙运动的人文批判，经历了几个世纪科学发展的逼迫和冲击，经过宗教改革及其他形式的转化，仍然是西方现代文明中生存价值与安心立命的来源。西方近代以来的文明，既有希腊文明体现的工具理性系列的发展，也仍具有基督教体现的价值理性系列的要素。因而价值理性的传统并非与“今”对立的“古”，或与“新”对立的“旧”，而是人类文明中连续存在、不可须臾离弃的东西。

工具理性行为注重如何用手段达成目的，至于目的本身的价值是否为人类理想的终极价值则在所不论，一切只为追求功利的目的所驱使，势必漠视精神价值与人类情感①。而把功利目标视为绝对，把某种政治经济的效用性放在首位，这在文化和学术的领域更为有害，因为在工具理性的功能坐标中必然排斥价值理性。韦伯虽然指出价值理性在经济领域是无所作为的，他也更强调工具理性的巨大力量，但韦伯本人并未否认价值理性的意义，并不认为工具理性自身能为人类带来合理的人生。把价值理性看作传统的古代，相信现代只是工具理性，把两者看成断裂的，无视作为价值理性的精神传统从前现代到现代的连续性，是“五四”以来直到今天的一大弊病。从这个角度，我们才能获得一个评价“五四”及今天文化论争的新的视角，理解文化保守主义的立场和意义。“五四”的文化保守主义，反对科学主义，反对功利主义，赞成社会主义精神，批判资本主义弊害，赞成引进西方而不放弃传统价值，认为西方的发展必然是希伯来精神的

①参见苏国勋《理性化及其限制：韦伯思想引论》。

恢复并与希腊文明相调和，这一切都可以在“价值理性”的范畴下得到理解。

“五四”的文化保守主义者也有其片面性，如他们反对启蒙运动以来科学万能的理想，认为第一次世界大战表明科学自身不能消除战争，反而可以使战争更加惨烈。这些当然是与当时欧洲人自己的反思相一致。但他们又常常把第一次世界大战归结为科学发展的结果，这就完全错了。文化保守主义者的本意是说科学的发达并不能自然地带来人类的和谐，还是需要价值理性来引导，没有价值理性的制约，听凭工具理性、物质主义的片面发展，帝国主义战争是无法避免的。但他们未能了解帝国主义现象除了功利主义思潮外，更有其社会基础，科学对此并不负责。个别文化保守主义者对君主制度仍有文化的怀旧感，更易与激进共和派产生分歧。“五四”新文化运动的局限或教训之一是，政治的改革派不能容纳文化的保守主义，而文化保守主义也未能与政治的变革有效协调。值得注意的是，一些文化保守主义者如梁启超、张东荪稍后所表示的，一方面赞成社会主义的价值原则，一方面要求大力发展资本主义。特别是张东荪对发展实业的认识和民主需要中产阶级基础的观点，对以往文化保守主义的只谈文化是一个进步，都不应再作为“伪装社会主义”来批判，而应结合当时的历史条件以及工业东亚的经验重新加以评价。

韦伯为了解决价值合理性与工具合理性的紧张，提出“一个具有真正自由人格的人，应能以价值合理性为动力，以工具合理性为行动准则，将信念伦理与责任伦理互补交融地结合起来”①。从这个角度看，不仅伧父的“吾人之天职在实现吾人的思想生活，以科学的手段实现吾人最终的目的”②是可以重新评价的，即使张之洞的“中学为

①参见苏国勋《理性化及其限制：韦伯思想引论》。

②伧父：《战后东西文明之调和》，《东西文选》。

体,西学为用”,在韦伯式的以价值理性为体、工具理性为用的模式下,也未尝不可以重新诠释其意义。

五、新与旧:传统与现代

“五四”时期,《新青年》派与《东方杂志》和其他文化保守主义者之间有过多次论争。然而,论争的焦点并不在于要不要引进西方文化,也不在于要不要科学和民主,而是集中在究竟如何对待自己的民族文化传统。这是十分发人深省的。就是说,尽管这种争端在世界文化的近代变迁中具有普遍性,然而,如果《新青年》派在高呼科学与民主的时候,不是全盘否定几千年来对人类文明有过重大贡献的古典中国文化,新文化运动的反对者可能会少得多,也会免去许多纠缠不清的争论,这在今天仍然是一个值得引以为戒的教训。

“陈独秀”们的“打倒孔家店”虽然可以上溯到辛亥革命前的反孔言论,而其直接原因是袁、张复辟的同时提倡尊孔。因此陈独秀、李大钊都无形中认定孔子思想与共和是势同水火的不相容的两极,从而“五四”前后打倒孔子的批判思想,其根本目的也在君权与共和的问题上,期望从孔子偶像和权威的塌倒开始,彻底肃清君权意识,保障共和体制的发展。由此也可以了解,陈独秀提倡的“伦理革命”,其主要着眼点在于政治伦理领域,陈独秀在质问《东方杂志》对功利主义的批评时也是以《东方杂志》的言论不利于共和为理由。辛亥革命以后,革命派最关心的是维护共和,反对君主政体必先反对孔子的政治伦理,成为革命派的共识。

陈独秀这种从强烈的政治意识出发去对待思想文化的结果必然是片面的,儒家作为一种伦理哲学体系,产生在君主政治时代,必然在其体系内有尊君的内容,其他伦理—宗教体系也难免于此,如基督教。但儒家的政治伦理的复杂内涵远不是什么“君为臣纲”所能包容或概括的，更何况儒家伦理并非仅仅是政治伦理，当然更非仅仅是尊君伦理。事实上，政治伦理在以“为己之学”为标志的儒学内部远不占主要地位。儒学包容了个人道德自我修养、一般人与人之间普遍性伦理关系乃至对人的生存意义所作的深度思考。由于陈独秀这种“以偏概全”的态度，由一句“三纲五常”便引申到否定全部孔子思想、否定整个儒学传统及否定整个中国传统文化，认定“要拥护那德先生，便不得不反对孔教、礼法、贞节、旧伦理、旧政治；要拥护那赛先生，便不得不反对国粹和旧文学”①。在把传统、现代截然两分方面更极端的是废除汉字的主张，主张者当年虽然理直气壮，却已被历史特别是东亚汉字文化圈的现代化过程彻底否定。就儒家来说，君权并非孔子亦非儒家所以为的儒家核心价值，对适宜旧的君主制度的政治伦理以及对政治化、制度化的“孔教”“伪儒”的健康批判不应简单地扩展为对儒家全部价值的否定，正如对中古政治化的基督教会的批判并不表示基督教的所有价值都应抹杀。传统的价值系统经过创造转化继续成为现代人生存不可或缺的部分。这从基督教、佛教、伊斯兰教乃至印度教都可以得到证明。近人论传统的积极意义时喜欢举韦伯的新教伦理促进资本主义发展的理论，事实上，对于传统对现代的意义而言，最有意义的并不是韦伯的新教伦理促进资本主义发展的理论，而是基督教包括韦伯批评的与儒教相似的天主教作为西方人的价值来源，在经历了早期现代之后，始终保持其连续性。且不说孔子、孟子根本没有提到“三纲五常”，就以“三纲五常”而言，通过当代哲学的重新阐释，也被中国台湾的自由主义民主派确认为可以接合近代伦理精神②。相比之下，陈独秀为了反击权势军阀的复

①参见陈独秀《新青年罪案之答辩书》，《五四运动文选》，生活·读书·新知三联书店，1979 年。

②参见贺麟《文化与人生》新本《序》所引韦政通文，商务印书馆 1988 年。

辟,将传统伦理、艺术、宗教一笔抹杀,显然犯了以偏概全的错误,也完全忽略了传统精神资源由创造的阐释转化为现代文化的能力。

“五四”时期争论的“新—旧”问题在某些方面就是今天“传统—现代”的问题。陈独秀是一个卓越的革命鼓吹家,他关于民主、法治、科学、民权、平等、个性解放的热烈呼唤确实起了历史催化剂的作用。但他把东西、新旧看成水火不容的两极,充满了“革命”的形而上学。如他说:“一方面提倡西洋实验的医学,一方面又相信三焦、丹田、静坐、运气的卫生,我国民的精神颠倒错乱怎样到了这等地步!”①这些把中医及气功与西医视为全然对立的说法,在今天已是众所周知的错误,而陈独秀当时是怎样的理直气壮呵!

在“五四”的“新旧”争论中,激进主义者认为新与旧完全对立,要建立新文化,必须彻底铲除旧文化。从时空来说,他们说的新旧就是现代与传统、西方与中国。保守主义则认为新旧并非截然对立,而是可以融合。章行严(士钊)说:“新时代云者,决非无中生有、天外飞来之物,而为世世相承连绵不断。”与激进派要求文化变革不同,文化保守主义者更注重传统的连续,以致往往不能区分政治文化的剧烈变革与人文传统的绵延连续。因而章氏的“世世相承连绵不断”在政治上是变革派不能接受的,然而在文化上又是合理的。如他认为“旧之云者,确非悉可摒弃之物”,认为传统的连续很重要,传统并非都与现代对立而应被抛弃。他还指出:“今之社会道德,旧者破坏,新者未立,颇显青黄不接之观,而在此欧战期后为尤甚,人心世道之忧,莫切于此。”他断言“欧洲之所应为,一面开新,一面复旧,物质上开新,道德上复旧”②。

“五四”前后在新旧是否应调和的问题上,陈独秀坚持“舍旧维

①陈独秀:《今日中国之政治问题》,《东西文选》。

②章行严:《新时代之青年》,《东西文选》。

新”，汪叔潜也认定“新是是，旧是非”，认为文化演进及社会伦理方面都是新旧“如冰炭不能相容”①，这是因为当时的新旧问题，不单纯是一个文化问题，也有新旧政治制度、新旧“法子”之争。由于新旧讨论一方面是政治的，一方面是文化—道德的，新旧之争在这两方面的意义不同，因而把政治问题与文化问题混在一起，笼统地用“新旧”相争，就难免把主张者的特殊立场理解为另一种立场，如把文化上主张连续性理解为一种政治立场。在政治上，民主共和制度与君主制度可以说相当对立，但传统社会与近代社会的伦理道德则既有不同之点，又有不少相同或连续的地方。这样一种因使用宽泛的范畴表达某一特殊立场从而使讨论流于某种混乱不清的现象，在近年关于“体用”之争中仍有表现。

道德价值领域是新旧争论中一个集中的领域，“五四”前后的文化保守主义者反对在伦理方面与传统断裂，一方面是出于对价值理性的关怀，同时也有其现实生活的要求。辛亥革命虽然成功，但民初政府对社会的秩序群体普遍纷乱、腐化堕落毫无所为，文化保守主义者对这种道德真空和社会伦理危机难以容忍。章行严说：“如前清政治号称腐败，不腐败亦不至于召革命，然今日政治腐败之程度，远甚于前清。……如前清官僚虽不事事而尚知耻，不敢大贪赎，与今之官僚妄事事而不知耻，贪赎无厌，赃款动数百万者，适得其反。”②因此，章氏一方面批评中国传统伦理有抹杀公民权利、立境过高之弊，同时指出如为官不可贪的规范等对新的社会具有普遍效力。因而他认为：“道德有宜于古时者，有宜于今时者，吾人固不可以其曾宜于古时固执成见，亦断其宜于今时，亦不可以其不宜于今时，遂并其所含宜于古今时之通性而亦抛之。夫道德有宜于西洋者，有宜于吾国者，吾

①汪叔潜：《新旧问题》，《东西文选》。

②章行严：《新时代之青年》，《东西文选》。

人固不可以其宜于西洋,因深闭固拒,以为必不宜于吾国,亦不可以其宜于西洋,因偏于欧化,以为必可行于吾国,亦斟酌调和之可耳。"①人类自文明时代以来即形成一些超越特殊历史时代的普遍性伦理原则,构成了各民族传统的基本伦理内涵。陈独秀断言新旧不可调和,这如果特指政治伦理是可以理解的,然而他自己所鼓吹的相爱、互助、同情心、利他心、公共心,何尝不是包括儒家伦理在内的世界各大精神传统的基本原则!陈独秀因注重中国传统中的政治伦理(忠)与家族伦理(孝)以及性道德(贞节)与旧体制联系的一面而全面否定传统道德,但是,不仅忠、孝、节并非传统道德观念的全部,而且半个世纪以来工业东亚现代化的经验表明,"忠"可以转化为适宜工业社会的某种工作伦理或一般人际伦理,而"孝"除去愚孝和绝对的一面,就其内容而言,仍然是现代人需要的一个家庭规范。这在社会主义的中国内地或资本主义的中国台湾都是客观的现实。

在章行严之后,朱调孙也在《东方杂志》发表文章说:"今之新思想激进派者,目睹旧社会日趋于衰落境况,急思扶掖国人同登福利之域。但以其爱国心殷,改良情挚,故言论褊躁之弊往往不免,甚者至谓旧的思想皆应铲除净尽,无复孑遗;古的事物今日皆无价值;古时伟人今日皆等草芥,盖其时间性已过,绝对不承认新旧思想有调和之余地也。"②他认为对过去的一切应当进行具体分析,"旧思想有因昔日制度今已完全毁灭而无价值者,如民主国国君已废,昔日忠君思想绝对无存在余地。至于修身律己方面,新旧思想多有相同之处"③。

传统作为文化是多层次的,有学者把文化分为工艺技术、制度、价值系统三个基本层次。价值系统的核心当然是道德价值、审美价

①章行严:《新时代之青年》,《东西文选》。

②朱调孙:《研究新旧思想调和之必要及其方法》,《东西文选》。

③同上。

值和宗教价值。如果把价值系统以外的其他文化层次也看作人的主体价值的对象化，那么也可以说，从生活方式、礼节风俗、科学技术、政治制度、人文科学到道德、审美、宗教构成了一个由低向高、由外向内的价值序列或价值结构。在社会文化演进的过程中，越是外在的价值表现形式，如衣食住行等生活方式、迎送揖让的礼仪习俗乃至政治结构和制度，越容易发生剧烈的改变。从马克思的观点来看这是很自然的，因为这些文化形式及其价值是受生产方式与交换方式变化的影响而变化的，而内在价值如道德、审美、宗教与经济基础为主要内容的社会存在往往没有直接关联性。而从存在主义的立场上看，这些都是关涉人类或个人作为存在的基本的“生存”价值，因而具有普遍性与连续性，人对生死、善恶、美丑、个人与社会的价值信念具有超越具体历史时代的特性。文化价值系列中，越是外在的价值越容易随时改变，而越是内在的价值越具有超越时代的意义。在这样立场上理解的传统，在历史的发展中必然是连续与变革的对立统一。

六、文化决定论与实业决定论

“五四”时期激进民主主义者的另一偏失是历史唯心论倾向，即脱离了社会结构和社会关系的变革，单纯地强调人的伦理革命和社会的思想文化革命，表现出“从思想文化上解决问题”①的历史方法论。如陈独秀“最后的觉悟”的提法，把文化问题当作中国现代化问题的关键，自觉不自觉地夸大了伦理革命独立的意义。梁漱溟当时指出“于是大家都以为现在最要紧的是思想之改革——文化运动——不是政治的问题”②。其实，“五四”时代个性解放特别是女子

①参见林毓生《中国意识的危机》。

②梁漱溟：《东西文化及其哲学》，《东西文选》。

解放的问题之所以产生如此巨大的反响与结果，不仅在于观念启蒙的力量比辛亥以前更彻底，更重要的是中国社会已经变化，有了可以接受新观念的社会基础。如果不是同治以来兴学校，废科举，办实业，行共和，造就了一大批近代意义的大学教授、记者、编辑及男女知识青年，如果中国妇女仍然生活在18世纪以前的旧社会结构中，女子解放的呼声是不可能获得如此巨大的社会反响的，剪发、同校、出走、自由恋爱，哪件不是发生在新型知识青年身上？今天，不在大锅饭的旧经济结构中而到孔子思想中去挖掘“不求进取”的根源，而把“人的现代化”当作社会现代化的前提，忽视“环境的改变与人的自我改变的一致”（马克思），是难免重蹈“五四”先行者之旧路的。

站在今天的立场上，梁启超、张东荪等文化保守主义者当时的社会主张不应再被简单地视为“反动”了。梁启超赞成社会主义精神，又认为当时须大力发展资本主义①，这虽然与列宁主义理解的社会主义的模式不同，但站在半个多世纪之后的“社会主义初级阶段”来看，这个观点在当时仍有其合理性。张东荪认为中国最大的问题是生产力发展水平太低，人民教育水平太差，造成了现代化的主要障碍；缺少一个市民阶级，在这样的社会中政治民主化与经济现代化都是空话。特别是他关于中产阶级的看法，认为现代化和民主政治必须有一个中产阶级的充分发展，提出“发展实业为唯一之要求”，衡之新加坡、中国港台地区的经验，也不应简单加以否定，尽管这些看法与“生产关系决定论”有相当距离。因为现代化归根结底是社会结构与社会生产方式的变革，在这个过程中，少数先进分子“先知先觉”，推进启蒙，是社会近代化的一个重要方面。但是人的现代化如果被理解为必先有全民族思想的现代化然后才可能实现经济政治的现代化，那就仍然是黑格尔历史唯心论的老套。

①参见梁启超《复张东荪书论社会主义》，《五四运动文选》。

80年代中期以来的又一次新文化运动摒弃了“文革”时代的专政、迷信,提倡科学精神,呼吁民主建设,在这个运动中一方面否定之否定地回到“五四”对科学民主的呼唤,另一方面也维持着从“五四”到“文革”以来不变的“反传统”的传统。这里所说的“反传统”是指“五四”以来“全盘反传统”的文化思潮。传统中不适宜现代的因素不仅应当批判,而且应配合社会制度层面的建设使之真正消亡。我们反对的“反传统”是采取民族虚无主义和否定一切的态度对待中国古典精神传统和古典文化,我们赞成“批判地继承”“创造地发展”“扬弃”“转化”这些不割裂历史连续性的辩证态度。“五四”以来已形成了一个“反传统”的传统,虽然有其外在原因,而且这个传统在中国固有文化中不是没有渊源(法家的非文化主义、非伦理主义和功利主义的反传统主义),但是受文化决定论的影响也是一个重要的因素。形成对比的是,工业东亚即日本、韩国、新加坡及中国的香港、台湾地区这些所谓“后儒家文化地区”已经先后迈入现代社会。工业东亚的现代化发展无一是循先伦理革命、打倒传统再实现现代化的模式,相反却不同程度地积极发挥传统的积极方面以促进现代化。“五四”时常乃悳指出,当时已经由弱国变为列强之一的日本“虽然接受西洋文明五六十年,但骨子里仍旧含了许多东洋的气味。他们用西洋文明作他们的表面,他们还用东洋文明作他们的里子”①。民族文化传统的保存与日本近代化并没有发生真正的矛盾。这是因为,当近代化由传统的价值整合转为价值分化,传统中的文化、道德、宗教的内容回到了各自的领域,而与政治、经济的新旧制度建构并不冲突。韩国自李朝以来六百年的主导文化根本上就是以新儒家为代表的儒家文化,中国台湾1950年后更以中华文化自标。尽管儒家伦理有助于东亚现代化的提法在学术界尚有争论,但这些地区没有一个

①常乃悳:《东方文明与西方文明》,《东西文选》。

是先经历了脱胎换骨的反传统的文化革命才实现现代化的，这一点是有目共睹的。

在回顾“五四”关于民族文化问题上的激进观点以及七十年来中华民族走过的艰难历程，我们深切地感到，在一个小农经济及其意识占支配地位的国度中，政治—文化上的激进主义往往拥有最大的市场，而平凡“中庸”的真理常常被讥为“保守”。我们有多次拥抱“矫枉过正”和“造反有理”、呼喊“决裂”与“专政”的经验，这一切终于由“文革”悲壮的十年给了“极端的革命”以历史的总结。中国共产党近七十年历史中饱受“左”害，这是一个十分值得研究的问题，应从社会结构和文化—心理结构两方面掘其根源。的确，我们的祖先最提倡中庸，而我们的民族常常鄙视中庸。鄙视中庸、赞美极端是不能不受到惩罚的，文化态度是一个民族精神成熟性的标尺之一。

在评价“五四”和对待今天的文化讨论时，我们必须把一种思潮在历史上的贡献和理论上学术上的是非区分开来。我们必须使用两个标尺，而不是一个一元化的标尺。特别应注意避免泛功利主义的一元化选择，不能因为某种文化思潮在历史上有进步的推动作用便将其理论的失误也“同情地”肯定下来。学术上理论上的是非不是依照其历史作用，而是依照学术理论的内在标尺。在“五四”七十年后的今天，我们可能要问：为了实现和推动历史的进步必须采用那种学理上站不住却有强劲推进力的方式，这种观念能够经得起历史的考验吗？

七、知性的否定与理性的否定

黑格尔的名言“否定的东西也同样是肯定的”①差不多已被人们

①参见黑格尔《逻辑学》上卷，杨一之译，商务印书馆 1974 年。

遗忘了。辩证的否定,依黑格尔的立场,“并不是消解为抽象的无,而是基本上仅仅消解为它的特殊内容的否定。或者,这样一个否定并非全盘否定,而是自行消解的被规定的事情的否定”①。“规定的否定”是指“否定”只是否定先前事物的具体的规定,而不是全盘否定;又指这个“否定”由于不是否定为无,而仍有其内容,即它是更多更丰富,包含先前东西的东西,是对立的统一,亦即既是肯定又是否定。单纯的否定只是“知性”的否定,即形而上学的否定;辩证的否定则是“理性”的否定。辩证的否定体现为“扬弃”原则,即一方面是对旧的东西的“弃”,另一方面是对旧的东西中积极内容的“扬”。因此,“否定”没有切断历史的发展,而是与历史继续地、有机地联系着。

价值系统的问题是“五四”文化论争里一个基本问题。“五四”的文化批判,如胡适所说,也是要“重估一切价值”(transvaluation of all values)②,以批判的精神重新审视传统的价值,这是启蒙运动的精神。但是社会结构的“价值分化”或思想文化的“价值重估”不应当引导到价值虚无,批判的否定不应“消解为抽象的无”,把政治伦理当作儒家或孔子价值系统的全部或主要部分,是“五四”批判家的一个基本偏失;把儒家的主导精神与这个精神藉以表现的、在不同时代的具体规范混为一谈,从而把民主改革与传统道德完全对立起来也是一个重要的方面。

每一种提倡道德精神的学说不可能不结合当时社会的具体规范来表现自己,正如黑格尔所说,普遍本质必须“下降”为个别化的东西③,才能成为现实。儒家并不发明尊君或守节,这些规范反映了一定社会历史中社会关系的规定,既然古代君主及父系家长社会要求

①黑格尔:《逻辑学》上卷。

②参见唐德刚《胡适的自传》第八章,华东师范大学出版社 1981 年。

③参见黑格尔《精神现象学》下卷,贺麟等译,商务印书馆 1979 年。

把尊君和守节看成是道德的，那么道德精神的活动不可能不寓于这些“活动的样式”之中。因而很明显，尊君或守节根本不是儒家所以为儒家的本质，没有尊君和守节，儒学仍然可以成为儒学，正如活跃于港台地区主张推崇科学民主的现代新儒家仍然是儒学的见证人一样。更何况不仅儒学本来就反对君主专制，儒学内部许多人赞成改嫁，而且“忠”与“节”的范畴包含的普遍性价值经过“抽象继承”与其他阐释仍可转化为现代人生有意义的范畴，因此在对伦理—宗教传统的继承上必须分清其“特殊内容”“活动样式”（规范）和其“普遍本质”（主导精神）。对于伦理传统的辩证的否定，应否定其不适宜的“特殊内容”，而保持发扬其精神本质。

“五四”时代的一些文化保守主义者对伦理—宗教体系的这种发展规律亦有所见。主编过《学衡》的吴宓虽然激烈反对新文化运动，但他对宗教与道德改革给予的关注值得一提。“夫宗教实基于生人之天性，所以扶善摒恶，博施广济，使信之者得以笃信天命，心境和乐，精神安宁，此固极善之事也。道德之本为忠恕，所以教人以理制欲，正其言，端其行，俾百事各有轨辙，社会得以维持，此亦极美之事也。以上乃宗教道德之根本内律也，一定而不变，各教各国皆同也。当尊之、爱之，而不当攻之、非之者也。然风俗、制度、仪节，则宗教道德之枝叶外形也。故各教不同、各国不同、各时不同，尽可随时制宜、酌量改革，此固无伤乎宗教道德之本体也。然决不可以风俗、制度、仪节有当改良者，而遂于宗教、道德之本质攻击之、摒弃之，尽如是则世界灭而人道熄矣”；“耶教旧约圣书所载之历史，亦固君主也，多妻也，则将以此而攻耶教可乎？总之孔教耶教所以教人，所以救世之主旨，决不在此。多妻也，君主也，皆当时风俗、制度、仪节之末，特偶然之事耳。又如仁义忠信、慈、贞廉，皆道德也，皆美事也，皆文明社会不可须臾离者也”；“以一事而攻击宗教道德之全体，以一时形式之末而铲绝万古精神之源，实属诬罔不察之极”①。

儒家相信“善”是人的内在本性，提倡“为己之学”，即通过知识、修养、践行达到人性的自我实现，儒家社会理想的“仁义”是指博爱、平等、正义的原则，这些是儒家伦理的“体”，是本质的内容。儒学在历史上为阐明此体所结合的历史性的具体规范则是“相”，即特殊规定，这些规定依社会结构与社会关系的变化而变化，而其作为目的的基本精神反映了人类共同体生活的内在要求和个体“生存”的需要。因而韦伯指出，以博爱、平等、平均为内容的价值理性构成了基督教、佛教、印度教、儒教乃至伊斯兰教的共同的伦理基础。儒学与一切伦理—宗教体系一样，其内在的难题是，它并不给社会变革提供工具性动力，而主要是对社会进行整合、规范和调节，因而当社会变革发生，并与先前适合旧的社会关系的伦理规范发生冲突时，改革者常常会将对不适宜的规范的攻击扩大为连同整个伦理—宗教体系的摒弃。所以问题在于我们作为社会变革的主体必须区分一个伦理—宗教体系的“精神原则”和“特殊内容”，辩证地否定那些作为“具体的规定”的特殊内容，而使普遍的价值精神发展为更高的形态。正如黑格尔指出的，如果否定只是“自己取消自己”“自己驳斥自己”，“再则就是干脆以无为结果”②，那就把辩证的否定误解为外在的否定。黑格尔说得好：“扬弃在语言中有双重意义，它既意谓保存保持，又意谓停止终结。保存自身已包括否定，因为要保持某物，就须去掉它的直接性，从而去掉它的可以受外来影响的实有——所以被抛弃的东西同时即是被保存的东西，只是失去了直接性而已，但它并不因此化为无。”③区分伦理—宗教体系中作为“直接性”“受外来影响的”规范

①吴宓：《论新文化运动》，《东西文选》。

②参见黑格尔《逻辑学》上卷。

③同上。

和它的“普遍本质”，是贯彻作为对待精神文化遗产的方法论的辩证否定原则中的一个关键。

最后，有必要提及胡适在评梁漱溟著作时的一段话：“至于那‘调和持中’‘随遇而安’的态度，更不能说哪一国文化的特性。这种境界乃是世界各种民族的常识里的一种理想境界，绝不限于一民族或一国，见于哲学书的，中国儒家有《中庸》，希腊有亚里士多德的《伦理学》，而希伯来和印度两民族的宗教书里也多这种理想。见于民族思想里的，希腊古代即以‘有节’为四大德之一，而欧洲各国都有这一类的民谣。至于诗人文学中，‘知足’‘安命’‘乐天’等等更是世界文学里极常见的话，何尝是陶潜、白居易独占的美德？然而这种美德始终只是世界民族常识里的一种理想境界，无论在哪一国，能实行的始终只有少数人。”①近年来，一些自然科学家有见于社会不良习惯的阻力，力图从文化上加以批判。但是如果批判者对中国古典人文文化无所了解，也不注意人文学者当代的研究成果，仅凭想当然或按“文革”流行的批判方式，把儒家的中庸原则混同于孔子强烈批判的乡愿或平庸，其社会批判的意义固然可嘉，但在学术文化上难免贻笑大方。相比起来，新文化运动主将之一的自由主义西化派胡适能指出“中庸”为各族宗教的共同美德和理想境界，反映出历史人文学者对文化的多面观察力。

机械地、形而上学地全盘否定传统文化，不仅在学理上不能成立，在实践上的直接恶果就是大大损伤民族的信心和凝聚力，使现代化过程中出现文化、价值、精神的全面失落，加剧现代化秩序建构过程中的混乱、痛苦，甚至加剧政治、经济的危机，从而减弱民族对于现代化建设的困难的承受力与战斗力。今天，工业东亚—中国文化圈的发展，特别是中国港台地区和新加坡华人社会现代化的经验，其最

①胡适：《读梁漱溟先生的东西文化及其哲学》，《东西文选》。

大的意义在于揭示出中国人或中国文化熏陶下成长的人完全有能力在开放的文化空间实现现代化。“五四”以来的文化自卑感和民族自卑感被证明是完全错误的。既然中华民族的聪明才智曾经创造了灿烂的古代文明,放眼未来,她也一定能赶上时代的步伐,建设新的现代文明。如果我们不在批判传统的消极性的同时发挥传统的积极性,如果我们不在大力吸收西方现代文明的同时仍然保持民族的主体性,加速政治、经济体制的改革,而是一味地在传统或孔子身上算老账,让他们对现代化负责,以回避我们自己的巨大责任,那么,对传统或孔子并无所伤,只能更显示出作为不肖子孙的无能罢了。当代知识分子的文化课题,不应再是对传统作感情冲动的全面否定,而是化解传统与现代从“五四”以来的紧张,理性地对传统进行批判、继承、创造的发展,这不仅是新传统主义(现代儒家)和新自由主义者(如林毓生等)的共识,也应当是我们继承了黑格尔及马克思辩证法的马克思主义者的态度。

写于 1988 年 12 月

(原载《五四:多元的反思》,香港三联书店 1989 年)